# 管理会计案例汇编

# 2024

中华人民共和国财政部会计司编写组 ◎ 编

中国财经出版传媒集团

经济科学出版社
Economic Science Press

· 北 京 ·

# 目　录

## 上　册

# 三、成本管理 281

## 四、营运管理　　　　　　　　　　　　　　　　　　727

## 下　　册

## 五、投融资管理　　　　　　　　　　　　　　　　　801

## 六、绩效管理　　　　　　　　　　　　　　　　　　841

# 七、风险管理 893

# 八、其他领域 967

# 九、综合应用　　　　　　　　　　　　　　　1255

# 五、投融资管理

# 基于收付融联动式资金预算的融资
# 需求预测与结构优化研究

## ——以中交二航局为例

**摘要**

中交第二航务工程局（以下简称"中交二航局"）是世界500强中国交通建设集团有限公司的全资子公司，主营业务有港航、路桥、市政、房建等工程投资与总承包，业务覆盖建筑业全产业链。随着建筑业产业竞争加剧，为保持发展态势和市场份额，中交二航局自2013年开始逐步拓展BT、BOT、PPP等投资业务，以投资拉动建筑主业。随着投资项目进入建设高峰期，公司资金需求量激增，对外部融资的依赖增强，如何准确预测外部融资规模、合理匹配融资结构成为公司财务精细化管理面临的重要挑战。

为此，中交二航局以《管理会计应用指引第500号——投融资管理》为依据，深入剖析问题产生的原因，以智能化、科学化管控为基础，开展融资需求预测和结构优化的应用研究，通过理论研究与分析，确立目标现金持有量预测—融资需求预测—融资工具组合预测的总体研究目标和思路，选取时间序列模型测算法、可比公司法、收付融联动式资金预算、销售百分比法、线性规划法等主要管理会计工具，成功构建了精细化融资需求预测和结构优化体系。

通过理论研究与应用实践，中交二航局探索了融资需求预测与结构优化适用的管理方法，提升了资金精细化水平，为企业高质量发展提供有力支撑，填补了大型建筑企业精细化融资需求预测和结构优化研究领域空白，具备较强的理论研究意义与实践价值。

# 一、背景描述

## （一） 中交二航局基本情况

中交二航局为中国交通建设股份有限公司的控股子公司，工程项目遍布国内 31 个省、自治区和直辖市。2022 年中交二航局资产总额 1374 亿元，设有 32 个子公司、37 个分公司，100 余个投资项目公司，20 个国别（地区）公司，各类专业技术和管理人员 15000 多名，位列"湖北省百强企业"第 7 名。

## （二） 存在的问题与应对思路

中交二航局整体实力较强，但随着外部客观环境变化、投资项目进入建设高峰期，企业面临以下管理问题：缺乏融资规模、融资结构统筹规划机制；缺少科学的资金预算、融资需求预测和结构优化管理方法；融资规模、融资结构及综合成本的合理性亟须优化；缺乏智能化资金预算管理手段。

为应对前述不足，中交二航局反复研讨《管理会计应用指引第 500 号——投融资管理》，秉承"先测算—再预测—后计划"的管理思路，明确提升路径为：动态、准确测算目标现金持有量；合理预测外部融资需求总额；合理预测融资工具组合，力求价值创造的同时保证融资成本最小化。

## （三） 管理会计工具选用

选用时间序列模型法和可比公司法合理预测目标现金持有量，采用收付融联动式资金预算法、销售百分比法合理预测外部融资需求，以《管理会计应用指引第 504 号——约束资源优化》为指引，将财务指标管控要求作为约束限制条件，选用线性规划法，合理预测融资工具组合。

# 二、总 体 设 计

总体研究思路如图 1 所示。首先，通过运用时间序列模型测算法、可比公司法预测目标现金持有量；其次，开展收付融联动式资金预算编制，得到现金流入与流出情况，再结合目标现金持有量计算得出融资需求，并通过销售百分比法进行验证；最后，将前述方法得到的融资需求额度、财务指标管控要求作为限制性条件，代入加权平均资本成本（WACC）的模型，通过线性规划法求解出最优融资工具组合（见图1）。

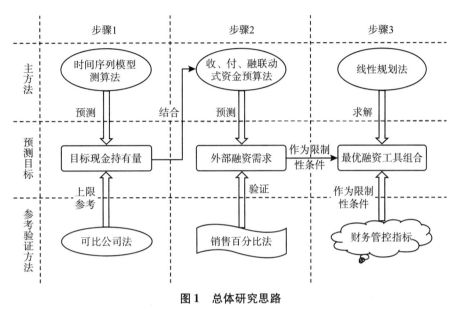

**图1　总体研究思路**

注：图中主方法为中交二航局具体应用时选择的主方法，其他企业可结合实际情况灵活选用。

## （一）目标现金持有量测算

### 1. 时间序列模型测算法

梳理企业以前年度各月末的货币资金和总资产样本数据，计算货币资金/总资产比值，形成时间序列，利用计量经济学统计软件，首先对时间序列进行平稳性检验，保证形成的时间序列数据的平均值和方差是不随时间变化的常数，其次进行时间序列的自相关和偏自相关检验，根据呈现出来的截尾特征判断该时间序列建模应当选取的形式，如符合季节自回归过程，则可以建立季节 ARIMA 模型进行现金持有水平预测。即：

$$\text{Cashratio}_t = \alpha_1 \text{Cashratio}_{t-1} + \alpha_2 \text{Cashratio}_{t-12} + u_t$$

其中，$\text{Cashratio}_t$ 表示货币资金/总资产的当期值，$\text{Cashratio}_{t-1}$、$\text{Cashratio}_{t-12}$ 分别表示货币资金/总资产的前 1 期和前 12 期值，$u_t$ 为常数，$\alpha_1$、$\alpha_2$ 分别表示前 1 期和前 12 期现金持有水平的模型系数。

即： 本月货币资金/总资产 = 参数1 × 上月货币资金/总资产 + 参数2

× 去年同期货币资金/总资产 + 常数

其中，参数 1 表示了本月现金持有量对上月现金持有量的增加或减少幅度，参数 2 表示了本月现金持有量对去年同期现金持有量的增加或减少幅度，参数 1、参数 2 和常数由模型测算得到。

**2. 可比公司法**

（1）加权平均现金持有水平测算法。

首先，收集可比公司上一年度现金持有比率（货币资金/总资产）的最大值、最小值、中间值，将不同比率与中交二航局总资产相乘，分别得到依据行业最大水平、最小水平和中间水平的现金持有量。

其次，为消除规模差异的影响，需要计算总资产加权平均的现金持有比率，并根据这一比率来最后确定现金持有量的上限。

$$\text{Weighted Average Cashratio} = \text{Asseti/Total assets} \times \text{Cashratio}_i$$

其中，Asseti 代表第 i 家可比公司的总资产，Total assets 代表 25 家可比公司总资产总和，Cashratio$_i$ 代表第 i 家可比公司的现金持有比率。

即：可比公司总资产加权平均现金持有比率 =（公司 1 总资产/25 家可比公司总资产）× 公司 1 现金持有比率 +（公司 2 总资产/25 家可比公司总资产）× 公司 2 现金持有比率 + … +（公司 25 总资产/25 家可比公司总资产）× 公司 25 现金持有比率

中交二航局现金持有上限 = 可比公司总资产加权平均现金持有比率
× 中交二航局总资产

（2）机器学习 + 面板模型测算法。

以前述筛选的 25 家可比公司以前年度各项财务指标变动率及现金持有比率为样本数据，建立面板模型：

$$\Delta\text{CashRatio}_{i,t} = \alpha + \beta_j\Delta X_{j,i,t-1} + \sum \text{Individual} + \sum \text{Quarter} + \varepsilon_t$$

其中，$\Delta\text{CashRatio}_{i,t}$ 表示第 i 家可比公司在第 t 季度的现金持有比率的变动率（相较于上个季度），$\Delta X_{j,i,t-1}$ 表示第 i 家可比公司在第 t−1 季度的第 j 个财务指标 x 的变动率（相较于上个季度），Individual、Quarter 分别表示模型估计得到的可比公司个体与季度层面的固定效应，ε 为模型误差项，α 为模型估计得到的截距项，$\beta_j$ 为第 t−1 季度的第 j 个财务指标 x 变动率对于第 t 季度的现金持有比率变动率的影响系数，由模型估计得到。

即：可比公司现金持有比率变动率 = 影响系数 × 特定财务指标 × 上一季度变动率 + 个体效应 + 季节效应 + 截距项

通过机器学习程序逐项代入进行拟合，筛选拟合程度最高且高于设定标准的两项财务指标变动率，然后测算这两项财务指标变动率对现金持有比率的影响系数及面板模型中截距项及季节固定效应，再将上一季度末的财务指标变动实际值代入面板模型中，计算下一季度末合理的现金持有水平较上季度的调整程度，具体程度如图 2 所示。

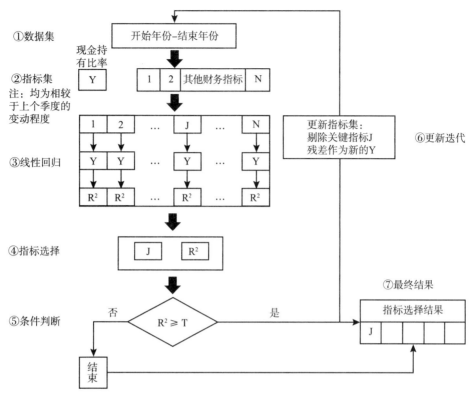

①数据集

②指标集
注：均为相较
于上个季度的
变动程度

③线性回归

④指标选择

⑤条件判断

⑥更新迭代

⑦最终结果

**图2 机器学习程序**

## （二）融资需求预测

### 1. 收付融联动式资金预算法

中交二航局结合企业战略发展、生产经营及融资需求预测精细化需求，提出了收付融联动式资金预算法，主要思路为：预计各项现金流入和流出，结合期初现金余额，计算出融资调剂前的现金余额，再与期末目标现金余额进行比对，分析得出拟融资金额，核心公式如下：

**核心公式1**：现金溢缺 = 期初货币资金余额 + 现金流入 − 现金流出

其中：现金流入 = 合同收款 − 递延收款金融工具

现金流出 = 合同付款 − 不直接导致现金流变动的金融工具

合同收款和合同付款是指企业基于各类经济合同实现的收款和付款。

现金流入和现金流出均不包括各类金融工具的运用导致的现金流变动。

将上述现金流入及现金流出的两个等式代入核心公式1得到：

现金溢缺 = 期初货币资金余额 + （合同收款 − 递延收款金融工具） − （合同付款 − 不直接导致现金流变动的金融工具）

**核心公式2**：现金筹措 = 目标现金余额 − 现金溢缺 + 现金运用

现金运用：各类金融工具到期本金及利息的兑付

现金筹措：直接导致现金流变动的金融工具

前述现金溢缺公式代入核心公式 2 得到：现金筹措＝目标现金余额－期初货币资金余额－（合同收款－递延收款金融工具）＋（合同付款－不直接导致现金流变动的金融工具）＋现金运用

公式进一步变形得到：现金筹措＋不直接导致现金流变动的金融工具＝目标现金余额－（期初货币资金余额＋合同收款－递延收款金融工具－合同付款－现金运用）

即得出核心公式 3：整体融资预算＝目标现金余额－（期初货币资金余额＋合同收款－递延收款金融工具－合同付款－现金运用）

通过以上公式计算得出的融资预算包括直接融资（发行债券）、间接融资（向银行借款）。具体包括但不限以下三类：资产支持类融资，如保理、应收账款 ABN、ABCP 等；债务类融资，如超短融、投资项目贷、长短期借款等；权益类融资，如永续中票、PPP－ABN、债转股等，整体应用思路如图 3 所示。

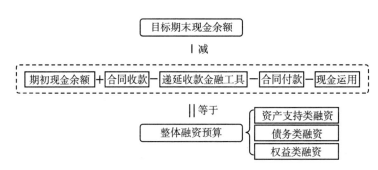

**图 3　收付融联动式资金预算法应用思路**

## 2. 销售百分比法

销售百分比法是在假设资产、负债与营业收入之间存在稳定百分比关系且资本结构已达到最优的前提下，根据预计销售额、预计资产、负债和所有者权益，利用会计等式预测企业筹资数量的一种财务预测方法：

$$AFN = \frac{A_0^*}{S_0}\Delta S - \frac{L_0^*}{S_0}\Delta S - S_1 \times M \times (1 - POR)$$

其中：

AFN：融资需求

$A_0^*$：经营性资产

$L_0^*$：经营性负债

$\dfrac{\Delta S}{S_0}$：销售收入增长率

M：利润率，即净利润/营业收入

POR：股利支付率，即股利/净利润

经营资产和经营负债指随销售变动而变动并呈现一定比例关系的资产和负债。

即：融资需求 = 经营资产的增加 − 经营负债的增加 − 净利润 × (1 − 股利支付率)

= 净经营资产的增加 − 营业收入 × 利润率 × (1 − 股利支付率)

由于资产与负债大多具有经营性质，经营性资产通过剔除总资产中的金融资产后得到的；经营性负债通过剔除总负债中的金融负债后得到的。另外，销售收入增长率、营业净利率均是采用近3年的平均数。

## （三） 融资工具组合优化

线性规划模型的核心是加权平均资本成本最小化。加权平均资本成本（WACC）可由以下公式决定：

$$WACC = w_1 \times R_1 + w_2 \times R_2 + w_3 \times R_2 + w_4 \times R_4 + w_5 \times R_5 + w_6 \times R_6 + w_7 \times R_7$$
$$+ w_8 \times R_8 + w_9 \times R_9 + w_{10} \times R_{10} + w_{11} \times R_{11} + w_{12} \times R_{12}$$

其中，W 代表金融工具占总融资额度的比重，R 为金融工具的平均资本成本，具体在模型中应用时首先将各项融资工具年初存量、融资工具年度预计新增上下限及平均融资成本代入，然后将融资需求总额以及管控指标 [如资产负债率、(存货 + 合同资产 + 应收账款)/营业收入] 等作为求解时的限制性约束条件。

为对作为限制性约束条件的管控指标进行准确预测，首先需计算管控指标涉及的相关报表科目近5年数据的平均增长率，其次计算近5年非权益工具所有者权益及非带息负债科目近5年数据的增长率，再考虑每项金融工具使用后对管控指标的影响，具体限制条件设置如表1所示。

最后，以加权平均资本成本 WACC 最小为目标值，进行线性规划求解得出最优融资工具组合。

表1　　　　　　　　　　　　　　　限制条件设置

| 序号 | 限制条件 | 集团管控/企业发展要求 | 预测及计算方法 |
|---|---|---|---|
| 1 | 各分项融资工具额度安排 | 约束在企业未来规划安排的上限或下限之内 | 依据未来一年融资计划决定 |
| 2 | 各项融资工具额度之和 | 等于未来一年的外部融资需求额度 | 依据外部融资需求模型综合考虑得到，同时考虑市场经营拓展需求 |

续表

| 序号 | 限制条件 | 集团管控/企业发展要求 | 预测及计算方法 |
|---|---|---|---|
| 3 | 资产负债率（强控制） | 低于80% | 1. 各项融资工具影响后的总负债＝期初总负债＋非带息负债净增加（近5年的平均变动）＋超短融净增加额＋投资项目贷净增加额＋长短期借款净增加额<br>2. 各项融资工具影响后的所有者权益＝期初所有者权益＋非权益工具以外的权益净增加（近5年平均变动）＋权益工具的净增加额－存量及新增权益工具当年产生的融资成本<br>$=\dfrac{\text{各项融资工具影响后的总负债}}{\text{各项融资工具影响后的所有者权益}+\text{各项融资工具影响后的总负债}}$<br>3. 各项融资工具影响后的资产负债率 |
| 4 | 融资工具对经营性净现金流的影响额（弱控制） | 大于0 | 融资工具对经营性净现金流的影响额＝保理融资净增加额＋ABN净增加额＋供应链金融净增加额＋供应链ABS净增加额＋AB-CP净增加额 |
| 5 | （存货＋合同资产＋应收账款）/营业收入（强控制） | 不大于40% | 各项融资工具影响后的（存货＋合同资产＋应收账款）/营业收入＝[期初应收账款×（1＋平均增长率）＋（期初存货＋期初合同资产）＋（1＋平均增长率）－保理净增加额－ABN、ABCP净增加额]/[期初营业收入×（1＋平均增长率）] |
| 6 | 带息负债/利润总额（弱控制） | 不大于10% | 带息负债＝投资项目贷存续余额＋投资项目贷净增加额＋超短融融资存续余额＋超短融融资净增加额＋长短期借款存续余额＋长短期借款净增加额 |

# 三、应用过程

## （一）目标现金持有量预测

### 1. 时间序列模型测算法

按照前述时间序列法的应用思路，利用企业 2015 年 1 月至 2019 年 12 月共 60 个月的货币资金和总资产样本数据，计算货币资金/总资产比值，形成时间序列，按以下步骤通过计量经济学统计软件开展预测。

（1）平衡性检验。

平衡性检验结果如图 4 所示，P 值为 0.0193，小于 0.05，即平稳性检验通过，表示样本期内时间序列数据的平均值和方差是不随时间变化的常数。

| Augmented Dickey-Fuller Unit Root Test on CASHRATIO | | |
|---|---|---|

Null Hypothesis: CASHRATIO has a unit root
Exogenous: Constant
Lag Length: 0 (Automatic - based on SIC, maxlag=10)

| | | t-Statistic | Prob.* |
|---|---|---|---|
| Augmented Dickey-Fuller test statistic | | -3.300320 | 0.0193 |
| Test critical values: | 1% level | -3.546099 | |
| | 5% level | -2.911730 | |
| | 10% level | -2.593551 | |

*MacKinnon (1996) one-sided p-values.

Augmented Dickey-Fuller Test Equation
Dependent Variable: D(CASHRATIO)
Method: Least Squares
Date: 02/01/21  Time: 13:59
Sample (adjusted): 2 60
Included observations: 59 after adjustments

| Variable | Coefficient | Std. Error | t-Statistic | Prob. |
|---|---|---|---|---|
| CASHRATIO(-1) | -0.290551 | 0.088037 | -3.300320 | 0.0017 |
| C | 0.042558 | 0.012695 | 3.352456 | 0.0014 |

图 4　平衡性检验结果

（2）自相关与偏自相关性检验。

自相关和偏自相关检验的结果如图 5 所示，时间序列自相关性呈现出 3 期过后截尾特征，偏自相关性自 13 期后呈截尾特征，说明该时间序列符合季节自回归过程，可以建立季节 ARIMA 模型（见图 5）：

$$即本月货币资金/总资产 = 参数 1 \times 上月货币资金/总资产 + 参数 2$$
$$\times 去年同期货币资金/总资产 + 常数$$

（3）建立季节 ARIMA 模型进行回归。

对季节 ARIMA 模型进行回归估计后得出结果如图 6 所示，参数 1 结果为 0.8705、参数 2 结果为 0.6374，常数项结果为 0.1153。

（4）异方差检验。

异方差检验在于验证残差序列是否具有偏离平均值较大的情况，若偏离较大说明模型建立不太稳定。残差序列的异方差检验（arch 检验）结果如图 7 所示，P = 0.2268 >0.05，说明接受残差序列同方差假设，模型回归结果较为稳定。

Date: 02/26/21   Time: 17:43
Sample: 2015M01 2019M12
Included observations: 60

| Autocorrelation | Partial Correlation | | AC | PAC | Q-Stat | Prob |
|---|---|---|---|---|---|---|
| | | 1 | 0.692 | 0.692 | 30.229 | 0.000 |
| | | 2 | 0.477 | -0.004 | 44.833 | 0.000 |
| | | 3 | 0.375 | 0.088 | 53.997 | 0.000 |
| | | 4 | 0.201 | -0.172 | 56.693 | 0.000 |
| | | 5 | 0.149 | 0.109 | 58.195 | 0.000 |
| | | 6 | 0.165 | 0.079 | 60.071 | 0.000 |
| | | 7 | 0.028 | -0.219 | 60.125 | 0.000 |
| | | 8 | -0.052 | -0.037 | 60.319 | 0.000 |
| | | 9 | -0.080 | -0.028 | 60.791 | 0.000 |
| | | 10 | -0.097 | 0.073 | 61.495 | 0.000 |
| | | 11 | 0.033 | 0.225 | 61.577 | 0.000 |
| | | 12 | 0.182 | 0.146 | 64.133 | 0.000 |
| | | 13 | 0.027 | -0.411 | 64.191 | 0.000 |
| | | 14 | -0.049 | -0.048 | 64.384 | 0.000 |
| | | 15 | -0.076 | 0.009 | 64.864 | 0.000 |
| | | 16 | -0.143 | 0.060 | 66.602 | 0.000 |
| | | 17 | -0.109 | -0.037 | 67.635 | 0.000 |
| | | 18 | -0.037 | -0.010 | 67.755 | 0.000 |
| | | 19 | -0.069 | 0.048 | 68.188 | 0.000 |
| | | 20 | -0.054 | 0.106 | 68.459 | 0.000 |
| | | 21 | -0.034 | 0.052 | 68.571 | 0.000 |
| | | 22 | -0.014 | -0.019 | 68.590 | 0.000 |
| | | 23 | 0.102 | -0.017 | 69.626 | 0.000 |
| | | 24 | 0.178 | -0.031 | 72.890 | 0.000 |

图 5   自相关与偏自相关检验结果

Dependent Variable: CASHRATIO
Method: ARMA Maximum Likelihood (OPG - BHHH)
Date: 02/01/21   Time: 14:00
Sample: 1 60
Included observations: 60
Convergence achieved after 14 iterations
Coefficient covariance computed using outer product of gradients

| Variable | Coefficient | Std. Error | t-Statistic | Prob. |
|---|---|---|---|---|
| C | 0.115279 | 0.050322 | 2.290828 | 0.0258 |
| AR(1) | 0.870499 | 0.058793 | 14.80616 | 0.0000 |
| SAR(12) | 0.637428 | 0.091909 | 6.935417 | 0.0000 |
| SIGMASQ | 0.000376 | 4.27E-05 | 8.821659 | 0.0000 |

| | | | |
|---|---|---|---|
| R-squared | 0.731425 | Mean dependent var | 0.140022 |
| Adjusted R-squared | 0.717037 | S.D. dependent var | 0.037756 |
| S.E. of regression | 0.020084 | Akaike info criterion | -4.781256 |
| Sum squared resid | 0.022588 | Schwarz criterion | -4.641633 |
| Log likelihood | 147.4377 | Hannan-Quinn criter. | -4.726642 |
| F-statistic | 50.83586 | Durbin-Watson stat | 2.166115 |
| Prob(F-statistic) | 0.000000 | | |

| Inverted AR Roots | .96 | .87 | .83-.48i | .83+.48i |
|---|---|---|---|---|
| | .48-.83i | .48+.83i | .00-.96i | -.00+.96i |
| | -.48+.83i | -.48-.83i | -.83+.48i | -.83-.48i |
| | -.96 | | | |

图 6   模型回归结果

Heteroskedasticity Test: ARCH

| F-statistic | 1.446815 | Prob. F(1,57) | 0.2340 |
| Obs*R-squared | 1.460509 | Prob. Chi-Square(1) | 0.2268 |

Test Equation:
Dependent Variable: RESID^2
Method: Least Squares
Date: 02/26/21   Time: 17:50
Sample (adjusted): 2015M02 2019M12
Included observations: 59 after adjustments

| Variable | Coefficient | Std. Error | t-Statistic | Prob. |
| --- | --- | --- | --- | --- |
| C | 0.000317 | 0.000151 | 2.095748 | 0.0406 |
| RESID^2(-1) | 0.157494 | 0.130936 | 1.202836 | 0.2340 |

| | | | |
| --- | --- | --- | --- |
| R-squared | 0.024754 | Mean dependent var | 0.000377 |
| Adjusted R-squared | 0.007645 | S.D. dependent var | 0.001100 |
| S.E. of regression | 0.001095 | Akaike info criterion | -10.76205 |
| Sum squared resid | 6.84E-05 | Schwarz criterion | -10.69163 |
| Log likelihood | 319.4806 | Hannan-Quinn criter. | -10.73456 |
| F-statistic | 1.446815 | Durbin-Watson stat | 1.969340 |
| Prob(F-statistic) | 0.234012 | | |

**图7  异方差检验结果**

（5）增加样本量进行预测。

增加样本量至 2020 年 12 月末，即样本量增加至 72 个，进行模型预测后得出结果如图 8 所示，2020 年 1～12 月的现金持有率分别为：0.1314、0.1300、0.1269、0.1253、0.1224、0.1235、0.1216、0.1194、0.1186、0.1211、0.1214、0.1248（保留 4 位小数）。

| 2020M01 | 0.131354 |
| 2020M02 | 0.129956 |
| 2020M03 | 0.126945 |
| 2020M04 | 0.125335 |
| 2020M05 | 0.122396 |
| 2020M06 | 0.123453 |
| 2020M07 | 0.121607 |
| 2020M08 | 0.119440 |
| 2020M09 | 0.118640 |
| 2020M10 | 0.121107 |
| 2020M11 | 0.121420 |
| 2020M12 | 0.124801 |

**图8  模型预测结果**

（6）预测 2020 年末目标现金持有量。

2020 年全年平均现金持有率预测为 0.1239，按照 2020 年初总资产 933 亿元为基础计算，预计 2020 年末目标现金持有量为 116 亿元。

**2. 可比公司法**

（1）加权平均现金持有水平测算法。

对可比公司在 2019 年的现金持有水平特征进行静态分析，这些特征包括：货币资金/总资产指标的最大值、最小值、中间值，并计算按照总资产加权平均的均值。

表 2 展示了可比公司现金持有的分析结果：一是可比公司 2019 年最大、最小、中间值现金持有比率分别为 33.05%、4.89%、14.51%，若依此进行现金持有决策，对应 2020 年应持有 308.38 亿元、45.59 亿元、135.40 亿元的货币资金，可以帮助了解企业当年现金持有决策在行业水平中所处的位置，有利于对宏观风险大小进行判定；二是可比公司 2019 年现金持有比率按照总资产加权平均均值为 13.61%，按照 2020 年初总资产 933 亿元为基础计算，2020 年应持有的货币资金上限为 126.97 亿元。

**表 2**           **可比公司现金持有政策的静态分析**

| 特征 | 2019 年现金持有比率（%） | 2019 年二航局总资产（亿元） | 2020 年二航局目标现金持有量（亿元） |
|---|---|---|---|
| 可比公司 | — | — | — |
| 最大值 | 33.05 | 933 | 308.38 |
| 最小值 | 4.89 | 933 | 45.59 |
| 中间值 | 14.51 | 933 | 135.40 |
| 按照总资产加权平均 | 13.61 | 933 | 126.97 |

（2）机器学习 + 面板模型测算法。

首先，梳理可比上市公司 2015 年第一季度到 2019 年第四季度财务指标变动率及现金持有比率变动率，在 Stata 程序中进行机器学习程序和面板模型回归测算，得到影响现金持有比率的最为关键的两个指标分别为速动比率、加权平均净资产收益率，其中，速动比率的变动对下一季度现金持有率变动率的影响程度为 $-0.2669$，加权平均净资产收益率的变动对下一季度现金持有率变动率的影响程度为 0.0096，模型的截距项为 0.0412，四个季度所面对的固定效应分别为 $-0.1273$、0.0011、0.0070、0.1191，可作为公司 2020 年每季度末现金持有水平的参考。

中交二航局 2020 年第三季度速度比率和加权平均净资产收益率较第二季度指标变动率为 0.0021、0.8507，代入面板模型（可比公司现金持有比率变动率＝影响系

数 × 特定财务指标上一季度变动率 + 个体效应 + 季节效应 + 截距项）后得到：

第四季度现金持有比率相较第三季度变动率预测值 = −0.2669 × 0.0021 + 0.0096 × 0.8507 + 0.1191 + 0.0412 ≈ 0.1679

预测第四季度现金持有比率 = 第三季度现金持有比率 × (1 + 四季度现金持有比率相较三季度变动率预测值) = 10.82% × (1 + 0.1679) ≈ 12.64%

以总资产 933 亿元为基数，对应着 2020 年末目标现金持有量上限为 118 亿元。通过可比公司法佐证，验证了时间序列法最佳资金持有量的有效性。

### （二） 融资需求预测

#### 1. 收付融联动式资金预算法

（1）搭建管理架构。

中交二航局以收付融联动式资金预算法为基础，搭建总部至项目部多级组织纵向穿透式资金预算管理架构，研发集成式资金预算管控系统，设计联动式资金预算表格及综合性管控指标，搭建以生产进度为依据、以合同为主线、基于业务端的业财一体化的资金预算管理体系。

依照理论设计思路，中交二航局针对性开展收付融联动式资金预算表格体系设计，构建了逻辑缜密、信息完整、标准统一、贴合实际、贯穿全流程的资金预算表格及指标体系，助力收付融联动式资金预算法预测融资需求的有效实施。

资金预算表格体系分别对资金预算编制表、资金预算调整表、资金预算执行表、资金预算滚动预测表、资金预算分析表共 5 类 30 多张表格进行设计，表格体系如图 9 所示。

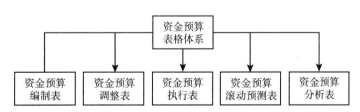

**图 9 资金预算表格体系**

（2）收付融联动式资金预算的编制与下达。

编制预算：年初拟定年度预算编制方案，从资金预算编制级次、范围、编制要求及其他注意事项等方面对年度资金预算编制工作进行全面部署，统一在资金预算信息化系统中预算编制模块完成年度资金预算初平衡。

审核与分解：预算编制完成后对资金预算整体情况进行初平衡，根据年度管理要求以及资金预算数据，结合年初资金存量、逾期收付款情况，根据审核原则，综合考量确定年度资金预算指标，进行预算目标分解。

调整与生效：根据分解目标，通过资金预算系统自下而上逐级调整、审核，调整后数据与下达的年度指标一致，审定后生效。

执行与控制：资金预算信息系统定期自动收集汇总资金预算执行数据，形成资金预算月度执行报表，动态反馈预算执行偏差情况，依托内置关联控制规则，对资金预算偏差进行精准管控，实现资金预算的刚性执行。

预算调整：根据企业生产经营状况变化，经评估、审核进行资金预算的调整。

（3）融资调剂前的货币资金余额计算。

根据收付融联动式资金预算法编制的收付款数据运用相关公式计算得到融资调剂前的货币资金余额 = 货币资金期初金额 +（收款合计 − 收应收票据）− 付款合计 − 融资兑付 = −300.01 亿元，具体过程如表 3 所示。

表3                       融资调剂前货币资金余额计算

| 项目 | 金额（亿元） |
| --- | --- |
| 一、货币资金期初金额 | 161.76 |
| 二、收款合计 | 710.70 |
| 其中：经营性现金收款 | 672.98 |
| 其中：经营性现金收款调整方案 | 30.70 |
| 其中：投资性现金收款 | 1.10 |
| 其中：收应收票据 | 5.92 |
| 三、付款合计 | 815.87 |
| 其中：全口径经营性付款 | 770.44 |
| 其中：经营性付款调整方案 | −58.63 |
| 其中：全口径投资性付款 | 104.06 |
| 四、债务性融资兑付 | 345.68 |
| 五、权益性融资兑付 | 5.00 |
| 六、货币资金期末余额（融资调剂前） | −300.01 |

（4）融资需求测算。

结合前述目标现金持有量 116 亿元，目标现金持有量 − 融资调剂前的货币资金余额 = 116 −（−300.01）= 416.01 亿元。

考虑融资兑付 350.68 亿元后，融资需求净增加额为 65.33 亿元。

### 2. 销售百分比法

根据销售百分比法的计算公式计算相关参数如表4所示。

表4 模型参数计算口径

| 项目 | 口径 | 2019年 |
|---|---|---|
| 经营性资产 | 总资产－交易性金融资产－应收利息－其他债权投资－其他权益工具投资－投资性房地产 | 931.96亿元 |
| 经营性负债 | 总负债－短期借款－交易性金融负债－应付利息－应付股利－一年内到期的非流动负债－长期借款－应付债券－租赁负债 | 520.16亿元 |
| 销售收入增长率 | [(t年营业收入－t−1年营业收入)/t−1年营业收入]×100%<br>取近3年的平均数 | 18% |
| 营业净利率 | (营业收入/净利润)×100%<br>取近3年的平均数 | 2% |
| 股利支付率 | 按公司惯例可得 | 25% |

计算出以上各项指标值后，通过销售百分比法预测模型的计算公式，即外部融资净增加＝经营资产的增加－经营负债的增加－预计营业收入×营业净利率×(1－股利支付率)，代入表4相关数据，得到2020年的融资需求净增加额为59.48亿元。

与前述收付融联动式资金预算法得出的融资需求净增加额差异较小，在可控范围内。

## （三） 融资工具组合预测

### 1. 输入初始值

在模型中输入中交二航局2020年初融资存量、年度预计新增上下限及平均融资成本，如表5所示。

表5 线性规划——初始值输入

| 大类融资类型 | 融资类型 | 2020年初存量 | 2020年净增加（输出值） | 2020年新增上限 | 2020年新增下限 | 融资利率（%） |
|---|---|---|---|---|---|---|
| 资产支持类 | 保理 | 80.37 | a | | −40 | 4.28 |
| | PPP证券化 | 0 | b | | 0 | 4.50 |
| | ABN | 10 | c | | 0 | 4.45 |
| | ABCP | 0 | d | 40 | 0 | 2.50 |

| 大类融资类型 | 融资类型 | 2020 年初存量 | 2020 年净增加（输出值） | 2020 年新增上限 | 2020 年新增下限 | 融资利率（%） |
|---|---|---|---|---|---|---|
| 债务类 | 超短融 | 0 | e | — | 0 | 2.20 |
| | 投资项目贷 | 51.68 | f | 100 | 60 | 4.55 |
| | 票据 | 170.04 | m | 0 | — | 3.81 |
| 权益类 | 永续债 | 40.00 | g | 54.48 | 10 | 4.99 |
| | 债转股 | 20 | h | 0 | 0 | 5.80 |
| | 普通股 | 136.33 | l | 0 | 0 | 6.5 |
| 表外 | 供应链 ABS | 6.42 | i | 40 | 14 | 2.80 |
| | 供应链金融 | 3.67 | j | 20 | 8 | 3.35 |
| 合计 | | 518.51 | — | 254.48 | 52 | — |

## 2. 计算近 5 年相关指标增长率

首先需计算管控指标涉及的相关报表科目近 5 年数据的平均增长率，然后计算近 5 年非权益工具所有者权益及非带息负债科目近 5 年数据的增长率（见表 6 至表 8）。

**表 6　　　　　线性规划——近 5 年相关管控指标涉及科目增长率计算　　　单位：%**

| 数值 | 2016 年增长率 | 2017 年增长率 | 2018 年增长率 | 2019 年增长率 | 平均增长率 |
|---|---|---|---|---|---|
| 净利润 | 52.27 | -10.40 | 24.42 | 1.44 | 16.93 |
| 应收账款 | 9.47 | -9.99 | 49.13 | 42.21 | 22.71 |
| 营业收入 | 10.35 | 8.82 | 18.56 | 25.22 | 15.73 |
| 利润总额 | 53.06 | -13.75 | 23.94 | 3.16 | 16.60 |
| 合同资产加存货 | 20.51 | 50.30 | -4.55 | 29.30 | 23.89 |

**表 7　　　　　线性规划——近 5 年非权益工具所有者权益科目增长率计算　　　单位:%**

| 非权益工具所有者权益科目 | 2016 年增长率 | 2017 年增长率 | 2018 年增长率 | 2019 年增长率 | 平均增长率 |
|---|---|---|---|---|---|
| 实收资本（或股本） | 0 | 0 | 0 | 0 | 0 |
| 资本公积 | 0 | 0 | 0 | 0 | 0 |
| 其他综合收益 | -3.23 | 6.37 | -10.76 | 11.86 | 1.06 |
| 专项储备 | 52 | 36.34 | -10.61 | -3.30 | 18.61 |
| 盈余公积 | 22.12 | 8.32 | 18.48 | 19.99 | 17.23 |
| 未分配利润 | 30.65 | 17.74 | 15.11 | 14.40 | 19.47 |
| 少数股东权益 | 58.77 | 117.44 | 50.93 | -8.69 | 54.61 |

表8 线性规划——近5年非带息负债科目增长率计算 单位：%

| 非带息负债科目 | 2016年增长率 | 2017年增长率 | 2018年增长率 | 2019年增长率 | 平均增长率 |
|---|---|---|---|---|---|
| 应付账款 | 7.34 | 23.92 | 7.34 | 7.17 | 11.44 |
| 预收款项/合同负债 | 18.02 | 31.12 | −21.56 | 4.66 | 8.06 |
| 应付职工薪酬 | 1.76 | 12.45 | 37.17 | 0.02 | 12.85 |
| 应交税费 | −59.65 | 46.13 | −51.01 | 32.71 | −7.95 |
| 应付利息 | 62.54 | 133.83 | −19.46 | −100.00 | 19.23 |
| 应付股利 | −50.14 | −53.77 | 0.00 | 111.41 | 1.87 |
| 其他应付款 | 47.23 | 27.05 | 17.71 | 62.52 | 38.63 |
| 一年内到期的非流动负债 | 30.33 | −21.80 | −35.06 | 5.56 | −5.24 |
| 长期应付款 | 13.42 | 52.79 | 167.34 | 35.89 | 67.36 |
| 长期应付职工薪酬 | −9.00 | −7.17 | 8.85 | −16.42 | −5.93 |
| 递延收益 | −19.87 | −58.94 | −52.75 | 113.65 | −4.48 |
| 递延所得税负债 | 13.01 | −59.01 | 19.30 | 190.56 | 40.96 |

### 3. 计算考虑增长率及各项融资工具影响后的管控指标值

作为线性规模的约束条件，限制性约束条件管控指标计算如表9所示。

表9 限制性约束条件管控指标计算

| 指标 | 2020年年初 | 2020年（考虑正常增长及融资工具影响后） | 限制条件 |
|---|---|---|---|
| 总资产 | 933.17 | $= 933.17 + 19.59 + 119.88 + b \times (8/12 - 4.00\%/2) + h \times (1 - 4.99\%/2) + i \times (1 - 5.8\%/2) + j + e + f + g$ | — |
| 所有者权益 | 176.19 | $= 176.19 + 19.59 + b \times (8/12 - 4.00\%/2) + h \times (1 - 4.99\%/2) + i \times (1 - 5.8\%/2) + j$ | — |
| 总负债 | 756.98 | $= 756.98 + 119.88 + e + f + g$ | — |
| 长短期借款 | 46.01 | 46.01 | |
| 净利润 | 12.51 | $= 12.51 \times (1 + 16.93\%) - a \times 4.28\%/2 - c \times 4.45\%/2 - d \times 2.50\%/2 - e \times 2.2\%/2 - g \times 3.81\%/2 - k \times 2.80\%/2 - m \times 4.35\%/2$ | — |
| 应收账款 | 109.84 | $= 109.84 \times (1 + 22.71\%) - a$ | — |
| 营业收入 | 743.49 | $= 743.49 \times (1 + 15.73\%)$ | — |

续表

| 指标 | 2020 年年初 | 2020 年（考虑正常增长及融资工具影响后） | 限制条件 |
|---|---|---|---|
| 利润总额 | 15.51 | $= 15.51 \times (1 + 16.60\%) - a \times 4.28\%/2 - c \times 4.45\%/2 - d \times 2.50\%/2 - e \times 2.2\%/2 - g \times 3.81\%/2 - k \times 2.80\%/2 - m \times 4.35\%/2$ | — |
| 存货 + 合同资产 | 124.29 | $= 124.29 \times (1 + 23.89\%)$ | — |
| （应收账款 + 存货 + 合同资产）/总资产 | 25.09% | $= \dfrac{109.84 \times (1 + 22.71\%) - a + 124.299 \times (1 + 23.89\%)}{933.17 + b \times (8/12 - 4.00\%/2) + h \times (1 - 4.99\%/2) + i \times (1 - 5.8\%/2) + j + e + f + g}$ | ≤40% |
| 资产负债率 | 81.12% | $= \dfrac{756.98 + 119.88 + e + f + g}{933.17 + 19.59 + 119.88 + b \times (8/12 - 4.00\%/2) + h \times (1 - 4.99\%/2) + i \times (1 - 5.8\%/2) + j + e + f + g}$ | ≤85% |
| 净资产收益率 | | $= 2 \times \dfrac{12.51 \times (1 + 16.93\%) - a \times 4.28\%/2 - c \times 4.45\%/2 - d \times 2.50\%/2 - e \times 2.2\%/2 - g \times 3.81\%/2 - k \times 2.80\%/2 - m \times 4.35\%/2}{176.19 + 19.59 + b \times \left( \dfrac{8}{12} - 4.00\% \times \dfrac{1}{2} \right) + h \times \left( 1 - 4.99\% \times \dfrac{1}{2} \right) + i \times \left( 1 - 5.8\% \times \dfrac{1}{2} \right) + j + 176.19}$ | ≥10% |
| 融资工具对经营性净现金流的影响 | | $= a + c + d + k + m$ | ≥30 |
| （存货 + 合同资产 + 应收账款）/营业收入 | | $= \dfrac{109.84 \times (1 + 22.71\%) - a + 124.29 \times (1 + 23.89\%)}{743.49 \times (1 + 15.73\%)}$ | ≤40% |
| 可发行永续债规模 | | $h$ | <54.48 |
| 带息负债/利润总额 | | $= \dfrac{F + f + D + d + 46.01}{15.51 \times (1 + 16.60\%) - a \times 4.28\%/2 - c \times 4.45\%/2 - d \times 2.50\%/2 - e \times 2.2\%/2 - g \times 3.81\%/2 - k \times 2.80\%/2 - m \times 4.35\%/2}$ | <10 |
| 各项融资工具净增加额 | | $= a + b + c + d + e + f + g + h + l$ | |

**4. 以加权平均资本成本 WACC 最小为目标值，进行线性规划求解得出最优融资工具组合**

强约束条件包括：各类融资工具的净增加额总额（小于等于前述计算的 65.33 亿元）、资产负债率（低于 80%）、两金占营业收入比重（低于 40%）等。

设置好目标值 WACC 的计算公式及相关约束条件进行规划求解，求解过程如图 10 所示。

图 10　线性规划求解过程

得出最优解如表 10 所示。

表 10　　　　　　　　　　　　　线性规划——最优解结果

| 大类融资类型 | 融资类型 | 2020 年模型测算（净增加值）（亿元） |
|---|---|---|
| 资产支持类 | 保理 | −40.00 |
|  | PPP 证券化 | 0.00 |
|  | ABN | 0.00 |
|  | ABCP | 3.92 |
| 债务类 | 超短融 | 0.00 |
|  | 投资项目贷 | 45.00 |
|  | 票据 | −20.00 |
| 权益类 | 永续债 | 36.41 |
|  | 债转股 | 0.00 |
|  | 普通股 | 0.00 |
| 表外 | 供应链 ABS | 20.00 |
|  | 供应链金融 | 20.00 |
| 总融资额 | | 65.33 |
| 加权平均资本成本 | | 4.52% |

# 四、实践成效

## （一）资金头寸更加合理，资金使用效率提升

通过搭建精细化融资预测模型，提前识别和准确预判目标资金存量及资金缺口时点，统筹安排筹融资进度，改善"存贷双高"的情况，提升资金使用效率，降低筹融资成本。2020 年末中交二航局实际的货币资金存量与预测目标现金余额 116 亿元相比，基本吻合，月均资金存量较上年低 31 亿元，节约 1.16 亿元的融资成本。

## （二）融资结构愈加优化，融资成本有效控制

通过融资预测的前置管理和搭建的以收付融联动式资金预算管理体系，提高收款、付款和融资预算的联动效率，以有效的资金事前管控，动态平衡融资结构、优化资产结构、降低财务费用。2020 年末金融工具余额较年初减少 13.28 亿元，新增金融工具占营业收入比重较上年减少 0.51 个百分点，额度较上年减少 36.85 亿元，降低资金成本约 1.38 亿元，节约财务费用 2.04 亿元。

## （三）财务指标整体可控，精细化管控水平提升

根据理论研究思路，研发并运用收付融联动式资金预算管理信息化系统，资金业务处理与预算系统有效关联，业务执行与预算目标存在较大偏差时，预警或禁止业务开展，有效保障业务执行在预算范围内。2020 年实际收款超预算 6.64 亿元，实际付款较预算多支出 0.20 亿元，预算偏差较小。

## （四）内源融资充分释放，资金统筹能力提升

通过各级组织的收、付、融有效联动，提升两级总部资金管理中心的资金统筹能力，优化内部资金管理平台和一体化的资金计划、拨付、往来结算管理流程，提高内部资金池运作效率，充分挖掘和释放内源融资潜力。2020 年全年内部拆借总额151.72 亿元，同比上年增加 52.31 亿元，节约利息约 4.85 亿元。

# 五、经验总结

## （一）理论研究是依据

在深入剖析存在的管理痛点和难点后明确了研究目标，通过广泛的理论资料研究

和学习，探索出可行研究思路和可能适用的数理模型，并与业务部门联动，反复讨论、推演、验证模型的合理性和准确性，最后确定各环节最为适用的数理模型，为后续实践应用和推广提供理论依据和有力支撑。

## （二） 组织建设是保障

为促进以收付融联动式资金预算为基础的融资需求预测和融资结构优化在企业内部有效落地实施，在总部层面成立了资金预算专项执行组，在分子公司层面明确了资金预算第一责任人、直接责任人、责任主体部门，在项目部层面明确了牵头部门，打造了"纵向贯穿、横向协同、全面覆盖"的资金预算管理机构，是收付融联动式资金预算顺利推进的重要保障。

## （三） 多维联动是关键

收付融联动式资金预算是一项涉及各级管理层、各相关业务部门的工作，在实施过程中相关部门协同、上下各级联动推进，打破"单位墙""部门墙"，实现多维联动，是资金预算工作取得实效的关键。

## （四） 系统建设是支撑

以收付融联动式资金预算为基础的融资需求预测和融资结构优化实施过程中，成功搭建了资金预算信息系统，缩短了预算编制审核汇总的时间周期，提升了基层部门和管理机构的工作效能，强化了预算执行过程的刚性管控，实现了预算执行监控和实时预警机制，提高了资金预算工作效率，是资金预算有效实施的有力支撑。

（中交第二航务工程局有限公司：周　露　毛毅强　王勇华　鲁　露）

**案例评语：**

该案例针对公司如何准确预测外部融资规模、合理匹配融资结构等问题，以智能化、科学化管控为基础，开展融资需求预测和结构优化的应用研究，确立目标现金持有量预测—融资需求预测—融资工具组合预测的总体研究目标和思路，选取时间序列模型测算法、可比公司法、收付融联动式资金预算、销售百分比法、线性规划法等主要管理会计工具，构建了精细化融资需求预测和结构优化体系，填补了大型建筑企业精细化融资需求预测和结构优化研究领域空白，为提升资金精细化水平，加强资金科学管理，为企业高质量发展提供有力支撑。

案例在构建公司融资需求预测模型，帮助企业实施科学预算等方面，具有较好的借鉴价值。

# 基于战略管理的链式产业金融服务体系探索<sup>*</sup>

## 摘要

当前，国内外形势复杂多变，产业链安全稳定面临前所未有的挑战，党中央、国务院多次关于产业链安全提出相关指示，对于"稳链、固链、强链"提出了更高的发展要求。2018年，"两核"重组后，中核集团产业自成一链，产业协同能力进一步提升。然而，集团产业上下游企业存在因行业发展周期不同、企业发展阶段不同造成的产业链资金流通不畅、资源配置不合理等问题，影响产业链生态环境稳定。

破解集团产业链资金融通难题是一项复杂的系统工程，需要整合业务流、信息流、资金流等资源，建立统一调度的治理机制。中核财务公司依托资金集中、资金监控、资金结算和金融服务"四个平台"功能，同时承担着中核集团司库"建、运、管"实施主体，通过集中各类信息、实行资金资源调配，运用战略管理的核心理念，结合司库管理中心职能，形成了中核链式金融服务体系。

中核财务公司通过链式金融服务体系探索实践，实现信贷资源转移配置超过100亿元，解决产业链资金支付需求超过74亿元，节约成本超过10亿元，在提升资源配置效率、降低产业链整体成本、防范化解资金风险、保障产业链安全稳定发展等方面取得良好的效果。相关管理会计工具和方法的应用获得行业内高度认可，为大型企业集团资金管理、解决产业链资金问题提供参考，具有推广价值与意义。

# 一、背景描述

## （一）单位基本情况

中核财务有限责任公司（以下简称"中核财务公司"或"公司"）成立于1997年7月21日，经中国人民银行核准成立，接受国家金融监督管理总局和中国人民银行日常监管的非银行金融机构。2023年，公司获颁成为集团公司司库管理中心，进

---

\* 本案例数据来源于公司内部，为内部数据。

一步深度融入集团公司资金管理相关工作。

### （二） 中核集团产业链现状及存在的问题

中核集团产业具有鲜明自身特点：一是核工业产业链上下游企业大部分在集团内；二是产业链具有链式特点，产业传导效应强；三是肩负国防建设和民用核能发展双重重任。

随着两核重组与融合，中核集团产业在迅速发展的同时，发展不均衡问题也逐渐凸显：一方面是产业链各环节发展不均衡，部分单位较为强势，资金盈余多，而部分薄弱环节资金极为紧张，高额带息负债成本向产业链上下游传导，从而推高产业链整体成本；另一方面是产业链企业各阶段发展不均衡，部分具有重要战略意义的企业受行业需求周期影响，资金剧烈波动造成企业融资管理难度加剧，从而给集团战略保障带来风险；三是金融资源统筹管理不够，金融资源配置未倾向具有战略发展意义的弱势企业。

### （三） 链式产业金融服务体系构建原因

解决集团公司链式产业资金问题是一项复杂的系统工程，中核财务公司以集团发展战略为指引，依托政策引导与金融工具，构建适应中核集团战略发展的链式产业金融服务体系，实现战略引导下的金融资源统筹配置，推动集团产业链资金问题解决。

---

# 二、总 体 设 计

### （一） 链式产业金融服务体系核心目标

中核财务公司作为中核集团司库管理职能单位与内部金融机构，根本职能是服务中核集团发展战略，以融促产，发挥产业链供应链金融活水作用，实现中核集团产业利益最大化。公司充分应用管理会计中"战略管理""营运管理""内部转移定价"等理念与工具，以中核集团战略发展方向为指导，进行集团资金资源的合理配置，从而实现中核集团产业链整体利益最大化的目标，促进产业链发展与稳定。

### （二） "1253" 链式产业金融服务总体思路

解决中核集团链式产业各环节与企业各阶段资金不均衡的问题，实现产业利益最大化，资金与资源的统筹调度与合理配置是关键。首先，公司以"战略管理"为指导，深入分析研究中核集团产业链条上下游企业情况，制定了以战略定位、资金管理为导向的分类评级工具，引导信贷资金向集团战略发展支持、资金稀缺的企业投放；其次，公司以"内部转移定价"为指导，统筹调度资金池及票据等各类金融产品，进而影响产业链上下游交易价格，缓解产业链资金不平衡问题；最后，公司以"运营管理"为指导，通过业务流程优化与服务优化，实现资金等金融资源统筹调度。

经研究实践，公司立足管理会计的工具灵活应用和自身数据信息与资金管理优势，建立了"1253"链式金融服务体系（见图1）：

1 个目标：以促进集团产业利益最大化为核心的服务目标。

2 个控制点：紧抓管理人员和职责两个关键控制点。

5 个基础要素：围绕产业链单位管理、金融机构关系管理、产品管理、数据信息管理、风险管理五个基础管理要素建立服务体系。

3 个有效手段：有效利用"战略管理""内部转移定价""营运管理"理念，有效发挥强链、固链效应。

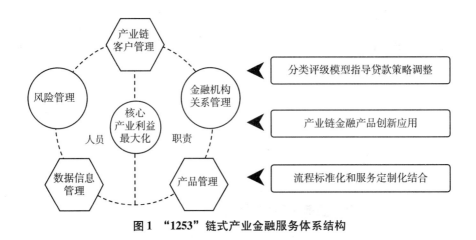

图 1 "1253" 链式产业金融服务体系结构

### （三）应用管理会计工具方法的内容

**1. 强化战略引领作用，提升集团核心竞争力**

链式产业金融服务体系应用《管理会计应用指引第 100 号——战略管理》，在波士顿矩阵分析法基础上，创新引入现金流坐标和战略坐标，对成员单位进行分类评级，引导金融资源流向集团战略企业，有效强化企业核心竞争力。

**2. 构建产业金融营运体系，增强链式金融服务能力**

链式产业金融服务体系应用《管理会计应用指引第 400 号——营运管理》，在充分考虑集团战略目标的前提下，建立涵盖集团产融链条上单位、业务与财务相结合的链式产业金融服务关系网络，有效增强链式金融服务效率和质量。

**3. 开展内部转移定价，提高集团资金配置效率**

链式产业金融服务体系应用《管理会计应用指引第 404 号——内部转移定价》，遵循合规性、效益性及适应性原则，综合战略、期限、风险等因素，实现内部转移定价。通过金融产品创新推广应用，促进产业链核心企业信用赋能中小企业，从而降低中小企业成本。

### （四） 链式产业金融服务体系的创新之处

**1. 创新分类评级模型，丰富"战略管理"等管理会计工具应用**

中核财务公司通过深入分析研究集团公司产业链条上下游企业情况，打破了传统金融机构以风险决定投放的资源配置逻辑，创新性制定了以集团战略发展、资金管理为导向的分类评级工具。该工具得到行业协会高度认可。

**2. 创新"内部转移定价"等管理会计工具使用**

中核财务公司充分运用资金池及产业链金融产品，创新构建基于战略管理的内部转移定价机制，针对产业链薄弱环节，创新多种产业链金融产品应用，有效解决集团产业链资金与各企业发展的不均衡问题，进一步提升链式资金流通效率。

**3. 创新业务流程与服务模式，提升"营运管理"水平**

中核财务公司通过模式与流程优化，在业务管理流程上，通过提高业务的办理效率、增强业务审核标准的灵活度、提升使用的便利性，做到更好地服务产业链成员单位；在服务模式上，结合内外部金融机构资源，在产业链上下游各企业中使用多项金融产品，系统性深入解决产业链资金的痛点、难点问题。

# 三、应 用 过 程

## （一） 参与部门和人员

高效专业的团队人员和相应的组织，是产业金融服务实现效果的基础保障。中核财务公司通过建立相应的团队（见图 2），围绕团队具体"人员"及"职责"这两个关键控制点，充分发挥各方优势，实现资源的有效配置，确保服务体系各项工作的有效推进。

具体人员组织方面，中核财务公司在中核集团财务部领导下，通过司库管理中心统筹，将具体组织分为公司层、部门层和执行层。公司层由两位公司副总经理牵头组织产业链金融专班，从战略层面把握公司产业链金融工作方向；部门层面由客户业务部牵头，风险管理部、信息科技部、资金计划部、金融市场部协同，组织重点工作；执行层由上述部门内设产业链金融专项小组，负责具体工作落实执行。

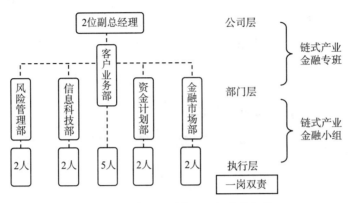

图 2　链式产业金融体系组织人员结构

## （二）链式产业金融服务体系的应用流程

### 1. 围绕五个管理要素，建立体系管理架构

产业金融需要面临产业复杂问题和金融产品风险合规的双重压力，具有客户对象多、产品类型复杂、数据信息零散、业务风险隐蔽等特点，为服务管理带来难度。为了简化管理维度，突出管理重点，公司围绕需要重点关注的客户、金融机构、产品、数据、风险五个管理要素，从五个方面共同发力进行管理改革，建立链式产业金融服务关系网络。

（1）产业链客户管理。

产业链客户是金融服务的对象，关系着产业金融的服务方向。公司由客户业务部牵头主导客户管理改革，改变以往业绩导向的被动式客户管理模式，从需求端和战略端两方向入手，主动挖掘潜在客户。需求端方面，中核财务公司主动深入集团链式产业研究，从产业链顶端穿透至底端，调研走访产业链中23家重点单位，进行各环节资金情况分析、产业模式研究、融资模式研究，建立集团多条产业链关系，通过产业链关系中的业务关系，进一步深入了解其资金交易场景，从而找到产业链中资金的薄弱点和需求点，确定产业链潜在客户。战略端方向，从集团战略规划中，筛选出集团未来战略支持方向，进一步筛选目标客户。基于战略端和需求端两个方向，创新使用分类评级体系，进一步完善客户管理，拓展客户范围，精准确定服务方向。

（2）金融机构关系管理。

金融机构是产业金融的服务提供方，关系着产业金融服务的质量。公司由资金计划部牵头主导产业金融的金融机构关系管理，发挥集团内外部金融机构的协同效应。在此过程中，中核财务公司发挥司库管理与内部金融机构优势，与集团内外金融机构建立良好合作关系，与集团17家战略合作银行均建立了票据保贴机制，通过市场化询价寻找最优解，优化金融机构管理能力，使产业利益得到最大化的保障。

（3）产品管理。

金融产品是产业金融服务的手段，关系着产业金融服务的效果。公司由客户业务部牵头主导金融产品管理，创新金融产品场景，降低产业融资成本，守住风险合规底线。中核财务公司基于金融市场情况，充分结合传统产品工具与市场产业金融产品特点，在监管合规范围内，结合集团链式产业实际情况与需求，创新票据、保理等产品使用场景，实现产品管理。

（4）数据信息管理。

数据信息是产业金融的基础，关系着产业金融服务的效率。公司依托司库系统，将资金流、业务流、财务数据等数据进行整合统一，通过资金计划的统一管理，穿透发现各产业链条上成员单位资金稀缺周期规律，进而发现各成员单位链式产业上的资金痛点与难点问题，做到有的放矢，精准服务，进一步提升业务效率，并保障产业背景的真实性，防止发生虚假贸易融资。

（5）风险管理。

风险管理与金融业务如影随形，关系着产业金融服务的安全。风险管理部主导进行产业金融的风险管理，结合链式产业风险传导建立对产业关系的深入认识和对金融业务风险的深入把控，合理控制产业链金融服务的实质风险与合规风险，守住产业链金融的风险底线，保障集团资金安全。同时，充分应用司库系统建立债务风险分析模型、违约潜在风险模型等，从基本面实时把控成员单位债务风险，以及对外风险敞口，为集团产业健康发展提供坚实保障。

**2. 以"战略管理"理念为指导，创新分类评级体系，调整产业贷款投放方向，补强产业链薄弱环节**

资金调剂是财务公司产业金融的重要职能，是稳链、固链的重要工具。然而，根据中核财务公司2020年信贷资金投放数据，板块1贷款投放规模为350.55亿元，占比高达71.9%，板块2贷款投放规模为72.19亿元，占比为14.81%，中核集团内部其余行业贷款投放占比之和仅为13.29%。板块1企业资信优质，在市场化金融机构评级较高，属于授信与资金富裕型企业，内部资金资源过度向板块1企业集中，一方面造成了内部资金与外部资金的恶性竞价，另一方面使内部金融资源调剂功能不能有效发挥，集团其他资金稀缺型企业无法得到有效扶持。

为有效解决引导集团内部资金资源配置，培育核心竞争力，发挥财务公司利用资金精准补强产业薄弱环节职能，中核财务公司建立新型分类评级体系，具体如下：

（1）分类评级实践目标。

一是通过分类评级，强化信贷资金战略导向管理。根据中核集团产业发展战略要求及特色，建立分类评级适应性指标，对集团产业链关键企业进行分类评级，并给出资金配给建议及风险定价，有效促进信贷资金配置向以集团战略发展、企业资金稀缺为根本导向的结构转变，提高财务管理创造战略价值的潜在能力。

二是充分发挥财务公司信贷资金直接与间接效应。中核财务公司信贷资金投放策略是外部金融机构对于集团总部是否进行支持的重要参考因素之一。财务公司通过联合外部金融机构，统筹内外部金融资源，推动优质金融资源向战略性企业集中。

（2）分类评级具体内容。

分类评级体系打破传统金融机构以风险偏好决定资金投放的基本业务逻辑，开创性地建立以现金流指标和战略性指标为 X 轴和 Y 轴的坐标体系，将集团下属成员单位分为四类，运用十级评级模型，对不同类别和信用等级的成员单位资金等金融资源配置及定价提供决策支撑。概况来说，四类企业分别是：Ⅰ类企业为集团公司核心竞争力企业且资金富裕型；Ⅱ类为集团公司核心竞争力企业，但资金紧缺型；Ⅲ类为集团公司非核心竞争力企业，但资金富裕型；Ⅳ类为集团公司非核心竞争力企业，且资金紧缺型。

①分类体系建立。

分类评级指标体系是结合集团公司战略发展相关要求及企业现金创造能力等设定定性及定量指标。分类体系采用打分卡模式，对企业现金流一级指标及战略一级指标进行打分，现金流指标与战略指标得分分别为各一级指标之和。具体如下：

现金流坐标打分卡（X）如表 1 所示。

表 1　　　　　　　　　　　　分类评级模型现金流坐标打分卡

| 项目 | 打分标准（亿元） | 得分（k） | 比例（p）/% | 公式 |
|---|---|---|---|---|
| 融资能力 | （授信总额/融资总额）－15 | （0，＋∞） | 30 | $X_i = k \times p$ |
| 连续三年平均利润总额 | $\sum_{i}^{i+2} P/3$ | （－∞，＋∞） | 30 | |
| 连续三年利润平均增长率 | $((P_{i+3}-P_i)/|P_i|)^{1/3} \times 100$ | （－∞，＋∞） | 20 | |
| 连续三年净经营性现金流为正 | 是＝1/否＝－1 | 1 或 －1 | 20 | |
| 总得分 | $X = SUM(X_i)$ | | | |

战略坐标打分卡（Y）如表 2 所示。

表 2　　　　　　　　　　　　分类评级模型战略坐标打分卡

| 项目 | 打分标准 | 得分（k） | 比例（p）/% | 公式 |
|---|---|---|---|---|
| 集团公司专业化公司、部分直属单位 | 是＝1/否＝－1 | 1 或 －1 | 10 | $Y_i = k \times p$ |
| 在集团战略规划和产业布局中具有核心地位、发挥关键作用的单位 | 是否属于核心企业 | ［－1，1］ | 50 | |
| 承担核心能力建设的重要企事业单位 | 是＝1/否＝－1 | 1 或 －1 | 30 | |
| 重点批复的项目，且总投资额超过 40 亿元 | 是＝1/否＝－1 | 1 或 －1 | 10 | |
| 总得分 | | | | |

| 总得分 | $Y = SUM(Y_i)$ |

②评级体系建立。

在分类基础上，中核财务依托通过现有以成员单位财务报表为基础，结合分类结果、经济形势、行业特色、管理情况等多角度对成员单位进行评级。

③细化金融支持政策。

在成员单位完成分类评级后，中核财务公司根据不同企业类型，实行不同金融支持政策，贯彻落实战略导向，详情如表 3 所示。

表 3

| 企业类型 | 金融支持政策 |
|---|---|
| Ⅰ类 | 全力保障成员单位资金需求，包括重大专项、临时性垫资、项目阶段无法取得外部融资的，积极鼓励并支持融资模式创新及市场化融资 |
| Ⅱ类 | 重点支持成员单位资金需求，包括重大专项、临时性垫资、项目阶段无法取得外部融资的 |
| Ⅲ类 | 审慎提供金融支持，确因为降低融资成本或配合集团整体资金运作的提供资金支持；借款单位经营状况良好且具备还款能力需临时性资金周转的，提供临时资金支持 |
| Ⅳ类 | 原则上不予以提供金融支持，但集团明确需要存续或发展的成员单位，资金短缺或存在重大债务违约风险的（需经集团相关部门充分论证）提供资金支持 |

通过实施该金融支持政策，为中核财务公司资金配置提供了管理优化路径，充分发挥财务公司借款的双重效应，使Ⅰ类企业以资金成本为导向，优先获取内外部金融机构的优质资源，Ⅱ类企业通过财务公司借款引导内外部金融资源共同培育企业发展，鼓励Ⅲ类企业市场化融资行为，限制Ⅳ类企业在资金资源方面的无效占用，维持规模不增，有序减少。

④风险定价。

资金定价是实现金融资源转移定价的重要工具，调高Ⅲ类与Ⅳ类资金成本用于补贴Ⅰ类与Ⅱ类企业，实现内部资金转移定价。资金定价以成本定价及收益期望定价为基础，按照不同类别企业及评价结果综合给出建议定价。其中成本定价主要为公司去除税率后的加权平均资本成本（WACC）。收益期望主要为信用风险与期限风险。对于信用风险，以分类结果挂接预期损失拨备系数，乘以评级结果，得出信用风险利率，体现分类对评级结果的引导作用；期限风险则是采用国债利率计算期限风险补偿率，因为国债风险极低，剔除了违约风险成本。基于以上结果，贷款建议利率（%）= $WACC + R_d +$ 评价系数（信用级别）× 预期损失拨备系数（类别）。

$$WACC = 综合融资成本 × （总负债/总资产） × （1 - 企业税率）$$
$$+ 净资产收益率 × （净资产/总资产）$$

$R_d = A(e^{BT} - 1)$，$T =$ 期限（年），$A = 0.02028$，$B = 0.0308$（A，B 均基于国债利率计算）。

评价系数如表4所示。

表4　　　　　　　　　　　分类评级模型评价系数

| 评价等级 | 评价系数 |
|---|---|
| AAA | 0.55 |
| AA | 0.60 |
| A | 0.65 |
| BBB | 0.70 |
| BB | 0.75 |
| B | 0.80 |
| CCC | 0.85 |
| CC | 0.90 |
| C | 0.95 |
| D | 1.00 |

预期损失拨备系数如表5所示。

表5　　　　　　　　　　　分类评级模型预期损失拨备系数

| 分类评价类型 | 预期损失拨备系数 |
|---|---|
| Ⅰ类 | 0.005 |
| Ⅱ类 | 0.01 |

续表

| 分类评价类型 | 预期损失拨备系数 |
| --- | --- |
| Ⅲ类 | 0.015 |
| Ⅳ类 | 0.02 |

⑤后评价跟踪机制。

为保证分类评级体系的创新性和活力，充分实现与集团产业发展的高度体系，后评价体系是维护分类评级体系的重要一环。后评价体系将从战略和 ROIC（投入资本回报率）两方面进行综合评价。

战略方面，将根据集团战略变化，调整分类指标体系中的战略指标及权重，并重新对成员单位进行分类。

ROIC 方面，按照企业类别将 ROIC 分层分析，分别从成本生产效率、劳动力生产效率、设备生产效率等指标与行业平均进行对比分析，找出造成差异的根本原因，并提出整改措施及指标调整措施。

**3. 立足"内部转移定价"工具使用，创新产业链金融产品应用**

应收账款与应付账款管理是开展产业链金融的根本依据，也是解决产业链各环节不平衡问题的关键环节。产业链金融产品是以产业链核心企业为依托，针对产业链各个环节，设计的个性化、标准化的金融产品。通过综合分析集团内产业链各核心企业，结算挂账处理不仅延误了产业链上的资金流转，造成"强的越强、弱的越弱"的马太效应，也造成了产业链条上的下游企业融资成本增加。因此，财务公司推出以票据为主，结合多种产业链金融产品的综合金融服务产品，并在中核集团产业链企业中推广应用，通过强势企业信用传递，解决产业链薄弱环节资金需要，降低其融资成本从而推动整体交易成本降低。

（1）推进"应收账款票据化"，畅通产业链资金流通。

票据是畅通产业链资金流动的重要工具之一。近年来，人民银行推动使用票据结算替代挂账缓解产业链上企业资金短缺，融资成本高的问题。为此，中核财务公司以与集团产业的紧密联系和自身在金融机构的优质信用作为基础，在集团内部产业链之间实现票据高效率流转，同时充分利用财务公司在金融机构间的优质信用，赋能集团产业链，降低财务成本，实现财务成本内循环。

创新票据业务推广模式，增加票据使用量。为实现财务公司承兑汇票对于集团产业链的助力作用，财务公司根据不同产业链企业创新推广模式。核电企业作为核电产业链核心企业，是产业链资金流通的关键一点。财务公司组织与核电财务部、采购部相关人员会议，打通核燃料供应链、核电设备采购链，提升票据流转效率，丰富核电企业结算工具。同时，为降低票据贴现成本与拓宽贴现渠道，中核财务公司充分发挥在金融机构的信用优势，与十家集团公司战略合作银行签订票据战略协议，平均贴现成本较签约前降低1%。

创新票据应用场景，开展新能源票据业务。对于集团发展迅猛的新能源企业，产业链金融小组根据新能源企业新建项目发展模式，创新建立了"新能源票据"闭环业务模式，即利用票据支付采购款，随后使用项目贷款偿还票据到期款，交易对手可通过贴现及时获取现金。该模式一是延长付款期的同时，不影响交易对手资金流通；二是压降资金占用成本，有效缓解新能源企业新建项目的成本压力。

（2）利用司库数字化手段，盘活成员单位应收账款资产。

应收账款保理可以作为上游企业资产盘活的金融工具。但是对于保理业务，应收账款质量是关键。中核财务公司依托司库系统，获取成员单位应收账款数据，对成员单位应收账款质量进行分析，并对率先开展集团内成员单位的应收账款，充分保障上游企业的资金需求，助力上游企业压降资产负债率，缓解流动性紧张，降低融资成本，实现集团成本内循环。

**4. 提升运营管理效率与质量，促进流程标准化与服务定制化有机结合**

（1）制定标准化业务流程，提升日常业务效率。

对于成员单位而言，公司现有业务产品，如贷款、银团贷款、保理、票据承兑、票据贴现等即可满足其大多数日常业务场景的资金及支付需求，进一步优化业务管理主要取决于业务的办理效率、业务审核标准的灵活度和使用的便利性等因素。

为了进一步服务产业链成员单位，中核财务主要在以下四个方面进行了业务流程优化：

一是重新修订了相关业务制度与流程。根据现有业务情况与要求，重新修订了中核财务公司授信、票据与保理业务管理办法，在合规审慎的基础上下，重新梳理对于票据、保理等产业链重要业务的管理要求，完善各项业务流程。

二是优化了各项业务申请材料及调查审核报告。业务部门与风险管理部门联合，针对不同业务品种或不同业务场景，确定具体业务申请材料并制定材料清单，加强调查审查的针对性。

三是细化了各项业务审查标准及要点。风险管理部依据监管合规要求，细化各项业务具体审核标准并在业务审查过程中逐项列出审核情况，如票据业务，风险管理部将业务场景分为四类，分别列出20余条审查要件，极大提高了业务审查效率和准确性。

四是充分利用信息科技技术提高工作效率。通过司库系统的建立，实现成员单位业务流、资金流、信息流的集中管理，通过嵌入分析模型以及对数据的充分挖掘，实现数据实时更新、分析一键显示,大大提升了工作效率。

（2） 推进定制化金融服务,提升创新业务质量。

针对产业链中部分企业的特殊业务需求或产业发展的自身特点,中核财务通过推进定制化金融服务,深入解决产业链资金的痛点、难点问题。

产业链金融小组牵头,联合前中后台共同制订业务方案,具体商定具体业务条件,做到"一企一策"。较为典型的是在一个集团重点专项资金缺口问题的解决方案中,公司一方面向产业链核心企业办理低息贷款、开具承兑汇票,解决其专项资金未到位的大额资金缺口和资金合规用途问题,保障专项工作有序推进;另一方面,向产业链核心企业的上游供应商办理承兑汇票、应收账款保理,解决其供应商的垫资压力。在业务办理中,针对项目建设的承兑汇票开立的具体要求、承兑汇票手续费收取方式、核心企业授信占用条件等特殊需求,在风险合规的前提下进行模式创新,更加贴合产业现实需要,提高了产业链金融服务的质量。

### （三） 在实施过程中遇到的主要问题和解决方法

#### 1. 面临的主要问题

在链式产业金融服务体系的实施初期,面临来自客户、来自市场和来自公司内部的四方面问题。

一是以分类评级为工具指导金融资源配置需要集团公司制度化支撑。分类评级归根结底是以集团战略发展为根本指引指导集团内外金融资源配置,如果要实现充分效果,需要在集团内部建立管理机制,推动进行基于司库管理的金融资源跨部门配置改革。

二是产业链企业对于票据等产品应用,受制于前期商务合同、谈判结果和过往业务习惯,将票据支付纳入新签的商业合同结算方式中也需要财务部门与商务部门间的共同配合。

三是中核财务票据的市场认可度与业务便捷度还需提升。集团各级各企业供应商对财务公司了解认知程度不同,接受财务公司票据意愿存在差异;同时,供应商分布在全国各地,收到票据后如办理贴现或质押等业务仍需要当地银行配合,财务公司对后续业务需求的服务配套需要提供更多保障。

四是公司内部对于业务价值贡献认同存在差异,认为业务流程烦琐、收益低,配合度和主动性一般。票据业务及保理业务等产品收入相较贷款业务较低,同时办理业务流程烦琐,审核复杂,内部存在对业务的风险认知不足等问题,各部门对于业务办理的积极性不高。

#### 2. 解决方法

面对内外部存在的问题,中核财务公司主要通过以下方式解决。

一是以中核财务作为试点试行分类评级资源配置策略。中核财务作为集团内部金融资源的重要组成部分，且中核财务具有信用外溢效应，其能带动的直接与间接的金融资源是巨大的。因此在中核财务试行分类评级金融资源配置策略，并将相应成果进行展现，有助于推动集团公司在集团层面进行推广。

二是以"共赢"的思路解决问题，不改变现有各方利益诉求，通过实际利益驱动商务模式变革，实现各方利益最大化。中核财务公司联动成员单位财务部门与商务部门进行业务结构特点宣传，设计买方付息业务模式，精确计算出可节约财务成本，同时可使供应商立即获得现金，切实节约企业财务成本，促使企业办理业务主动性提升。

三是中核财务公司积极参与集团供应商大会与各核心企业供应商大会，大力进行业务宣传。中核财务公司不断加大与各银行在票据业务方面的战略合作，通过签订票据业务服务协议，建立票据贴现、转贴现服务联动模式，为财务公司承兑的票据持有方提供异地、快捷、成本最优的各项票据业务服务，贴现成本降低至五大行承兑票据水平，逐渐形成业务口碑。

四是组织考核引导，转变价值创造理念。在价值理念方面，中核财务公司向集团争取将为成员单位节约成本计入公司利润考核，同时将此项观念不断深化入公司内部，形成新的价值创造理念，增强各部门和员工对于新业务的认同感和积极性。在绩效考核方面，制定部门考核与专项奖励结合机制，针对专项工作的贡献度在部门日常考核基础上基于薪酬加成激励，奖励在产业金融专项工作中有突出贡献发挥创新引领作用的人员。

# 四、取得成效

## （一）提升信贷资金配置效率，发挥战略支持作用

在战略管理理念下，中核财务公司通过分类评级工具的使用，强化以集团公司战略发展为指导原则，转移培育集团核心竞争力企业，取得良好效果。在实施分类评级工具后，信贷资金配置发生明显变化，核电板块与核建板块由工具实践前占投放总量的81.24%，降低至64.47%（见图3和图4）。资金配置不断向资金稀缺型企业转移，如增加中核环保客户资金投入，帮助其哺育新建公司，利用银团贷款等多种工具助其开展近20亿元项目规模，实现连续两年利润增长，合计为中核环保增长约8000万元纯利润；增加同方股份等科技企业资金投入，协助其科技成果转化；增加新华发电与中核汇能新能源企业资金投入，资金投入较举措实施前增加了107.33亿元，有力支撑了集团新能源企业发展。信贷资金的配置多样化，不断培育集团公司产业链的核心竞争力。经统计，信贷资源配置的转移为资金紧缺型企业节约财务成本超过9.83亿元。该实践成

果得到中国财务公司协会的高度认可，相关论文获得协会相关奖项。

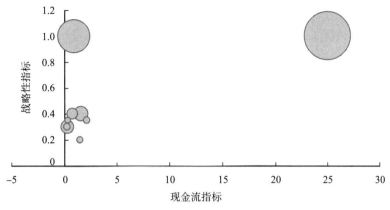

图3 贷款投放分布——实践前

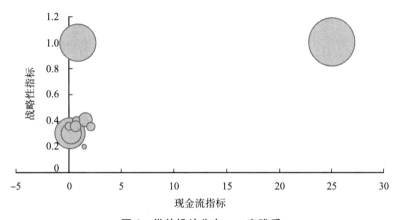

图4 贷款投放分布——实践后

## （二） 促进金融产品创新应用，降低产业链整体成本

中核财务公司推动产业链创新产品应用，显著降低了产业链中小企业融资成本，从而降低产业链整体成本，有利于产业利益最大化。中核财务公司建立了成熟的核电—核建、核电—核燃料、重大项目—科研企业等关键产业链业务模式，综合票据市场利率走势及贷款市场利率走势分析，解决各环节面临的各类资金需求。中核财务公司通过与多家银行的协商谈判，贴现年化成本从2%降低至1.3%~1.4%，较企业融资成本下降200BP。业务实践两年来，累计通过办理票据承兑、保理业务解决产业链各环节资金需要约74.19亿元，为集团产业链降低融资成本超过5000万元。目前该模式已经在中核产业链中形成良好经济效益和示范效应，逐步向各细分产业链环节进行推广应用，业务规模显著提升。

### （三） 强化运营管理，提升集团产业风险防控能力

中核财务公司构建的链式产业金融服务体系充分发挥与司库管理系统的协同效应，切实有效地提高了集团产业风险防控能力和营运管理能力。第一，通过司库系统充分了解成员单位融资预算、资金计划及流动性风险情况，协助其进行事前的预算管理、投融资管理；第二，中核财务公司通过司库系统的科技赋能和数据汇总，全方面了解产业信息、迅速捕捉到产业相关风险，司库管理中心中的票据风险管理模块，对成员单位持有的票据承兑人进行风险提示，做到及时发现，并提示成员单位尽快采取措施，防止经济利益受损；第三，中核财务公司作为内部金融机构，将产业链金融风险管控理念融入集团成员单位资金管理中，提高集团产业的风险管理水平。

# 五、经 验 总 结

### （一） 基于管理会计理念与工具应用，链式产业金融服务体系仍需持续优化

链式产业金融服务体系基于战略管理基础，涉及内部转移定价等多种工具应用，是贯彻管理会计中关于经营管理、战略发展支持等方面的有力体现。通过实施链式产业金融服务体系，中核集团产业链取得较好经济效益，战略支持作用显著增强，然而，该服务体系及相关工具应用仍具有一定局限性：一是在产业链金融业务管理方面，财务公司作为金融机构，依然受行业信贷政策及管理要求影响，不能实现完全由集团主导的资源配置，因此，集团公司仍然需要基于产业发展战略，通过建章立制等手段，盘活集团内外部金融资源，做好产业链条上的风险防控，推进业财融合；二是货币市场处于持续变化状态，分类评级体系中的定价模型需不断根据市场情况进行修正和调整，以提升内部转移定价效率；三是针对集团产业链中处于不同行业的企业，在应用与实践中需进一步结合行业周期发展规律设计产品与信贷策略，以应对来自产业链外部，由行业本身发展带来的资金风险。

### （二） 推广链式产业金融服务体系的考虑

在实践中证明，通过财务公司等内部金融机构推行产业金融服务，是企业集团实现资金资源合理配置、提升产业链资金使用效率的良好途径。

中核集团属于综合型企业集团，集团内企业遍布制造业、电力生产、商务服务、矿产开采等众多行业，产业链关系较为复杂。中核财务公司根据集团产业链特点与传

统交易习惯设计链式产业金融服务体系，促进资源更加向集团主业倾斜，是企业集团资金管理的良好实践。其中使用的工具方法与资金管理手段在大型企业集团的产业链金融服务和资金管理应用中具有较强的借鉴与推广意义。此后，中核财务公司将不断创新探索，深化管理会计理念工具的实践应用，继续在促进企业集团资金管理，推动产业链金融发展中发挥积极作用。

（中核财务有限责任公司： 田雨晴　郑怡笑　刘　欣　谷金阳　刘伟萍

王　旭　张　建　刘兴勃　边立虎）

## 🎓 案例评语：

本案例聚焦产业金融运行体系的创新与实践，基于原理和工具，总结出一套具有社会推广价值的可复制体系。案例结合中核集团的实务操作，突出链式产业金融的特点，实现了对传统资金管理方式的突破和创新。本案例针对行业发展周期、发展阶段等不同造成的产业链资金和资源配置问题，提出整合业务流、信息流、资金流等资源的一体化方案，依托资金集中、资金监控、资金结算和金融服务"四个平台"功能，承担司库"建、运、管"实施主体，形成中核链式金融服务体系，在提升资源配置效率、降低产业链整体成本、防范化解资金风险、保障产业链安全稳定发展等方面取得良好效果。案例单位在产业金融领域的探索和实践，不仅逻辑清晰，与设计思路紧密相关，而且其成果和经验具有较高的参考价值，为同类行业提供了宝贵的借鉴。案例单位的探索过程和经验总结，对同类行业企业具有重要的借鉴意义，尤其是在资金管理、风险控制和产业协同等方面，案例提供的信息翔实，使同行能够以低成本学习和借鉴。

# 六、绩效管理

# 包头能源可持续发展战略绩效管理体系的构建与应用

**摘要**

习近平总书记在党的二十大报告中强调："必须牢固树立和践行绿水青山就是金山银山的理念，站在人与自然和谐共生的高度谋划发展。"① 为全面贯彻落实国家相关政策，包头能源紧跟集团发展战略，以可持续发展平衡计分卡为理念，以关键绩效指标（KPI）为主线，结合成本精益化管理和全生命周期资产管理，依据行业特点，构建并应用了可持续发展视角下全面绩效管理体系，助力公司低成本、高效率运营目标的实现。

具体地，企业在使用成本精益化管理和全生命周期资产管理的基础上，考虑到经济、社会、环境和管理四个方面的因素，通过将代表产品质量管理、可持续发展、技术创新以及社会责任履行等内容的考核指标纳入平衡计分卡，创建自身绩效指标库，为其匹配对应的战略绩效考核体系。此外，企业根据各部门单位的工作内容和业务性质难易程度，为其制定有差异化和针对性的考核指标、指标权重以及绩效分配方法，体现出了可持续发展战略绩效管理体系的公平公正性。最后，企业设置绩效考核反馈和修订机制，规定对考核双方关于绩效考核体系、指标内容、权重分配、考核流程以及考核标准等内容的反馈进行及时修订，实现了战略绩效管理体系的闭环管理，有助于提升下一周期的绩效管理工作。企业构建并实施可持续发展战略绩效管理体系，提升内部绩效考核效率，实现低成本、高效率运营，助力企业管理与服务效率提升，贯彻绿色可持续发展与追求卓越的核心价值观。

# 一、背景描述

## （一）单位基本情况

国能包头能源有限责任公司（以下简称"包头能源"）是国家能源集团下属的国

---

① 出自 2022 年 10 月 16 日习近平总书记在中国共产党第二十次全国代表大会上的报告。

有煤炭生产企业，业务涵盖煤炭开采、洗选、销售等多个方面，是内蒙古的重要煤炭供应商。其前身是 1958 年成立的包头矿务局，经过重组和战略转移，于 2011 年通过中国神华收购资产后成立。

截至 2022 年底，公司保有储量 42.8 亿吨，资产总额 124.18 亿元。拥有 17 个单位，包括 4 个生产单位（产能 1840 万吨）、1 个基建单位（设计产能 800 万吨/年）、1 个煤炭洗选分公司（下辖 2 个选煤厂）、1 座铁路装车站和 1 条一级计重收费公路。

### （二）管理会计应用基础

包头能源需按业务特点和战略目标进行组织及全员绩效考核，涵盖 12 个机关部门和 17 个下属单位，以及员工任务执行情况。现有考核体系已涵盖共性指标、关键绩效指标和工作绩效指标，并制定了全员绩效管理办法。

### （三）选择可持续发展战略绩效管理方法的主要原因

全球煤炭支撑经济发展，我国原煤产量稳定且占比高。为响应减排和提高能源效益要求，煤炭行业需转型，应用可持续发展战略绩效管理体系。包头能源为落实集团战略和工作方针，需建立和应用该体系，提升绩效考核效率。

**1. 应用体系助力企业转型**

包头能源构建体系，关注考核指标，强化高质量发展理念，推进精细化管理，助力可持续发展转型。

**2. 应用体系助力企业战略落地**

包头能源结合行业特点、集团战略和自身优势，以生产效益、环保、安全生产和技术创新为重点，推动战略落地，强化安全生产监督，促进生态环保，提升技术水平，打造创新型企业。

**3. 应用体系助力企业业财融合**

包头能源通过实施可持续发展战略绩效管理，整合财务和非财务信息，优化资源配置、降低成本、提高效率，增强风险抵御能力。需推动内部人员转型，加强业财体系顶层规划，协调各业务领域，推进一流财务管理和绩效管理体系建设。

---

# 二、总体设计

## （一）应用可持续发展战略绩效管理体系的目标

包头能源在战略绩效管理体系设计中，运用关键业绩指标（KPI）和可持续发展平衡计分卡理念，以引导各部门和单位聚焦低成本、高质量发展战略；激励完成战略目标，明确实现方式，确保战略落地；为绩效考核提供依据，绑定部门、职工利益与公司战略，形成合力。旨在提升企业管理效率，贯彻绿色可持续发展、追求卓越的核心价值观。在考核指标设置上，全面覆盖并考虑各部门职能和业务特点，制定差异化和针对性指标；绩效应用充分考虑多维度、权重、关键成果及评价标准，确保与集团公司战略紧密联系。

### （二） 应用可持续发展战略绩效管理体系的总体思路

首先，包头能源采用 KPI 和可持续发展平衡计分卡理念，形成战略绩效管理闭环。如图 1 所示，包头能源根据文件、行业特征和集团战略制定绩效考核指标库，为各单位和部门制定重点工作内容、考核体系和沟通体系。绩效考核后进行异议反馈、修订及战略执行回顾，调整下期工作。

其次，包头能源形成三层战略绩效管理体系，涵盖公司、部门/单位、个人层面。部门/单位层面结合 KPI 和平衡计分卡理念，形成战略绩效目标和评价指标，包括共性指标、KPI、工作业绩指标及加减分项。个人层面根据岗位职责分解战略目标，构建全员战略绩效管理指标体系，确保每位职工了解公司战略并为之作出贡献。

### （三） 可持续发展战略绩效管理方法的内容

包头能源公司围绕关键业绩指标（KPI）构建其战略执行框架，并吸收可持续发展平衡计分卡（BSC）的理念，系统地将公司战略分解为一系列具体且可操作的目标。公司建立了一个四元绩效管理体系，涵盖绩效目标体系、绩效管理流程、绩效管理制度及绩效管理组织架构四个主要组成部分。绩效目标体系居于中心地位，横跨公司级、部门/单位级至个人层面的绩效指标。

绩效管理流程则包含年度绩效计划的制定、重点工作的计划安排、绩效评估、绩效沟通、绩效异议的处理及绩效结果的修订六个连续的环节，形成闭环管理。在指标的配置上，除了通用的绩效指标外，公司还依据不同机关部门和单位的职能定位及业务特性，设立了具有针对性的关键业绩指标和工作业绩指标，以确保评估的公正性。

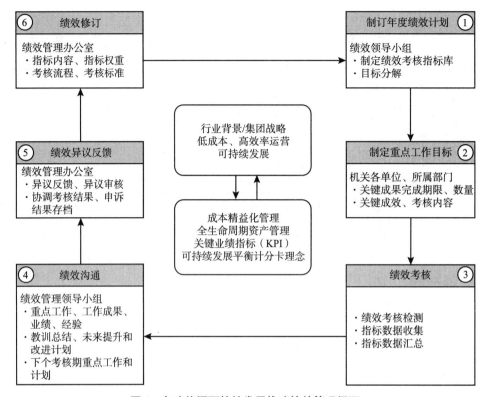

**图 1　包头能源可持续发展战略绩效管理闭环**

包头能源公司构建了绩效考核结果的反馈与修订机制，对指标内容、权重分配及考核流程等关键要素实施动态调整，以优化绩效管理体系。此外，公司还建立了相应的组织架构和信息系统等支持体系，确保绩效管理体系能够高效运行。

### （四）应用可持续发展战略绩效管理体系的创新

包头能源构建并应用可持续发展战略绩效管理体系，成功解决了考核体系不全面问题。公司以 KPI 为主线，借鉴平衡计分卡理念，设计并应用差异化、有针对性的管理体系，建立约束和激励机制，更好地适应煤炭行业多层级、大体量评价工作。

---

# 三、应用过程

## （一）参与部门和人员

公司根据机关各部门、所属各单位的职能定位与业务特点，对应各组织绩效考核对象，将现有机关部门和所属单位的考核层级划分为机关部门、生产经营单位、支撑服务单位以及基建单位四类。组织结构如图2所示。

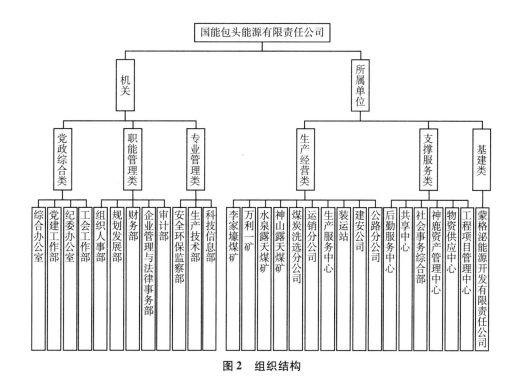

图2 组织结构

## （二） 应用可持续发展战略绩效管理体系的部署要求

### 1. 明确集团战略目标

包头能源的"1415"财务管理中心建设工程是以国能集团"14355"（一个目标、四全体系、三五措施、五项保障）财务发展目标框架为蓝本，在目标和体系层面进行了具体落实和细化，以期打造煤炭行业业财整合的新体系，体现了集团整体战略的统一性和协同性。在目标层面，包头能源"1415"的目标是对应集团构建世界一流的综合能源集团财务管理体系目标，即建设以"低成本"为战略目标的经营管理体系。在体系层面，集团"14355"的"四全体系"为包头能源体系提供了蓝图和指引，包头能源的五大体系涵盖在了集团"四全体系"的核心内容中，如全面预算、成本管控、资产管理等。包头能源的可持续发展战略绩效管理体系，对应并落实集团"14355"的三五举措如实现会计政策、共享服务、流程标准化等"五统一"，以及预算集约、资金集中、会计集中等"五集中"，并以集团"五项保障"的党建引领、制度建设、数字化转型、人才队伍建设和作风建设等为可持续发展战略绩效管理体系举措实施保驾护航。集团和公司具体财务发展目标如表1所示。

表1                          国家能源集团和公司财务发展目标

| Panel A 集团"14355"财务发展目标 | |
| --- | --- |
| 一个目标 | 构建以"四位一体"为支撑的世界一流综合能源集团财务管理体系，健全世界一流的财务运营机制，实现世界一流的财务绩效 |
| 四全体系 | 即"四位一体"的支撑基础，分别为全产业一体化价值创造体系、全流程在线的司库管控体系、全生命周期的资本运营体系、全方位监测的风控合规体系 |
| 三五举措 | 实现会计政策、共享模式、业务流程、成本标准和产权基础"五统一"；实施预算集约调控、资金集中管理、资本集中运作、会计集中核算、风险在线监控"五集中"；做到量价管理、基建财务、并购重组、财税筹划和营商环境建设"五加强" |
| 五项保障 | 抓实党建引领、制度体系、数字化、人才队伍和作风建设 |
| Panel B 包头能源公司"1415"财务管理中心建设工程 | |
| 1 | 建设以"低成本"为战略目标的经营管理体系 |
| 4 | 以高效益运营、高效率生产、高素质人才队伍、高水平合规经营能力四高为实现路径 |
| 1 | 高标准建设会计共享中心 |
| 5 | 建立多维度、全方位、全口径，以定额为基础的全面预算体系；建立网络化、全覆盖、全员责任成本体系；建立全过程、全链条、全寿命的资产价值管理体系；建立管理会计数据模型与应用中心；建立管理会计报告分析与成本动态管控中心五项重点工作任务 |

**2. 成立配套的领导和组织机构**

为提升公司经济效益和优化绩效管理，公司成立绩效管理领导小组。具体职责如图 3 所示。

**3. 完善配套的信息系统**

为支持可持续发展战略绩效管理体系，公司建立统一的绩效考核档案于 ERP 系统，方便各部门、单位及时、准确、完整录入绩效数据。系统实时掌握组织运营和员工工作状态，有助于准确评估绩效考核结果。通过分析绩效水平，及时生成绩效报告，提高管理效率、降低运营成本、增强竞争优势，最终促进企业可持续发展。

## （三）具体应用模式和应用流程

**1. 构建战略绩效管理体系的内容**

（1）关键业绩指标（KPI）的应用。

根据以往煤炭企业绩效考核体系的构建流程和方法的应用（谭章禄和张长鲁，2013），包头能源构建以可持续发展战略为导向的绩效管理体系，以 KPI 为主线，建立统一、规范、科学的绩效管理流程。该体系关注公司长期发展和核心竞争力提升，通过调整 KPI 指引各部门、单位及员工实现业务目标，提升业绩。在使用 KPI 时，注

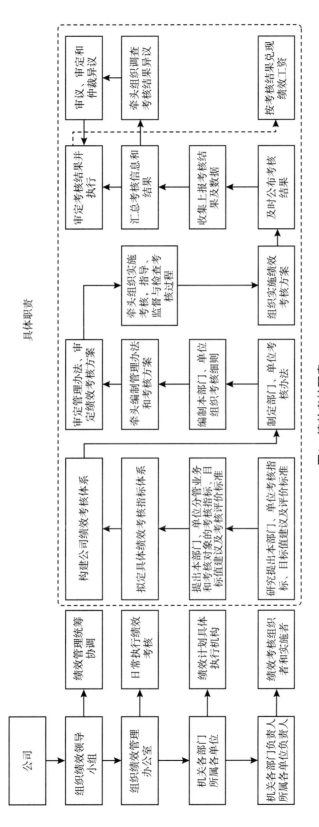

图3 绩效考核职责

重完成质量和时效性，加强对少数经营业绩考核指标如"一利五率"、存货压降率等的关注，以点带面，突出 KPI 的作用。

（2）平衡计分卡（BSC）理念的应用。

包头能源在采用平衡计分卡理念过程中，基于目前国有煤炭企业绩效评价指标体系（晁坤和蒋苓，2013；贾春香和李娇，2021），融入了自身可持续发展战略，将绩效考核指标纳入平衡计分卡四个维度中，即财务维度、客户维度、内部经营流程维度以及学习与成长维度，充分考虑经济、社会、环境和管理四个方面的因素，不仅保留了财务指标，同时还兼顾了非财务指标。

（3）成本精益化管理的应用。

在绩效管理中，成本控制与财务管理至关重要。包头能源注重成本把控，实施成本精益化管理，追踪分析各部门、各生产单位及各班组的成本指标并进行考核（段玉玲等，2004；付迪和贺阿红，2021）。长期超出预算可能带来财务风险，影响企业竞争力及市场地位，对经营业绩造成冲击。完善的成本管理体系是企业低成本、高效率运营的关键，也是可持续发展战略绩效管理体系的重要部分。

（4）全生命周期资产管理的应用。

煤炭行业资产管理对提升竞争力、优化绩效管理至关重要（长青等，2013）。包头能源实施全生命周期管理，覆盖矿山、设备、物资和人力资源。具体为：开采阶段注重开采设计、设备选取与维护，以降低成本、保障安全、提高效率；运输阶段优化运输方式、路径规划及设备检查，确保运输安全；储存阶段关注储煤场选址、存储方式及安全管理，降低运输成本、提高效率并确保安全；退役阶段重视退役评估、方案制订和合规处置，确保安全环保与再利用。

（5）事项会计理论的应用。

会计理论与准则的制定应从详细事项记录开始，而非抽象报表与目标，会计功能在于提供与决策模型相关的详细信息，且信息应保持原始形式，其使命在于提供详细事项信息，方便信息使用者按需汇总加工。包头能源在转型过程中，事项会计的应用体现在于通过信息技术和数字化商业环境构建的会计系统，实现了财务会计和管理会计的同源分流。这种会计系统能够促进业务和财务活动之间的和谐统一，提供实时的多维度、多口径信息服务。

（6）全流程合同管理。

全流程合同管理与可持续发展战略绩效管理结合良好。从成本控制看，全流程合同管理可优化合同条款和执行过程，降低成本支出，提高资金使用效率，助力企业低成本运营。在风险管控方面，全流程合同管理有助于识别和防范合同风险，维护企业权益，提高经营稳定性，为可持续发展保驾护航。从内部流程优化角度，全流程合同管理可优化合同全流程，提高内部运作效率，为企业可持续发展创造有利条件。此外，全流程合同管理有助于加强合同合规性审查，维护企业良好形象，助力可持续发展。

**2. 构建总体战略绩效管理指标体系**

包头能源基于经营战略，建立了针对各部门和单位的差异化组织绩效考核体系，并适时调整。以目标管理为导向，分解绩效目标，结合岗位职责，形成员工日常业务活动和工作计划，制定了全员绩效考核体系，确保考核具体明确、量化可控、切实可行并具时限性。公司完善了相关管理办法，提升了组织战略绩效管理体系，完善了激励与约束机制。具体指标体系如图 4 所示。

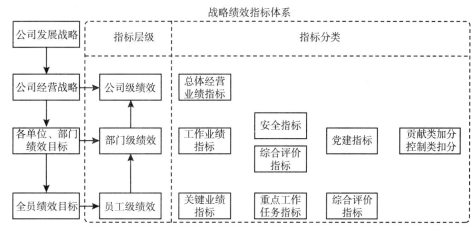

**图 4　战略绩效指标体系**

**3. 构建组织层面战略绩效管理指标体系**

（1）构建组织层面战略绩效考核指标。

包头能源组织绩效管理指标体系包含绩效考核维度、权重、指标、权重、关键成果、单项权重、评分标准等。如表 2 所示，包头能源根据各单位部门不同定位和属性，设置了特有绩效考核指标和共性指标。共性指标包括党建目标、贡献类加分指标和控制类扣分指标[①]。

（2）构建机关各部门战略绩效考核体系。

包头能源下属机关分为党政综合类、职能管理类以及专业管理类三大类别共 12个分支机关部门，采用"党建指标（20%）＋关键业绩指标（60%）＋综合评价指标（20%）"与"贡献类加分＋控制类扣分"相结合的可持续发展战略绩效考核体系，突出了党建引领、专业管理和服务质效的特点。其中，关键业绩指标体现了集团公

---

① 相关战略绩效考核指标及权重设置来源于《国能包头能源有限责任公司组织绩效考核管理办法》。以下同。

司、上级部门重点工作部署及部门关键任务。以安全环保监察部、财务部和生产技术部为例，机关部门组织绩效考核指标如表 3 所示①。

表 2 组织战略绩效考核一级指标设计

| 组织绩效指标类型 | 机关部门（%） | 生产经营单位（%） | 支撑服务单位（%） | 基建单位（%） |
|---|---|---|---|---|
| 党建指标 | 20 | 10 | 20 | 20 |
| 安全指标 | — | 30 | 10 | 10 |
| 关键业绩指标工作业绩指标 | 60 | 60 | 70 | 70 |
| 综合评价指标 | 20 | — | — | — |
| 贡献类加分指标 | 100 | 100 | 100 | 100 |
| 控制类扣分指标 | 100 | 100 | 100 | 100 |

表 3 机关部门组织绩效考核指标

| 一级指标 | | 二级指标/权重 | | | 考核分数 |
|---|---|---|---|---|---|
| 指标名称 | 权重 | 安全环保监察部 | 财务部 | 生产技术部 | 百分制 |
| 党建工作 | 0.2 | 党建工作/1 | | | 100 |
| 关键业绩指标 | 0.6 | 安全指标/0.5 | 一利五率/0.4 | 优化生产接续、布局/0.1 | 100 |
| | | 生态环保指标/0.2 | 两金/0.1 | 灾害治理/0.05 | 100 |
| | | 职业健康指标/0.1 | 民企清欠/0.1 | 产业协同指标/0.2 | 100 |
| | | "双碳"目标落实/0.1 | EBITDA/0.1 | 自产煤量/0.3 | 100 |
| | | 安全生产标准化与绿色矿区建设工作/0.1 | 吨煤完全成本/0.1 | 各矿区煤矿产能核增/0.05 | 100 |
| | | — | 民工工资清欠/0.05 | 工作督办/0.05 | 100 |
| | | — | 一集中、三加强/0.15 | 技术管理/0.2 | 100 |
| | | | | 应急管理/0.05 | |
| 综合评价 | 0.2 | 部门互评/0.2 | | | 100 |
| | | 领导评价/0.5 | | | 100 |
| | | 基层评价/0.3 | | | 100 |

① 公司多数财务指标均通过计算实际完成率来核算，计算公式为实际完成值/计划值×100%。公司根据机关部门业务特性，设立综合评价类指标，旨在全面评估服务质量与效率。该指标采用360度打分法，即部门互评、领导评价及基层评价，由各部门负责人、上级领导和基层代表共同打分，取加权平均分。考核内容主要包括：部门业务态度、服务质量和效率。通过考核，引导部门积极服务、高标准工作、优化流程，提升专业服务品质和敏捷响应能力。

| 一级指标 | | 二级指标/权重 | 考核分数 |
|---|---|---|---|
| 贡献类加分 | 1 | 贡献类加分具体项目/1 | / |
| 控制类扣分 | 1 | 控制类扣分具体项目/1 | / |

（3）构建所属各单位战略绩效考核体系。

包头能源所属单位分为生产经营类、支撑服务类以及基建类三大类别，共计17个下属单位，考核体系与指标各有差异。生产经营类单位包括四大矿区等，采用"党建指标（10%）+安全工作（30%）+工作业绩指标（60%）"与加减分相结合的考核体系，突出经营效益与核心业务。支撑服务类与基建类单位则采用"党建指标（20%）+安全工作（10%）+工作业绩指标（70%）"与加减分相结合的考核体系，强调专业管理和核心职能的履职情况。安全工作和生态环保指标是绩效考核体系的重要部分，考核内容包括事故、整改率、生态环保事件等，由安全环保监察部门负责扣分制度。

工作业绩指标：公司所属单位工作业绩指标涉及多种业务，设置各异。以某矿区为例，指标包括两金、一利五率、成本控制、生产经营及科技创新与信息化建设等。具体考核指标设计如表4所示。

**表4** 某矿区绩效考核指标

| 被考核部门类别 | 绩效考核体系 | 一级指标 | 一级指标权重 | 二级指标 | 二级指标权重 | 考核部门 |
|---|---|---|---|---|---|---|
| 生产经营类部门 | 党建指标 | 党建工作 | 0.1 | 党建工作 | 1 | 党建工作部 |
| | 安全指标 | 安全工作 | 0.3 | 安全工作 | 1 | 安全环保部 |
| | 工作业绩指标 | 两金 | 0.05 | 存货压降率 | 1 | 财务部 |
| | | 一利五率 | 0.1 | 一利五率 | 1 | 财务部 |
| | | 成本控制 | 0.1 | 成本完成率 | 0.7 | 财务部 |
| | | | | 修理费用 | 0.3 | |
| | | 生产经营 | 0.25 | 煤质 | 0.2 | 运销分公司 |
| | | | | 维简安全 | 0.05 | 规划发展部 |
| | | | | 工程管理 | 0.1 | 工程项目管理中心 |
| | | | | 电量消耗（吨煤） | 0.05 | 机电管理部 |
| | | | | 材料消耗（吨煤） | 0.05 | 物资供应中心 |
| | | | | 机电管理 | 0.1 | 机电管理部 |
| | | | | 技术管理 | 0.1 | 生产技术部 |

续表

| 被考核部门类别 | 绩效考核体系 | 一级指标 | 一级指标权重 | 二级指标 | 二级指标权重 | 考核部门 |
|---|---|---|---|---|---|---|
| 生产经营类部门 | 工作业绩指标 | 生产经营 | 0.25 | 产业协同、一体化出区资源量 | 0.2 | 生产技术部 |
| | | | | 重大工程节点 | 0.05 | 工程项目管理中心 |
| | | | | 煤矿证照办理 | 0.05 | 规划发展部 |
| | | | | 安全生产标准化与绿色矿山建设工作 | 0.05 | 安全环保部 |
| | | 科技创新及信息化建设 | 0.1 | 研发投入 | 0.25 | 科技信息部 |
| | | | | 网络安全管理 | 0.25 | 科技信息部 |
| | | | | 智能化管理、智能化矿山 | 0.25 | 科技信息部 |
| | | | | 矿区智能矿山关键技术研究与示范工程项目 | 0.25 | 科技信息部 |
| | 贡献类加分 | 贡献类加分 | 1 | 贡献类加分具体项目 | / | 负责制定贡献类加分项目的具体机关部门 |
| | 控制类扣分 | 控制类扣分 | 1 | 控制类扣分具体项目 | / | 负责制定贡献类加分项目的具体机关部门 |

**4. 制定组织层面战略绩效考核方案**

包头能源组织战略绩效考核秉持定性和定量相结合的原则，定性指标评分标准秉持"量、质、期"的原则，"量"即部分关键成果需明确完成的数量、"质"即工作完成的质量，"期"即明确完成工作的期限；定量指标主要考核目标值与实际值的偏差。

（1）确定组织绩效考核计算方式。

机关各部门与所属单位考核指标中的关键业绩指标与工作业绩指标标准分值满分100分，按工作完成情况进行上下加减分，且加减分上下线均不超过20分；贡献类加分考核指标标准分值满分100分，实际得分为标准分×折算率（1%）；控制类扣分考核指标标准分值满分100分，实际得分为标准分×折算率（10%）。

生产经营类单位实行月度考核＋年度考核，12月直接进行年度考核，包括前11个月重点工作，覆盖全年工作内容及目标达成情况，年度绩效考核得分＝∑月度绩效总分×30%＋全年单位绩效总分×70%；机关部门、支撑服务类及基建类所属单位实行季度考核＋年度考核，第四季度直接进行年度考核，内容包括第四季度重点工作，覆盖全年工作内容及目标达成情况，年度绩效考核得分 $= \sum$ 季度绩效总分 $\times$ 30% + 全年单位绩效总分 $\times$ 70%。

（2）确定绩效考核结果应用方式。

包头能源将绩效考核与绩效工资挂钩。公司提取工资总额一部分作为绩效考核工资，原薪酬发放方式不变。绩效分数决定绩效等级和系数，分数越高系数越高。公司按季度或年度绩效总分排序确定绩效等级，对生产经营和基建类单位单独评定。绩效等级分配如表5所示。D级部门或单位若无重大失误，按C级发放绩效工资。

表5　　　　　　　　　　　　　　绩效等级分配

| 分配方法\绩效等级 | 绩效等级 | A 优秀 | B 良好 | C 合格 | D 不合格 |
|---|---|---|---|---|---|
| | 绩效系数 | 1.2 | 1.1 | 1 | 0.8 |
| 按最大比例分配 | 党政综合类部门 | 30% | 30% | 30% | 10% |
| | 职能管理类部门 | 30% | 40% | 20% | 10% |
| | 专业管理类 | 30% | 30% | 30% | 10% |
| | 支撑服务类单位 | 35% | 35% | 20% | 10% |
| 按考核得分分配 | 李家豪煤矿、万利一矿 | 90 分以上（含 90） | 85~90 分（含 85） | 80~85 分（含 80） | 80 分以下 |
| | 洗选分公司 | 91 分以上（含 91） | 86~91 分（含 86） | 81~86 分（含 81） | 81 分以下 |
| | 神山露天煤矿、水泉露天煤矿、运销分公司 | 93 分以上（含 93） | 88~93 分（含 88） | 83~88 分（含 83） | 83 分以下 |
| | 公路分公司、建安公司、集装站、生产服务中心 | 95 分以上（含 95） | 90~95 分（含 90） | 85~90 分（含 85） | 85 分以下 |
| | 支撑服务类单位 | 95 分以上（含 95） | 90~95 分（含 90） | 85~90 分（含 85） | 85 分以下 |

**5. 构建个人层面战略绩效管理指标体系**

包头能源以目标管理为导向，根据组织绩效管理指标体系，分解各单位和部门绩效目标，结合岗位职责，构建全员战略绩效管理指标体系。该体系明确、量化、可行，并具备时限性。由于体系基于任务预判形成，如遇客观原因影响绩效计划执行，需对原体系进行相应调整。

（1）个人层面战略绩效管理考核内容。

包头能源按照谁主管、谁负责，分层逐级进行全员全方位战略考核。具体地，员工绩效考核对其品德、工作数量、工作绩效、能力和态度进行综合检查和评定，以此确定其工作业绩和潜力；一般采用日、月、季度和年度考核相结合的方式进行，各机关部门、所属单位领导班子成员一般采用任期考核和年度考核相结合的方式进行，重点考核经营业绩和综合考核评价等内容。

（2）构建个人层面战略绩效考核指标。

包头能源机关各部门、所属各单位按照定性与定量相结合的原则，结合单位特点和人员类别，科学合理设定目标，能量化的尽量量化，不能量化的做到了可衡量、易考核。目标设置具有一定挑战性，中层以上管理人员考核采用"与目标比、与历史比、与标杆比"的对标量化方法；其他员工考核结合岗位特点，采用目标任务分解、定额计件、工作积分、责任包干、超额奖励等体现岗位业绩贡献、灵活多样的量化方法。

（3）制定个体层面战略绩效考核方案。

公司各部门及单位统一规范了考核等次，将员工绩效分为 A－优秀、B－称职、C－基本称职、D－不称职四个等次，并设定了相应占比。公司建立了不称职负面清单，包含 9 种情形，直接评定为不称职。公司还建立了年度考核结果积分制度，按照评定等次计分，并与月度绩效工资挂钩，对 A 和 B 等次奖励，对 D 等次罚款。此外，公司还建立了多种机制，完善绩效管理奖惩体系。最后，公司在 ERP 系统中建立了员工绩效考核档案，要求各部门及单位及时准确录入绩效数据。

### （四）在实施过程中遇到的主要问题和解决方法

包头能源战略绩效管理体系实施中遇到的主要问题源于政府要求、自然环境及市场波动。这些问题暴露出组织考核指标设置不合理，需完善指标库。为应对这些问题，公司设置了绩效申诉和修订机制。各部门和单位如有异议，可在规定时间内向绩效管理办公室申诉。绩效管理办公室确认后报领导小组审核，并协调绩效考核结果。如不认可，将提交领导小组协商、仲裁，并反馈处理意见。绩效管理办公室会收集考核双方意见，对现有考核体系进行修订，包括指标内容、权重分配、考核流程和标准等，并报送领导小组决议，以改进下一年绩效管理工作。

# 四、取 得 成 效

## （一）助力公司低成本、高效率运营目标实现

包头能源在应用可持续发展战略绩效管理体系后，2023 年利润总额和净利润完

成率均超百，同比增加显著。公司扭转了利润疲软趋势，主要得益于自产煤量增加和单位成本降低。应收账款压降率接近 2022 年，存货压降率明显改善，公司资产周转和运营效率提升，为可持续发展奠定基础。

### （二） 保障企业可持续发展战略落地

包头能源通过战略绩效管理体系保障可持续发展战略落地。以李家壕煤矿为例，通过强化安全环保、优化生产运行、推动科技创新和加强党建工作等措施，积极贡献于经营目标和战略落地。公司设置指标考核安全生产、环保、成本、创新和党建，激发创新意识，提高认识，适应生态文明建设新要求。

### （三） 提升单位管理决策有用性

近年来，公司通过应用可持续发展战略绩效管理体系，不断完善指标设立、权重和考核流程，提升管理决策有效性。经营业绩考核指标推进低成本、高效率发展，综合评价指标和加减分项补充调整，关键业绩指标突出差异性和指向性。这一体系有助于公司应对环境变化，提高管控能力，实现可持续发展。

---

# 五、经 验 总 结

### （一） 可持续发展战略绩效管理方法的基本应用条件和关键因素

包头能源建立并应用战略绩效管理体系，以集团战略为引领，逐级分解战略目标，设立 KPI，应用平衡计分卡理念，对各部门、单位及员工绩效管理，及时修订考核体系，确保可持续发展。包头能源各部门、单位业务差异大，因此绩效考核指标设计除共性指标外，还针对具体业务设计关键业绩和工作业绩指标，按工作内容和难易程度分配绩效等级，体现公平公正。包头能源战略绩效管理体系实现年度绩效计划、目标制定、考核、沟通、反馈修订的闭环管理。

### （二） 对完善和推广可持续发展战略绩效管理方法的建议

提升管理会计工具方法的推广与完善，需明确战略目标，建立绩效管理体系，提升人员素养，建立激励机制，促进全面可持续发展。首先，战略目标需与可持续发展理念相符，设定相关指标，评估绩效。其次，建立战略绩效管理体系，明确责任，确保协同配合，持续改进管理流程。再次，提升管理人员和员工可持续发展素养，通过培训教育推动战略实施。最后，建立长效激励机制，鼓励组织和个人参与可持续发展事业。

（国能包头能源有限责任公司：彭志刚　张汉卿　高　拯　胡　宇　白连弟）

**案例评语：**

　　包头能源公司为了实现可持续发展战略，形成了可持续发展视角下全面绩效管理体系。其特点是：(1) 把产品质量管理、可持续发展、技术创新以及社会责任融入平衡计分卡的四个维度，创建自身绩效指标库；(2) 对公司不同部门和单位，匹配对应战略绩效考核体系；(3) 按照各部门、单位的业务性质及工作任务，制定差异化考核指标、权重以及绩效分配方法；(4) 设置绩效考核反馈和修订机制，以实现闭环管理。包头能源公司的这一实践助力了公司可持续发展战略，绩效考核和评价更加准确有效，成本得到了较大幅度的降低，运营效率也大大提高。对于同类企业有着可复制性和可推广性，有较强的实际应用价值。

# 基于 R-BSC 的博物馆组织绩效管理体系设计与实施

**摘要**

　　国有博物馆普遍沿用一般性事业单位的考核方案，考核中难以充分体现博物馆特征，存在绩效不彰的问题。在博物馆行业引入组织绩效管理，采用绩效管理来代替绩效考核，促进管理创新，对我国博物馆改革发展具有重要意义。

　　本案例结合南京市博物总馆（以下简称"总馆"）体制机制创新实践，在"过紧日子"的新常态下，积极回应"博物馆发展不平衡不充分与人民美好生活需要之间的矛盾"这一命题，探索构建博物馆组织绩效管理体系。本案例详细阐述了博物馆组织绩效管理体系设计实施路径，构建了适配博物馆特征的平衡计分卡（R-BSC）模型，创新性设计了博物馆行业的观众满意度、人力资源效能等指标。通过对博物馆组织绩效的系统评价，将"平衡""统筹""绩效"等管理理念与博物馆高质量发展相适配，将战略执行与绩效管理相结合，将组织绩效结果与单位预算管理、奖励分配、人员激励等挂钩，有效破解传统考核中绩效管理与战略目标脱节的难题，充分发挥"总分馆"体制的管理功能，激发博物馆的内生动力，推动文博事业高质量发展。

# 一、背景描述

## （一）基本情况

　　截至 2023 年，全国备案博物馆总数达 6833 家，年接待观众 12.9 亿人次①，创历史新高，博物馆日益成为人民美好生活的重要组成部分。南京市博物总馆（以下简称"总馆"），汇聚南京市博物馆、太平天国历史博物馆、中国共产党代表团梅园新

---

① 2023 年我国博物馆接待观众 12.9 亿人次 创历史新高［EB/OL］. 新华社，2024-05-18.

村纪念馆、南京市民俗博物馆、渡江胜利纪念馆、江宁织造博物馆、六朝博物馆 7 家市属文博馆所，设办公室（财务部）、组织人事部（安全保卫部）、产业发展部、综合业务部（合作交流部）、信息中心、文物保护部 6 个内设部门。作为全国第一个实行总分馆制的国家一级博物馆，统筹南京市属博物馆的重大事项管理权、重点经营活动监督权、重要财务规则制定权，实现对各家文博场馆运营管理的"远程投放"和"标准复制"，形成"结构有序、功能互补、整体优化、共建共享"的总分馆体系。

### （二） 运用 R－BSC 构建组织绩效管理体系的动因

博物馆高质量发展带来机遇和挑战，需要以习近平新时代中国特色社会主义思想为指导，坚持守正创新，将博物馆事业主动融入国家经济社会发展大局，创新运用管理会计工具，推进博物馆治理体系和治理能力现代化，实现博物馆由数量增长向质量提升转变。构建以"松绑赋权、激发活力"为导向的博物馆管理机制，通过引入组织绩效管理将统一的战略目标按层级落实下去，形成价值创造、价值评价、价值分配持续循环的价值链管理体系。

R－BSC 是总馆在传统平衡计分卡四个维度的基础上，重构适配博物馆行业特征的维度模型，通过组织绩效管理体系全方位引导各博物馆实现效能最大化。一是提升内部管理水平，支撑整体战略达成；二是提升组织绩效运营效力，促进组织协同效能；三是提升业务技能水平，促成绩效目标实现。

# 二、总 体 设 计

### （一） 明确博物馆的战略目标

博物馆核心战略目标是整合不同层级博物馆的协同发展，提升服务能力和水平，创建中国特色世界一流博物馆。

### （二） 博物馆组织绩效管理体系的设计思路

总馆的组织绩效管理体系总体设计理念是构建适配博物馆特征的组织绩效管理体系，在重构平衡计分卡框架的基础上，通过创新设计观众满意度、人力资源效能等关键性指标对博物馆的运营绩效进行系统衡量评价，并透过绩效监控发现运营过程中存在的问题，动态弥补缺失。逐步引导博物馆重视投入产出效益，更加重视社会公众的需求，从而推动博物馆不断提高管理能力和服务水平（见图1）。

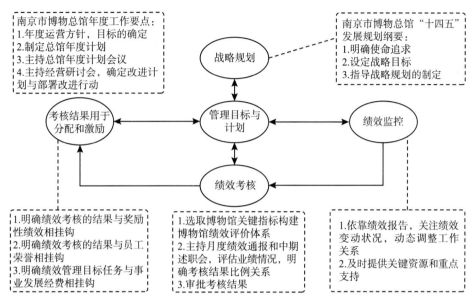

**图1 南京市博物总馆组织绩效体系总体设计**

### （三） 博物馆组织绩效管理体系的内容

重构平衡计分卡模型，同时与战略地图、关键绩效指标方法相结合，实现平衡计分卡的战略导向作用和关键绩效指标的层级分解作用有机融合，拓展应用领域，构建适配博物馆特征的组织绩效管理体系。

**1. 重构平衡计分卡（R－BSC）框架**

针对博物馆的公共服务特点，将传统平衡计分卡的四个维度，即客户维度、财务维度、内部业务流程维度、学习成长维度，修正为服务维度、业绩维度、内部管理维度、创新与发展维度。将服务维度取代财务维度放在平衡计分卡的首位，即所有影响因素中的最重要位置，适配博物馆的公益性特征（见图2）。

（1）服务维度：服务维度置于R－BSC框架的最顶端，意为不断提升观众的满意度，让文物"活起来"，满足人民美好生活需要，是博物馆使命及职责所在。

（2）业绩维度：博物馆作为非营利组织，引用业绩指标，相较传统的财务指标更加符合博物馆的公益性特点，通过社会效益、经济效益的双轮驱动，推动博物馆服务与文化事业可持续发展。

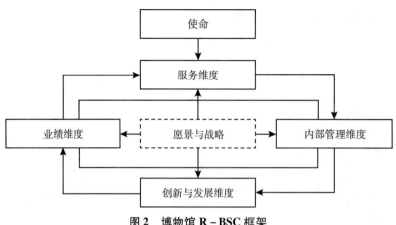

**图 2　博物馆 R – BSC 框架**

（3）内部管理维度：管理支撑服务维度和业绩维度取得理想的成果，博物馆内部完善高效的运营管理机制是基础性的保障。

（4）创新与发展维度：创新是博物馆的核心竞争力，是组织价值创造的源泉。只有保持持续创新的能力，博物馆的发展才能有源源不断的动力。

**2. 建立总馆战略地图**

将复杂的战略信息可视化，以一种简单直观的方式使之呈现，在组织内部起到统一思想、厘清战略的效果，让员工对总馆的战略发展产生统一认知（见图3）。

**3. 建立关键绩效指标体系**

以战略地图为基础，识别实现目标的关键结果领域，基于"二八法则"进行关键绩效指标的选取。通过关键绩效指标评价体系建立，在总馆层面建立评估和目标机制，将单位战略细化为单位的经营项目和内部业务流程，从而保证单位战略在单位经营活动中的有效实施，保证总馆的战略目标得以贯彻（见图4）。

### （四）博物馆组织绩效管理体系设计的路径创新

**1. 明确博物馆的发展战略**

在明确博物馆发展战略的基础上，通过把战略转化为具体目标，进而分解成具体的评价指标，构建绩效管理指标体系，促进战略管理与绩效管理有效结合。

**2. 建立符合中国博物馆行业特征的平衡计分卡模型**

R – BSC 并非直接"拿来"使用的平衡计分卡，在层次安排和维度界定上都有全新的诠释和安排，是重构的战略管理和绩效管理工具，以博物馆的发展战略为导向，构建了符合中国国情的博物馆平衡计分卡模型，拓展了平衡计分卡在公益性组织中的应用。

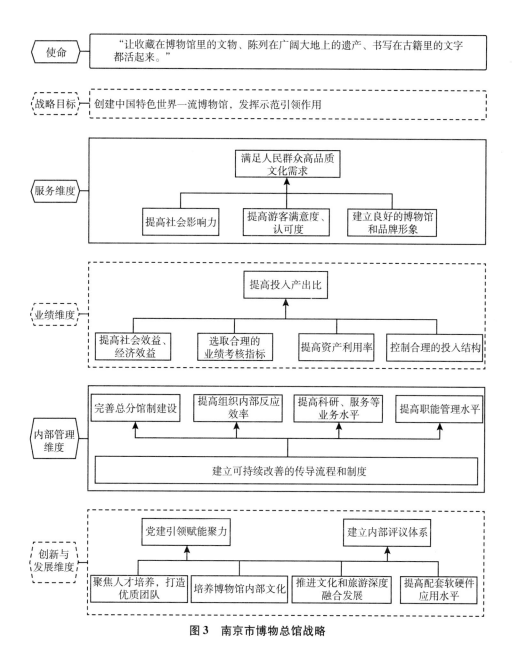

图3 南京市博物总馆战略

### 3. 构建中国特色博物馆组织绩效评价指标体系

构建绩效评价指标体系是博物馆绩效管理体系实施过程中的焦点、难点和关键点，本设计以习近平新时代中国特色社会主义思想为指导，深刻理解和把握中国特色社会主义新时代的时代内涵，以及公共文化服务体系建设的要求，创新性地设计博物馆的人效指标，在博物馆行业率先引入"接待观众人均成本""员工人均效益"等关键绩效指标，形成完整、科学的指标体系。

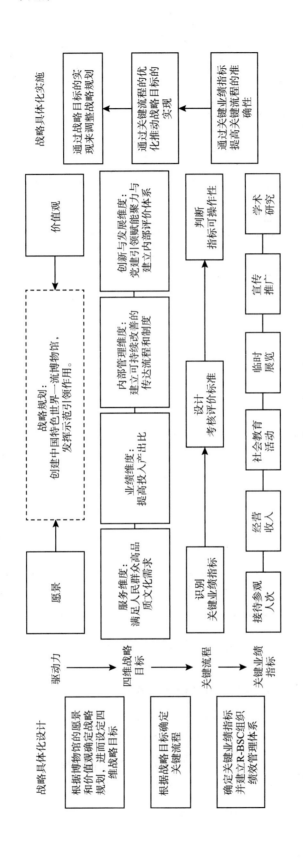

**图 4 博物馆战略具体化示意**

# 三、应用过程

总馆推进组织绩效管理体系落地的过程中，按步骤实施了具体应用流程（见图5）。

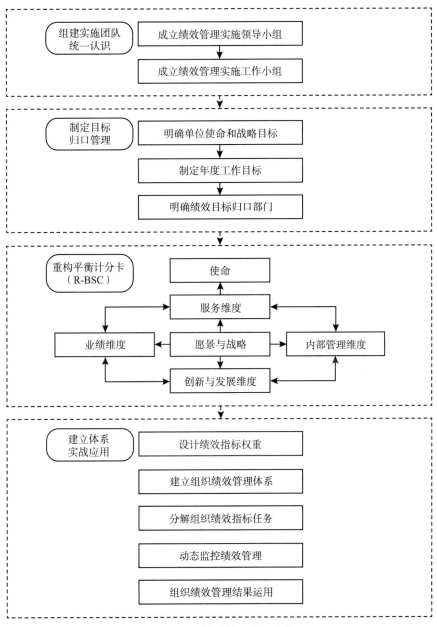

**图5 组织绩效管理应用流程**

### （一）组建绩效管理体系实施团队

**1. 成立组织绩效管理实施领导小组**

绩效管理是一项复杂的系统工程，它涉及博物馆的各层级，总馆成立了由馆长任组长，分管副馆长任副组长，6 个内设部门，7 家博物馆的负责人为成员的领导小组。

**2. 成立组织绩效管理实施工作小组**

为充分发挥组织绩效管理作用，总馆组建了由组织人事部、财务部、综合业务部等多部门业务骨干参与的研发团队。根据目标设定过程、绩效考核过程、考核结果应用过程三个阶段分解工作任务，实际工作中采取 PDCA 的业务循环，按照目标设定、过程控制、结果跟踪、差异分析等过程，实现业务部门与管理部门的协同。

**3. 组织培训**

领导小组、工作小组成立后，面向小组成员以及各博物馆的工作人员培训组织绩效管理的现实意义及其主要内容，统一思想，从而为后续工作做好铺垫。

### （二）组织绩效管理体系部署要求

**1. 明确单位使命和战略目标**

明确创建中国特色世界一流博物馆，发挥示范引领作用的战略目标，制定总馆的"十四五"发展规划纲要。

**2. 制订年度工作目标**

总馆根据中长期战略目标进一步落实制定年度工作要点，明确年度主要工作任务及其推进计划，科学统筹各类博物馆协同发展，设定总馆年度绩效目标任务量。

**3. 明确绩效目标归口部门**

总馆年度绩效目标任务确定之后，进一步细化至分支机构的绩效目标任务，根据目标任务设置对应的考核要求及评分标准，同时根据目标任务性质划分归口管理部门，行使日常督促及考核管理职能。

### （三）组织绩效管理体系的实战应用

**1. 设计绩效指标权重**

绩效考核工作领导小组根据 4 个维度 6 个模块，形成绩效考核指标体系，总馆绩效管理实施工作小组通过向总馆领导班子、专家组、部门负责人发放绩效考核权重设计问卷表的方式，运用 AHP 层次分析法对主体指标、模块指标和关键绩效指标三个层级指标的相对权重进行分析，确定指标权重。

### 2. 建立组织绩效考核指标体系

细化关键绩效指标。总馆在建立关键结果领域时从服务维度、业绩维度、内部管理维度、创新与发展维度这四个维度，对战略目标进行分解，确定总馆"十四五"期间为了达成战略目标而需要把握的关键结果领域，在此基础上细化关键绩效指标（见表1）。

**表1** 南京市博物总馆关键指标体系

| 维度 | 关键结果模块 | 关键绩效指标 |
|------|------------|------------|
| 服务维度 | 服务质量水平 | 1. 观众满意度 |
| | | 2. 12345 工单处理满意率 |
| 业绩维度 | 社会效益 | 3. 参观人次 |
| | | 4. 社会教育 |
| | | 5. 临时展览 |
| | | 6. 宣传推广 |
| | | 7. 学术研究 |
| | | 8. 夜间开放 |
| | | 9. 奖励情况 |
| | 经济效益 | 10. 经营收入 |
| | | 11. 接待观众人均成本 |
| | | 12. 员工人均效益 |
| 内部管理维度 | 职能工作 | 13. 重点工作 |
| | | 14. 藏品保护 |
| | | 15. 信息报送 |
| | | 16. 安全管理 |
| | | 17. 行政管理 |
| | | 18. 预算管理 |
| 创新发展维度 | 党建工作 | 19. 政治建设 |
| | | 20. 思想建设 |
| | | 21. 组织建设 |
| | | 22. 作风建设 |
| | | 23. 廉政建设 |
| | 内部评价 | 24. 群众评议 |
| | | 25. 部门评议 |
| | | 26. 领导评议 |

（1）服务维度。

①关键结果领域：满足观众的需求并给予观众最优质的服务，是评价公益性事业单位的核心标准。"服务质量水平"是影响博物馆观众满意与重游意愿的关键因素。

②关键绩效指标：博物馆服务质量的评价主体多样，观众作为最直接的服务对象，选取"观众满意度""12345 工单处理满意率"作为核心指标。

观众满意度：构建博物馆行业满意度测评体系，横向调查分析博物馆运营服务情况，重点关注参观环境与形象、展览水平与效果、待客接待服务、讲解与宣导服务、经营与其他服务等方面的满意度评价；12345 工单处理满意率：12345 政务服务便民热线，是各地市人民政府设立的由电话 12345、市长信箱、手机客户端等方式组成的专门受理热线事项的公共服务平台，提供"7×24 小时"全天候人工服务。博物馆作为公共文化服务体系的重要组成部分，将工单处理满意率纳入服务质量的考核指标。

（2）业绩维度。

①关键结果领域：把"社会效益"放在首位，在确保公共服务职能的前提下，鼓励文博场馆适当增加经营功能和市场功能，实现社会效益和经济效益相统一。

②关键绩效指标：根据博物馆年度运营效果评价的需要，"社会效益"选取 7 个社会效益关键指标，"经济效益"选取 3 个细分指标。创新性设计博物馆的人力资源效能指标，即"接待观众人均成本""员工人均效益"，客观评价各馆所在财政资金使用效率、成本控制、服务效能方面的运营效率。

接待观众人均成本：该指标为创新性业绩指标，用于考核博物馆运营过程中人力资源成本情况，通过博物馆人力资源成本与场馆参观人次的相对值对各单位的成本控制成果作出横向评价；员工人均效益：该指标为创新性业绩指标，用于衡量博物馆员工人均创造效益的能力，通过博物馆创造效益与单位在职人数的相对数对各单位的效益成果作出横向评价。

（3）内部管理维度。

①关键结果领域："职能工作"为做好博物馆高质量发展的基础。

②关键绩效指标：根据总馆的组织性质和发展目标的需要，选取 6 个关键指标。

（4）创新与发展。

①关键结果领域：创新能力是组织源源不断创造价值的源泉，是博物馆高质量发展的关键动力。结合总馆的组织性质和特点，通过"党建工作"赋能博物馆的组织创新与发展，通过"内部评价"及时调整运营中存在的问题，实现博物馆全面可持续发展。

②关键绩效指标：创新与发展维度反映的是博物馆实现高质量发展的核心内驱力，"党建工作"选取 5 个关键指标，"内部评价"选取 3 个关键指标。

### 3. 体系模型搭建

将业绩维度中"社会效益""经济效益"指标以及内部管理维度中"职能工作"指标设定为高质量发展绩效评价指标；将服务维度中"观众满意度""12345 工单处理满意率"指标与创新与发展维度中"党建工作""内部评价"指标作为赋能乘数指标。以乘数计分法为杠杆，把党建考核、满意度评价相对值作为乘数，彰显服务对象满意度、党建赋能对高质量发展的引领作用和张力效应。

（1）总体考核评价采用百分制。对每个关键绩效指标进行打分，所打出的分数和对应的权重之积为该指标的最终得分。

（2）总馆绩效考核体系采用"乘数计分法"，赋能指标作为考核得分的乘数。年度组织绩效考核的总分 =（高质量发展绩效评价得分 + 加减分指标得分）×［（党建工作目标考核得分 ×60% + 满意度目标考核得分 ×40%）÷80］。

### 4. 设定组织绩效指标任务

（1）组织年度绩效计划具体指标设定流程（见图 6）。

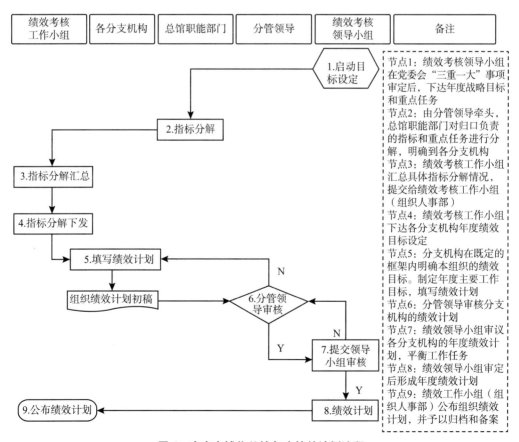

**图 6　南京市博物总馆年度绩效计划流程**

（2）绩效逻辑分解。

在分解绩效指标目标的过程中，与各分支机构充分沟通、统一思想，在设定目标的过程中不追求全面性的完美，而是关注在既定目标之下如何组织资源来实现目标。通过运用绩效逻辑分解结构形成总馆整体战略的逻辑分解和在此框架下分支机构的具体行动要求，并清晰地揭示具体目标与整体战略目标的关系，以便于从整体视角考虑具体目标和任务。

**5. 动态监控绩效管理**

博物馆的绩效考核本身不是目的，而是为了通过考核形成引导机制，指导各分支机构的运营。一是建立常态化跟进机制。通过月度绩效工作会议、季度绩效考核专题会等形式，建立以月度监测、季度汇报、年度评估为载体的常态化跟进机制，推动考核制度化，确保年度目标顺利完成；二是实施年度绩效考核工作，通过年度绩效考核实现动态监控的最后一环。通过 11 个节点的管控要点，确保考核结果能够客观反映组织绩效完成效果，形成以关键绩效指标为抓手的绩效管理动态流程（见图 7），通过各阶段绩效任务目标的完成情况考察日常工作是否偏离方向，并及时进行调整修正，形成"平时有监测、年终有印证"的闭环链条。

**6. 组织绩效管理的结果运用**

（1）绩效考核的结果与奖励性绩效相挂钩。

总馆秉持统分结合的理念，一是对各单位的奖励性绩效分配按照考核评价、系数控高、额度控制、自主分配的原则，充分运用年底绩效考核结果。考核为第一等次的单位分配系数上浮基点，考核为第二等次的单位维持基准线系数不变，考核为第三等次的单位分配系数下浮基点。根据工作实绩，拉开不同等次单位的考核绩效，此为"统"；二是充分尊重各单位的自主分配权，在层级额度内自主管理，制定分配方案，拉开不同等次人员的考核绩效，此为"分"。改变过去简单粗放的绩效分配方式，减少主观判断的影响程度，逐步建立以组织绩效为核心的分配制度，实施分级管理改革，推进博物馆管理重心下移，落实单位的分配自主权，充分激发博物馆活力。

（2）绩效考核的结果与员工荣誉相挂钩。

绩效考核结果同精神激励相关联，改变过去按照各单位在职人数分配评优评先名额的方式，结合绩效结果调整分配逻辑，优先向考核在第一等次的馆所倾斜。让干得多干得好的员工看到希望，通过物质文明、精神文明的双轮驱动，促使员工愿意做基础的、长远的、面向组织绩效的工作，更好地激励和激发出员工的积极性和创造力。

（3）绩效管理目标任务与事业发展经费相挂钩。

优化博物馆资源配置，一是关键绩效指标任务确定后，在分解绩效指标的过程中，创新性地将各单位的绩效指标与年初预算分配相挂钩，总馆内部预算资源分配时根据各单位领取的指标任务作为分配的因素，以避免内部博弈，确保年初制定的整体目标任务完成；二是预算经费中设置了"经营效益项目"。根据各单位取得的经济效益情况分配该项经费，经济效益值越大的单位获得的资金支持就越高。鼓励单位多干事、干成事，形成良性互动的可持续发展道路。

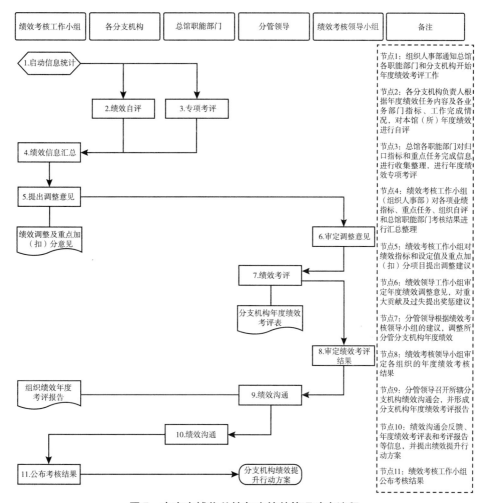

**图7　南京市博物总馆年度绩效管理动态流程**

## （四）实施过程中的主要问题和解决方法

### 1. 统一思想问题

作为公益性事业单位的博物馆一般没有绩效理念，天然地把自己和营利性组织区分开来，从外部因素来说，财政拨款的多少与博物馆的绩效水平没有直接联系，可以说博物馆长期不问绩效是体制机制的大环境所致。

解决方法：一是建立领导挂帅、多方参与的组织领导机构，首先在领导层统一思想，主要领导的绩效理念是成败的关键；二是以深入学习贯彻习近平新时代中国特色社会主义思想主题教育为契机，从讲政治的高度统一思想，消除抵触情绪，层层传导压实责任；三是对外积极争取政策，从财政保障方面提出建立财政资金与事业单位服务水平、服务质量、辛劳程度挂钩的预算改革思路，积极列入"全国文创试点单位""市级文博场馆分配激励机制试点单位"名单。在南京市文旅局的推动下，市文旅局、市财政局、市人社局联合出台了《关于激发文博场所活力繁荣夜间经济的意见》，在文件的基础上深化健全激励机制、转变财政保障方式、创新分配激励机制。

**2. 统一标准问题**

如何客观科学地评价各分支机构的组织绩效是实施过程中遇到的最亟须解决的问题。2020 年国家文物局印发《关于公布实施〈博物馆定级评估办法〉（2019 年 12 月）等文件的决定》，为改进完善博物馆定级评估工作提供了遵循依据，但是定级评估中主观性判断仍偏多，指标中不能完全体现博物馆之间的禀赋差异，横向与纵向的可比性不足，不适宜直接用于总馆下属单位的横向组织绩效评价。

解决方法：充分运用管理会计思维，跳脱文博行业的束缚，融合管理会计工具，将战略地图、平衡计分卡、关键指标法三者结合，创造性构建了 R – BSC 组织绩效管理体系。通过量化总馆资金管理、成本管理、社会服务以及管理工作等一系列关键指标，引导资源流向社会需要、博物馆发展必须的方向和领域上，提升博物馆的运营效率。

**3. 绩效目标设定问题**

年度绩效目标任务分解的过程中常常遇到很多问题，尤其是各单位的抵触，比较常见的说法是"分解的目标根本没法完成，有什么实际意义""为什么我们单位的目标任务比其他单位的目标任务高出那么多，不公平"等。为什么会出现这样的问题，除了各单位基于本位主义考虑，不愿承诺或者承担更大的压力外，更重要的是对于目标的认识不够全面而导致。

解决方法：一是在既定目标之下，在总馆层面有效配置资源来帮助各单位实现目标，每个单位所领取的目标任务与资源相匹配；二是明确指标分解的逻辑，每一个指标横向可比，并不是进行"简单的数字分解"，而是通过上下互相沟通，将总体目标在纵向、横向上分解到各单位，不同的关键绩效指标采用相适应动因逻辑进行分解。

# 四、取得成效

总馆通过组织绩效导向，根据城市特点优化博物馆资源配置，探索博物馆运营机制的创新模式，切实推进博物馆的高质量发展，为南京建设博物馆之城打下坚实基础。

### （一） 健全创新机制，筑牢发展根基

总分馆制作为博物馆集群化运营管理的创新模式，破解了传统单体馆运营瓶颈，以文物藏品打通、人才打通、资源打通、管理打通充分扩展影响力边界。自组织绩效管理体系落地以来，不断优化模式，实现藏品管理稳步提升、陈列展览推陈出新、社教活动日益丰富、学术研究成效初显、产业合作有序起步，社会效益和影响力有效提升。

### （二） 优化发展布局，构建事业共同体

实施组织绩效管理为博物馆集群建设布局提供了有力支撑，在绩效指挥棒的引导下，博物馆主动作为应对挑战。在江苏省率先推出延时开放服务，每周五、周六将闭馆时间推迟到 22 点，黄金周和寒暑假期间每天延时开放并同步推出形式多样的夜游产品，积极融入南京的夜色中；2023 年暑假期间，面对"博物馆热"，各家博物馆一码难约、一票难求，六朝博物馆率先做出重大突破，在"永恒的绚美—希腊时代彩陶及普利亚艺术文化特展"开展的同时，取消周一闭馆，中共中央主办媒体《光明日报》发表评论文章，"南京六朝博物馆愿意周一开馆迎客，带了一个好头，也希望更多博物馆能跟进"。组织绩效管理有效牵引总馆的战略目标，各家博物馆将人民对美好生活的向往作为奋斗目标，积极回应游客需求，游客满意度明显提升。

### （三） 整合产业资源，焕新文博新场景

作为全国文创试点单位，总馆将绩效管理作为提高优质产业资源配置效率和使用效益的突破口，推动总馆文创 IP 开发策略方案的形成落地，创新市场化运营、平台授权、机构运作等多维度、多形式的文创产业新场景。组织绩效管理实施以来产业效益显著突破（见图 8）。

### （四） 聚焦人才培养，打造高素质团队

总馆以 R‑BSC 组织绩效管理实施为抓手，使各个层级的工作重点落在博物馆人均效益提升的改进措施上，聚焦业务效率提升。实施组织绩效管理后，接待观众人均成本整体降幅为 48%，员工人均效益增幅达 106%（见图 9），通过提升内部效能，在发展的过程中盘活现有的人力资源，有效降低综合运作成本。

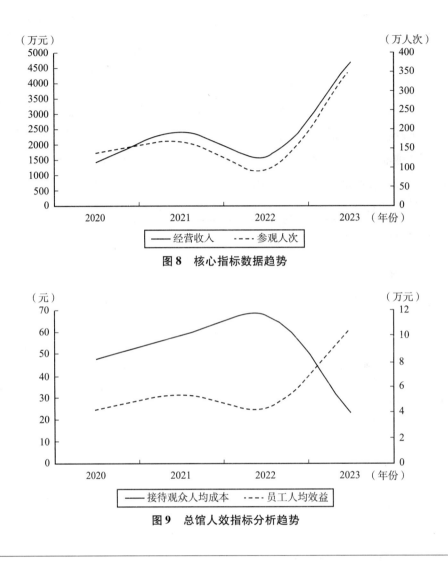

图 8  核心指标数据趋势

图 9  总馆人效指标分析趋势

# 五、经验总结

博物馆是保护和传承人类文明的重要殿堂。习近平总书记高度重视博物馆事业发展，在各地考察时将参观博物馆、纪念馆作为重要行程，特别是 2024 年全国"两会"期间，习近平总书记在参加江苏代表团审议时关于"把博物馆事业搞好"的重要讲话精神，为南京博物馆事业发展指明了前进方向，提供了根本遵循。南京市博物总馆作为全国博物馆体制机制创新的排头兵，积极运用管理会计工具精准化管理，落地博物馆组织绩效管理体系建设，为全国博物馆行业管理运营模式创新提供了有益经验。

## （一）营造博物馆开展组织绩效管理的有利环境

2021 年国家部委出台的《关于推进博物馆改革发展的指导意见》，强调体制机制创新,从管理体制、激励机制、社会参与等方面激发博物馆发展活力。有了改革的推动作用,绩效管理就会摆上重要的议事日程上来,所需的人力、物力、财力和配套政策就会得到落实,为开展事业单位绩效管理营造良好的政治环境和社会环境。

### (二) 借鉴企业日渐成熟的绩效管理理论和实践

绩效管理的理论和方法在我国企业中应用已经相当成熟。博物馆在设计组织绩效管理体系时应结合我国具体国情和博物馆行业的实际情况有选择地借鉴,但应注意到公益一类事业单位与企业性质的不同,不能盲目照抄。需要我们在研究方法上吸收企业的先进经验,同时与事业单位的优势相结合,兼收并蓄,取长补短。

### (三) 利用现代信息技术提升绩效考核效率

推广组织绩效管理离不开准确完整的绩效管理信息系统。现代信息技术在事业单位的普及应用,支撑绩效管理所需的资料存储、分析、查询、大数据分析等基础功能得以实现,使建立即时、准确的绩效信息数据链成为可能,既增强了绩效考核结果的及时性、真实性、可信性,又能提高效率,减轻考核工作人员的压力。通过信息化使博物馆组织绩效管理的各种信息公开透明,资源共建共享,更容易赢得大家的信任和支持。

(南京市博物总馆: 许 强 黄贵成 丁心雅 张成英 俞 瑾

冯 森 倪羽佳 王竞婧 郑 滢)

### 🎓 案例评语:

该案例结合博物馆现实需要和政府有关部门管理要求,对传统基于企业实践的平衡计分卡理论进行创新,构建了博物馆组织绩效管理体系,建立了适配博物馆特征的平衡计分卡 (R – BSC) 模型,创新性设计了博物馆行业的观众满意度、人力资源效能等指标。通过对博物馆组织绩效的系统评价,将组织绩效与单位预算管理、奖励分配、人员激励等挂钩,取得了社会效益和经济效益双突破,有效促进了博物馆的高质量发展。

案例单位对同类博物馆开展组织绩效管理及管理运营模式创新工作提供了有益的借鉴。

# 浙江省高级人民法院"全域数字法院"涉案资金闭环管理绩效评价体系

**摘要**

人民法院作为国家审判机关,是建设社会主义法治国家、推进国家治理体系和治理能力现代化的重要力量。法谚有云"迟到的正义,非正义"。习近平总书记指出,努力让人民群众在每一个司法案件中感受到公平正义。人民群众感受到公平正义,不仅体现在案件的实体处理中,还体现在涉案资金结退等"小微"事项中。当前,涉案资金"应退未退、应收未收"等问题成为全国法院普遍存在的顽瘴痼疾。

自 2014 年以来,浙江省高级人民法院事不避难、勇于探索,以数字化改革为牵引,以构建涉案资金闭环管理绩效评价体系为目标,对涉案资金闭环管理模式积极探索和实践,大力推进"横联财政与银行、纵贯省市县三级法院"的集成化系统建设,完成"一套体系、三大系统、十项重要功能"的系统研发与体系构建。制定出台《浙江法院案款管理办法》《浙江法院执行案款提存工作指引》《浙江法院诉讼费用管理实施细则》等配套制度,实现涉案资金管理"应退尽退""应收尽收"。

目前,案款管理系统已在全省法院上线运用。截至 2023 年 3 月,新收案件从生效日到完成诉讼费退费平均用时 11.8 天,与 2022 年 3 月同比减少 20.2 天,极大地提升了当事人的司法获得感和满意度。

## 一、背景描述

### (一)单位基本情况

人民法院属于行政事业单位,是国家的审判机关。浙江省高级人民法院(以下简称"省高院")属于省级审判机关,依法审理一审、二审、再审案件,依法行使司法执行权和司法决定权等。本案例由省高院主导设计构建，在全省107家法院（见图1）推广使用。

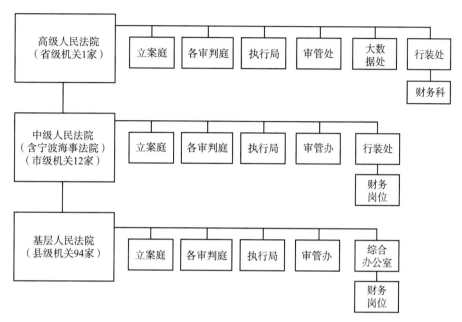

**图1 全省法院层级架构**

## （二）管理会计应用基础

### 1. 涉案资金相关概念

涉案资金主要分为诉讼费用和案款。诉讼费用指当事人向人民法院提起诉讼或申请执行时，依据法律规定交纳的费用。案款指人民法院在办理各类案件过程中，当事人或其他相关人员向人民法院交纳，或人民法院依职权采取扣划、拍卖、提取等方式取得的暂时保管并处理的资金款项。

### 2. 改革基础

（1）以"数字法院"建设为契机，实现全省法院在一个平台上办案办公。（2）以审计整改为牵引，促进管理层责任意识提升，加大改革推广力度。

## （三）选择关键绩效指标考核（KPI）的主要原因

本案例主要选择使用关键绩效指标考核（KPI）。具体原因如下：

### 1. 为实现司法为民的服务宗旨提供有力抓手

办案人员对于涉案资金的退付缺乏主动意识，无法有效保障当事人利益。通过建立关键绩效指标考核体系，推进管理"闭环"，持续提升人民群众司法获得感。

**2. 为实现管理的智能化精细化提供有力支撑**

行政单位绩效考核通常使用四等次（优秀、良好、合格、不合格），无法进行量化排名，不利于鼓励先进，激励后进。通过在管理各个环节设置量化指标，改变定性考核方式，提升考核的精准性、客观性。

**3. 为加强风险管理与防范提供有力保障**

针对涉案资金管理过程中可能出现的贪污挪用风险，设置"向非当事人退付涉案资金比例"指标与系统控制模块，提高资金安全性。

# 二、总 体 设 计

## （一）应用相关管理会计工具方法的目标

### 1. 设置量化的管理绩效评价指标体系

通过建立指标量化考评体系，推动涉案资金管理水平提升。

### 2. 建立完善的涉案资金闭环管理系统

一方面能做到"应退尽退"资金的有效管理，提高处置的时效性。另一方面提升资金"应收尽收"到位率，对当事人欠缴的诉讼费及时收缴，增加政府非税收入。

### 3. 研发集成的业务系统

依托"全域数字法院"建设，全面贯通融合各个业务系统，打通数据信息壁垒，实现所有操作"一屏可办，无须切换"。

## （二）应用相关管理会计工具方法的总体思路

（1）梳理业务流程。贯通业务流程，将财务管理触角向前延伸至收案立案环节、向后覆盖至监督考核评价环节。

（2）构建指标体系。在业务交叉节点中选择关键的控制点，将退付时限的总体预设标准，拆分细化为各环节可操作可量化的指标体系。

（3）创新管理手段。科学做好顶层设计，创新提存机制和涉众案款发放模式。

（4）研发集成系统。将控制风险、提高效率的方法手段固化到各类功能系统中，有效集成各个独立系统。

（5）落实绩效考核。明确业务、财务职责分工，建立健全考核监督长效机制。

## （三） 相关管理会计工具方法的内容

（1）梳理业务流程，更新出台各类管理制度。将立案到归档各环节多节点的规范要求均纳入《浙江法院案款管理办法》《浙江法院诉讼费用管理实施细则》等制度。

（2）建立考核指标体系，抽取业务流程部分关键节点进行考核评价，定期进行全省通报排名。

（3）组织专班攻关，集中精力升级研发集成系统。广泛收集全省法院业务需求，推动系统不断优化升级。

## （四） 应用相关管理会计工具方法的创新

**1. 结合业务流程设置关键指标，确保绩效评价抓细抓实**

集中梳理办案业务与财务的工作流程和关键节点，构建有效的指标量化考评体系。

**2. 充分借助数字化手段，实现"线上"闭环管理的转型**

将申请审批全流程转为线上办理。开发超期未退付资金的"自动退付"功能，避免资金长期沉淀。建立应收款项的登记统计，提供管理抓手。

**3. 积极探索，解决进账涉案资金清分难题**

研发"一人一案一账号"（又称虚拟账号）和"缴款码"功能模块。可在同一基本账户，给不同当事人提供为其专设的交款账号（或缴款码），从而实现交款资金进账后自动与案件匹配对应。

**4. 多措并举，推进涉案资金退付安全高效**

开发"法银直连"模块，精简出纳岗位，缩短业务流程。设置"案外人身份校验"模块，堵塞内部人员侵占资金漏洞。开发"智能止付"功能，避免执行"老赖"利用信息差逃避执行。

**5. 全国首创提存及涉众案款发放机制，研发配套功能模块**

在不新增基本账户的情况下，可将代管资金转入为每名当事人分别开设的单独账户，独立计息，并提供网上自助领款渠道。

**6. 规范涉案资金核算，保证资金安全**

在法院独立内网环境，开发"涉案资金核算"系统，实现自动记账与个案资金明细核算。

**7. 抓好系统集成开发，大幅提升管理质效**

贯通融合各个业务系统，改造集成各个功能模块，实现所有操作"一屏可办，无须切换"。

# 三、应用过程

## （一）参与部门和人员

法院涉案资金管理通常由行装部门牵头管理。立案、审判、执行、审管、大数据等多部门协同推进（见表1）。

表1                              参与部门人员及分工内容

| 主要部门 | | 主要人员 | 主要工作内容 |
|---|---|---|---|
| 领导部门 | 院领导 | 常务副院长 | 全面统筹领导改革工作 |
| 牵头部门 | 行装处 | 行装处处长 | 联系协调各部门，牵头完成绩效评价体系 |
| | | 财务科科长 | |
| 配合部门 | 大数据处 | 大数据处处长 | 根据任务需求，组织完成系统和模块开发 |
| | 审管处 | 审管处处长 | 参与考评量化指标设置和监管评价工作 |
| | 立案庭 | 立案庭庭长 | 共同参与案件办理与资金管理的流程梳理，提供管理指标设置建议 |
| | 各审判庭 | 各审判庭庭长 | |
| | 执行局 | 执行局局长 | |

## （二）应用相关管理会计工具方法的部署要求

**1. 涉案资金管理人员编制保障**

根据"三定方案"，合理安排人员及岗位配置。对于涉案资金管理的会计岗位至少安排一个政法编制。对于负责涉案资金收付和票据管理岗位，可灵活安排人员。实务中，该部分人员既有编外聘用人员，也有银行等第三方派遣人员。

**2. 协同部门人员安排**

（1）各业务庭至少安排一名熟悉涉案资金业务的人员参与。（2）审管处安排人员熟悉涉案资金管理制度以及相关质效评估业务。（3）大数据处安排熟悉软件开发与日常运维的人员参与。

**3. 信息化建设基础**

（1）立案、审判、执行等主要业务，须实现业务系统建设，业务发起流转均能实现线上交互。（2）各业务系统完成平台化整合，实现数据标准统一、系统接口统一，为新增系统及功能模块提供规范制式的开发标准，便于各系统之间对接，实现数据共享与交互。（3）政府内网与外网的网关建设安全可靠，具备网关三级等保要求，并能实时进行跨网信息交互。

**4. 制度建设基础**

通过梳理业务流程，将业务逐步拆分，详细规范，尽量减少业务办理中人为因素干扰的环节。

## （三）具体应用模式和应用流程

从 2014～2023 年，省高院本级组建专班完成以下工作。

**1. 梳理流程节点，分析各个节点中存在的堵点难点**

集中梳理案件审理（执行）流程与涉案资金管理的交汇点，整理归集具体问题（见图 2）。（1）案件的审理或执行阶段，资金进账难清分。法院进账资金笔数较多，案件量大的法院月均进账超过 3000 笔。进账资金容易缺失当事人信息、摘要信息，导致资金与案件当事人匹配困难，形成大量不明款无法清分。（2）结案后，诉讼费承担数无处填写导致无法统计应收款项。法官通常都只关注"案结事了"，很少与财务反馈登记统计。同时，对于想完善诉讼费承担数填报的办理人员又缺乏登记渠道，应收款项的统计缺少有力抓手。（3）判决生效或执行款发放阶段，对外支付矛盾突出。一是资金支付存在安全隐患。款项对外支付频繁，但出纳通常只有一人，既负责单位行政经费付款，又要支付涉案资金。一方面，登录网银手工汇款，容易出现操作失误，导致款项错汇，甚至私下更改信息侵吞案款。另一方面，案件经办人在提交涉案资金支付申请时，财务人员缺乏鉴证手段，难以辨别单据信息真伪，致使案件经办人篡改账户信息侵吞款项的情况时有发生。二是提存资金管理存在廉政风险。资金符合发放条件，但因当事人拒绝领取、无法联系等情况导致无法发放，应当予以提存。但碍于缺乏相应制度规范和系统机制支撑，法院通常将其存留账户混管，部分法院则将资金交于当地公证处提存，容易出现利用"提存"规避监管的漏洞，并借此方式将资金扣而不发，损害当事人利益。三是部分涉众案件的资金发放难度较大。近年来出现的 P2P 金融诈骗、电信诈骗等案件，受害人动辄成千上万甚至十几万、几十万元。在案件审理追缴赃款后，面临资金返还受害人的难题。一方面受害人人数众多，传统的汇款方式难以完成，另一方面也难以做到预留所有受害人的收款账号信息，导致银行无法利用资金批量统发的渠道。(4)应收未收的涉案资金管理尚未形成合力，系统之间存在数据壁垒。涉案资金管理与案件办理的系统互相独立，数据共享贯通水平较低，容易出现系统间各自为政、信息不畅、环节阻断。对于应收款项是否收缴到位，缺少有效的查询统计渠道。（5）涉案资金长期缺乏案件明细核算，管理较为粗放。全省约有一半数量的法院，预收诉讼费账户由当地财政管理。由于账户主体非法院自身，导致财务人员对诉讼费的核算缺乏主体责任意识。从而导致诉讼费底数不清，无法及时发现"应退未退"诉讼费。

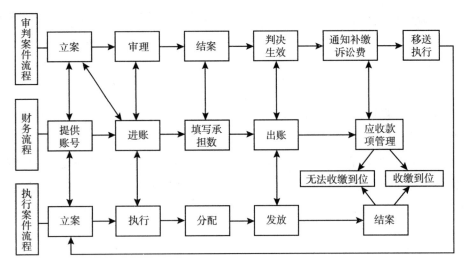

**图 2　法院业务流程**

### 2. 推进业财融合，全面改造业务流程

（1）在立案环节解决进账资金清分问题。在窗口立案人员受理案件后，系统即可根据案件类型，确定预收诉讼费的金额、交款人，并分配案号（即案件编号）。此时可将案号和当事人的信息捆绑，生成一个同案号下同一个当事人专属交款通道。所有在该通道交款的资金互不干涉，可以自动归集匹配至案号下，使财务与办案业务人员的沟通成本趋零，有助于减少不明款。（2）在结案生效环节解决资金付款问题。在传统模式下，案件经办人在结案后，向当事人询问登记收款账号，制单审批后交由财务会计审核，再转由出纳登录单位网银汇款。在建设系统时，可以考虑合并几个环节。一是案件经办人提出向当事人支付涉案资金的申请和审批，整体转为线上流转。发起审批时，在填入当事人收款信息后，申请付款指令一经流转，所有信息不可更改。二是将出纳岗位职能前移，合并于案件经办人工作流程中，申请付款指令在会计审核后，直接发送银行进行汇款，无须再由出纳手工汇款。（3）健全制度规范解决改革实践制度依据问题。一是建立健全规章制度。省高院先后制定出台《浙江法院案款管理办法》《浙江法院诉讼费用管理实施细则》。二是创设全省案款提存、涉众案款发放机制。省高院通过制定《浙江法院案款提存指引》，统一全省资金提存的管理模式，将原法院自管或公证处代管的符合发放条件但又无法发放的资金，归集于全省唯一账户集中管理。三是统一规范全省法院票据。与省财政厅对接，共同开发电子票据并纳入管理使用，将预收、结算、退费、执行款等四种票据统一合并为一种票据

类型，便于当事人将税务发票与法院专有票据有效区分。

**3. 查找关键节点，完善绩效评价关键指标**

根据业务流程梳理结果，在诸多业务交叉节点设置关键考核指标。以在规定时限内完成资金退付为总目标（诉讼费生效后 15 日，案款到账后 30 日），结合工作末端建立相关绩效考核指标体系（见表 2）。（1）诉讼费管理绩效指标。一是诉讼费退费用时：目标值为 15 日，时间从案件生效时起算。该指标计算当年所有完成诉讼费退费案件的加权平均天数。二是生效信息完整性：诉讼费退费的起算时间和触发条件，都与审判案件的生效日期密切相关。设置该指标既能提高计算退费用时的准确性，还能避免因漏填生效日期导致诉讼费"应退未退"。（2）案款管理绩效指标。案款发放天数：目标值为 30 日，时间从资金到账后起算。该指标计算当年所有完成案款发放案件的加权平均天数。（3）诉讼费应收未收管理绩效指标。诉讼费承担数完整性：案件生效时，由于判决结果的不确定性，可能出现未预交诉讼费的当事人，因败诉而须补交诉讼费的情况。如此情况下，便产生诉讼费"应收未收"的管理。通过对各方当事人诉讼费承担数进行登记，为应收款项的收缴提供统计渠道。（4）辅助管理绩效指标。一是不明款笔数：为避免资金长期挂账，要求各法院须及时将进账资金与对应案件作匹配，以便于跟随案件进展做好相应处置。二是审判案件归档未清零比：为防止诉讼费"应退未退"，在案件归档时设置监管考核的最后一道"防线"，督促办案人员在案件归档时一并完成诉讼费"应退尽退"。

表 2 涉案资金管理绩效考核指标

| 序号 | 对应目标 | 类型 | 具体考核指标 | 参考标准 | 指标解释 |
|---|---|---|---|---|---|
| 1 | | 诉讼费管理绩效指标 | 诉讼费退费用时 | 15 日 | 统计当年所有审判案件在生效后，完成退费耗用的平均天数 |
| 2 | | | 生效信息完整性 | 100% | 公式：（已完成填写案件数/总案件数）×100% |
| 3 | 应退尽退 | 案款管理绩效指标 | 案款发放天数 | 30 日 | 统计当年所有执行案件在执行款进账后，完成资金发放耗用的平均天数 |
| 4 | | 辅助管理绩效指标 | 不明款笔数 | 0 | 进账后无法清分的资金累计笔数 |
| 5 | | | 审判案件归档未清零比 | 0 | 公式：（当年有余额归档案件数/当年归档总案件数）×100% |
| 6 | 应收尽收 | 诉讼费应收未收管理绩效指标 | 诉讼费承担数完整性 | 100% | 公式：（已完成填写案件数/总案件数）×100% |

**4. 融入"全域数字法院"建设，推进"涉案资金闭环管理绩效评价体系"设计运行**

通过分批研发，压茬推进，完成"一套体系、三大系统、十项重要功能"的设计运行（见图3）。"一套体系"即"涉案资金闭环管理绩效评价体系"；"三大系统"即"涉案资金管理系统""涉案资金核算系统""涉案资金管理质效监测系统"；"十项重要功能"即"一人一案一账户""法银直连""案外人校验""全省统一提存""涉众案款发放""电子票据""应收未收管理""缴款码""资金核算""管理质效监测"。（1）开发"涉案资金管理系统"，整合诸多功能模块。一是开发"一人一案一账号"（虚拟账号）模块（见图4）。在传统模式下，法院向当事人提供的都是法院基本账户。当事人直接汇款后，法院根据交款人、金额、附言摘要等信息，与审判执行部门进行核对确认，然后再与案件关联。如遇无法核实的资金，只能长期挂账。为解决此问题，省高院协调各银行共同开发"一人一案一账号"（虚拟账号）模块，实现了进账资金与案件精准关联。具体如图4所示：由银行端根据法院推送的案号、当事人等信息，以基本账户为基础，在编码范围内随机生成独立收款账号，称为"虚拟账号"。通过技术手段，确保一个账号只对应一个案件的一个当事人。该账号仅作为收款时清分款项使用，资金进账后仍在基本账户入账。但通过清分后，财务人员无须与审判执行部门逐笔核对资金与案件信息。只要是该案件下唯一对应的账号进账资金，即可自动匹配案号及当事人，并将信息反传至法院涉案资金管理系统，使财务人员不仅能核对每日进账资金信息，还能准确掌握各案件与资金匹配关系。二是开发"缴款码"模块。联合财政厅、银行对各自系统接口进行改造，通过加密光端机，实现内外网数据交互。通过在《浙江省统一支付平台》增加法院交款入口，拓宽交款方式渠道。交款方式由过去的向银行账户交款，变为用缴款码交款。三是开发"电子票据"模块。积极响应浙江省"最多跑一次"改革，联合财政厅共同开发电子票据子系统。一方面，与财政厅共同设计电子票据样式，并纳入财政非税电子票据管理系统；另一方面，针对法院专网与外网的跨网数据交换，做好光端机加密交互功能的升级改造，保证网络畅通、信息安全。同时，改造涉案资金管理系统和审判、执行、送达系统，使法院专网内可以开具电子票据，并能线上自动推送至各个案件经办人的电子卷宗。案件经办人收到电子票据后，可与电子裁判文书一并进行电子送达，既提高送达效率、减轻工作量，又节约经费开支。四是开发"法银直连"模块。将审判业务与出纳岗位业务融合，开发"法银直连"模块。改变过去退付申请交会计审批后，再由出纳操作汇款模式。转变为案件经办人在系统登记录入当事人收款信息，并发起退付申请指令。指令中的信息一经发出不可更改，经线上逐级审批，流转至会计审核后，通过手机短信验证，无须出纳汇款，直接发送至银行进行支付。有效避免因出纳手工录入账户信息，导致款项错汇。为防止网络波动导致重复出账，发起指令后，会计再登录网银核对支付信息，通过二次核对后正式完成款项支付。五是开发"案外人校验"模块。为防范书记员利用向案外人付款的漏洞侵占涉案资金，开发了"案外人校验"模块。在申请付款时，如遇收款人与当事人不一致，系统在校验后弹出二维码。由承办法官专项核对领款人身份是否适格，核对无误后用登记在册的手机扫码，输入校验码之后，方能进入后续的审批流转。六是开发"全省统一提存"模块。将全省法院的提存案款剥离出原法院，不再留存于各法院资金账户。资金集中汇入全省提存案款统一管理账户（见图5）。每笔提存案款到达统一提存账户后，自动根据对应案件转入当事人的专属账户，并为当事人提供线上线下实时提取的便利，减轻资金管理压力和法官办案的工作量，降低法院廉政风险。七是开发"涉众案款发放"模块。当事人通过微信的"人民法院在线服务"小程序，确认债权登记并同时办理账户开设手续。法院将执行到位的资金根据分配方案，通过"涉众案款发放"模块一键发放至系统为当事人预先开设的账户，完成批量发放（见图5）。彻底解决当事人账户信息收集难、手工转账汇款易出错等难题。八是开发"应收未收管理"模块。在退付资金时强制填写诉讼费承担数，避免由于工作疏忽，对欠缴诉讼费遗漏追缴。同时案件经办人和财务人员，可以通过"应收未收"查询统计，准确掌握资金欠缴情况，以便于向各部门办案人员发送应收款项通知，及时办理资金追缴。

（2）开发涉案资金核算系统，实现个案资金明细核算。针对诉讼费无法及时进行核对、校验，资金安全风险较高的问题，并充分考虑案款核算工作量大的实际，研发涉案资金核算系统。对接涉案资金管理系统，自动同步提取数据（见图6），通过两个系统的数据互相印证，也可防止出现涉案资金管理系统数据被篡改，继而引发资金安全问题。一是自动生成记账凭证。财务人员无须手工录入记账凭证，系统可根据各法院需求定制凭证自动生成周期和版式，大幅降低工作负担。二是提供多种查询打印功能。可提供"余额汇总表""明细账""总分类账""序时账"的查询打印，通过对涉案资金的个案分类核算与统计分析，及时发现"应退未退"资金，以便于通知相关人员及时办理。三是提供银行对账单进行校对数据。各银行对账单，每日自动推送至核算系统。通过记账凭证数据与银行对账单数据校对，确保资金数据准确，避免数据篡改。（3）开发涉案资金管理质效监测系统与辅助功能，形成有效"闭环"管理。一是开发涉案资金管理质效监测系统。各项指标的基础数据由涉案资金管理系统实时同步推送，在后台计算后进行综合展示。各法院可以通过数据统计分析，时刻做到"自我诊断""自我开方"。上级法院可以对辖区内法院随时调取数据抽查监测。二是增加待处置的涉案资金提醒和预警功能。对于符合退付条件的涉案资金，会在系统内弹窗提醒。并通过对符合条件后的10日、20日、30日进行三色提醒，督促案件经办人及时处置应付款项。三是开发自动退付功能。对于符合退付条件且预留账户信息的案款，如经办人未及时处理，系统将于预设日期到期后，自动发起退付申请，有效形成"闭环"管理模式。(4)依托"全域数字法院"建设，打造"1＋X"体系，深度融合办案业务与财务工作。将涉案资金闭环管理绩效评价体系与OA办公、审判、执行

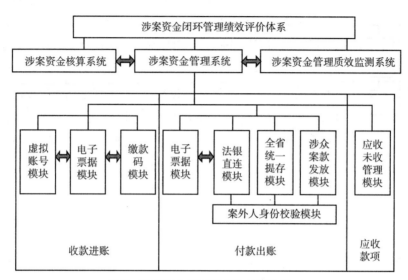

**图3 涉案资金闭环管理绩效评价体系**

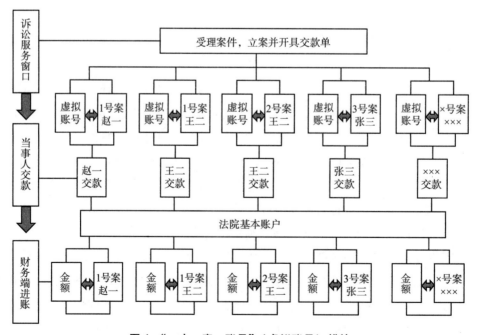

**图4 "一人一案一账号"（虚拟账号）模块**

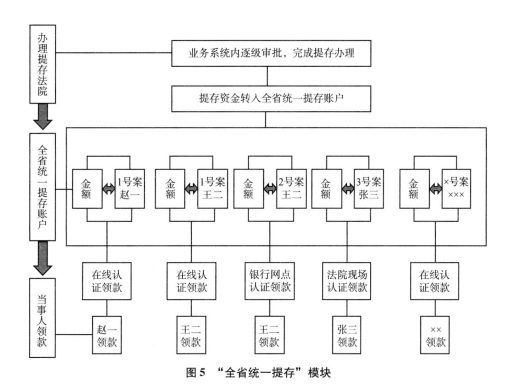

**图 5　"全省统一提存"模块**

等业务系统进行融合改造，打破系统信息壁垒，合并操作流程，互相内嵌功能模块（见图 6）。通过业财融合，打造"1 + X"体系。"X"即根据新情况新需求，不断开发资金管理的新功能新模块，切实提升用户体验和工作质效。一是改造审判业务系统和法院官网。在立案界面嵌入账户登记模块。登记后，账户数据可随案件信息一并进入线上流转，在"涉案资金管理系统"内随时可查。二是在审判与执行系统中嵌入涉案资金管理操作界面。法官只需在办案界面，就可以办理资金的退付和票据的送达工作。三是开发"智能止付"功能。在审判案件退费时，收款当事人如在省内尚有被执行案件，则系统将弹窗提示中止付款。并通知对应执行案件经办人联系扣划，避免出现执行款损失，有效保护胜诉当事人权益。

**5. 建立健全通报监督机制，全面实现绩效评价量化考核**

（1）制定指标评价和量化赋分标准。结合工作实际设置量化赋分标准（见表 3）。（2）对全省法院定期组织管理绩效考核通报。一是组织专项通报，推进历史存量资金彻底清理归零。组织开展专项通报，对长期存在的"顽瘴痼疾"进行彻底清理，切实做到"治已病、防未病"。例如，2021 年，结合全国政法队伍专项整顿，组织全省开展涉案资金沉淀款项彻底清零工作。二是组织定期通报，建立涉案资金闭环管理长效机制。每季度对全省法院进行管理绩效量化考评，对排名落后法院安排约谈"一把手"，向下传导考核压力，全面提高重视程度。

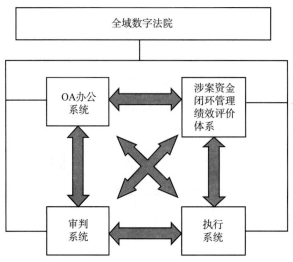

**图6 全域数字法院**

表3                                  量化赋分标准

| 序号 | 指标类型 | 该项分值（K） | 指标解释（N） | 赋分标准 |
|---|---|---|---|---|
| 1 | 诉讼费退费用时 | 30 | N：统计当年所有审判案件在生效后，完成退费耗用的平均天数 | $N<15$，$K=[1-(N/15)]\times12+18$<br>$N=15$，$K=18$<br>$N>15$，$K=[2-(N/15)]\times18$ |
| 2 | 生效信息完整性 | 10 | N=（已完成填写案件数/总案件数）×100% | $K=N\times10$ |
| 3 | 案款发放天数 | 30 | N：统计当年所有执行案件在执行款进账后，完成资金发放耗用的平均天数 | $N<30$，$K=[1-(N/30)]\times12+18$<br>$N=30$，$K=18$<br>$N>30$，$K=[2-(N/30)]\times18$ |
| 4 | 不明款笔数 | 10 | N=[1-（未认领不明款笔数/当年进账资金总笔数）]×1000 | $K=N\times10$ |
| 5 | 审判案件归档未清零比 | 10 | N=（当年有余额归档案件数/当年归档总案件数）×100% | $K=(1-N)\times10$ |
| 6 | 诉讼费承担数完整性 | 10 | N=（已完成填写案件数/总案件数）×100% | $K=N+10$ |
|  | 小计 | 100 |  |  |
| 7 | 有无参与全省重大项目任务 | — |  | 文件通知，每参加一项加0.2分 |
| 8 | 有无被省级以上单位通报表彰 | — |  | 文件通报，每表彰一次加0.2分 |

| 序号 | 指标类型 | 该项分值（K） | 指标解释（N） | 赋分标准 |
|---|---|---|---|---|
| 9 | 有无被省级以上单位通报批评 | — | | 文件通报，每批评一次扣0.2分 |
| 10 | 有无发生资金被侵占案件 | — | | 文件通报，每违规违纪一次扣1分 |

### （四）在实施过程中遇到的主要问题和解决方法

**1. 绩效评价组织实施问题**

存在问题：一是在管理工作中，尚未建立绩效指标体系；二是信息化建设未全面展开，各功能模块集成化水平不高；三是对下监管制度尚未确立，缺乏督促考评机制。解决方法：在充分调研基础上，紧扣管理流程节点，设置关键考评指标。深入推进单位信息化建设，实现所有业务功能线上办理流转。抓好系统集成开发，塑造业财深度融合的管理绩效评价体系。定期组织通报，做好监督管理。

**2. 研发系统的知识产权归属问题**

存在问题：在系统开发中，容易忽视软件系统的知识产权归属问题。一旦公司中途撤离，容易出现产权纠纷，影响后续系统使用。解决方法：明确约定知识产权归属于法院，在公司撤离后，法院保留系统源代码，并可以转交接替的公司继续开发。

**3. 系统更换引起的数据迁移问题**

存在问题：不同公司开发的系统之间迭代接替，存在原始数据迁移问题。一是数据格式不统一，系统兼容性不及预期；二是数据量较大，迁移时间过长；三是迁移后的数据校对工作量大。解决方法：一是要求新系统开发公司增加数据迁入的适配性，使新旧系统的数据结构可以统一匹配。二是制定数据迁移排期计划，将全省法院分批次分地区集中组织数据迁移，减轻数据库压力。三是科学安排系统切换时间，避免业务中断影响审判工作开展。

# 四、取得成效

## （一）完成预期目标

**1. 彻底解决进账资金清分难问题**

全省法院已完全实现涉案资金与案件一一匹配。

**2. 靶向清理历史沉淀**

截至 2021 年底，全省法院共完成涉案资金清理 102.02 万笔、合计金额 332.59 亿元，清理率达 100.00%。

**3. 有效降低案件办理的廉政风险**

创设"全省统一提存"模块，有效降低部分办案人员利用漏洞将资金扣而不发所引起的廉政风险。

**4. 建立"闭环管理"模式，资金支付时效大幅提升**

2022 年 9 月底全省上线 3.0 版本。截至 2023 年 2 月 28 日，全省法院共退费 21.3 万余笔、超 140.78 亿元，其中自动退费 3499 笔，智能止付 18335 笔，退付平均用时 11.8 天（同比减少 20.2 天）。

## （二）有效改善单位形象与管理状况

**1. 省高院工作报告在省人大的通过率逐年提升**

从 2020 年的 96.74%，提高到 2023 年的 99.52%。

**2. 沉淀资金总量大幅削减，降低管理风险**

全省法院涉案资金账户余额，从 2018 年的 351 亿元，下降至 2023 年的 214 亿元。

**3. 部门间协作沟通效率提升**

审判、执行部门对涉案资金管理的重视程度得到根本性扭转，部门间协调和协作水平得到明显提升。

## （三）对提高单位绩效管理水平的评价

2022 年浙江省审计厅在对全省 6 家法院进行涉案资金管理专项审计后，作出了"从根本上加强和规范涉案资金管理"的评价。

# 五、经验总结

## （一）案例成功的相关因素

**1. 浙江省委省政府数字化改革大力推进**

习近平总书记主政浙江期间就提出要"加快建设数字浙江"，并将其作为"八八战略"一项战略性任务、基础性工作来谋划实施。

**2. 各级法院"一把手"对涉案资金管理高度重视**

省高院院长多次对涉案资金管理的相关通报进行批示，强调各级法院要做好涉案资金管理工作。各级法院"一把手"都能积极组织本单位人员落实行动。

**3. 各级政府财政部门对项目开发经费保障有力**

依托省高院出台的相关配套文件，以及省财政厅给予的大力支持，各级政府财政部门对于本辖区内的试点法院项目经费保障充足。

**4. 参与项目人员业务兼容能力较强**

财务人员必须要熟悉精通单位主业，并找到业财融合关键节点。本案例中，笔者具备会计中级职称，通过"国家计算机二级（C语言）"等级和"国家司法考试"等专业考试，为案款管理系统的多跨业务融合提供一定的知识储备。

## （二）对于改进提升的思考

**1. 继续挖掘系统功能潜力**

在全省定期收集整理改进建议，对系统持续更新迭代。

**2. 不断完善关键指标**

针对审计、巡视巡察工作中新发现的问题及时调整制定指标，并纳入考评指标体系。

**3. 改善管理会计工具类型**

探索引入平衡计分卡，并设定部分关键考核指标（见表4）。

表4　　　　　　　　　　平衡计分卡

| 维度 | 目标 | 主要考核指标 |
|---|---|---|
| 财务维度 | 1. 涉案资金"应退尽退" | 1. 生效案件退费平均天数<br>2. 执行款发放平均天数 |
| | 2. 涉案资金"应收尽收" | 1. 诉讼费承担数填写比例<br>2. 诉讼费应收未收案件数 |
| | 3. 提存与涉众资金管理安全有序 | 1. 发放资金的提存占比<br>2. 涉众资金发放天数 |
| | 4. 对涉案资金进行案件明细核算 | 应退未退案件比 |
| 业务流程维度 | 合并冗余环节，使业务办理更加精简高效 | 1. 进账不明款笔数<br>2. 自动退费笔数 |
| 学习成长维度 | 通过全面组织培训，提升财务人员业务能力 | 每年组织培训次数 |
| 顾客维度 | 提升群众司法获得感 | 每年省高院向省人大作工作报告通过率 |

（浙江省高级人民法院：薛海华　吴飞梅　郑戈锋）

**案例评语：**

　　浙江省高级人民法院基于现实需求和国家有关部门管理要求，以数字化为基础，构建了"全域数字法院"涉案资金闭环管理绩效评价体系。建成了"横联财政与银行、纵贯省市县三级法院"的集成化系统，完成了"一套体系、三大系统、十项重要功能"的系统研发与体系构建。不仅实现了预期目标、改善了单位形象与管理状况，还提高了单位绩效管理水平。

　　案例单位生动地诠释了"如果你无法衡量，那么你就无法管理"的管理会计精髓，对同类单位开展类似实践提供了有益的借鉴。

# 七、风险管理

# 数智赋能全面风险与内部控制管理质量升级

## ——基于数智化场景的集中化风控体系建设与应用

**摘要**

中国移动通信集团有限公司锚定世界一流信息服务科技创新公司"新定位"，践行创世界一流力量大厦"新战略"，加快向世界一流企业迈进。公司风险管理以"强内控，防风险、促合规"为目标，统筹发展和安全，构建具有中国移动特色、锚定世界一流水平，融合化、数智化、协同化的风控管理体系，实现前瞻性预警、全过程跟踪、集中化监督、可视化展示、数智化防控。

基于当前风控管理工作现状特点，中国移动搭建集中化风控管理体系，运用数智化手段，赋能风控流程，形成管理闭环，使用模型构建、展示监测、处置跟踪等方法，以集中化风控管理平台为抓手、大数据风控模型为核心能力，实现"风险看得见、问题抓得准、责任压得实、防线守得牢"的风险识别与管控。

集中化风控管理体系为中国移动在经济效益、能力提升等方面带来极大成效。在经济效益方面，形成量化、实时、全程的风险监管能力，有效拦截风险、挽回损失；在能力提升方面，以全级次、全领域、全天候的"三全"理念为基础，以穿透到客商、穿透到项目、穿透到合同、穿透到工单的"四穿透"模式为核心，打造制度实时修订、岗位实时匹配、对标实时分析、成效实时评估、整改实时落实的"五实时"的新机制。未来，中国移动还将进一步沉淀总结本次集中化风控系统建设经验，引领数智化风控系统的实现之路从"点和面"走向"体和魂"。

# 一、背景描述

## （一）中国移动基本情况

中国移动通信集团有限公司于 2000 年组建成立，注册资本 3000 亿元，资产规模

2.1 万亿元，2023 年收入规模超万亿元。在党中央、国务院的正确领导和上级部门的大力支持下，始终致力于推动信息通信技术服务经济社会民生，以创世界一流企业，做科技强国、网络强国、数字中国主力军为目标，已成为网络规模、客户规模、收入规模"三个全球第一"，创新能力、品牌价值、公司市值、盈利水平"四个全球领先"的电信运营企业。

### （二）集中化风控体系应用基础

伴随我国数字经济转型促进了各类新业务、新业态、新模式的蓬勃发展，风控工作面临更大挑战，企业需要从加强战略预判和风险预警、提高风险化解能力、构筑全面防控体系等方面搭建高质量的风险防护网。与此同时，数智化技术在前端运营中加速推进，技术创新为风险管理提供了新的手段方式。

《中国移动"十四五"发展规划纲要》中提出，加快推动人工智能、大数据等技术融入生产运营全流程、全环节，打造数据驱动的全面运营管理能力。集中化业财系统建设、跨层级跨域数据融通、数智技术创新应用，为搭建集中化风控体系、赋能风控全流程创造了坚实基础。

### （三）管理会计工具选择

中国移动深度应用风险矩阵与风险清单等管理会计应用工具，针对风险识别、量化评价、精准防范等管理痛点，以风险地图的战略引领为基础，集中化风控平台数智能力为抓手，大数风控模型监控为核心能力，构建集监控、展示、处置、跟踪为一体的风控管理体系。

## 二、总体设计

### （一）体系建设目标

中国移动围绕《关于进一步加强财会监督工作的意见》《管理会计应用指引第700 号——风险管理》等要求，积极推进风险与内控管理数智化转型升级，以打造反应灵敏、动作迅速、协调联动的风险防控"天眼"为主线，构建数防智控的风控管理体系与应用平台，全面提升全集团风险防控组织协调能力、前瞻预判能力、全程防控能力、实时监控能力、末梢监督能力，如图1所示。

图1 集中化风控体系架构

风险管理方面，构建了监控触角覆盖业务全领域、管理全级次、运营全天候的"三全"管理能力；通过穿透至用户、穿透至项目、穿透至单据、穿透至客商"四穿透"式管理，实现了风险防控直达管理末梢的要求。内控管理方面，打造了制度实时修订、岗位实时匹配、对标实时分析、成效实时评估、整改实时协同的"五实时"管理机制，用数智技术赋能内部控制能力提升。

### （二）体系设计思路

集中化风控系统充分运用风险矩阵、风险清单等工具，完善各风险点的风险等级，形成分领域的风险地图，达到有效监控、及时预警、全面防范、切实化解风险的目的，打造了风险清单—风险地图—风险点的三级闭环。

系统依托集中化业财系统和数据中台能力，打造风险管理和内控管理两大模块。风险管理模块以风险地图为基础，构建分级分类的风险量化监测模型，通过可视化监测与处置实现风险集中监管、一站式处理。内控管理模块以制度建设为基础，通过监督评价、综合管理定期检查评估，对标跟踪业务变化与监管要求，实现内控动态更新（见图2）。

### （三）体系建设方法及内容

选取管理会计应用指引中的风险管理工具方法，构建"设定目标，识别和分析风险，对风险进行检测、预警和应对，沟通风险信息，考核和评价风险管理等"的全链条管理机制，设计了"建立风险地图识别风险—构建预警模型量化分析风险—搭建风险可视化体系展示风险—风险预警处置一站式应对风险—数智平台高效沟通风险—监督评价全面考核风控"的风控管理全流程。

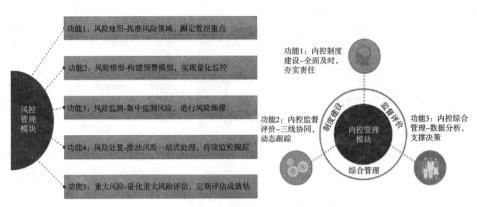

图2 集中化风控系统功能设计

在风险识别方面，基于集团战略风险管控目标和管理会计指引，结合《管理会计应用指引第701号——风险矩阵》《管理会计应用指引第702号——风险清单》，确定整体风险框架并逐层分解，按照风险矩阵坐标进行量化处理；在风险量化分析方面，基于"五步法"（模型设计/评审/校验/溯源/上线）构建预警模型，实现风险量化监控；在监测展示方面，基于风险地图建立覆盖6大领域300余个风险点的全景视图；在处置跟踪方面，通过模型精准定位风险根因和责任主体，触发提示－预警－督办三级工单，闭环问题处置，有效压实责任，协同业务操作－专业管理－风险监督三道防线；在信息协同方面，依托线上平台信息传递能力，加强风险管理组织间沟通，快速同步内控制度、手册等；在监督评价方面，通过与人力等系统交互，建立内控责任双向追踪，系统化落实事前/中/后监控。

## （四）创新方案

通过大数据模型实现聚焦关键领域、重点环节的实时监控与预警，细化风险场景梳理，通过平台实现交易级实时监控；通过对风险模型组合分析，构建分主题、分领域对各业务条线、各级单位风险管控能力精准画像；通过一站式风险预警与闭环处置，打通业务条线与管理层级，推动风险防控协同，全面提升风险管控工作数智化水平。

# 三、应用过程

## （一）组织架构

### 1. 建立责任分工明确的项目组织架构

分工明确的项目组织架构是项目成功的基石。本次体系建立项目管理机构、业务咨询团队、系统实施团队三方协同的项目组织。项目管理机构包括项目指导组（包括移动集团公司财务部、IT 公司、厂商管理层）与项目管理组（包括移动集团财务部内控管理处、陕西公司财务部、厂商项目管理人员、IT 公司大数据应用部），系统实施团队包括责任单位 IT 公司与系统承建厂商等参与单位。

中国移动陕西公司作为牵头单位，在集团带领下，与 IT 公司、系统厂商携手完成项目整体方案设计、日常管理机制落实等各项项目管理组日常工作，并且承担了系统功能试点及模型设计开发等工作，全流程、多层级、多角色参与到项目建设的方方面面。集团内各省专公司积极参与、分工协作：作为业务咨询团队，负责业务模块功能制定、任务分解、模型落地咨询工作；作为模型战队，负责具体风险模型业务逻辑设计，主导风险模型评审及优化，支撑系统模型开发及模型维护升级；作为试点单位，配合厂商进行上线测试、系统调试，提供用户使用建议、意见与反馈等。通过细化项目管理架构，解决了集中化风控系统建设过程中多单位、多任务的协同问题。

### 2. 实行模型战队机制严控模型质量

风控模型是风控系统有效运行的关键环节，为确保风控模型符合风险管理需求，组建多个模型战队，分别负责市场、财务、运营、网信等重点领域模型构建，集中优势资源进行攻坚。同时，为完善风控模型管理模式，提升模型建设质量，项目组建立了风险模型评价体系（见图3），规范模型全生命周期质量管理机制，为风险集中化监控、一站式处理奠定基础。模型质量管理方案中明确各方职责，其中各模型战队在构造模型时，确定模型责任人，负责模型的设计、运行、优化、维护等全生命周期管理，确保风险场景识别准确，模型逻辑科学，阈值设计合理；项目管理组同步组织模型评审，监督模型开发维护进度，确保模型设计符合质量要求；系统组按照流程落实数据溯源、测试开发，确保上线配置准确，模型数据具备获取条件，确保模型有效运行。

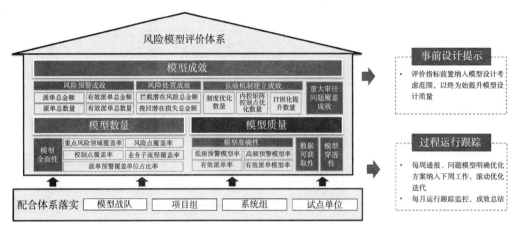

图3　风险模型评价体系

### 3. 强化各方领导机制压实责任

为确保风控系统正常运行，采用试点＋一推＋全面推广的渐进式上线方案。在试点过程中，各试点单位均成立试点实施组，由牵头人统一组织推进本单位试点工作，及时与集团进行专项对接与沟通，提前发现并改进系统功能、使用体验等相关问题。各单位财务部总经理主动担责，做好资源配置和试运行结果的把关。各单位 IT 部门充分支撑，协调网络开通验证与系统配套改造。厂商在试点过程中协调沟通、支撑保障，根据模型试运行情况及时进行了调优迭代。试点完成半年后，逐步开展一推＋全面推广上线和培训工作，确保全集团范围内的有序上线。

### （二）建设部署过程

风控体系建设以风险地图为基础，构建分级分类的风险量化监测模型，通过可视化监测与处置实现风险集中化监管、一站式处理与跟踪，形成分条线、分单位风险画像，量化风险管控水平。针对模型监控、三单处置成效量化评估重大风险，达到前瞻预判重大风险的效用。内控管理以制度建设为基础，通过监督评价、综合管理定期检查评估，查漏补缺，实现内部控制环境的持续优化与提升。

### 1. 贯通业财系统打好建设基础

（1）打通业财系统实现数据融合。实现数据互通，打破数据孤岛和业务壁垒。基于数据中台，拉通 ERP、租赁、资金管理等 17 个业财系统，1100 多个接口数据，每月分析 50 多亿条数据；模型结果形成 110 多万条单据，覆盖市场、网络、财务、运营等 6 大领域风险防控。

（2）打通办公系统实现流程融合。固化 30 余项风险管理流程，20 项通用模块流程，无缝融合链接单点登录、OA 跳转、MOA 跳转 3 大入口，实现大屏、小屏同步浏览，随时切换。固化业务流程，帮助企业打造长效的风险管控能力如图4所示。

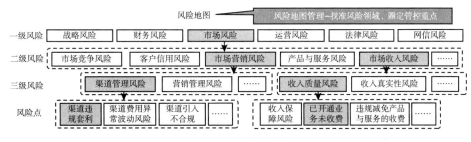

图4　业财系统融合简表

### 2. 建设实施过程及内容

（1）绘制风险全业务监控地图。

集中化风控系统通过可视化风险地图，汇集覆盖各重点领域风险点，根据监管政策变化及审计发现问题实时更新，保证风险覆盖业务流程的全面性；明确风险星级、分布情况，圈定风险管控重点，及时监测和预警风险，有效落实管控举措，防范高危风险，从而实现了统一风险语言、展现风险全貌、明确重点领域、前瞻预判风险等功能（见图5）。

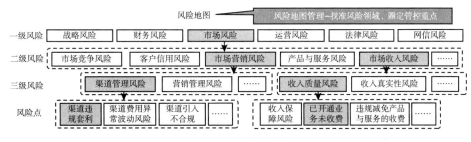

图5　风险地图简表

（2）构建风险全业务预警模型。

依据风险地图中的重要风险领域，搭建大数据风险模型开展实时监控。风控模型作为集中化风控系统建设的重要环节，为保障模型质量，采用模型设计、模型评审、逻辑校验、数据溯源、测试上线的五步法从设计到上线层层把关。明确模型设计规范，持续进行模型成效管理，不断优化模型与业务拟合度，明确模型每个字段设计要求，确保内容翔实、要求预警信息完整、描述清晰、逻辑准确，为后续高效开发奠定基础。

围绕用户处置，标准化关键提示信息，规范提示数据口径，强化预警信息针对性，完善预警清单展示，确保预警金额准确，问题交易直接定位，推动风险高效处置。构建 3 大维度，9 大领域，23 个关键指标的量化模型成效评价体系，融入事前设计和过程跟踪双阶段，以终为始，推动实现模型监测成果有用、管用、好用。

（3）建立全业务可视化风险监测。

在大数据风险模型实现风险定量评估、各领域、全业务风险数据展示、自动化监测、线上实时预警的基础上，形成从集团到地市公司上下一体的集中监控方式，建立可视化的监控展示方式。通过风险专题、模型专题、单位专题等多维度、可视化展示风险全貌，并进行实时动态展示。将原本依赖线下手工方式进行的风险评估监测工作向线上转变，实现风险的集中监测、多维风险画像和可视化展示。

（4）形成预警处置全过程跟踪。

风险模型依托大数据 7×24 实时监控，达到预设阈值自动触发预警三单（根据影响程度分为提示单、预警单、督办单），由第一道和第二道防线（即业务执行和管理单位）进行风险三单协同处置，深入业务前端核实制度规则执行情况。系统建立一站式派单功能，集中派发任务直达责任岗位，实现一站式处理。通过实时跟踪派单率、处置率及处置时长，督促各单位各司其职、排查原因、有效处置。为提高处置质量，系统明确三类风险处置成效定义，量化模型处置成效，准确反馈处置结果，促进风险监控闭环。

（5）强化重大风险定量化管控。

重大风险管理功能固化重大风险识别、评估、应对、报告及管控线上标准流程，嵌入风险量化评估工具及模板，推动风险管控与业务深度融合。将年度重大风险评估管控目标逐步纳入风险监测模型，持续监测分析日常风险高发、频发、管控不及时情况，作为年度重大风险评估输入，并通过将风险防控措施与战略同部署，统一重大风险评估管理标准和工具，各单位各条线规范实施，支持多维对标分析，提升各层级风险管控重点、步调的一致性，定期跟踪评估落实成效。

（6）形成内控标准化管理。

内控管理模块建设的目的在于提升内控管理工作的信息化水平，确保全集团内控制度的全面性、及时性，强化内控执行的有效性、一致性，进一步发挥三道防线协同作用，提升内控体系建设成效。以制度建设为基础，通过监督评价、综合管理定期检查评估，查漏补缺，实现内部控制环境的持续优化与提升。

（7）实现内控嵌入岗位职责。

通过与人力系统联动，自动捕获人员变化，并通过责任落地管理功能，及时变更责任人，实现将内控执行与岗位、管理流程相匹配，确保岗位配置的合理性与一致性。通过内控嵌入岗位职责的方案，实现内控岗位责任落地的实时监控与联动，解决人员岗位变动与内控责任未同步更新的问题。

（8）开展全业务工作质量评价。

设计开发风控质量评价功能，建立科学、统一的评价体系，全面覆盖业务流程，对各单位执行评估，逐级下发整改督办工单、逐步提升风控管理水平，在系统中固化提升管理成效。广泛收集并运用内外部审计结果，多维度、多视角、可视化分析内控测试结果及其他审计发现，通过数智化分析模型的综合性分析，实现对内外部审计结果的随时查询、对比分析、可视化展示、灵活应用，并对发现的风险问题进行有效的跟踪整改。

（9）动态监测内控矩阵IT固化水平。

设计开发IT固化管理功能，建立IT固化管理标准，动态监测分析IT固化情况，根据监测结果发布IT固化任务，对未完成的任务目标，下发IT固化提升督办，对业务发生变化的控制点，调整IT固化模式。建设内控报表功能，依托系统沉淀数据，支撑多维数据查询分析，生成标准化及个性化分析报表。

### （三）应用模式与场景

**1. 基于管会多体系协同思路，统一风险管控策略**

企业整体战略在财务侧需要通过风险管理管会体系与其他管理会计体系共同作用实现。中国移动基于管理会计多体系协同思路，以"四统一"为原则，构建统一的风险管控策略，强化风险标准化防控，为实现风险集中管控、促进企业战略落实奠定基础。

一是统一流程规则。以统一的风控制度流程体系为蓝本，梳理规范了211项主流程，2000余个流程环节，覆盖从采购到资产、从营销到收入、从合同到报账、从资金到报表、从人力到法律、从系统建设到运维等业务流程，并依托全集团集中的ERP系统，打通各类流程环节和系统接口，全部实现线上化管理，实现了对各所属单位的标准化管理。

二是统一控制点规则。通过全面落实内外部监管要求，全面梳理新业务、新模式、新业态，结合内外部监督检查发现，形成了全集团统一的标准化内控矩阵，涵盖

14个业务流程，近500个控制点。依托IT系统建设整体蓝图，将风控要求与系统功能同谋划、同部署，将内控矩阵中各控制点嵌入各类业务财务系统，确保了风控要求精准落地。

三是统一业财管控规则。系统梳理规范业财规则和管控要求，统一会计科目组合40余万个，建立业务与科目映射关系，强化从业务活动到财务规则再到报表报告全流程的一体化映射。

四是统一数据规则。依托数据中台，建立了统一的主数据管理规范和业财间数据映射规则，确保跨领域、跨单位间数据规则、标准一致，以标准化、统一化的数据基础支撑风险集中化防控。

通过"四统一"建设，实现全集团一套风控标准，一点投放、全网落地，"人、财、物、工、控"全流程各管控触点直达业务末梢，确保操作规范不变形、风险防控不走样。

**2. 风险集中监管处置，推动管理会计体系运行效率**

依托集中化风控系统，指导各领域在实际业务中有效防范潜在业务风险，及时进行风险提示与风险预警，反映到其他管理会计体系中进行检查校验、闭环处置，有效提升会计信息质量；基于强大的管理会计基础和集中化业务财务系统，为风险模型提供数据支撑，进一步增强模型的风险识别准确度与监督防范有效性，夯实风险管理"三全""四穿透""五实时"目标与特点。

三全。一是全领域，为全面掌握风险情况，构建了覆盖市场、运营、财务、网信等6大领域的风险地图，实时动态更新，展示风险全貌。基于风险管理地图，指导构建分级分类的风险监测模型，及时识别预警、有效推动处置。以市场领域为例，构建了五个专题，可以分析政企业务负效益、收入增长风险等场景。如监控收入"跑冒滴漏"，通过对前端计费系统物联网业务数据的全量分析，及时预警业务正常使用但未计收的风险，并直接明细信息到客户，严防收入跑冒滴漏，目前累计预警风险金额242.10万元，追回收入78.91万元，更正计费差错53.05万元。二是全级次，为逐级压实防控责任，系统实现了跨层级、跨单位的流程贯通。纵向打通总部到省公司、地市分公司、区县分公司，直至网格或支局末梢，可触达7万余个组织机构。横向形成跨条线协同，风险预警单据可以多级派发，由"三道防线"协同处置管理。建立多角度风险预警规则库，从时间、空间、金额、类型等多个维度分析，并能跨单位对标、跨组织协同。三是全天候，风控系统实时抓取分析各类业财数据，构建多频次的风险监测模型，及时发现、预警异常风险，限期核实处置。如监督"中央八项规定"执行，针对差旅管控，设置关键敏感字、出差时间重叠、酒店住宿费均值、伙食补助等规则，通过各类视角防控末梢风险。针对每笔差旅报账单，自动扫描是否存在景区，识别涉嫌公费出游情况，并不断积累丰富字库，确保差旅招待不违规。

四穿透。一是穿透至客商，系统对公司超 10 亿级的个人、家庭、政企客户全量扫描，从营销活动、收入真实性到信用欠费等分析到每个客商。系统可以一键预警违规为非政企客户办理政企业务营销活动提供便利的情况，收到风险预警单据的单位根据涉及的客户清单，逐条核实处置，避免违规提供低价折扣套取营销资源。二是穿透至项目，为加强贸易业务监控，系统每月扫描新增 DICT 项目超 2000 个，预警项目管理不规范、过单或违规转包分包等问题。三是穿透至合同，为提升合同执行规范性，系统每月扫描分析合同超 100 万份，跟踪合同签署、合同报账、合同资产确认等情况，防范核算风险。四是穿透至工单，为强化日常操作风险监测，风控系统与供应链系统、工程项目管理系统、报账系统等建立直连，对采购订单、报账单、在建工程等业务工单全流程跟踪，穿透至业务源端。如采购订单长期未关闭监控模型，通过订单时间及金额双维度校准预警范围，推动工程条线排查采购长期不到货、到货长期不接收等情况。

五实时。一是制度实时修订，公司各层级单位均制定了内控手册和矩阵，控制点总数近 8 万条。系统支持各层级单位对控制点实时修订，并能一点修订、批量适用。同时借助 AI 能力对内容文本识别读取，实现控制点自动更新比对。二是岗位实时匹配，系统建立了内控岗位联动机制，打通与人力系统的接口，实时、全量同步岗位人员变动情况；固化控制点责任人，每天全量扫描，岗位变动自动推送处置，确保控制点岗有其人、人在其岗；支持风控流程 Owner 一点管控全集团情况，发挥第二道防线管理作用。三是对标实时分析，构建了内控制度建设、内控 IT 固化、重大风险评估等对标功能，促进各单位对标逐优。四是成效实时评估，建设了模型成效屏，将模型派单与风险实际处置数据实时汇算，实现模型成效多维度评价；下钻分析模型预警价值，对预警频率、派单准确率、影响范围等实时监测，推动低价值模型及时更新迭代。五是整改实时协同，结合监督发现问题、风险预警处置等情况，形成风险点、内控制度、IT 固化、监测模型、重大风险评估等协同联动，实现内控与风险一体化管理。

**3. 数智化资源多维度投入，提升风险防控效率**

系统运用 RPA、AI、OCR 等新技术提升业务场景的自动化、智能化水平，赋能基层人员提升工作效率，防范操作风险。同时强化数据管理，加强跨系统之间的数据拉通和核对，推动业财数据贯穿、提升数据价值。

集中化内控风险管理系统不仅仅是财务领域系统，也涉及计划、工建、人力、采购、技术、政企等各业务领域，因此在建设过程中，动员各业务部门参与，协助系统各试点单位充分协调相关资源，做好与业务的衔接，既明确财务对业务的需求，及时与业务部门沟通、促进业务部门参与，更在试运行中及时、充分地评估系统是否能满足业务对财务的需求，通过统筹协调业务与财务，实现风险的全面控制与管理，拉通业财一体，实现系统联动。

### （四）困难与解决方案

**1. 深入业务前端开展风险监控**

风险防控的难点在于事前、事中的及时识别预警，所以必须深入业务发生前端开展全流程监控，根据业务特性设置预警逻辑和阈值。业务与财务的专业壁垒，以及业财融合人才的缺乏导致难以建立起全面覆盖重点业务和风险领域的预警监控体系。为此项目组围绕市场、政企、网络、工程等领域组建了模型攻坚团队，研讨制定 10 余个专题，由总部、省公司、专业公司共同攻坚，构建并上线超 60 个业务领域专业模型，覆盖重点产品、重点项目及收入、欠费等主要风险点。

**2. 融通业财系统组织数据治理**

智能化的预警需要在汇聚业财大数据基础上进行自动分析，所以风控系统必须融通业务、人力、网络等各专业系统，实现业财系统间的互联互通。同时跨域数据共享存在网络信息安全风险、来源多样口径不一致等问题。因此项目组联合公司信息技术中心，全力打通各集中化业务系统，实现跨域数据自动共享和定期更新。同步开展数据治理专项工作，建章立制、明确职责、稽核数据、构建数据资产、应用数据，逐步实现业财数据从资源向资产的沉淀，为大数据风险分析与预警奠定坚实基础。

**3. 协同三道防线基于风控体系形成合力**

风控三道防线中业务执行单位、专业管理部门和审计监督部门职责相对独立，习惯于进行合规管理的"单线作战"，相互之间日常沟通未完全畅通，监督成果未完全共享，如何激发出三道防线贯通一体的合力成为风控工作之痛。风控系统在建立之初紧盯顶层设计，在角色设置上区分业务责任人员、职能/专业风控管理人员、风险监督人员等，对应风险核实与处置、单据派发与模型管理、处置跟踪监督等不同职责，实现风险信息的可视与共享，促进三道防线工作的融合互通。

### （五）创新亮点

**1. 管理工具创新：数智化高效规范管控**

数智化场景拓展智能风控应用。应用 NLP 自然语言处理、深度学习模型、人工智能算法等数智化技术，在获取内外部制度信息，结构化制度数据，自动化梳理处理文本内容拆分标记，形成内控知识关联图谱。用户输入问题，系统根据语义查询相关知识，通过内控点描述自动定位到对应的制度依据条文。

**2. 风险监测机制创新：集中实时监控**

一是构建集中化管控能力，通过风险监控、风险处置功能，从集团到区县公司上下一体全天候监控；强化风险预警监控及跟踪处理，提升风险应对能力；二是建立风险大屏，实现按单位、业务条线、风险等级、预警金额等多维度动态分析展示风险状况和变化，针对风险异动业务、高风险事项单位、反复预警领域等进行专项提示，强化风险数据对管理决策的有效支撑。

**3. 业财协同模式创新：风控业务同频共振**

通过构建风险模型及多层次模型组合，实现交易级风险实时监控、集中监管，分主题、分领域进行风险科学画像；各类风险事项精准触达最终责任部门和责任人，沉淀风险数据资产，提升管控效率；一站式处置跟踪形成问题监控—结果分析—通知下达—过程监控—问题处理的线上闭环管控，促进风险防控工作落实。

**4. 管理质量评价创新：风控质量智能评价**

根据统一评价体系，定期评估各单位/条线风控质量水平。发掘问题根因，逐级下发整改工单，固化管理成效。建立风控质量评价标准，实现评价体系的科学性和统一性，可用于各省横向对标，衡量风控水平，形成企业风控画像。

# 四、取得成效

集中化风控系统于2022年8月启动，历时4个月完成系统试点上线，于2023年底完成52家境内单位全面推广上线。

通过全面推广管理会计风险管理机制及方法，取得了较好的经济效益和管理效益。一是从经济效益角度，系统正式上线运行以来，派发风险三单总量9000余单，风险预警金额1.6亿元，其中挽回损失或拦截风险100余万元，更正错误金额3000余万元，通过线下核实处理风险金额1.2亿元；二是从能力提升角度，通过打通全级次、聚焦全场景、监控全流程、追踪全过程、强化全天候的动态更新、多维对标的风控理念的应用落地，公司整体组织协同能力、前瞻预判能力、全程防控能力、实时监控能力、末梢监督能力的全面提升（见图6）；三是从公司管理角度，通过构建全链条风险防控体系和集中化风控系统，有效促进公司各类业财系统全面贯通，各业务领域通过风控管理实现有效融合，协同公司绩效考核，有效推动业财融合管理会计体系提升，风险管理向着全业务场景、全业财流程、全系统数据拓展，打开了管理会计业财融合的新局面。

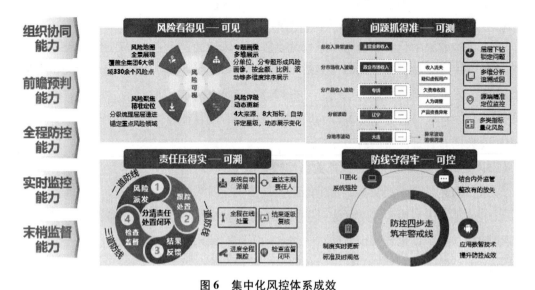

图6　集中化风控体系成效

# 五、经验总结

## （一）经验总结沉淀

在系统建设过程中，集团领导高度重视、总领全局，中央组紧抓模型质量，牵头省勇于担当，各省专公司协同配合，全员统一思想，明确职责，确保资源到位；在模型设计过程中关注关键风险点与整体风险覆盖度，建立重要业务领域核心流程风险模型全面覆盖，模型持续验证优化，保障模型上线后易用、好用；为了提升系统整体数智能力，以业务为驱动、数据为载体、智能技术为支撑，通过系统强基、数据治理、技术赋能等，实现业财数据统一纳管，数智模型精准灵活，用大数据技术赋能风控融智。

## （二）未来规划展望

未来中国移动进一步探索前瞻式的风险防控体系，科学设置风险阈值，针对超阈值风险采取前端操作终止，业务权限熔断等方式，实现将系统作为风险管理的第一道防线；设计和实现即查即退功能，实时监测业务系统流程操作或单据处理，发现预设风险，自动或提示办理人直接进行流程退回操作，以此强化风险跟踪监控；在已有数智化技术应用的基础上，不断探索、大胆创新，进一步丰富数智技术应用，通过数智化手段助力科学决策、服务业务发展、强化风险防控，逐步实现风险前置干预、事前拦截，增强风险防控化解能力。

（中国移动通信集团陕西有限公司：陈　静　沈庆义　黎友邦　李云舒　景　昕　童　夏　莫文弘　贾　鹏　王　涛　郭莉霞　尹　英　水　乐）

🎓 **案例评语：**

中国移动通过搭建集中化风控管理体系，以数智化手段赋能风控流程，综合运用模型构建、展示监测、处置跟踪等方法，以集中化风控管理平台为抓手、大数据风控模型为核心能力，实现"风险看得见、问题抓得准、责任压得实、防线守得牢"的风险识别与管控，提高集团整体风险管理水平。

中国移动在应用数智赋能全面风险与内部控制管理质量升级的创新实践中，沉淀出的风控模型和应用场景，对于同类行业企业建设数智化风控体系具有较好的借鉴参考意义。

# 境外工程总承包项目风险管理案例

**摘要**

　　中铁十五局集团有限公司是中国铁建旗下集设计、施工、科研为一体的国有建筑工程总承包企业，自国家提出共建"一带一路"宏伟倡议之初，就积极践行"走出去"战略，广泛参与境外工程建设。在项目实施过程中，集团面临着境外风险类型多、不确定性大、影响程度高等难题，为应对风云多变的国际市场环境，有效识别和防范风险，公司从管理会计角度出发，主要根据《管理会计应用指引第700号——风险管理》《管理会计应用指引第701号——风险矩阵》《管理会计应用指引第702号——风险清单》（附录1～3），进行境外工程总承包项目风险管理，对境外项目明确使用风险矩阵、风险清单两种工具方法进行风险识别、评估、报告、防范、总结，较好地避免了境外市场环境对企业带来的风险和不确定性，并为企业的经营决策提供支持，助力公司战略目标的实现。

# 一、背 景 描 述

## （一） 单位基本情况

　　中铁十五局集团有限公司是中国铁建旗下集设计、施工、科研为一体的国有建筑工程总承包企业，具有独立开展境外经济合作业务的资格和跨地区、跨行业、跨国经营的能力。集团公司自2007年开始走向海外市场，先后在中东、东南亚、非洲、南美、中国香港、中国澳门、中亚等地区开展业务，承建了铁路、公路、港口、市政、矿产等各类境外工程。

## （二） 管理会计应用基础

　　国际工程总承包的风险贯穿规划、设计、采购、施工甚至运营等各个环节，风险因素间具有紧密的内在联系，并显示出多层次的、全局性的影响。

　　当前，集团公司境外业务的广、深、精和规模的持续增长都对风险管理提出了进一步的要求。为此，集团加强了人员储备和各项资源支持，打造了一支能识别风险、分析风险、应对风险的风险管理队伍。

### （三） 选择相关管理会计工具方法的主要原因

境外承包工程呈现出国别多元化、行业分布广泛的特点。面对风云多变的国际市场环境和更为复杂严苛的行业标准，为了在众多不确定因素下识别和判断风险，及时调整对策以适应国际环境，对企业尤为重要。财政部2018年先后发布的《管理会计应用指引第700号——风险管理》《管理会计应用指引第701号——风险矩阵》《管理会计应用指引第702号——风险清单》，能够有效指导企业加强风险管理，推动相关管理会计工具方法在风险管理领域的有效应用，助推企业高质量发展。

# 二、总 体 设 计

### （一） 境外工程总承包项目风险管理的目标

境外工程总承包项目风险管理的总目标是：建立风险战略清晰、组织机构健全、内控制度完善、权限职责明确、信息系统有效运行的全面风险管理体系，使公司的风险管理工作有序开展。同时，将风险管理与企业战略相融合，通过系统化风险管理反馈的信息，服务和支持公司决策，实现企业价值最大化，促进企业总战略目标实现。

### （二） 应用相关管理会计工具的总体思路

在境外工程风险管理工作中，应主要遵循三个方面的思路。

首先，风险管理应该是由企业管理层自觉发起的、相关部门共同参与的一项重要工作，因此应当成立风险管理小组，明确工作小组成员的职责、权限、工作流程等，建立完善的风险管理组织架构。

其次，风险管理小组要在充分领会风险清单和风险矩阵两个工具内涵的基础上，结合本企业实际情况，以风险管理视角积极参与境外承包工程项目全过程，量化不确定性的程度和可能造成损失的程度，通过编制多个可选方案、制订切实可行的应急方案，有效控制风险。

最后，风险管理能够在很大程度上减小损失，但并不能完全规避风险。风险管理水平的提升需要实践经验的积累，风险管理小组要将不同项目、不同市场、不同国别的风险管理报告进行汇总、提炼、整合，不断提升后续项目风险管理的水平，形成长效机制，为管理者提供决策支撑。

### （三） 相关管理会计工具方法的内容

#### 1. 风险矩阵法

根据《管理会计应用指引第 701 号——风险矩阵》，企业可应用风险矩阵工具方法，判断企业面临的风险及其重要性等级，为企业风险预警和应对活动提供依据，提高风险管理水平。

（1）风险矩阵法的定义和基本原理。风险矩阵，是指按照风险发生的可能性和风险发生后果的严重程度，将风险绘制在矩阵图中，展示风险及其重要性等级的风险管理工具方法。

企业根据风险偏好，判断并度量风险发生可能性和后果严重程度，计算风险值，以此作为主要依据在矩阵中描绘出风险重要性等级。风险管理实践中，风险值＝风险后果严重程度×风险概率。

（2）风险矩阵的应用程序。风险矩阵的建立和应用，需结合境外工程总承包项目特点及"一带一路"涉及国家和地区的实际情况，分析各种因素对风险后果、风险概率的影响。

①确定风险后果严重程度（S）。境外工程项目风险后果主要包含成本损失、工期影响、人员安全健康影响、企业信誉影响、项目整体影响 5 个要素。通常来说，某一类风险发生时，5 个后果要素呈现正相关态势，但并非绝对，且每一个要素的影响等级不尽相同，如表 1 所示。

表 1　　　　　　　　　　　　　风险后果要素评定

| 评估项目 | 影响系数＝5 | 影响系数＝4 | 影响系数＝3 | 影响系数＝2 | 影响系数＝1 |
|---|---|---|---|---|---|
| 成本损失 | 极大损失 | 重大损失 | 中等损失 | 轻微损失 | 较低损失 |
| 工期影响 | 项目工期延长两年以上 | 工期延长一年至两年 | 工期延长半年至一年 | 工期延长半年以下 | 工期受到较小影响 |
| 人员安全健康影响 | 多人员伤亡事件 | 一名员工伤亡事件 | 多名员工受伤或心理状态极差 | 一名员工受伤或心理状态极差 | 短暂影响员工身心健康 |
| 企业信誉影响 | 多个外部单位介入，企业国际信誉严重受损 | 政府部门检查，企业信誉受损 | 媒体负面信息传播，国别市场企业信誉受到影响 | 企业信誉在特定领域和地区受到影响 | 企业信誉受到较小影响 |
| 项目整体影响 | 项目终止 | 项目中止，陷入长期谈判 | 项目暂停 | 项目短期停滞后复工 | 对项目基本无影响 |

判定某种风险的后果严重程度，需要对每个后果要素进行评价，可用平均法计算来评定综合风险后果。

$$\overline{x} = \frac{1}{n}(x_1 + x_2 + \cdots + x_n)$$

在上述公式中，$\overline{x}$ 为风险系数平均值，$x_1 - x_n$ 为风险要素系数，n 为风险后果要素个数，n = 5。通过计算可得出要素系数平均值，再根据平均值区间可判定风险后果严重程度（见表 2）。

表 2　　　　　　　　　　　　风险后果评定

| 加权平均值 | 影响程度 | | | | |
| --- | --- | --- | --- | --- | --- |
| 平均值 = 1 | 可忽略 | | | | |
| 1 < 平均值 ≤ 2 | | 微小 | | | |
| 2 < 平均值 ≤ 3 | | | 一般 | | |
| 3 < 平均值 ≤ 4 | | | | 严重 | |
| 4 < 平均值 ≤ 5 | | | | | 非常严重 |

②定风险概率（L）。风险概率是指风险发生的可能性，项目风控小组需结合国别情况、项目实际情况等，综合评估风险发生概率（见表 3）。

表 3　　　　　　　　　　　　风险概率评定

| 风险概率范围（%） | 量化值 | 风险概率等级 |
| --- | --- | --- |
| 0 ~ 10 | 1 | 基本不可能发生 |
| 11 ~ 40 | 2 | 极少发生 |
| 41 ~ 70 | 3 | 较可能发生 |
| 71 ~ 90 | 4 | 很可能发生 |
| 91 ~ 100 | 5 | 极有可能发生 |

③制定风险重要性等级标准（R）。风险等级是风险分析的最终成果，根据不同风险的影响程度、发生概率进行等级判定，根据风险后果影响程度和风险概率，将风险分为一般风险、中等风险、重大风险三类等级，最终形成风险矩阵图（见图 1）。

④分析与评价各项风险。企业在分析各项风险发生的可能性及后果严重程度后进行评分，在风险矩阵图中找到对应评分的唯一坐标点并确定该风险的风险等级。

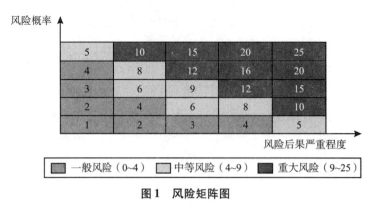

图 1　风险矩阵图

⑤在风险矩阵中描绘风险点。针对某一境外工程总承包项目可能面临的风险，按照发生可能性和后果严重程度的评分结果，将对应的唯一坐标点标注在建立好的风险矩阵图中，标明各点的含义并给风险矩阵命名，便完成了该项目的风险矩阵的绘制。

**2. 风险清单法**

根据《管理会计应用指引第 702 号——风险清单》，企业可应用风险清单工具方法，从整体上了解自身风险概况和存在的重大风险，明晰各相关部门的风险管理责任，规范风险管理流程，并为企业构建风险预警和风险考核机制奠定基础。

（1）风险清单法的定义和基本原理。风险清单，是指企业根据自身战略、业务特点和风险管理要求，以表单形式进行风险识别、风险分析、风险应对、风险沟通和报告等管理活动的工具方法。

企业风险管理部门结合外部环境变化以及企业整体情况的历史数据及对未来的预期，按照风险识别、风险分析、风险应对的不同阶段，将企业可能面对的各类风险信息进行识别及分析汇总，并制定对应的应对措施，用以指导企业风险管理活动。

（2）风险清单法的应用程序。企业根据风险识别、风险分析、风险应对三阶段整理各类风险涉及的风险要素，形成风险清单的基本框架。风险管理部门在相关部门的配合下共同识别风险，并基于企业的风险偏好及风险应对能力，对识别出的风险进行归类、编号，描述相关要素信息，并以此为基础逐项分析各类风险可能产生的后果以及可能的应对措施，填制完成企业整体风险清单。

**（四）　应用相关管理会计工具方法的创新**

通过将风险矩阵与风险清单进行有机结合，由点到面、点面结合地针对单个项目风险进行了分析和研判，对风险的度量、评估和应变策略进行了及时调整与控制，降低风险损失的概率，减小损失影响的程度。通过风险矩阵与风险清单的量化与细化，将企业管理方式从仅仅侧重实现项目最终效益转变为以风险为导向、兼顾效益的全过程管控。

---

# 三、应 用 过 程

## （一）参与部门和人员

### 1. 风险管理小组成员

企业风险管理工作应由了解和熟悉本公司业务流程开展的资深专家来主抓推进。一般情况下，由高层管理人员牵头，中高层管理人员为组员组建企业风险管理小组。以某企业为例，组建的风险管理小组如下：组长为公司董事长/总经理，副组长为总经济师、总会计师或相关副总；组员应包括办公室、市场部、商务管理部、工程管理部、安全质量部、物资管理部、财务资金部、法律合规部、审计部、人力资源部等相关业务部门。

### 2. 风险管理小组职责

风险管理小组的具体职责主要包括：（1）建立风险管理制度，加强风险日常监控和风险应对措施落实，以及风险管理考核与评价；（2）全面梳理企业可能面临的各项风险，根据企业风险偏好及风险应对能力，制定风险预案，形成风险清单；（3）及时评估工程项目各个阶段面临的风险，结合风险清单建立风险矩阵，确定风险等级；（4）根据风险分析和应对情况，形成风险管理报告，报告管理层进行决策；（5）风险发生时，及时执行预案，并处理落实到部门或者责任人应对突发情况，尽量降低企业损失；（6）结合企业内外部环境变化，及时更新调整风险清单，并定期对风险管理制度、工具方法和风险管理目标的实现情况进行评价，识别是否存在重大风险管理缺陷，形成评价结论并出具评价报告。

## （二）应用相关管理会计工具方法的资源、环境、信息化条件等部署要求

### 1. 案例背景

中铁十五局集团承接的吉尔吉斯斯坦 D 矿山项目，是中国"一带一路"能源领域的重点 EPC 项目，也是重点合作项目。

### 2. 风险管理组织架构

D 项目承接前，公司组建项目风险管理小组，风险管理小组对项目可能面临的各类风险进行全程把控，并及时汇报至集团董事会进行决策，有效应对项目施工过程中的各类风险。

**3. 风险管理沟通与报告**

在对项目主要风险识别后，风险管理小组形成风险管理报告上报至公司董事会。

## （三） 具体应用模式和应用流程

### 1. 项目背景及国别情况分析

D 项目为公司在吉尔吉斯斯坦承接的 EPC 项目，是吉尔吉斯斯坦能源战略中电源点建设的重点项目，项目建成后可以帮助吉尔吉斯斯坦开采本土煤炭资源，减少能源进口，缓解吉尔吉斯斯坦电力短缺的状况。

### 2. 项目风险识别

对于海外 EPC 工程项目而言，不同的国家、地区都有其特定的市场环境与工程背景，需时刻关注工程所在国的政治、经济、市场环境，贸然投标容易为自身埋下巨大的风险隐患。结合吉尔吉斯斯坦国别情况，本项目涉及政治风险、投标风险、汇率风险、资金风险、税务风险、合同风险。

### 3. 项目风险分析

（1）政治风险。吉尔吉斯斯坦内部政治斗争激烈，政权已两次非正常更迭，治安环境并不乐观。吉尔吉斯斯坦政治风险后果要素评定如表 4 所示。

表 4    吉尔吉斯斯坦政治风险后果要素评定

| 评估项目 | 影响系数 = 5 | 影响系数 = 4 | 影响系数 = 3 | 影响系数 = 2 | 影响系数 = 1 |
|---|---|---|---|---|---|
| 成本损失 | | 重大损失 | | | |
| 工期影响 | | 工期延长一年至两年 | | | |
| 人员安全健康影响 | | | 多名员工受伤或心理状态极差 | | |
| 企业信誉影响 | | | | 企业信誉在特定领域和地区受到影响 | |
| 项目整体影响 | | 项目中止，陷入长期谈判 | | | |

政治风险后果平均值 $= 1/5 \times (4 + 4 + 3 + 2 + 4) = 3.4$，政治风险后果严重程度评定为"严重"，同时结合中吉政府间关系、项目性质以及其他工程项目在吉尔吉斯斯坦境内的实施情况，风险发生概率评估为"极少发生"（2），在风险矩阵图坐标（3.4，2），因此，吉尔吉斯斯坦政治风险为二级，划分为"中等风险"。

（2）投标风险。吉尔吉斯斯坦项目业主资金 43.4% 来源于银行贷款，合同约定，若业主 ×× 公司经营处于亏损状态时，银行有权不再给 ×× 公司进行续贷，目前 ×× 公司处于亏损状态且外欠款接近 × 亿元，×× 公司现场开采存放的铜金矿粉因吉尔吉斯斯坦国家政策限制售卖矿粉，矿粉暂无法进行销售，资金周转困难，如果后期资金得不到保障，将严重影响项目实施进度，后期存在项目执行需要垫资并存在项目现金流风险。

投标风险后果平均值 = 1/5 × (4 + 3 + 1 + 2 + 5) = 3.0，结合业主招标文件及答疑情况，风险概率评估为"较可能发生"（3），在风险矩阵图坐标（3.0，3），因此，D 项目投标风险等级二级，划分为"中等风险"。D 项目投标风险后果要素评定如表 5 所示。

表 5　　　　　　　　　　　D 项目投标风险后果要素评定

| 评估项目 | 影响系数 = 5 | 影响系数 = 4 | 影响系数 = 3 | 影响系数 = 2 | 影响系数 = 1 |
|---|---|---|---|---|---|
| 成本损失 | | 重大损失 | | | |
| 工期影响 | | | 工期延长半年至一年 | | |
| 人员安全健康影响 | | | | | 短暂影响员工身心健康 |
| 企业信誉影响 | | | | 企业信誉在特定领域和地区受到影响 | |
| 项目整体影响 | 项目终止 | | | | |

（3）汇率风险。D 项目主合同中在岸施工服务合同结算币种为美元，使用吉尔吉斯斯坦货币索姆支付，对应的分包合同也是以美元结算但使用吉尔吉斯斯坦索姆支付；主合同中离岸供货合同结算币种为美元，而分包合同中设备供应商主要为中国境内企业，使用人民币结算并支付，再加上 4 年的建设周期以及相关币种汇率走势的不确定性，汇率风险影响较大。D 项目汇率风险后果要素评定如表 6 所示。

汇率风险后果平均值 = 1/5 × (5 + 3 + 1 + 4 + 3) = 3.2，汇率风险后果严重程度评定为"严重"，风险概率评估为"很可能发生"（4），在风险矩阵图坐标（3.2，4），因此，D 项目汇率风险等级三级，划分为"重大风险"。

（4）资金风险。对于总承包商及境外分包商来说，资金无法汇回或无法及时汇回对项目收益也将产生不利影响。在吉尔吉斯斯坦外资企业和商人可自由地将经营所得利润通过银行汇往国内或第三国，手续简便。但由于南矿体露天采矿工程吉尔吉斯斯坦审批手续具不确定性和启动时间难以确定，井下和露天采掘/剥工程量会随露天采剥工程启动时间发生较大变化，资金回流存在一定的风险性。D 项目资金风险后果要素评定如表 7 所示。

**表 6　　　　　　　　　D 项目汇率风险后果要素评定**

| 评估项目 | 影响系数 = 5 | 影响系数 = 4 | 影响系数 = 3 | 影响系数 = 2 | 影响系数 = 1 |
|---|---|---|---|---|---|
| 成本损失 | 极大损失 | | | | |
| 工期影响 | | | 工期延长半年至一年 | | |
| 人员安全健康影响 | | | | | 短暂影响员工身心健康 |
| 企业信誉影响 | | 政府部门检查，企业信誉受损 | | | |
| 项目整体影响 | | | 项目暂停 | | |

**表 7　　　　　　　　　D 项目资金风险后果要素评定**

| 评估项目 | 影响系数 = 5 | 影响系数 = 4 | 影响系数 = 3 | 影响系数 = 2 | 影响系数 = 1 |
|---|---|---|---|---|---|
| 成本损失 | | 重大损失 | | | |
| 工期影响 | | | | 工期延长半年以下 | |
| 人员安全健康影响 | | | | | 短暂影响员工身心健康 |
| 企业信誉影响 | | | | 企业信誉在特定领域和地区受到影响 | |
| 项目整体影响 | | | | 项目短期停滞后复工 | |

资金风险后果平均值 $= 1/5 \times (4 + 2 + 1 + 2 + 2) = 2.2$，资金风险后果严重程度评定为"一般"，风险概率评估为"较可能发生"（3），在风险矩阵图坐标（2.2，3），因此，D 项目资金风险等级二级，划分为"中等风险"。

（5）税务风险。D 项目在纳税主体选择和税种方面均存在风险。

纳税主体选择方面，EPC 项目业务通常由离岸设计、离岸采购、在岸采购与在岸施工等组成部分，各部分环环相扣，无法进行完整切割。无论是单方签订整个 EPC 合同还是进行人为切割，均存在较大的税务风险。

税种方面，D 项目在吉尔吉斯斯坦主要承担的税种为增值税（12%）、企业所得税（10%）和关税（0~65%）等。针对增值税，吉尔吉斯斯坦不区分增值税一般纳税人和小规模纳税人，允许自愿进行增值税注册登记，但是连续 12 个月营业额超过 3000 万索姆（约合人民币 240 万元）的企业和个人，必须进行增值税注册登记。针对所得税，吉尔吉斯斯坦采用单一注册地标准认定居民企业，采用任意连续 12 个月内在吉尔吉斯斯坦境内停留超过 183 天的标准认定居民个人。但应及时向国内税务机关申请取得《中国税收居民身份证明》，避免不能享受税收协定待遇的风险。针对进口关税，吉尔吉斯斯坦虽对包括中国在内的 WTO 所有成员国以及与其达成有关双边协议的国家给予贸易最惠国待遇，但纳入吉尔吉斯斯坦优惠进口关税名录的进口设备和不在名录内的设备或材料，进口关税税率相差巨大，因此要尤其注意 EPC 合同中是否约定承包商承担离岸设备进口关税，或承包商承担除设备以外的其他装置性材料或消耗性材料的进口关税。

D 项目税务风险后果要素评定如表 8 所示。

表 8　　　　　　　　　　　　D 项目税务风险后果要素评定

| 评估项目 | 影响系数 = 5 | 影响系数 = 4 | 影响系数 = 3 | 影响系数 = 2 | 影响系数 = 1 |
|---|---|---|---|---|---|
| 成本损失 | | 重大损失 | | | |
| 工期影响 | | | | 工期延长半年以下 | |
| 人员安全健康影响 | | | | | 短暂影响员工身心健康 |
| 企业信誉影响 | | 政府部门检查，企业信誉受损 | | | |
| 项目整体影响 | | | | 项目短期停滞后复工 | |

税务风险后果平均值 $= 1/5 \times (4 + 2 + 1 + 4 + 2) = 2.6$，税务风险后果严重程度评定为"一般"，风险概率评估为"很可能发生"（4），在风险矩阵图坐标（2.6，4），因此，D 项目税务风险等级三级，划分为"重大风险"。

（6）合同风险。D 项目在前期谈判及执行过程中，发生了不少成本增加事项，如原计划使用单一淡水方案，相应的设备也以此为基础设计采购，但因业主与当地政府就供水问题迟迟未能达成协议，供水设施无法及时到位，导致项目建设期及运营期初期将无法实现正常供水。考虑项目商业运行的期限要求，需改变项目水源，导致相应的 EPC 设备采购成本增加。

D 项目合同风险后果要素评定如表 9 所示。

表9                       **D 项目合同风险后果要素评定**

| 评估项目 | 影响系数 = 5 | 影响系数 = 4 | 影响系数 = 3 | 影响系数 = 2 | 影响系数 = 1 |
|---|---|---|---|---|---|
| 成本损失 | | 重大损失 | | | |
| 工期影响 | | | 工期延长半年至一年 | | |
| 人员安全健康影响 | | | | | 短暂影响员工身心健康 |
| 企业信誉影响 | | | 媒体负面信息传播，国别市场企业信誉受到影响 | | |
| 项目整体影响 | | | 项目暂停 | | |

合同风险后果平均值 = $1/5 \times (4 + 3 + 1 + 3 + 3) = 2.8$，合同风险后果严重程度评定为"一般"，风险概率评估为"极有可能发生"（5），在风险矩阵图坐标（2.8，5），因此，D 项目合同风险等级三级，划分为"重大风险"。

综合以上分析，绘制 D 项目主要风险矩阵图如图 2 所示。

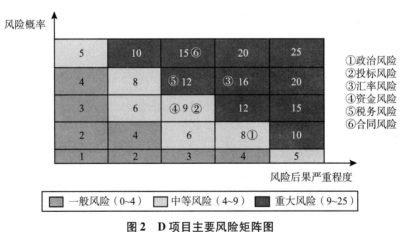

**图 2   D 项目主要风险矩阵图**

从 D 项目主要风险矩阵图可以发现，D 项目主要面临的 6 类风险中，汇率风险、合同风险、税务风险为重大风险，需重点关注并讨论应对策略；政治风险、投标风险、资金风险为中等风险，需在前期充分研判财务风险规避或控制。

**4. 项目风险预案**

结合企业风险清单，根据以上分析结果，完善风险识别、风险分析、风险应对三大过程相关要素信息，填制完成 D 项目现阶段主要风险管理清单（见表10）。

表10　　D项目现阶段主要风险管理清单

| 编号 | 风险类别一级风险名称 | 风险识别 | | 风险分析 | | | | | | 风险应对 |
|---|---|---|---|---|---|---|---|---|---|---|
| | | 风险描述 | 关键风险指标 | 关键影响因素 | 可能产生的后果 | 风险责任主体 | 风险发生可能性 | 风险后果严重程度 | 风险重要性等级 | 风险应对措施 |
| 1 | 政治风险 | 所在国的政治环境改变或对外关系发生变化而给外国投资企业带来的经济利益的不确定性 | ①战争动乱风险 ②恐怖袭击风险 ③政权更迭风险 ④宗教冲突风险 | ①制度体制上存在巨大差异 ②民族宗教冲突复杂 | ①成本方面的重大损失 ②工期延长一年至两年 ③多名员工受伤心理状态极差 ④企业信誉在特定领域和地区受到影响 ⑤项目中止，陷入长期谈判 | 市场部 | 极少发生 | 严重 | 中等风险 | ①对所在国的政治风险分析研判 ②减少资金性投入，缩短投资回收期，或者要求所在国政府进行实物性担保 ③与业主进行合同谈判时，加入政治风险相关条款 ④时刻关注所在国政治风向的变化 ⑤对境外舆情进行监测 ⑥与大使馆和有关部委保持通畅的沟通 |
| 2 | 投资风险 | 由于各种可能发生的事件，造成实际结果与主观预料之间的差距，从而导致损失的可能性 | ①项目选择风险 ②投标报价风险 ③分包商选择风险 | ①项目规模，公司财力、物力、人力能否承担 ②所在国政治、经济、法律基本情况 | ①成本方面的重大损失 ②工期延长半年至一年 ③短暂影响员工身心健康 ④企业信誉在特定领域和地区受到影响 ⑤项目终止 | 商务管理部 | 较可能发生 | 一般 | 中等风险 | ①认真全面审查招标文件要求，分析难易程度进行报价计算 ②通过自身市场调查和选择当地专业机构对业主的背景情况进行收集和分析 ③综合考虑项目的标准、要求和实施难度，结合所在国的政治、经济、环境因素，科学编制标书 |
| 3 | 汇率风险 | 一定时期的国际经济交易或跨国投资活动中，以外币计价的资产（或债权）与负债（或债务），由于汇率的波动而引起其价值涨跌的可能性 | ①国际经济形势 ②地区财政政策 ③税制 ④物价水平 ⑤银行利率 ⑥政治稳定性 | 汇率变动使承包商业务盈亏风险增加 | ①成本方面的巨大损失 ②工期延长半年至一年 ③短暂影响员工身心健康，企业信誉受损 ④政府部门信誉受损 ⑤项目暂停 | 财务资金部 | 很可能发生 | 严重 | 重大风险 | ①加强合同谈判 ②合理利用金融工具实现风险对冲 ③选择合适的分包转移商汇率风险 |

续表

| 风险识别 | | | | | 风险分析 | | | | | | 风险应对 |
|---|---|---|---|---|---|---|---|---|---|---|---|
| 编号 | 一级风险名称 | 风险描述 | 关键风险指标 | 关键影响因素 | 可能产生的后果 | 风险责任主体 | 风险发生可能性 | 风险后果严重程度 | 风险重要性等级 | | 风险应对措施 |
| 4 | 资金风险 | 企业在持有或使用境外资金的经济活动中，因实时利率、通货膨胀、外汇管制等预料不到的因素作用，使企业的实际收益小于预计收益而蒙受资金损失的可能性 | ①资金使用安全风险 ②资金流转风险 ③资金使用效率风险 | ①政治风险方面 ②汇率风险方面 | ①成本方面的重大损失 ②工期延长半年以下 ③短暂影响员工身心健康 ④企业信誉在特定领域和地区受到影响 ⑤项目停滞后复工 | 财务资金部 | 较可能发生 | 一般 | 中等风险 | | ①完善境外资金内控体系建设 ②加强资金统筹管理及结算支持 ③加大外汇资金防控力度 ④充分做好项目资金筹划 |
| 5 | 税务风险 | 由于法律法规、政策变动等因素导致的税负的不确定性，该风险既可能给企业带来非预期的税收收益也可能给企业带来非预期损失 | ①税制差异引发的风险 ②"合同拆分"税务风险 ③税务稽核风险 ④劳务分包和材料采购税务风险 | ①税务政策差异较大 ②小部分地区尚未形成完整的税收缴纳体系 | ①成本方面的重大损失 ②工期延长半年以下 ③短暂影响员工身心健康 ④企业信誉在特定领域和地区受到影响 ⑤项目停滞后复工 | 财务资金部 | 很可能发生 | 一般 | 重大风险 | | ①做好做细税收筹划工作 ②充分分析合同涉税条款，避免双重征税 ③做好项目合同合理拆分 ④建立全税务风险防控机制，有效应对税务检查 ⑤加强同项目业主、当地税务机关的日常沟通 |
| 6 | 合同风险 | 合同内容完整性风险 | ①合同条款模糊风险 ②合同文本风险 | ①合同关于总承包商的工作范围描述不明确 ②很多"一带一路"国家允许合同采用书面、口头和其他形式，而非书面形式 | ①成本方面的重大损失 ②工期延长半年至一年 ③短暂影响员工身心健康 ④媒体市场信息传播，国别市场信誉受到影响 ⑤项目暂停 | 合约法务部 | 极有可能发生 | 一般 | 重大风险 | | ①对招标文件进行深入研究，明确双方责任界定，并将合同条款缺陷部分考虑在报价内 ②利用标前的现场实勘和答疑会与业主进行充分沟通 ③加强合同条款谈判 ④做好过程中索赔资料准备工作 |

### 5. 项目风险应对建议

结合项目的实际情况，项目风险管理小组针对D项目面临的6大主要风险，具体建议如下。

（1）重大风险应对建议。

①汇率风险。一是在前期谈判过程中，争取以支付时的即期汇率进行支付，以降低吉尔吉斯斯坦索姆贬值的汇率风险。二是项目在岸施工服务分包合同支付币种、外汇结算模式、款项支付时点尽可能与主合同模式保持一致，降低吉尔吉斯斯坦索姆的汇率影响。三是充分利用集团财务公司的外汇操作平台作用，根据D项目外汇收款预算，对部分项目美元等国际通用货币收汇进行远期外汇合约操作，减少美元汇率变动对项目成本收益的影响。四是在大宗设备采购分包招标时，通过以美元计价、人民币结算支付的方式，将美元兑人民币汇率波动的部分影响转嫁至分包单位，降低汇率变化对项目收益的影响。

②合同风险。一是要特别留意业主是否故意在招标文件中留下漏洞，来转移项目中的部分风险，并将合同条款缺陷部分考虑在报价内。二是建议充分利用标前的现场实勘和答疑会针对文件内容的完整性提出问题，并让业主给出相应解释，过程中同步做好相关索赔资料的准备工作。

③税务风险。一是对项目所在地的税务政策及政治环境进行调研，选择最优的税务方案，降低税务风险及税务成本。二是对项目所在地的税务环境及税务政策进行较为深入的了解及分析，制定相应的应对措施及纳税方案，在遵守当地税务政策的前提下，降低税务成本，规避税务风险。三是针对进口关税，对项目所采购的设备和材料进行分类，制定不同的采购方案。

（2）中等风险应对建议。

①政治风险。一是对吉尔吉斯斯坦的国家环境及政治风险等进行评估，同时确定项目实施地的地理位置及周边治安状况，并尝试在合同中加强政治风险相关条款。二是根据中吉经济走廊项目标准安全操作程序，确保项目执行时可获得吉方军警及私人安保保护，保证项目在执行过程中的安全性及可靠性。三是持续加强舆情监控工作，时刻关注吉尔吉斯斯坦政治风向变化。

②投标风险。一是对业主背景信息进行充分的调查与研究。二是对项目收益情况进行综合性分析。三是对招标文件中的业主要求进行充分审查与界定。

③资金风险。一是综合考虑当地的外汇管制情况，针对合同中的在岸施工部分报价尽可能与在岸成本相匹配，以达到资金的有效利用，减少外汇管制对项目的影响。二是加强对当地货币的管理，做好资金规划，可通过在岸合同和离岸合同的综合资金调配，达到资金的有效利用，降低因外汇管制对项目推进造成的不利影响。

# 四、取 得 成 效

## （一）形成风险管理报告，促进决策支持

通过运用风险矩阵管理会计工具分析确定各项风险的后果严重程度、概率，确定各项风险等级；其次结合企业风险清单，制定了相应风险应对措施；最后对项目主要风险按照风险等级逐一提出了应对建议，形成风险报告，让决策者快速了解了各种不确定性因素对项目运行的影响，提高了决策的准确性和科学性（《风险管理报告模板》见附录四）。

## （二）与内控制度相结合，促进风险防控

通过成立风险管理小组，对小组人员职责进行了分工，明确了具体职责，结合内部各管理层级、责任单位、业务环节，以及企业与外部投资者、债权人、客户、供应商、中介机构和监管部门等有关方面之间的联系，及时收集和反馈风险管理各环节的相关信息，定期向公司董事会上报风险管理报告，有效地将企业风险控制在一定的区间范围内。

## （三）提升企业效益水平，促进管理转型

实现工程项目全生命周期的风险管理，按照项目调研、承接、实施、收尾 4 个阶段将风险类别进行划分，识别各个阶段的风险，确定每个时期的管理重点，为项目顺利实施提供保障。通过风险管理，引导企业管理层面对不断变化的外部环境时，适时转变工作方式，从以前只侧重项目最终收益转变为以风险为导向，兼顾效益的管理方式。

# 五、经 验 总 结

## （一）相关风险管理工具方法在应用中的优缺点

风险管理是一个复杂而又持续的过程，风险本身也具有不确定性，应用风险矩阵及风险清单优点是能够直观地、可视化地、一定程度地定性定量地分析企业的各方面风险，更有针对性地制定风险应对策略，从而有效地进行风险管理。

风险矩阵及风险清单的方法也存在一定缺点，即：一是需要对风险重要性等级标

准、风险发生可能性、后果严重程度等作出主观判断，可能影响使用的准确性；二是应用风险矩阵所确定的风险重要性等级是通过相互比较确定的，无法将列示的个别风险重要性等级通过数学运算得到总体风险的重要性等级，而风险清单所列举的风险往往也难以穷尽。

### （二） 对发展和完善相关风险管理工具方法的建议

针对企业风险判断的主观性的问题，建议采用领导、专家、业务骨干、一线技术人员等共同参与的方法，对企业管理和项目管理全过程进行分析，避免单个部门或者组织一家之言对风险定性，降低因主观判断造成偏差的可能性。

针对风险的量化存在困难的问题，企业可能需要依托更多的数据，通过业财融合平台和大数据的基础，将往期已发生的风险和当前企业环境相关数据结合，提高对风险程度量化的准确性。

### （三） 对推广应用相关风险管理工具方法的建议

风险矩阵及风险清单方法的应用在推广时，一是要加强政策和理论的宣贯，二是建议走出境外的建筑企业要不断分享案例和经验，通过大量的实践总结出更为专业、准确的风险清单，结合风险矩阵使用方法，共享管理会计工具应用成果，促进境外工程项目管理水平的提高，助力国家"一带一路"建设的深入推进。

# 附 录

**附录1 管理会计应用指引第 700 号——风险管理 （详情略）**

**附录2 管理会计应用指引第 701 号——风险矩阵 （详情略）**

**附录3 管理会计应用指引第 702 号——风险清单 （详情略）**

**附录4 风险管理报告模板**

## 《×公司×国×项目风险管理报告》

### 一、项目背景

介绍项目的基本情况，包括但不限于项目类型、业主情况、合同内容等。

## 二、国别情况分析

介绍项目所属国别的基本情况，包括但不限于政治、经济、市场等基本宏观环境情况，以及对华政策、与中国政府及企业的合作关系等。

## 三、项目风险识别

结合项目所在国的宏观环境、相关合同条件以及企业自身整体情况等，识别并汇总项目可能面临的所有风险，填制项目风险清单中风险识别要素内容。

## 四、项目风险分析

针对项目可能面临的各类风险，参照企业风险清单，具体分析每项风险发生的可能性及后果严重程度，并结合企业风险偏好及风险应对能力，绘制项目风险矩阵图，填制项目风险清单中对应的风险分析要素内容。

## 五、项目风险预案

针对项目可能面临的各类风险，参照企业风险清单，填制项目风险清单中对应的风险应对要素内容。

## 六、项目风险应对建议

结合项目面临的内外部特定情况，针对项目实际遇到的各类风险，提出应对建议，供管理层决策使用。

（一）重大风险应对建议

（二）中等风险应对建议

## 七、项目风险应对情况及总结

项目运行过程中，对不同阶段遇到的各类风险及应对情况进行梳理与总结，分析经验与不足，为后续项目实施及公司境外市场经营发展提供指导。

（中铁十五局集团有限公司：汪文涛　李　丹　赵欣美）

🎓 **案例评语：**

本案例基于风险矩阵，结合单位的实际情况，全面展示了如何识别重大风险、采取有效措施、取得成效并总结经验的全过程。这一过程不仅具有高度的可借鉴性，而且为风险管理提供了一套清晰的操作框架。案例内容翔实，以如何组成风险管理团队并确定职责范围作为起点，介绍了具体应用模式和应用流程，对政治风险、投标风险、汇率风险、资金风险、税务风险、合同风险进行识别和评估，进而提出项目风险预案和应对建议。案例的建议具有较强针对性，区分重大风险和中等风险分别给出应对建议，并取得收益与风险兼顾的效果。案例具有较强的可复制性，可以为类似单位境外项目风险管理提供借鉴。

# "金税四期"背景下共享平台税务风险监控预警体系构建研究

**摘要**

随着我国不断探索融合大数据技术，着力突破信息壁垒，促进要素融合增效，金税四期主要以发票电子化改革为突破口，推动税费数据多维度、实时化归集、连接和聚合，进而实现从"以票管税"向"以数治税"的转变。在税务智能稽查实现税务风险精准定位的背景下，企业更多的数据将被掌控，涉税信息更加透明，企业涉税管理问题突出显现。

企业需要打破传统财务管理思维模式，将精细化管理落实到税务风险管控中去，为企业决策、控制和评价提供依据。运用管理会计工具方法在税务风险管理中的运用展开分析。首先运用风险清单定性分析法对企业涉税风险点进行梳理，旨在为企业提供税务风险事前预警，通过自查自纠提出风险应对方案。在共享平台全税种模块税务数据集成的基础上，建议运用风险管理框架法构建税务风险监控预警管理系统、通过定性定量分析构建税务风险监控预警指标体系、建立风险预警应对机制、出具税务监控风险预警报告，同时配置税政信息交流平台，打通信息壁垒，提升企业税务管理效能，实现企业税务管理数字化转型的新高度。

## 一、背 景 描 述

### （一）财务共享服务中心基本情况

中铁十八局集团有限公司是世界500强——中国铁建的旗舰企业，总部驻地天津市，注册资本金30亿元，现辖14个子公司、3个专业分公司、12个境外公司、9个国内区域指挥部和20多个直属工程项目部。中国铁建是建筑业央企财务共享建设的先行者，2012年开始进行财务共享建设的调研和论证，启动了建设规划，2014年11月财务共享中心正式挂牌成立。

目前，共享平台税务管理系统建设处于第一阶段，利用现有的资源与数据，满足集团涉税信息登记、涉税业务审批、发票开具和自动认证等日常业务管理，减少税务人员线下统计工作量；在实现日常涉税合规管理的基础上，实现集团内部涉税数据的集中，基于内部税务数据库的高效统计和多维度查询。

在数字中国建设的趋势下，应不断探索数字化财税一体化管理路径，实现对财务数据的利用与分析，以及非财务数据的采集、治理和分析，使业务中的税务风险更好地被量化描述、评估和衡量，实现税务风险的有效管控。

### （二）企业管理会计工具方法

企业税务风险管理的开展和落实应高度重视，税务风险管理属于价值型财务建设管理的重要组成，将风险管控要点渗透于企业财务管理及经营各个环节，形成税务风险有效的管理机制。主要应用的管理会计工具包括风险清单定性分析法、风险指标定量分析法、风险管理框架法、案例分析法等。

**1. 风险清单定性分析法**

作为管理会计风险管理工具之一，根据企业战略定位、业务特点和风险管理目标，以表单形式进行风险的分类、归纳，分级定性分析风险等级，目的使企业全面排查税务风险，并且提出解决思路和方案。

**2. 风险指标定量分析法**

根据税务风险点构建税务数据指标分析及评价模型，用来通过定量指标计算值的偏差情况识别税务风险点，并提出整改方案。

**3. 风险管理框架法**

按照风险识别、风险评估、风险应对的管控步骤搭建税务风险监控预警管理系统及管控流程，搭建完善的风险管控机制。

**4. 案例分析法**

选取相关项目数据进行指标测算与分析，分析案例税务管理现状，识别、分析其存在的管理问题及风险点。

---

# 二、总体设计

### （一）共享平台税务风险监控预警体系建设目标

目前，共享平台已全面上线并实施全税种税务管理模块，主要包括跨区域涉税事项管理、增值税进项管理、增值税销项管理、未开票收入管理、进项税额转出管理、发票管理、增值税预缴管理、相关税金期末结转管理等，实现增值税相关开票、预缴及进项发票信息的涉税数据的集中管理，建立税务数据库可基于平台涉税数据的高效统计和多维度查询。全税种模块的应用将原来线下的涉税信息转移到了共享平台系统中，为数据的分析打下了基础。

总体目标为企业运用管理会计工具，建立税务风险监控预警体系，完善税务风险预警指标、建设风险预警应对机制、提出涉税风险报告等优化建议，实现企业税务风险管理的战略转型。

### （二）共享平台税务风险监控预警管理系统构建思路及管理会计工具应用创新点

**1. 运用风险管理框架法构建税务风险监控预警系统**

在数据集成基础上构建税务风险监控预警体系，该体系共分为四个部分：风险识别、风险评估、风险应对、交流平台。

**2. 运用风险清单定性分析法进行风险识别**

风险识别从客商风险、发票风险、小税种风险构建三大管理模块，同时建立一个全面的预警指标体系，用来分析企业的涉税风险。其中管理模块实现四个功能点包括客商信息管理、发票异常预警管理、"四流一致"信息比对管理和印花税风险管理。

**3. 运用风险指标定量分析法和案例分析法建立预警指标体系**

该体系分为通用财税分析指标和数据比对分析指标两部分，税种通用财税分析指标是从各税种税负、收入成本配比等特定税种宏观数据指标的分析；数据比对分析指标从收入、成本、工资社保、小税种等方面进行数据比对分析。通过横向跨税种指标设计，税种之间具有联动性、高度关联性，税务数据的对比分析能精准快速解释企业的风险点。

**4. 税务风险评价出具税务风险预警报告实施风险应对策略**

通过上述税务风险识别与税务风险分析后，进行税务风险评价与税务风险应对，出具税务风险预警报告；最后开展税务风险控制管理，按照不同预警等级的税务风险事项进行分级管控措施，使涉税风险控制在最小范围。

**5. 解决信息"孤岛"问题，搭建交流平台**

由于税政信息实时更新、变化，建立税政信息交流平台，实现最新制度政策实时对下公布，业务实施过程中的问题可以打破层级壁垒，通过平台咨询提问，重难点问题汇总上报，建立信息交流途径，提高工作效率。同时设置税务学堂、涉税业务问题知识库等学习资源，税务风险监控预警管理系统（见图1）。

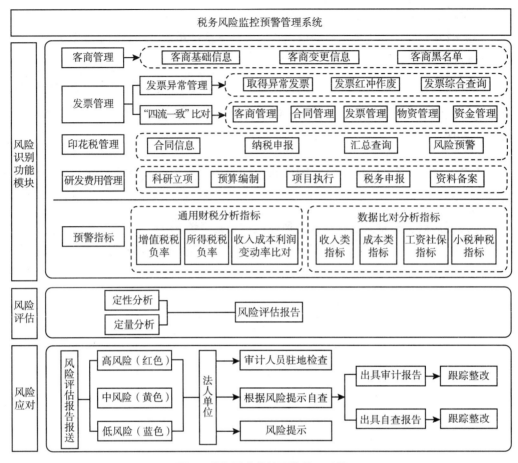

**图 1　税务风险监控预警管理系统**

# 三、应 用 过 程

## （一）税收征管发展情况

2021 年 3 月，中办、国办印发《关于进一步深化税收征管改革的意见》，将"智慧税务"作为新发展阶段进一步深化税收征管改革的主要着力点。

"十四五"规划中也提出要求建立现代财税金融体制，完善现代税收制度，其中涉及数据赋能更有效、税务执法更精确、税费服务更精细、税务监管更精准、税收共治更精诚、组织保障更有力 6 个方面 24 类重点任务，描绘了 2021～2025 年的税收征管改革蓝图。

2023 年 2 月 27 日，中共中央、国务院印发的《数字中国建设整体布局规划》提出，到 2025 年，基本形成横向打通、纵向贯通、协调有力的一体化推进格局，数字中国建设取得重要进展。到 2035 年，数字化发展水平进入世界前列，数字中国建设取得重大成就。

我国税收征管已经历了"经验管税"和"以票管税"两个时期，现在正向"以数治税"时代迈进。以税收大数据为驱动力的具有高集成、高应用效能的智慧税务，不仅联合各部门数据共享，打破纳税人与税务部门之间的信息不对称壁垒，还通过大数据建模分析，精准定位风险点，最大效率地推动税收征管智能化水平大幅跃升。因此，企业更多的数据将被掌控，涉税信息更加透明，对企业的涉税风险具有深远的影响。在全面实施数字中国建设的背景下，企业应积极探索数字化财税一体化管理路径，实现对财务数据的利用与分析，以及非财务数据的采集、治理和分析，使业务中的税务风险更好地被量化描述、评估和衡量，实现税务风险的有效管控。

### （二）金税四期概述及特点

#### 1. 数据共享，非税业务纳入监控

增加"非税业务"管控，如企业员工社会保险费、水利建设基金、土地使用权出让金等非税收入信息采集，拓宽数据渠道。增加企业相关人员身份信息、资金流与纳税情况的核查，包括企业法人、高管、会计人员等关键人员，以防出现通过公转私等逃税行为。增加大数据联网功能，利用大数据全面联网税务、工商、社保、统计、质监、银行、公安、法院等各部门的信息（见表1）。数据取得面越来越宽，核查已经不基于税务机关自身的数据。数据共建、数据共享、数据协同、数据治理，实现企业业务数据链条的打通，使企业涉税违法行为无处遁形。

表1　　　　　　　　　　　　　税务机关获得企业信息途径

| 部门 | 可获取企业信息 |
| --- | --- |
| 市场监管部门 | 营业许可、股东信息、企业登记变更、股权变更等 |
| 证券交易所 | 公司股票、债券交易等信息 |
| 供水、供电部门 | 了解企业用水用电情况，判断企业生产能力 |
| 银行 | 企业开户信息、日常资金流水等信息 |
| 建委 | 建筑施工企业相关资质信息、合同备案信息 |
| 招标网 | 中标信息 |
| 商务部 | 技术合同境外交易、商业特许经营备案、外贸经营者备案等信息 |
| 人力资源和社会保障及医疗保障部门 | 社保、医保等信息 |
| 住房公积金管理中心 | 住房公积金申报使用等信息 |

| 部门 | 可获取企业信息 |
| --- | --- |
| 质监、卫生部门 | 食品及药品等经营许可、卫生许可等信息 |
| 消防 | 消防安全许可 |
| 公安 | 特种行业经营许可证 |
| 法院 | 诉讼、判决等信息 |
| 自然资源和规划、国土资源、住房和城乡建设等部门 | 土地使用权出让、不动产登记变更注销、集体土地征收、闲置土地、建设项目用地审批、矿产资源使用、海域使用、无居民海岛使用、城镇垃圾处理等信息 |
| 房地产及房屋管理部门 | 拆迁补偿、房地产开发、房屋租赁、施工许可证等信息 |

**2. 数据集成，发票电子化推行**

金税四期以发票电子化为突破口，实现可信身份认证，发票开具从认盘到认人的转变，强化了开票人身份认证，震慑虚开发票的行为。数电票根据特殊业务做了个性化票面设计，并将备注栏等票面内容设置为可采集的要素数据，税务机关可筛选"即征即退""差额征税"等特殊标签，精准监管税务事项。

**3. 数据赋能，风险分析精准执法**

税收风险分析包括：企业人员分析、发票开具分析、发票取得分析、发票进销分析、财税报表分析等。通过企业的基础状况、开票情况、开票数量、运营情况、发票进销占比、上下游业务链信息、取得作废发票统计与取得异常发票情况的信息分析企业成本归集的真实性；财税报表分析通过比对表内相关项目、表与表之间同期数据、同业数据的逻辑关系发现税务风险点。同时还有分析工具，比如纳税人关系云图用来分析企业之间的关联关系；票流分析查找企业的上下游关系网，分析业务的真实性等（见图2）。

### （三） 金税四期下企业税务风险分析

**1. 发票涉税风险**

企业发票涉税风险在于进项发票管理方面，面临取得虚开发票或者收到税务关于取得异常扣税凭证《税务事项通知书》。如果企业对供应商经营情况不了解，或者对采购各环节把控不严格出现取得异常扣税凭证的情形，不仅要将已经抵扣的进项税额做转出处理，增加增值税纳税成本，还要面临被认定为虚开发票的风险。因此要规避发票涉税风险企业需要严格把控"四流一致"原则，即资金流、发票流、合同流、货物流要一致。目前企业在相关会计凭据资料的审核上按照"四流一致"原则进行管控，但在实际业务发生真实性的管控上还有待提升，需要从客商的经营范围、经营

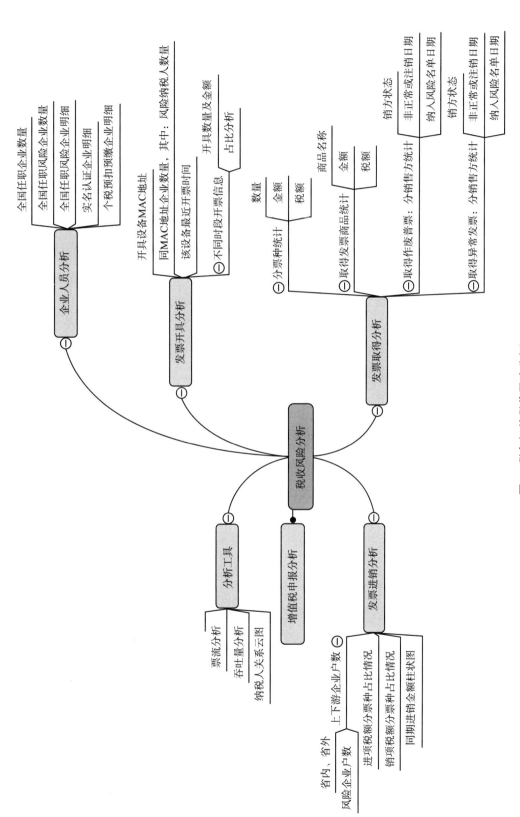

图2 税务机关税收风险分析

注册地、履行地、开票地、开票时间等信息与发票实际开具的地点、开具内容分析其合理性，并通过实际入库材料型号与发票开具清单核对判断业务发生的真实性，及时发现涉税发票风险。同时客商经常出现发票作废或红冲的情况可能存在隐瞒收入、恶意调整销售额等情况，因此需要对发票作废红冲业务的频次及所涉及的客商进行分析和调查，及时发现发票风险。

**2. 特别纳税调整涉税风险**

企业容易忽视不同纳税主体下各项目间的往来交易，属于增值税应税范围，应按照独立交易的原则签订合同，并按适用税率开具发票结算。对于跨纳税主体转固定资产折旧、分摊间接费、收取管理费等业务存在企业所得税特别纳税调整的风险。

同时集团内部子公司之间拆借资金，子公司企业所得税税率存在差异时，也可能面临所得税纳税调整的风险。比如企业所得税税率为 15% 的子公司 A 向企业所得税税率为 25% 的子公司 B 借款 100 万元，年利率 10%，A 公司确认财务费用 10 万元，抵减所得税金额是 1.5 万元，B 公司确认利息收入 10 万元，增加企业所得税金额 2.5 万元，集团层面企业所得税增加 10000 元，此情况下税务机关将关注此交易是否符合独立交易原则，如果不符合可能存在特别纳税调整的风险。

**3. 收入确认涉税风险**

建筑企业收入确认的涉税风险包括：一是企业履约进度确认的准确性直接影响收入的涉税风险；二是预收账款未及时确认收入存在少确认收入的风险；三是收到预收工程款时，应以取得的预收款扣除支付的分包款后的余额，按照相应的预征率在建筑服务发生地预缴增值税，可能存在未及时预缴或者少预缴增值税的情形，存在税务处罚的风险；四是确认收入与开票金额有差异可能存在提前开票的情况，导致提前缴纳增值税，占用资金或者未及时开具发票，导致延期纳税或少缴增值税及附加税，可能面临加收滞纳金等。

**4. 成本扣除涉税风险**

成本相关的涉税风险需要关注以下几点：

一是取得咨询费、信息技术服务费等的真实性资料不充分无法税前扣除的风险。业务中签订合同、取得发票、存在现金流，但业务的真实性还需要从实质合规性考虑所提供服务方是否有资质、有能力、有人员，咨询服务方式的体现是否有记录、有证明、解决问题的记录、咨询成果展示等。

二是合同约定我方代负担税款存在税前不予扣除的风险。如房屋租赁合同中我方替承租方承担个人所得税、房产税、印花税等，所得税前不准许扣除，但如果能将其承担的税款金额还原为合同金额时，可以所得税前扣除。

三是企业暂估款长期大额挂账存在虚增成本少缴税款的风险。企业发生支出，应在汇算清缴期结束前取得税前扣除凭证,作为计算扣除相关支出的依据。

四是关注企业向从事小额零星经营业务的个人发生采购业务是否需要取得发票作为税前扣除凭证。从事小额零星经营业务的个人包括个体工商户和自然人,个体工商户应办理税务登记,应以发票作为税前扣除凭证;自然人从事应税项目经营业务的销售额不超过增值税相关政策规定的起征点,未办理税务登记的个人按次300~500元。比如食堂向个人零星采购支出,未办理税务登记的个人按次超过500元须以发票作为税前扣除凭证。

### 5. 工资社保业务涉税风险

在相继实施"社保入税"政策后,企业职工人数、工资薪金标准、缴纳社保基数及实际缴纳情况、企业职工银行账户资金收支情况都被纳入监管系统,企业申报数据不统一,试用期不入社保、社保挂靠、职工工资长期保持在纳税起征点范围内且长期不变以及民工工资粗放管理等行为将被精准定位,企业工资社保业务涉税风险加剧,应严格管控。

### 6. 指标异常涉税风险

企业各税种的税负率过高或过低;收入成本配比异常;企业纳税申报常年亏损;同行业利润偏低等指标异常的比例都会引起税务稽查的风险,企业应重视涉税相关税务指标的分析与评价,做到事前监控,防范税务稽查风险。

### 7. 小税种涉税风险

企业往往忽视小税种的管理,公司的财产行为税有房产税、城镇土地使用税、印花税和车船税,金税四期将对相关税种的监管可以更好地把控,通过自然资源和规划、国土资源、住房和城乡建设等部门、房地产及房屋管理部门及公安机关交通管理部门的数据互联,房产、土地与车辆有相应的登记信息更加透明,因此小税种的涉税风险更加容易暴露,应引起企业的高度重视。

## (四) 共享平台税务风险识别

### 1. 客商信息管理

为了规范客商管理,从合同签订源头阻断风险客商,建立客商信息管理档案,归集客商涉税信息,实时动态管理更新客商数据信息,监控客商经营情况及涉税信息变化,为选择客商签订合同提供依据。业务过程中出现涉税风险点系统发送客商异常预警推送,根据不同涉税业务的预警等级,系统分级实施后续监管流程。客商信息管理主要分为四个部分:客商基础信息、客商信息变更、客商预警报告、黑名单客商管理(见图3)。

客商基础信息。应重点明确客商主要负责人员信息及联系方式,便于以后业务中出现涉税发票等税务问题的沟通与协商,防范客商走逃失联等情况;客商基础信息中登记的纳税人资格、开具发票类型、纳税人申请最高开票限额、生产经营地、经营范围等信息，用于"四流一致"比对的管理中，校验业务发生的真实情况，防范虚开发票的风险。

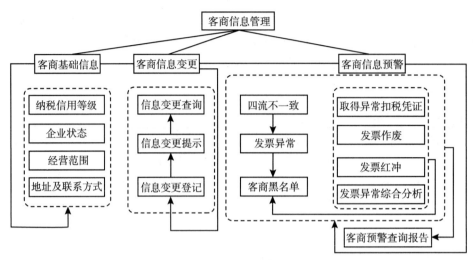

**图3　客商信息管理**

客商信息变更，采取实时动态更新的原则，确保企业掌握客商经营的最新动态。如纳税人资格变更、纳税信用等级的变更、经营状态的变更都影响后续业务的实施，企业应及时掌握情况做好后续业务的合同变更等工作。

客商预警报告，实现以客商为单位形成关于客商综合风险预警的报告，包括取得异常扣税凭证预警、发票作废预警、发票红冲预警、发票异常综合分析预警、"四流一致"信息比对差异预警。以此作为选择客商签订合同的参考以及税务风险预警管理中限制客商使用、停用的依据。

黑名单客商管理，通过客商税务风险预警报告的相关预警事项后续税务认定报告的反馈结果，将税务认定为偷逃失联企业、未纳税申报缴纳税款、虚开发票等情形的客商纳入黑名单管理，系统停用此客商，禁止与该客商发生业务往来。

**2. 发票风险管理**

增值税专用发票相关的企业税务风险主要有两种，一是善意取得虚开增值税专用发票风险；二是取得增值税异常扣税凭证风险。接受增值税专用发票的纳税人发生上述两种情形，不仅面临相关涉税发票进项税额不得抵扣，涉及的成本不得税前扣除而增加企业的税收负担，还面临税务稽查风险可能被认定为虚开发票等违法行为。

（1）发票异常预警管理。

发票异常预警情形包括：取得异常扣税凭证预警、发票作废预警与发票红冲通知、发票异常综合分析预警（见图4）。

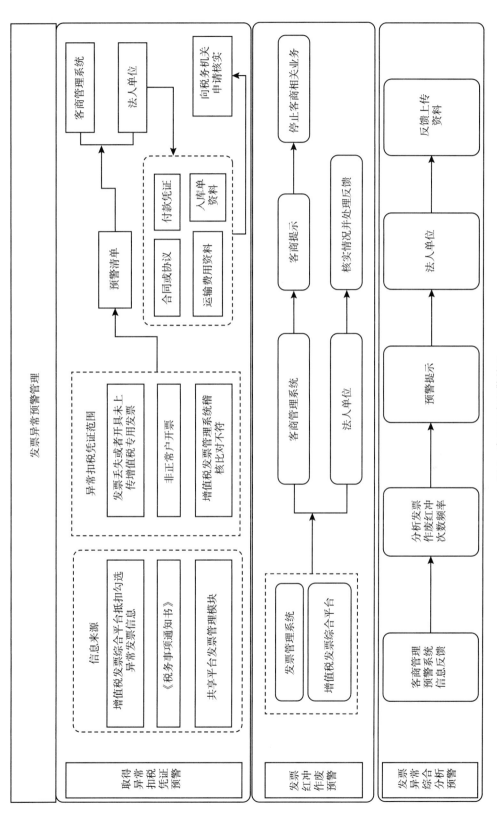

**图4 发票异常预警管理**

①取得异常扣税凭证预警。企业常见的情况一般为善意取得增值税专用发票，发票开具方被主管税务机关认定为走逃失联企业、非正常户纳税人、发票管理系统稽核比对异常及大数据分析异常的情形。在面临相关发票税务风险时，企业应立刻了解情况自查并准备"善意取得"证据，因为企业为纳税信用 A 级纳税人，自接到税务机关通知之日起 10 个工作日内，向主管税务机关提出核实申请。

预警系统通过增值税发票综合平台抵扣勾选异常发票信息、接收到税务局取得异常扣税凭证《税务事项通知书》《已证实虚开通知单》以及共享平台发票管理模块显示发票异常信息，系统推送取得异常扣税凭证预警提示。通过异常发票预警信息对应的客商推送客商管理系统，标注客商风险点，使与此客商签订合同或有经济往来的单位关注相关客商动态合理规避税务风险；同时根据此发票的报销单位推送相关项目责任人及法人单位税务管理部门启动取得异常扣税凭证应急处理方案，做好与税务机关的沟通工作。

相关责任人核实情况并准备"善意取得"证据链，资料上传系统；自收到预警提示 10 个工作日内联系税务机关申请核实；税务机关反馈核实情况后将相关资料上传系统完成税务事项反馈并进行相应的账务处理等后续工作。

②发票作废预警与发票红冲通知。当发票管理系统或者增值税发票综合平台显示有发票作废或者红冲的情形，系统自动推送相关发票信息及对应客商推送客商管理系统，标注客商风险点，同时根据此发票的报销单位推送相关项目责任人及法人单位税务管理部门，便于税务管理部门的管理同时督促业务人员与相关客商的办税人员核实情况并完成相应的税务处理。

③发票异常综合分析预警。定期通过客商预警信息综合分析发票涉税风险，主要分为两个方面的发票风险分析预警事项。

一是同一客商频繁作废或红冲发票预警。税务稽查将已在某个月大额或大量作废发票，或者频繁作废红冲发票又重新开具相同的发票的企业列入重点稽查的范围，此情况可能存在隐瞒收入、恶意调整销售收入少交税款的情况，尤其是小规模纳税人因为免征额按季不超过 45 万元或者小规模纳税人认定标准年销额不超过 500 万元的限制，多采取作废红冲的方式规避缴税。因此，需定期分析客商发票作废红冲的次数与频率，达到预警标准次数或频率的客商，系统将推送此客商频繁作废或红冲发票的预警提示，要求相关责任人联系客商查明情况，在系统中反馈相关事项情况并上传相关资料。

二是间接异常扣税凭证预警。所谓间接异常扣税凭证，即如果企业同期取得的异常扣税凭证的税额超过 50000 元或者进项税额占比达 70%，该企业所开具的发票也将列入异常凭证范围，导致企业无法开具发票，导致业务无法开展，影响企业纳税信用等级等后果。因此，需定期统计法人单位取得异常扣税凭证的进项税额累计额及同期异常凭证进项税额累计占同期全部增值税专用发票进项税额的比例，并制定前置预警标准，即达到条件的 60% 系统将自动推送间接异常扣税凭证预警至法人单位的税务管理部门，作为事前的预警，提前引起税务部门的关注，积极采取应对措施，核实情况及时消除此税务风险的影响。

（2）"四流一致"信息比对管理。

虚开发票的类型主要分类为无业务虚开和变名虚开。一是无业务虚开，指纳税人编造商品交易过程的内容、税额和不存在的商品交易去开具发票。二是变名虚开，指尽管商品交易确实存在，但故意更改商品名称、价格、销项税额和增加商品数量开具发票。因此，企业可能存在发票开具与实际业务不符，或者未发生业务恶意虚开发票的情况。

虚开发票的认定包括：为他人、为自己开具与实际经营业务情况不符的发票；让他人为自己开具与实际经营业务情况不符的发票；介绍他人开具与实际经营业务情况不符的发票。因此，即使作为善意取得虚开增值税专用发票的企业，如果无法提供"善意取得"证据也同样有可能被认定为虚开发票的风险。

建立"四流一致"信息比对管理，通过将发票相关信息与合同信息、实际业务信息、资金支付信息比对，存在差异的情况系统自动推送相关业务负责人及税务管理部门，核实情况反馈信息。根据反馈的信息可分为两种情形：①无业务虚开的情形推送客商预警系统并将此客商列入黑名单客商管理；②变名虚开指发票开具内容与实际业务不符，需推送相关业务负责人，监督其联系客商重新开具与实际业务相符的合规发票（见图 5）。

### 3. 印花税风险管理

共享平台印花税风险管理以合同管理中的合同数据为基础，实现印花税合同汇总查询、印花税纳税申报以及超期缴纳印花税预警三个功能（见图 6）。

通过印花税税目自动匹配对应的合同类型，提取相关合同数据，同时对已纳税合同进行系统标记，区分已完税合同和未缴税合同。按照印花税纳税义务时间区分应纳税合同和逾期合同。对于应纳税合同，推送缴税提示；对于超过纳税义务时间未纳税合同进行逾期时间分析，推送预警通报（见表 2）。

按照印花税征税税目的要求，梳理合同类型与征税税目进行匹配，系统自动提取应征税合同类型进行分类汇总。根据相关税法规定的计税金额，在系统中植入取数规则，自动提取每个合同的计税金额并自动匹配相应税率，计算出应纳税额，为纳税申报提供依据。

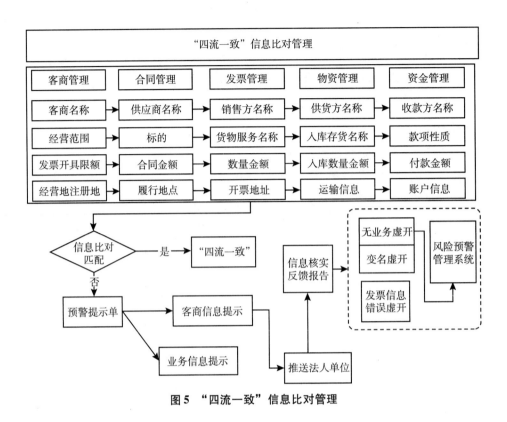

**图5 "四流一致"信息比对管理**

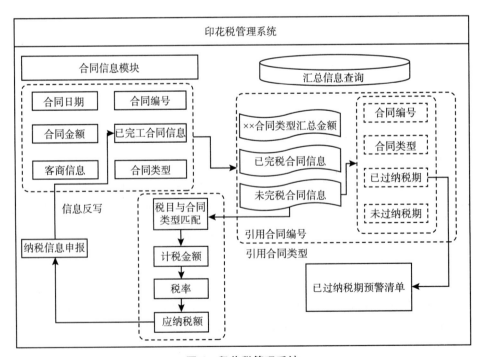

**图6 印花税管理系统**

**表2** 印花税系统设计逻辑

| 项目 | 管控逻辑 |
|---|---|
| 税目 | 按照税法规定系统植入 |
| 合同类型 | 提取合同管理中对应的合同类型 |
| 合同流水号 | 提取合同信息 |
| 客商信息 | 提取合同信息 |
| 计税依据来源 | 按照税法规定设置取数规则 |
| 税率 | 系统自动配置相关税率 |
| 应纳税额 | 自动计算=计税依据×税率 |
| 完税标志（是/否） | 按照合同流水号纳税申报后，完税标志自动标记到相应合同中 |
| 已纳税额 | 取此合同对应的纳税申报中应纳税额 |
| 纳税期限 | 纳税期限为按季计征，自季度终了之日起15日内申报纳税 |
| 逾期时间 | 为查询当日至合同签订日所在季度期的次月15日（例如，3月5日签订合同，逾期时间=查询当日-4月15日） |
| 延迟合同登记 | 合同签订日期与合同登记日期跨季登记为延迟合同登记事项（例如，2月15日签订的合同至4月8日在系统中登记合同，未延迟合同登记，在系统中予以标记） |
| 预警标志（是/否） | ①逾期时间预警，将逾期时间按照季度、年度分别预警。②延迟登记合同预警 |

## （五）共享平台税务风险评估

### 1. 共享平台税务风险预警指标分析及结果评价

税务风险监控预警指标分为通用财税分析指标和数据比对分析指标，分析指标公式与数据来源，并将指标指向的税务风险点明确列出。经过大量数据的测算，确定预警指标的合理浮动范围，从而设定预警指标的正常区间，可植入预警管理系统，进而对预警指标结果进行评价。定期出具税务风险预警分析报告，便于相关单位税务风险的自查与反馈，使税务风险的防范与规避更有针对性（见表3）。

**表3** 税务风险监控预警指标风险分析及结果评价

| 比率预警指标正常区间设置 | | | |
|---|---|---|---|
| 预警指标 | 近三年（月）平均值 | 变动幅度 | 正常区间 |
| 1. 增值税税负率 | | | |
| 铁路工程 | -0.89% | ［-20%，20%］ | ［-1.07%，-0.71%］ |
| 城市轨道工程 | 0.97% | ［-20%，20%］ | ［0.78%，1.16%］ |

续表

| 比率预警指标正常区间设置 | | | |
|---|---|---|---|
| 预警指标 | 近三年（月）平均值 | 变动幅度 | 正常区间 |
| 房屋建筑工程 | 0.47% | ［−20%，20%］ | ［0.38%，0.56%］ |
| 水利水电工程 | 0.01% | ［−20%，20%］ | ［0.008%，0.012%］ |
| 公路工程 | −1.76% | ［−20%，20%］ | ［−2.11%，−1.41%］ |
| 市政工程 | −3.82% | ［−20%，20%］ | ［−4.58%，−3.06%］ |
| 综合管廊工程 | 0.98% | ［−20%，20%］ | ［0.78%，1.18%］ |
| 其他工程 | 2.10% | ［−20%，20%］ | ［1.68%，2.52%］ |
| 2. 企业所得税税负率 | 0.11% | ［−20%，20%］ | ［0.09%，0.13%］ |
| 3. 城建税税负率 | 0.04% | ［−10%，10%］ | ［0.037%，0.041%］ |
| 4. 间接费用变动率 | 标准值 | 结果评价分析 | |
| 油料费变动率 | 30% | 指标变动率大于标准值，需要预警：间接费用变动率波动较大时，可能存在虚增费用，应逐项排查办公费、油料费等是否真实，是否存在集中取得发票入账，是否存在虚列成本费用 | |
| 办公费变动率 | 20% | | |
| 住宿费变动率 | 30% | | |
| 物料消耗变动率 | 20% | | |
| 5. 预收账款占销售收入比 | 20% | 指标变动率大于标准值，需要预警：预收账款占营业收入的比例过大，可能存在未按照时间节点确认收入，有延迟确认收入的风险 | |
| 变动率配比结果评价 | | | |
| 预警指标 | 公示\数据来源 | 结果评价分析 | |
| 6. 主营业务收入变动率与主营业务利润变动率配比分析 | 指标值＝主营业务收入变动率/主营业务利润变动率；主营业务收入变动率＝（本期主营业务收入－基期主营业务收入）/基期主营业务收入×100%；主营业务利润变动率＝（本期主营业务利润－基期主营业务利润）/基期主营业务利润×100% | 在正常情况下，两者变动率应该基本同步增长并趋近于1。如果不同步增长，需要根据具体情况预警：①当两者的比值小于1且相差较大，两者都为负时，可能存在企业多列成本费用、扩大税前扣除范围问题。②当两者的比值大于1且相差较大，两者都为正时，可能存在企业多列成本费用、扩大税前扣除范围等问题。③当两者的比值为负数，且前者为正后者为负时，可能存在企业多列成本费用、扩大税前扣除范围等问题 | |
| 7. 主营业务收入变动率与主营业务成本变动率配比分析 | 指标值＝主营业务收入变动率/主营业务成本变动率；主营业务收入变动率＝（本期主营业务收入－基期主营业务收入）/基期主营业务收入×100%；主营业务成本变动率＝（本期主营业务成本－基期主营业务成本）/基期主营业务成本×100% | | |

续表

| 变动率配比结果评价 | | |
|---|---|---|
| 预警指标 | 公示\数据来源 | 结果评价分析 |
| 8. 城建税税负变动率与增值税税负变动率配比分析 | 指标值＝城建税税负变动率/增值税税负变动率；<br>城建税税负变动率＝(本期城建税税负率－基期城建税税负率)/基期城建税税负率×100%；<br>增值税税负变动率＝(本期增值税税负率－基期增值税税负率)/基期增值税税负率×100% | 在正常情况下，二者变动率应该基本同步增长并趋近于1。如果不同步增长，需要根据具体情况预警：<br>①当两者的比值小于1且相差较大，可能存在少缴城建税的情况。<br>②当两者的比值大于1且相差较大，可能存在出口退税的情况 |
| 9. 个人所得税申报工资薪金的员工数与企业在册人数比率 | 指标值＝个人所得税申报工资薪金的员工数/该企业在册人数×100%<br>数据来源：个人所得税申报表中员工人数与人力资源系统员工人数比对 | 二者比率应趋于1，存在差异需要预警：<br>指标比率小于1，可能存在少申报代扣代缴员工数，少缴个税，存在未全员申报、员工自愿放弃社保，企业未给员工缴纳社保等情况 |
| 10. 员工申报个人所得税与员工应纳税额的比率 | 指标值＝员工申报个人所得税÷员工应纳税额×100%<br>数据来源：将个人所得税申报表中申报个税金额与会计核算中应纳税额进行比对 | 二者比率应趋于1，存在差异需要预警：<br>说明员工个人所得税申报存在异常，是否存在未全员足额申报 |
| 11. 员工平均工资薪金增长差异率 | 指标值＝(企业当年员工平均工资薪金－该企业上年度员工平均工资薪金)÷该企业上年度员工平均工资薪金×100%<br>数据来源：取薪酬管理系统员工当年平均工资薪金与上年度平均工资薪金比对分析 | 指标比率应大于0，如果小于0需要预警：<br>说明该企业个人所得税申报或者代扣代缴申报可能存在异常，应及时自查是否存在未足额申报 |

| 数据比对结果评价 | |
|---|---|
| 预警指标 | 结果评价分析 |
| 12. 增值税申报收入与企业所得税申报收入比对 | 二者比对结果差异过大，需要预警：<br>可能存在建造合同履约进度确认不准确，应核实建造合同确认成本收入的准确性，可能造成少记收入多列成本，少缴税款的风险 |
| 13. 实际开票金额与主营业务收入比对 | 比对结果不一致需要预警：<br>①实际开票金额大于主营业务收入金额，存在提前开票的情况，导致提前缴纳增值税，占用资金。<br>②实际开票金额小于主营业务收入金额，未及时开具发票，导致延期纳税或少缴增值税及附加税，可能面临加收滞纳金等 |
| 14. 增值税未开票收入分析 | ①未开票收入申报数为0，需要预警：可能存在少确认收入的风险。<br>②未开票收入累计数为负数且负数累计冲回金额大于前期申报累计数需要预警：可能存在通过未开票收入负数冲减收入的风险 |
| 15. 会计总账预收工程款金额与预缴增值税申报表中的预收工程款金额比对 | 二者比对结果应该一致，不一致时需要预警：<br>可能存在未及时预缴或者少预缴增值税的情形，存在税务处罚的风险 |

续表

| 数据比对结果评价 | |
|---|---|
| 预警指标 | 结果评价分析 |
| 16. 增值税进项税额转出分析 | ①增值税进项税额转申报数为 0，需要预警：存在未作进项税额转出的风险。<br>②增值税进项税额为负数需要预警：可能存在虚增值税进项税额、延迟或者少缴增值税及附加税费。前期没有增值税进项税额转出情况违规申报进项转出，或者增值税进项税额转出负数大于前期累计的增值税进项税额转出数 |
| 17. 暂估款分析 | 暂估款长期挂账超过 3 个月，需要预警：<br>存在未及时取得发票，影响企业所得税相关成本不能税前扣除的情形，也可能存在虚列成本、少缴税款的风险 |
| 18. 企业所得税社保表附表工资薪金支出与个人所得税申报表中工资资金比对 | 企业所得税社保表附表工资薪金支出大于个人所得税申报系统金额时，需要预警：<br>可能存在多列支工资薪金税前扣除，少缴企业所得税的风险；或者少缴个人所得税 |

对各类税务风险预警指标实施动态管理，随着企业经营数据的变动和涉税风险种类、预警指标评估标准的经验修正，不断完善更新税务风险预警指标体系标准，实现不断修正指标数据，将税务风险预警指标评价更加准确，缩小异常指标范围，达到精准定位涉税风险异常点，帮助企业更好地完善税务风险管理。

**2. 共享平台税务风险监控预警报告**

通过税务风险监控预警管理系统中的三个管理功能点和一个全面的预警指标体系的数据分析及预警信息汇总定期出具税务风险监控预警报告，包括预警事项、税务数据异常指标、涉税风险点、政策依据、原因分析、涉税风险评估等级、应对措施建议及需核查或需提供的资料（见表 4）。

**表 4**　　　　　　　　　　　税务风险监控预警报告

风险评估报告

| 纳税人名称 | | 涉税名称 | |
|---|---|---|---|
| 指标名称 | | 指标预警值 | |
| 指标公式 | | | |
| 审阅资料 | | | |
| 风险描述 | | | |
| 存在疑点情况 | | | |

| 政策依据 | |
|---|---|
| 风险评估等级 | □高（红色预警）　□中（黄色预警）　□低（蓝色预警） |

风险评估结论：
　　□正常符合性结论　□差异符合性结论　□异常待查性结论
处理意见：

管理建议：

| | |
|---|---|
| 经办人：<br>推送部门：<br>推送时间：　　　年　　月　　日 | 经办人：<br>接受单位：<br>接收时间：　　　年　　月　　日 |

## （六）共享平台税务风险控制

根据税务风险监控预警报告中涉税风险事项严重程度分为高风险预警事项、中风险预警事项、低风险预警事项，按照风险预警等级分别推送至相关法人单位进行后续风险控制管理。高风险预警事项须派审计人员驻地全面审查，出具审计报告，并跟踪相关单位整改情况；中风险预警事项相关单位根据出具的税务风险监控预警报告中的应对措施建议及需核查的税务事项，出具自查报告并提供相关凭证资料；低风险预警事项作为税务风险预警提示，用以引起相关单位的关注并及时整改（见图7）。

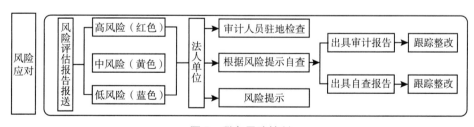

图7　税务风险控制

## （七）税务风险管理保障措施

### 1. 完善税务风险管理制度，实施岗位权责制

通过完善税务管理顶层设计，将国家政策法规作为税务风险管理工作的依据，围绕风险收集、识别、评价、管理等工作明确工作流程及职责。从制度建设、税收政

策、信息平台建设三方面着手，健全完善"1+4+N"的税务管理体系，即1个基本会计核算制度，4种行业财税制度管控方法以及N个涉税业务操作规范或实施细则。搭建税收政策数据库，加快形成更加完备的制度体系。实施岗位权责制，夯实税收政策落实，加强人员涉税风险法律意识。

**2. 建立信息沟通机制，搭建税政交流平台**

税务风险大部分由信息失真，信息传递不畅通、不及时，未能将税务风险及指导建议渗透进业务运行的前端所致，应搭建税政交流平台，将税务信息集成，起到上传下达、信息共享、交流学习的效果（见图8）。

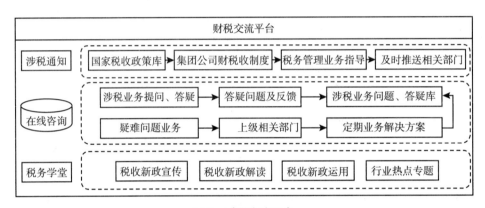

**图8 财税交流平台**

（1）加强内部税务管控策略。税政部门应及时关注税收政策动态，分析并定制相关管控策略，及时传递至财务部门及相关业务部门，从税务管理角度为业务操作提供指导。在业务中发现的税务风险，及时通报整改，梳理应对措施，制定管控要求。

（2）建立内部信息传递机制。打通信息交流屏障，税政管控要求及指导规范可向下全面传递，业务信息、业务问题可无阻地向上反馈，防止出现信息"孤岛"问题，降低税务风险管控效率。因此，搭建税政信息交流平台，用以实现信息传递交流的功能。

# 四、取得成效

**1. 税务合规质效大幅提升**

从客商风险、发票风险全面防范风险，客商管理将客商的涉税信息纳入管理，防止走逃失联、非正常户企业；发票管理需定期分析客商发票作废红冲的次数与频率，防止客商恶意调节收入等问题，同时分析取得异常扣税凭证累计税额和进项税额占比，防止异常扣税凭证风险。针对虚开发票问题，搭建"四流一致"信息比对管理，通过合同流、发票流、货物流和资金流，进行一一比对发现问题。大幅提升了税务合规效率，不交税、少缴税、申报错误、虚假发票、非正常户等税务日常风险得到深入管控。

**2. 优化税务风险管控机制，实现事前事中事后管控**

构筑企业税务动态风险管理体系，实现税务风险"事前预防、事中阻断、事后监管"的机制，在共享平台依托智能化系统，在税务环节嵌入管控节点，在业务中阻断风险点。通过事前跨区域涉税事项审批、未开票收入登记、进项税额转出登记、增值税预缴申请等做好事前把关；业务中通过客商管理、发票管理识别业务中的风险；通过事后全面税务风险指标深度分析，发现项目税务问题，出具税务风险评估报告并跟踪整改。最终实现一个全闭合、全方位的税务风险管控系统。

**3. 建立税务风险管理制度，实现内部信息传递机制**

通过完善税务管理顶层设计，从制度建设、税收政策、信息平台建设三个方面着手，建立全面的风险管理制度。为防止出现信息"孤岛"问题，降低税务风险管控效率，建立内部信息传递机制，打通信息交流屏障。

---

# 五、经 验 总 结

数字化已成为信息化发展的主要趋势，以完善的财务业务标准化管控体系及税务信息集成的数据为基础，纵横拉通多产业、多专业底层数据，实施税务精细化管理；完善企业内部税务管理制度，提升税务管理工作的专业度、强化纳税诚信管理的工作力度；健全风险预警机制和控制体系等风险防控策略，加强数据分析能力，构建税务风险模型，实现精准识别税务风险；全面预防企业税务风险及安全隐患问题，加强财务审核工作，时刻警惕异常情况，做好自查，将风险降到最低。

智慧税务的新形势下，企业管理会计工具推广有待持续优化。一是企业应进一步结合自身管理规模和发展趋势，设计符合需求的管理会计体系，避免管理体系过于庞杂，管控流程流于形式；二是加强信息智能化水平，引进新的会计工具和技术，利用数据建模、数据分析、人工智能等工具，提升数据挖掘能力，为决策提供精准数据支持；三是推动管理会计与企业战略决策的融合，将管理会计与企业战略目标层层分解实施，达到管理指标与战略目标的紧密契合。

　　（中铁十八局集团有限公司：阮宏毅　王新峰　魏　永　龚海艳　刘　超　郭　晶
　　　　　　　　　　　　　　　闫军梅　张莉莉　陈　杨　伍春其　简路鹏　赵士强
　　　　　　　　　　　　　　　吴晓鹏　朱　银）

🎓 **案例评语：**

　　本案例紧密结合当前税务管理的发展趋势，将金税四期与财务共享的融合作为核心议题，深入分析了纳税风险及其应对策略，体现了鲜明的时代特征，并体现如何将这金税四期和财务共享两种工具有效融合。案例在共享平台全税种模块税务数据集成的基础上，运用风险管理框架法构建税务风险监控预警管理系统、通过定性定量分析构建税务风险监控预警指标体系、建立风险预警应对机制、出具税务监控风险预警报告，同时实现各系统的一体化建设，提升企业税务管理效能。案例单位在金税四期和财务共享融合方面的探索和实践，对同类行业企业在税务风险管理和财务共享服务建设方面具有重要的参考价值。

# 风险清单在检察机关的应用

**摘要**

财政部 2018 年颁布了 700 系列管理会计指引,其中《管理会计应用指引第 702 号——风险清单》建议企事业单位在管理会计中使用风险清单法进行风险管理。风险清单将不同单位可能存在的风险环节和风险点以表格的形式展现出来,与会计的计量属性相结合,通过定性和定量两种模式对风险引发不良后果的可能性和严重性进行描述和计量,并根据不同类别的风险和应用场景进行风险识别和分析评估,最终形成能直观反映单位管理会计全过程中不同风险状态的风险清单。风险清单有利于解决检察机关日趋复杂的法规风险和财务风险等问题,是准确分析、科学研判、提前预警、有效运用的预算资金控制管理工具,帮助检察机关建立科学有效的风险预警机制,确保预算经费、资金管理和项目建设提质增效。

鄂州市人民检察院实施风险清单工具方法,有效提高了风险管理水平,拓宽了管理会计的职能边界,实现了预算编制科学全面、预算执行可调可控、预算进度有序精准,提高了对预算资金的平衡和把控,有助于建设高标准、高水平、高质量和高效率的管理会计体系。本案例通过对鄂州市人民检察院风险清单法的实施情况开展研究,分析其应用程序步骤和解决风险管理问题的效果,为风险清单法在检察机关管理会计中的应用提供参考。

# 一、背景描述

鄂州市人民检察院(以下简称"鄂州市检察院")隶属于湖北省人民检察院,执行行政事业单位会计制度,自 2015 年人财物上划后经费纳入省级财政预算统管。经济事项以省级院统一配置的检务保障信息系统为平台,流程以平台统一的报销模板为载体,预算资金的审批手续以单位制定的财务审批权限为标准,资金支付通过省财政预算一体化平台,进行预算资金收付业务的核算。

此前，鄂州市检察院管理会计存在的诸多问题，如预算不科学、核算不规范、资产不清晰、采购不规范、信息不规范以及财务流程不规范等。鄂州市检察院根据《管理会计应用指引第 702 号——风险清单》，结合自身战略、业务特点和风险管理要求，以表单形式对风险重要等级进行划分，识别关键风险环节和风险点，编制风险表单直观反映预算资金风险状态，及时反映检察机关存在的风险问题，完善内部控制体系，增强风险防范能力。通过风险清单比较不同业务方向资金风险重要性等级变化，有利于总结检察机关风险的变化机理和规律，建立完善风险预警机制，实现对资金风险长期有效的监控，再根据风险监控要求制定风险应对措施，构建风险管理框架，制定配套的风险应对措施，优化检察机关内部管理结构，增强组织合力，提高管理效率。

## 二、鄂州市检察院应用风险清单的总体设计

### （一）应用风险清单的目标

根据《管理会计应用指引第 702 号——风险清单》，鄂州市检察院明确应用风险清单工具的主要目标：识别管理会计风险点，合理预测业务的预算资金需求，构建风险监控预警机制，确保高质高效完成预算资金风险管理工作，继而以风险清单工具运用为契机，推动管理会计工作的规范化、科学化和体系化。

### （二）应用风险清单的总体思路

鄂州市检察院应用风险清单的总体思路是：综合考虑单位所处的外部环境、内部的制度建设、财务岗位配置和业务情况以及风险管理目标、风险偏好、风险容忍度、风险管理能力等，围绕分配使用好预算资金、有序赋能预算资金、提高财务工作效率、减少管理会计成本，以自身业务为主线展开全面风险管理工作，职责分工明确，基本框架层次轻重分明，风险归类级次类别清楚。

### （三）应用风险清单的内容

根据《管理会计应用指引第 702 号——风险清单》的应用程序，鄂州市检察院明确了应用风险清单的六个方面内容。第一，明确各业务部门在风险管理中的角色和职责分工，实现关键岗位分离。第二，及时采集所有经济事项相关信息并进行风险描述。第三，组织业务部门进行业务培训，制定财务工作指引和制度。第四，重视

"三公"经费①的日常管理，严格把关公务接待报销的"四要素"②。第五，摸清资产底数，分离财务账和实物账，分解实物总量台账管理。第六，定期或不定期对风险清单中的各类风险及其重要性等级进行调整和更新。

### （四） 风险清单管理会计工具的创新

鄂州市检察院以风险清单为预算管理的利器，推行全面预算管理，在以下四个方面的创新：一是将风险管理与全面预算管理相结合；二是强调风险管理中的预警机制；三是重视数据在风险管理中的重要作用；四是强调风险管理中的业财融合。

---

## 三、鄂州市检察院应用风险清单管理会计工具的过程

鄂州市检察院从 2022 年 10 月开始实施风险清单管理会计工具，在一年多的时间内先后完成了以下工作。

### （一） 建立风险管理组织体系

鄂州市检察院建立了以所有内设机构为"第一道防线"、民事行政检察部和风险管理部门为"第二道防线"、检务督察部门为"第三道防线"的风险管理组织体系。具体职责分工如下：

第一道防线：所有内设机构负责本部门范围内各类风险的识别，提供经济事项的相关信息及资金需求依据，重大事项提交决策层进行风险评估。

第二道防线：民事行政检察部和风险管理部门组织协调风险管理工作，根据上述第一道防线的风险识别结果进行分析，确定发生风险事件的可能性和重要性等级，跟踪风险等级变动并开展分析，提出预警，定期或不定期更新风险清单。

第三道防线：检务督察部制定相关制度，定期或不定期开展监督与评价，必要时组织开展内部审计及专项审计。

此外，司法行政事务管理局下设项目组、机关组和财务组。项目组负责全院范围

---

① "三公"经费：是指单位通过财政拨款资金安排的因公出国（境）费、公务用车购置及运行费和公务接待费。

② 公务接待报销四要少包括：派出单位公函；接待事前审批单（内容：填报单位、承办部门及承办人、派出单位名称、接待事由、活动安排、经费预算等）；公务接待清单（内容：接待对象单位、姓名、职务、公务活动项目、时间、场所、费用等）；财务报销（一事一结包括四项：财务票据、派出单位公函、接待事前审批单、公务接待清单）。

内项目、合同、政府采购风险管理，机关组负责机关日常、资产、车辆风险管理，财务组负责财务、预决算、资金风险管理。与三道防线一起，共同构成风险管理组织体系的完整闭环。

### （二） 优化风险管理实施应用环境

鄂州市检察院将风险管理目标定位于履行检察职能和服务检察干警，上至管理层下至检察干警全面强化风险管理意识，培育全员主动参与风险管理氛围，通过风险管理培训、宣传、监督和制定约束机制，依托信息化系统和备查账工具，打造良好的风险管理环境。

一是提高主动防范风险意识。财务管理相关制度和财务信息系统的更新迭代，不仅要求财务工作方式方法变化、提升和创新，更要求工作人员对风险问题积极面对、主动作为和正面回应。鄂州市检察院通过系统内财务管理培训和每月一次的财务工作学习，帮助工作人员了解业务流程，认识业务背后的风险，培育工作人员风险管理意识；通过制定一系列工作指引、议事规则、岗位流程来帮助工作人员厘清工作思路，理顺思路蕴含的逻辑，打造检察机关的风险管理文化氛围。

二是综合运用各种风险防范工具。鄂州市检察院积极使用当前财政和检察系统最新的信息技术手段，打造与业务财务相融合的信息技术工具。检察机关内部不同系统看似孤立，实则环环相扣，通过预算一体化系统、检务保障系统、政府采购系统、国有资产管理系统、票据管理系统等的填报规则、时限要求、审批环节，识别风险隐患，再进行集中规避、有效防控。此外，针对本单位风险环节和风险点设计相应的管理工具，包括公务用车派车系统，办公用品、办公耗材、信息化设备库房管理系统，物品出入库台账和资产备查账等，对资产管理、财务报销管理、机关管理等环节的风险点进行有效防范。

三是理顺不同主体财务关系。除省级财政拨款外，鄂州市检察院还管理工会经费、党费经费、涉案款物等多种性质资金和财物。鄂州市检察院通过制定既分离制约又衔接配合的运转机制，理顺不同主体财务关系。例如，对工会经费和党费经费实行双部门管理，财务人员仅负责账务管理，工会和机关党委经办人员负责资金管理；对于涉案款物实行"三分离"管理——受理和管理涉案财物相分离、款项管理和实物管理相分离、监督和管理涉案财物相分离，确保涉案财物管理安全。

### （三） 制定风险管理流程

鄂州市检察院制定了风险管理的三步骤流程（见附录1）。

步骤一，收集并梳理风险基础信息。

鄂州市检察院结合湖北省和鄂州市行政事业单位相关规章制度，听取上级主管部门的反馈问题和决策层的部署意见，基于既往工作中发生的问题，由责任部门全面梳理业务流程、财务管理、机关管理等问题，确定本单位的合规义务和工作标准。对管理过程中存在的风险环节和风险点进行定位，不断反馈问题，发掘问题产生的根源及蕴含的风险，通过意见落实情况来自查执行过程存在的不足及管理模式隐藏的风险，不断完善风险信息库。梳理过程主要运用流程分析法和岗位分析法，对每个工作流程和岗位职责进行仔细划分，进而识别出潜在风险。鄂州市检察院对照以往各项监管工作，总结出七个方面 26 项问题和不足，分别剖析问题发生原因，逐一识别问题蕴含风险，按照风险类别进行分类，制订工作计划，实行"卡片式"管理，形成风险预防措施台账。

步骤二，多种方法识别合法合规风险。

鄂州市检察院通过内部开展问卷调查和走访调研，采用案例讨论和流程分析等方式，广泛征集干警对财务管理和机关管理的意见，统计出包括预算管理、报销管理、政府采购管理、资产管理、公车管理等方面存在的问题及现象。其中调查问卷内容包括风险管理类别、风险名称、风险描述、风险成因和影响、风险定级、评估对象、日期等信息（见附录2）。继而根据全面梳理的风险识别内容，与相应的内设部门进行沟通，共同分析风险产生的可能性和后果，确定风险发生可能性概率和风险影响程度，针对该风险引发的后果严重程度进行打分，对于重大内容和议题提交管理层集体决策。其中：可能性概率分为很低（0～10）、较低（10～30）、中等（30～70）、较高（70～90）、很高（90以上）等五档；发生风险重要性等级分为可忽视的风险（1～4）、可接受的风险（5～8）、需关注的风险（9～12）、重大风险（13～16）等四级。

步骤三，分析识别结果进行清单式整理。

针对步骤二识别出的风险信息，通过定性、定量分析和集体讨论，根据可能诱发的结果严重程度确定风险等级。通过风险评估，筛选出本单位的业务中需要重点关注和防控的风险环节和风险事项，以便于决策层对各项风险进行优先顺序排列和资源配置。风险等级反映风险的严重程度，一般从风险发生的可能性和影响程度两个维度进行测评。计算风险发生可能性与影响程度的乘积作为风险重要性等级的综合评估指标（见式1）。

$$风险等级 = 风险发生可能性 × 风险影响程度 \qquad (1)$$

风险管理责任部门对前期来自9个部门的调查问卷进行评分汇总，依据风险等级的得分情况确定风险的重要性等级（见附录3）。再根据不同等级的风险分别填列管理层及业务层的风险清单，风险清单中明确重点业务流程和环节、风险行为描述、风险发生造成的影响等要素。针对识别出的风险进行描述、分类，对其原因、影响范围、潜在的后果和应对措施等进行归纳，形成管理层风险清单和业务层风险清单（见附录 4～附录 5）。

在上述两份风险清单中，基于风险信息的识别、评估情况，针对管理层和业务层的风险，鄂州市检察院制定了《机关财务工作指引》《政府采购领导小组议事规则（试行）》《资产管理工作指引》等风险防控规则，从预决算管理、财务资金管理、资产管理、政府采购管理、重大项目建设及合同管理五个方面制定风险防控措施，对照防范措施加以改进、规避。

一是预决算风险管理方面。鄂州市检察院避免机械套用模板，制定考核评估口径，严格控制无预算列支和超预算列支的风险。在预算编制前进行了四轮信息收集、筛选、比对和确认工作，发放《内设机构预算征求意见表》收集部门需求，再一对一上门走访充分了解各业务部门的资金需求，对比不同部门申报的同类业务资金需求，参考近三年预算资金开支情况查找遗漏事项，结合年度重点开支项目，细化开支标准的范围以及测算依据，合理编制部门预算，保障预算资金使用有序、合规、合法，提升预决算公开内容信息质量，提高预算的预见性和科学性。

二是财务资金风险管理方面。鄂州市检察院组织财务人员定期学习规章制度和政策调整，梳理全流程各环节的风险控制点，分离不相容岗位。根据既往风险发生频次制定《资金支付工作流程》《工资发放工作流程》《会计核算工作流程》《往来款项管理流程》，对照工作流程严格业务操作规范，引入"初审—复审—审核"机制，实现关键岗位人员分离。定期和不定期组织线上、线下培训，提升财务人员资金管理、预决算管理、票据管理、往来账款管理及收支管理能力，进一步压实财务岗位职责，提高资金支付效率，防范财务管理风险。

三是政府采购风险管理。鄂州市检察院严格遵守《中华人民共和国政府采购法实施条例》，对政府采购进行全流程风险管理，在遵循国家、省市相关制度的基础上，从严制定适合本单位的采购业务议事规则，并结合新颁布或修订的政府采购法规制度不断更新，制定《政府采购领导小组议事规则（试行）》，明确政府采购三个阶段的规定类别、规定上限、规定动作，充分发挥领导小组的主导作用，在采购额度审核权限范围内开展小组成员集体决策，对于额度较高的事项提交单位管理层决策，最大限度做到群智群策。

四是资产风险管理方面。鄂州市检察院及时开展清产核资专项审计，对单位资产开展专项清理。依据清产核资专项审计报告做好资产备查账，根据实物盘点结果规范资产登记、卡片录入，确保财务账与实物账一致，通过规范固定数据格式、固定数据录入和固定数据节点，将资产管理与预算申报、采购配置有效衔接，加强资产集中统一管理，实现资产标准化、精细化、科学化分级分类管理，对报废资产核销下账，有效盘活利用率不高的资产资源。

五是重大项目建设及合同风险管理。鄂州市检察院成立重大项目建设工作专班，专班成员随项目内容变动及时调整，全程参与项目立项、预算、招投标、合同签订、实施、验收等环节，每一步经过集体讨论和决策，做到变动环节反复商定、细节条款人人知悉。一般合同由责任部门负责人代表签订，重大合同由分管领导直接签订。重大合同签订前必须传送内部监督部门和民事检察部门进行合法性和风险性审查。签订的合同实行备份保存，档案化管理。

### （四）风险清单实施过程中遇到的主要问题和解决方法

鄂州市检察院实施风险清单管理工具方法取得了明显的成效，在实施过程中针对所出现的一些困难和问题采取了相应的解决方法，表现在以下三个方面。

第一，精准识别风险环节和风险点。

风险环节和风险点识别是风险清单管理的首要条件和基础工作，只有对风险环节和风险点进行精准识别和定位，才能全面分析风险，合理应对风险，控制风险可能造成的影响。鄂州市检察院采取的风险环节和风险点的识别方法有：（1）工作流程图法。通过绘制财务报销、政府采购、资产管理、薪资发放、财务岗位等一系列工作流程图理顺主要工作中各环节的逻辑联系及衔接顺序，逐一识别关键环节和薄弱环节的风险；通过组织学习工作流程图帮助业务经办人员熟悉整体业务，知晓工作标准及范围，记牢重要时间和事件节点，对关键要素进行准确定位。在工作流程图上对关键流程进行分解，将责任落实到具体的岗位和个人；对次要工作进行简单列举。（2）监督结果运用法。对检察机关的财政监督形式主要是财政部门检查和第三方审计，监督结果反馈的数据具有较高的可靠性和客观性。检察机关充分运用监督结果有针对性地进行问题整改，将系统性风险隐患扼杀在摇篮里，同时及时根据监督结果对风险清单进行补充和修订。监督工作中和风险管理中发现的问题都是管理层进行决策的重要依据。管理层将发现的风险信息传达到风险管理责任部门，各责任部门再针对这些风险点提出相应的整改措施，优化工作流程，及时作出调整和改变。通过监督反馈问题，对一些日常工作中容易疏忽的苗头性风险和难以预料的前端性风险进行预警。例如，鄂州市检察院在监督活动中及时发现了费用报销附件不全、凭证装订不规范等财务基础性问题，通过强化措施、规范流程等举措进行了整改，有效防范和控制了风险。

第二，提升责任部门和人员风险管理能力。

风险清单需要落实到具体责任部门和工作人员，相关人员的专业素质和能力也会影响风险清单管理工具的实施效果。提升风险管理责任部门和工作人员素质能力主要举措有：（1）强化风险管理意识培育。对于检察机关的风险管理，人人都是防火墙，处处都是隔离带。鄂州市检察院风险管理部门和人员每两周要对照风险清单和工作清单检视工作完成情况，对具体风险事项和工作任务持续跟踪管理，让风险管理的意识常态化，形成风险主动防范、工作及时落实的责任感。（2）落实风险管理岗位责任。推进风险管理和日常管理相结合的管理模式，制定岗位职责清单和岗位工作流程，将风险管理的防控点和防控措施贯彻到日常工作中，使业务经办人员潜移默化地形成风险防控的肌肉记忆，在规定时间完成既定工作流程，每一次操作力求规范，每一笔业务杜绝风险。（3）加强风险管理人员培训。风险管理与业务工作的深度融合需要多面手和复合型人才的重度参与。鄂州市检察院每年有计划、有目的开展一些业财融合、风险防控、标准示范类型的培训和学习；每月结合日常工作中遇见问题开展学习讨论和专项工作研究，将风险管理融入工作中，及时发现问题、解决问题、总结问题、规避风险。

第三，建立并有序推进风险问题整改的长效机制。

风险问题和防控措施经过清单整理后，还要做好防控和既往问题整改的后续工作才能确保风险管理循序渐进，完成风险管理的完整闭环。为此，鄂州市检察院实施了以下保障措施：（1）全面收集现行省、市相关制度规定，结合本单位实际情况，对相关管理制度进行切实有效、便于操作的"立改废释"，从源头控制风险，夯实风险管理工作规范化基础。制度完善后再进行广泛宣传，让所有人员都知晓制度变化，清楚制度执行过程中注意事项，熟悉易错事项和应对处理方法。（2）重点推进风险防控和问题整改执行工作。鄂州市检察院建立了常态化、动态化的监督检查机制，按照已制定的工作流程，对于重点工作和关键环节，每双周进行一次督促检查，常抓不懈，做到需要整改的问题件件有着落、事事有回音。对风险防控手段和问题整改效果开展事后评估，实现风险防控绩效式管理。最终用制度管控风险，用流程避免风险，推动机关风险管理工作平稳高效运转。

---

# 四、鄂州市检察院应用风险清单取得的成效

鄂州市检察院以财政部《管理会计应用指引第 702 号——风险清单》为指引实施风险清单，取得了良好的风险管控成效，具体表现为：

（1）实现高效率、高质量协同工作，解决管理上落实难、执行慢问题。风险清单明晰了风险管理责任界限，有效杜绝"我不清楚"等推诿现象，有助于缜密的风险分析并及时采取防控措施，如提高财务报销填报质量和杜绝可能发生的风险，有效将单据报销时效从 10～15 个工作日缩短至 5～7 个工作日。

（2）提升规范化、科学化管理水平，优化管理体系上不完善、不科学问题，避免重大风险情况发生，提升规范化科学化的管理水平。如根据资产盘点结果溯源资产流转过程中各环节的风险点，实现资产管理全动态监控，杜绝资产底数不清、国有资产流失等风险的产生。

（3）提高前瞻性、精确性决策能力，化解决策上被动性、片面性问题。对历史项目暴露的问题及时采集"软数据"，适时展示需关注的风险点，降低风险发生的概率。如薪酬统计中，对工资数据进行制式采集并进行可视化分析。

（4）强化效益性、约束性绩效水平，消除绩效标准低、意识差问题。强化绩效考核指标的效益性和约束性，一方面将绩效考核指标分解到相关部门，明确考核分工，增强责任意识，让绩效管理不仅是财务部门"一家之事"；另一方面利用风险清单体系中的评价功能，强化绩效的刚性管理，提高绩效管理的有用性，通过战略分解与管理强化进一步夯实单位绩效管理水平。

## 五、鄂州市检察院应用风险清单的经验总结

鄂州市检察院积极贯彻和实施财政部《管理会计应用指引第 702 号——风险清单》，运用风险清单管理会计工具和方法，利用数据资源查找风险源头，理顺业务流程并规范管理，有效识别风险并加以治理，取得了明显的效果，对于检察机关和其他事业单位有一定的借鉴意义。行政事业单位预算资金收支方向相对一致，有些风险信息可以形成行业标准，采集的信息数据在一定范围内还可以实现共享，所识别的风险点可以形成积极的正向引导。风险清单能让业务部门在第一时间知道"应该做什么"和"不能怎么做"，在提出支出需求后迅速能够明白财务人员表达的是什么，实现真正意义上的"业财融合"。

需要强调的是，风险清单作为管理会计工具，覆盖面较广，风险点分布未必均匀，而检察机关的信息链条较长且立体感强，因此，检察机关在运用风险清单工具时，需要连续、准确、客观地采集数据并进行智慧处理，以确保数据质量和精细度，这无疑对财务人员的专业素养和工作时间提出了更高的要求。财务人员要正确对业务进行经济分类，按规则准确记账，实现数据口径多样化，横向可连接，纵向可延伸，在任意节点都可形成立体维度的数据和信息，满足不同的决策需求。为了充分发挥风险清单在检察机关风险管理中的重要作用，鄂州市检察院还需要进一步加强风险管理意识，建立健全重大风险专项档案，对照重大风险清单，因地制宜逐级摸排评估，同时辅之以责任分工清单、防控措施清单、监测监控清单和应急处置清单等，科学实

施，精准治理，形成检察机关风险管理的完整闭环，确保做到对重大风险措施严实、可防可控。

# 第四部分　附　　录

## 附录1

### 鄂州市检察院风险管理流程

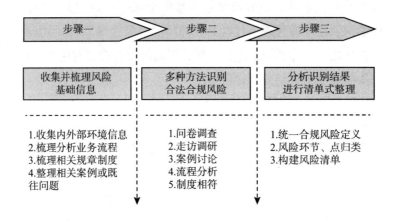

| 步骤一 | 步骤二 | 步骤三 |
|---|---|---|
| 收集并梳理风险基础信息 | 多种方法识别合法合规风险 | 分析识别结果进行清单式整理 |
| 1.收集内外部环境信息<br>2.梳理分析业务流程<br>3.梳理相关规章制度<br>4.整理相关案例或既往问题 | 1.问卷调查<br>2.走访调研<br>3.案例讨论<br>4.流程分析<br>5.制度相符 | 1.统一合规风险定义<br>2.风险环节、点归类<br>3.构建风险清单 |

## 附录2

### 管理层风险清单调查问题

| 风险类别 | 风险名称 | 风险描述 | 风险成因和影响分析 | | 风险定级 | |
|---|---|---|---|---|---|---|
| | | | 形成因素 | 风险的影响结果 | 风险发生可能性 | 风险后果严重程度 |
| 战略风险 | 1.1 宏观环境风险 | 因外部环境、经济形势变化导致单位预算总额压减 | 压减一般性支出；上年度预算指标结余扣减当年预算指标 | 可能导致年度预算经费不足 | 很低<br>较低<br>中等<br>较高<br>很高 | 极低<br>低<br>中<br>高<br>极高 |
| | 1.2 政策法规风险 | 因地方财政政策、环保节能政策等导致单位决策调整不及时 | 地方政策发生变化；政策掌握不及时、不透彻 | 可能导致不合规动作发生 | 很低<br>较低<br>中等<br>较高<br>很高 | 极低<br>低<br>中<br>高<br>极高 |

续表

| 风险类别 | 风险名称 | 风险描述 | 风险成因和影响分析 | | 风险定级 | |
|---|---|---|---|---|---|---|
| | | | 形成因素 | 风险的影响结果 | 风险发生可能性 | 风险后果严重程度 |
| 战略风险 | 1.3 决策风险 | 因对重要信息重视不够，认识不足导致单位预算指标浪费 | 重要文件精神学习不彻底，贯彻不到位；未科学合理调整单位预算指标 | 可能导致经费缺口较大 | 很低 较低 中等 较高 很高 | 极低 低 中 高 极高 |
| | 1.4 假设风险 | 因信息不对称，导致预算执行失控 | 外部部门信息、内部机构信息衔接不畅通；重要信息未有效传递 | 可能导致预测失准影响决策 | 很低 较低 中等 较高 很高 | 极低 低 中 高 极高 |
| 财务风险 | 2.1 组织风险 | 对未来资金需求提供依据不足导致预算编制质量不高 | 内部机构未全面、真实提供资金需求情况；项目建设未按时履行审批手续 | 可能导致业务开展运行不畅工作难以推动 | 很低 较低 中等 较高 很高 | 极低 低 中 高 极高 |
| | 2.2 制度建设风险 | 制度内容未及时更新导致工作被动 | 制度陈旧未及时更新；制度更新后未及时学习 | 可能导致部分工作滞后 | 很低 较低 中等 较高 很高 | 极低 低 中 高 极高 |
| | 2.3 关键岗位风险 | 关键岗位未实现分离导致操作过程中产生风险的可能 | 人员配置少，一人多岗；未严格划分岗位职责；关键岗位未分离 | 可能造成资金安全风险 | 很低 较低 中等 较高 很高 | 极低 低 中 高 极高 |
| | 2.4 信息披露风险 | 对预算预期不足导致支出结构调整较大 | 可预见事项未申报预算计划；政策及决策调整未及时调整预算 | 可能导致预算执行刚性不强 | 很低 较低 中等 较高 很高 | 极低 低 中 高 极高 |
| 法律风险 | 3.1 合同管理风险 | 因合同行文、条款不规范、按期履行不到位导致合同纠纷 | 合同签订制式化；重大合同签订未进行合法性审查 | 可能导致合同超期或工程质量无法保证 | 很低 较低 中等 较高 很高 | 极低 低 中 高 极高 |

附录3

## 评分汇总表

| 序号 | 风险分类 | 风险名称 | 评分情况（可能性） | | | | | | | | | 风险可能性 | 评分情况（影响程度） | | | | | | | | | 风险后果严重程度 | 总体得分 | 风险级别 |
|---|---|---|---|---|---|---|---|---|---|---|---|---|---|---|---|---|---|---|---|---|---|---|---|---|
| | | | 办公室 | 政治部 | 第一检察部 | 第四检察部 | 案件管理办公室 | 检察技术信息部 | 葛店检察处 | 司法行政事务管理局 | 检务督察部 | | 办公室 | 政治部 | 第一检察部 | 第四检察部 | 案件管理办公室 | 检察技术信息部 | 葛店检察处 | 司法行政事务管理局 | 检务督察部 | | | |
| 1.1 | 战略风险 | 宏观环境风险 | 2 | 2 | 2 | 2 | 2 | 2 | 3 | 4 | 2 | 2.6 | 4 | 4 | 3 | 2 | 3 | 5 | 3 | 6 | 2 | 4.0 | 10.5 | 3 |
| 1.2 | | 政策法规风险 | 2 | 3 | 1 | 1 | 2 | 3 | 2 | 3 | 2 | 2.4 | 5 | 6 | 2 | 2 | 2 | 6 | 5 | 6 | 3 | 4.6 | 11.0 | 3 |
| 1.3 | | 决策风险 | 3 | 3 | 1 | 1 | 1 | 4 | 3 | 3 | 1 | 2.5 | 3 | 4 | 1 | 1 | 2 | 5 | 3 | 5 | 1 | 3.1 | 7.8 | 2 |
| 1.4 | | 假设风险 | 4 | 4 | 2 | 2 | 3 | 5 | 3 | 5 | 2 | 3.8 | 4 | 5 | 2 | 2 | 3 | 5 | 2 | 5 | 2 | 3.8 | 14.1 | 4 |
| 2.1 | 财务风险 | 组织风险 | 3 | 3 | 1 | 1 | 2 | 3 | 2 | 3 | 1 | 2.4 | 2 | 3 | 1 | 1 | 2 | 3 | 2 | 4 | 1 | 2.4 | 5.6 | 2 |
| 2.2 | | 制度建设风险 | 2 | 3 | 1 | 1 | 2 | 2 | 2 | 3 | 2 | 2.1 | 2 | 3 | 1 | 2 | 2 | 2 | 2 | 4 | 2 | 2.4 | 5.0 | 2 |
| 2.3 | | 关键岗位风险 | 2 | 2 | 1 | 1 | 2 | 2 | 3 | 5 | 2 | 2.5 | 2 | 4 | 2 | 2 | 2 | 2 | 5 | 6 | 5 | 3.8 | 9.4 | 3 |
| 2.4 | | 信息披露风险 | 3 | 4 | 1 | 2 | 2 | 4 | 2 | 2 | 2 | 2.6 | 3 | 3 | 1 | 1 | 4 | 4 | 3 | 5 | 2 | 3.0 | 7.9 | 2 |
| 3.1 | 法律风险 | 合同管理风险 | 3 | 3 | 1 | 1 | 3 | 4 | 2 | 3 | 1 | 2.6 | 4 | 4 | 1 | 1 | 2 | 4 | 2 | 4 | 2 | 3.0 | 7.9 | 2 |

附录 4

## 管理层风险清单

| 风险识别 | | | | | | 风险分析 | | 风险应对 |
| --- | --- | --- | --- | --- | --- | --- | --- | --- |
| 风险类别 | | | | | | 风险影响 | 风险等级 | 风险防控措施 |
| 一级风险 | | 二级风险 | | | 风险识别 | | | |
| 编号 | 名称 | 编号 | 名称 | 名称 | 编号 | 风险描述 | | |
| 1 | 战略风险 | 1.1 | 宏观环境风险 | | 1.1.1 | 因外部环境、经济形势变化导致单位预算总额压减 | 可能导致单位经费不足 | 3 | 主动分析外部环境和形势，重要时间、事件节点要展开研判，做出合理预判 |
| | | 1.2 | 政策法规风险 | | 1.2.1 | 因地方财政政策、环保节能政策等导致单位决策调整不及时 | 可能导致决策不合规现象发生 | 3 | 定期收集、学习各级规章制度；针对更新、变动的政策集体学习并强化执行 |
| | | 1.3 | 决策风险 | | 1.3.1 | 因对重要信息重视不足认识不足导致单位预算指标浪费 | 可能导致经费缺口较大 | 2 | 加强政策学习宣传；定期召开协调会议，互通有无；拓展信息获取渠道 |
| | | 1.4 | 假设风险 | | 1.4.1 | 因信息不对称，导致预算执行失控 | 可能导致预测失准，影响决策 | 4 | 强化数据收集分析能力；筛选和清洗有效数据；重大项目决策做好充足调研 |
| 2 | 财务风险 | 2.1 | 组织风险 | | 2.1.1 | 对未来资金需求提供依据不足导致预算编制质量不高 | 可能导致业务开展运行不畅工作难以推动 | 2 | 规范业务操作流程；强化业务权限管理；加强检查监督 |
| | | 2.2 | 制度建设风险 | | 2.2.1 | 制度内容未及时更新导致工作被动 | 可能导致部分工作滞后 | 2 | 根据工作计划据实提出预算需求 |
| | | 2.3 | 关键岗位风险 | | 2.3.1 | 关键岗位未实现分离导致操作过程中产生风险的可能 | 可能造成资金安全风险 | 3 | 合理设置岗位明确权限，预算编制、审批、执行等岗位不相容岗位相互分离 |
| | | 2.4 | 信息披露风险 | | 2.4.1 | 对预算预期不足，导致支出结构调整较大 | 可能导致预算刚性不强 | 2 | 严格按财务制度规定执行 |
| 3 | 法律风险 | 3.1 | 合同管理风险 | | 3.1.1 | 因合同行文、条款不规范、按期履行不到位导致合同纠纷 | 可能导致合同超期及工程质量无法保证 | 2 | 落实合同示范文本制度，促进合同合法、严谨；加强合同签订双方沟通交流；缔造协同合同履约环境 |

## 附录 5

## 业务层风险清单

| 一级风险 | | 二级风险 | | 风险识别 | | 风险分析 | | 风险应对 | |
|---|---|---|---|---|---|---|---|---|---|
| 编号 | 名称 | 编号 | 名称 | 编号 | 风险描述 | 风险影响 | 风险等级 | 风险防控措施 | |
| 1 | 财务风险 | 1.1 | 收入上缴风险 | 1.1.1 | 收入上缴不及时 | 账务体现不及时 | 4 | 设立唯一资金收入岗位，收款后及时足额上缴及时记账 | |
| | | 1.2 | 会计核算风险 | 1.2.1 | 会计核算不规范、原始凭证附件不全、编号不连续 | 会计基础信息质量不高 | 2 | 定期对账及时装订 | |
| | | 1.3 | 票据管理风险 | 1.3.1 | 票据填写、使用不规范 | 原始凭证及付件不规范 | 2 | 建立健全票据管理制度规范设立票据领用核销程序 | |
| | | 1.4 | 资金管理效率风险 | 1.4.1 | 未足额执行年度预算 | 年度预算指标年末被收回造成资金浪费 | 4 | 重视预算编制科学编制合理预测预算有序执行 | |
| | | 1.5 | 支出审核风险 | 1.5.1 | 超标准超范围报销未在审核环节发现 | 审计发现问题增加 | 3 | 引入"初审－复审－复核" | |
| 2 | 预决算风险 | 2.1 | 编制和审批风险 | 2.1.1 | 预算测算不准确、不科学 | 预算执行难、执行进度缓慢 | 3 | 重视预算编制科学编制合理预测预算有序执行 | |
| | | 2.2 | 执行和监督风险 | 2.2.1 | 未正确运用经济分类，无法精准获取执行信息 | 会计核算不准、账务体系不对称 | 3 | 定期组织财务人员进行业务培训和业务讨论 | |
| | | 2.3 | 绩效和评价风险 | 2.3.1 | 绩效与业务工作脱节，指标设立不科学 | 绩效评价分缺少业务数据支撑 | 3 | 合理设置绩效目标：按照规定开展绩效评价；业务数据统计客观真实 | |
| | | 2.4 | 预决算公开风险 | 2.4.1 | 预决算金额相差较大 | 预决算扣分项增多 | 2 | 决算真实完整，预算与工作计划衔接度高 | |

续表

| 风险识别 | | | | | 风险分析 | | 风险应对 |
|---|---|---|---|---|---|---|---|
| 风险类别 | | | | 风险描述 | 风险影响 | 风险等级 | 风险防控措施 |
| 一级风险 | | 二级风险 | | | | | |
| 编号 | 名称 | 编号 | 名称 | | | | |
| 3 | 资金管理风险 | 3.1 往来款项风险 | 3.1.1 | 未定期对账导致借款规模增大 | 借款不按时还款，长期挂账 | 3 | 制定《往来款管理流程》 |
| | | 3.2 印章风险 | 3.2.1 | 由一人保管所有支付印章 | 一人可办理资金支付，可能引起资金安全 | 4 | 专人保管，台账记录；收纳保管法人章，合计保管财务章 |
| | | 3.3 支付风险 | 3.3.1 | 支付时效较长，退汇跟踪不足 | 财务工作被动重复操作较多 | 3 | 制定财务工作流程引导报销业务 |
| | | 3.4 公务卡管理 | 3.4.1 | 公务卡办理未全覆盖，使用率不高 | 未按规定使用公务卡结算 | 2 | 组织部门内勤培训，公布公务卡强制结算范围，临时性无卡需求由财务统一支付 |
| 4 | 采购风险 | 4.1 采购计划编制风险 | 4.1.1 | 采购程序与业务需求脱节导致资金浪费或资产闲置等问题 | 采购预算缺乏相关依据及完整数据支持 | 3 | 严格审核采购人在采购活动开始前是否应采尽采，保证采购项目预算编制的合法合规 |
| | | 4.2 申请与审核风险 | 4.2.1 | 政府采购申请流程不规范审核少依据 | 采购前端调研不充分，导致供货时货不对板 | 2 | 及时准确采集采购需求，建立内部沟通机制，前期对采购需求进行充分调研 |
| | | 4.3 采购形式风险 | 4.3.1 | 政府采购信息未按规定选择采购方式，发布采购信息 | 采购信息不透明，外部监督流于形式 | 3 | 重视对采购方式选择的监督，强化政府采购信息公开，形成有效的社会监督机制 |
| | | 4.4 采购方式风险 | 4.4.1 | 政府采购方式选择不合理，变更未经有效审核 | 采购方式不合理，导致采购物资质次价高；随意变更采购方式 | 3 | 加强对采购行为和采购方式变更的监督，需变更事项，应经过层级审批 |
| | | 4.5 合同与档案风险 | 4.5.1 | 政府采购业务档案管理不善，信息不全 | 缺乏对采购业务台账管理，把关不严，采购过程信息无法追溯 | 2 | 实行全过程的采购登记制度或信息化管理，确保采购过程的可追溯性 |
| | | 4.6 采购验收与支付风险 | 4.6.1 | 验收标准不明确手续不全，技术设备验收标准不明 | 采购验收不规范，采购质量低下，可能出现采购浪费 | 4 | 加强对采购合同实施情况和项目验收情况的监督，制定明确的采购验收标准 |

续表

| 风险识别 | | | | | | 风险分析 | | 风险应对 |
|---|---|---|---|---|---|---|---|---|
| 一级风险 | | 二级风险 | | | | 风险影响 | 风险等级 | 风险防控措施 |
| 编号 | 名称 | 编号 | 名称 | 编号 | 风险描述 | | | |
| 5 | 资产管理风险 | 5.1 | 实物配置风险 | 5.1.1 | 资产领用手续不全登记信息不全 | 实物资产入口不严，资产信息不全 | 2 | 严把"入口关"，规范资产领用环节的审批流程并加强资产管理人员业务培训 |
| | | 5.2 | 日常管理风险 | 5.2.1 | 因保管操作不当导致资产被盗、发生毁损 | 分级管理不到位可能出现资产流失风险 | 3 | 严把"流转关"，及时掌握资产分布各部门及资产配置状况 |
| | | 5.3 | 车辆管理风险 | 5.3.1 | 日常管理不到位导致车辆运行成本过高 | 只用不保养或因不熟悉操作引发技术参数下降运行成本过高 | 2 | 对重要资产进行巡检，确保日常维护到位，提高资产使用效率，实现资产的优化配置 |
| | | 5.4 | 清查盘点风险 | 5.4.1 | 缺乏有效的资产流转记录和定期清查盘点机制 | 资产流转不规范、不清晰，部门信息与系统不符 | 2 | 建立健全资产清查制度，定期进行盘点清查 |
| | | 5.5 | 处置报废风险 | 5.5.1 | 未按规定的程序和年限进行处置及报废 | 资产处置缺少第三方报告可能存在资产流失风险 | 4 | 严把"处置关"，严格申报报废资产的技术鉴定程序 |
| 6 | 合同管理风险 | 6.1 | 合同拟定与审批 | 6.1.1 | 因情况紧急等不可抗力导致先实施合签合同 | 采购程序不严可能存在不合规行为 | 2 | 制定紧急采购管理办法，明确紧急采购范围、采购标准、采购程序 |
| | | | | 6.1.2 | 对合同方的资格审查不严格 | 对方当事人可能不具备相应的能力和资质导致单位经济利益受损的风险 | 2 | 严格审查签约对方的主体资格，对签约主体规约能力、信用情况等进一步审查 |
| | | | | 6.1.3 | 对具体条款、格式审核不严格 | 合同质量层次不齐制式合同 | 2 | 落实合同示范文本制度，保障合同的文本质量 |
| | | | | 6.1.4 | 未明确授权审批和签署权限 | 职责分配不明确，审批流程不严谨，签署权限不明晰 | 2 | 明确各部门在经济合同各阶段及审批流程签署的权限 |

续表

| 风险识别 | | | | | 风险分析 | | 风险应对 |
| --- | --- | --- | --- | --- | --- | --- | --- |
| 一级风险 | | 二级风险 | | 风险描述 | 风险影响 | 风险等级 | 风险防控措施 |
| 编号 | 名称 | 编号 | 名称 | | | | |
| 6 | 合同管理风险 | 6.2 | 合同履行与监督 | 6.2.1 供应商未能按照合同约定履行合同 | 因项目进度导致资金支付波动 | 2 | 落实索赔机制,关于索赔的衡量标准在合同中做出约定 |
| | | | | 6.2.2 未按规定的程序办理合同变更 | 未按规定办理合同变更导致合同增量过大 | 3 | 合同补充、变更需按规定进行报告和审查,以书面形式变更合同内容 |
| | | 6.3 | 合同内容验收 | 6.3.1 验收不规范,质量把关不严格 | 验收标准不明确可能导致工程质量隐患 | 4 | 建立政府采购议事规则,明确验收小组成员,严格验收程序 |
| | | 6.4 | 合同档案管理 | 6.4.1 因合同资料丢失导致合同无法正常履约或引发纠纷 | 因历史资料不全导致合同履行过程中实时监督失效 | 2 | 业务部门签订后及时提供材料交财务建立合同台账,以备查阅 |

(湖北省鄂州市人民检察院:谈多娇 汪元全 周张茗 王 兴 柯佳薇)

**案例评语：**

　　该案例聚焦于鄂州市检察院（以下简称"检察院"）在管理会计领域的风险管理创新，阐述了检察院如何运用风险清单管理会计工具对内部财务流程和资金风险进行优化和控制。检察院通过建立详尽的风险清单，划清了风险管理的责任界限的同时明晰了各个项目的风险点，并以此推动传统的事后控制向事前及过程控制转变。

　　此案例为同类事业单位提供了实用的参考价值。其他单位可以借鉴检察院构建风险管理框架的方法，特别是如何有效运用风险清单工具促进业财融合，以及如何通过系统化的风险管理提升单位绩效管理水平。此外，该案例也展示了业务大数据在风险管理中的应用效果，为行业内的风险管理实践提供了新的思路和方法。

# 八、其他领域

## （一）管理会计报告

# 铁路企业"决策导向＋数据驱动"的
# 管理会计报告应用实践

**摘要**

铁路是综合交通运输体系的骨干，是建设现代化经济体系的重要支撑，是全面建设社会主义现代化国家的先行领域。在激烈市场竞争及内部精益化管理战略的推动下，铁路 A 集团公司创新管理会计报告工具方法的应用，提升高质量决策支撑力度，增强企业价值创造能力，取得显著成效。

集团公司按照"决策导向、数据驱动、应用落地"的指导思想，以强有力的组织保障推进管理会计报告工具的应用。首先，以决策导向为牵引，采用现场调研方法，运用词云和词树技术，构建了"战略层—经营层—业务层"的三层管理会计报告体系。其次，以数据驱动为基础，依托"数据字典"和分析模型，开发了管理会计报告信息系统，有效整合业务及财务信息，实现了管理会计报告的自动化生成及可视化展示。最后，以应用为落脚点，建立管理会计报告、经济活动分析和《业财融合手册》协同的"三轮联动"机制，通过指标分析发现问题，追溯源头，闭环管理，全面推进精益化战略落地。

集团公司综合应用管理会计报告工具方法，解决了基础信息分散孤立、决策信息有效供给不足、及时性和可理解性差、管理决策中的部门本位主义等问题，有力支撑了集团公司发展战略的落地，全面指导了日常运输生产经营的规划与实施，各项管理决策的基础更加牢靠、落地效果更加明显、时效性更加突出，在增运增收、节支降耗、提质增效等方面取得显著成效。

# 一、背 景 描 述

## （一）单位基本情况

铁路 A 集团公司是我国重要的铁路运输骨干企业，以铁路客货运输服务为主业，实行多元化经营，接受铁路运输统一调度指挥，负责客货运输经营管理，承担国家规定的公益性运输，保证关系国计民生的重点运输和特运、专运、抢险救灾运输等任务，负责铁路运输安全，满足经营和社会发展对铁路运输的需求。

### （二）管理会计应用基础

铁路 A 集团公司实行"集团公司—业务部门—基层站段"三级管理，以基层站段为会计核算主体。近年来，集团公司深入推进管理会计工具方法的应用，取得了较好的工作成效。但是，面对激烈的市场竞争、精益化管理要求以及海量的业财数据，现有报告系统缺乏有效收集整合数据的手段，难以提供全面深入的多维度数据分析，不能有效满足管理者对高质量决策信息的需求。企业高质量发展迫切需要依赖整合力度更强、综合度更高的管理会计工具提供决策支持。

### （三）选择管理会计报告工具的主要原因

一是为了满足"经营决策、管理控制"两大管理需求，需要建立"高级定制""定期报告"和"不定期报告"相结合的报告体系，满足企业经营决策信息的需要。二是为了及时反映业务运行状态，确保决策时效性，需要直接提取业务及财务数据，自动生成报告。三是为了增强决策信息的可理解性与相关性，需要运用可视化"灯塔看板"，直观展示真实数据。

---

# 二、总 体 设 计

## （一）应用管理会计报告工具的目标

### 1. 构建满足经营决策需求的管理会计报告体系

集团公司深入贯彻决策导向原则，充分挖掘企业多层次、多维度的决策信息需求，形成精练、简洁、明晰、易于理解的战略层报告，主体明确、分析深入的经营层报告，内容具体、数据翔实的业务层报告，有效地助推了企业价值创造。

### 2. 探索实现管理会计报告价值创造的路径

集团公司以数据驱动为基础，建立管理会计报告、经济活动分析和《业财融合手册》协同的"三轮联动"应用机制，充分发挥管理会计报告作用，提升管理决策效能。

### （二）应用管理会计报告工具的总体思路

集团公司以管理决策需求为导向，构建覆盖"战略层—经营层—业务层"的管理会计报告体系。利用"词云—词树—数据字典"技术，开发自动化可视化的管理会计报告信息系统。以科学决策应用为核心，结合经营场景，开展经营活动分析，提出业务改善建议，助推企业价值提升。集团公司管理会计报告总体思路如图 1 所示。

图 1 集团公司管理会计报告总体思路

### （三）管理会计报告工具的内容

#### 1. 企业管理会计报告

运用财政部《管理会计应用指引第 801 号—企业管理会计报告》，通过对内部与外部、财务与业务基础信息的整合加工，形成多种类型的管理会计报告，为企业各层级进行规划、决策、控制和评价等管理活动，提供决策有用信息，满足企业价值管理和决策支持需要。

#### 2. 管理会计信息系统

运用《管理会计应用指引 802 号——管理会计信息化》，将管理会计报告的编制、审批、报送和使用全流程管理纳入企业统一的信息平台，开发报告数据时效、使用授权、档案管理等辅助功能，为管理会计报告"管理流程化、信息标准化"提供信息技术支撑，从而满足自动化、可视化、时效性的信息处理需求。

#### 3. 多维度盈利能力分析

运用《管理会计应用指引 405 号——多维度盈利能力分析》，通过"词云—词树—数据字典"技术，按照管理会计报告最小颗粒度要求，对铁路企业货运分品类、客运分车次交路、机辆分型号、线路设备分线等，多维度的计量、分析、报告业务活动价值及盈亏动因，确保企业分类施策。

### （四）应用管理会计报告工具的创新

**1. 以价值指标为牵引，构建三层职能架构的管理会计报告体系**

集团公司从企业价值创造出发，以价值衡量指标体系为源头，分析多维度的数据需求，挖掘管理会计报告的明细内容，形成"战略层—经营层—业务层"三层职能架构的管理会计报告体系。

**2. 以"词云—词树—数据字典"为手段，实现管理会计报告自动化与可视化**

集团公司充分利用"词云—词树—数据字典"技术，开展从数据到指标的逻辑构建，开发管理会计报告信息系统，集成业财信息形成数据仓库，实现了报告编制的自动化及展示的可视化，增强了管理会计报告的及时性与可理解性，决策支持能力大为提升。

**3. 以"三轮联动"应用机制为抓手，推进业财融合价值创造**

集团公司突出管理会计报告的价值创造功能，建立了管理会计报告、经济活动分析和《业财融合手册》协同的"三轮联动"应用机制，推动财务和业务部门合力完成数据报告、问题发现、改进落实的闭环管理。

---

# 三、应用过程

## （一）参与部门和人员

集团公司领导挂帅，各部门负责人参与组成"管理会计报告专项工作领导小组"，财务部增设"经营分析科"，牵头管理会计报告体系建设，健全经济活动分析制度，组织经济活动分析会议，承担专题分析工作，编制管理会计报告。经营管理部门、业务部门、基层运输站段等相关单位，联合开展问题分析、措施落实工作，共同推进管理会计报告工具应用。

## （二）应用管理会计报告工具的资源、环境、信息化条件等部署要求

**1. 内外部环境需要**

贯彻"交通强国"建设规划，响应创建"世界一流财务体系"要求，落实集团公司"六个现代化"发展战略，集团公司迫切需要构建完善的管理会计报告体系，

提供精准、及时的业务信息与财务信息，增强对经营决策支持，助力集团公司不断实现自我突破。

**2. 组织结构完善**

集团公司成立了管理会计报告专项工作领导小组，形成了集团公司、业务部门、基层站段全面参与的工作格局，建立了任务分工明确、协调运转顺畅的工作机制，形成了强有力的组织保障。铁路 A 集团公司持续大规模开展管理会计培训，培养一批业财知识兼备的人才队伍，完全满足管理会计报告工具应用需求。

**3. 信息化条件具备**

集团公司在财务及各业务领域建有成熟稳定的信息系统，积累了大量的基础数据，通过管理会计报告工具加工提炼后，将放大数据的生产力价值。铁路 A 集团公司设有专门的信息化部门，具有较丰富的信息化建设经验，能够高质量地开发管理会计报告信息系统。

### （三） 管理会计报告具体应用流程

管理会计报告具体应用包括三个步骤：第一，围绕公司经营目标，梳理与经营业务相关的"词云"，筛选关键指标，表达各方需求，构建"战略层—经营层—业务层"三层的管理会计报告体系。第二，开发管理会计报告系统，凝练基础报告"数据字典"，导入各类财务报表和业务数据，自动生成各层次管理会计报告。第三，构建"三轮联动"的管理会计报告应用机制，通过经济活动分析与《业财融合手册》落地实施。

**1. 构建多维度管理会计报告体系**

（1）调研经营管理决策信息需求。一方面，以集团公司战略目标为导向，按照专业类别，梳理管理决策关注的工作重点、关键指标。另一方面，实地调研所属各单位，梳理作业流程、构建指标体系，对各系统问题及建议进行甄别、汇总，作为构建管理会计报告体系的出发点。

（2）利用"词云"技术发掘管理需求。除了经验性的需求感知外，集团公司还利用"词云"技术（Keyword Cloud），对各类会议纪要文件进行分析，过滤冗余文本信息，以文字、色彩、图形的搭配，通过高频关键词的可视化表达，展示文本最重要的观点或主题，对无序的信息进行整理，提炼出管理决策需求。铁路客运业务"词云"示例如图 2 所示。

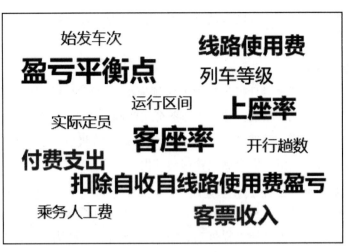

图2 铁路 A 集团客运业务"词云"示例

（3）选取管理会计报告关键指标。在管理决策需求分析的基础上，结合各级规章制度和指导意见，科学、合理地选取关键指标。

（4）利用"词树"技术，发掘关键指标逻辑关系。依托"词云"聚类分析，运用"词树"技术，分析关键指标之间的因果关系，绘制关键指标逻辑关系图。集团公司关于铁路运输营业收入如图3所示，该"词树"清晰展示了运输营业收入的来源结构。

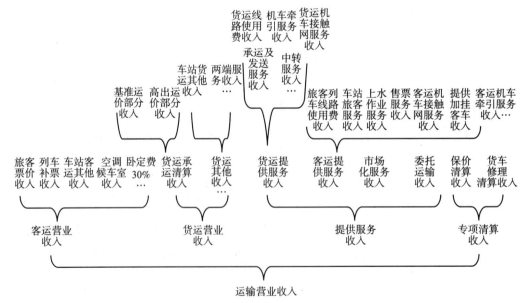

图3 铁路 A 集团公司"词树"示例—运输营业收入

（5）构建多维度管理会计报告体系。基于"决策导向＋数据驱动"的设计理念，即决策导向，统筹规划，确定管理会计报告内容；数据驱动，全盘联动，实现多维度精准施策。以站段生产数据为基础，立足"外部经营环境、内部经营结果、运输产品服务、业财管理指标"四大方面，构建具有铁路 A 集团公司特色的"战略层—经营层—业务层"三层职能框架的管理会计报告体系，满足企业价值创造的经营决策和管理控制需要，从而实现"数据自下而上汇总，决策自上而下钻"的管理会计报告应用效果。铁路 A 集团公司管理会计报告体系如图 4 所示。

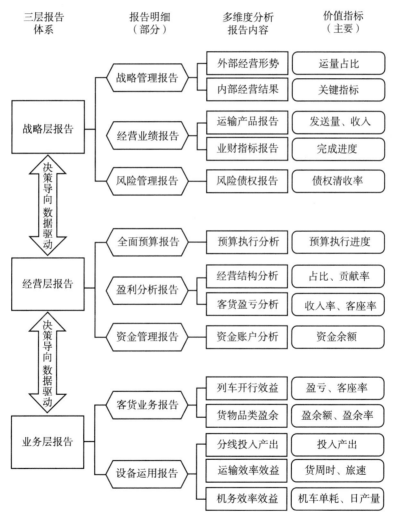

**图 4　铁路 A 集团公司管理会计报告体系**

## 2. 自动化生成管理会计报告

在各部门共同协作下，集团公司基于 Oracle 数据库、帆软 BI、Report 等信息化技术，开发了具有"数据收集—数据计算—指标计算—看板展示—形成报告—报告管理"功能的管理会计报告信息系统，将管理会计报告的编制、审批、报送和使用纳入统一的信息平台。该系统利用科学高效的分析手段快速响应决策信息需求，支持跨专业、跨部门、跨系统的数据流转和协同，提供完成分析、差异分析、趋势分析、"灯塔看板"、实时预警等功能，将铁路联动点、线、面的效益效率信息呈现报告，有效支撑管理会计深入运用。

（1）管理会计报告信息系统"数据字典"开发。

以"经营决策、管理控制"为指引，确定工作的内容和流程，应用"最小管理颗粒度"的方法，构建"数据字典"。按照各系统基本核算单位及影响因素，确定其业务量、工作量、成本定额标准等指标，最终形成基础"数据字典"。其包括集团公司各系统具体作业内容、管理设备、业财经营指标，以及作业流程的投入产出分析指标。铁路 A 集团公司共建立了 11 个"数据字典"，如表 1 所示。

表1　　　　　铁路 A 集团管理会计报告系统"数据字典"内容

| 字典序号与名称 | | 分析维度 | 关键数据 | 价值指标 |
|---|---|---|---|---|
| 1 | 客车单车、单交路数据字典 | 高铁、动车、动集、直达、特快、快速、临客管内、直通等 | 编组、开行对数、开行趟数、单趟里程、客座率、交路方向、收入、支出、盈亏等 | 盈亏平衡客座率 |
| 2 | 2.1 货运承运运价数据字典 | 运价号 | 货票张数、吨公里收入率、盈余等 | 收入盈余率 |
| | 2.2 货运承运静载重数据字典 | 静载重 | 票数、收入盈余率 | 收入盈余率 |
| | 2.3 货运承运运距数据字典 | 运距区间 | 静载重、吨公里收入率、吨公里付费率、付费项目 | 承运盈亏、收入盈余率 |
| | 2.4 货运承运运输类型数据字典 | 整车、零散、集装箱 | 票数、平均运距、吨公里收入率、吨公里付费率、承运收入 | 承运盈亏、收入盈余率 |
| | 2.5 货运承运发运车站数据字典 | 车站 | 归属企业、所属线路、吨公里收入率、吨公里付费率、承运收入 | 承运盈亏、收入盈余率 |
| 3 | 机车设备数据字典 | 型号、车号、设备修程 | 走行公里、牵引万吨公里、折旧、直接及间接成本、牵引服务收入 | 机车单位成本消耗 |
| 4 | 客车及动车组数据字典 | 型号、车号、设备修程 | 旅客发送量、走行公里、折旧、直接及间接成本、担当车收入 | 客车单位成本消耗 |
| 5 | 铁路基础设施数据字典 | 工务、电务、供电 | 延长公里、营业里程、换算皮长公里等工作量、运输支出、提供服务收入 | 工作量单位成本消耗 |

| 字典序号与名称 | | 分析维度 | 关键数据 | 价值指标 |
|---|---|---|---|---|
| 6 | 分线投入产出数据字典 | 分线路 | 运输工作量、运输营业收入、成本支出 | 投入产出比 |
| 7 | 债权风险管理数据字典 | 债权单位 | 企业名称、企业性质、债权金额、债权期限、债权类型、还款方式 | 债权清收率 |
| 8 | 预算预警管理数据字典 | 收入、人工、折旧、支出等 | 年度预算、执行预算、进度预算、实际值、项目预警 | 预算执行进度 |
| 9 | 各铁路专业关键指标数据字典 | 客运、货运、运输、劳卫、物资等 | 发送量、日均装车、周转量、停时、存货资金占用、职工人数、科研经费研发投入 | 各专业关键指标 |
| 10 | 外部经营形势数据字典 | 公路、民航、铁路、水运、管道 | 发送量、周转量 | 铁路占比 |
| 11 | 重点专项数据字典 | 中欧班列、"双碳"政策、科研投入、公益性慢火车 | 中欧班列开行数量、中欧班列发送、机车能耗、科研经费研发投入、公益性列车开行数等 | 专项指标 |

每一个"数据字典"的内容包括维度、关键数据和价值指标三个部分：维度是报告信息的主体，主要是提供分系统、分设备、分线、分主体的工作划分；关键数据是反映各专业、各单位专业运行状况的基础数据；价值指标是反映运输经营投入产出等效率效益的关联指标。

（2）管理会计报告"数据字典"示例——《客车单车、交路数据字典》。

以《客车单车、交路数据字典》为例，对"数据字典"的具体内容进行分析。《客车单车、交路数据字典》的维度主要以高铁、动车、动集、直达、特快、快速、临客、直通等主体划分，业财关键数据包括编组、开行对数、开行趟数、单趟里程、客座率、交路方向、收入、支出、盈亏共计9个要素，价值指标是盈亏平衡客座率。铁路A集团公司《客车单车、交路数据字典》如表2所示。

表2　　　　　　　铁路A集团公司《客车单车、交路数据字典》

| 序号 | 维度 | 业务数据 | | | | | | 财务数据 | | | 价值指标 |
|---|---|---|---|---|---|---|---|---|---|---|---|
| | | 编组 | 开行对数 | 开行趟数 | 单趟里程 | 客座率 | 交路方向 | 收入 | 支出 | 盈亏 | 盈亏平衡客座率 |
| 1 | 高铁 | | | | | | | | | | |
| 1.1 | 直通车次 | | | | | | | | | | |
| 1.2 | 管内车次 | | | | | | | | | | |

续表

| 序号 | 维度 | 业务数据 | | | | | | 财务数据 | | | 价值指标 |
|---|---|---|---|---|---|---|---|---|---|---|---|
| | | 编组 | 开行对数 | 开行趟数 | 单趟里程 | 客座率 | 交路方向 | 收入 | 支出 | 盈亏 | 盈亏平衡客座率 |
| 2 | 动集 | | | | | | | | | | |
| 2.1 | 直通车次 | | | | | | | | | | |
| 2.2 | 管内车次 | | | | | | | | | | |
| …… | …… | | | | | | | | | | |

（3）生成管理会计报告。

管理会计报告信息系统仅需要进行财务报表导入和业务工作量采集，形成业财信息融合的数据仓库，即可实现自动生成各类管理会计报告。管理会计报告整合了财务信息与业务信息，为集团公司业财融合构建了"信息载体"。

第一，确定时间要求。每月 6 日前完成各项数据维护，确保数据收集及时、准确、完整，实现海量数据的自动化采集、加工计算。

第二，明确分析范围。以近 5 年的实际业财数据为分析范围，比照当年年度预算，进行对比分析、结构分析、趋势分析。

第三，财务报表导入。导入财务年度预算报表、成本明细表、运输支出总表等报表数据。

第四，业务工作量数据采集。按照管理会计报告的要求，系统自动采集各业务部门的业务工作量数据。铁路 A 集团公司业务工作量数据采集明细共 65 项。

第五，数据的自动计算。完成基础数据导入与采集工作后，30 分钟内即可完成数据自动计算，形成集团公司、分线、分设备、分系统自动收支利统计数据，与预算控制及考评相互结合，对执行率进行预警。

（4）管理会计报告示例。

管理会计报告信息系统实现了集团公司多维度指标自动计算、结构分析、对比分析、趋势分析，目前形成"战略层—经营层—业务层"3 个层级、8 类模块共计 14 项报告，以可视化的"灯塔看板"形式展示，为集团公司管理层进行管理决策提供真实、相关的数据资料。

①战略层管理会计报告。

在关注外部市场竞争态势的情况下，主要涉及综合业绩、经营分析、重大项目完成情况、风险情况等战略层面内容。具体包括战略管理报告、经营业绩报告、风险分管理报告 3 类 5 项报告，集团公司运量占比管理会计报告示例如图 5 所示。

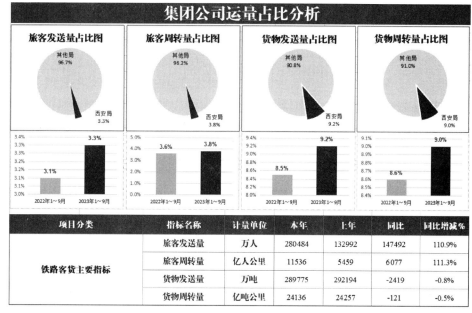

图 5　铁路 A 集团公司运量占比管理会计报告示例

②经营层管理会计报告。

重点关注客货运输盈利能力、成本管控、资金安全、财务风险等业财信息。具体包括全面预算管理报告、盈利分析报告、资金管理报告 3 类 4 项报告，集团公司经营结构管理会计报告示例如图 6 所示。

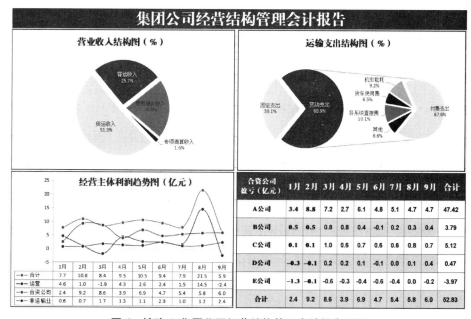

图 6　铁路 A 集团公司经营结构管理会计报告示例

③业务层管理会计报告。

重点关注车务、机务、工务、电务、车辆、供电等业务计划、业务实施进度、业务执行偏差及改进、费用预算执行与业务的匹配等业财信息和价值指标。具体包括客货业务报告、设备运用报告 2 类 5 项报告。集团公司运输业务效率效益管理会计报告示例如图 7 所示。

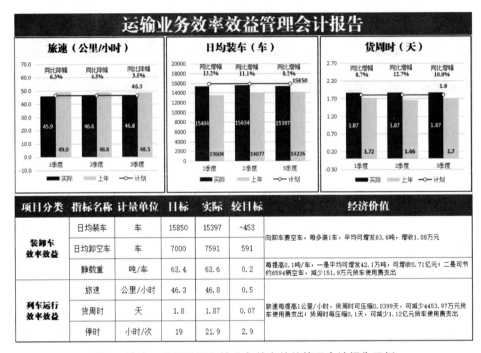

图 7　铁路 A 集团公司运输业务效率效益管理会计报告示例

业务层作为企业生产的最前沿，是实现业财融合的主战场，在业务层管理会计报告中，建立了铁路运输生产指标与财务收支利的内在关系，解释了业务指标的内在经济价值，体现了业务的价值创造能力。例如，静载重每提高 0.1 吨/车，一是 1～9 月平均可增发 42.1 万吨，可增收 0.71 亿元；二是 1～9 月可节约 6594 万辆空车，减少 151.9 万元货车使用费支出。

**3. 管理会计报告的应用**

（1）构建"三轮联动"的管理会计报告应用机制。

管理会计报告提供的基础数据，须通过经济活动分析，发现业务问题，提出业务改进措施，实现业财融合。铁路 A 集团公司构建了以管理会计报告为基础、以经济活动分析为抓手、以《业财融合手册》为实施指引的联动机制。

管理会计报告，每月对业务、财务数据进行效益效率分析，可视化的展示提高了决策效率。经济活动分析，每月对阶段性完成情况进行梳理、总结，提出下一步改进方案。《业财融合手册》每季度解读政策变化和关键指标，提升员工对业财融合改进措施的认知，实现管理会计报告应用的有效落地。"三轮联动"的管理会计报告应用机制如图8所示。

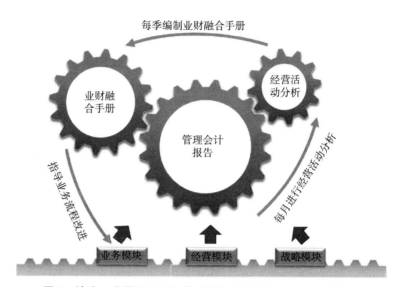

**图8 铁路A集团公司"三轮联动"的管理会计报告应用机制**

（2）应用示例——《担当客车开行效益管理会计报告》。

从管理会计报告、经济活动分析和业财融合建议的视角，以《担当客车开行效益管理会计报告》为例，展示铁路A集团公司2023年9月的管理会计报告应用。

①报告需求确定。

根据客运清算政策，即谁担当承运进款归谁，取得客票进款的企业向提供服务的企业支付提供服务费用，企业领导层、生产管理部门迫切需要了解各项客运产品盈利能力差异，合理制定经营策略。

②编制《担当客车开行效益管理会计报告》。

确定客车开行等级G、D、C、Z、K、T字头六个维度的客运产品，运用担当客车收入、付费、客座率等指标，通过趋势图、结构图、对比图、预警提示等进行可视化展示，为客运经营决策提供数据信息支持。担当客车开行效益管理会计报告如图9所示。

③经济活动分析。

月度经济活动分析会议，从旅客发送量、客运营业收入、开行列车车次、开行交路方向四个维度进行分析，提出工作建议及措施。

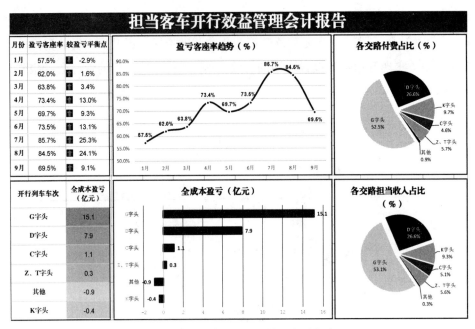

图9　担当客车开行效益管理会计报告

第一，旅客发送量分析。旅客发送量累计完成9342万人，超进度计划336万人，超幅3.7%，达到2019年的103%，旅客发送量恢复至新冠疫情前水平。

第二，客运营业收入分析。客运收入累计实现131亿元，超进度计划6.4亿元，超幅5.2%，达到2019年的119%。发送量恢复性增长强劲，客收率增加9元/人，增幅7.3%，客运量上创效显著。

第三，开行列车车次分析。G字头盈利15.1亿元，D字头盈利7.94亿元，C字头盈利1.08亿元，Z字头盈利0.40亿元，T字头亏损0.11亿元，K字头亏损0.38亿元。会议要求财务部动态实时监控列车盈亏情况，对运能过剩和需求不足的亏损客车梳理预警，客运、车辆部果断采取停运、减编等措施，压缩费用成本，减少亏损。

第四，开行交路方向分析。盈利较好主要是开往成都、上海、北京、广州交路方向的列车。亏损主要是厦门方向及乌鲁木齐方向的长交路车次。会议要求交通运输部、车辆部对需求饱满直通方向加大运力供给，客运部加强"十一"黄金周营销工作，通过开行跨省旅游专列，增量增收。

④形成经营改进建议。

根据经营管理出现的问题，2023年3季度《业财融合手册》引导广大经营管理人员和职工掌握经营总体情况、了解经营措施，在经营决策和运输生产经营过程中，达成共识，分类施策，有的放矢，其中客运部分内容：

第一，加强客流调查。运用客运大数据平台，用好客票、统计等数据分析，做好客运产品设计。抓住"十一"客流高峰契机，研判客流市场动态，按车底"零备用"安排上线计划，挖掘运力潜能，实现运力投放的最大化。

第二，开热门方向车。针对假期学生、旅游旅客集中出行情况，开行学生专列、研学游、生态游等特色列车，合理调动车辆班次，加密节假日动车组开行。

第三，提高服务质量。压缩担当客车旅时，提高产品竞争力，逐步推行"计次票"业务，提供折扣，吸引频繁往返两地乘客。在高校、企事业单位，优化全局TVM机布局设置，丰富旅客购票场景，方便旅客购票，吸引客流。

第四，合理加挂车。充分运用12306候补旅客需求信息，从边际效益视角，在开行交路热门方向，运能紧张时采取动车组重联运行、普速旅客列车加挂车厢，最大限度提升客运能力，获取边际收益。

第五，优化列车开行。坚持以市场需求为导向"算好账、开好车"，实时测定"盈亏客座率"指标，对运能过剩和需求不足的客车，安排停运、减编，压缩费用成本，减少亏损。

### （四）在实施过程中遇到的问题及解决方法

**1. 如何筛选关键指标支持管理决策需求**

应用"词云"技术，借助文件资料梳理，从海量信息中提炼出反映管理决策需求的关键指标，并通过部门联席会议，将遗漏的关键指标挖掘出来。

**2. 如何全面准确地反映业务经营现状**

应用"数据字典"技术，画小业务颗粒度，精准刻画企业运营情况，通过多维度的管理会计报告组合分析，从"战略层—经营层—业务层"三个层级，全面反映企业价值实现过程。

**3. 如何解决管理会计报告编制工作繁杂的问题**

应用"词云—词树—数据字典"技术，梳理业财信息内在逻辑关系，对繁杂的信息深度整合、条分缕析、化繁为简。直观可视化的数据呈现形式，可理解性大为提高。开发管理会计报告信息系统，提升数据处理的自动化水平，畅通信息传递，确保高效、及时地编制管理会计报告。

# 四、取得成效

铁路A集团公司按照"决策导向、数据驱动、应用落地"的指导思想，重构管理会计报告体系，优化资源配置，助推企业价值创造。

### （一）增运增收、节支降耗、提质增效效果显著

通过管理会计报告多维度数据，分类施策，客货运实现"量""收"双增长。2023 年实现运输总收入同比增长 8.9%。通过业财效率效益指标反映作业经济价值，分析业财效率提升空间，优化作业流程，聚焦短板。2023 年节约消耗支出 2.8 亿元，加速企业绿色化低碳化转型。将重大项目投入纳入管理会计报告，源头治理，运营线路经受住了汛情考验，安全效益与社会效益并举，节约了长期的成本支出。

### （二）解决突出问题，管理决策水平大为提升

管理会计报告体系从全局、系统、联动的视角出发，解决了管理决策中公司总体利益与部门局部利益冲突的问题；从"三轮联动"出发的决策推进机制，解决了精益化战略有效落地；从各业务单元采集"元数据"，解决了管理决策数据溯源问题；从实时可视出发呈现报告，解决了管理决策信息及时性、可理解性问题。

### （三）放大数据要素的价值，加快"数字铁路"建设进程

以"决策导向、数据驱动"为指引，构建了涵盖"战略层—经营层—业务层"的管理会计报告体系，数据形成报告，报告驱动管理，数据要素的价值创造力充分发挥，推动"数字铁路"战略的实施。

---

# 五、经 验 总 结

### （一）重视顶层设计，分步实施持续推进

一方面，锚定公司发展战略，从系统和全局出发统筹规划，进行顶层设计，形成"战略层—经营层—业务层"三层职能框架的管理会计报告体系。另一方面，管理会计报告信息化建设是一个持续改进、自我完善过程，要从企业当前的实际出发，找出管理中的瓶颈问题，设定合理目标，分步实施持续推进。

### （二）重视基础工作，保证数据质量与时效

高质量的管理会计报告需要真实、丰富、及时的数据提供保障，所以必须严把基础数据复核关，切实提升基础信息的质量，必须加快数据收集、整理、处理和发布的速度，提高数据供给能力。同时，随着时间的推移，数据量的增加，需要加强日常数

据维护，及时修正错误，保证数据的持续性、可靠性和一致性。

### （三）重视数据的标准化，精心设计报告的 "数据字典"

面对海量数据，必须建立信息系统平台进行数据处理。信息系统的数据项、数据结构、数据流、数据存储、处理逻辑、外部实体等"数据字典"等内容是信息系统开发的核心，聚焦管理需求，凝练"数字字典"构成要素与维度，实现标准化输出，以便更好地理解和使用数据，支持数据管理和决策过程。

### （四）重视长效机制建设，充分发挥制度对管理会计报告的保障作用

建章立制，使管理会计报告工作日常化、例行化，避免因领导人员偏好差异，注意力转移，导致管理会计报告工具的实施受到影响，实现管理会计报告工具应用的长期化、制度化。

（中国铁路西安局集团有限公司：麻胜利　马　玲　李国政　周铁锋　蒋　璐
焦　颖　牛松涛　王芳成）

🎓 **案例评语：**

铁路 A 集团公司之前存在基础信息分散孤立、决策信息有效供给不足、及时性可理解性差、管理决策中的部门本位主义等问题。为解决上述问题，在三个层面逐步推进管理会计报告体系的落地应用。（1）形成"战略层—经营层—业务层"的三层管理会计报告体系；（2）实现业财信息一体化和管理会计报告自动生成和可视化；（3）形成管理会计报告、经济活动分析与《业财融合手册》协同的"三轮联动"机制。做到了实时发现问题，追溯最终原因，形成闭环管理。"决策导向＋数据驱动"体系的运用实现了精益化战略，全面指导了日常运输生产经营的规划与实施，实现了公司的提质增效。对同类型企业具有较好的可复制性和可推广性，有较高的实践价值。

# 基于数据赋能的公立医院多层级
# 管理会计报告体系构建*

**摘要**

华中科技大学同济医学院附属同济医院是国家卫生健康委主管的集医疗、教学、科研、公共卫生和培干为一体的现代化综合性医院，是委省共建国家高质量发展试点医院、建立健全现代医院管理制度试点医院。同济医院开展管理会计实践工作近20年，综合运用先进的管理理论和方法，将管理会计工具系统引入医院，经过多年建设形成同济医院特色的管理会计体系。为适应同济医院高质量发展，提升管理的精细化、信息化、规范化、科学化水平，财务团队基于良好的管理会计应用环境、良好的信息化基础、复合型人才队伍，积极构建基于数据赋能的公立医院多层级管理会计报告体系，形成个性化、针对性及多层次的报表形式，反映医院价值流动、运行状况、管理诉求及决策支持的内部报告。构建基于数据赋能的公立医院多层级管理会计报告体系构建，能唤醒大量沉睡数据，为医院战略层、管理层和业务层提供多维度、全方位及灵敏度高的"有用数据"。目前，无论是理论界，还是实务界，对医院管理会计报告体系建设的研究都相当缺乏，本案例系统总结基于数据赋能的公立医院多层级管理会计报告体系构建的总体思路、实施步骤、管理成效、经验总结，为行业提供可推广、可复制、可借鉴的范例。

# 一、背 景 描 述

## （一）单位基本情况

华中科技大学同济医学院附属同济医院是国家卫生健康委主管的集医疗、教学、科研、公共卫生和培干为一体的现代化综合性医院，综合实力居国内医院前列。现有编制病床6500张，职工9600余人，63个临床医技科室；拥有国家重点

---

\* 本案例所有数据来自华中科技大学同济医学院附属同济医院。

学科 11 个（含培育学科 3 个）、国家临床重点专科建设项目 33 个（全国第二）；是委省共建国家高质量发展试点医院、建立健全现代医院管理制度试点医院。

同济医院财务处现有财务人员 206 人，其中硕士以上学历 42 人、高级以上职称 22 人、各类领军人才 22 人次。团队业务能力强，科研水平高，在业内素有"同济标杆"的称号。近五年发表论文 110 余篇，软件著作权 10 余项，承担国家、省部级科研课题近 20 项，为公立医院经济管理创新思路提供了智力支持。曾获中国管理会计创新实践平台首批授牌单位、中国医院最佳绩效实践"高效运营管理"称号、中国医院协会科技创新二等奖、湖北省科技进步三等奖等殊荣。

### （二）管理会计应用基础

同济医院开展管理会计实践工作近 20 年，综合运用先进的管理理论和方法，将管理会计工具系统引入医院，建设形成同济医院特色的管理会计体系。该体系以医院战略规划为导向，以持续创造价值为核心，内置于同济医院完善的组织架构、全面的制度建设、智能信息化建设、梯队化人才队伍的环境中，通过该体系提取过滤内部信息和外部信息、财务信息和非财务信息、结构化与非结构化信息，融合使用多项管理会计理论和管理会计工具，通过多维度、多层级信息筛选、分析、可视化形式呈现等流程，拓展财务管理职能，将单一分析、点状分析发展为整体分析、关联分析，提供面向决策的多层级管理会计报告，发挥管理效能、决策效能。该体系的构建开创了高效财务、协同财务、规范财务、创新财务、信息财务、人才财务的新格局。

### （三）构建基于数据赋能的公立医院多层级管理会计报告体系的主要原因

为适应同济医院高质量发展，提升管理的精细化、信息化、规范化、科学化水平，财务团队设计多层级管理会计报告，并以此为基础积极推进运营数据中心和财务服务中心建设，致力于让业务财务数据能用、可用、易用，为各层级管理者的决策赋能。

## 二、总 体 设 计

### （一）基于数据赋能的公立医院多层级管理会计报告体系构建的目标

推进运营数据中心建设，对接整合医院各类系统中的数据资源，通过数据的"集成—治理—建模—展示"为管理会计报告提供数据来源。

构建基于数据赋能的公立医院多层级管理会计报告体系，为医院各层级管理者提供规划、决策、控制和评价等管理活动提供有用信息，提供基于因果关系链的分析报告。

持续推进业财融合，将管理会计的工作嵌入医院各业务领域、层次、环节、流程，赋能医院管理的价值创造。

### （二） 总体思路

基于数据赋能的公立医院多层级管理会计报告体系构建（见图1）从基础条件、编制流程、报告使用、应用反馈、目标来设计总体的构建思路。

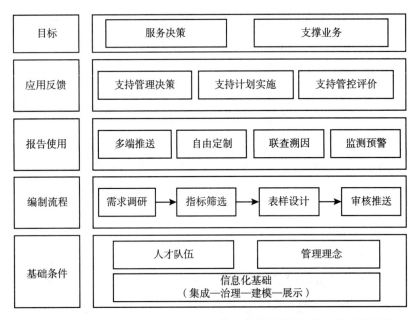

图 1　基于数据赋能的公立医院多层级管理会计报告体系构建的总体思路

### （三） 相关管理会计工具方法

《管理会计应用指引第 803 号——行政事业单位》中指出行政事业单位可以参照企业管理会计应用指引，综合运用管理会计工具方法，来推动单位任务完成和事业发展规划实现。同济医院作为事业单位主要参照《管理会计应用指引第 801 号》《管理会计应用指引第 802 号》具体指引。

**1. 管理会计报告相关理论方法**

《管理会计应用指引第 801 号——企业管理会计报告》（以下简称《应用指引第801 号》）中指出，按照报告者所处的管理层级分类可分为战略层管理会计报告、经营层管理会计报告和业务层管理会计报告。同济医院作为非营利性机构，经营层对应医院的各职能科室，在本案例中称为管理层。结合医院的单位性质、组织架构、管控模式，医院的战略层以院领导为主、管理层为职能科室及部门、业务层为临床医技科室及科教项目负责人。医院多层级管理会计报告应基于充分的需求调研，为不同层级报告使用者提供相关报告。

**2. 管理会计信息系统相关理论方法**

《管理会计应用指引第 802 号——管理会计信息系统》（以下简称《应用指引第 802 号》）指出，管理会计信息系统是指以财务和业务信息为基础，借助计算机、网络通信等现代信息技术手段，对管理会计信息进行收集、整理、加工、分析和报告等操作处理，为企业有效开展管理会计活动提供全面、及时、准确信息支持的各功能模块的有机集合。同济医院充分应用数据中台等信息技术，通过建设数据运营中心实现跨系统的数据集成和共享，实现报告编制、审批、报送、展示、使用。

## （四） 创新点

目前关于管理会计报告的工具、方法的使用集中在企业，关于事业单位尤其是医院管理会计报告体系建设的整体设计、应用过程、经验总结并不多。本案例中医院管理会计报告体系构建的创新点将为行业提供可推广、可复制、可借鉴的范例。

**1. 需求调研建体系**

同济医院充分调研不同层级管理者的管理需求，结合主管部门发布的文件要求设计指标，保证自上而下管理目标的一致性、指标间的因果关联性。向不同层级管理者定制提供报告类数据和监测类数据：报告类数据以一张表、一张网简明扼要揭示整体情况；监测类数据可多维展现和动态联查。

**2. 展示形式促理解**

数据以电子表格展示、可视化展示、可钻取展示三种形式展示，通过电脑端、移动端推送。电子表格展示是数据在电脑端、移动端同时查询，指标可自由拖拽，自定义取数期间。可视化展示是数据在电脑端、移动端以各类图形、文字报告、动画等形式进行多维展示、监测预警。可钻取展示是数据在电脑端、移动端实时查询、联查下钻。

**3. 兼顾安全与效率的数据权限管理**

建立可视化的数据授权管理体系，数据安全和开放并重，根据不同角色的职责范围匹配对应数据访问权限。

**4. 培养管理者的数据思维**

成立运营服务团队，团队成员对接不同职能科室、临床专科，提供数据解答服务，协助报告使用者理解应用数据。

# 三、应用过程

## （一）条件评估阶段

医院内外部环境变化为管理会计报告工作的开展营造良好的应用环境。当前中国经济由高速增长阶段转向高质量发展阶段，同济医院作为卫生行业中的排头兵，迫切需要从"规模扩张"转向"提质增效"，从"粗放管理"转向"精细化管理"，从"重物质要素"转向"重人才技术"；同时，同济医院作为国家卫生健康委员会和湖北省人民政府共建的国家高质量发展试点医院、建立健全现代医院管理制度试点医院，迫切需要实现管理目标、提高管理精度、考核管理效果，管理需求推动了管理会计工作的开展。

具备开展管理会计报告工作的人财物技条件。同济医院拥有一批高素质、复合型、懂技术、懂业务的财务团队，在管理会计工作方面积累了深厚经验；重视信息化建设工作，有稳定的技术投入资金支持。

良好的信息化基础为管理会计报告提供数据来源。同济医院经过多年的信息化建设，从财务单体信息化、财务部门信息化、业财融合发展到财务数据中台阶段，目前运营数据中心联通临床信息平台、医院运营管理平台等系统，通过数据的"集成—治理—建模—展示"，为管理会计报告提供丰富准确及时多维的数据。

## （二）组建团队阶段

医院在原有的管理会计专职人员基础上，成立多部门协同的运营数据中心工作小组、运营服务团队。

管理会计专职人员，主要负责完成数据需求调研、指标的筛选、表样设计工作。

多部门协同的运营数据中心工作小组由财务部门牵头，信息管理科、计算机中心、统计科、药学部、器材科等业务骨干，联合外部信息公司工程师在运营数据中心完成数据标准库、规则库、知识库、指标库建设。

成立由财务处业务骨干组成的运营服务团队，点对点提供及时专业的数据解读服务。

## （三）需求调研阶段

医院不同层级的管理者，对管理会计报告使用目标也各有不同：战略层关注全院经济运行情况及资源配置情况，管理层关注职能范围内业务活动及资源使用效率的情况，业务层关注每个临床医技科室的运营及效率情况，每个科研课题或重大项目的经费使用情况。

团队成员通过需求调研、需求整理，确定纳入运营数据中心的数据范围、数据的分析维度、数据应用场景，为运营数据中心的数据管理、多层级管理会计报告的设计奠定基础。

### （四）运营数据中心建设阶段

推进运营数据中心建设，对接医院内部运营管理平台系统与业务系统，完成数据的"集成—治理—建模—展示"工作。

**1. 数据集成**

根据需求调研结果，梳理需要从临床信息平台、医院运营平台中接入运营数据中心的相关模块或表单数据，确定数据来源，并保证数据的全面性，为后续数据加工和建模奠定基础。数据集成过程，是打破职能科室界限、实现管理协同的过程，最终达到全域数据的全过程流动共享，使每项会计信息记录均有业务活动信息的支撑，每项业务活动均有准确的价值流动会计记录。

如财务部门可以通过高值耗材费会计科目联查至业务端各类品目的消耗情况，为预算编制和成本管控提供数据支持；物价部门可以监测高值耗材溢亏库情况，为动态监管提供数据依据；耗材采供部门可以查询高值耗材的使用情况，为确定集中采购规模，合理安排供应与使用提供准确及时的集成数据；临床科室负责人可以根据成本管控和运营管理的要求查询高值耗材的使用情况，实施精准管控。

**2. 数据治理**

数据治理包括两个方面。一是底层数据的标准化和规范化，建立业务信息和会计核算的对照关系（见图2），这是将大量非财务信息转化成可用数据的关键。如成本核算单元与科室组织机构代码、考勤单元字段的分类对照；卫生材料费的品目和会计科目的分类对照。

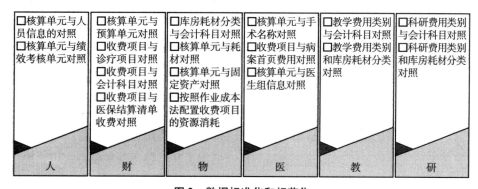

**图2　数据标准化和规范化**

二是业务流程、财务流程的标准化，这有利于提高数据质量和完整性。如新设备的购置论证、投入使用、维护保养、使用效益等环节需要明确数据的产生节点和维护科室。

### 3. 数据建模

数据建模的基础是需求调研，旨在设计出面向战略层、管理层、业务层的多层级医院管理会计报告体系（见图3）。由于医院各管理层关注重点不同，需要按管理者视角将各项业务活动的结果归纳总结成经营结果、运营能力及专项分析指标，指标的展现方式包括各类可实时查询的日常表单、定期报告的生成、特定场景的分析预测，以此为基础，梳理取数规则和工具模型，实现数据分析和数据服务的敏捷化、自动化，让数据使用更便捷。

以医疗收入结构为例，医院领导可以按照日、周、月、年查询全院医疗收入结构整体情况；医务处可以查询各科室医疗收入结构情况，并可以与历史同期进行比较；科主任可以查询医疗组、医师个人的医疗收入结构、收费项目构成。

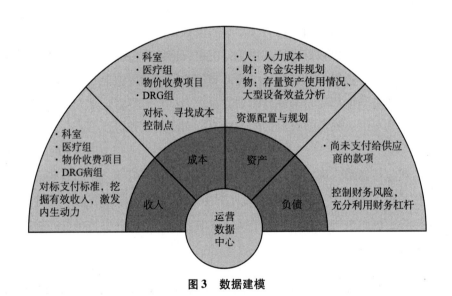

**图3　数据建模**

### 4. 数据展示

数据以电子表格展示、可视化展示、可钻取展示三种形式展示，通过电脑端、移动端推送。电子表格展示是数据在电脑端、移动端同时查询，指标可自由拖拽，自定义取数期间。可视化展示是数据在电脑端、移动端以趋势图、比较图、结构图、文字报告等多维形式进行展示，将监测数据与目标值相关联，提供预警提醒。可钻取展示是数据在电脑端、移动端实时查询、联查下钻，数据支持横向联查到边，纵向下钻到底，多层使用。

### （五）体系构建阶段

逐步设计、不断优化战略层、管理层、业务层管理会计报告的内容、展示形式，形成基于数据赋能的公立医院多层级管理会计报告体系。

**1. 设计思路**

医院不同层级的管理者职责范围不同，对医院的经济运行、业务活动关注的重点不同。但是各层级、各环节的管理者对医院整体发展的目标是一致的，管理会计报告提供的各层级管理者的数据口径、标准应是一致的，根据不同管理者的职责权限提供整体或局部，全流程或某一环节的数据，多层或单一层面数据。

基于数据赋能的公立医院多层级管理会计报告应充分发挥数据赋能的作用：统一各层级领导者对业务活动、财务活动因果关系的认知，统一职能科室、临床科室局部活动与医院整体运行的关系。促进各层级管理目标的统一，目标自上而下地层层分解。

**2. 战略层管理会计报告**

战略层主要关注医院的战略规划的设计、战略的有效推进，根据医院中长期发展规划有效地进行人财物资源在职能科室、临床科室、各类项目中的分配，实现公立医院高质量发展、三级公立医院绩效考核的目标。

根据战略层的关注重点，战略层医院管理会计报告包括战略预算报告、财务状况报告、运营分析报告、重大事项报告及例外事项报告等。战略层管理会计报告应能帮助战略层管理者掌握医院整体的资金存量、财务风险、运营风险、医疗质量、重大项目实施进度（见表1）。

表1　　　　　　　　　　　同济医院战略层管理会计报告

| 报告使用层级 | 使用者 | 报告内容 | 主要指标及分析点 | 报送周期 | 展示形式 |
|---|---|---|---|---|---|
| 战略层 | 书记/院长/分管院领导 | 战略预算报告 | 预算收入、支出、结余情况，资本性支出投入重点及预算管控要点 | 每月/每季度/每年 | 电子表格展示 |
| | | 财务状况报告 | 财务会计收入、成本费用、资产、负债、净资产情况及增幅 | 每月/每季度/每年 | |
| | | 运营分析报告 | 收入增长点、成本费用控制点 | 每月/每季度/每年 | |

续表

| 报告使用层级 | 使用者 | 报告内容 | 主要指标及分析点 | 报送周期 | 展示形式 |
|---|---|---|---|---|---|
| 战略层 | 书记/院长/分管院领导 | 重大事项报告 | 根据需要 | 根据需要 | 根据需要 |
| | | 例外事项报告 | 根据需要 | 根据需要 | 根据需要 |
| | | 院领导定制月报表 | 经济运行概况/国考指标 | 每月/每季度/每年 | 电子表格展示、可视化展示、可钻取展示 |
| | 分管财务副院长 | 院领导定制月报表 | 经济运行概况/国考指标 | 每月/每季度/每年 | 电子表格展示、可视化展示、可钻取展示 |
| | | | 收支余、资产负债、现金流，国考、控费指标，财政执行进度 | 每月/每季度/每年 | |
| | 分管医务副院长 | | 医疗收支余、控费指标 | 每月/每季度/每年 | |
| | 分管后勤副院长 | | 医疗收支余、资产负债、耗材，国考指标，基建进度、财政执行进度 | 每月/每季度/每年 | |

以书记、院长（战略层）定制的院领导月报表为例（见图4），主要包含全院整体的收入费用类、资产负债类、现金流量类、医疗费用控制类、结余和风险管理指标、财政拨款执行进度六类数据。向院长、书记提供医院医疗活动情况、三级公立医院绩效考核控费目标实现情况、资金安全情况、财务风险情况。

图5为书记、院长在电脑端三级公立医院绩效考核、公立医院高质量发展考核指标的可视化展示；图6为书记、院长在移动端数据可钻取展示，查询国考指标从医院整体按月度查询、联查至科室的数据。

**3. 管理层管理会计报告**

管理层关注职能范围内年度、中长期部门目标实现情况、业务活动及资源使用效率的情况。

根据管理层的关注重点，管理层医院管理会计报告包括全面预算管理报告、经济运行分析报告、资金管理报告、成本管理报告、目标任务书、设备效益分析报告、药品材料库存监测报告等。

表2为同济医院管理层管理会计报告。

2024年2月同济医院经济运行情况概览

| 项目 | 单位 | 2024年1月 | | 2019年1-2月 | |
|---|---|---|---|---|---|
| | | 指标值 | 增长率（值） | 指标值 | 累计增长率（值） |
| 一、收入费用情况 | | | | | |
| 1.收入 | 万元 | | | | |
| 其中：医疗收入 | 万元 | | | | |
| 其中：门诊收入 | 万元 | | | | |
| 住院收入 | 万元 | | | | |
| 2.费用 | 万元 | | | | |
| 其中：药品费 | 万元 | | | | |
| 卫生材料费 | 万元 | | | | |
| 人员经费 | 万元 | | | | |
| 3.本期盈余 | 万元 | | | | |
| 二、资产负债情况 | | | | | |
| 1.资产 | 万元 | | | | |
| 2.负债 | 万元 | | | | |
| 3.净资产 | 万元 | | | | |
| 三、现金流量情况 | | | | | |
| 现金净增加额 | 万元 | | | | |
| 四、医疗费用控制 | | | | | |
| 1.每门急诊人次收费水平 | 元 | | | | |
| 2.出院者平均医药费 | 元 | | | | |
| 五、结余和风险管理指标 | | | | | |
| 1.货币资金 | 万元 | | | | |
| 2.应收医疗款 | 万元 | | | | |
| 其中：应收医保 | 万元 | | | | |
| 3.业务盈余率 | ％ | | | | |
| 4.资产负债率 | ％ | | | | |
| 5.流动比率 | ％ | | | | |
| 六、2019年财政拨款执行进度 | | | | | |
| 1.基本支出已支付 万元，执行进度 | | | | | |
| 2.项目支出已支付 万元，执行进度 | | | | | |

图4 战略层数据电子表格展示

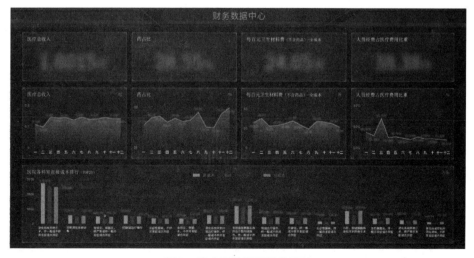

图5 战略层数据可视化展示

**图 6 战略层数据可钻取展示**

表 2                    同济医院管理层管理会计报告

| 报告使用层级 | 使用者 | 报告内容 | 主要指标及分析点 | 报送周期 | 展示形式 |
|---|---|---|---|---|---|
| 管理层 | 财务部门负责人 | 全面预算管理报告 | （1）预算编制原则，测算依据，审批流程；（2）各层级预算汇总报表，收支规模，管控重点及各职能部门管控目标和职责；（3）预算执行情况分析；（4）预算调整情况汇报；（5）预算绩效情况分析 | 每月/每季度/每年 | 电子表格展示 |
| | | 院领导定制月报表 | 收支余，资产负债，现金流，国考、控费指标，财政执行进店 | 每月/每季度/每年 | 电子表格展示、可视化展示、可钻取展示 |
| | | 资金管理报告 | （1）月度现金流入、流出量分析；（2）应收账款回款分析；（3）应付账款及票据付款周期分析 | 每月 | 可视化展示 |
| | 财务/医务部门负责人 | 医疗收入分析报告 | （1）日、周、月度医疗收入及工作量监测报表；（2）月度、季度、年度医疗收入情况、增幅、结构等分析报告；（3）医疗收入增长点监测报告；（4）医保及物价部门收入合规性监测报告 | 每日/每周/每月/每季度/每年 | 电子表格展示、可视化展示、可钻取展示 |
| | 财务/医务/后勤部门负责人 | 成本管理报告 | 月度、季度、年度全成本分析报告 | 每月/每季度/每年 | 电子表格展示、可视化展示 |

| 报告使用层级 | 使用者 | 报告内容 | 主要指标及分析点 | 报送周期 | 展示形式 |
|---|---|---|---|---|---|
| 管理层 | 经济管理办公室负责人 | 科室综合信息简报 | 人财物、工作量、收支余、控费指标，按核算单元、医务专科、医辅维度 | 每月/每季度/每年 | 电子表格展示、可视化展示、可钻取展示 |
| | | 医疗组综合信息 | 医疗组、工作量、收支余、控费指标 | 每日/每月/每季度/每年 | |
| | | 目标任务书 | 考核单元考核目标和实现情况 | 每月/每季度/每年 | |
| | 财务/医务等相关部门负责人 | 三级医院绩效考核监测报告 | 月度、年度三级医院绩效考核指标监测及趋势分析报告 | 每月/每季度/每年 | 可视化展示 |
| | 后勤部门负责人 | 设备效益分析报告 | (1) 大型设备效益分析报告；(2) 存量资产使用情况分析报告；(3) 共享平台设备使用情况报告 | 每月/每季度/每年 | 电子表格展示、可视化展示、可钻取展示 |
| | 药学部负责人 | 药品使用情况监测 | (1) 月度药品库存情况监测；(2) 抗生素、辅助用药库存及用量情况监测；(3) 药品收入、次均药费、药占比按院区、专科维度 | 每月/每季度/每年 | 电子表格展示、可视化展示、可钻取展示 |
| | 卫生材料、试剂等库管部门负责人 | 卫生材料使用情况监测 | (1) 月度卫生材料库存情况监测；(2) 月度试剂库存情况监测；(3) 月度其他材料库存情况监测；(4) 月度低值易耗品库存情况监测 | 每月/每季度/每年 | 电子表格展示、可视化展示、可钻取展示 |

以每月医疗费用指标表为例（见图7），为医务处负责人（管理层）推送的院领导报告：包含药品、卫生材料占比等指标数据，并提供环比、同比数据，向医务处负责人提供控费目标实现情况。

**2024年2月 医疗费用指标**

| 指标 | 单位 | 数据指标 | | | | |
|---|---|---|---|---|---|---|
| | | 全院 | | | | |
| | | 本期数 | 去年数 | 上期数 | 同比增加率 | 环比增加率 |
| 费用控制指标（财务） | | | | | | |
| 药占比 | % | | | | | |
| 药占比（不含中药饮片） | % | | | | | |
| 卫生材料收入占比 | % | | | | | |
| 检查化验收入占比 | % | | | | | |
| 医疗服务收入占比 | % | | | | | |
| 其中：手术收入占比 | % | | | | | |
| 百元医疗收入药品消耗 | 元 | | | | | |
| 百元医疗收入卫生材料消耗(不含药品收入) | 元 | | | | | |

**图7 管理层数据电子表格展示**

以医务处（管理层）收入结构数据为例，图 8 是电脑端对临床科室医疗行为管理、医疗质量控制的数据查询，可以查询各临床科室的医疗收入占全院医疗收入的情况、全院医疗收入结构、科室次均费用结构等数据，可以联查至科室收费项目明细等信息。

**图 8　管理层数据可视化展示**

以设备管理部门（管理层）数据查看为例，图 9 是移动端对全院科室设备的多维数据展示，可以从设备类别、专科等维度联查各院区设备数量和原值。

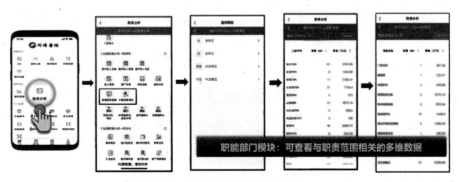

**图 9　管理层数据可钻取展示**

### 4. 业务层管理会计报告

业务层关注每个临床医技科室的运营及效率情况，每个科研课题或重大项目的经费使用情况。业务层医院管理会计报告可以包括各科室、核算单元、医疗组的运营分析报告，病种、项目的费用结构及成本分析报告，药品使用情况分析报告、卫生材料使用情况分析报告、科研课题或重大项目的分析报告等。

表3为同济医院业务层管理会计报告体系。

表3    同济医院业务层管理会计报告体系

| 报告使用层级 | 使用者 | 报告内容 | 主要指标及分析点 | 报送周期 | 展示形式 |
|---|---|---|---|---|---|
| 业务层 | 各临床科室/医技科室负责人 | 科室综合信息简报 | 收入、成本、分摊费用、盈余、次均费用、人均工作效率、床均效固定资产使用效率等内容 | 每月/每季度/每年 | 电子表格展示、可视化展示 |
| | | 目标任务书 | 本科室目标值及完成情况 | 每月/每季度/每年 | 电子表格展示、可视化展示 |
| | | 资产使用情况 | 科室新增、存量设备使用效率 | 每月/每季度/每年 | 电子表格展示、可视化展示、可钻取展示 |
| | | 药品使用效率分析报告 | 科室、医师抗生素、辅助用药情况、均次费用中药品使用情况监测 | 每日/每月/每季度/每年 | 电子表格展示、可视化展示、可钻取展示 |
| | | 高值耗材使用效率分析报告 | 科室、医师高值耗材用量情况监测 | 每日/每月/每季度/每年 | 电子表格展示、可视化展示、可钻取展示 |
| | 各临床科室/医技科室负责人、医疗组 | 病种、项目的费用结构及成本分析报告 | （1）科室病种结构、费用结构、CMI值、时间消耗指数、低风险组死亡率等分析；（2）科室病种、项目成本收益情况分析 | 每月/每季度/每年 | 电子表格展示、可视化展示 |
| | 科教管理部门负责人/课题、项目负责人 | 科教项目经费使用情况分析报告 | （1）项目结题经费使用情况分析；（2）定期或不定期提供项目经费使用情况 | 实时查询 | 电子表格展示、可视化展示、可钻取展示 |

以科主任（业务层）推送的院领导报告为例，图10为科室综合信息简报电子表格展示，便于科主任查看所属临床医技科室高质量发展评价、三级公立医院绩效考核等运营指标完成情况；查询所属临床医技科室的医疗资源、重点指标、收支余、工作量、DRG收入成本等数据。图11为电脑端临床专科数据可视化展示，科室主任可以查询本科室收支余、重点指标达标情况、工作量、投入的医疗资源，图12为移动端查询科室的专项分析文字报告可视化展示。图13为科室主任在移动端查询本科室医疗收入，可联查三院区、各核算单元医疗收入、各医生组医疗收入。

**2024 年 2 月临床科室 综合信息简报**

科室名称： 消化内科　　　　　　　　　院区： 同济医院 (多院区)　　　　　　　　科室负责人：

| 编码 | 项目 | 单位 | 本月数 | 环比 增加值 | 环比 增加率 | 同比 增加值 | 同比 增加率 | 1~2 月累计数同比 累计数 | 1~2 月累计数同比 增加值 | 1~2 月累计数同比 增加率 |
|---|---|---|---|---|---|---|---|---|---|---|
| D | **财务分析指标** | | | | | | | | | |
| D01 | 药品收入占医疗收入的比例 | % | | | | | | | | |
| D02 | 卫生材料收入占医疗收入的比例 | % | | | | | | | | |
| D03 | 每门诊人次收费水平 | 元 | | | | | | | | |
| D0301 | 其中：药品费 | 元 | | | | | | | | |
| D0302 | 卫生材料费 | 元 | | | | | | | | |
| D04 | **出院者平均医药费用** | 元 | | | | | | | | |
| D0401 | 其中：药品费 | 元 | | | | | | | | |
| D0402 | 卫生材料费 | 元 | | | | | | | | |
| D05 | 每百元设备创医疗收入水平(不含药品收入) | 元 | | | | | | | | |
| D06 | **每百元医疗收入(不含药品收入) 卫生材料消耗** | 元 | | | | | | | | |
| D07 | 收支结余率 | % | | | | | | | | |

图 10　业务层数据电子表格展示

图 11　业务层数据可视化展示

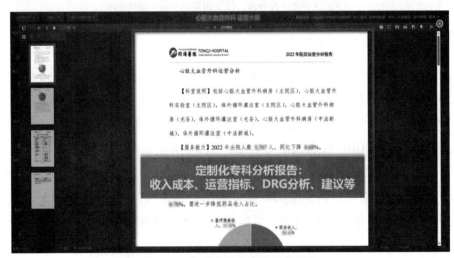

图 12　业务层专项报告可视化展示

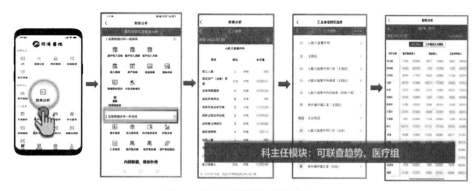

图 13　业务层数据可钻取展示

### （六）优化改进阶段

运营服务团队成员定期向职能部门、临床科室提供收入、成本、资产等各类数据解读服务，帮助管理者更好地理解指标含义、数据背后的故事；同时根据报告使用者的反馈意见，丰富数据类型，优化数据算法模型，让管理会计报告更加好用、易用，从多个方面优化多层级管理会计报告。

数据优化，不断提高数据质量。结合数据的应用场景，从完整性、一致性、整合性和及时性上不断改进。

展示优化，优化图表展示形式，增加指标解释，图表下载等功能，便于各层级管理者使用数据。

算法优化，从历史数据、实时数据的提取，向预测数据，建立预测模型，实现数据 AI 交互方向发展。

---

# 四、取 得 成 效

## （一）形成管理合力提升医院整体绩效

医院成立多部门参与的运营管理委员会，运营管理办公室设在财务处，财务部门日益深入业务活动的全过程，数据广泛有效的使用促进各层级、各部门管理者加强各环节的衔接管理、业财信息的共享共用，统一行动形成管理合力。

近三年同济医院"国考"运营及相关指标逐步优化，医院整体管理水平得到提高，运营管理从规范化进阶到精细化、个性化，提升了医院高质量发展新效能。

## （二）形成制度通、流程通、数据通、管控通、评价通的管理模式

横向打通数据，纵向打通运营，突破科室界限，重构底层数据为纽带连接医院各

个环节、应用场景，打通内部信息孤岛，让复杂的医院管理变得简单。全面梳理了13 个业务系统运营数据，建立了运营数据标准 2 万余条，形成了人员库、材料库、药品库、设备库、标准成本库、作业成本库、DRG 病组库等十余个知识规则库。促进了管理制度不断完善、业务流程的畅通、数据的共享复用、管控措施的有效、评价体系的公平透明。

### （三）释放医院数据资产价值

业务系统、财务系统中海量数据经过数据集成、治理、建模，让数据流动起来产生新的价值。形成管理会计报告指标库，包含 29 个主题 3993 项运营指标。按日、周、月推送关键经济运行指标及定制化报表，科室综合信息简报和运营大屏数据，以及不定期的专项投入产出分析，全方位满足了院领导、临床科室和职能部门在战略制定、管理监测、绩效评价等方面的决策支持需求。

### （四）数据赋能医院管理

向战略层、管理层、业务层提供管理会计报告，可以通过数据来描述业务活动过程和管控结果，科学进行绩效考核。从而帮助各层级管理者统一数据认识，统一管理共识，共同发力制定相辅相成的管理决策，发挥管理协同效应。

### （五）精准多维数据分析助力科室科学决策

建立基于资源消耗的科室运营分析模块，动态展示了专科经济运行趋势、DRG时间消耗指数和费用消耗指数，以及盈亏情况等运营状况、目标任务书指标完成情况等，为提高科室资源使用效率、规范医疗行为、精准管控成本、优化收入结构提供了精细化管理的依据。

---

# 五、经 验 总 结

### （一）基本条件和关键因素

在组织架构和制度保障上，医院需要成立由一把手牵头的专项工作小组，明确相应职能部门的工作职责，并制定相关管理制度，促进多部门协同联动形成合力。

在信息技术保障上，应当设计统一的数据结构和目录，保障多部门使用数据的一致性，知晓对应数据的管理部门、数据属性、统计口径、联查关系。

在人才团队保障上，具备"博专新敏"特点的人才团队是同济医院能顺利构建基于数据赋能的公立医院多层级管理会计报告体系的关键因素。

从岗位设置上，应当设置管理会计报告相关岗位，明确岗位职责，实现会计与业务活动的有机融合协同，推动管理会计功能的有效发挥。

从队伍建设上，需要培养一批高素质、复合型、懂技术、懂业务的管理会计人才，同时具备过硬的专业技能，以及战略规划、流程再造、分析挖掘的能力。

### （二）下一步展望

下一阶段，同济医院将从自动预测预警、智能决策支持、数据质量评价等方面推进基于数据赋能的公立医院多层级管理会计报告体系建设工作。

一是提高管理会计数据的预测能力。推进以 DRG 为核心的收入成本预测，深入推进 DRG 科室预算编制、专病资源配置体系，预测颗粒度更细，资源配置更加合理。

二是提高管理会计数据的决策支持智能化程度。结合知识图谱、生成式人工智能（AIGC）、多模态预训练大模型等前沿技术，从数据洞察到智能决策，助力决策支持向智能化方向发展。

三是加强运营数据质量评价。结合具体应用场景，从完整性、一致性、整合性和及时性四个维度进行综合评价。通过数据质量评价，发布数据质量统计报表，提高用户反馈数据质量问题的主动性，不断提升医院数据治理能力。

（华中科技大学同济医学院附属同济医院：史金秀　戴小喆　王　轶　郑大喜

朱海嘉　方　子　李心怡　宋　源

陈娉婷　唐　忻　夏　梦　谢　霖）

---

**🎓 案例评语：**

该案例基于医院战略和运营，通过对数据的"集成—治理—建模—展示"的流程设计，创新性地构建了基于数据赋能的公立医院多层级管理会计报告体系，为医院战略层、管理层和业务层提供多维度、全方位的管理会计数据报告。

案例单位在系统总结多层级管理会计报告体系构建的总体思路、实施步骤、管理成效做了总结，并对实施基本条件和关键因素等做了介绍，为同类行业提供可推广、可复制、可借鉴的经典范例，具有良好的行业参考价值。

# 公立医院管理会计报告体系及其信息化建设

**摘要**

在医院高质量发展背景下，复旦大学附属妇产科医院（以下简称"红房子医院"）作为上海市公立医院高质量发展试点单位和中国三级妇产科医院联盟的牵头单位，以战略管理、大数据思维、管理会计报告、管理会计信息系统等管理会计工具为指导，以数据管理与治理为抓手，利用"云计算、大数据、物联网、移动互联网、人工智能"等信息技术，构建多维视角下的精细化管理会计报告体系。

体系构建过程秉承"数据元素标准化、指标定义标准化、数据主题业财化"的建设原则，坚持"有效集成业财大数据，实现互联共享共用"的建设目标，从制定数据战略规划、成立运营管理委员会、设定管理会计报告内容、建立管理会计报告指标体系并予以信息化等方面对"经济运营决策平台项目"的建设进行全面推进和运用布局。旨在以大数据和管理会计思维助力医院经济运营管理全面性、精细化和业财融合。挖掘数据价值，提升经济管理的广度和深度，及时、客观、有效地反映医院的经营现状，助力医院各层级获得有效的经济管理信息，推进医院整体经济管理的战略决策和对经济管理问题的精准施策，通过管理会计助力为医院经济管理效率提升和财务风险管控。

# 一、背 景 描 述

## （一）单位基本情况

"红房子医院"是国家卫健委委属委管的三级甲等专科医院，是中国最早成立的妇产科专科医院，妇产学科在中国医院专科声誉排行榜中连续十二年居妇产专科医院第一。目前，医院在上海有三个院区，核定床位 1320 张；河南医院作为"国家妇产区域医疗中心"，核定床位 1000 张。在 2018～2022 年国家三级公立医院绩效考核中，红房子医院连续四年成绩在专科医院类排名最高等级 A 级。2022 年，红房子医院成为上海市公立医院高质量发展首批试点单位。

## （二） 管理会计应用基础

在国家数据局成立及财会监督政策出台的大背景下，为落实响应公立医院高质量发展、高水平安全、智慧管理等相关政策的要求，红房子医院基于战略规划，通过大数据建设的方式推动管理会计报告体系，建设数据化的管理会计信息系统推进医院的经济运营管理，全面化、精细化、智慧化地服务于医院决策层、管理层、业务层的管理需求，促进医院各层级的经济管理意识和责任，推进医院的人、财、物等资源的优化配置，为公立医院的高质量发展提供可供借鉴的实践案例。

## （三） 选择相关管理会计工具方法的主要原因

公立医院在新发展格局下，急需补足财务会计在管理中面临的数据精细化、业务化和管理分析的广度、维度与及时性等短板问题。管理会计作为会计的重要分支，能够服务内部管理需要，有机融合财务与业务活动，在单位规划、决策、控制和评价等方面发挥重要作用的管理活动。

在未来的医院管理中，结合大数据思维和技术的有效运用，通过运用管理会计的思路和方法，收集汇总、分析和报告各种管理分析结果，推进助力医院在预算与计划、分析与预警、决策与执行方面，对医院业财经营活动进行有效判断，为各项管理决策提供助力。

根据《财政部管理会计应用指引第 100 号—战略管理》、《财政部管理会计应用指引第 801 号—企业管理会计报告》、《财政部管理会计应用指引第 802 号—管理会计信息系统》 等内容，红房子医院从战略规划入手，落实组织构架，以数据管理和治理为抓手，将管理会计工具应用于数据战略管理、管理会计报告构建、管理会计信息系统搭建等领域，以数据驱动和管理会计应用全面推进医院的经济管理。

# 二、总 体 设 计

## （一） 应用相关管理会计工具方法的目标

通过战略管理、管理会计报告、管理会计信息系统等管理会计工具，明确以数据管理和治理为抓手，依托管理会计信息系统实现管理会计报告信息化，提高管理会计信息的全面性和完整性，提升会计信息质量，最终实现"以数据驱动提升医院经济运营效率与效益"的总目标，更好地服务于人民群众，助力健康中国战略的实现。

### （二） 应用相关管理会计工具方法的总体思路

首先，通过战略地图明确实现"以数据驱动提升医院经济运营效率与效益"总目标的总体路径与实施渠道，形成数据管理与治理合力，为管理会计报告的设计及管理会计信息系统的搭建提供顶层设计。其次，通过管理会计报告明确报告目标、报告时间、报告名称、报告对象、报告内容、评价指标体系等内容，为管理会计信息系统的搭建提供具体方案和内容。最后，通过管理会计信息系统明确管理会计信息应当以业务和财务信息为基础，明确管理会计信息的收集、整理、加工、分析和报告等操作处理流程，为管理会计报告及其信息的有效传递提供技术支持。

### （三） 相关管理会计工具方法的内容

#### 1. 战略管理内容

基于"以数据驱动提升医院经济运营效率与效益"的战略总目标，绘制医院数据战略地图，从财务数据层面、内部流程数据层面、客户数据层面、学习与创新数据层面四个维度，设置数据战略的关键活动，提供路径清晰和行之有效的数据战略方案。

#### 2. 管理会计报告内容

基于"为医院各层级进行规划、决策、控制和评价等管理活动提供有用信息"的目标，设计医院的管理会计报告体系。报告时间包括年度、月、周、天等维度；报告名称包括院长报告，科主任报告，专题报告；报告对象包括院长等战略管理层，职能科室主任等管理层，业务科室主任、亚专科负责人和诊疗组负责人等业务层；报告的内容包括综合管理会计报告和专项管理会计报告。评价指标体系是根据报告内容，经过充分调研，选取的具有代表性的、能直接反映经济管理现状的指标构成的指标体系。

#### 3. 管理会计信息系统内容

基于"为医院有效开展管理会计活动提供全面、及时、准确信息支持的各功能模块的有机集合"的目标。通过搭建基于大数据"经济运营决策平台"作为管理会计信息集成中心，借助信息技术和大数据技术，收集管理会计信息的同时，提高业务流程中的数据质量，有效集成业财数据。通过统计指标、统计模型、算法模型等数据分析方法，对管理会计信息进行评价，助力管理会计信息应用能力的提升，实现管理会计信息价值。

### （四） 应用相关管理会计工具方法的创新

#### 1. 将战略地图应用于指引管理会计报告体系的构建

将战略地图拓展到数据管理与治理领域，创新应用于管理会计报告内容体系的构建，助力医院经济管理组织明晰方向，制定该项工作开展的战略总目标及实施路径。

**2. 通过数据治理和有效集成**

包括规范医院管理会计信息的数据字典，建立数据采集标准通道；通过规范业务操作流程、补足数据信息等方式进行业务财务端数据治理，确保数据质量；通过数据分析，建立基础数据、成本数据、资源数据、业务数据、管理数据等数据整合路径，建立医院管理会计信息数据输出及分析的多元维度。

**3. 依托管理会计理论，构造医院管理会计指标及报告体系**

案例医院以管理会计理论及数据信息质量为核心，构建全面管理会计报告指标及报告体系，并运用管理会计信息系统予以呈现，及时、准确、全面地为医院各层级及各业务分类提供用于决策与管理的经济信息。

# 三、应 用 过 程

## （一） 医院运营管理组织架构

为有效推进经济运营管理决策平台建设，医院以战略管理、管理会计报告、管理会计信息系统等管理会计工具为指引，成立运营管理委员会，主任由院长担任，副主任由总会计师担任，各委员由其他院领导担任。运营管理委员会下设运营管理工作组，总会计师任组长，运营管理工作组组员由经济运营管理办公室、各职能科室和业务科室负责人组成。经济运行管理办公室，由 4 名专职复合型运营管理人员、18 名职能科室的兼职运营管理人员、数名业务科室的兼职运营人员组成。此外，运营管理工作组引入行业及高校专家等外部专业团队，为经济运营平台的建设提供全方位、专业化的知识和技术支持（见图 1）。

## （二） 应用相关管理会计工具方法的部署要求

管理会计工具方法的部署需要依赖于清晰的总体目标、明确的规划、有效的实施控制点、全面的落地方案。在制定总体目标前，医院运营管理委员会对"经济运营决策平台建设项目"的可行性进行充分调研与分析，通过调研有类似项目经验的单位，取长补短，形成项目的总体目标及规划。在此基础上，运用相关管理会计工具，医院运营管理工作组对管理会计报告及信息化建设内容进行充分调研与论证，逐步落实项目的战略目标及责任。

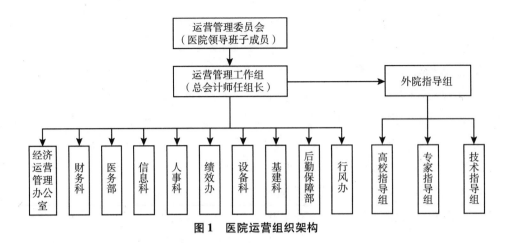

图 1　医院运营组织架构

## （三）具体应用模式和应用流程

### 1. 绘制数据战略地图，明确管理会计目标

按照医院战略规划，打造"以数据驱动提升医院经济运营效率与效益"的目标，从财务、内部流程、客户、学习与成长四个维度，制定数据战略方案（见图2）。

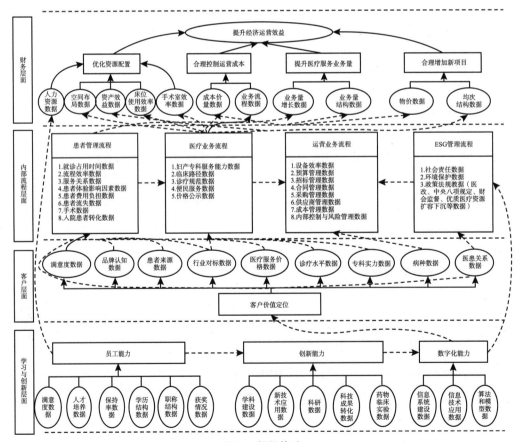

图 2　数据战略

（1）财务层面。

通过人、空间、资产、床位、手术室等资源数据的多维度分析，优化医院资源布局与配置；通过成本价量数据、业务流程数据分析，合理控制运营成本；通过业务量增长数据、业务量结构数据分析，提升医疗服务业务量；通过物价数据、均次结构数据分析，合理调整和扩大业务范围，最终提升医院经济运营效率与效益。

（2）内部流程层面。

医疗业务流程。通过建立临床妇产专科服务能力评价指标体系构建，对临床妇产专科服务能力多维数据进行分析，以优化临床人力结构、产品结构，不断提升临床妇产专科服务能力；通过临床路径数据分析、诊疗规范数据分析，优化临床路径和诊疗程序；通过便民服务数据分析、价格公示数据分析，进一步优化调整，为患者提供优质的医疗业务流程。

患者管理流程。通过就诊占用时间数据、流程效率数据、服务关系数据、患者体验影响因素数据、患者费用负担数据、患者流失数据、手术数据、入院患者转化数据等多维数据分析，对患者进行全方位信息分析，及时调整患者引流策略。

运营业务流程。通过设备管理数据、预算管理数据、招标管理数据、合同管理数据、采购管理数据、供应商管理数据、成本管理数据、内部控制与风险管理数据等内部运营管理数据分析，为运营成本价量调整提供依据。

政策法规事务管理流程和制度建设。通过社会责任数据、环境保护数据、政策法规数据（医改、中央八项规定、财会监督、优质医疗资源扩容下沉等数据）等ESG数据分析，督促医院各项活动的合法合规。

（3）客户层面。

通过行业对标数据、医疗服务价格数据、诊疗水平数据、患者来源数据、满意度数据、患者疾病分布、专科实力数据、医患关系数据、品牌认知数据等多维度数据分析，从患者角度出发，了解患者个性化等需求，了解医院在行业竞争中的优劣势，可利用发展战略、密集型战略、收缩战略等战略管理工具，优化医院在患者服务方面的产品结构，提高医院的服务能力，最终促进患者价值提升。

（4）学习与创新层面。

员工能力。通过员工满意度数据、人才培养数据、保持率数据、学历结构数据、职称结构数据、获奖情况数据分析，为人力资源优化配置提供参考依据。

创新能力。通过学科建设数据、新技术应用数据、科研数据、科技成果转化数据、药物临床试验数据分析，充分了解医院创新能力的优劣势情况，为资源投入调整提供参考依据。

数字化能力。通过信息系统建设数据、信息技术应用数据、算法和模型数据分析，不断提升数据获取能力和数据有效性，为数据战略目标的实现提供技术支持。

**2. 通过平衡计分卡及信息技术支持，分级分层落实战略地图——以手术室效率提升为例**

为提升手术室效率的战略目标，设置"提升手术室效率"的财务层面目标，"以患者为中心"的客户层面目标，"以手术室空间管理、首台准时率、首台流程管理、手术室排班管理"的内部流程层面目标，"以数字化能力提升"的学习与创新层面目标（见图3）。

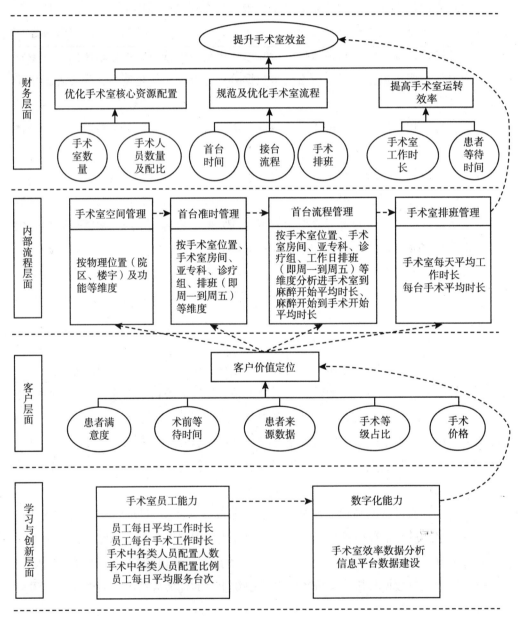

**图3 "提升手术室效率与效益"战略目标的实施**

通过员工充分调研及数字化等技术运用，建立手术室效率评价数字化平台，链接医院的手麻系统、HIS 系统、病案系统、成本系统、空间系统等数据。

通过设置手术室效率相关的财务层面指标，包括设置手术室数量、麻醉医师数配置比率（每手术间配置麻醉医师数，每天服务台次/麻醉医师数）等手术室资源配置数据；设置首台准时率，设置从进手术室至麻醉开始时长、从麻醉开始至手术开始平均时长等首台接台流程等的手术室流程数据；设置工作日排班手术台数指标，设置手术室每天工作时长、患者等待时长（从患者入院至进手术室时长）等手术室运转数据。

通过手术室空间管理、首台准时管理、首台流程管理、手术室排班管理等内部流程规范管理，以提高手术室效率，优化手术室财务层面指标，最终提高手术室效率与效益，提高患者满意度。

### 3. 通过数据治理和有效集成，规范医院管理会计信息的数据字典

（1）通过数据治理，夯实医院管理会计基础数据。

根据医院数据战略规划，医院对经济运营决策平台项目分为三期建设。按照计划，运营管理工作组启动"经济运营决策平台一期项目"建设。首先对管理会计报告的基础数据进行筹备，通过全面盘点资产、梳理医护排班、规范医生登录 HIS 系统的操作、排摸病区床位、确立科室字典、优化耗材领料点等业务调整和补充信息，规范业务数据与财务数据采集的规范，为业财数据的自动采集、处理和标准化奠定基础，夯实管理会计信息基础。

（2）通过数据有效集成，建立医院管理会计信息数据字典。

在管理会计基础数据夯实的基础上，通过数据的自动采集、处理、标准化，经济运营管理办公室对接医院各业务系统与管理系统，整合了医院经济管理方面的海量数据，形成以基础数据、收支数据、资源数据、业务数据、管理数据、知识数据六类维度的数据字典，在此基础上形成多种数据存储报表类型及报表（见图4）。

①数据采集。经过充分调研，了解医院各业务单元的数据特点，结合医院数据战略规划，采集业财系统内定义清楚、有规则的数据，实现数据采集的及时性、安全性、完整性、精确性。此外，尽量保证数据的自动采集，规避手工采集数据的不可靠、不准确等风险。真正做到作业即记录、记录即数据，实现数据的数出一孔，保障数据的质量问题。

②数据处理。通过将采集的数据与财务数据、业务系统明细数据进行充分比对，并结合业务本身的逻辑性，对无效数据、异常数据、非标数据进行充分过滤，以提升管理会计信息的质量。在此基础上，根据六大数据维度，建立数据储存报表，将经过清洗的数据接入相应的储存表中，并确保储存表中相关数据的最低维度一致，以免出现数据分析矛盾。

| 数据纬度 | 报表类型 | 报表名称 | 对应业务系统 |
|---|---|---|---|
| 基础数据 | 基础信息表 | 科室字典表、用户访问权限表等 | 运营决策平台 |
| 收支数据 | 收入类报表 | 医疗收入报表、开单执行科室医疗收入报表、人床均医疗收入报表、药品收入报表等 | HIS系统 |
| | 成本类报表 | 科室直接成本表、科室成本分摊表 | 成本管理系统 |
| | | 科室试剂成本表 | 物资管理系统 |
| | 结余类报表 | 收支结余表 | 运营决策平台 |
| 资源数据 | 人力类报表 | 科室人力资源信息表 | 人力资源管理系统 |
| | 空间类报表 | 空间布局信息表 | 空间管理系统 |
| | 资产类报表 | 科室资产统计表 | 资产管理系统 |
| | | | 放射PACS系统、超声RIS系统、检验LIS系统、手麻系统 |
| | | 科室耗材统计表、供应商物资统计表 | 物资管理系统 |
| | 床位类报表 | 床位分析表 | 床位管理系统 |
| | 手术室类报表 | 手术室效率报表等 | 运营决策平台、手麻系统、病案系统 |
| | 诊室类报表 | 诊室效率报表等 | 运营决策平台、叫号系统、排班系统 |
| 业务数据 | 患者类报表 | 患者分析表 | HIS系统、病案系统 |
| | 能耗类报表 | 水表、电表、燃料表的点位及消耗信息表 | 能耗管理系统 |
| | 排班类报表 | 排班医生统计表、排班床位统计表 | 排班管理系统、叫号系统 |
| 管理数据 | 绩效类报表 | 国考绩效指标表 | 运营决策平台 |
| | 监督类报表 | 行风监督指标表 | 运营决策平台 |
| | 合同类报表 | 合同签订表、合同执行表、合同分析表等 | 合同管理系统 |
| | 预算类报表 | 预算编制表、预算执行表等 | 预算管理系统 |
| | 科研类报表 | 科研项目编制表、科研项目执行表 | 科研管理系统 |
| 知识数据 | 政策类报表 | ESG政策库 | 运营决策平台 |
| | 价格类报表 | 物价名目表 | HIS系统 |
| | 分析工具表 | 统计指标表、算法表、数据模型表 | 运营决策平台 |

**图4　数据存储表**

为确保数据运用符合国家政策需求和技术支持，建立医院知识库，包括 ESG 政策库、价格库、分析工具表。ESG 政策库包括预算、成本、运营、财会监督、中央八项规定等国家政策制度，价格库包括医疗物价内容，分析工具表包括统计指标表、算法表、数据模型表，为充分挖掘数据价值提供技术支持，提高数据分析水平，深入挖掘医院经济运营中的关键性问题。

③数据标准化。在前期数据采集与处理的基础上，由医院运营管理工作组牵头，经济运营管理办公室与院外专家组协作，以提升管理会计信息质量为目标，经过多次论证，建立院长报告驾驶舱（包括重点指标和国家绩效考核指标）、科室经济运营报告（包括诊疗组、亚专科、医疗大部）、专题经济运营报告（包括收入专题、成本专题、床位专题、资产专题、患者专题）等三层级的管理会计报告。为确保让各层级了解到各自经济运营状况的全貌，在对各层级的管理会计报告内容的设计时，考虑了人、空间、资产、床位、手术室等资源信息，考虑了患者来源、疾病情况、均次结构等情况的收入信息，考虑了人力成本、耗材成本、药品成本、能耗成本、科研成本等成本信息。为确保提供给各层级的信息有效，即能精准地发现各层级经济运营管理中的关键性问题，有助于各层级自主地进行经济运营管理，医院运营管理工作组进行充分调研，从数据分析工具表和国家绩效考核指标中选取最优分析工具及指标，作为管理会计报告中各模块数据分析的依据。

④数据字典开发——以科室字典为例。医院第一级次的科室字典参考了国家卫健委《公立医院成本核算规范》的科室字典标准，同时参考了上海申康医院发展中心的科室字典标准，将医院科室分为五大类：医疗类（临床服务、医疗技术、医疗辅助）、科研类、教学类、行政管理类和基建类。

医院第二级次的科室字典为医院党委会明确科室负责人的科室单元。医院第三层次的科室字典，从第二级层次的临床服务类科室细化至临床治疗单元"诊疗组"，从第二级层次的医疗技术类科室细化至医疗技术分组，如检验科细化至微生物组、免疫组等。

科室字典的标准化，是数据战略地图实施的基础，通过统一各业务系统的科室字典，从而互联互通各业务系统的数据，归集收入、成本、资产、床位、空间等各类数据，通过数据标准化进行各类数据分析。

**4. 构建管理会计报告内容及指标体系，提升经济运营决策能力**

在数据标准化的基础上，构建业财融合下管理会计报告信息化体系，形成从数据、报表和报告的多元化管理会计报告体系，形成从诊疗组、亚专科、医疗大部以及从业务团队、科室至全院的多层级管理会计报告体系，形成从收入、支出、资源、管理等多维度管理会计报告指标体系，实现精细化的管理会计报告，为空间布局调整、资源优化配置、业务流过程优化等经济运营决策提供强有力的数据支持。

（1）多层级的管理会计报告体系。

战略层管理会计报告。又为院长报告，主要聚焦全院业务视角，呈现全院医疗收益、门急诊均次、患者来源、床位使用率、出院诊断排名等情况，有助于院长从全局视角分析业务经营方向和全院资源调配情况（见图5～图6）。

经营层管理会计报告。又为科主任报告，主要聚焦于科室视角，重点内容为科室医疗收入与成本、科室与本大部其他科室的床位使用率、资产使用率等效率运营指标对比，以及科室下设的亚专科财务指标与效率指标情况，有助于科主任了解科室的经济运营整体情况，据此自主进行空间布局调整、业务流程优化、资源优化配置、产品优化等经济运营管理（见图7）。

业务层管理会计报告。又为诊疗组报告，主要聚焦于诊疗组的住院业务，重点为本诊疗组床位使用率、资产效率及出院疾病诊断等情况，及诊疗组在科室中的排名情况，有助于诊疗组形成学习经验曲线，对标院内最优，不断提高业务水平、优化业务流程和产品结构，提高科室及全院的经济运营效率与效益。

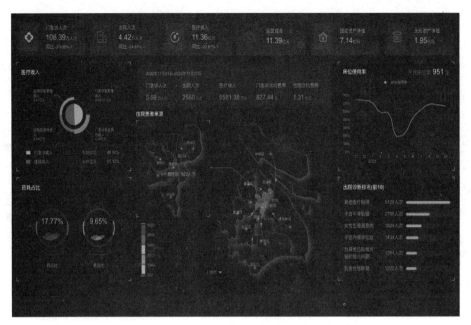

图 5　院长报告

# 复旦大学附属妇产科医院

## 院长经济运行月报

（2023 年 01 月）

# 目　录

图 6　院长报告模板

# 复旦大学附属妇产科医院

## X科经济运行月报

### （2023年01月）

**一、整体情况**

2023年01月本科室医疗收入：  万元（本年累计 万元），药占比： %（本年： %），耗占比： %（本年： %），执行收入：  万元（本年累计： 万元）。

门急诊人次： 万人（本年累计： 万人），门急诊次均费用： 元（本年： 元），出院人次： 人（本年累计： 人），出院患者次均费用： 元（本年： 元）。

总成本： 万元（本年累计： 万元），本月收支差： 万元（本年累计： 万元）

直接隶属本科室医生人数： 人，护士人数： 人，其他人员： 人，直接隶属本科室床位数： 张，截至2023年01月，本科共有固定资产： 件，净值： 万元，无形资产： 件，净值： 万元。

**二、服务人次**

单位：人

| 诊疗组名称 | 门急诊人次 | 门急诊本年累计 | 出院人次 | 出院本年累计 |
|---|---|---|---|---|
| *组 | | | | |
| 门诊 | | | | |
| 日间病区 | | | | |
| *组 | | | | |

**三、收入情况**

单位：万元

| 诊疗组名称 | 门急诊收入 | 门急诊本年累计 | 住院收入 | 住院本年累计 | 本月合计 | 本年累计 |
|---|---|---|---|---|---|---|
| 日间病区 | | | | | | |
| *组 | | | | | | |
| *组 | | | | | | |
| 门诊 | | | | | | |

**四、床位效率**

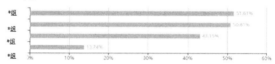

**五、患者来源**

本年住院患者来源

**六、疾病分布**

本月疾病诊断前十位

| 疾病诊断名称 | 本月人次 | 本年累计人次 |
|---|---|---|
| * | | |

**七、成本分类**

单位：万元

| 排序 | 成本类型 | 金额 | 本年累计 |
|---|---|---|---|
| 1 | 人员经费 | | |
| 2 | 可收费耗材费 | | |
| 3 | 不可收费耗材费 | | |
| 4 | 药品费 | | |
| 5 | 固定资产折旧 | | |
| 7 | 其他运行费用 | | |
| 8 | 合计 | | |

**图7 科主任报告模板**

（2）多维度的管理会计报告体系。

患者画像报告。从数据存储表中获取患者业务量、患者来源、出院疾病诊断等信息，提供院区患者画像对比分析，辅助患者引流管理，帮助精准提升服务量（见图8）。

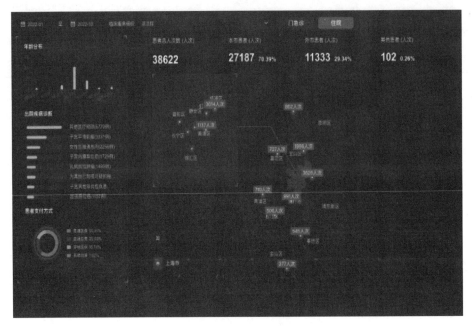

图8　患者和疾病报告

资产效率报告。通过大数据分析，综合设备基本信息、布局、开机率、使用时长、对应收费情况、维修维保情况、人力资源配置等多维设备数据，实时分析业务设备使用合理性、行政资产配置合理性，有利于医院对于设备资源优化配置（见图9）。

床位使用率报告。按照业务单元维度和时间维度分析每一张床位使用率，并同时提供该业务单元床位被使用率以及该业务单元医生所属床位被使用率，通过全面展示、分析、对比，有效提升全院床位使用率、有效优化全院床位布局。

手术室效率报告。从手术开台率、各手术室不同级别手术开展次数、结合手术室空间布局、手术室能耗情况进行下钻分析，从首台准时率分析、首台流程分析、手术排班分析、资源配置分析等角度评价手术室工作效率，为提高手术室效率提供决策数据支持（见图10）。

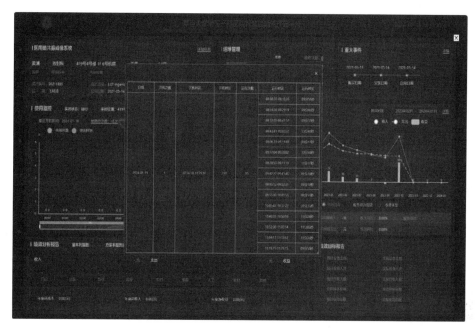

图 9 资产效率报告

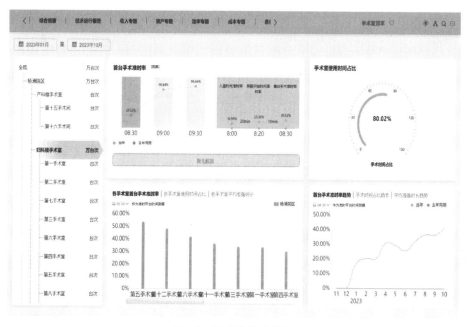

图 10 手术室效率报告

行风监管报告。为适应"突出公益、质量效益、精细管理"为特征的公立医院高质量发展要求以及上级主管部门对于"合理用药、合理用耗、合理诊疗"的政策监管要求,建立"行风监管报告",对于医师用药、用耗行为监管需求,结合管理政策，以"准确、高效、全面"为原则，建立了基于数据的高值医用耗材监测体系和大处方监测体系。发现异常波动，确定重点监控对象，进行跟踪和处理，阻断发生药品商业贿赂的行风风险，增强医院财会监督和风险管控能力。

### （四） 实施过程中遇到的主要问题和解决方法

#### 1. 战略地图转化

将战略地图中的财务、客户、内部流程、学习与创新维度与数据管理、数据治理相融合，并实际落实到"经济运营决策平台项目"的建设过程中，存在一定的转化难度。医院组建"运营管理委员会"，通过完善组织构架，统一全院思想，多角度持续沟通讨论，结合医院"十四五"发展战略，国家公立医院绩效考核指标，科技量值评价指标、患者满意度考核等医院发展方向性定位，层层分解战略地图，确定符合医院特点的战略地图及数据支持。加强战略型组织的推进，通过周例会形式定期进行战略地图梳理的沟通与推进，持续跟踪过程中发现的问题。

#### 2. 业财数据标准化

医院经济管理数据分散在不同的业务系统中，医院信息系统种类多、供应商各不相同、集成化程度较低，因此各信息系统之间的数据无法进行共享与互联互通。这些数据口径不一致，基础数据标准不统一，缺乏一致性和可比性，然而业财数据的集中化和标准化是"经济运营决策平台项目"建设的基础。因此，医院通过梳理核心管理会计数据来源，优化规范业务操作流程，财务与业务数据定期核对，统一数据归口等方式，对数据进行管理与治理，持续推进业财数据统一与标准化治理。

#### 3. 数据集成及运用

通过数据管理与治理，经济运营决策平台中集成了大量合格的业务与财务数据，用哪些数据进行分析，以什么样的方式进行展示，怎样运用和分析以满足医院不同层级的管理需求，是数据集成后的运用重点和难点。因此，医院通过管理会计方法及信息系统支持建立不同层级的管理会计报告，建立不同场景的管理会计报告，在实施过程中，始终以提升资产运营效率、传递合格会计信息、提升运营分析质量为核心，即考虑指标设置的有用性和有效性，即数据对信息接收对象有用和有效，促进管理提质增效和风险预警防控，力求及时、准确、全面地为医院各层级提供经济决策管理信息。

---

# 四、取得成效

## （一） 经济管理能力显著提升

基于管理会计运用的医院经济运营平台建成后，经济管理信息以清晰易理解的方式传送至上至院长级，下至诊疗组级的全院各科室。医院通过大数据方式每月一键式生成科室经济运行报告 70 张，覆盖全院临床、医技、医辅、科研、教学、行政所有科室。同时提供经济信息查询功能，包括价格库 8000 余条、政策库 7000 余条等；累计入库合格数据超过 5 亿条；上线功能数量 116 个。

### （二）管理会计快速发展

各类多维度的分析和报告极大支持了医院在管理会计的发展，同时也支持了财务会计数据的追溯查询。财务管理重点转入发现异常、决策支持和资源有效配置。目前建设的经济管理分析报表 69 张，涵盖收入类、成本类、床位类、患者类、资产类、手术类、综合类等，基于平台数据的分析有效促进医院财务管理人员对医院经济的全局和精细化把握。

### （三）有效推进业财融合

通过提供至临床科主任报告涵盖科室整体情况、服务人次、业务量、床位效率、患者来源、疾病分布、成本分类七大模块。报告从作业端通过科室字典一键生成，格式统一、数据及时、横向纵向可比，有效促进临床高效接收经济管理信息。报告成为医院业财互动的重要纽带，以 2023 年 7 月为例，科主任自发使用平台数据 1722 次，基于报告展开管理讨论，有效推动了精细化数据下的业财融合。

### （四）协同加强财会监督

医院开展了资产绩效、不可收费耗材管控，能耗管理以及具体到诊疗组的均次费用分析。通过大数据推进医院经济管理各维度的精细化检查，发现异常，跟踪整改。同时经济运行平台与审计、行风等部门实现数据共享共用，医院的风险数据监督质量显著提高。行风建设办公室对于医师用药、用耗行为监管需求，结合管理政策，以"准确、高效、全面"为原则，建立了基于大数据的高值医用耗材和大处方监测体系。实现精细化业财协同，提升核心资源的有效配置，通过对医院核心资源数据的收集与分析，精细化至院—部—亚专科—诊疗组—医生的开单明细，精细化至每一张床、每一间诊室、每一手术室、每一台设备等，有助于医院及时发现核心资源是否配置合理，提升医院经济运营效率及效益。

# 五、经 验 总 结

### （一）以战略视角推进管理会计运用顶层设计

管理会计报告及其信息化的应用，离不开顶层设计，需要有战略规划，需要有能够熟悉掌握战略管理、管理会计等管理会计工具的领导组织，以确保管理会计工具应用不偏离医院的战略部署。因此，建议公立医院管理会计运用实施中应考虑"战略管理"工具的应用。

### （二）以组织保障及协同联动助推项目有效应用

需要建立合理的组织体系，组织体系应该能够将不同层级的管理者、各职能业务部门和信息化团队整合，以协同工作和共享信息。同时，需要有一支拥有业财融合知识、能够理论联系实际、能够用于创新与转化的复合型运营团队，确保发挥管理会计信息价值。此外，医院要学会采用调研、论证分析等方法，并利用外部大脑和技术，弥补自己的知识及技术能力。

### （三）以数据治理与管理会计运用助推数智化转型

响应国家关于数字化转型的要求，结合大数据思维及数据标准化建设，通过数据治理夯实管理会计运用数据底座。结合"数智化"的数据清洗、集成、运用、展示技术，推进管理会计在公立医院的运用。建议在实施管理会计信息化时以数据管理与治理为抓手，结合管理会计理论运用，以有效推进管理会计工具及报告的应用效果。

（复旦大学附属妇产科医院：高　梅　周琳彦　朱　澎　于　一　卞寿峰）

**案例评语：**

> 该案例以数据治理为抓手，秉承"数据元素标准化、指标定义标准化、数据主题业财化"的建设原则，利用战略地图与信息技术，构建了多维视角下的精细化管理会计报告体系，助力医院管理与业务层级自主科学决策，为关键性经济问题的精准施策与经济风险管控提供抓手，以数据驱动提升医院整体运营效率与效益。
>
> 案例单位在管理会计报告的信息化建设过程中的数据治理的思路和方法，以及战略地图和平衡计分卡在报告体系建设中的应用和流程均为同类行业提供了可借鉴、可推广的示范案例。

## （二）管理会计信息系统与数智化转型（15篇）

# 业财融通控风险，数智赋能提效益

## ——基于项目化 ICT 全生命周期管理会计实践

**摘要**

为支撑公司政企市场高速发展，中国移动通信集团江苏有限公司（以下简称"江苏移动"）以"智能服务生产、精细业财管理"为主线，推进 ICT 业务流程线上化、业财融合化、管理项目化，构建贯穿全流程的数智化管理体系，全面提升项目支撑能力、业财管控能力和风险防范能力。

项目主要创新点：一是机制创新，实现从"业务主导"向"业财双流程监管"转变；二是流程创新，实现从"侧重售前"向"全流程贯穿支撑"转变；三是技术创新，实现从"手工台账"向"数智化自动管理"转变；四是融合创新，打造作战指挥中心，实现全景透视、扁平指挥、业财融合。

ICT 项目系统承载全量项目，实现收入、欠费、后评估等六大节点 100% 智能管控，实现交付质量和效率双提升，被纳入中国移动 2022 年 DICT 顶层规划蓝图。

# 一、背景描述

## （一）公司简介和 ICT 业务概述

中国移动通信集团公司（以下简称"中国移动"）是全球网络规模最大、客户规模最大的通信运营商，中国移动通信集团江苏有限公司（以下简称"江苏移动"）是中国移动的全资子公司，是江苏省内网络规模、用户规模、收入规模、利润规模最大的运营商。

ICT 业务（Information Communication Technology，ICT）是指信息与通信技术，融合 IT 信息技术和 CT 通信技术，面向集团客户的个性化需求，对网络通信服务、信息内容应用、信息技术产品进行必要的整合和开发，形成完整的应用解决方案，并将解决方案应用到集团客户实际生产管理过程中的"一站式"服务。

## （二）ICT 业务管理的应用背景和挑战

### 1. 数字中国推动 ICT 产业蓬勃发展

《中华人民共和国国民经济和社会发展第十四个五年规划和 2035 年远景目标纲要》指出，"十四五"要迎接数字时代，激活数据要素潜能，推进网络强国建设，加快建设数字经济、数字社会、数字政府，以数字化转型整体驱动生产方式、生活方式和治理方式变革。从技术角度看，ICT 产业是数字化经济的基础，数字化转型的深入又直接推动 ICT 产业发展。未来的 ICT 产业是基础设施和平台、数字技术的深度融合，新兴 ICT 技术诸如云计算、大数据、人工智能、5G、机器人等相关的支出仍会持续增加，ICT 业务的发展迎来机遇期。

### 2. ICT 业务发展总体概况

"十四五"时期，中国移动发展总体目标是"创世界一流企业，做网络强国、数字中国、智慧社会主力军"，ICT 业务是运营商数字化转型的重要领域，对公司收入贡献持续增加。江苏移动作为行业领先的 ICT 服务提供商，ICT 合同签约额逐年稳定增长，2022 年 ICT 项目总体签约 119 亿元。ICT 项目有效拉动通服收入提升，成为公司收入主要增长点。

### 3. ICT 业务的项目化特点

传统运营商的价值形态发生改变，价值主体由传统的语音、流量业务向内容、服务转移。价值的转移要求运营商转换角色，由简单的通道型服务向综合性 ICT 服务转变，ICT 业务能有效拉动传统通信业务以及信息化收入。

与传统电信业务不同，ICT 业务不是单个的标准通信产品，而是含有多个产品的综合解决方案。根据客户个性化需求，进行定制化开发，并形成一站式解决方案给客户。

ICT 项目具有总体签约规模大、单个项目金额大、单个项目周期长、客户集中度高等特征。ICT 业务的"项目化"特点，导致其与传统电信业务从项目评审、收入出账到项目后评估等多个环节的制度要求、流程要求、风险要求等均存在较大差异。

### 4. 面临挑战：ICT 业务缺乏业财融合项目化管理

业财融合的项目化财务管理是一种在企业管理领域应用广泛的管理模式，旨在解决企业在项目化运营中所面临的一系列财务管理难题。这一管理模式涵盖了多个方面，其中最突出的问题之一是项目成本控制。在传统的财务管理中，企业往往难以精确追踪和控制各个项目的成本，导致项目运营效率低下，甚至可能引发财务风险。

项目化财务管理通过整合业务和财务数据，实现对项目成本的实时监控和管理。这使企业能够更好地分析和理解项目的运营状况，及时调整资源分配，降低不必要的开支，从而提高项目的整体经济效益。通过解决项目成本控制问题，企业能够更灵活地应对市场变化，提高项目成功的概率。

从我公司 ICT 业务来看，项目数量多、增长快、类型复杂、回收周期长，传统管理模式已无法支撑未来高质量发展，管理中普遍存在五大痛点，需强化项目制全生命周期闭环管理。

（1）支撑能力不健全：业务拓展广，支撑响应慢。

ICT 项目涉及产品种类多、业务规模大，项目支撑跟踪机制不完善，支撑流程长，急需实现线上跟踪留痕。

（2）业财系统有断点：多个系统并行，管理效率低。

一线业财管理人员的全流程操作分散在合同系统、报账系统、ERP 系统等多个系统中，业财信息无法融通，系统协同差。前后向多个合同，收支类型较多，报表需要手工重复填报，工作量烦琐且易出错，管理效率低。

比如，ICT 项目合同审批流程中，业财人员需核对合同金额与前期项目评审决策的收支金额是否基本一致，是否存在签约效益下降的风险，但由于同一项目涉及多个合同，在审核其中单一合同时难以对整体情况进行人工校验。

（3）收支管理较落后：业财进度一致性需人工审核计算。

收入进度与项目进度缺乏系统化、显性化的审核，成本进度依赖手工 Excel 表计算，烦琐易错；收付款流程脱节，后向付款时只能人工审核项目前向回款情况。

比如，ICT 项目收入确认以项目进度为依据，而传统电信业务一般按月根据账单确认收入，BOSS 系统难以支撑 ICT 业务按项目、按科目、按进度确认收入。

（4）项目管理未闭环：侧重售前管理，售中售后缺手段。

项目预评估流程较完善，但项目售中售后缺少管控抓手，亟须过程管理和后评估管理的手段和措施。

比如，ICT 项目需遵循"先决策、后拓展"的原则，每个项目均需经过前评估，从收益和风险的角度考虑是否拓展。项目实施过程中，则需要对收益和风险进行实时评估和控制；完成后也需跟踪实际收付款情况，计算实际净现值率和回收期等指标，定期对已开展项目"回头看"。

（5）执行进度不透明：项目跟踪难，缺少直观展示。

项目信息散落在省市业务财务，缺少数据汇集后的情况分析和直观展示，无法提供项目清单，无法快速支撑管理需求。

比如，ICT 项目涉及的台账数据较多，分类包括按项目收入情况、按项目成本情况、按项目收款情况、按项目付款情况、按项目已计提情况、按项目欠费情况等，只能通过人工登记台账，工作量烦琐，数据准确性难以保证。如果涉及人员交接等特殊情况，项目数据容易出现断档缺失等现象。

# 二、总 体 设 计

## （一）管理会计顶层设计

在 ICT 业财融合的项目化财务管理中，采用了管理会计体系中的多个工具来支持财务决策和分析。首先，成本控制工具是其中的重要一环。通过建立成本控制系统，企业能够追踪项目的直接和间接成本，全面了解资源的利用情况。这有助于及时发现成本超支或资源浪费的问题，并采取有效的措施进行调整。

其次，效益评估工具也是管理会计体系中的重要组成部分。通过建立效益评估指标体系，企业可以对项目的执行情况进行全面评估，包括财务收支、时间进度、质量控制等方面。这有助于发现项目运营中存在的问题，并为未来的决策提供可靠的数据支持。

此外，预算控制也在业财融合项目化财务管理中发挥了关键作用。通过制定详细的预算计划，企业能够在项目启动阶段就明确资源需求和财务目标，为整个项目周期提供指导。预算编制工具帮助企业合理规划资源分配，降低财务风险，确保项目在有限的资源下取得最大的效益。

根据管理会计方法的指引，江苏移动开展 ICT 业务管理会计工作，以"智能服务生产、精细业财管理"为一条主线，以"提升运行效率、提升管理质量"为两个目标，坚持"流程线上化"、"业财融合化"和"管理项目化"三大建设思路，构建了移动集团内首创 ICT 项目管理会计平台，聚焦 ICT 项目"决策概算"、"签约预算"、"实施核算"和"结项决算"四大业财管理环节，打通业财管理系统壁垒，解决信息孤岛，构建贯穿全流程的数智化管理体系，全面提升项目支撑能力、业财管控能力和风险防范能力，如图 1 所示。

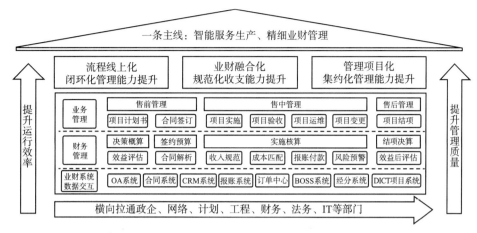

图 1 江苏移动 ICT 项目管理会计体系

## （二）主要创新

**1. 机制创新：实现从"业财分散"向"业财双流校验"转变**

ICT 项目将建立从商机获取到项目关闭的业务管理全流程，以及与之匹配的财务管理全流程，并整合业务流和财务流信息，从侧重"业务管理"和"会计核算"提升为强化"项目制业财双流程管理"。同时，通过构建分层分级风险管控机制，实现系统定义、自动识别、及时预警、跟踪管控，提升 ICT 项目风险管控能力。

**2. 流程创新：实现从"侧重事前"向"全流程贯穿支撑"转变**

项目建设前，ICT 项目全生命流程割裂，无法按项目进行业财管理，实际收付款情况无法自动准确跟踪，只能依赖手工填报，真实效益不透明。项目建设后通过规范全流程，实现了核算项目化、流程标准化、效益闭环化，并通过全生命周期一览表全面展示各个阶段项目收支、效益等关键信息。

**3. 技术创新：实现从"手工台账"向"数智化自动管理"转变**

实现项目从决策、合同、出账、付款等全流程操作均从系统发起，自动整合业财系统数据，节约台账管理、报账管理、数据分析等烦琐工作量，支撑一线项目管理工作，实现项目报表可视化、报账提交智能化、收支匹配自动化。

**4. 融合创新：打造作战指挥中心，实现全景透视、扁平指挥、业财融合**

项目首创可视化管控能力，全景透视 ICT 项目的业务、财务概况，跟踪签约概况、实施进度、资金收付、运维状态，实现项目关键信息的一键触达、一图统揽，打造全景透明的 ICT 项目作战指挥中心。

# 三、应 用 过 程

以项目全生命周期为基线，贯穿 ICT 项目全流程，融通"业务、财务、管理"全要素，打造业财融合的智能管控体系，实现财务精细化管理，助力 ICT 业务高质量健康发展。

## （一）建立 ICT 闭环机制，支撑全生命周期项目化管理

江苏移动坚持打造低成本、高效率运营优势，持续提升公司价值管理能力，尤其是提升成本资源使用效益，实现"资源配置与业绩贡献同向变动"。通过建立资源闭环评估机制，完善事前评估、事中监控、事后评价的闭环管理机制，提升资源使用效率。

**1. 事前评估**

（1）统一项目决策流程。

ICT 项目需遵循"先决策、后拓展"的原则，江苏移动建立了 ICT 项目评估机制，统一项目决策流程及标准，客观衡量项目效益，审核项目风险并进行提示，从源头把控项目质量。

（2）打造效益衡量工具。

为了快速评估 ICT 项目效益和风险，江苏移动构建了一套项目评价工具箱、一份项目风险说明书。

一套项目评价工具箱：围绕项目规模、回收期、收益率三大基本指标构建项目效益评估表，自动计算并直观展示项目评价结果。效益评估表承载在 ICT 项目管理会计平台中，运用信息化手段自动审核效益数据，形成汇聚 ICT 项目信息的第一窗口。

（3）构建风险提示机制。

一份项目风险说明书：明确对客户资信情况、项目合作模式、收入拆分合理性、成本测算准确性等要素的审核标准，防范项目财税风险。在客户资信审核方面，重点关注客户信用情况、是否与公司有项目合作和前期欠费等情况，并逐步探索建设 ICT 客户信用评价体系，根据客户信用等级制定合适的资金收付款计划，减少资金占用风险。

**2. 事中监控**

（1）强化合同审核和解析，促进精细化管理。

ICT 项目与公司传统通信业务的不同之处主要在于项目一事一议，项目的收入和

成本合同一般非公司标准化合同模板，合同的审核和解析工作尤为重要，决定了项目开展的商务模式、项目的收入成本列支和收付款方式等。

合同解析由 ICT 业务主管部门牵头，会同财务等部门，本着实质重于形式的原则，综合分析 ICT 业务中公司与客户及供应商所签订合同的内容，客观、准确、完整识别合同中各方权利义务关系，明确会计核算方式、时点和金额，并通过系统实现全流程高效支撑。

（2）关注项目收入确认规范性。

基于合同解析的结果，江苏移动在项目收入出账环节加入了系统控制和业财双审流程，收入确认以解析的收入类别为基础，根据财务进度与项目进度匹配的原则提交审核，经业务部门和财务部门相关人员审核项目进度证明材料后完成收入确认，确保收入类别准确、收入确认时点准确。

为防范欠费风险，在加快 ICT 业务规模发展和份额提升的同时，进一步加强收入管理。江苏移动在全省范围内统一要求，对于项目欠费账龄超过一定时间的项目扣减考核收入，欠费收回时方可重新计入。

（3）关注项目收支匹配规范性。

按照会计核算办法规定，对于提供 ICT 服务而产生的各项系统集成、维保等支出，应遵循收入与成本相匹配的原则。前期由于缺乏系统支撑，实操中利用 Excel 表逐项目计算工作量较大且容易出错，主要存在收入数据难以统计、成本合同无法归集、手工台账烦琐易错、计提摊销场景复杂等客观问题。

为了解决以上问题，江苏移动设置了收支匹配计算逻辑表，系统化计算成本与收入进度的一致性。并通过每月审核往来账明细、定期专项检查项目实际毛利率等方法，按项目核实收支匹配情况。

**3. 事后评价**

（1）执行项目后评估，强化效益管理意识。

江苏移动定期对重大 ICT 进行效益回顾，强化对标逐优，整理通报效益情况下降的项目，督促业务部门认真分析项目管理薄弱环节，树立业务部门效益意识，切实加强 ICT 项目的全生命周期闭环管理，项目执行质量得到了提升；同时系统功能的构建实现了项目信息及时展示分析，对在执行过程中存在问题的项目进行及时纠偏。

（2）考核政策引导，提升项目质量。

江苏移动自 2019 年起对 ICT 项目毛利率较低的项目，按一定方法核减项目考核口径收入，以此提升收入质量，持续锻造业务能力，夯实长远发展基础。

为推动政企市场成为收入增长新动能、转型升级主力军，江苏移动制定了政企业务专项激励方案，主要面向在全省各单位落地实施的、符合公司战略发展方向、经济效益良好、具有一定示范效应的 ICT 大单项目。

## （二）构建 ICT 管会平台，实现概预核决全流程支撑

ICT 项目业财融合全流程如图 2 所示。

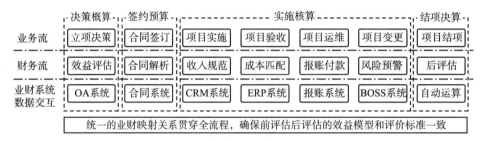

图 2　ICT 项目业财融合全流程

通过 ICT 项目管理会计平台的建设，将效益前评估和后评估均纳入系统管理，自动归集计算，实现了项目全流程闭环管理。

### 1. 决策概算——通过线上效益前评估支撑项目决策

项目效益评估表设置在 ICT 项目管理会计平台中，将国际通用的项目管理指标及其计算模型嵌入系统中，从而有机融合 ICT 项目运营的业务信息和财务信息，运用信息化手段自动审核效益数据并对项目情况进行整合展示，形成汇聚 ICT 项目信息的第一窗口，实现系统填报、审核、展示项目基本信息及效益情况等功能。统一前评估系统流程，优化线上效益评估表要件，完善项目呈批功能，控制项目风险，提升决策效率。

自助填报提高效率。系统构建线上效益评估表功能，自动计算回收期、收益率等效益指标，项目经理自助填报效益表，一键产出效益评价结果，无须线下手工计算。

自动校验预警风险。效益评估表中新增自动校验功能，将审核标准细化为校验指标嵌入系统，项目经理填报完成后自动生成校验结果，如有报错，及时返回修改后提交下一步决策。

一键提交 OA 呈批。系统要求先评估后呈批，效益评估模型通过校验后一键提交至 OA 系统，且自动导入 PDF 效益评估表至附件，完成审批流程。

统一项目决策流程。全省 ICT 项目按统一标准管理，统一项目决策流程及项目评价体系。系统构建自动呈批功能，效益评估表填报完成可直接发起呈批操作，按规范流程提交各部门审核。

**2. 签约预算——支撑合同全面解析，跟踪合同落地情况**

通过在 ICT 项目管理会计平台中设置收入合同解析业财双审，确保收入拆分科目准确，并实现收入看管；设置成本合同解析业财双审，确保成本拆分科目准确，以便进一步自动计算收支匹配。根据收付款合同的解析结果，系统自动计算项目的签约效益，并与呈批阶段效益对比，及时发现并提示效益下降风险。

固化业财科目映射关系，为合同解析做准备。统一的业财映射关系贯穿 ICT 项目全流程，在每一个涉及收支环节的统计中，均使用相同的"业务构成"，确保前评估、后评估口径一致。

收入合同解析业财双审，确保收入拆分科目准确。收入合同签订完成后，项目经理在 ICT 项目管理会计平台中制订合同解析计划，解析内容包含收入类型、收入金额、收入预计确认时间、项目里程碑等。

合同解析计划录入完成后，由业务管理员和财务管理员分别审批，审核界面同时展示前评估的收入拆分情况作为参考。业财双审完成后，合同解析计划生效。已通过审核的解析计划如遇到项目变更，需重新解析并进行业财审核流程。

成本合同解析业财双审，确保成本拆分科目准确。成本合同签订完成后，项目经理在 ICT 项目管理会计平台中制订合同解析计划，拆分各支出类型下合同金额，作为收支匹配计算表的基础，同时系统限制了未进行解析的合同不允许报账付款。

合同解析的重要性包括：

（1）提升计收、计税、开票与合同一致性。

项目经理提交合同解析计划，经业财人员审核后在系统中留档。到达收入预计出账时点当月，系统自动促发出账确认单，经项目经理上传项目进度证明、业财人员双审通过后，自动导入 CRM 系统完成出账。收入出账后可从 BOSS 系统自动申请开票，开票内容与收入出账内容须保持一致。

（2）实现收入看管，准确统计欠费，预测收入计划。

项目合同签订后必须完成合同解析计划，到期自动提醒出账，根据合同解析的收入计划，可以有效预估项目未来期间的收入情况，做好收入预测。

（3）确保成本与收入匹配、成本科目准确。

通过对后向合同的解析审核，防止各类别收支倒挂情况，降低硬转服风险，确保设备费、集成费、维保费等成本科目准确。并且，根据后向合同的解析结果，自动根据各类别收入进度计算应确认成本，确保收支 100% 匹配。

**3. 实施核算——规范收入出账和严格收支匹配**

为了实现收入规范出账和收支匹配，江苏移动通过在 ICT 项目管理会计平台中设置收入出账业财双审环节，确保 ICT 项目化收入 100% 经业财审核；开发了收支匹配计算表、收支匹配告警表，每月自动产出成本计提汇总表、成本摊销结转表，节约了人工计算工作量，提高了收支匹配准确性。同时，打通 ICT 项目管理会计平台与 BOSS 系统和报账系统的接口，使收入确认、成本确认均从 ICT 项目管理会计平台发起，通过业财人工双审、系统工具计算等手段，提升项目化精细核算水平。

（1）规范项目收入科目，系统标准化出账。

基于合同解析的结果，到达合同解析后的预计出账月，系统自动推送出账待办至项目经理，如果符合收入出账条件，项目经理须上传项目进度证明（如验收报告）作为附件，提交业务财务双重审核，审核完毕后自动导入 CRM 出账；如果尚未符合收入出账条件，项目经理须修改预计出账时间，待符合条件后才能出账。

收入出账审核流程如图 3 所示。

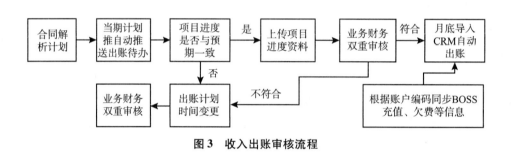

**图 3  收入出账审核流程**

（2）嵌入收支匹配逻辑，确保项目收支匹配。

建立同一项目下收入合同与成本合同的对应关系，根据收入合同解析结果和当期收入出账情况，计算累计已确认的收入进度，并以收入进度为准进一步计算累计应确认的成本金额，然后判断应该执行摊销还是计提，自动运算并生成成本计提汇总表和成本摊销结转表。

（3）通过收支匹配告警表提示漏计成本。

收支匹配告警表主要用来检验 ICT 项目管理会计平台中项目收入已出账，但后向成本合同未及时解析导致收支匹配计算表中未包含的情况，告警表自动计算产出成本补计提表。

（4）打通与报账系统的接口，一键导入收支匹配结果。

根据收支匹配计算表和收支匹配告警表运算结果，ICT 项目管理会计平台每月关账前生成"成本计提汇总表"和"成本摊销结转表"，报表中将业务活动、市场产品、预算多维、借贷科目、合同编号、供应商、成本中心等内容均按照固定规则自动默认相关值。通过打通管会平台与集中化报账系统的接口，报账人可以在 ICT 项目管理会计平台报账界面直接导入相关报表并提交。

**4. 实施核算——按项目归集资金流入流出监控资金风险**

项目各类别收支资金流入和流出情况决定了项目实际执行的收益率、垫资付款风险、收现率、付现率等，通过系统间自动归集功能和 ICT 项目管理会计平台内对接关系，实现按项目准确统计资金流转情况。

现金流入是后评估自动计算的重要数据，且项目经理需要实时跟踪项目已收款情况。ICT 项目管理会计平台按天、按地市将所有收入账户生成文件传给 BOSS 系统，由 BOSS 系统根据对应的账户捞取账户中资金流入信息返回到 ICT 项目管理会计平台，平台根据账户归属的合同和项目信息进行资金归集，最终形成按项目、按合同、按科目统计的收款明细表。

现金流出是后评估自动计算的重要数据基础，项目经理也需实时查询项目已付款情况。通过 ICT 项目管理会计平台和报账系统的接口，实现后向报账单从平台发起。报账平台已配置多个报账单的接口规范，将信息导入报账系统。目前 ICT 项目管理会计平台已上线 ICT 类九大报账单，包括：项目类费用报账单，成本费用支付申请报账单，项目类费用计提报账单等。选择项目、合同后发起报账，填写必要信息后发送至报账系统完成审批流程，流程结束后将单据状态返回 ICT 项目管理会计平台，最终形成按项目按合同统计的付款明细表。

按项目统计垫资明细，基于 ICT 项目管理会计平台内的付款明细表和收款明细表，按项目实时计算项目垫资情况，形成按项目统计的垫资明细表，展示项目垫资金额以及垫资的账龄，并将效益评估表中的预计垫资最大金额和垫资账期链接至明细表中，及时预警垫资风险。

按项目统计欠费明细，ICT 项目管理会计平台中欠费明细表基本原理与收款明细表一致，按天自动获取系统内账户在 BOSS 系统里的欠费情况，平台通过对账户编码和项目、合同关联，最终形成按项目按合同按科目统计的欠费明细表。

**5. 结项决算——后评估自动计算支撑项目回头看分析**

为了最大化发挥 ICT 项目管理会计平台对 ICT 项目的风险管控能力，在平台功能开发的同时启动了历史项目数据初始化梳理导入工作，结合平台上线后自动归集的各类业财数据，实时自动产出项目后评估效益情况和考核情况。

（1）历史数据初始化。

为了真实反映项目的后评估效益和收支匹配情况，同时发挥 ICT 项目管理会计平台自动化替代手工台账的功能，对历史项目进行了大盘点，在系统上线的同时梳理导入了历史至今项目的收入、成本、收款、付款、往来等数据，确保项目全生命周期数据完整性。

（2）自动计算后评估效益。

为了解决过程难跟踪、效益难评估的问题，系统自动跟踪项目实际执行数据，通过贯穿项目全生命周期的统一业财映射关系，嵌入与呈批效益评估表格式相同的签约效益评估表和执行效益评估表，建立效益评估表与收付款明细表的取数逻辑关系，实现自动计算实际执行净现值率、回收期功能，实现了实时自动计算项目后评估效益功能，根据各个阶段的情况生成效益评估表，最终通过项目全生命周期一览表汇总展示；实现智能台账、支撑管理，面向财务、业务等管理人员，提供 ICT 的收入、成本、效益等经营分析、智能稽核、智慧决策和风险管控的能力。

# 四、取得成效

江苏移动依托 ICT 管理会计平台，实现 ICT 业务按项目核算统计，整合业财系统功能和数据，实现管理项目化、服务专业化、流程标准化、监控闭环化、信息共享化，支撑转型业务高质量发展。

## （一）数智赋能，整合业财系统数据，支撑一线项目管理

打通业财系统壁垒，自动整合业财系统数据，解决信息孤岛，节约台账管理、报账管理、数据分析等烦琐工作量，支撑一线项目管理工作。

从 ICT 项目管理会计平台中填报效益评估表可以有效减少重复性的机械劳动，实现对大量项目信息、效益数据的整合，内嵌评估、计算、审核模型。对于填报人员而言，摆脱线下效益表现金收支按月、按条填报的复杂烦冗，单个项目填报及审核效率提升38%；对于审核人员而言，系统自动审核公式的设置帮助发现人工审核不易发现的问题，规范了 ICT 业务发展。

报账方面，实现实时跟踪付款进度，支撑一线需求；计提摊销一键导入，提高报账效率；预警超出立项付款，防范项目风险；设置默认规则信息，减少人工填写。八类信息自动关联无须人工填写选择：业务活动、成本中心、市场产品、预算多维、借贷科目、合同信息、必要附件、收款账户。

截至 2023 年 12 月，ICT 管理会计平台共纳入 ICT 项目共 30010 个、ICT 收入及成本合同共 110848 个、ICT 收付款计划 1130542 条、项目效益评估数据 110467 份、ICT 付款报账单 37277 个、ICT 项目欠费明细 9301 条等，包含 ICT 项目的全生命周期全量业财数据资产。

ICT 管理平台与业财系统打通如图 4 所示。

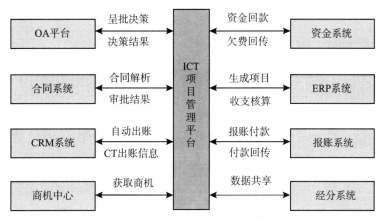

**图 4　ICT 管理平台与业财系统打通**

### （二）业财双审， 坚守权责发生制原则， 提升收支准确性

收入出账环节自加入业财双审后，提升了收入拆分的规范性和收入确认时点的准确性。成本核算方面，通过在平台嵌入收支匹配计算，提高了工作效率，降低了手工计算的错误。平台上线后，每月均通过累提累冲形式，自动对全量项目进行收支匹配运算，提升成本核算质量。

### （三）流程闭环， 后评估自动计算， 支撑全生命周期管理

实现所有流程均从 ICT 项目管理会计平台发起，且关键环节由系统限制流程顺序，如项目立项后才允许发起履约保证金付款、合同解析后才允许发起出账或报账等。

自动产出呈批效益表、签约效益表、执行效益表，最终通过全生命周期一览表对比各个阶段的效益达成。

系统自动获取每个阶段的项目收付款金额、时点、科目等数据，通过相同的效益评估模型自动运算项目各阶段的效益数据，并进行展示对比。

### （四）风险防控， 控制欠费垫资风险， 支撑业务健康发展

根据全流程介入、全方位审核、全项目覆盖原则，在概算环节新项目拓展自动预警招标主体历史欠费，预算阶段合同解析审核时比对是否超出概算阶段的金额，核算阶段校验超出最大垫资额度时不得付款，决算阶段自动促发欠费催缴督办。

### （五）服务决策， 全量项目数据入库， 支撑统计分析

通过归集业财系统数据和平台自动计算功能，自动产出按项目统计各类报表（见图5、图6）。

图 5　后评估数据来源和对比

图 6　ICT 项目管会平台数据报表

## （六）提质增效，固化考核激励逻辑，支撑项目质量管控

通过打造低毛利项目考核表，确保考核的公平公正，实时根据收入确认进度更新。

通过建立并开发专项激励项目动态管理台账系统，支撑动态维护项目名称、合同金额、回款记录等，后评估跟踪收益率情况、欠费情况等信息。

# 五、经 验 总 结

## （一）ICT 项目管理会计平台应用体会

ICT 项目管理会计平台是 ICT 项目管理走向标准化、规范化的重要手段，平台已在全部地市上线，不仅是生产平台，也是数据平台、风控平台、智能平台。以 ICT 项目管理会计平台建设为抓手，聚焦项目"概算—预算—核算—决算"全生命周期，对项目合同解析、收入审核、成本匹配、效益后评估等关键流程环节 100% 覆盖，强化财务服务、监督职能，有效提升项目资源管理、配置能力。

一是实现项目化核算。落实集团集中化系统项目化核算方案，并通过全量解析收付款合同、业财双审收入出账、成本自动计算匹配等系统手段，实现从"科目核算"向"项目化精细核算"转变。

二是实现闭环化监管。嵌入线上效益评估模型，建立统一的业财映射关系，根据预算阶段合同解析结果自动产出签约效益，根据核算阶段收付款情况自动产出执行效益，最终通过项目全生命周期一览表呈现比对各阶段效益，实现从"事前筹划"向"全流程贯穿支撑"转变。

三是实现智能化支撑。打通业财系统壁垒，实现项目从决策、合同、出账、付款等全流程操作均从平台发起，自动整合业财系统数据，解决信息孤岛，支撑一线项目管理工作，实现从"台账管理"向"数智化自动管理"转变。

四是实现一体化风控。对项目全生命周期各环节设置多项预警校验规则，如提交付款时强制比对项目收款情况防范垫资风险，如新项目决策时自动提示招标主体历史项目欠费情况，以系统校验替代人工审核，提升风险智能预警防范能力，实现从"业务主导"向"业财双流程监管"转变。

### （二） ICT 项目管理会计平台推广成效

江苏移动 ICT 项目管理会计平台围绕"一切流程皆可管、一切风险皆可控"的原则，融通项目管理、业务管理、财务管理三位一体，贯通项目全流程，实现业财融合、风险管控、减负提效的目标，是 ICT 项目管理走向标准化、规范化的重要手段，助力业务高质量健康发展，不仅是生产平台，也是数据平台、风控平台。

风险防控方面，实现合同 100% 业财解析，收入 100% 业财审核，成本 100% 自动匹配，欠费垫资 100% 预警，历史项目 100% 初始化，后评估 100% 自动产出。同时通过构建分层分级风险管控机制如交付延误风险预警、合同回款风险预警等，实现系统定义、自动识别、及时预警、跟踪管控，提升 ICT 项目风险管控能力。

总体上，基于系统管理提升，近年来江苏移动 ICT 业务发展取得显著的成效。ICT 签约持续保持较快增长，项目大单、优单数在集团内均在前列，拉动了公司收入增长，取得了显著的经济效益。

在数字化浪潮的推动下，企业加强基于数智基础的业财融合的项目化管理具有越来越重要的现实意义。本案例从新兴的 ICT 项目着手，聚焦项目决策概算、签约预算、实施核算和结项决算四大业财管理环节，通过构建贯穿全流程的数智化管理体系，全面提升项目支撑能力、业财管控能力和风险防范能力，方法有效，成效显著，可供其他企业借鉴参考。

（中国移动通信集团江苏有限公司：刘京奎　刘　峻　宫鹏程　方　坤

顾洲敬　张　婷　何乔卉）

## 🎓 案例评语：

　　该案例聚焦于 ICT 管理会计平台的建设与应用。案例单位以"智能服务生产、精细业财管理"为主线，通过推进 ICT 业务流程线上化、业财融合化和管理项目化，成功构建了一个覆盖 ICT 项目全流程的数智化管理体系。案例的主要创新点为：案例单位通过机制创新，实现了从"业务主导"向"业财双流程监管"的转变；通过流程创新，实现了从"侧重售前"向"全流程贯穿支撑"的转变；通过技术创新，实现了从"手工台账"向"数智化自动管理"的转变；通过融合创新，打造了作战指挥中心，实现了全景透视、扁平指挥、业财融合。这一系列创新实践全面提升了案例单位的项目支撑能力、业财管控能力和风险防范能力。

　　案例单位在 ICT 管理会计平台建设和应用上所做的探索，尤其是在机制创新、流程创新、技术创新和融合创新方面的成功经验，为企业如何利用数智化手段加强业财融合、提升企业综合竞争力提供了范例。这些经验为推动行业发展提供了有益的借鉴。

# 数字技术赋能财务管理智能化转型

## ——基于淮北矿业集团的管理实践

**摘要**

数字经济时代，数字技术赋能是企业高质量发展的必然选择。淮北矿业集团根据财政部《关于全面推进管理会计体系建设的指导意见》，结合自身实际，以推动财务管理智能转型为核心，以财务大数据建设为重点，创新引入5G＋"大智移云区物"等新技术新手段，建立财务大数据中心，将财务部门打造成企业全域数据汇集的中心，极大地提升了财务管理体系的业务反应能力、风险防控能力、决策支持能力和价值创造能力，为企业加快数字化转型和高质量发展提供了科学精准的大数据支撑。

淮北矿业集团充分运用大数据等数字技术实施管理会计信息化建设。本案例紧扣实践，系统性地介绍了几个典型应用场景及其应用效果，分别从企业的不同板块、不同场景、不同技术等维度展现了中国企业管理会计实践创新，实现了数据的深度挖掘和分析，推进了财务管理智能化转型，更好地利用数字技术实现企业价值目标和科学管理，为企业治理体系和治理能力现代化提供数据支撑。

本案例对管理会计、财务管理、内部控制以及财务会计进行深度融合，深刻体现业财融合和战略的对接，加速数字经济发展，实现重大经济价值和社会价值，对制造企业等其他企业有很好的示范作用，为数智化财务发展提供了理论基础。

# 一、背 景 描 述

## （一）单位基本情况

淮北矿业集团始建于1958年，1998年改制为淮北矿业（集团）有限责任公司（以下简称"淮北矿业集团"），同年由原直属煤炭部转为安徽省属企业，现已发展成为以煤电、化工、现代服务为主导产业的大型能源化工集团。集团资产超1000亿元、年营收近 800 亿元，拥有淮北矿业、华塑股份 2 家沪市主板上市公司。

### （二）大数据应用基础

随着淮北矿业集团业务链条不断延长，业务范围不断扩大，业务层级不断增加，财务核算业务量显著增加。特别是日益复杂的竞争环境和政府部门监管力度的不断加强，对公司财务价值创造能力提出了更高的要求。集团原有内部财务核算方式已不能支持日常运作，财务运作模式无法开展具有"价值创造"的管理会计工作，不能充分、高效地为管理层决策提供支持服务。

因此，以信息化、数字化手段，全面提升企业管理水平，成为淮北矿业集团实现高质量发展的一项重要工作。2019 年 3 月，淮北矿业集团以财务管理水平提升为重要突破口，开始财务大数据中心建设。财务大数据中心打造了数据中台，形成了实时可视化财务指标库、财务基础分析应用、财务核心分析应用、自助业务分析、业务板块洞察等，反映公司整体的财务状况，为公司管理决策提供数据支撑。

### （三）选择大数据的主要原因

《中华人民共和国国民经济和社会发展第十四个五年规划和 2035 年远景目标纲要》提出，要"加快数字化发展，建设数字中国"。加快数字化转型成为企业高质量发展的必然选择。具体而言，就是要紧跟时代步伐，以数字化、智能化打造产业升级版，在新一轮发展中抢得先机、赢得主动。

随着大数据和互联网的发展，信息资源进一步开放和共享，公司业务信息与财务信息之间的交互更加广泛和快捷，这也为公司管理会计赋予了更多的职能。同时，也意味着管理会计要想真正发挥作用，必须从海量的数据中寻找和挖掘有价值的信息，并予以整合分析。

因此，以坚实的大数据为基础，推进管理会计信息系统建设，有效支撑管理会计应用，是保障全面预算管理、资金集中管理、成本控制、绩效评价等更加高效、顺畅地运行和开展的时代要求。

## 二、总 体 设 计

淮北矿业集团通过创新应用 5G + "大智移云区物"等新技术，实现了数智化、一体化、协同化、实时化、精细化管控，在推进财务管理智能化转型方面取得显著成效，打造了淮北矿业集团特色的财务大数据中心（见图 1）。

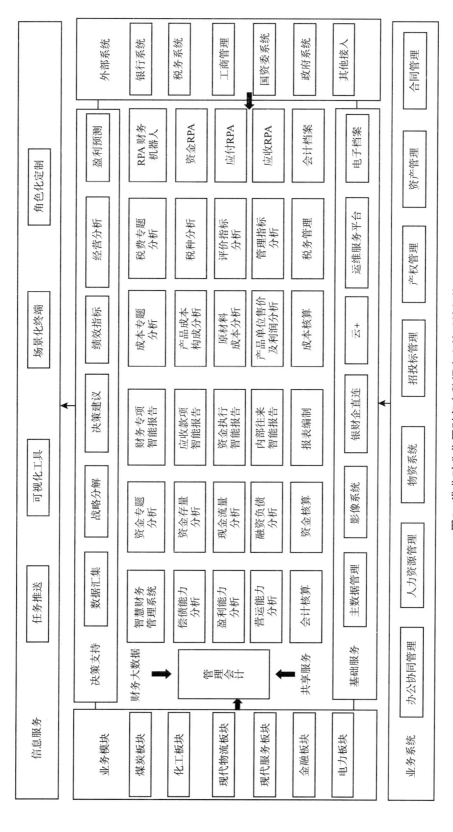

图1　淮北矿业集团财务大数据中心的系统架构

## （一） 应用大数据的目标

淮北矿业集团根据财政部《关于全面推进管理会计体系建设的指导意见》，从自身实际情况出发，建设财务大数据中心。财务大数据中心将财务部门打造成企业全域数据汇集的中心，参与企业规划、决策、控制、评价活动并为之提供有用信息，为企业风险管理、经营预测、战略决策提供服务。

（1）将财务核算规则与数字技术相结合，实现实时获取财务经营信息的功能，动态监控公司的经营状况，及时为管理层决策提供信息支撑。

（2）整合财务管理系统、销售业务系统和物资业务系统等业务系统数据，结合需求补录部分数据等方式构建公司决策分析数据库。

（3）利用大数据智能系统，建立决策支持分析，揭示企业运行规律，防范运营风险，满足管理决策分析的数据需求。

## （二） 应用大数据的总体思路

应用大数据的总体思路涉及规划和实施多个阶段的工作，确保从技术基础设施到数据分析能力，再到维护与支持，每个环节都能够支持大数据战略。

### 1. 总体规划，分步实施

总体规划既要满足智能系统整体信息化框架和蓝图的规划需要，又要兼顾当前最为迫切的需求。完整的 BI 系统由数据源区、数据交换区和数据存储区等构成，相应地用到 ETL 工具、数据仓库 DW 和应用展示系统等。

### 2. 需求为导向、应用促发展

易用性：应用界面简洁、直观，尽量减少菜单的层次和不必要的点击过程，使用时一目了然，便于快速掌握系统操作方法。

先进性：采用当今信息化系统发展趋势的主流和成熟技术进行系统架构设计，当业务需求、外部环境发生变化时，可以扩展系统的功能和性能，以适应集团未来业务发展的需求。

## （三） 财务大数据中心的内容

### 1. 数据互联互通，实现业财资税一体化融合

通过建立完善的异构系统数据接口，集成对接了销售业务系统、物资业务系统和税务共享系统等 15 个业务系统，实现了数据的互联互通（见图 2）。

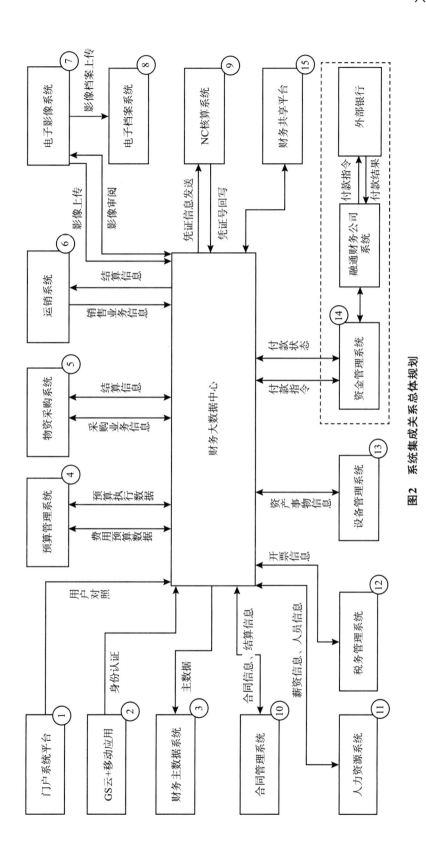

图2 系统集成关系总体规划

销售业务系统集成。销售系统数据对接财务共享中心系统，实现了销售业务数据与财务共享中心的数据信息传递，极大地提高了业务流程流转效率和财务数据信息的归集功能，为数据资产实现价值功能奠定了基础。

物资业务系统集成。物资业务系统对接的业务主要是 4 大类 10 个小类的明细业务，通过接口字段的信息传递，实现物资业务系统与财务系统的互联互通。

税务系统集成。税务共享平台通过与金税系统、业务系统、税务系统的集成应用和数据共享，实现一键申报、智能开票、税务分析、全链条风险防控和税收筹划等，满足公司税务智能化管理的信息化建设目标。

**2. 构建资金管理系统，实施财企直连**

资金管理系统实现了融资管理、电子票据、票据管理、内部网银、风险管理、资信管理、柜台核算、银行借款、信贷管理等管理功能（见图3）。

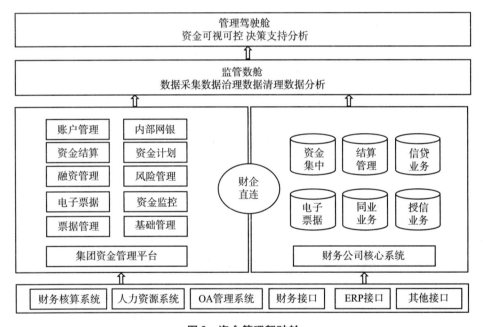

**图 3　资金管理驾驶舱**

资金管理系统与财务公司系统的直连对接，建通了资金支付的"高速铁路"。资金支付结算全部业务线上处理，业务单据在线自动传递、线上自动审批、全流程依靠智能指令自动化完成，实现了资金支付结算业务线上集中管理和实时监控，方便快捷准确，加强了资金管理的监督与控制。

**3. 打造财务数据中台，大数据赋能企业财务管理智能化转型**

淮北矿业集团借助大数据等数字技术成功开发了大数据智慧财务管理系统，打造财务数据中台，助推企业财务管理智能化转型。

大数据智慧财务管理系统是按照管理层及业务层的需求，遵循系统集成、数据共享、规则可配、灵活扩展、安全可靠等原则建设的。大数据智慧财务管理系统以业务系统、财务系统和税务系统信息为基础，借助5G＋"大智移云区物"等新技术手段，对财务管理信息进行归集、加工、分析和可视等操作处理，为企业管理层和业务层提供全面、实时、准确信息支持。

### （四）应用财务大数据中心的创新

#### 1. 创新数据获取的途径和效率

财务大数据中心依托集团财务共享中心，实时获取企业管理需要的各项财务指标数据，打破传统意义上的以月度报表数据为分析对象的固化模式。企业管理层根据实时指标数据动态分析，作出管理决策，制订企业经营计划，提升了公司财务的管理效能。

#### 2. 创新财务核算方式和财务管理运营模式

建立异构系统数据接口，集成多个业务系统，实现数据的互联互通，构建了公司决策分析数据库；搭建公司经济运营管理、监督信息化支撑体系，推动公司运营管理各项监管职能落地，实现管理方式的创新，提升了公司的整体运营管理水平。

#### 3. 创新项目实施方式

大数据信息化项目重组传统组织结构，对传统部门、系统功能进行排列组合。公司管理层、财务人员和业务人员积极参加大数据系统及业务领域的概览性培训，实现了管理组织创新和人才培养创新。

---

# 三、应用过程

淮北矿业集团运用云计算、大数据、人工智能和移动技术等数字技术，对企业财务管理流程进行优化和改造，借助管理会计工具开发了多种管理应用场景，提高了财务管理的效率，促进了决策的科学性，推动了财务管理向数字化、智能化的方向发展。

### （一）参与部门和人员

财务大数据中心建设在规划实施阶段，明确股份财务部为牵头部门，机电装备部和信息技术部为配合部门，其他业务部门和子分公司财务部门统一规划工作，各司其职，各负其责。通过部门之间的明确分工、紧密配合，柔性共享、精细管控，实现财务管理智能化转型。

### （二）资源、环境和信息化部署

淮北矿业集团财务大数据中心是一个跨越多个地域的大型网络平台，采用层次化设计的总体原则。集团信息技术部将集团的网络进行水平分割和垂直分层，规范各个业务系统接口，实现系统之间的有效衔接。集团信息技术部部署软硬件，包括高性能的双机热备服务器、高速网络交换机、数据仓库以及分布式计算平台等。使用先进的分析工具和应用程序洞察数据，支持财务大数据中心的实施。

**1. 系统部署**

通过信息化手段，实现淮北矿业集团智能财务管理的集中化、流程化、信息化和规范化，提高企业的管理效率和竞争力。集团所有系统按照"总体规划，分步实施"的原则进行统一部署，标准化程度高。

**2. 业务集成**

高度集成业务、核算、资金、税务、报表等系统间业务，业财一体化深度融合，为财务信息化的实施打下了坚实的基础。

**3. 财务大数据中心的功能架构**

功能架构包括数据源、数据中心、设计工具、分析主题和可视区五部分内容。

### （三）应用模式和应用流程

淮北矿业集团利用大数据等数字技术，对企业财务数据进行收集、整合、清洗、分析、挖掘、建模等处理，并通过可视化方式展示分析结果，提升了管理会计的效能，为企业管理提供精准、高效的决策支持。

**1. 数据工作机制**

淮北矿业集团在推行财务数字化转型的过程中，根据调研情况和管理需求，按照数据输入、数据分析与挖掘、数据输出等数据工作机制，突出数据价值，不断优化数据流程，确保全组织范围内数据的透明度和可访问性（见图4）。

（1）数据输入。

从销售业务系统、物资业务系统、设备租赁系统、税务共享系统、员工培训系统、人力资源系统、法务合同系统等15个业务系统采集数据，传输到数据中台。

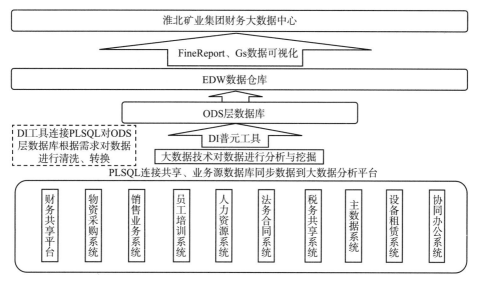

图4　淮北矿业集团财务大数据中心数据工作机制

（2）数据分析与挖掘。

淮北矿业集团利用大数据技术和数据仓库技术等数字技术，实现不同来源数据的抽取、转换、整合，发现隐藏的模式、趋势、关联数据，对数据进行深度挖掘与分析，将分析结果用于动态预警、个性化推送、实时决策，提升财务智能决策分析水平。例如，智慧财务管理系统中的实时利润总额不能从科目直接获取，针对该特殊指标建立了"收入—毛利率法"数学预测模型，实现利润总额实时展示。

（3）数据输出。

淮北矿业集团融合大数据技术处理和传输数据，增强展示效果。数据报告展示采用智能报表、智能报告、管理驾驶舱、智能预测等形式，实现图、表、文数据可视化。实时、动态监控财务健康状况和业务表现，帮助识别问题并作出调整，为企业管理决策提供数据支撑。

**2. 财务和业务流程改造**

传统的财务和业务流程都是基于线下操作习惯在流转，存在数据断层、流程步骤冗余和效率低下等问题。为了简化流程和提高数据传输效率，淮北矿业集团根据流程管理理论，结合企业自身特点，找到关键业务流程的优化方向，运用大数据等数字技术优化决策过程，进行财务和业务流程重大改造。减少流程中不创造价值的冗余环节，消除跨部门间的协作沟通障碍，实现集约化经营，做到动态调配，按需取用，全局调度，力求从整体上达到最优。

规划财务和业务流程，对流程进行改造和优化。从集团层面统一规范财务流程和业务流程，简化多余重复的流程和环节，提高流程自动化水平。如改造和优化费用报销流程、资金管理流程、采购到应付流程、订单到收款流程、税务管理流程等流程。使用财务软件、ERP（企业资源规划）系统和RPA（机器人流程自动化）减少手动的账目录入工作，加快报表生成，降低人为错误。财务流程标准化和自动化极大地提升了企业的整体运营效率和竞争力。

**3. 典型应用场景**

淮北矿业集团财务大数据中心在财务共享中心成熟运营的基础上，在浪潮集团公司、容城会计师事务所等相关单位的技术支持下，开发实施了智慧财务管理系统、成本全要素管控专题分析系统、资金专题分析系统和财务专项智能报告等多种管理应用场景。

（1）智慧财务管理系统。

智慧财务管理系统是按照管理会计信息系统相关要求建设的。依托财务共享平台，建立实时数据仓库，遵循"分步规划、分步迭代实施"的原则，坚持"调研一块、规划一块、实施一块"，按照"333"模式构建了智慧财务管理系统。即，3个主题——财务状况、经营成果、现金流量；3个层次——集团、控股、子分公司；3个应用对象——管理层、专业层、业务层。智慧财务管理系统一二三级界面包含公司200多家核算单位，21个指标40个信息库实时数据不断更新。

智慧财务管理系统数据为实时、系统自动生成数据。数据为实时数据是此项目的亮点，突破传统会计以月份为核算期间的范畴；数据为系统自动获取、更新，可更直观、动态地反映企业实时经营状况，具有及时性及相关预警效果。

利用核算规则实时获取数据，实时自动生成数据，避免了报表数据的滞后性。智慧财务管理系统指标，随着取数规则及相应经营管理水平的不断完善与提高，相关指标能够及时准确反映公司实时经营成果，达到行业内财务大数据分析领先水平。

智慧财务管理系统致力于提升财务管理水平，以服务于企业管理为指导思想，满足公司高质量转型发展需求。通过智慧财务管理系统，可清晰直观地可视集团公司的经营情况，为公司管理层决策提供依据，全面支撑公司战略。

（2）成本全要素管控专题分析系统。

淮北矿业集团强化对成本的全方位、全过程管控和全要素分析，在优化生产工艺流程，科学生产设计等方面狠下功夫，强化成本源头管控。借助管理会计工具搭建成本全要素管控专题分析系统，重点解决成本分析管控广度、深度和时效性问题，进一步提高成本管控效果和业财融合水平。

优化战略型成本规划流程。根据集团公司年度生产经营预算安排，分解各单位预算成本规划目标，责任落实到各单位科区最小管理单元，三化融合，管理手段扁平化、实时化，技术手段数字化，为有效落实集团成本管控任务，提供科学高效、规范有力的办法路径（见图5）。

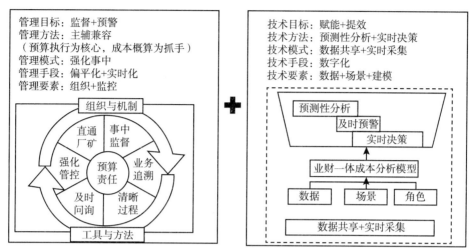

**图5 成本全要素管控总体规划流程**

搭建成本全要素管控专题分析系统。借助大数据、云技术和AI等技术搭建成本全要素管控专题分析系统，总体架构设计为"一体、两翼、五支撑"。通过成本预算、财务总账、生产调度、人力资源和物资管理五大支撑系统，运用管理会计工具实现每日成本概算分析、每月成本预算执行分析，建成精细化成本全要素一体化管控（见图6）。

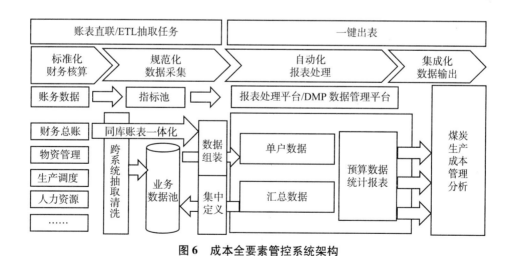

**图6 成本全要素管控系统架构**

打造精细化共享成本信息平台。打造精细化共享成本信息平台，形成从业务到财务、从基层到管理层、从内部到外部的多维度信息体系，实现成本管控横向到边、纵向到底。权限支持按岗位、组织、功能、数据的灵活配置，满足各层级对成本数据的应用需求。提供实时的生产成本监控预警，分级授权赋能一线（见图7）。

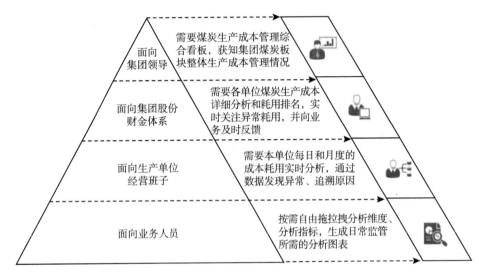

**图7　共享成本信息平台**

构建多维度业绩评价指标体系。根据各责任中心的不同性质划分不同类别和板块，综合财务指标与非财务信息，确定差异化的考核标准分类考核。提供基于核算组织的生产成本数据向上游溯源和对比分析功能，依托财务共享中心，实现集团公司和子分公司成本业务信息的跨单位、跨系统、跨账套的追溯查询和远程监控。提高板块信息综合分析能力和管理能力，增强企业成本管理效率，提升管理会计信息化应用的整体水平和应用效益。

（3）资金专题分析系统。

资金管理信息化在企业中的重要性不言而喻。为实现聚焦增加现金流目标，根据公司资金管理实际需求，结合学习对标先进单位优秀案例，充分利用现代信息技术，构建集资金可视、风险可控、融资管理及预算分析等为一体的资金专题分析系统。

资金专题分析系统对资金存量、现金流量、有息负债、资金预算和应收款项等进行实时监控，设立资金预警线，针对不同企业推送预警信息，提高了资金利用效率，提升了公司资金管控水平。

资金专题分析驾驶舱。对资金相关的重要指标进行分析展示。从资金池、票据池、现金流指标中选取重点关注信息，在资金专题分析驾驶舱展示，展示内容为资金安全提示、融资到期提醒、现金流量、资金预算执行情况、重要事项可视等模块，可穿透排查风险。

资金存量分析。对公司的资金池和票据池情况进行分析，实施资金监控，掌握变动趋势。根据资金归集情况，结合"两金"占用管控措施盘活存量资金；通过资金管理相关政策的制定，提高执行效率和业务协同；对银行账户开户情况、银行分布和使用情况进行分析，以加强公司资金集中管控，预警长期不用账户，促进管控水平提高。

现金流量分析。对经营、投资、筹资活动现金流进行综合分析，对影响实现本期利润的因素进行全面展示，涉及折旧的影响、存货变动影响，财务费用变动影响，经营性应收应付项目变动影响等。从关键指标的变动中发现对利润的影响因素，对重点单位实现趋势跟踪，制定阶段性管理目标，从财务指标的变化回看资金管理效果。对现金流入结构、现金流出结构、现金流动的稳定性及协调性、现金流量的变化、现金流量的充足性、现金流动的有效性、自由现金流量分析、现金流量同行业及对标指标比较9个方面进行综合分析和评价。

资金预算分析。以财务共享中心的预算管理模块数据为基础，对预算期初、期末余额、预算执行情况、预算（投资、筹资、经营）收入、预算（投资、筹资、经营）支出等内容分板块、分单位进行可视化分析。资金预算分析区分内部往来和外部货币资金、统管及非统管单位，根据下达各单位的年度、月度资金预算及实际完成，综合分析预算执行情况，查找差异原因及变化趋势。规范各单位制定资金预算的严谨性与可执行度，实现合理统筹、调配资金。

应收款项分析。根据管理需求，采用一定的取数规则，将各单位的应收款项按应收账款、其他应收款、预付账款、合同资产、应付账款、其他应付款、预收账款、合同负债、备用金九个科目借贷方重新分类，取借方有发生额和余额的计入各单位基础表。根据内外部字段区分内外部，根据应收款项账龄超过3个月确定为风险债权，并据此确定定向清欠完成表和定向清欠汇总表。

公司管理层、专业层和业务层可以根据本专题清晰地了解公司及各单位的具体应收款项情况，定向清收完成情况，精准对接客户，及时跟踪风险债权。

（4）财务专项智能报告。

财务专项智能报告是按照企业管理会计报告相关要求建设的，是企业运用管理会计方法，根据财务和业务的基础信息加工整理形成的，满足企业价值管理和决策支持需要的内部报告。财务专项智能报告的目标是为各层级进行规划、决策、控制和评价等管理活动提供有用信息。

根据管理层、业务层等相关需求，结合容诚会计师事务所和浪潮集团公司提供的规则，由财务大数据项目组开发了财务专项智能报告。目前已开发了资金预算执行情况智能报告、应收款项智能报告、淮海往来智能报告、内部往来智能报告等多个财务专项智能报告。

财务专项智能报告采用复杂严密的取数逻辑，通过计算机语言编辑，实时自动生成智能报告，并以 Word 形式展示，全程无人工干预，耗时短，方便快捷。一键自动生成实时的财务专项智能报告可将几个工作日的工作量缩短到几分钟，提高了工作效率。

### （四）主要问题和解决方法

财务大数据中心建设目的是助推财务管理智能化转型，为企业战略提供决策支持，助力企业高质量发展。然而，在应用过程中会遇到一些问题，企业应结合自身的实际情况，综合运用多种解决策略，持续跟踪最新的技术发展和法规变化，有效提升财务管理的效能，驱动企业整体转型升级。

**1. 业财融合的深度和广度不够**

财务大数据中心虽然对接了多个业务系统，但是部分业务系统未推广到全集团使用，现有部分业务缺少系统管理，导致部分数据不能实现实时、自动传递，数据使用范围受限。

淮北矿业集团创新运用5G + "大智移云区物"等新技术，科学规划设计和流程再造，对管理会计、财务管理、内部控制以及财务会计进行了深度融合，通过业务系统集成对接，打通数据的桥梁隧道，实现数据资产互联互通共享，推进财务管理智能化转型。

**2. 持续运营管理能力有待提高**

随着财务管理智能化转型，相关的风险预警与控制、大数据分析与数据支持等职能尚未体现在目前的职责结构中。为满足管理需求，需要持续优化组织机构，进一步开发财务大数据中心职能范围，提高员工的综合技能，提升和优化持续运营管理能力，使财务功能更加高效、透明和具备前瞻性。

**3. 管理会计作用发挥有限**

提供的信息不相关或不及时，导致决策者无法有效利用；分析能力不足，缺乏专业的管理会计人才，员工的分析技能不足以挖掘数据背后的深层次含义；会计软件和工具落后，不支持高级分析；组织文化不支持，企业文化可能未能重视数据驱动决策，使管理会计的作用受限。

对管理会计进行有效的信息系统升级，加强需求分析，确保管理会计提供的信息和报告与组织的战略目标和决策需求保持一致；提升员工技能和专业知识，通过培训和专业发展程序，增强管理会计团队的数据分析能力；更新会计软件和工具，以实现高效的数据处理、自动化报告和深入分析；推动文化变革，培养基于事实的决策文化，将数据分析融入组织的核心价值观，支持组织的可持续发展。

基于企业的发展战略、业务特征与信息化程度，深度考虑财务大数据中心的发展前景和战略定位。建成的财务大数据中心，仅仅是实现财务数字化转型的第一步，数字化背景下财务管理智能化转型，仍需我们不断地探索与创新。

# 四、取得成效

淮北矿业集团运用大数据等数字技术实施管理会计信息化建设，从战略、风控、决策、价值四个方面协同管理，全面提升财务管控与价值创造能力，推进财务管理智能化转型，取得了明显应用成效。

## （一）集团管控一体化，财务核算统一规范

财务大数据中心以集团管控为导向，通过"大智移云区物"等新技术替代了人工记账、算账、报账等基础会计工作，实现了集团公司的信息系统、业务系统、数据标准、会计政策、会计科目、财务基础核算业务等集中处理，规范了集团公司业务处理流程，加强了业务流程中的内部控制各节点风险管控，充分发挥现代会计的核算监督职能。

## （二）业财资税一体化，价值创造集成高效

财务大数据中心实现了财务业务流程的再造，也使财务人员向业务转型，深入集团公司各个板块的业务前端，了解公司业务情况，参与业务生产和经营环节各事项，运用"大智移云区物"等新技术协助业务进行增值活动，通过流程改造指导业务产生经济效益，推进业财资税一体化深度融合，发挥财务管理在企业战略引领、业务指导、管理规范和技能提升方面的作用，助力企业价值创造。

## （三）财务管理数字化，数据赋能战略发展

财务管理数字化实现数据中台的汇聚整合能力、提纯加工能力、服务可视能力和价值变现能力，实现数据互联互通共享、财务组织架构的功能性转型、数据决策支持服务，充分利用大数据技术完成数据采集、交换集成等任务的可视化配置和监控功能，实现数据归集分析和帮助业务加深对数据的理解，实现数据的价值变现，盘活全量数据，为业务提供服务，为战略提供决策支持。

财务大数据中心自建成以来，按照建设、管理、使用"三同时、三并重"的要求，不断深耕优化系统各功能模块，提高管理层和业务层使用满意度，项目建设在业内处于领先行列。先后接待了几十家单位参观交流，荣获了 2021 年度中国管理会计创新实践奖、2022 年度安徽管理会计创新奖和 2022 全国国企财务管理创新成果一等奖等多项荣誉。

# 五、经验总结

淮北矿业集团财务大数据中心，构建了企业多元化数据中心，为企业战略规划、运营分析、风险防控提供服务。实现数据源的数智共享，推动了会计与数字技术的深度融合，促进了企业数据资产的保值增值，赋能企业财务管理智能化转型。

## （一）财务大数据中心的应用条件

财务大数据中心需要具备数据采集与整合能力、数据存储与处理能力、数据质量与清洗、数据分析与挖掘能力、数据安全与隐私保护、专业知识与能力以及与业务需求的对接能力，实现大数据在管理会计中的有效应用。

## （二）财务大数据中心成功应用的关键因素

财务大数据中心成功应用依赖于多种关键因素，包括管理支持、战略方向、数据驱动的文化、数据质量与完整性、技术支持与服务、培训与能力建设、战略与操作的结合，以及持续优化和学习等关键因素。这些关键因素共同作用，确保财务大数据中心顺利部署和有效利用。

## （三）发展和完善财务大数据中心的建议

发展和完善财务大数据中心要着眼于战略规划、高级分析与人工智能、业务智能与预测建模、培养数据文化与提高数据素养、跟踪技术发展与趋势等策略。

通过不断地探索和实践，可以进一步提升财务大数据中心的数字化和智能化水平，助力企业实现更加精细化、科学化的财务管理，提升企业竞争力和市场适应能力，从而实现可持续发展。

## （四）推广应用财务大数据中心的建议

推广应用财务大数据中心是一个系统性的工程，企业要有坚定的决心和长期的投入，统筹规划和全面推进。推广应用财务大数据中心涉及组织内部的教育、技术升级、交叉部门合作和服务改进等策略。

通过上述策略，可以有效推动财务大数据中心的应用，充分利用大数据带来的优势，为企业的健康发展和决策提供坚实的数据支持，大力推动企业的数字化转型进程。

未来已来，数字化时代，聚焦产业数字化、数字产业化，推进新一代信息技术与企业管理创新发展深度融合，打造管理决策"智慧大脑"。以数字技术为支撑，加快推进管理会计信息化建设，用数字技术驱动财务管理智能化转型，助力企业高质量发展。

（淮北矿业股份有限公司：周四新　潘仁勇　武　艳（执笔）　岳　岷
王庆龙　初云生　秦永胜　葛艳珍）

🎓 **案例评语：**

该案例在"大智移云区物量"背景下，以数字化转型为引领，以数字技术赋能为目的，创新性地将数字技术与财务管理相融合，运用先进的数字技术实施管理会计信息化建设。案例紧扣实践，分别从企业的不同板块、不同场景、不同技术等方面，分享了数据的深度挖掘和分析，推进了财务管理智能化转型，更好地利用数字技术实现公司价值目标和科学管理，进一步提高了企业的核心竞争力实践探索和经验，展现了企业管理会计实践创新成果。案例单位对管理会计、财务管理、内部控制以及财务会计进行的深度融合，深刻体现了业财融合和战略的对接，对制造企业等其他企业有很好的示范作用，具有一定的推广意义。

# 山东高速集团基于业财大数据的智能决策分析平台

**摘要**

山东高速集团是山东省高速公路基础设施领域的国有资本投资公司。近年来，山东高速集团紧紧把握数字化转型的发展趋势，积极推动实体产业与信息技术深度融合，挖掘数据要素潜能，并在管理会计领域积极推进管理会计数字化转型。山东高速财务共享中心是集团直属机构，也是山东高速集团实施管理会计数字化转型的主要阵地，通过管理会计信息系统建设作为管理会计数字化转型的重要抓手，运用大数据、人工智能和云计算等新一代信息技术搭建基于业财大数据的智能决策分析平台，平台建设内容涵盖战略管理、预算管理、成本管理、营运管理、投融资管理、风险管理及管理会计报告等管理会计领域，并将各领域管理会计工具嵌入系统中，最终打造出智慧驾驶舱、智能财务分析报告、智慧报表、融媒体大屏等管理会计数字化转型典型应用子系统，实现数智赋能生产经营。

智能决策分析平台建设是推进管理会计数字化转型的有效路径，通过对各类管理会计工具方法的运用，实现支持管理决策、释放数据价值、增强集团管理会计一体化管控、提升管理会计分析自动化与智能化水平等功能成效。同时，该平台创立了集团型企业智能财务决策支持的领先模式——数据可视化、报告标准化、信息网络化、决策智能化、风险指标预警常态化，对提高集团型企业管理会计智能化水平具有重要的借鉴意义。

# 一、背 景 描 述

## （一）单位基本情况

山东高速集团有限公司（以下简称"山东高速集团"）是山东省基础设施领域的国有资本投资公司，注册资本459亿元，资产总额突破1.5万亿元，运营高速公路里程占全省的84%。目前山东高速集团下属法人单位1100余家，财务核算主体1900余家；拥有6家上市公司。

山东高速集团有限公司财务共享中心（以下简称"山东高速财务共享中心"）是山东高速集团的直属机构，承载着会计核算中心、财务监督中心、数据服务中心、人才培养中心的建设目标，其主要职能之一是负责组织实施集团管理会计工作。

### （二）管理会计应用基础

随着山东高速集团的快速发展，集团的财务管理模式、财务管理水平已不能满足高质量发展的需要，目前山东高速集团管理会计中存在传统管理会计报告质量参差不齐和数据价值挖掘体系尚不健全的问题。

### （三）选择相关管理会计工具方法的主要原因

在集团管理会计应用基础上，结合管理会计应用指引和集团战略发展方向，山东高速集团明确了管理会计未能发挥决策支撑作用、数据价值挖掘不深入、管理会计工作一体化管控力度不足、管理会计报告自动化智能化水平不高等亟待解决的管理会计问题。

## 二、总 体 设 计

### （一）应用管理会计工具方法总体目标

山东高速财务共享中心将"数智赋能"作为管理会计信息系统建设的总体目标，即全面推动数据资源共享开放，促进数据资源流通，充分释放数据价值，发挥数据作为关键生产要素的基础性和战略性作用，使管理会计逐步走到业务前端，发挥其在战略制定、事前预测、事中管控、事后评价中的重要角色，提质增效的同时激发集团创新发展活力。

### （二）应用管理会计工具方法总体思路

首先，构建管理会计信息系统、完善数据仓库和指标体系。在财务共享数据、余额表、报表等财务数据的基础上，融合资金系统数据、业务系统数据、外部行业对标数据等，初步构建集团统一的业财数据仓库。同时，构建智能业财分析指标体系，并实现从业财数据仓库中自动采集财务及业务数据。

其次，充分应用管理会计信息系统，通过大数据、人工智能等新一代信息技术，将预算执行分析、本量利分析、多维度盈利能力分析、资本成本分析、外部融资结构分析、成本结构分析、成本趋势分析、风险清单、省属企业对标、行业对标等管理会计工具方法更高效地应用到管理会计报告、预算管理、成本管理、营运管理、投融资管理、风险管理及战略管理等领域。

## （三）相关管理会计工具方法的内容

现阶段管理会计信息系统主要构建智慧驾驶舱、智能财务分析报告、智慧报表、融媒体大屏四大应用子系统，涵盖管理会计报告、预算管理、成本管理、营运管理、投融资管理、风险管理及战略管理七大管理会计应用领域，囊括各应用领域中的常见管理会计工具方法（见图1）。

## （四）应用创新点

### 1. 智能技术运用创新

管理会计信息系统创新性地运用了大数据、人工智能、交互技术、云计算、网络和运算技术、融媒体等新一代信息技术。

### 2. 财务分析方式创新

管理会计信息系统运用数据挖掘方法对业财数据进行描述性分析、诊断性分析以及规范性分析，揭示数据的过去、现在与未来，实现了财务分析方式的创新。

（1）描述性分析。通过管理驾驶舱、智慧报表模块直观地展现集团过去所形成经营成果的主要核心指标、预算完成情况，并实现在板块、子公司层级的数据穿透与关联。

（2）诊断性分析。通过智能财务分析报告中的智能交互模块，集团公司的财务分析报告可以参照引用子公司业务环节异常指标变动的原因，揭示价值变动的异常原因。

（3）规范性分析。通过历史对标、预算对标、行业对标模块，基于集团主要财务指标明确企业在同行业中所处的位置、与同期相比发展变化以及预算完成情况，及时发现并纠正经营决策执行过程中出现的偏差。

### 3. 价值分析过程展现创新

管理会计信息系统实现了管理会计功能模块全部"在线化"，财务与经营分析、管理会计报表、财务风险管理、智能财务分析报告均可在线查看，可以全景化展现价值创造分析与决策过程。

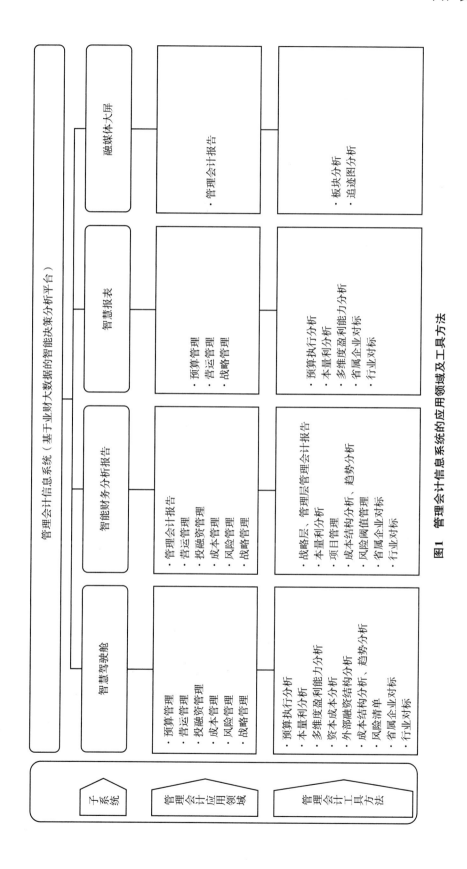

**图1 管理会计信息系统的应用领域及工具方法**

# 三、应 用 过 程

## （一）参与部门和人员

**1. 智能决策分析平台建设的牵头及配合部门和人员**

该项目由山东高速集团财务总监亲自挂帅、上阵指挥，财务共享中心领导全面参与，各级财务管理部门和单位全力配合，为项目的顺利上线提供组织和人员保障。山东高速财务共享中心的数据服务部门为本项目的主要牵头部门，部门全体人员均参与到项目开展的各个环节，包括针对项目的需求调研、信息提供、规划设计、建设开发、上线运营及反馈优化等，并根据方案开展实施。山东高速财务共享中心的其他部门及各级权属单位财务人员为本项目的配合部门及人员。

**2. 智能决策分析平台建成后的管理人员**

山东高速财务共享中心数据服务部人员承担系统应用管理工作。

**3. 智能决策分析平台建成后的应用人员**

各级单位管理人员及财务人员。一是各单位管理层通过智慧财务分析报告了解公司当月的经营成果以及指标变动情况。二是上级单位管理人员和财务人员在线查看下级单位填报的分析原因，及时掌握下级单位经营状况。三是山东高速集团管理层通过可视化智能决策驾驶舱，可以及时掌握多层次多维度的企业经营现状，满足集团领导办公、会议、差旅、座谈等多种决策场景的需要。

## （二）应用的部署过程

**1. 智能决策分析平台规划**

山东高速财务共享中心结合集团发展现状和未来发展战略，规划业务系统与财务系统的集成与融合，促进业财融合和管理会计应用，推进财务工作不断向业务领域全过程延伸。山东高速财务共享中心遵循"整体规划、分步实施、逐渐完善"的工作思路，逐步推进智能决策分析平台的建设并扩展平台的应用场景。

**2. 智能决策分析平台建设**

（1）项目准备阶段：山东高速财务共享中心在智能决策分析平台建设准备阶段完成了系统建设前的基础工作，包括明确建设目标、确定实施组织范围和业务范围、调研信息系统需求、制定项目计划、组织人力资源、开展项目动员等。

（2）系统设计阶段：山东高速财务共享中心基于现有的信息系统应用情况、管理会计工作现状和信息系统需求，梳理了管理会计应用模块和应用流程，并据此形成智能决策分析平台的建设实施方案。

（3）系统实现阶段：山东高速财务共享中心以智能决策分析平台设计框架为指导，按照实施方案稳步推进系统建设，协同第三方软件开发公司完成了统一数据资源标准、系统配置、功能和接口开发及单元测试等工作。

（4）测试上线及系统运维：智能决策分析平台建设完成后，山东高速财务共享中心组织开展了一系列系统上线工作，包括调动权属单位协助测试、为不同角色使用人员设置权限、正式系统环境部署、用户培训等。同时加强对智能决策分析平台的推介和宣传，促使各单位及相关部室统一思想、凝聚共识，充分认识智能决策分析平台对管理会计数字化转型的重要意义。

智能决策分析平台设计框架如图 2 所示。

## （三）具体应用模式和应用流程

按照输入、处理和输出的应用过程，智能决策分析平台首先从多个信息系统获取数据并进行处理，其次根据财务指标体系规则、功能模块设计方案，使用大数据、人工智能等技术对数据进行计算处理，最后以智慧驾驶舱、智能财务分析报告、智慧报表、融媒体大屏四个子系统形式供企业用户所使用。以下将按照四个子系统来介绍智能决策分析平台的应用流程。

### 1. 智慧驾驶舱

（1）应用模式介绍：利用数据可视化技术，搭建支持 PC 端、大屏端等多种展示方式的可视化智慧驾驶舱，内容涵盖资产总额、负债总额、营业收入、利润总额、净利润共 5 个基本分析大类，以及高速公路运营、生态圈、资金、两金、省属企业对标、行业对标等 11 种专项分析主题。每个分析主题都应用了不同维度的柱状图、折线图、组合图、饼图等分析视图，体现个性化的"所想即所得""一站式"决策支持门户。该系统融入了预算执行分析、本量利分析、多维度盈利能力分析、资本成本分析、外部融资结构分析、成本结构分析、成本趋势分析、风险清单、省属企业对标、行业对标等管理会计工具方法，可应用于预算管理、营运管理、投融资管理、成本管理、风险管理、战略管理等管理会计领域。（2）应用模式选择原因：选择该应用模式的原因是希望通过直观的方式，将关键经营指标、业务板块分布、资金分布、对外投融资分布、高速公路运营、多指标行业对标、山东省属企业对标等进行可视化的展示，使管理层能够快速、精准地获取关键领域的核心业财数据，进而辅助研判业务发展、支持战略管理决策。（3）应用流程：首先，通过大屏、PC 端登录智能决策分析平台，进入"智慧驾驶舱"模块，即可直观地查看到 12 组子模块界面，分别是首页的集团概况总览及 11 组专项分析界面。

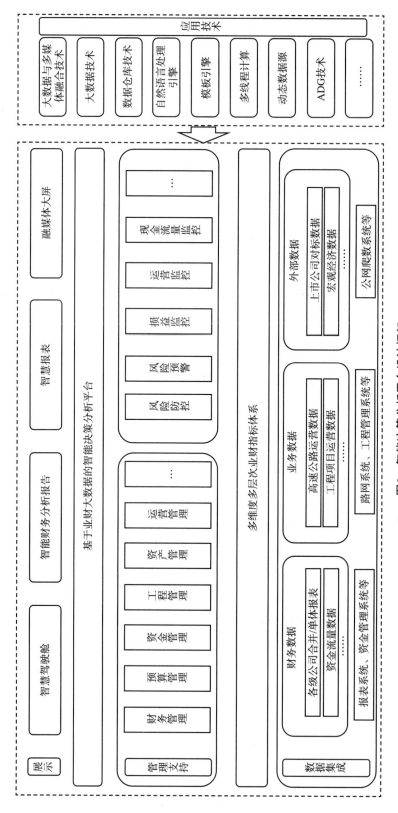

**图 2　智能决策分析平台设计框架**

智慧驾驶舱界面如图 3 所示。

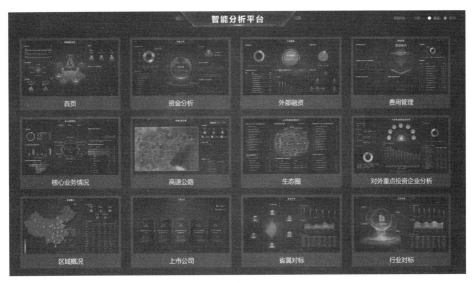

图 3 智慧驾驶舱界面

其次，通过点击"首页"子模块界面，即可进入并查看基础财务数据、预算完成率、集团概况等信息，有助于管理层快速了解集团关键财务指标，同时通过预算执行分析加强预算管理效果。

通过进一步点击财务指标，即可查看集团及子公司财务信息的多维度穿透钻取信息，可以按公司层级展示至二级权属单位，也可以按区域进行展示，便于集团管理层多维度了解企业的经营信息。以点击"资产总额"指标为例，可以在该指标的下钻界面查看到资产的区域分布（山东地图、中国地图和世界地图）、按二级权属单位的分布及排名、资产结构等详细信息。

最后，通过点击其他 11 个专项分析子模块界面，则可以看到相应的分析内容，举例如下：

①通过点击"高速公路"子模块，即可查看到集团在山东省内的高速公路路段信息，根据高速公路的坐标信息，在地图上展示山东高速集团现有高速公路的数量、里程、走向等业务信息，同时还可以展示总收入、总成本及成本结构、单公里收入等财务信息。

继续在地图上点击路段，即可实时查看与该路段相关财务信息（收入、成本、毛利）、里程数、车流量信息，便于集团及时、便捷、动态地掌握高速路段信息，便于利用本量利分析、成本分析等管理会计工具对业财数据进行融合分析，有助于管理层及时作出调整、干预、纠偏等行动决策，促进集团主业持续健康发展，提高管理质量。

②通过点击"行业对标""省属对标"子模块，可查看多指标行业对标、山东省属企业对标，掌控企业在同行业所处的位置及发展差距，为管理层制定战略提供辅助信息。

除此之外，还有"生态圈、对外重点投资企业、外部融资、上市公司、核心业务情况、资金分析、费用管理、区域概况"等子模块，分别展示了相关的指标分析视图，便于管理层直观快速地查看到最关心的指标情况。

**2. 智能财务分析报告**

（1）应用模式介绍：智能决策分析平台基于人工智能、模型算法等技术，建立了智能分析报告管理体系，能够集成内部业财数据以及与业财分析决策相关的外部大数据，运用决策树、自然语言处理等人工智能算法，构建专家模型知识库，并在此基础上智能生成企业财务分析报告。

智能财务分析报告内容上包括宏观形势分析、集团总体情况综述、多维度财务状况分析、多维度的经营情况分析、现金流分析、主要业务运营情况分析、新投产运营项目完成情况、专项分析、专家模型结论、存在问题分析及管理建议。报告结合国资委考核要求设置了指标阈值，对指标进行异常预警和原因交互分析。

报告模板采用"普通话＋方言"相结合的模式，集团同板块、同类型企业采用标准化的分析报告。相同模块的设置、必要分析的指标、专家模型结论即为"普通话"，具有标准化的特点，而"方言"是指不同行业、不同规模的企业在分析模块、分析指标、指标阈值、原因分析等方面具有个性化的设置。

该子系统融入了本量利分析、项目管理、成本结构分析、成本趋势分析、风险阈值管理、省属企业对标、行业对标、多元管理会计报告模板等管理会计工具方法，可应用于管理会计报告、营运管理、投融资管理、成本管理、风险管理、战略管理等管理会计领域。

（2）应用模式选择原因：选择该应用场景的原因是山东高速集团需要及时、便捷、全面、准确地掌握权属单位的财务状况，对各权属单位的财务指标进行异常预警和原因交互分析。相比传统的分析，智能财务分析报告由系统智能生成，时效快，提高了财务分析自动化、智能化水平。通过引入智能交互、实时交互功能，集团可以实时看到权属公司所填报的原因，亦能进行多岗位上下左右配合，在线交互，实现上下级、不同部门之间进行协同，有效解决企业管理者对财务数据和数据背后异动原因实时联查的需求，降低信息不对称问题。与此同时，智能财务分析报告有利于集团及时把握存在的问题，动态确定或调整管理重点，及时采取调整、干预、纠偏等行动，防范潜在风险，提升了集团财务监督管控水平。此外，智能财务分析报告利用智能算法解决了长期困扰财会人员取数难、制表难、分析难的问题，大大降低财务分析的工作量，提高数据准确性，进一步提高财务分析的质量，夯实管理会计的基础。

（3）应用流程：首先，在每月集团各权属单位结账期间（月底25日至次月3日），智能决策分析平台多频次从NC系统抽取财务数据并自动生成智能分析报告。如图4所示，为智能财务分析报告列表界面。

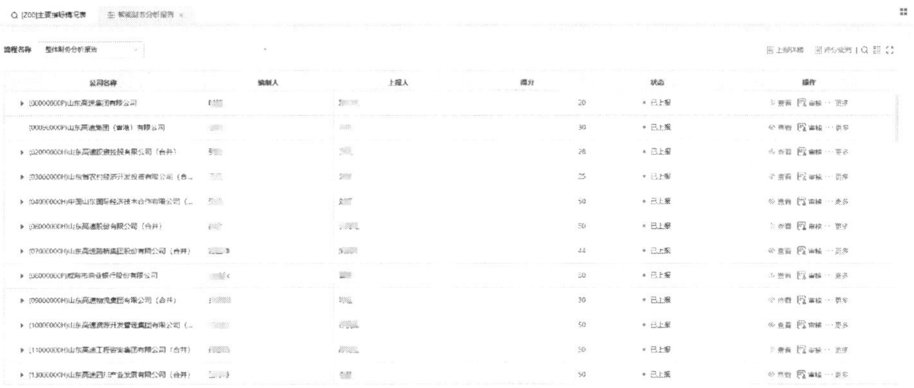

**图4　智能财务分析报告列表界面**

其次，报告结合生产经营指标考核要求，综合运用参数法、比较法、均值法等设置指标阈值，对指标异常变动进行数据分析和原因交互，自动筛选异常指标，异常指标将以红色字体显示并予以提示。

最后，在系统自动取数基础上，各级次权属单位需对触发阈值的异常指标进行原因分析，深入追溯数据背后的业务原因并在线填写，系统会每隔2秒自动保存一次，上级单位可以实时看到下级单位所填报的原因，进而做到了实时共享、及时发布。与此同时，平台将集团公司量化考核标准形成评分规则内置系统，系统能够对各核算主体上报的报告根据评分规则进行智能评价。集团公司将评价结果作为单位和上报人员绩效考核的依据之一。如图5所示为智能财务分析报告具体指标预警及分析界面。

**3. 智慧报表**

（1）应用模式介绍：智慧报表体系能够实现报表数据的自动抽取，同时能够对财务信息进行穿透，建立数据与数据之间的关联，可以按公司层级层层下钻，方便了解合并范围内各层级公司所占比例。此外，智慧报表体系包含多种管理会计口径的报表，方便对关键核心业务的财务指标进行分析。

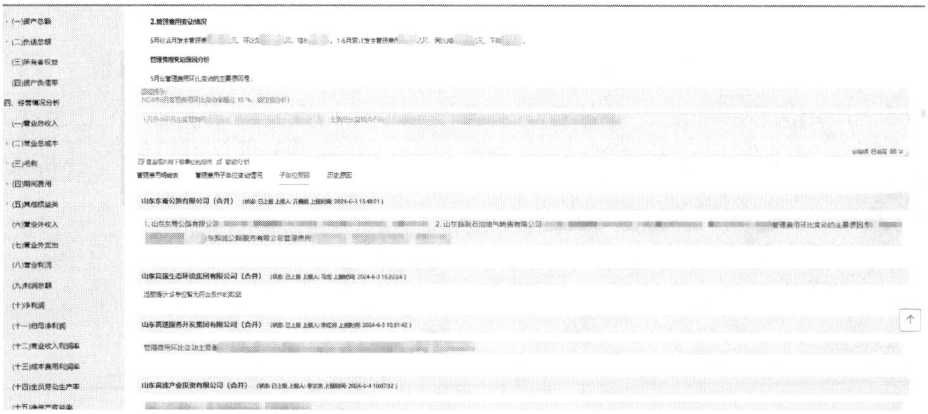

**图5　智能财务分析报告具体指标预警及分析界面**

具体内容包括两部分：一是快报分析表，涵盖主要指标情况表、资产负债分析表、利润分析表、现金流量表、营业收入明细表、管理费用明细表、利润总额明细表、资产总额明细表、货币资金余额明细表、两金明细表、应收账款明细表、房地产存货明细表、资产负债率明细表、资产负债率分析表等。快报分析表主要是以集团战略总览性指标为基础，充分考虑国资委考核的一系列指标而设定。二是管理分析表，涵盖预算完成情况表、营业收入分段统计表、利润总额分段统计表、净利润分段统计表、高速公路车流量明细表、通行费收入明细表、通行费成本明细表、通行费毛利明细表、施工板块业务分析表、外部融资明细表等。管理分析表主要是从管理会计分析的角度，对整体盈利情况、分板块经营情况等进行有针对性的分析和展示。

该子系统融入了预算执行分析、本量利分析、多维度盈利能力分析、省属企业对标、行业对标等管理会计工具方法，可应用于预算管理、营运管理、战略管理等管理会计领域。

（2）应用模式选择原因：选择该应用模式的原因是山东高速集团财务管理需要从业财指标维度出发，了解某项财务指标数据逐级钻取金额，例如营业收入明细表，可以看到集团合并营业收入金额以及下面各二级权属单位的营业收入金额，从而了解收入在权属公司间的分布情况以及变动原因。通过数据自动生成、分级钻取联查、分类归集汇总，满足集团复杂报表体系的管控需要。

（3）应用流程：首先，在每月集团各权属单位结账期间（月底25日至次月3日），智能决策分析平台多频次从财务核算系统、业务系统抽取业财数据自动生成智慧报表。

其次，进入智能决策分析平台后，点击"智慧报表"模块，可以在下拉菜单中看到"快报分析表"和"管理分析表"及其各自包含的报表列表。以下将列举不同功能的智慧报表：

①点击"利润分析表"，即可进入相应界面，查看利润表相关指标的本期数、上期数、同比变动、环比变动、变动原因说明等信息（见图6）。

图6　利润分析表界面

根据分析需求，继续点击需要获取下钻信息的指标，即可穿透至该指标的构成明细表。例如，点击营业总收入变动率，即可进入营业总收入按二级权属单位列示的明细金额及变动情况（见图7）。

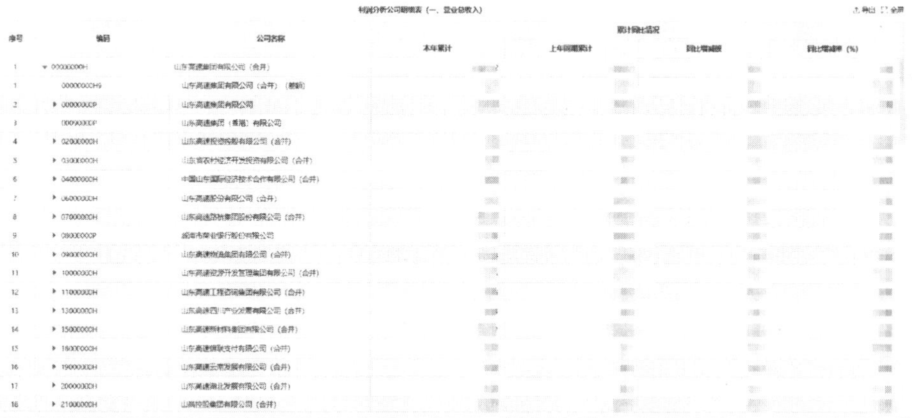

图7　利润总额下钻至营业总收入分析界面

若继续点击二权属单位名称，则可以继续下钻至下级公司展示界面；若点击本年累计金额，则可以下钻到该公司每月收入金额列表；若点击同比增减率，则可以显示该公司填写的指标变动原因（见图8）。

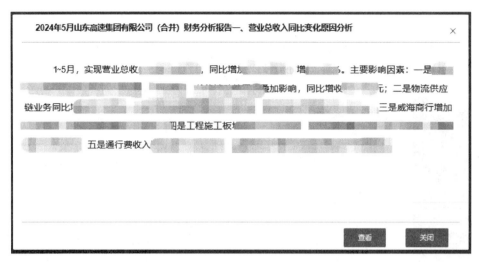

**图8　营业总收入同比增减变动原因分析界面**

②点击"预算完成情况表"，即可查看所有二级权属单位的年度预算值、累计完成值、预算完成率等信息（见图9）。其中，年度预算值定期进行动态维护更新，累计完成值及预算完成率由系统自动归集和智能计算得出，极大提高了预算结果评价与分析效率，助力集团预算管理。

**图9　预算完成情况表界面**

③点击"通行费收入明细表""通行费成本明细表""通行费毛利明细表""高速公路车流量明细表"等表格，即可查看并导出与高速公路运营相关的业务数据及财务数据，从而可以实现成本结构分析、趋势分析、本量利分析、多维度盈利能力分

析等，助力高速公路业务的成本管理和营运管理（见图10）。

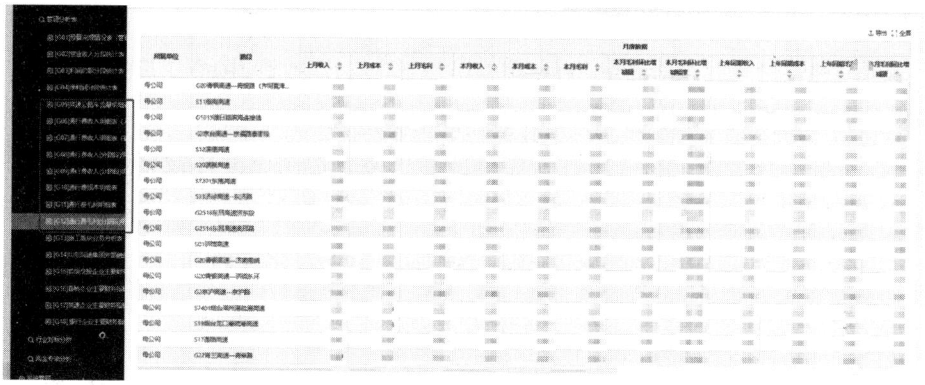

**图10　通行费毛利（分路段）明细表界面**

#### 4. 融媒体大屏

（1）应用模式介绍：融媒体大屏利用融媒体技术动态展示了11个内容场景，包括集团财务状况、发展历程和行业地位；集团三大主业、高速公路经营及产业布局情况；控股上市公司、战略性投资及生态圈合作网络情况；以及集团履行社会责任、深化改革创新情况。该子系统融入了板块分析、追迹图分析等管理会计工具方法，通过可视化技术展现管理会计报告。（2）应用模式选择原因：融媒体大屏可以实现数据自动提取、内容动态呈现，生动描绘出集团的"企业画像"，助推集团品牌形象推广宣传。（3）应用流程：进入智能决策分析平台后，点击"融媒体大屏"模块，即可进入融媒体大屏展示界面。分别点击各个子模块，即可观看子模块视频。

### （四）　实施过程中遇到的主要问题和解决方法

#### 1. 会计基础数据问题

山东高速集团涵盖公路运营、铁路运营、建筑施工等22个细分行业，在34个国家和地区开展业务。经营领域多元化、区域分散化导致系统取数逻辑异常复杂。

解决方法：智能决策分析平台建设依托山东高速财务共享中心，对会计科目体系以及辅助核算体系进行统一化、标准化设计，借助用友财务信息系统对山东高速集团会计核算进行规范化管理和控制，统一主数据，优化系统取数逻辑。

#### 2. 系统集成问题

山东高速集团业态多、行业分布广，业务系统建设不成熟，数字化转型尚处于初创期，业务系统繁多，导致取数困难。

解决方法：智能决策分析平台建设始终坚持数据完整性及准确性原则，整合信息资源，梳理出多系统的取数方案和路径，贯彻业财融合的思想。

**3. 指标体系构建问题**

山东高速集团经营业态多、不同单位需求不一，可展现的内容不胜枚举，如何选择高质量、有效性、个性化的指标是一大难题。

解决方法：在指标体系建立过程中，智能决策分析平台整体设计、分类选取指标，针对不同行业，从提质降本增效、资金管控、资本运作、行业特色和社会责任绩效五个方面过筛子式选择，分别对各类重点指标进行个性化设计。

**4. 报告设计问题**

智能财务分析报告要想起到支持战略决策、防范潜在风险、赋能生产经营的作用，必须兼具完整性、深入性，同时也要考虑对标尺度问题。

解决方法：山东高速财务共享中心以业财融合和对标管理为主逻辑，依据资产负债表、利润表和现金流量表解决完整性分析；通过对业务板块分析和生态圈客商分析，深入挖掘可分析的极具价值的亮点，从而解决业财深度分析难题；通过选择省级交投企业、路桥施工、银行、高速公路行业对不同业务板块进行行业对标，同时选择国资委行业参数值作为标准进行对标，解决对标尺度难题。

---

# 四、取 得 成 效

## （一）强化管理会计在经营决策中的支撑作用

灵活嵌入各类管理会计工具方法，在多个管理会计领域进行应用，有效解决了企业管理者对高质量财务数据和财务分析的需求，各级权属单位管理层均可以通过智能决策分析平台在短短几秒钟内快速获取本单位或下级单位的关键财务指标和变动原因，参考相关指标制定企业经营战略，并监督战略实施效果。同时有效提高了经营决策的针对性和时效性，进一步发挥了管理会计在赋能生产经营方面的作用。

## （二）充分挖掘业财大数据赋能经营的价值

一是充分考虑集团战略性指标、国资考核指标、内外部行业指标等，搭建了多维度、多层次的数据分析指标体系。二是整合财务系统、业务系统、外部系统等来源的数据，利用本量利分析、多维度盈利能力分析、成本结构分析等管理会计工具方法，对业财数据进行了深入的挖掘和分析。三是设计了多场景报告模块，提高了管理会计报告的灵活度，拓宽了管理会计分析的广度和深度，实现了业财大数据赋能经营的价值。

### （三） 显著提升集团一体化管理会计水平

一是达到指标范围全覆盖、单位层级全覆盖，对数据进行全方位、立体式分析，便于集团全面掌握各单位财务状况。二是可视化展示预算完成进度，促进集团对生产经营指标完成情况的管控。三是通过实时共享作业、及时交互反馈信息，及时把握存在问题，提升集团一体化管理会计水平。

### （四） 实现管理会计分析自动化与智能化

一是实现内外部数据自动抓取和异常指标自动预警，提高财务分析的时效性和高质量。二是通过运用人工智能算法和专家模型，提升业财分析的智能化水平。三是实现数据联查功能，上下级实时交互功能。四是自动筛选异常指标，有效提升风险防控的智能化。

---

# 五、经验总结

### （一） 智能决策分析平台应用经验

**1. 加强组织领导**

山东高速集团高度重视智能决策分析平台建设，将其作为"一把手"工程，通过明确时间表、路线图和责任人，通过专业化分工和密切协作，稳妥推进平台建设。

**2. 优化工作机制**

建立项目化管理机制，按照"整体规划、分步实施、逐步完善"的原则，做好规划、建设和应用等各环节工作。

**3. 做好前期调研工作**

综合考虑决策者以及各权属单位的实际需求，科学设置报告模板，直观展现决策者最关心的内容。

**4. 加大宣传力度**

山东高速集团通过调研沟通、意见反馈、上线培训等多种方式，加强对智能决策分析平台的推介和宣传，把对平台设计和业务梳理的过程，变成宣传推广财务共享理念、坚定推进智能决策分析平台建设的过程。

### （二） 进一步改进和发展建议

目前智能决策分析平台在业财专项分析方面仅针对高速公路运营及施工板块进行

了深入分析，尚未实现对其他板块的专项分析，业财分析的深度和宽度有待进一步提升。未来可通过以下措施继续推进管理会计数字化转型进程：一是随着集团各业务板块业财数据的完善，平台将融合更多的数据源，开展更深入的业财专项分析来挖掘数据价值；二是解锁智能决策分析平台的风险防控功能，刻画供应链客商画像，对关键客商进行信用风险评价，优化供应链客商风险管理；三是进一步挖掘数字化转型典型应用场景，推进数字化赋能。

（山东高速集团有限公司：王其峰　李广进　徐立波　梁占海　付业宁

唐致霞　刘　霞　高冰洁　公维帅　孟令君

殷万凯　王飞飞　施雪瑞　战志远）

## 🎓 案例评语：

　　该案例深入探讨了基于业财大数据的智能决策分析平台的建设与实践。案例单位以业财融合为核心，运用大数据、人工智能等先进技术，构建了一个全面覆盖战略管理、预算管理、成本管理、营运管理、投融资管理、风险管理等的智能决策支持系统。该系统通过整合内外部数据资源，实现了管理会计报告、预算控制、成本分析、风险评估等关键功能。平台的应用不仅提升了案例单位处理和分析复杂财务数据的能力，而且通过数据可视化技术，增强了决策的直观性和可操作性，显著提高了管理决策的效率和质量，有效推动了管理会计工作的数字化转型。

　　案例单位基于业财大数据的智能决策分析平台的建设实践，为国有企业的管理会计数字化转型提供了宝贵的经验和参考。同时，案例单位在推动管理会计数字化转型过程中所采取的策略和方法，如加强组织领导、优化工作机制、做好前期调研工作等也对其他企业具有借鉴意义。

# 数据中台建设助力集团公司高质量发展

## 摘要

近年来，随着云计算、大数据、人工智能等关键技术蓬勃发展，数据资产已经成为集团管理转型成功的关键抓手，集团经过十几年信息化建设，业财融合度逐步提升，但随着公司的快速发展，河南水利投资集团有限公司急需整合分散在各个业务部门的数据，将数据中台作为公司管理会计转型的有效工具，实现数据资产智慧化和可视化管理，有效支撑集团"十四五"时期战略决策，更好地服务于集团高质量发展。

案例第一部分是背景描述，主要阐述集团选择数据中台作为管理会计工具的原因及其在数据应用中存在的主要问题；第二部分是总体设计，本案例选择其他类型的管理会计工具方法，对数据中台进行研究，明确了应用数据中台的目标与总体思路，总结了应用过程的创新点；第三部分是应用过程，以第二部分总体设计为基础，列明参与部门与应用条件，具体描述了数据中台应用蓝图与实施方案、数据中台建设的具体内容与步骤以及数据中台规范制度；第四部分是取得成效，对比了应用数据中台前后的效果，并在解决单位管理问题、支持单位制定和落实战略、提升单位管理决策有用性和提高单位绩效管理水平四方面对数据中台作出评价；第五部分是经验总结，总结了应用数据平台成功实施的关键因素、优缺点以及推广应用数据平台的建议。

# 一、背 景 描 述

## （一）集团基本情况

河南水利投资集团有限公司（以下简称"集团"或"公司"）成立于 2009 年，已发展成为涵盖水利产业"勘测、设计、投资、施工、运营"全链条的省级水务集团，着力打造成重大水利工程的投资平台、水资产的运营平台、水资源的整合平台、治水科技的创新平台。

截至 2023 年底，集团总资产 1122 亿元，设有 9 个职能部门，下属 140 余家子公司，在职工作人员 9000 余人，管理区域遍布全省①。

### （二）管理会计应用基础

在国务院《"十四五"数字经济发展规划》、国务院国资委《关于加快推进国有企业数字化转型工作的通知》，以及《河南省数字经济促进条例》的指导下，集团积极进行数字化转型，当前集团信息化系统建设已初具规模，形成了由五大核心系统组成的架构格局。包含统一身份认证系统、动态投资系统、财务系统、人力资本管理系统、综合办公平台。具体如图 1 所示。

### （三）选择相关管理会计工具方法的主要原因

2019 年 10 月，中国在全球范围内率先提出数据要素概念，数据作为新型生产要素的地位得到确认，2022 年 12 月，国务院提出企业数据资源入表事项。数据已成为助推企业高质量发展的重要因素，集团通过重大水利工程数字化、城乡供水智慧化、涉水企业数智化建设积累了大量业财数据，但数据质量不能满足企业发展要求，所以集团下一步急需通过数据中台将业财数据整合，通过管理指标和模型进行数据治理，满足多口径、多维度的管理诉求。基于此背景，集团选择将数据中台作为管理会计工具。

## 二、总 体 设 计

### （一）应用相关管理会计工具方法的目标

**1. 打破数据孤岛，形成内部开放的数据格局**

基于自身的信息化建设基础汇聚内外部数据，保证所有数据统一进入集团数据湖，通过数据治理，提供开放的数据共享和交换服务，使数据在汇聚的同时，进一步提高数据的准确性和有效性，从而达到内外部系统的方便有序共享。

**2. 快速响应业务需求，灵活实现数据服务**

大部分服务都是围绕数据而生，数据中台是围绕向上层应用提供数据服务构建的，中台战略让数据在数据平台和业务系统之间形成了一个良性的闭环，从而能够对业务作出迅速反应。

---

① 数据来自《河南水利投资集团有限公司 2023 年年度报告》。

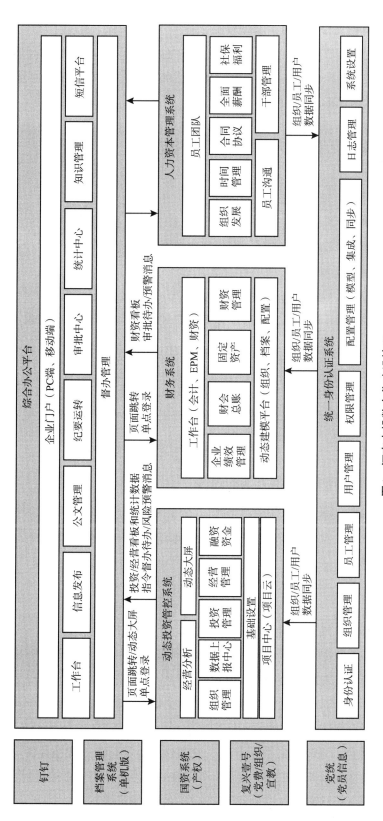

图1 河南水投数字化建设情况

**3. 深度挖掘数据价值，算法模型预测风险**

数据资产的最大价值在于分析应用，数据中台构建了开放、灵活、可扩展的统一数据管理，打破了数据的系统界限，从而为日后的可视化建模等高阶的算法模型应用提供了良好的数据基础。

## （二） 应用相关管理会计工具方法总体思路

集团在经过前期内部立项、选定合作供应商之后对整体项目建设思路如下。

**1. 定制数据中台项目实施方案**

深入咨询和调研集团各业务部门，梳理业务流程和业务需求，梳理已有信息系统，了解数据现状和数据勾稽关系，制订实施方案，合理安排推进计划和资源投入。

**2. 数据中台系统建设**

搭建先进的数据平台，支撑数据采集、开发、存储、建模、管理、分析、应用、共享等全栈数据需求，采集汇总各类业务数据，并通过规范化的数据建设形成集团数据资产，实现数据可视化和数据共享服务。

**3. 数据中台规范制度建设**

编制符合业务实际的数据中台相关规范、制度。主要包括数据标准规范、数据治理流程规范、数据质量管理规范、数据安全管理制度等，以保障集团数据中台的长期有效运行。

## （三） 相关管理会计工具方法的内容

数据中台是数据整合和智能应用平台，其核心是在应对多数据处理的基础上，做好标签数据的管理，让数据能够快速复用，从而达到降本增效的目的。数据中台内容主要包含四大块：

（1）汇集数据，通过数据中台采集框架对各种源数据进行统一采集管理，实现数据的共享。

（2）管理数据，数据管理包含数据转化、加工、清洗等操作，是每个数据应用的基本环节之一。数据治理核心在于将数据资产化，提升数据价值，如通过数据目录、主数据规范等实现数据的有效应用。

（3）使用数据，数据中台的最终目的还是实现数据服务化、通过不同主题的模型和指标实现对企业管理情况的真实反映。

（4）运营数据，主要指对数据开发、使用、交换等行为的规范能力。是使用者与数据中台核心数据服务之间的中间层，可以有效隔离外部用户直接控制、接触核心数据及应用，可保护数据中台的安全性及内部功能的稳定性。

### （四） 应用相关管理会计工具方法的创新

以往集团提取管理分析数据时需要业务上做复杂加工，比如管理层想看到水利工程上的投资和工程建设等相关情况，需要从不同的系统中提取数据做分析模型，或者改造业务系统，违背了管理分析本身是为了服务和指导业务的初衷。集团通过数据中台建设，创新性地形成了集技术中台、数据中台、业务中台协同的架构体系，打破了传统系统之间的界限，可以灵活简单满足业务和管理的不同诉求，实现管理指标及管理数据源于业务，反哺于业务。具体架构如图2所示。

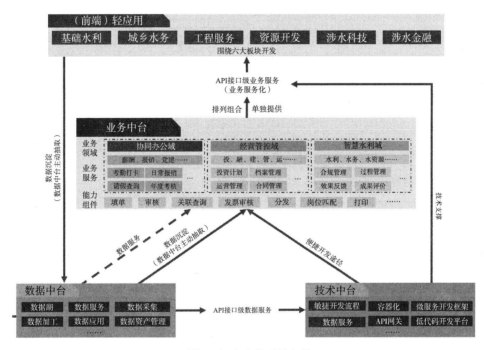

**图2　河南水投系统架构**

# 三、应用过程

## （一） 参与部门

集团初步构建"管服分离"的数字化队伍，其中集团信息管理部负责数字化战略方向和管理工作，集团财务融资部和各分子公司承担数字化战略落地和服务职能。

### （二） 应用相关管理会计工具的条件

内部条件主要包括：一是集团领导的高度重视，集团在"十四五"规划中从战略规划层面明确提出，通过数字驱动创新，不断完善数字化的顶层架构和规划，同时提出依托集团科技创新体系，通过技术引进与合作，发掘并孵化科研创新项目，提升数字化系统支撑力度。二是良好的数字化基础，当前集团积极开展企业信息化建设工作，目前已初步完成 ERP、财务共享中心、人资、OA、运管等核心业务系统的建设与运营，数字化能力基本覆盖了集团主要业务板块，为进一步整合集团现有资源，转型管理会计奠定良好稳固基础。

外部条件主要是目前集团已经与华为、阿里巴巴、用友等公司开展合作洽谈，这些公司在数字化转型实践、数字化转型规划、数字化方案落地等方面均积累了丰富的经验，集团可以通过双方战略合作，充分吸收其数字化转型、数字化治理、数字化平台等方面的先进理念和实践经验，高效推动本次数字化转型项目的成功落地。

### （三） 具体应用模式和应用流程

#### 1. 数据中台建设蓝图

数据中台的内涵是技术的概念，更是企业管理的概念，是企业级的、统一的数据共享和复用能力的体现。数据中台通过将企业全域海量、多源、异构的数据整合资产化，为业务前台提供数据资源和能力的支撑，实现数据驱动的精细化运营。集团通过搭建数据中台，实现数据采集、开发、管理及数据的共享、应用全流程的数据资源服务。以数据资产服务、数据业务应用为出发点，设计如图 3 所示的系统架构。

（1）数据中心：基于维度事实建模理论构建集团数据中心，形成企业级数据资产中心。

（2）数据采集开发平台：实现源数据库到大数据平台的数据传输，将集团已有系统包括办公、督查督办、人事、财务、动态投资管控、党建等系统的数据资源进行动态采集及数据开发，以实现有效整合和存储。

（3）数据管理平台：通过元数据管理、数据质量管理、数据资源目录等功能规范数据资产，为数据统一运营和管理奠定基础。

（4）数据应用平台：提供分析、报表、报告、填报、移动应用等前端工具，支持数据的可视化应用。

（5）系统管理：支持用户管理、日志管理、系统权限管理。

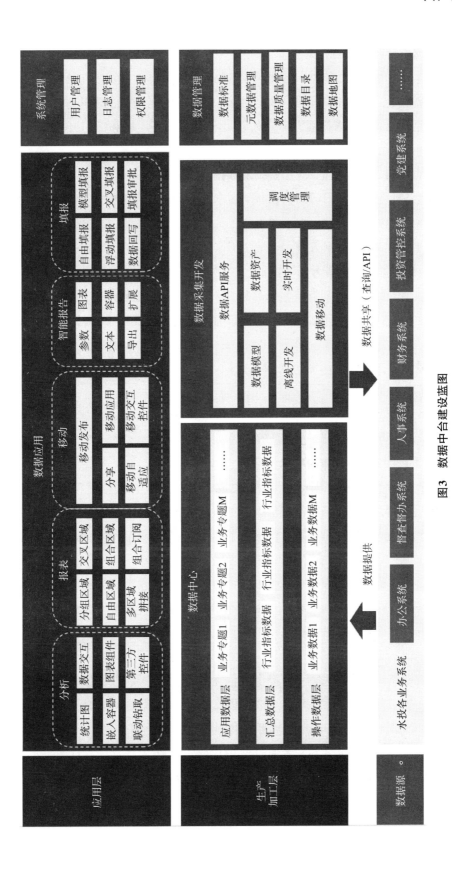

**图3 数据中台建设蓝图**

**2. 数据中台建设实施方案**

通过对集团内部业务和需求的调研，编写集团数据中台建设实施方案，包括业务调研、需求梳理、中台环境搭建、数据对接、数据治理等方面的实施方案。

（1）业务调研与需求梳理方案，对集团内现有业务领域和部门开展业务和应用系统现状调研。

①梳理出集团业务流程、应用系统及数据使用现状。

②结合各业务领域和部门的数据共享需求，梳理出部门需要共享和分析的数据。

③编写业务流程图和数据关系图。

④明确数据结构及数据关系。

⑤制订数据共享和数据分析方案。

（2）数据中台环境搭建方案，根据集团对数据中台的建设需求，结合集团应用系统现状，编制中台环境搭建方案。其中，中台环境包括开发环境、测试环境和生产环境等。

（3）数据对接方案，编制集团数据交换、对接、共享的管理规范，满足各应用系统数据共享方面的需求。

定义系统间数据共享结构服务的规范，包括数据命名规范、数据格式、接口认证方式、接口调用方式、访问日志管理等。

**3. 数据中台建设的具体内容和步骤**

数据中台通过数据存储计算、数据集成、数据开发、数据建模、数据资产管理、数据质量管理、数据分析与展示等过程，保证数据质量，加速从数据到价值的服务生产过程，打造高响应力且更加智慧的业务，从而实现数据驱动的业务创新。

（1）数据存储计算，基于多种数据存储方案，对信息系统等结构化数据、物联设备等数据进行存储，并运用数据计算引擎，满足不同场景下的数据计算需求，最终通过可视化界面对大数据集群进行安装部署、监控、使用和运维的统一管理和维护。

（2）数据集成，数据采集平台提供不同系统至大数据平台的数据集成服务，通过可视化配置，快速实现稳定可信任的数据采集。实现汇聚线上业务数据，盘清数据资产家底，数据源可管理、数据逻辑可追溯，数据更安全。

（3）数据开发，数据开发平台通过使用代码进行任务开发，实现数据的多维分析、数据开发、调度管理，包含离线数据开发和实时数据开发。

①离线数据开发。离线数据开发通过项目→开发任务的层级，进行数据隔离，同一个项目内的成员可对同一开发任务进行协同开发管理，开发任务同样有上线/下线

机制。

②实时数据开发。企业在经营活动过程中，除了有大量的离线数据需要分析，还积累了大量的实时数据，这些数据的分析时效性强，要求用户在秒级的范围内，对业务侧的内容进行响应。

（4）数据建模，数据模型管理以构建多维星型/雪花模型、获取复合指标数据为最终目的。数据模块的管理包括维度管理、事实表管理、原子指标管理、复合指标管理、汇总表管理等功能，同时，系统根据模型的设计结果生成调度任务，执行数据加工。数据模型设计与构建逻辑如图4所示。

**图4 数据建模**

（5）数据资产管理，数据资产管理是对主数据管理、元数据管理、指标数据的管理，并通过数据资源目录，以目录的形式对数据治理平台所有出入的数据资源进行集中化管理。

①元数据管理。元数据管理是数据标准、数据质量管理的基础，主要功能包含统一数据口径、标明数据方位、分析数据关系、管理数据模型、精确到字段级别的原因分析以及打通上下游数据继承关系断层，为数据质量维护和业务逻辑可视化打下坚实基础。

要实现元数据管理有三个方面：

采集：指从各种工具中，把各种类型的元数据采集进来，采集是元数据管理第一步。

存储与管理：采集之后需要相应的存储策略来对元数据进行存储，这需要在不改变存储架构的情况下扩展元数据存储的类型。

分析：在采集和存储完成后，对已经存储的元数据进行管理分析。

②主数据管理。主数据管理要做的就是从各部门的多个业务系统中整合最核心的、最需要共享的数据（主数据），集中进行数据的清洗和丰富，并且以服务的方式把统一的、完整的、准确的、具有权威性的主数据传送给集团单位范围内需要使用这些数据的操作型应用系统和分析型应用系统。

主数据平台作为集团基础数据的唯一视图，向所有的信息化系统提供服务，保证各系统间的数据编码是一致的。

主数据平台将数据编码标准、管理流程、服务规范落地，提供编码申请、编码审批、数据同步、数据校验等功能，完善各类基础数据，通过企业服务总线从其他源系统获得主数据，经过主数据平台处理后将数据分发给其他业务系统（包含下属企业）。

③资产目录。数据资源目录，对数据治理平台所有出入的数据资源，以目录的形式进行集中化管理。通过资产目录功能管理不同结构数据源内的数据，将这些数据梳理盘点，形成管理视角的、全局统一的资产目录，同时资产目录提供简单的数据权限隔离，各目录节点提供用户组成员管理机制，保证数据的安全。

（6）数据质量管理，完善的数据质量管理是保障各项数据治理工作能够得到有效落实，达到数据准确、完整的目标，并能够提供有效的增值服务的重要基础。

数据质量管理以保证全过程的数据质量为目标，以满足数据质量的时效性、准确性、完整性、一致性、有效性等要求。

高质量的数据至少有如下几项要求：

①数据正确性，在转换、分析、存储、传输、应用流程中不存在错误。

②数据完整性，数据库应用或要求的所有记录、字段都存在。

③数据一致性，体现在整个数据库的定义和维护方面，确保数据在使用的整个过程中是一致的。

④数据时效性，衡量指标在指定的数据与真实的业务情况同步的时间容忍度内，即指定的更新频度内，及时被刷新的数据的百分比。

⑤数据可靠性，提供数据的数据源必须能够可靠稳定地提供数据。

（7）数据分析与展示，数据分析平台通过可视化看板设计、类 Excel 复杂报表设计、在线 Word 报告设计、移动端应用设计等功能，支持各类数据源对接、数据模型定义、数据填报、系统权限管理及分析订阅等功能。实现数据从对接、数据建模到数据展示的全流程，满足 PC 端、移动端、大屏端等各种数据场景的分析展示，并支持与第三方应用的集成。以满足集团数据计算与数据分析的需要，实现数据的图形化展示，支持以配置方式快速实现数据的可视化看板。在数据分析展现层面，集团通过可视化大屏进行展现，搭建了集团智能分析驾驶舱，如图 5 所示，实现了数据实时更新和穿透查询。

**图 5　河南水投智能分析驾驶舱**

（8）数据分析集成，数据分析平台提供数据可视化服务和数据目录 API 服务，可以以微服务的方式集成到各业务系统，满足不同业务场景下数据集成嵌入的使用需求。

①可视化数据分析集成。用户层要求在指定第三方系统或 App 菜单节点下，挂接智能分析对象，并根据用户分组或角色等，对分析对象的访问权限和数据权限进行控制，最终实现不同用户可查看不同分析对象，在相同分析对象中可查看不同的数据范围。

基于用户层要求提出问题的解决方案，一是可集成的智能分析对象范围，智能分析对象包括移动设计页面、移动应用、仪表板设计页面、自由报表页面等。可通过友互通与第三方应用系统或 App 用户系统打通，实现单点登录。二是被集成的分析对象的访问权限控制，成熟的第三方系统或者 App 运营后台通常自带有较完善的用户权限配置功能，因此可以直接为集成的智能分析对象配置用户访问权限。企业自研的业务系统或者 App 如无法直接配置分析页面的访问权限，可使用应用隔离来实现对象访问权限控制。按人群分组创建多个应用，每个应用集成分组人群对应可访问的分析页面。因此，不同分组人群在菜单节点访问不同应用时，可查看到对应的分析页面。三是被集成的分析对象的数据权限控制，数据权限可以通过在数据模型添加权限标签作为数据过滤条件，或者对单个分析对象按权限标签设置全局数据过滤，从而实现不同分组人群访问相同分析页面时，可查看不同的数据范围。智能分析支持自定义标签与扩展标签两种方式。

②API 数据服务集成。资产服务满足用户快速将数据表生成数据 API 的需求，同时可支持用户对 API 的管理。可帮助企业提升数据资产的价值，并保证数据的可靠性、安全性和有效性。其中包括共享或应用指标管理模块生成的数据，共享或应用数

据源的数据。

**4. 数据中台规范制度**

（1）数据标准规范，数据标准是集团单位建立的一套符合自身实际，涵盖定义、操作、应用多层次数据的标准化体系。数据标准的建立是集团单位信息化、数字化建设的一项重要工作，集团范围内的各类数据必须遵循一个统一的标准进行组织，才能构成一个可流通、可共享的信息平台。

数据治理对标准的需求可以划分为两类，即基础性标准和应用性标准。前者主要用于在不同系统间，形成信息的一致理解和统一的坐标参照系统，是信息汇集、交换以及应用的基础，包括数据分类与编码、数据字典、数字地图标准；后者是为平台功能发挥所涉及的各个环节，提供一定的标准规范，以保证信息的高效汇集和交换，包括元数据标准、数据交换技术规范、数据传输协议、数据质量标准等。

①数据分类与编码。数据分类与编码标准是信息化建设中标准化的一项基础工作，该类标准规定平台汇集、交换相关信息统一的分类系统和排列顺序以及编码规则，目的是在不同系统和用户之间建立交通数据的一致参照，对提高数据采集、处理和数据交换效率具有重要作用。数据分类与编码标准的制定将有力推进平台标准化及交通信息化建设标准化的进程。

②数据字典。针对实际需求，定义数据集，建立各个领域的数据字典，规范数据概念和数据定义。在此基础上，形成完备的集团单位数据集和数据字典。

③元数据标准。元数据标准是描述数据资源的具体对象时所有规则的集合，它包括完整描述一个具体数据对象时所需要的数据项集合。针对各种信息资源分别制定适当的元数据标准，为信息的管理、发现和获取提供一种实际而简便的方法，从而提高数据交换效率。

④数据交换标准。为了保证数据共享和交换的顺利实现，必须明确定义和规范数据交换的相关标准。数据交换的标准规范是集团单位综合信息平台的核心标准。其中应当包括数据交换内容、数据交换格式、数据传输方式、各类中心间数据接口的标准化等方面。

⑤数据质量标准。数据标准方法主要集中在数据的加工和管理上。数据质量控制从三个方面对数据质量进行研究："坏数据"或"不可靠数据"的识别，错误数据的编辑方法，以及缺少值的处理。

（2）数据治理流程规范，制定公司统一的数据运营管理的流程与制度，涉及数据收集、整理、加工等流程，为有序开展数据管理应用奠定制度保障。

①数据治理组织。其包括数据治理的业务流程、人员角色、岗位职责等内容。

②管理制度。建立公司级的数据运营管理制度，规范先行、标准先行，形成企业

级数据管理的整体框架，实现数据运营制度化和规范化。

③管理流程。制定数据资产管理平台的数据源管理、数据接入、数据使用的标准，建立常态化的数据源引入机制和规范；并实现数据加工的标准和数据服务的控制。

（3）数据质量管理规范，重点围绕数据质量、数据范围，结合数据认责机制、数据标准以及元数据的建设，通过"事前预防、事中监控、事后治理"的闭环管理，全面提升公司数据质量管理水平。

数据质量管理将贯穿计划、获取、存储、共享、维护、应用、消亡的全生命周期；对数据在每个阶段可能引发的数据质量问题进行识别、度量、监控、预警；通过改善管理、完善技术水平实现数据质量提高。

（4）数据安全管理制度，数据安全管理是指对数据设定安全等级，按照相应国家/组织相关法案及监督要求，通过评估数据安全风险、制定数据安全管理制度规范，进行数据安全分级分类，完善数据安全管理相关技术规范，保证数据被合法合规、安全地采集、传输、存储和使用。企业通过数据安全管理、规划、开发和执行安全政策与措施，提供适当的身份以确认、授权、访问与审计等功能。

### （四） 在实施过程中遇到的主要问题和解决方法

在实施过程中遇到的主要问题是数据中台项目因涉及多数据源集成，在项目推进过程中需要 ERP、投资管理系统、人资系统等前端系统提供业务数据，部门间和系统间协同方面存在着双方配合度不足，导致项目进度未按目标推进。

提升高层领导重视度、业务与技术团队充分融合、配备相应的管理制度和人才统一推进项目。具体相关的对策如下。

（1）集团领导直接听取项目组的汇报，保障集团层面投入资源。

（2）项目领导小组和实施团队除了集团信息化部门，还需要各个职能部门的业务领导与专家的大力支持，及各个业务职能部门的密切配合。

（3）集团建立专门的数据管理团队和数字化经营团队，建立数据治理和数字化经营的流程和制度。

（4）集团引入高级别信息化人才，尤其是数据治理和数字化运营方面的技术专家。

# 四、取得成效

## （一） 提质增效助力财务转型

建设前集团系统众多，且系统间不融合、数据标准不统一，导致业务间协同难度大，企业难以利用数据提质增效；通过数据中台建设统一了多系统，搭建主数据管控平台，实现数据的标准化、规范化，通过盘活数据资产、数据赋能业务，增强数据决策辅助能力。公司在建设完成数据中台平台后，2022 年营业收入比 2021 年同比增长 58%，高于行业平均水平。2022 年利润总额年比 2021 年同比增长 29%，利润增长处于较高态势[①]。数据中台平台建设完成后，公司管理水平继续提高，创效创利能力不断增强，提质增效成果显著。

### （二） 助力解决集团管理问题

通过数据中台项目的建设以及指标体系的搭建有效地解决了公司内部因各业务系统间不协同，数据口径不统一产生的权责划分不明确的问题，约定每项业务指标的具体使用人，明确各部门职责并在系统中进行权限隔离，权限清晰，充分调动项目领导层的自主决策能动性和员工积极参与度。

### （三） 支持集团制定和落实战略

集团战略制定关注投资总额、融资总额、收入、成本、利润等指标，通过对财务和运管口径月报数据的可视化展示和比对，为各级经营管理会议提供统一的报表数据展现和多口径数据对比结果，帮助发现经营问题，提升沟通效率，通过绩效考评约束战略目标实现的不利因素，积极改善经营过程。

### （四） 提升集团管理决策有用性

提炼业务场景指标，完成经营、人才、卡片资产、投资、费用、资产、融资 7 个看板开发建设，为经营决策提供数据支撑，提升管理效率，推动业财融合，助力管理决策。

### （五） 提高集团绩效管理水平

通过数据中台管理体系指标量化，有利于公司将战略考核目标向下分解到具体关键业务指标，通过梳理业务指标和所涉及部门人员，划分权责、制定奖惩办法。有效提高单位绩效管理水平，实现以战略目标为导向，指标量化为依据，绩效评价为手段，助力集团高质量发展。

---

[①] 数据来自《河南水利投资集团有限公司 2022 年年度报告》。

# 五、经验总结

集团在数据中台项目建设过程中总结了如下数据中台建设的优缺点以及进一步改进和发展的建议。

## （一）数据中台建设优点

支持对前端多个异构系统的数据进行统一的归集、分析、使用，打破数据之间的系统壁垒，实现企业内部数据的实时共享；通过数据分析，监控业务过程，实现对业务的检测和诊断，不断完善业务流程，提高集团管控效果；通过构建数据模型，支持大量数据的多角度实时分析，并在分析的基础上，提供相应的数据预测，为公司战略决策提供必要的数据支撑。

## （二）数据中台建设不足

数据中台需要与前端异构业务系统进行对接集成，会带来一定的开发成本和工作量；前端业务系统产生的海量数据需要进行评估、分析，哪些需要进入数据中台，因此需要定义数据清洗、加工、归集的规则；数据模型需要在业务实践过程中不断地改进完善，不断打磨才能更加适配公司业务的变革，才能发挥巨大的数据价值。

## （三）数据中台发展建议

加强前端业务系统与后端财务模块的融合，在实现前端业务数据自动生成财务数据的基础上，提高数据的及时性、精细化，提高数据价值；通过多维数据分析，从财务端深度审视业务流程，管控业务风险，驱动业务变革；基于同一业务事项，按财务报告目的、管理报告目的、税务报告目的进行多维核算，实现财管同源分流。打破现有管理分析受限于财务核算的实效性、核算维度、核算方法、核算体系等因素，使管理分析更灵活，更及时有效。

（河南水利投资集团有限公司：张坤令　张学亮　刘亚蒙

刘　笛　葛　孟　王建华）

**案例评语：**

　　该案例探讨了如何将数据中台作为一种有效工具，助力企业实现数据资产的智慧化和可视化管理。案例单位以数据中台为核心工具，打破了数据壁垒，实现了对多个前端异构系统中分散数据资源的统一归集、分析、使用和共享；通过数据中台的分析功能，案例单位加强了对业务过程的监控、检测和诊断，推动了业务流程的持续优化；通过数据中台的模型构建、分析等功能，为管理层提供了坚实的决策支撑。

　　案例单位的实践探索不仅展示了数据中台在整合异构系统数据资源、优化业务流程、支持决策方面的潜力，也为同行业其他企业实现数据资产智慧化和可视化提供了宝贵的经验和启示。

# 数智化应用在广东能源集团公司财务共享服务中心的探索与实践

**摘要**

本案例以广东能源集团为案例单位，分析了财务共享模式在广东能源集团发展和财务转型中的应用。结合管理会计模式转型以及财务共享建设相关理论（业财融合理论、标准化建设理论、风险管理理论），本案例介绍了案例单位谋定后动，制定财务共享建设规划方案，明确了"145"战略定位，并从组织团队建设、业务详细设计、系统开发实施、制度体系建设、文化理念建设和上线后运营优化六个方面为切入点推进实施财务共享建设，逐步搭建全流程财务共享平台，推进管理会计模式转型的运用过程。本案例总结了案例单位财务共享模式应用的成效：第一，有效支撑集团新能源大发展战略，贯彻落实"碳达峰、碳中和"目标；第二，系统集成、数据赋能多措并举，全方位促进业财融合，实现业务与财务的系统互联互通、数据共享集中；第三，流程设计、标准化双管齐下，强化合规管理；第四，核算、资金、预算多维管控，精准把控财务管理风险；第五，推进财务管理模式转型，显著降本增效。最后提出案例单位在财务共享服务中心一期建设基础的未来展望：一是在未来进一步拓宽业务覆盖的广度，实现全业务覆盖；二是进一步延伸业务链条的长度，完成财务共享与周边系统的端到端集成；三是进一步扩展共享系统的深度，挖掘财务、业务数据的价值，深化大数据应用，提升管理会计的数据分析与决策支持能力。

# 一、背 景 描 述

## （一）单位基本情况

广东省能源集团有限公司（以下简称"能源集团"）成立于 2001 年 8 月 8 日，是广东省实力最强，规模最大的能源企业。能源核心产业涉及火电、水电、风电、太阳能发电、生物质发电、核电、天然气等，上下游产业涉及煤矿、航运、港口、金融业、综合能源服务等，遍布广东全境并延伸至省外和海外，已形成以能源产业为核心、上下游产业链协同发展的产业格局。截至 2023 年底，公司资产总额 2750 亿元，在职员工超 1.6 万人，全年实现营业收入 837 亿元，拥有全资、控股、参股单位 554 家。

能源集团财务管理工作按照三级管控模式实行分级管理，现已建立规范健全的财务管理制度体系，实现了会计核算体系、预算和成本管控体系、资金管控和保障体系，并持续推动资产、税务与保险合规管理，持续强化财务监督和提升财务数智化水平。

### （二） 管理会计视角下建设财务共享中心的驱动因素

（1）政策支持引导。2022 年 1 月，广东省国资委明确将"全面推进财务共享服务中心建设"作为重点工作任务，并为财务共享建设提出顶层设计与科学指引。

行业层面上，"3060"双碳目标使能源行业迎来结构转型的窗口期，也提出财务标准化、优化财务资源配置的新诉求。

（2）内部管理驱动。能源集团正处于"碳达峰、碳中和"、"十四五"新能源大发展关键期，新能源项目分布特点和复杂经营环境对会计核算、风险防范和人员配备等提出了更高的要求。构建数智化财务共享模式，是推动集团财务管理转型升级、实现高质量发展的必由之路。

### （三） 财务共享中心建设管理会计理论基础

（1）业财融合理论。通过管理和信息化技术手段，共享业务流、信息流、价值流等信息。财务共享中心与各业务部门紧密协作，实现业务和财务数据的无缝连接。

（2）标准化建设理论。标准化是以统一的规则规范业务活动。财务共享中心标准化体系建立应遵循"全业务覆盖、全流程覆盖"原则，形成会计科目、会计政策和会计估计、核算标准和流程、信息系统和数据标准"五个统一"。

（3）风险管理理论。通过有效识别、评估风险从而进行预警、应对的行为。财务共享中心应确保业务开展与财务支持的合规性和规范性，通过系统集成、数据直联降低数据错漏与篡改风险。

（4）财务管理数字化理论。财务管理数字化是利用智能化技术再造业务流程，实现财务在线化、自动化和数字化，推动经营决策向数据驱动转变。

# 二、总体规划

为深入贯彻新发展理念，能源集团组织前往先进财务共享服务中心单位学习。经集团领导研究部署，制订了集团财务共享服务中心建设方案。

## （一）战略定位

建设方案明确了财务共享服务中心"145"战略定位，助力集团高质量发展。

### 1. 一个目标、四个价值主张、五个职能定位

为支撑能源集团发展战略，集团财务部牵头，以"能源行业领先、运营水平一流"为目标，基于"严谨、高效、协同、智慧"四大核心价值主张，积极开展财务共享中心建设工作。在建设目标的引领下，确立财务共享中心五个职能定位：

（1）标准规范守护者。通过流程再造与标准化工作，统一财务管理规范，实现流程固化、智能稽核，强化费用报销、资金支付的风险管控。

（2）高效服务提供者。集中提供专业高效的财务服务，快速承接新项目基础财务工作，减少会计机构重复建设，支撑新能源大发展需求。

（3）业财融合助推器。通过财务共享平台与集团数据中台的建设，推动业务与财务系统深度融合，实现业务流程智能化、自动化。

（4）决策分析数据仓。结合能源集团数据中台的统一规划和建设，完善主数据管理，挖掘财务数据价值，充分发挥财务决策支持作用。

（5）财务人才蓄水池。构建科学全面人才培养机制，培养财务、业务、信息化的复合型人才，打通财务人员纵向、横向流动通道。

### 2. "三位一体"新型财务管控模式

通过建设财务共享服务中心，推进构建战略财务、业务财务、共享财务"三位一体"的新型模式，助力管理模式结构化转型。战略财务注重战略分析、资源配置和决策支持，负责财务规划、预算统筹、风险管控等工作。共享财务负责高效处理标准化业务，完成会计核算、资金结算、税务服务、电子会计档案管理工作，优化集团财务管理流程、强化标准管控、提升数据价值。业务财务深入一线助力业务与财务对接，负责本单位预算和成本管控、税务管理、财务分析等工作。

## （二）组织保障

为有效推进财务共享服务中心建设，集团成立了项目领导小组，对建设发生的重

大问题进行决策，协调关键资源；成立了项目工作小组，推进落实具体工作，把控项目进度。

### （三）建设路径

为实现能源财务共享服务建设的平稳过渡，能源集团按照"统一规划、分期上线"的原则制定了建设路径。

业务上，2022 年 5 月至 2023 年 6 月完成新能源公司上线，实现新能源业务全覆盖。2023 年 4 月至 2024 年 6 月，完成水火电、燃料、航运等业务板块滚动上线，实现能源集团业务基本全覆盖。

功能上，第一期主要实现会计核算、资金收付、电子影像功能模块上线财务共享平台，第二期实现税务管理、关联交易等功能，逐步完善财务共享平台各功能模块建设。

---

# 三、应 用 过 程

能源集团以财务管理转型和高质量发展为目标，以信息技术与财务管理深度融合为抓手，深度结合管理会计工具，从组织团队建设、业务详细设计、系统开发实施、制度体系建设、文化理念建设和上线后运营优化六个方面为切入点，协调联动、多措并举，积极应对风险和挑战，全力推进财务共享服务中心建设和运营工作。

财务共享服务中心的建设对于能源集团业务及财务管理制度、流程、模式将带来深远影响，是新信息系统的建设，是新业财模式的建设，更是新思想、新观念的建设。能源集团统一思想，高度重视，把财务共享服务中心建设作为"一把手"工程，做好项目攻坚的组织保障。集团主要领导多次强调财务共享服务中心建设的价值与意义，各方统一认识，步调一致，做到全集团"一盘棋"，齐心协力推动财务共享中心建设。2021 年 10 月起，能源集团结合自身实际情况、行业特点及业内领先实践，从战略规划、组建形式、组织架构、信息系统、运营管理等方面进行高阶蓝图规划。2022 年 3 月，集团审议通过《广东能源集团财务共享服务中心建设方案》，明确了能源集团财务共享的战略定位、组织保障和建设路径等总体规划关键内容，全面启动建设工作。

2023 年 1 月，新能源首批单位成功上线。至 2023 年 5 月，提前完成了一期 216 家新能源业务单位全面上线的工作任务。为实现 2024 年 6 月底前财务共享在集团主要业务板块全覆盖，2023 年 5 月起，能源集团启动并加速推进财务共享二期建设进程，进一步梳理优化火电、水电等发电主营业务以及燃料、天然气、航运、金融等多元业务，深化系统集成，进一步提升财务核算效率与规范化水平。

## （一） 组织团队建设——筑牢管理会计应用基础

能源集团在战略财务、业务财务、共享财务职责切分明确的基础上，确定了财务共享服务中心内部组织机构，并对人员队伍组建进行了科学规划。

### 1. 财务共享服务中心内部组织架构设置

能源集团财务共享服务中心内部组织架构主要包括管理层设置、部门设置和岗位设置。财务共享服务中心管理层设置了中心负责人、业务总监、运营总监三个岗位，全面统筹财务共享服务中心工作。根据专业化分工，共享中心下设费用报销部、应付核算部、应收核算部、资产核算部、资金结算部、总账报表部与运营管理部共 7 个部门。

### 2. 人员队伍组建

为充分调配利用能源集团内部人力资源，结合财务共享分期上线的实施路径，能源集团以"统一规划、逐步到位"为原则开展共享中心人员配备工作，以"先内后外"的方式分步推进招聘工作，按照各阶段财务共享服务中心需提供的服务量进行了相应的人员规划，保障人力资源利用率与业务承接质效。财务共享服务中心正在着力构建科学全面的财会知识体系和人才培养机制，充分利用各方资源，打造财务、业务、信息化复合型专业人才，为集团财务人才储备和后续系统自主运维和开发能力准备奠定基础，逐步践行"财务人才蓄水池"职能定位。

## （二） 业务详细设计——践行标准化管理理论应用

能源集团高度重视标准化管理在财务共享转型中发挥的作用，确立财务共享业务设计的"标准化先行"原则，基于集团财务管理的现状，充分调研集团内单位需求，结合标准化理论，以实现财务价值创造为目标，以增强风险能力为基础，以效率提升为导向，以管理流程化、流程表单化、表单信息化、信息标准化为实施路径，开展了全流程的业务设计与核算标准化，制定了切实可行的标准化设计方案，进一步提高会计信息质量，为集团高效决策保驾护航。

### 1. 会计核算科目体系标准化

基于标准化基本原则，能源集团结合集团核算管理办法、新执行会计准则与相关应用指南，开展业务核算科目的标准化优化工作，统筹分析集团及各板块财务管理需求，对原有核算体系 2000 余个会计科目进行了梳理，新增科目 140 余个，优化科目 40 余个，停用科目 10 余个，明确对各科目下的辅助核算段值的使用范围进行了重新标准化定义和解释，建立起集团财务共享模式下的标准化核算会计科目体系。

**2. 核算规则及流程标准化**

能源集团通过对业务全链条的调研分析，结合集团核算规定，通过建立业务场景、费用属性与会计科目的映射关系，统一业务至财务的核算口径，形成标准化会计引擎，规范了业务场景对应的账务核算处理，使每一个业务场景都可以和财务核算对应。从业务发生的第一个动作开始，直到事项结束，都能对应到相应的流程标准之中，并明确各业务在共享系统提单的各类审核附件及要素。共享任务集中化的模式，将各业务单位中同质化程度高、重复性较大、易于处理的会计核算业务归集统一处理，降低会计核算偏差风险。

**3. 业务详细设计**

能源集团财务共享服务中心为了建立涵盖多业态、支持全场景的流程体系，首先设计了财务共享的流程框架（见图1），确定了流程层级、流程示例和设计原则，搭建了从顶层框架到逐步扩展最后到系统落地设计的从上至下的流程体系建立路径。

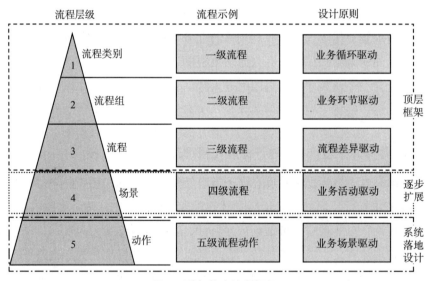

**图 1　财务共享流程框架**

能源集团目前根据集团板块业务实际情况，兼顾通用及个性，完成三级业务流程的梳理，其中一级流程 7 条、二级流程 34 条、三级流程 51 条，涵盖了费用报账、采购应付、销售应收、资金报账、成本报账、资产报账与总账报账 7 大类别，逐级细化至 4～5 级的场景及环节，并落实到系统配置中，同时制定工作规范和标准，明确各流程走向、节点、各环节审核人、审核内容、审核标准等关键要素，为管理制度于系统的内嵌与固化提供有力支撑基础。

基于规则可配、灵活拓展原则，通过会计核算标准化、业务流程再造与信息映射规则的有机结合，有效提升业务流转线上化、会计核算自动化以及企业营运流程效率水平，进一步促进业财融合，充分发挥管理会计职能，实现经营、财务数据增值。

### （三）系统开发实施——打造高效管理会计信息化平台

财务共享服务平台建设是财务共享中心实现管理会计数智化的关键环节与应用工具。在集团"十四五"信息规划的指导下，能源集团注重信息系统谋划设计，充分运用先进信息化技术，高度重视信息安全，着力将财务共享服务平台打造成为便捷、智能、高效的一体化管理会计信息化平台。经过全面梳理与充分论证，能源集团确立了财务共享服务平台的系统架构（见图2），前台业务系统、后台支持系统与财务共享服务平台高度集成、数据共享，打通业财资税业务端到端通道，实现横向集成、纵向贯通、信息融通的目标。

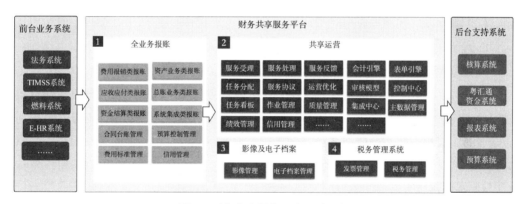

**图2 财务共享服务平台系统架构**

能源集团财务共享服务平台由全业务报账模块、财务共享运营模块和影像系统及电子档案模块等组成。

**1. 全业务报账模块**

能源集团以纵向业务可延伸、横向范围可拓展为导向，搭建覆盖集团各板块的全业务报账模块，实现全业务、全员在线报账，具体包括员工费用、采购应付、销售应收、成本管理、资产管理、资金管理、税务管理、总账管理、结账管理等流程。

同时将预算控制与资金计划控制等智能化工具，镶嵌于各流程内，强化财务成本与风险管控职能。相较于转型前集团内预算管理口径差异化、范围相对局限的情况，通过信息系统工具应用，强化费用预算执行管控，有效管控超支风险。通过建立费用预算项目财务共享业务场景的关联映射，实现数字化、智能化的事前、事中、事后全环节系统化管理，契合能源集团"无预算，不开支"的预算管理原则，为预算编制与考核提供数据分析基础。

**2. 共享运营模块**

共享运营模块是实现流程规范化、过程精细化、监控智能化的核心系统。主要通过任务分配机制，将单据分配给不同会计岗位进行审核处理，生成预制凭证传递到核算系统。还可支撑财务共享模式下绩效考核与质量监控，合理为员工分配任务，保证共享中心的高效运营。

**3. 影像及电子档案模块**

电子影像模块可以实现能源集团无纸化办公、票据扫描成像、建设电子档案管理需求。通过和电子报账系统、电子档案系统无缝对接，能有效提升能源集团的电子档案管理水平，与能源集团财务共享服务模式下的原始发票管理十分匹配，使发票的管理、审核、归档、借阅更加便利和高效。影像模块作为外部业务系统与财务系统的桥梁，搭建了信息流和电子档案交互通道，减少了纸质票据的传递，解决了原始凭证调阅、工作流分派、异地业务申请等问题，提高了各线条的工作效率，加强了原始档案保管的安全性。

**4. 系统集成**

财务共享服务平台与能源集团基础、业务、财务相关系统通过财务共享的信息集成模块实现信息共享与交互，进一步构建端到端的业财融合体系，延伸财务共享向前后端业务，深化财务与经营业务的互联互通，推动财务共享中心演变为集团统一的财务数据中心，实现业务数据共享和集团大数据整合，打破信息孤岛的局面，发挥"业财融合助推器"作用。

（1）基础系统集成。

通过与集团统一的门户、数据中台系统集成，在提高业务人员业务开展的便捷性的同时，实现组织架构、部门、人员等主数据的信息共享，减少数据重复录入以及多头管理情况，规范财务管理口径一致性。

（2）前端业务系统集成。

通过与集团合同管理系统、项目管理系统与资金管理系统的集成，实现合同、项目、融资与资金计划等业务数据的端到端传输，向前延伸数据链条，避免数据落地，降低数据错漏与篡改风险，减少手工录入工作量，提升业务开展效率。

（3）后端经营系统集成。

通过与集团资金收付系统、核算系统、报表与预算系统的集成，形成"业务—账务—资金收付—报表分析—预算管理"的闭环管理，进一步提升资金支付、账务处理效率，支撑经营分析，规范预算管理。通过搭建财务共享系统集成网络，建立起全集团范围内业务、财务、统计数据仓，为管理决策、分析与预测提供纵向期间对比，横向公司间对比，以及多视角的高价值数据资产。

**5. 主数据管理**

根据财务管理数字化转型的数据共享原则，数字化建设应实现业财技高度融合，通过统一的规则和标准实现数据的一次采集、全局共享，避免产生信息孤岛。数据资产作为核心资产，与核心技术协同主动发挥价值创造功能，通过充分利用数据及相关技术进行资源整合实现增值。而数据资产的价值实现则离不开主数据的管理。主数据管理要做的不仅是搭建一个信息系统，而是要建立一个完整的主数据管控体系，建立主数据标准并固化到系统进行控制，对主数据质量进行持续分析和提升，确保数据安全准确，主数据管理的标准固化可以为管理会计标准化奠定基础。

能源集团通过对基础、财务和业务三类主数据进行管理，建立主数据全生命周期维护管理、主数据标准管理和主数据质量管理等机制，逐步消除或减少了共享前存在的主数据分布范围广、数据不同步、数据重复和无系统流程管控的问题，推动了标准化进程、消除了信息孤岛以及革新了数据应用与管理，赋能业财融合与标准化管理。

**6. 信息安全**

结合业务管控模式、管控特点及信息化现状，能源集团充分运用先进信息技术，搭建了底层技术可靠稳定，内外兼容、扩展性强，符合国产化及自主可控要求的财务共享平台，利用商用密码进行身份认证和数据加密，执行网络安全等级保护第三级中信息安全类和安全保护类标准，建立完善的财务共享信息安全保障体系，按照集团整体规划逐步完善网络安全管理，满足了财务共享服务平台网络安全需求。系统利用安全审计系统，统一收集网络安全信息，定期开展了安全审计；采用集中认证授权、堡垒机等技术手段，实现了集中管控与关键操作记录；在信息技术上，采用唯一身份标识的 MFA 多因素用户认证以及多重密码管理策略，保障用户认证登录安全防护，减少资金支付过程中的舞弊风险。

### （四）制度体系建设——编织管理会计规范网络

为适应新型财务管理模式，能源集团在对现有财务制度梳理的基础上，结合实际情况，提出构建涵盖会计核算、资金支付、报账管理和会计档案等方面财务共享相关财务制度体系的方案，以体系化、分层级、标准统一与个性化统筹原则，以实现自上而下的制度协同为目标，形成"集团层面—财务共享中心层面—业务单位层面"自上而下的制度链条。

**1. 集团层面**

集团层面的财务管理制度由集团总部统筹组织制定或修编，聚焦财务共享模式下会计核算、资金管理与档案管理规范的优化完善，明确各方职责分工，为财务共享中心和业务单位的制度建设提供规范与指引。统筹制定全集团财务共享业务报账与资金支付审批指引，重新切分审核职责与审批权限，规范能源集团及集团管理单位的财务共享业务报账及资金支付审批原则，指导业务单位修编或新增相关制度。

**2. 财务共享中心层面**

财务共享中心层面的共享业务及运营管理制度由财务共享中心负责新增制定，建立共享中心制度清单，落实集团管理要求，引导协助业务单位办理财务共享相关业务，设置财务共享相关制度序列，规范财务共享中心业务承接与运营管理。结合共享中心岗位说明、业务报账手册、上线迁移工作方案及运营管理工作指引等详细设计成果。并通过信息技术手段，将会计引擎、费用标准、审核要素等逻辑规则，应用于财务共享系统，实现会计凭证自动化生成，费用支出标准职能管控，关键审核点自动识别校验，明确业务单位与共享工作职责。

**3. 业务单位层面**

业务单位层面，各单位以集团制度为框架指导，结合本单位实际情况制定或修编相应制度，修编报账管理和资金支付审批相关的制度，制定本单位报销标准，修编会计档案相关办法。

### （五） 文化理念建设——优化财务共享化转型应用环境

能源集团以党建为抓手，引领财务共享中心的建设工作。强化党建引领在团队建设中的指导作用，把对新招聘员工的思想建设、组织建设、作风建设等作为共享中心建设期间的一项重点工作。组织集中学习教育，邀请集团领导、公司领导干部讲授党课，自上而下统一思想，引导党员、员工进一步提高政治站位，坚定理想信念，培养一批规矩好、素养好、作风好、实绩好的基层队伍。通过对企业文化的宣贯，帮助员工清晰认识财务共享建设与财务管理转型对集团高质量发展的重要意义，坚定建设与运营的任务目标方向。

### （六） 运营管理优化——提升财务共享模式应用水平

能源集团坚持财务共享服务中心建设和运营"两手抓，两手都要硬"的原则，积极应对上线节奏快、上线单位数量多带来运行维护工作量大的问题，持续强化共享服务意识，努力提供优质便捷服务，提升用户体验，发挥"高效服务提供者"的职能，助力运营管理提质增效，实现卓越运营的目标。

（1）健全运维方案。为确保上线单位全员报账和资金支付业务有序开展，制订系统运维标准方案，对各类保障问题进行规范解答、跟踪复查、分类总结，形成知识积累。着力于业务咨询与系统维护并组建优化专项团队，全面提升财务共享中心服务水平。

（2）建立值班客服机制。通过运维工单、客服电话、微信支撑群等多种服务渠道，强化财务共享中心全体员工的服务意识，积极处理上线单位的业务答疑与意见反馈，为业务单位提供高效报账咨询服务。

（3）完善运营指标管理体系。为及时掌握财务共享系统运行情况和共享中心员工工作情况，合理分配共享任务，保障中心高效运营，设立90余个宣传类、考核类和运营类监管指标。

# 四、取 得 成 效

## （一）有效支撑集团新能源大发展战略，贯彻落实"双碳"目标

2023年5月，能源集团完成216家新能源业务单位上线，缓解了新能源项目多小散远带来的财务管理难度大、付款需求急、资金管控风险高的问题，为集团贯彻落实"碳达峰、碳中和"和高质量发展目标、全力推进实施新能源大发展、构建新型电力系统的战略实施，在会计核算、资金风险管控等方面财务管理工作提供了有力支撑。

## （二）系统集成、数据赋能多措并举，全方位促进业财融合

系统集成方面，会计核算和业务流程的统一，打破了异构系统的数据传输壁垒，完成14个周边系统集成，开发70余个接口。数据赋能层面，全集团的财务数据数出一源、数存一处，统一口径的财务数据实现数据多种用途，着力落实"决策分析数据仓"的职能定位。

## （三）流程设计、标准化双管齐下，以系统管控强化合规管理

通过剖析经济业务，识别重构业务场景，完成应收、应付、费用报销等七大标准化流程再造，形成50余条流程图、1300余个业务场景、4300余个会计引擎，努力践行"标准规范守护者"职能定位。

### （四） 核算、资金、预算多维管控，精准把控风险

财务共享中心核算集中化、标准化，有效解决业务单位单独核算时存在的入账时间不统一、确认标准不一致、科目使用不相同等问题，降低会计核算偏差风险、账务核算的错漏风险。

资金支付系统直联，取消数据落地环节，实现全流程线上闭环管理，保障支付信息全数据流程的一致性，在提高支付效率的同时，降低支付信息错漏与舞弊风险。

财务共享中心通过信息系统工具应用，强化费用预算执行管控，实现数字化、智能化的事前、事中、事后全环节系统化管理，有效管控超支风险。

### （五） 推进财务管理模式转型，显著降本增效

通过集约化、标准化财务共享服务，将分散于各业务单位的财务业务集中处理，发挥专业化分工、规模化及标准化管理效用，降低新项目增量财务人员成本和运营成本。

# 五、总结与展望

### （一） 进一步拓宽业务覆盖的广度

能源集团在成功完成一期新能源板块上线财务共享的基础上，积极响应广东省国资委"不晚于 2024 年 6 月底实现主要业务板块基本全覆盖"的工作要求，及时调整实施计划，加快建设二期项目，大力推动集团财务共享全覆盖，确保按时完成国资委下达的建设目标。进一步深化财务与合同、薪酬等前端异构系统集成，推进关联交易协同、税务管理、商旅管理等智能模块上线，提升财务核算效率与规范化水平，实现从单业态到多业态的转变。

### （二） 进一步延伸业务链条的长度

能源集团财务共享平台将致力于横向整合各财务系统、对接各业务系统，纵向贯通各级子企业，推进系统的高度集成，整合业务财务数据，构建数据间因果关系，避免数据孤岛。延伸共享中心的业务链条，前端接入供应链系统，后端强化数据分析、管理及合并报表、预算管控、税务分析等服务，积极探索依托财务共享实现财务数字化转型的有效路径，推进共享模式、流程和技术创新，完成财务共享与周边系统的端到端集成，充分发挥共享系统的信息媒介作用，赋能全链路信息共享，助力集团向高

质量、可持续发展。

### （三）进一步扩展共享系统的深度

能源集团将基于高度业财融合的财务共享平台，进一步挖掘财务、业务数据的价值，深化大数据应用，提升管理会计的数据分析与决策支持能力。充分应用 OCR 影像识别、RPA 财务机器人、互联网移动应用、云计算、区块链等智能化技术工具，实现业财税一体化管理，打破业务财务信息到税务信息自动转换的壁垒。未来将致力于通过深化先进智能信息技术的应用，着力打造具有广东能源集团特色的智能化、数字化财务共享平台，以高效准确的财务信息及智能分析，为集团管理层决策提供多层维度、实时准确的数据支撑，支持企业高效营运和精准决策，实现全面管理会计转型，提升财务管理价值创造的能力。

（广东省能源集团有限公司：李葆冰 张 文 张艳梅 徐 林 蔡 帆 夏慧芸 杨 昊 江海天 朱胤鸣 刘怡孜 钟嘉宝）

**案例评语：**

案例单位以组织团队建设、业务详细设计、系统开发实施、制度体系建设、文化理念建设和上线后运营优化为切入点，助力全流程财务共享平台基本形成并有效运行，取得了较好的成效，支撑了单位的新能源大发展战略，实现了业财数据的集中共享，强化了合规管理，严控了财务风险，形成了新的财务管控模式，降本增效显著。案例也提出了财务共享服务中心未来建设的展望，一是实现全业务覆盖；二是实现财务共享与周边系统的端到端链接；三是进一步扩大共享系统的功能作用，加大和深化数据的运用，为决策分析和选择提供重大的支撑。

该案例对于其他能源行业企业推动财务共享服务中心数智化转型具有较高的参考价值。

# "智改数转"：重药控股的数智化
# 转型发展案例研究

**摘要**

  随着互联网、大数据及人工智能技术的不断发展，中国企业已开启从"数字化"到"数智化"转型升级之路。其中，受国家政策影响比较大、区位优势不明显的药品流通企业，更加需要借助"数智化"转型来实现跨越式发展。本案例将分两个阶段来介绍重药控股的财务数智化转型历程。首先介绍2017年在"两票制"改革的大背景下，重药控股基于"业财融合"的思想，如何从升级"管理系统"和融合"业财一体"的双视角进行的管理会计数字化转型；然后介绍2020年全国性"药品集采"新政以来，公司继续坚持"业财融合"的思想，从"仓储""物流""业务"三个维度，业务上如打造SPD平台产品、建设DTP处方药房等，进行管理会计"数智化"转型。经过上述转型，重药控股最终形成了管理会计信息系统数智化平台，并凭借此转型提高了企业经营管理效率、拓宽了业务规模和种类。通过案例学习，一是使学员了解管理会计信息系统数智化转型的内容和特点，引导学员思考企业如何应对管理会计信息系统数智化发展过程中的机遇和挑战；二是为其他企业提供了管理会计信息系统数智化转型的思路和经验，为实现业务升级提供了新的解决方案。

# 一、背 景 描 述

## （一）单位基本情况

  重药控股股份有限公司是服务于医药全产业链的大型国有控股现代医药流通企业，于2018年在深交所上市，股票代码为000950。企业规模、市场覆盖居西部领先。2023年半年报显示，公司总资产高达639.9亿元，上半年营业收入为407.2亿元，净利润为 6.291 亿元①。重药控股组织架构如图 1 所示。

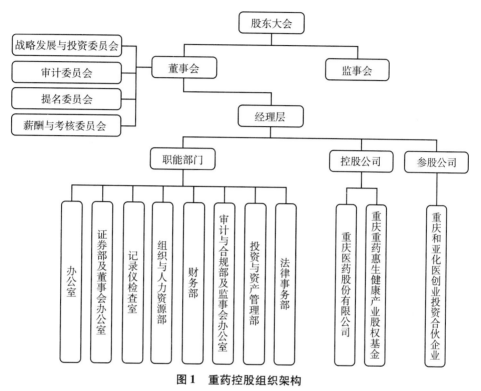

**图1　重药控股组织架构**

资料来源：笔者调研整理。

## （二）　重药控股内外部环境分析

首先是外部环境。"两票制""药品集采"等政策相继出台并实施、四大全国性龙头企业国药集团、上海医药、华润医药、九州通所占据的市场份额持续扩大以及数字技术日渐成熟等因素都使医药流通行业竞争越发激烈。因此，医药流通企业不得不开源节流，一方面利用管理流程数智化降本；另一方面利用新业态积极拓展新业务，逐步实施内部系统数智化转型。

其次是内部环境。重药控股受制于国企庞大的组织架构，虽然营业收入在不断增加，但营业成本并没有随着化工板块业务这一投入量巨大的业务的剥离而明显减少，如图 2 所示。

---

① 　资料来源：巨潮资讯网。

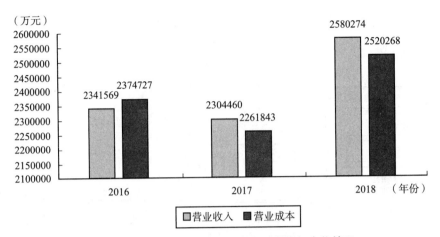

图2　2016～2018年重药控股主要财务指标变化情况

资料来源：巨潮资讯网。

### （三）重药控股选择搭建管理会计信息系统的原因

面临严峻的内外部环境，重药控股董事长袁总凭借着多年在药品流通领域耕耘的经验，敏锐地意识到数智化管理转型是大势所趋。重药控股可以通过管理会计信息化进一步实现自动化运营。

而根据《管理会计应用指引第802号——管理会计信息系统》，企业要想实施管理会计信息化，一般应同时具备以下条件：（1）对企业营运主体、营运范围、业务流程、责任中心等有清晰定义；（2）设有具备管理会计职能的相关部门或岗位，具有一定的管理会计工具方法的应用基础以及相对清晰的管理会计应用流程；（3）具备一定的财务和业务信息系统应用基础。包括已经实现了相对成熟的财务会计模块的应用，并在一定程度上实现了经营计划管理、采购管理、销售管理、库存管理等基础业务管理职能的系统化。基于此，重药控股开启了管理会计信息系统"数智化"转型。

---

## 二、总 体 设 计

### （一）重药控股管理会计信息系统数智化转型的目标

重药控股进行管理会计信息系统数智化转型的目标如图3所示。

### （二）重药控股管理会计信息系统数智化转型的总体思路

（1）实现技术变革：对基础条件如网络、通信设备和原有系统等进行重构与变革，提升管理会计工作效率，并为企业的创新行为提供技术资源支撑，加速产品与服务的创新。

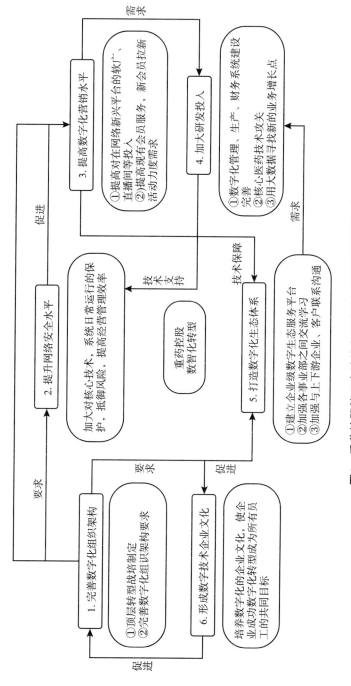

**图 3　重药控股管理会计信息系统数智化转型的主要目标**

资料来源：笔者调研整理。

（2）实现组织变革：打造数智化技术变革组织结构，使现有人员能更好地依靠新系统提高对市场的反应速度。

（3）实现管理变革：打通生产与财务管理全流程的数据链，减少信息孤岛的产生，促进业务流程变革、生产变革和财务变革，提高产品质量和生产效率。

### （三）　重药控股管理会计信息系统数智化转型的内容

重药控股基于业财融合的基本思想，围绕其管理会计信息系统数智化转型进行了三方面变革。

首先是技术变革。一是拓宽渠道，完善分销网络。打通线上线下销售渠道，升级零售药店管理系统，并布局医药 O2O 等各方面业务。二是推出大数据平台，提供数智化服务。充分利用互联网技术不断推出数据平台。三是提升数智化研发能力。研究国外具有壁垒性药物仿制药，完成多家医院的开方对接、业务流转及互联网医院项目建设。

其次是组织变革。要全面实现批零一体化、产品全面化、业务数智化，打造重要利润贡献部队，调整自身组织架构是首要任务。重药控股本身拥有 3 大销售总部（含七个派出大区），为实施战略规划，新建立器械战略事业部、零售战略事业部、麻精药品全国分销等细分业态战略事业部，通过事业部制管理凝聚组织力量，加大统筹力度，推进各部门协同发展。

最后是管理变革。（1）业务数智化管理。采用"自有团队"+"合作开发"的模式，开发物流仓储管理系统（WMS）、物流运输管理系统（TMS）以及供应链管理平台（SCM）等主要系统，实现仓储运输数据化管理。（2）财务数智化管理。通过和财务软件合作，实现业财一体化、业务财务管理移动全面化以及财务共享化。（3）营销数智化管理。推出微信小程序、京东商城"药急送"、支付宝小程序"重药付"等多个线上平台，并启动直播销售，实现线上的客户引流。

### （四）　重药控股数智化转型的创新与特色

重药控股的管理会计信息系统数智化转型创新点在于持续地依据数智化转型过程变化，逐步实现业财融合数智化转型。首先是实现了互联网思维的不断转变——数字化向数智化思维转变。其次是实现了多元化经营——打造 SPD 平台产品、建设 DTP 处方药房等数智化多元经营。最后是提高了消费者的参与和满意度——不断依靠技术升级、大数据反馈优化产品服务。重药控股的管理会计信息系统数智化转型不仅注重于提高企业管理效率，还注重于帮助企业找到更多契合企业发展的业务，扩大企业利润来源。

---

# 三、应 用 过 程

重药控股的管理会计信息系统数智化转型可以分为数字化和智能化两个阶段，具体转型过程如下。

## （一）管理会计信息系统数字化转型阶段

### 1. 管理系统数字化

为了更好地借助 IT、互联网技术来实现企业管理会计信息系统数字化转型，重药控股首先搭建了智慧管理系统，为接下来的数字化转型工作打好基础。

首先是借力于集团下属专业 IT 部门信息中心的能力，采用"自有团队"+"合作开发"的模式，针对物流业务开发了物流仓储管理系统（WMS）、物流运输管理系统（TMS），以及供应链管理平台（SCM）等主要系统，配合其他辅助系统，在确保数据安全的同时实现了仓储运输数据化管理。通过对智慧管理系统的后续迭代更新和升级，确保以更低的物流成本和更高的运营效率，保障了下游医院的用药需要和用药安全。其次是针对销售端，重药控股借助智慧管理系统和重庆市政府的大力支持，自 2018 年以来持续推进 O2O、B2C、处方流转及医院科室医疗服务等创新业务信息化平台以及传统业务 B2B 信息化平台建设，实现了医院订单的线上化。从整体管理布局来看，重药控股借助 SAAS 产品云之家的强大功能，打造出全面移动平台——重庆之家，该平台能够颠覆传统 OA，将财务、业务、物流等系统进行资源融合，从而实现移动办公、移动财务、移动 HR、移动物流等功能，大大降低了业务管控风险。

在搭建数字管理系统时，重药控股与金蝶达成了战略合作，借助其平台搭建起一体化管控平台与服务平台。通过该平台聚势赋能，公司内部形成了集财务核算、全面预算、资金管控、人力资源、费用管理统一的一体化系统，不仅解决了管理中成本攀升的痛点，更创造出了新的使用场景。另外，结合管控平台与商务系统的集成，以 MDM、BPM 等基础平台为支撑，重药控股建立了以批零核心业务系统为中心，全面覆盖技术架构、系统集成、共享服务等版块，贯通采购、销售、物流、财务等全流程的具有专属性的智能高效一体化财务平台（见图4），进一步降本增效。

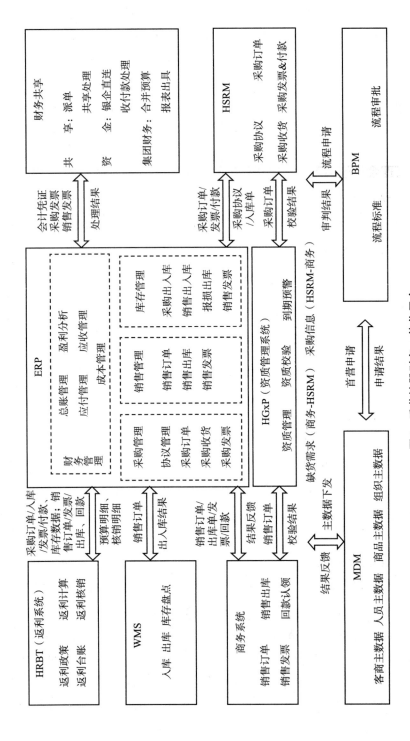

图4　重药控股财务一体化平台

资料来源：笔者调研整理。

在数字化能力建设方面，重药控股引进了多名专业数智总监，系统信息化投入每年高达 6000 万元。在专业人才的支撑以及财务软件的支持下，于 2019 年成立了整个集团的财务共享服务中心，贯穿了集团商业版块、健康版块、工业版块和配套服务版块，并且随着会计核算中心、流程管理中心、全国服务中心的建成，最终形成智能服务中心，在集团内部形成了标准化、统一化的整体财务管理、监控、服务能力，使原始数据的及时、准确与高效得到保障，财务数据的来源依据与反向追溯也得以明确，从而辅助管理层实时高效地进行决策。

**2. 业财一体数字化**

为进一步提升数字化服务能力，重药控股自 2019 年 10 月开始探索"医药 + 互联网"领域，携手日本知名企业欧姆龙，稳步推进"欧姆龙 Health + 智能健康家"项目的建设。这一项目涵盖了家庭预防检测、MMC & iHEC 转诊以及会员服务等多个功能模块。通过该项目，重药控股提升了在医疗前端提供初步检测服务的能力，并不断致力于打通慢病管理的"最后一公里"。

同时，重药控股通过销售线上化拓展业务渠道，依托信息化、数据化信息等创新平台，打造了"互联网 +"健康服务平台，并推出了专属微信小程序"和平到家"、京东商城"药急送"、聚合支付平台"重药收款通"等多个线上平台，支持在线问诊，通过直播销售实现在线引流。重药控股还推出了"和平健康"App，为患者提供一站式线上"医 + 药"健康服务。

通过智慧管理系统，重药控股还成功实现药品流通业务、购销业务线上化、数字化，与重庆市急救中心、重庆附属第二医院在内的多家医院共建的互联网医院已投入运行。此外，重药依托实体医院建设互联网医院，承接医院处方配送，截至 2022 年末，重药控股已与儿童医院、重医附二院以及重医附属永川医院等 12 家医院达成合作，还有 9 家医药正在接触洽谈。其中，儿童医院支持全部品种线上复购，重医附二院支持全部国谈品种上线互联网医院，重医附属永川医院则全面启动互联网医院运营。通过一系列举措赋能（见图 5），自转型以来其主营业务成本率逐渐降低（见图 6），增加了企业核心竞争力。

### （二）管理会计信息系统智能化转型阶段

2020 年，国家大力推行药品集采，与 20 世纪 90 年代开始的药品集采不同，2020 年开始的药品集中采购是国家层面的集中采购，即规模更大，更加集中，议价能力更强，对药品生产及流通企业的压力更大。因此，重药控股继续深化业财融合思想，进一步巩固前期数字化转型所取得成果的基础上，将业务向前段延伸，财务向前段跟进，从"仓储智能化""物流智能化""业务智能化"三个维度进行数智化转型。

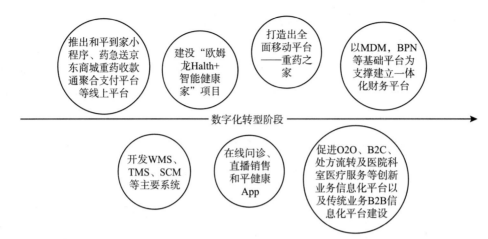

**图 5　重药控股管理会计信息系统数字化转型阶段举措**

资料来源：笔者调研整理。

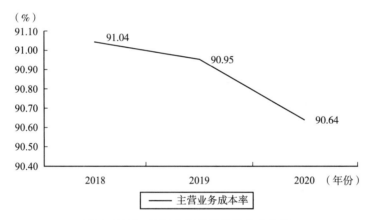

**图 6　2018～2020 年重药控股营业成本率**

资料来源：巨潮资讯网。

### 1. 仓储智能化

随着业务量增大、产品品类丰富、药品流通标准提高，传统医药流通业在仓储物流中的问题日渐凸显：依靠人工进行出入库处理，手推车拣货模式的人均拣货效率低下、流动性高导致作业质量和效率不稳定等问题频发；仓库中储藏着成千上万种药品，稍有差池比如拿错药或者损坏包装，后果不堪设想；药品流通链条长导致追溯问题源头困难大；新冠疫情下仓库内人流密集加大了防控难度，等等。重药控股此时处于管理会计信息系统数字化向智能化过渡的关键时期，这些问题刚好给袁总很大的启发，他深刻地意识到作为仓储物流为大头的药品流通企业，应从仓储项目入手，开展管理会计信息系统智能化建设，提高管理会计效率。

2021 年初，袁总在对物流中心考察后，立即抽调人员组成项目组，负责拟定仓库的优化方案。在对方案进行了多次论证与优化后，袁总最终决定以重药现代物流综合基地为核心，引入智能自动化、智能信息化、物联网集成等六大关键技术的应用，在整个集团推进仓储与物流智能化体系建设。

提高信息可视化程度是第一步。在仓储管理系统（WMS）全面上线后，重药控股为各省级分仓都配备了自动化分拣系统和高清摄像头，该系统能够实时对进出库药品包装上的相关数据进行识别抓取，并更新上传到服务器。仓库管理部门可以在大数据平台上查看相关数据，并根据药品缺漏情况，及时向上游生产厂家订购。与此同时，重药控股还将每一个智能仓库的库存数据进行共享，管理会计可以及时掌握不同区域间的库存情况，方便进行药品跨区域调配，满足不同地区当下的药品需求。通过一系列数智化仓储设施改造升级，重药控股建立了一套全流程、多环节的智能化仓储管理模式。对仓储中心内的医药流通作业进行了全面优化，提高了配送效率，强化了对出入库等环节的监控力度，有效降低了药品库存管理过程中的人为管理风险。同时也使管理会计部门可以更好地掌握仓库内库存情况，降低药品库存管理成本。

但集货区仍是"人找货"模式，这种模式的弊端在新冠疫情期间更加被放大，正当袁总愁眉苦思该如何进一步改造仓储智能化的关键环节时，一篇关于移动机器人的行业报告映入眼帘，随即袁总召集团队成员进行会议讨论，决定在新一期的数字化仓储项目中引入自动导引运输小车（AGV）及 AGV 调度系统。2022 年 7 月，重药现代物流综合基地二期项目正式投入使用。该基地的仓储部分由自动立体库、多层平库组成；其中自动立体库拥有约 2.56 万个托盘货位以及 2 万个箱式货位，12 套自动存取堆垛机系统；多层平库分四层，配置有国内医药物流首例出库缓存系统，缓存箱货位 8000① 余个，无人集货区也实现集货区智能化、信息化管理，将传统"人找货"的药品仓，转变为"货到人"的智慧仓（见图 7）。

通过智能化转型，重药控股对仓储系统进行智能化升级改造，并融入管理会计信息系统，最终建成一套全流程、多环节的超级智能化仓储管理系统（见图 8），实现准确定位、智能取药、智能财务以及风险提醒，促进业财融合智能化升级。

**2. 物流智能化**

2020 年，中国暴发了严重的新冠疫情，重药控股作为老国企自当为新冠疫情防控勇担责任，公司董事长袁总深切意识到要战胜新冠疫情，物资是关键。不仅如此，高效智能的物流体系也是公司在激烈市场竞争中的核心保障。在此背景下，公司开始思考并着手建设智能化物流体系。

---

① 资料来源：笔者调研整理。

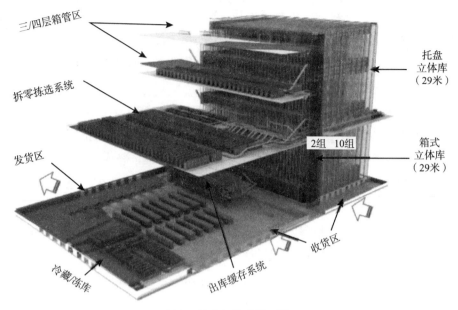

**图 7　重药智能仓储系统**

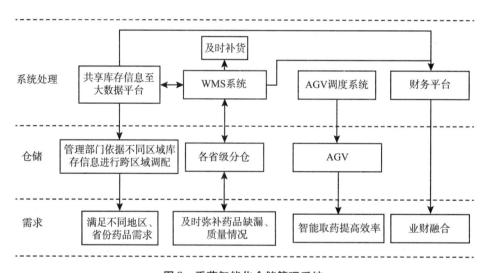

**图 8　重药智能化仓储管理系统**

资料来源：笔者调研整理。

在袁总的推动下，重药控股利用互联网、物联网、大数据等智能化物流技术，开始了大刀阔斧的物流改革。在数字管理系统和数智化仓储中心建设完成的基础上，重药控股还需要解决按时配送药品的问题，对此，重药控股打造了先汇总订单，再运送到各级人民医院的物流体系。一方面，自建智能物流车队，为所有配送车辆配备实时网络连接和 GPS 定位系统，并推出全新的数字化车队调度平台，使配送中心能够实时了解配送车辆位置，从而根据每个地区的实际供需情况优化药品配送能力。另一方面，重药也同第三方物流企业合作，通过数据共享，实时掌握药品的配送情况，从而满足偏远地区医院的药品需求（见图9）。自建、合作双管齐下的智能物流模式满足了实时计划、日程安排、调度解决等多方面的广泛需求，保证药品及时送到各个终端销售网点。

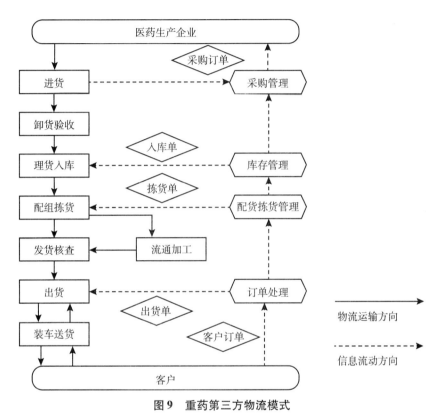

图9 重药第三方物流模式

资料来源：笔者调研整理。

随后重药控股推出了智能物流供应链平台，该平台整合了智能分析和决策、物流业务管理、供应链追溯以及三方物流协同等功能。同时，智能物联网供应链平台还实现了集团下属多个核心枢纽物流中心的集中数据集成，信息共享和互操作性，在线业务运营以及数字化运营控制。通过开辟多种渠道，该平台可以提供一站式服务，涵盖物流、仓储、运输和分销等各方面。

数字化物流中心投入运营后，相同工作时间内生产效率提升了30%，发货时间大幅缩短的同时物流成本也大幅节省。重药控股现已拥有24小时内送达市内订单的能力，对于紧急送货的订单也能保证送达时间主城区不超过2小时，区县不超过6小时①。此

---

① 资料来源：笔者调研整理。

外，该物流中心还实现了在业务量增加的前提下，大幅缩减了人工成本。2022 年下半年，新冠病毒弥漫了整个上海，重药控股作为老国企迅速作出全面部署，于 11 月 10 日同战略老伙伴复星医药紧急召开专题业务沟通会，对首个国产新冠口服药"阿兹夫定片"采购事宜做出安排。次日，重药控股与甘肃、贵州、陕西等多个省份进行沟通，明确了发货数量之后，仅三天便完成了从建档、购进、跟踪发货、协同入库到紧急配送至医疗机构的工作。这种高效率得益于公司数字化管理仓储物流系统，依托数智化成果圆满完成药品紧急配送任务，用实际行动为人民群众生命健康保驾护航，助力新冠疫情防控。

**3. 业务数智化**

借助仓储和物流智能化系统，药品的及时配送得到了保障，但医院还面临着如何分配到各个科室这一难题，针对该难点痛点，管理会计部门积极寻找新的业务增长点，依托智能仓储、物流体系，拓展院内供应链延伸服务、药品直送服务、药库信息化管理和临床支持服务等新兴业务，不断提高服务医药全产业链的能力，通过不断自主研发，完成了自有知识产权的 SPD 平台产品（院内物流、院外仓）打造开发。

重药率先在重庆各大医院推广医药物流延伸服务[①]（院内物流——Supply Process & Distribution）（见图 10），以落实国家新医改政策为出发点，借助信息连接技术，将现代医药物流信息化系统、自动化技术和管理方法延伸到医院，提供专业化、个性化的信息管理解决方案，开发符合 GSP 管理要求的医院药品耗材物流管理系统（SPD），实现与医院信息流的无缝对接，大大提高物资出入库等各项操作的流程化与信息化程度，从而实时全面监控物流状态，提升了物资流转的效率与准确率。

**图 10　院内物流——Supply Process & Distribution**

---

① 医药物流延伸服务是一种以医院物资管理部门为主导物流与信息技术相结合、通过合理使用社会资源，对全院的医用物资在医院内的供应、加工、配送等流程的集中管理或者外包管理，即院内物流管理系统的代称。

对于受制于院内空间、人员难以开展院内物流的医院，重药也有的放矢推出了SPD院外仓服务，与院内物流同理，也是为解决医院医用物资供应问题，而不同的是，SPD院外仓建设在医院外距离较近的地方，由公司自己进行运营和管理，最大限度上帮助医院精简相关人员数量，助推医院内部管理的现代化、智能化、合理化和精细化，降低运营成本，提高运行效率，提升服务质量。目前重药控股布局的SPD院内物流、SPD院外仓项目已经能实现对医院药房管理智能化和药品供应链的全程追溯，能减少70%的患者取药等待时间，实现了"企业、医院、患者"三赢的局面。

截至2022年，重药控股累计开发院内物流项目50余家，SPD院外仓80个，覆盖全国各省市医疗机构。重药持续不断购买各类现代化的设施、设备，开发配套的软件系统，派遣大量的技术人员及管理人员，对运营中的设备、设施及系统的维护、升级，共计投入1.3亿元[①]。为医院提供了集中化、专业化的药品管理解决方案，实现医院内部、医院与药企之间信息的互联互通，帮助医院进一步提升了为患者的服务效率。

此外，重药控股还致力于线下药房的智能化。为进一步推进医药零售业务的发展，重药加快将互联网与线下实体药房相结合，大力建设DTP药房。在国家取消医院药品加成和药占比考核后，药品不再是医院收入的来源，反而演变为一种成本负担，因此门诊药房的取消可能成为大势所趋，DTP药房的重要性与日俱增。重药控股用信息化技术提升集团传统业务价值，围绕医、药、患、政开展创新服务，积极承接电子处方流转服务，发展高值药品、器械耗材的DTP服务，加快DTP处方药房的网络布局，提升团队专业药事服务能力。

目前，我国DTP药房数字化发展的阻力主要存在于慢病管理系统不够完善、对接电子处方流转平台数量较少、医保协助服务的数字化率低，导致患者、支付方、医生之间信息互通及时性不够，且基本都为线下或片段化问题。而加快建设线上可操作服务系统能有效解决这些问题。

首先是积极拓展电子处方、互联网医院等创新业务，为DTP专业药房业务打通渠道。重药控股在多个省份建设互联网处方流转平台，建成专业药房100余家[②]，方便全国各地的医师、药师进行处方溯源。重药控股积极利用DTP互联网医疗平台互通系统，实现医患问诊、复诊续方、预约医生检测等功能，可见重药控股构建了领先的医药新零售服务体系，推动了互联网医院模式下处方药销售新业务模式，实现线上线下互动，并以居民、患者健康管理服务为载体，为更多客户提供多元化、专业化、

---

①② 资料来源：笔者调研整理。

数字化的健康管理服务。

另外，重药控股为打通 DTP 业务渠道，将门店网络覆盖重庆市西南医院、重医附院，四川省华西医院、省医院等，实现了川渝地区三甲医院全覆盖。为众多的慢特病患者，提供安全的药品直达服务、用药跟踪、患者管理及公益慈善援助服务，通过数字化加持，极大地提高了患者管理效率以及专业药事服务效率。同时，作为国有性质的区域龙头医药流通企业，重药控股能凭借与上游供应商密切的合作关系和完善的物流布局，从品种、价格、物流优势等方面更好地承接 DTP 业务，完善了销售终端智能化。目前已在全国范围内建成专业药房 107 家，2022 年累计销售超 14.61 亿元，销售同比增长近 28%[①]。

此外，重药控股还深入实施创新驱动发展战略，积极与国内外知名医药研发机构展开合作，着力研发具有临床和市场需求的新产品，大力开展研发业务。在药品研发、制造、销售等环节，不断强化对质量和安全的严格控制。目前重药控股不仅在国内成功推出了首个 MAH 品种——奥美沙坦酯片，还持续投资于高技术和高设备壁垒的仿制药和创新药，为广大患者提供更专业、高效的服务，推动公司向高质量发展的目标迈进。"十四五"期间，重药控股侧重口服缓控释制剂、吸入制剂、复杂注射剂等剂型的研发及产业化方向，与国内外知名医药研发机构建立起了稳固的合作关系，形成了一支强大的研发梯队。未来重药控股将持续构建领先的医药服务体系，推动打造新业务模式，实现线上线下互动，并以居民、患者健康管理服务为载体，带动公司整体业务发展，为更多客户提供多元化、专业化、数字化的健康管理服务。

### （三）管理会计信息系统数智化成果

随着基础设施的数智化转型和数智化业务的开发，重药控股的数智化管理会计信息平台已大体搭建完成（见图 11），实现财务管理智能化。首先，重药控股通过智能化月结系统，实现了整个集团的财务自动运行和监控，包括：自动生成凭证、账簿和财务报表。既省去了烦琐的手动操作，也避免了人为失误和漏处理。其次，通过引入 RPA（Robotic Process Automation）和 OCR（Optical Character Recognition）等技术，重药控股构建了智能资金云平台。通过该平台可以实现资金付款业务的智能排程、支付防重、电子回单以及资金收款业务的智能收款认领、资金自动归集等功能。最后，通过数据挖掘等技术，实现融资预警和资金动向的智能化处理，确保集团资金管控的严密性和财务报告的时效性，为管理层决策提供丰富且可靠的财务

---

① 资料来源：重药控股：《2022 年社会责任报告》。

数据支持。

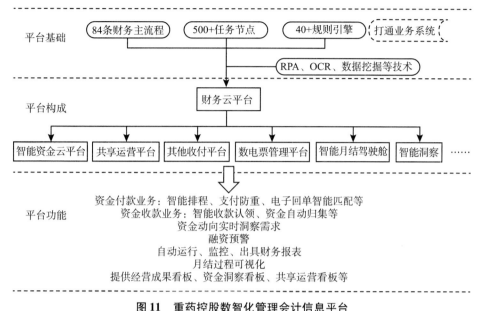

**图11　重药控股数智化管理会计信息平台**

资料来源：笔者调研整理。

# 四、取得成效

## （一）企业组织架构和企业战略更加完善

凭借着数智化力量，重药控股不断加强医药供给网络布局，秉承"献身医药、追求卓越"的企业精神，围绕"一张地图、两张网络、三级配送、四个业态、五个支撑"①的战略方针，构建完成了以重庆为核心的"一张地图"。确立了"一千两双三百城、三化四能五路军"②的战略指导思想的"十四五"规划，建立了新的销售体系管理架构（见图12）。

---

① 据重药控股官网，"一张地图"指以重庆为核心的"一张西部地图"，挺进中原，走向全国；"两张网络"是指在继续强化传统销售网络的基础上，发展医药电商的B2C、O2O业务以及互联网大数据的应用，形成两网互动；"三级配送"是指建立省级城市辐射周边区域中心城市，区域中心城市辐射到区县主城，通过区县主城辐射到乡镇社区等终端；"四个业态"是指医院纯销、商业批发、终端配送及零售连锁；"五个支撑"指实现组织结构、融资保障、信息系统、激励机制、企业文化的有力支撑。

② 据重药控股官网，"一千"指争到2025年实现收入超千亿元；"两双"指内生、外延双轮驱动；"三百城"指实现全国商业网络的覆盖，布局300余个区域；"三化"指批零一体化、产品全面化、业务数字化；"四能"指营销业务解决方案能力、供应链整体解决方案能力、IT整体解决方案能力、辅助临床解决方案能力；"五路军"指器械试剂、专业药房、中药保健品、第三方储配、新兴业务与药品批发形成"一优五强"的利润贡献战略部队。

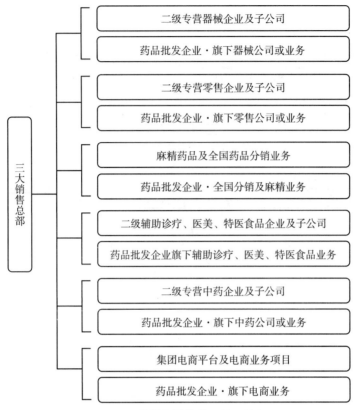

图 12　重药控股销售体系管理构架

资料来源：笔者调研整理。

## （二）企业管理效率提高

重药控股逐步形成了以基础平台、集成平台、业务平台、决策平台及用户平台五大维度互为补充、同力推动的智能平台架构（见图 13）。

## （三）业绩提升、业务多元化

智能化创新大幅提升了其运营效率和服务质量，逐渐在全国医药流通行业激烈的市场竞争中站稳脚跟，净利润稳中有升，行业地位进一步夯实。即使是在新冠疫情时期，重药控股的医院纯销业务营业总收入也达到了 354.15 亿元，商业分销业务达到了 75.08 亿元，自营零售业务则为 21.81 亿元①。

目前，重药控股不断扩展业务到药品、医疗器械、保健产品的医院纯销、商业批发、零售连锁、终端配送、仓储物流及供应链增值服务，但发展重点始终聚焦在批发和零售业务上。通过多年深耕医院与药店两大终端市场，不仅与重庆市各大医院建立

---

① 笔者根据公司年报整理。

了深厚的合作关系，还拥有和平药房、新健康 DTP 药房、和平批发诚信大药房等多个知名老品牌。

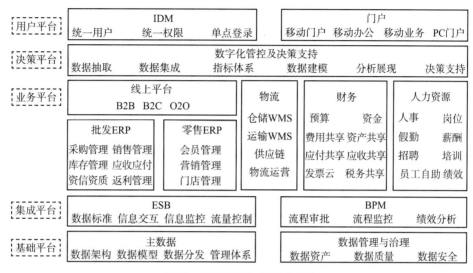

**图 13　重药控股智能平台架构**

资料来源：笔者调研整理。

# 五、经验总结

重药控股的管理会计信息系统数智化转型经验具有良好的普适性，具体可以从以下三个方面总结。

## （一）明确数智化战略地位，实现互联网思维转变

本案例中，重药控股将数智化转型作为企业战略的重要组成部分，通过对企业战略、组织、人才、业务等方面的重构和优化，实现了管理会计信息系统业财融合数智化转型。在数智化转型战略规划中，企业首先要明确数智化转型目标，再根据自身情况确定数智化转型路径，确保企业在实现数智化转型的同时也能够有效提升效率和效益。

## （二）考虑企业数智化优势，实现多元化经营

企业管理会计信息系统数智化转型应立足自身业务需求和业务场景，匹配适合的技术与方法。例如，在药品研发过程中，企业可采用定制化方式进行产品研发，通过

数智化技术搭建药物研发管理平台，实现对药品研发的全生命周期管理；而在药品生产过程中，企业可对生产环节进行智能化改造，通过物联网、大数据等新技术对生产线上各个环节数据进行采集与分析，实现生产线运行闭环控制。

### （三） 不断调整数智化业务、 管理流程， 提高消费者参与和满意度

本案例中，重药控股重新梳理了集团业务流程，将流程细化，对其中的关键节点进行了识别与优化，以实现更好的管理效果。同时，为了使整个系统建设能够顺利进行，重药控股还在每个流程节点上设置了关键角色，并在人员配备方面做出相应调整。

然而数智化转型是持续变化的过程，人工智能的出现使得企业智能化程度进一步提高，与之相对的，人工智能目前也还存在数据打通困难、数据安全隐患等诸多问题，企业后续系统智能化转型还需要不断对这些问题进行完善。

# 附　　录

**案例涉及字母简写及含义说明**

| 字母简写 | 字母含义 |
|---|---|
| ERP | 企业资源计划（Enterprise Resource Planning，ERP）是指建立在信息技术基础上，以系统化的管理思想，为企业决策层及其员工提供决策运行手段的管理平台 |
| WMS | 仓库管理系统（Warehouse Management System，WMS）是一个实时的计算机软件系统，它能够按照运作的业务规则和运算法则，对信息、资源、行为、存货和分销运作进行更完美地管理，提高效率 |
| TMS | 运输管理系统（Transportation Management System，TMS）大部分只作为一个管理系统中的其中一个子系统来运用，主要在物流管理系统中，其主要功能是对物流环节中的运输环节的具体管理，包括车辆管理，在运途中货物的管理等 |
| SCM | SCM，即 Supply Chain Management 就是对企业供应链的管理，是对供应、需求、原材料采购、市场、生产、库存、订单、分销发货等的管理，包括从生产到发货、从供应商的供应商到顾客的每一个环节 |
| O2O | $O_2O$，即 Online To Offline，即在线离线/线上到线下的商业模式，是指将线下的商务机会与互联网结合，让互联网成为线下交易的平台 |
| B2C | B2C，即 Business to Customer，是指企业直接面向消费者提供商品或服务 |
| B2B | $B_2B$，即 Business To Business，指企业与企业之间通过互联网进行产品、服务及信息的交换 |
| MDM | 主数据管理（Master Data Management，MDM）是一个连通性、灵活性和可扩展的平台，可有效管理主数据，并为业务关键数据提供单点事实。它通过确认、链接并整合产品、客户、商店/地点、员工、供应商、数字资产等信息来支持业务计划 |

续表

| 字母简写 | 字母含义 |
|---|---|
| BPM | 业务流程管理（Business Process Management，BPM）的缩写，是一套达成企业各种业务环节整合的全面管理模式。指根据业务环境的变化，推进人与人之间、人与系统之间以及系统与系统之间的整合及调整的经营方法与解决方案的 IT 工具 |
| CRM | 客户关系管理（Customer Relationship Management，CRM）的缩写 |
| AGV | 自动导引运输车或是无人搬运车（Automated Guided Vehicle，AGV）英文版本的缩写。AGV 是指装备有电磁或光学等自动导引装置，能够沿规定的导引路径行驶，具有安全保护以及各种移载功能的运输车。具有自动移载装置的 AGV 小车在控制系统的指挥下能够自动地完成货物的取、放以及水平运行的全过程 |

（重药控股股份有限公司：刘胜强　陈泓宇　白浩然　齐晨星　邱　天　周琨荻）

### 📖 案例评语：

　　该案例深入探讨了药品流通企业在管理会计信息系统数智化转型方面的思路与经验。案例单位抢抓数字化变革机遇，基于"业财融合"理念，通过数智化升级"管理系统"与融合"业财一体"，推动管理会计的数字化转型。同时，案例单位在"仓储"、"物流"和"业务"三个关键维度上，通过打造 SPD 平台产品、建设 DTP 处方药房等创新业务，进行管理会计"数智化"转型。经过上述转型，案例单位最终形成了管理会计信息系统数智化平台，并凭借此转型提高了企业经营管理效率、拓宽了业务规模和种类。

　　案例单位在管理会计信息系统数智化转型方面的积极探索和成功实践，展示了数字化转型在推动企业高质量发展中的作用，为其他企业提供了宝贵的经验和启示。

# 中国石化三位一体财务数智体系建设实践

**摘要**

    中国石化的财务战略以及管理需求发生着深刻的变化，需要以战略型集约化财务管控体系建设为总领，以建设数字化、智慧化财务为目标，瞄准持续提升用户体验、持续提高运营效率、全面赋能业务管理、促进企业价值创造4个方向，聚焦全链条连接贯通业务、全领域挖掘数据价值、全过程管控风险、全方位支持业务创新4大重点，构建统一建设智慧决策分析展现、财务数据底座、财务管理集群3大平台，推进财财融合、业财融合，夯实财务数字化转型保障体系，最终构建以实时、全面、敏捷、灵活为特征的财务数智化系统，为实现集团高质量发展、建设世界一流财务管理体系、支持公司战略落地提供坚强支持。

    构建三位一体财务数智体系，是一项跨部门、跨业务、跨层级的系统工程，中国石化通过强化顶层制度流程建设，在应用新技术上实现革新的同时，在管理模式、管控规范、协同机制上同步创新，推动技术、业务与财务三者相互融合。三位一体财务数智体系构建过程中，在搭建业务管理模型、规范统一管理指标、财务系统集群的横向联通等方面的积极实践，为构建各要素的横向融合、数据纵向贯通的财务数智化平台奠定坚实基础。

# 一、背景描述

## （一）单位基本情况

    中国石油化工集团有限公司（以下简称"中国石化"）是在原中国石化总公司基础上，于1998年7月重组设立的特大型石油石化企业集团，是国家授权投资的机构和国家控股公司。主要业务包括石油天然气勘探开发、炼油化工、石油天然气与化工产品销售、石化工程设计与施工、科研、金融与服务支持六大板块。

## （二）管理会计应用基础

    中国石化建设高质量发展指标运营评价体系需要有效利用信息技术。2018年，总部财务部在推进公司财务转型中系统部署了财务数字化转型。2021 年，明确将构建战略型集约化财务管控体系作为公司财务转型的目标。

### （三） 构建三位一体财务数智体系的主要原因

党的十八大以来，发展数字经济和数字技术已上升为国家战略，各行业的数字化转型成为大势所趋。中国石化整体财务信息化系统功能完备、纵向贯通加强，有效支撑日常业务管理和操作；但从战略型集约化财务管控要求以及未来数字化转型方向看，主要在决策支撑、业财融合方面还存在差不足。通过构建操作层、数据层和智能层三位一体的财务数智体系，可在信息生产环节实现财务专业全覆盖、管理流程全在线、业财数据全集中的数字化建设目标的基础上，推动信息应用环节向数字化、智能化转型。

# 二、总 体 设 计

## （一） 建设目标

中国石化着力构建战略型集约化财务管控体系，为建设世界领先洁净能源化工公司提供高质量的财务管理支撑。

财务数字化转型以数字化、智能化为方向，以数据治理为抓手，完善构建智慧决策分析展现、财务数据底座、财务管理集群 3 大平台，加强横向融合，有效支撑构建战略型集约化财务管控体系。

## （二） 总体思路

中国石化统筹构建操作层、数据层和智能层三位一体的财务数智体系，一是打通数据通道，覆盖公司财务数据、业务数据以及外部对标数据，赋能重要的数据应用场景。二是集成工具应用，统一开发管理会计基础工具库，实现各类工具的体系化整合、模块化管理和数字化应用。三是加强模型开发，将模型作为连接宏观战略目标与微观操作的纽带，构建测算模型，挖掘数据价值，提升财务洞察力与决策支撑能力。四是创新报告展示，可视化呈现不同层级管理会计报告分析结果，满足多维度、多视角的管理分析需求，使管理会计报告成为企业经营情况的"晴雨表"。

## （三）建设内容

三位一体财务数智体系包括：一个智能层，搭建中国石化财务智能应用平台，实现财务流程管理和财务分析决策的模型化、智能化应用；一个数据层，通过数据服务平台实现业财数据的集中管理；一个操作层，通过财务管理系统集群实现信息的高效生产。

### 1. 财务智能应用平台

聚焦市场趋势、风险管控、预警分析等场景，丰富与生产经营相匹配的财务分析决策模型，构建因果关系数据结构，多层级培养财务建模专家团队，促进以数据和模型驱动分析决策。

### 2. 数据服务平台

加强财务域顶层设计，统一底层架构，推行"数据 + 平台 + 应用"新模式，实行"域长负责制"新机制，推进财务信息化上云上平台和数智化转型，形成共建、共享、共赢的石化智云工业互联网生态。

### 3. 智慧化财务专业信息系统集群

财务管理主体业务领域全部实现信息化驱动，深度挖掘内外部数据资源，实现对重大风险的实时监测、自动预警等风险在线监控功能。

中国石化财务数智体系架构如图 1 所示。

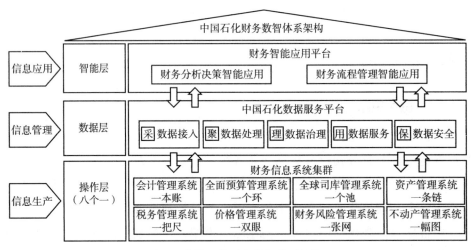

图 1　中国石化财务数智体系架构

## （四）管理创新

构建三位一体财务数智体系，是一项跨部门、跨业务、跨层级的系统工程，不仅要在应用新技术上实现革新，更要在管理模式、管控规范、协同机制上同步创新，使技术、业务与财务三者相互融合。通过三位一体财务数智体系建设，更好地挖掘使用价值数据和信息，客观、准确地反映公司高质量发展进程，找到发展的瓶颈和动因，促进改进措施落地落实，形成完整管理闭环。

---

# 三、应用过程

按照"时间服从质量"的工作指导方针有序开展建设，选调业务骨干担任关键用户，现场集中办公，遇到问题第一时间沟通、第一时间应答、第一时间解决、第一时间总结等"四个第一"的工作精神，通力合作，主动作为，有效保障各方沟通更加高效、顺畅，项目有效推进。

## （一）构建财务智能应用平台，打造"决策信息超级工厂"

由于当前依托业务系统的分析决策模型建设和管理过程无法完全满足管理层经营决策需求，为提升决策信息质量和生产效率，提出打造全集团"决策信息超级工厂"理念，构建财务决策信息生产体系，推动内外部、跨系统、跨专业的数据整合，实现决策信息的规模化、高效化生产。

### 1. 建设财务智能应用平台

（1）统一信息输出标准。为实现决策信息高效表达，确定以数据可视化技术作为信息输出标准，实现多维数据的清晰、高效表达，进一步提高决策者数据获取效率。

（2）创新信息加工方法。为实现信息规模化生产，在数据科学常用的 DIKW 数据转化模型（数据—信息—知识—智慧）基础上，借鉴系统科学基础理论，结合经营决策工作实际，提出以"人机结合"为基础的 DVPM 决策信息转化模型（标准数据—可视信息—专业观点—决策模型），实现决策信息的标准化、流程化生产。

（3）规范信息治理标准。在统一数据标准、规范管理流程的基础上，推动信息治理从以管理流程为主导向管理流程和模型应用并重转变。

（4）构建信息加工平台。搭建财务分析决策智能应用平台，分管理层级、分专业类型对数据和模型进行集中管理。同时，分析决策平台采取零代码开发技术，财务人员、业务人员、行业专家、数据分析师可在线灵活、便捷加工、分析和调用数据和模型，贡献经验、知识和专业洞察，实现集智共享和决策信息的高效规模化生产。

财务智能应用平台主体内容由指标库、控件库、组件库、场景库组成。指标库分为公有指标和私有指标（线上、线下）基于业务需求构建指标体系，为数据分析提供标准规范化指标库。控件库提供丰富的图形、图表分析控件，满足用户自助式分析需求。组件库实现指标与控件灵活组合，搭建业务分析场景的最小单元库。场景库的构建基于业务分析场景，自由创建并组合业务组件实现。

**2. 创建分析决策业务模型**

基于中国石化司库体系数字化建设较为完善和成熟，2021年起，中国石化将司库体系数智化升级作为促进财务管理数智化转型的切入口和突破口，在实现信息集中化管理和共享化使用基础上，聚焦经营管理、风险管控和市场研判等内容，分业务、分场景建设司库运行分析、市场指标监测、金融市场分析、宏观经济研判、资金风险管理、市场走势预测6大类模型，实现决策支持向数据和模型驱动科学决策的转变。目前，中国石化构建了以资金分析决策平台为"决策大脑"、资金运行管理系统为"操作平台"的一体化司库管理信息系统，初步实现从信息高效生产、信息标准管理到信息智能应用的数智化转型目标。财务智能应用平台架构如图2所示。

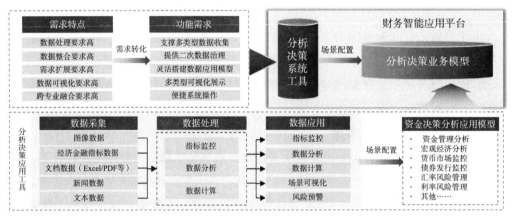

图2 财务智能应用平台架构

## （二）打破系统壁垒，统一数据标准

中国石化构建战略型财务管控体系指导意见提出，自上而下建立财务测算模型，与公司战略贯通，确定战略财务管控目标和边界，规划战略执行的最优路径，引导资源实现最优配置，推动投资、经营、财务三大计划深度融合，推动战略长期价值量化。因此，需要建立一套基于共同目标、以公司价值为导向的财务分析指标，提升战略执行、管理决策和绩效考核方面的支持能力；通过集成、高效便捷的数据应用平台，消除纵向、横向的数据壁垒，实现数据共享，实现财务信息到业务信息的扩展和追溯分析。

中国石化财务报告管理系统经过十余年的建设，在对外披露需求和内部管理需求方面形成较为完善的财务报表和数据应用体系，结合中国石化信息化建设特点及发展需求，充分考虑目前国内、国际财务报表合并技术或发展趋势，构建以公司价值为导向的中国石化财务指标体系，建立以财务指标体系为主体的管理报告信息系统，为下一步基于中国石化数据服务平台，整合股权、税务、资金、费用等业务系统数据，探索数据资产应用新领域的方向和措施。财务指标报告管理系统架构如图3所示。

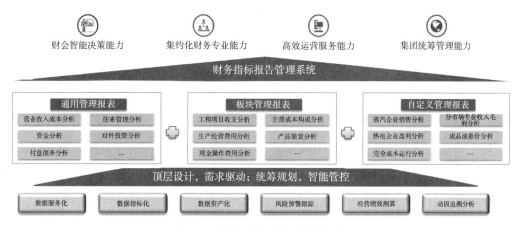

图3 财务指标报告管理系统架构

### 1. 构建财务指标体系

中国石化财务指标体系借鉴 XBRL 将财务报告信息细分为标准元素标签的理念，以中国石化总部和事业部财务报表、管理分析指标、国务院国资委、财政部、证监会等外部监管披露信息需求为基础，结合核算体系现状，以"指标＋维度"的形式对上述财务信息需求进行归纳、提炼后，设计形成中国石化财务指标体系。中国石化财务指标体系由指标、维度及其维值构成。

指标的含义和范围与财务领域的偿债能力、营运能力、盈利能力、发展能力等分析指标有所不同。中国石化财务指标基于各级管理人员的分析决策需求，形成范围较广且可直接应用的指标，包含财务领域通常的分析指标以及其具体构成指标（如营业收入、净利润、资产总额、银行存款等），也包含中国石化特有管理需求指标（如吨油完全成本、油气产品商品量、吨油现金操作费用、吨油流通费用等），并在指标下设具体分析维度及维值，可进一步实现财务信息到业务信息的扩展和追溯分析。按指标使用者的不同，将指标分类为集团共性指标、事业部指标、企业级指标。

指标是说明总体数值特征的概念，如银行存款、营业收入、销售数量、营业利润率等。指标度品（数值类型）通常包含金额、数量、比率等。维度是可指定指标描述性的属性或特征，如银行存款的金融机构划分，营业收入的产品类别划分等。维值是构成维度的具体值，如银行存款的金融机构维度由工商银行、建设银行等维值构成。营业收入的产品类别维度由汽油、柴油等维值构成。以货币资金为例进行"指标＋维度"的提炼结果如图4所示。

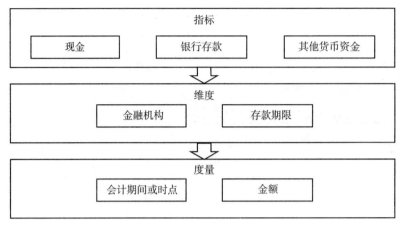

**图4　"指标＋维度"提炼过程**

指标按计算逻辑分为基础指标和复合指标。复合指标由基础指标通过一定的逻辑计算而得出。依据指标属性将指标分类，每类指标按树形结构进行设计，按复合指标与基础指标的计算逻辑层层展开，形成财务指标体系的树形结构。以资产类指标结构树为例如图5所示。

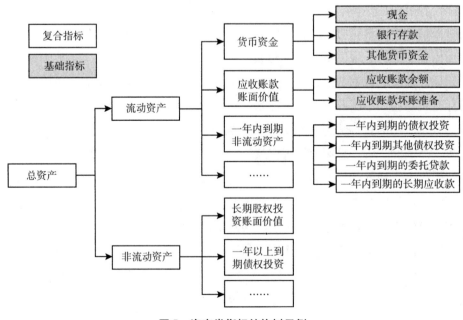

**图5　资产类指标结构树示例**

维度按照使用者的不同，划分为公共维度、共性维度、事业部维度、企业级维度。公共维度指所有指标均应适用的维度，如公司代码、贸易伙伴、事业部等；共性维度指集团总部及下属各企业共性应用需求维度，如金融机构、地区、存货大类等；事业部维度包括库存增减变动类型、分销渠道等；企业级维度指企业层面个性需求维度，如利润中心类别、利润中心、段等。维度按照数据源的不同，分为核算维度、衍生维度。核算维度指核算系统存在对应数据源，可直接获取到维值的维度，如资产经济类型、产品类别等；衍生维度指核算系统无对应数据源，需要根据相关数据源的实际情况进行编码对照或者逻辑处理，经过加工处理后形成标准化的、可直接应用的维值的维度，如存货类别、存款期限等。

财务指标体系具有灵活性、可扩展性、可追溯性的特点，可根据管理需求进行设置和扩展，可基于财务指标体系进行前端核算及业务数据的联查和追溯，实现财务指标结果数据与前端核算数据、前端业务数据的联动，为经营决策提供数据支撑。

**2. 体系构建技术支持**

财务指标体系以信息应用需求为导向，通过对财务核算体系及其他来源的财务数据以"指标＋维度"的方式进行有条理、有脉络的运算和组合，作为财务报表实现灵活查询分析应用的基础。指标取数逻辑是将核算数据等数据源抽取转换为指标数据的转换逻辑，财务核算体系是指标数据的基础来源和主要提供者，影响财务指标体系数据的准确性、颗粒度。

指标体系的质量控制，通过财务指标体系的校验逻辑实现，保证指标数据的准确性、完整性、合理性、合法性，为基于指标出具报表及分析应用奠定数据基础。财务指标体系层面的数据质量检查的部署，将报表层面的报表校验逻辑进行前移，对数据整体质量及时进行验证，降低财务人员管理分析成本。

**3. 搭建中央财务仓**

遵循中国石化信息化建设整体规划和"数据＋平台＋应用"的建设模式，在中国石化数据服务台的基础上，搭建集团财务专属模型与财务指标库，按照一体化财务指标体系和数据标准使财务数据规范统一，形成包含财务数据模型、财务指标库的中央财务仓，为财务及相关应用提供全面的财务数据支撑。

中央财务仓包含财务专属模型、财务指标库以及企业指标库。中央财务仓统一了各应用财务数据基础，保证各应用财务数据一致性，并且在数据流转过程中做好数据质量控制，可以更好支持财务报表以及其他相关数据应用，降低财务数据使用成本。

财务专属模型。按财务、资产等主题设计数据模型，按照核算类型分板块搭建财务专属模型，实现数据自动循环上载，统一、规范清洗及加工逻辑简化财务指标取数逻辑，减少其他应用影响。

财务指标库。基于财务指标体系要求，对各类财务指标进行存储，满足对外披露及总部管理报表需要，便于财务指标数据应用。

企业级指标库。在总部披露使用的财务指标上进行企业管理维度的扩展，包括利润中心、段成本中心等。企业指标库和财务指标库采取物理分库、分表的建设策略，一次提交，实现不同层级指标数据校验，确保总部与企业指标库共性维度数据的一致性，提升数据准确性。

中国石化财务指标体系以中国石化集团总部及非上市公司、上市公司、事业部、各级企业的各类财务报表及管理分析指标的应用需求为基础，以管理报告信息系统为载体，形成包括业务流程标准化、数据标准化、应用开发规范标准化的体系，为建立综合性指标管理系统奠定基础。在业务方面，对不同业务场景制定明确的数据标准，使不同企业之间、业务部门之间统一认识与口径。在技术方面，数据标准有助于构建规范的物理数据模型，实现数据跨系统敏捷交互，减少数据加工的工作量，便于数据融合分析。通过建立一套完备的标准体系、数据标准化，数据质量有效提升，支撑更高层面的数据应用，助力经营管理控制和战略决策。

### （三）统筹集约化财务建设，控制风险高效运行

构建集约化财务管控体系，指在战略型财务管控体系的框架下，主要财务管理工作和手段都遵循集约化原则来组织实施，通过将公司多年来在预算管理、资金管理、财会共享、资产管理、资本运作、财税价格、财务风险管控、财会队伍建设等方面的管理实践进行再梳理、再优化、再提升，以集约化、系统化视角界定各级工作职责，确定工作流程，保障战略目标实现。

建设财务信用风险管理系统，依托多维度的大数据分析和风险评估模型，推动财务风险量化评估，进行风险自动预警；同时加强其与业务系统集成，风控系统预警结果与业务系统联动，实现业务强制控制，财务风险管控控制点前移，向"事前、事中、事后"全过程风险主动管控转型。中国石化信用风险管理体系示意图如图 6 所示。

#### 1. 建立风险评级指标体系

从宏观环境、交易对手基本信息、财务能力、综合实力，以及与中国石化集团及所属企业交易情况等方面，梳理交易对手评级基本框架并确定风险评级指标，结合模型开发与优化、评分算法、评级结果测算，实现对交易对手客观、科学、合理的风险评级管理。根据交易对手的所属行业特色的不同，采用不同的风险评级模型，同时考虑到商业模式等发展因素，建立可配置的评级指标库，风险评级模型的新增和调整通过指标、权重、规则的配置实现。

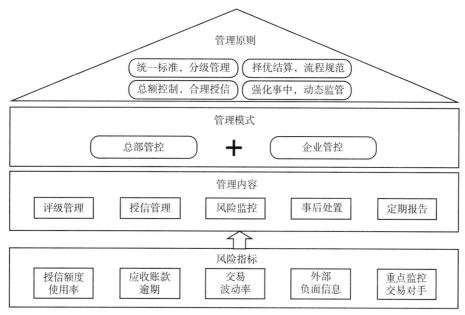

**图6 中国石化信用风险管理体系**

**2. 建立风险评估模型**

风险评级模型—建立风险评级指标与信用风险指标体系，确定交易对手风险评级模型的定量指标和定性指标，准备指标数据并通过区分检验和主标尺校准等手段不断调整和优化模型。根据交易对手风险评级模型的定性、定量与信用风险指标，明确每个评级指标的分值、分档、计分规则等；数据算法—在确定交易对手风险评级基本框架的基础上，针对不同模型及评级指标，通过统计模型和专家打分相结合的方式，选择适应中国石化及所属企业特色的评分算法。在统计模型数据准备阶段使用标杆排序、外部机构评级、专家评级和结果排序，进行数据清洗和指标计算，并根据变量转换和关联性分析进行模型验证；授信额度测算模型—授信额度测算模型中测算流程包含指标系数配置、模型配置、模型计算公式生成、评级触发自动测算4个环节；测算模型分为5套通用模型，测算原则为优先选择财务报表作为计算依据，如无财务报表则参照历史授信额度。风险评级指标和模型管理框架如图7所示。

**3. 建立风险分级预警机制**

利用统计分析和大数据分析工具，通过交易对手信用风险指标监控、信用风险指标预警、风险预警处置查询等功能，系统化落地风险指标"红橙黄蓝"分级预警机制。重点从交易对手授信占用额度、应收账款逾期、交货逾期、风险等级上升、交易波动率等指标进行综合分析与预警，及时发布预警动态，提高风险处置响应及时性。

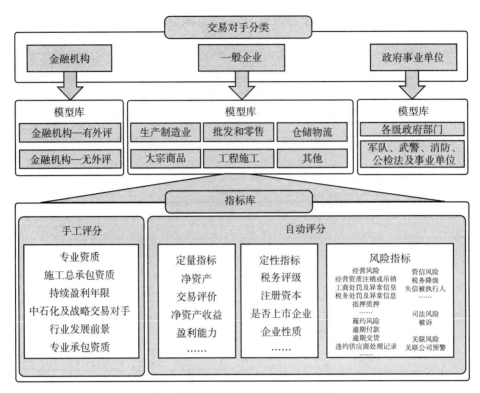

**图7　风险评级指标和模型管理框架**

**4. 建立联动控制机制**

联动控制是指突破财务和业务边界，在发生信用风险预警时，按照不同风险等级对业务实施直接控制。以信用风险管理系统为中心，应用统一的交易对手风险预警信息、授信信息和统一的业务控制规则，通过"交易对手预警消息控制""授信额度控制"两类管控功能，对授信黑名单、应收账款逾期、交货逾期、风险等级上升、信用超额五类风险管控指标，实现信用风险管理系统与合同管理系统、ERP、ERS、TMS四大经营管理系统的信息传递和共享，风险信息联动控制销售、采购业务的事前（合同管理、准入管理）、事中（货权转移、资金支付）、事后（黑名单、风险处置），实现风险信息在各系统间的融通和对业务环节的实时管控。对于重大风险，先行切断业务往来，经核查无异常的，可继续履行现行合同义务，确保信用风险处置在各部门、各环节在控、可控、能控。

**（四）财务数智化转型的保障机制**

以战略型集约化财务管控体系建设为目标，聚焦数字化转型、高质量发展，构建域长负责、跨域协同、全域覆盖的信息和数字化建设应用长效机制，加强集团信息和数字化的业务需求梳理和一体化设计，按照"数据＋平台＋应用"的新模式，规范功能设计、应用开发和建设推广，构建财务数智化转型保障机制。

**1. 夯实顶层设计统筹管理机制**

域长单位统筹开展财务域信息化应用的顶层设计、业务流程标准化和业务编码标准化、财务域数据治理和深化应用管理工作。管理财务域应用架构，确保功能定位合理、边界清晰，聚焦跨系统功能、共性功能，从整体应用架构合理、跨系统功能融合方面考虑，确保功能架构定位清晰，促进横向协同融合。统筹财务域数据标准建设，统筹财务数据主题域建设，统筹财务数据源治理。

**2. 优化高效运行的工作机制**

通过"域长"负责制落实落地，确保财务域信息化顶层设计能持续衔接集团财务战略以及信息化战略，体现集团财务管理以及数字化转型重点。在现有财务域信息化工作机制下，建立高效沟通与复盘机制，重点加强跨域、跨业务协同专题的沟通机制以及决策机制，促进了财务域系统内外以及业务流程的横向融合。通过明确财务域数据管理责任主体，组织财务域数据治理专家队伍，加强数据治理培训与交流，规划数据治理重点及工作策略，推动建立规范的数据共享机制，实现数据有序流转和安全应用。

**3. 加强数智化人才培养和队伍建设**

加强数智化人才资源投入，财务数智化转型整体工作难度高、投资资源大，需要加强资源投入、人才培养和队伍建设，确保战略体系目标达成。首先，组织和参加各项财务数智化转型论坛，提高广大财务队伍的数智化转型意识。其次，建立财务域数智化专家库，专家库由总部统一管理，企业共享。专家参与政策和课题研究、信息化和数智化需求梳理、业务标准制定、系统建设与推广、数据治理等工作。同时，发挥财务共享的战略支撑作用，提高财务数据高质量供给能力，提高指标分析和数据对标等数字服务能力，为促进数据有序流通和快速共享、盘活数据资产价值奠定基础。

**4. 打造使命担当的文化意识**

面对信息化、数字化、智能化多层浪潮叠加，以及新一轮科技革命和组织深度变革的压力和挑战，中国石化高度重视打造使命担当、勇于突破的文化意识。中国石化把学习贯彻党的二十大精神作为文化之基和奋斗精神指南，始终牢记习近平总书记视察胜利油田、九江石化的殷殷重托，传承石油精神、弘扬石化传统，锤炼过硬作风。以更强的使命感构建战略型集约化财务管控体系，以更大的勇气实现理念创新、管理创新、模式创新、技术创新，以更广阔的胸怀赋值赋能、成果共享、价值共建，以更高的视野理解企业经营管理数业融合，以更坚定的信心、决心和耐心在财务变革上持续关注和投入。

# 四、取得成效

中国石化三位一体财务数智体系近年来的建设实践，对各层级有效开展管理会计活动提供全面、及时、准确的信息支持，在决策支撑、业财融合、管理效率提升方面取得预期成效，为下一步体系优化、推广应用奠定基础。

在建设成效方面，强化技术为财务管理赋能，推动财务管理从信息化向数字化、智能化转型；强化多维价值量化分析，建立价值量纲模型和图表，借助人工智能等先进技术，挖掘数据价值；强化系统融合及归因分析，清晰反映价值创造因果关系，有效甄别异常指标数据，有针对性地提出改进建议；强化财务风险管控能力，深度应用大智移云等先进技术，建立以风险防控指标为中心的智能化数据处理平台，实现风险智能识别、智能预警，全面提升风险防控效率。

在应用成效方面，以数据应用模型化为重点，智能层推动决策支撑，实现各类型决策信息和模型的灵活搭建和集中管理；以数据管理集中化为基础，数据层实现业财融合，有序推动集团数据服务平台建设；以财务管理标准化为重心，操作层提升管理效率，实现财务各条线工作之间、财务工作与业务工作之间的协同，"战略型"与"集约化"互相融合、相辅相成，共同形成一个全面系统的管理体系。

# 五、经验总结

## （一）成功应用的关键因素

财务数智化转型是一项系统工程，在推动财务数智化转型过程中首先做好顶层设计，明确转型目标、转型路径和转型方向。其次建立业财联动机制，转型过程中要做到三个支撑，一是集团支撑，全集团包括公司领导、各部门及各企业的有力支持，是有效推动财务数字化转型的前提。二是数据支撑，业财数据的高质量生产和高标准治理，实现数据智慧、敏捷和高效应用，是财务数字化转型的基础。三是人才支撑，复合型人才队伍和创新型组织体系，是实现财务数字化转型的保障。

## （二）应用效果的思考

三位一体财务数智体系是战略型集约化财务管控体系的技术载体。三位一体财务数智体系的建设，初步实现包括顶层决策分析展现横向统一、现有财务系统横向融合、财务管理操作横向覆盖、底层财务数据横向共享、保障机制横向协同的"五横"贯通，下一步还需强化数据纵向贯通，即基于财务全指标以及维度规范，实现源头信息一次输入，满足总部、板块、企业全层级的信息管理要求，实现功能纵向贯通到数据纵向贯通的升级转变。在现有财务信息系统的建设基础上，通过"五横一纵"优化升级，实现各要素的横向融合、数据纵向贯通，构建一体化、智慧化的财务数智化平台。

（中国石油化工集团有限公司：吴　泊　刘海燕　张晓光　帅睿弢　张　波）

### 案例评语：

　　该案例是一个典型的大型企业在数字化浪潮中的实践探索。该案例主要内容包括构建三位一体的财务数智体系，即操作层、数据层和智能层，以及在此基础上实现的财务流程管理和决策分析的模型化、智能化应用。中国石化以实现财务专业全覆盖、管理流程全在线、业财数据全集中作为数字化建设目标，从而推动信息应用环节向数字化、智能化转型。在技术赋能、价值量化分析、系统融合、风险管理和效率提升方面取得了显著成效。

　　总体来说，中国石化的财务数字化转型案例为大型企业在数字化转型过程中提供了宝贵的经验和启示，特别是在顶层设计、技术应用、业财融合、风险管理和人才培养等方面具有较高的参考价值。

# 基于数据与价值的多维精益管理变革

**摘要**

国家电网有限公司（以下简称"国家电网"）是关系国家能源安全和国民经济命脉的特大型国有重点骨干企业。一直以来，国家电网创造性结合经营实际，持续推进管理会计理论与实践创新，加强管理体系和管理能力建设，取得了一系列丰硕的成果。进入数字时代，顺应能源革命、数字革命、国资国企改革等要求，国家电网提出建设具有中国特色国际领先的能源互联网企业战略目标，并基于财务管理信息化建设和集约化管控基础，秉持会计服务管理、数据赋能价值的理念，以多维精益管理为牵引率先开展财务数智化转型探索，以一流的财务管理扎实推动一流企业建设。国家电网聚焦数据与价值，全面应用管理会计工具方法，沿着"会计管理化改造、业务数字化描述、数字业务化应用"的路径，全面启动多维精益管理变革，通过简化会计科目体系，抽绎最小管理对象，构建数据标签组合，完善流程数据规范，建设智慧数字运营中心，构建了企业级数据价值图谱，开展了全领域的数字应用实践，打造了一批示范性强、显示度高、带动性广的典型场景，形成了一套数据资源应用、业财融合管理和上下一体行动的运行机制，探索形成了国家电网"数字化＋"精益运营管理新模式，系统输出了"数智财务国网方案"，初步形成了大财务、大经营、大数据、大共享、大生态基本格局，为中央企业数字化转型与高质量发展提供了国网方案与国网智慧。

# 一、背景描述

国家电网有限公司（以下简称"国家电网"）以投资建设运营电网为核心业务，经营区域覆盖国土面积超过88％，建设具有中国特色国际领先的能源互联网企业为战略目标，是全球最大的公用事业企业，也是具有行业引领力和国际影响力的创新型企业。国家电网凭借强大的创新能力和高度的社会责任感，持续推动高质量发展，并形成了"大财务"管理格局，管理内容不断从"管资产"向"管资本"

拓展、从"管账务"向"创价值"升级，通过一体化的财务信息系统和财务集约化管控体系，实现财务体制机制升级，为新时代财务数智化转型奠定坚实基础。时至而行，立足国资国企改革、世界一流企业建设、电力保供转型、企业数字化发展等新要求、新形势，聚焦提质效、创价值、防风险功能作用，国家电网全面应用管理会计理念、工具与方法，以多维精益管理变革助推企业精益化运营与数字化转型，构建业财融合的价值管理模式，成为国家电网财务管理创新的必然选择。一是顺应能源革命和数字经济融合发展趋势，国家电网必须加快数字化转型，推进能源流、业务流、价值流、数据流全面互融，加快培育新业态新模式，引领行业生态进化，推动国家电网战略落地。二是建设世界一流企业需要有一流的财务管理支撑，而一流的财务管理需要依托数据与技术实施全业务、全流程、全环节精益变革，实现理念、要素、行为与价值的重塑。三是数字经济和数字技术正在重塑业务链和价值链，财务管理的功能边界、价值形态和实践方式发生深刻改变，亟须提升数据管理和应用能力，驱动经营管理精益，助力运营质效提升。

# 二、总体设计

## （一）多维精益管理变革目标

多维精益管理变革的目标是以提升国家电网价值创造能力为核心，通过设计应用数据标签，构建业务和价值紧密融合的数据图谱，实现全业务、全流程数字描述和多场景、多层级应用拓展，有效支撑管理决策、促进业务创新、助力生态共赢，驱动以"感知智能化、运营智慧化、发展生态化"为特征的数字化转型。

具体包括：通过建立数据标准、规范业务流程、明确数据关系，实现"颗粒化"的经营管理数据精准采集、实时传递、广泛共享，多维度精准刻画各类经营管理对象和业务活动。对内赋能经营管理，实现电网资源精准配置，持续提升运营质效；对外助力生态发展，支持价值管理向外拓展，实现资源融合创新，推动能源生态圈共赢。建立以数据为基础的管控机制，推动国家电网在管理机制、价值实现方式等方面持续变革。

## （二）多维精益管理变革总体思路

多维精益管理变革全面应用管理会计工具，沿着"会计管理化改造、业务数字化描述、数字业务化应用"的建设路径，重构业务数据与价值数据的关联关系，将传统上价值信息主要依托"会计科目"反映，拓展为按"会计科目＋管理对象＋数据标签"多维展示，构建多维立体的价值数据图谱；重塑业务与财务、经营与管理的统一语言，贯通数据链路，对经营活动进行多视角、多属性的数字化描述和刻画分析，精准衡量和洞察每类业务活动、最末管理单元、最小经营要素的资源消耗、业绩贡献和风险隐患；创建多主体复用、多元化应用的业务场景，形成一套全新的打破业财产出边界、创新优化资源配置方式的管理会计工具，发挥财务服务决策、赋能业务、防范风险的功能作用，驱动经营机制转变，促进企业数字化转型、高质量发展。

国家电网多维精益管理变革建设路径如图1所示。

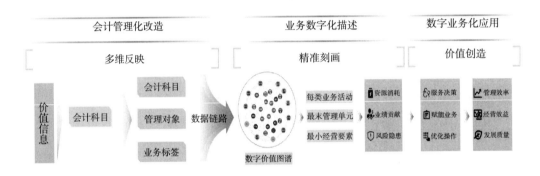

图1　国家电网多维精益管理变革建设路径

### （三）多维精益管理变革管理会计工具方法应用

多维精益管理变革是以数字化的方式推动企业运营管理精益化的系统工程，更是管理会计工具在各财务专业系统化实景化应用的实践过程。无论是在信息架构搭建、数据链路贯通阶段，还是在多维数据多元场景应用阶段，均采用单一或集成方式融合了战略地图、价值链、全面预算、平衡计分卡、作业成本、EVA等管理会计工具方法，既充分发挥单一工具方法的独特优势，又兼顾不同工具方法间的互补，并可无限拓展，助力效用最大化。

一是会计管理化改造过程中，重点应用价值链、战略地图、作业预算、全面预算等管理会计工具方法。多维精益管理变革沿着价值链全环节、业务全流程对全量会计科目进行梳理和解构，提炼企业运行规律和业务运营特点，通过精准定位业务与价值聚合连接的原点，抽绎出六类价值创造和资源消耗的最小管理对象。然后围绕六类对象，使用战略地图、预算管理等管理会计工具，通过分解战略目标、确定业务改善路径、定位客户价值、优化内部业务流程、进行资源配置，将关键业务流程化、流程标准化，体系化构建业务、组织、流程等各类数据标签，奠定了国家电网价值管理的信息基础。

二是业务数字化描述过程中，融合应用作业成本法、目标成本法、敏感性分析、关键业绩指标等管理会计工具方法。多维精益管理变革通过数据标准的统一和互联，实现业财融合管理的全流程数字孪生，聚焦最末管理单元和最小经营要素数据，支撑了"数字化×"效应在财务管理工作中的应用，可以精准刻画每一类业务活动的资源消耗，可以追溯关键业绩指标进行业务动因追溯，实现标准成本动态优化、目标成本有效管控，让业务人员深度参与到价值管理，让财务人员延伸服务到业务环节，形成业财共创价值的凝聚力。

三是数字业务化应用过程中，综合应用平衡计分卡、约束资源优化、对标分析、多维盈利分析等管理会计工具方法。多维精益管理变革的要义在于统一管理与模型化应用全自动、全透明、无干扰的最小颗粒度数据，拓展管理会计支撑战略、支持决策、赋能业务、服务基层、防控风险等功能。采用约束资源优化、情境分析等工具方法，互通内外部产业链价值链生态圈数据，可以用数据预测最新的经营形势、制订不同情境预案，支撑战略落地与资源优化配置；采用对标、本量利、多维度盈利分析等绩效管理工具，依托成本与收入精准匹配的多维数据，可实现按管理层级、资产组、项目等维度开展评价分析，分析业务动因变化、识别价值创造节点、评估最优投入产出边界，激发创新创效活力，改变价值创造模式。

### （四）多维精益管理变革创新

#### 1. 变革模式创新

驱动数字化转型的多维精益管理变革是一次企业级的重大管理变革。多维精益管理变革由公司主要领导亲自研究部署，财务与互联网部门联合牵头推进，各业务部门共商共建共享，通过建立企业级的数据标准、推动全环节的流程改造、覆盖全要素的精益管理、促进全业务的效率提升、助力跨领域的生态共赢，系统化地驱动公司实现"业务数字化—数字业务化"的数字化转型。

#### 2. 实施路径创新

以多维精益管理变革驱动企业数字化转型。多维精益管理以价值为核心、以业务为牵引，始终围绕价值的发现与创造，帮助业务感知和洞察价值，驱动数据实践和引领价值，避免传统数字化转型实践中目标不清晰、数据碎片化、统筹性不强、业务与技术融合难等问题。

#### 3. 数据管理创新

以数据图谱的方式创新构建了一套企业级的数据智能感知机制，该机制以价值视角将会计科目、业务维度实行一体化的标签管理，并通过建立科目与维度之间的数据图谱，支持业务的同质化管理、创新化发展，是对会计信息实现管理化改造的一项重要创新实践。

**4. 实践应用创新**

驱动数字化转型的多维精益管理变革，紧扣公司发展战略，实现了数据融合分析成果的全场景应用，以数据对内赋能资源精准配置、业务创新提升和管理机制优化，用数据驱动生态发展的价值拓展，助力平台价值的刻画与开发支撑"平台＋生态"发展的共享共赢。

---

# 三、应 用 过 程

## （一）简化面向集团全级次的会计科目体系

多维精益管理变革以会计信息管理化改造为起点，全面梳理业务场景，以会计六要素为核心，简化会计科目，形成业务的价值标签，通过在业务场景中与业务活动进行同步记录。经过全公司、全级次会计科目解构分析与剥离分类后，国家电网会计科目级次由 8 级压缩至 4 级，科目数量从 17 万多个简化至 1995 个，全集团一贯到底，全业务规范使用，实现"业务拓展到哪里，价值管理跟进到哪里"（见图 2）。

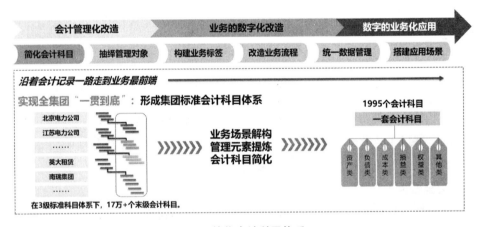

**图 2　简化会计科目体系**

**1. 剥离科目承载的业务信息**

传统科目体系通过细化科目级次来实现对不同业务的分类记录反映，这种单维记录的方式，使科目体系极为庞杂，且不同单位分类方式不同、管理的细致程度不同，反映在会计科目上的差异较大。国家电网对集团各单位、各业态科目进行全面系统梳理分析，将电压等级、往来款项性质等经营环节中的各类业务要素进行全量剥离，解决了不同业务活动的价值信息过度依赖会计科目的问题，实现科目体系瘦身。

**2. 提炼同质化统一科目标准**

沿着会计记录一路走到业务最前端，实现全集团一贯到底，形成集团标准的一套会计科目体系。同时，面向电网、金融、支撑产业、战新产业等业务板块，提炼分业态的同质化会计核算和反映需求，设计整体适用的统一会计科目体系。国家电网将会计科目作为主数据进行管理，由总部结合会计准则修订、体制机制改革及业务发展需要，科学评估后集中更新迭代，保证集团上下始终全局一致，解决标准不统一、分类不规范、数据不易用的问题，实现科目体系规范同源。

## （二）抽绎面向经营全场景的最小管理对象

遵循电网经营特性与企业运转规律，通过场景结构，将经营过程中价值创造和资源消耗的基本单元归纳为 6 类管理对象，即组织、员工、客户、设备、产品（服务）、供应商，通过对象编码统一管理，设计静态元数据和动态流数据业务标签，实现多视角融合、一体化管理（见图 3）。

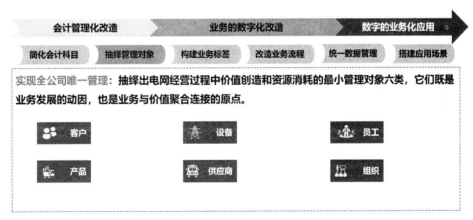

图 3　抽绎最小管理对象

**1. 共建核心管理对象**

协同人资、设备、营销、互联网等部门共同建立公司级管理对象的数据标准。通过对象编码统一管理，确保标识唯一、精准定位；创新公共属性和业务属性设计，公共属性注重客观描述，力求简单清晰。业务属性体现多维度描述，实现多视角融合、一体化管理。

### 2. 划小价值管理单元

基于精益管理理论，围绕每一个客户、每一个员工、每一台设备、每一项作业划小价值管理单元，实现对供电所、班组等基层组织运营全过程、各环节经营质效和价值贡献的多维洞察，有效落实价值创造主体责任，激发基层价值创造动力，推动提升电网运营效率。

## （三）构建面向核心管理对象的数据标签组合

数据标签用于详细描述六类管理对象自身与发生业务活动的属性特征。统一标签、枚举值设置与应用，实现跨专业分类标准统一，枚举值可灵活拓展丰富，支持业务视角的不断延伸，确保与管理同步。围绕 6 类对象构建 36 类、1.7 万个数字标签，对与其关联的每一个业务场景、每一项业务操作进行精准描述（见图 4）。

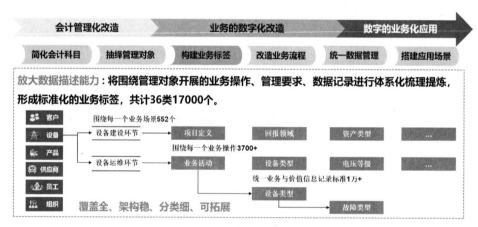

图 4　构建数据标签组合

### 1. 标签设计原则

唯一识别、精准定位，明确对象数据唯一性特征，建立有效"认证"机制，确保对象客观、唯一；以对象为核心，建立各业务组织管理链路，实现对各业务系统任一节点业务组织的准确、实时、全口径定位，贯通数据共享通道。属性规范、同源联动，建立数据属性分层级管理机制，区分对象公共、业务属性，按照数据公共、业务属性分层级管理方式，公共属性确保对象在各系统、各环节中编码统一，业务属性是有效支撑公司各专业精益管理需要的拓展信息，实现从业务源头自动获取。职责清晰、动态更新，在规范数据属性基础上，按照数据全生命周期管理要求，完善数据管理机制，明确各部门职责界面、维护流程，围绕数据中台实现组织机构与各业务组织在线闭环应用，按照串行发起、联动管理、动态更新方式管理，确保各业务部门进行业务处理时，可共享基本信息，按需使用业务信息。

**2. 标签主要类别**

分类构建业务标签，用于详细描述六类管理对象所发生的业务活动，包括初始状态、交易过程两类标签。以设备为例，初始状态标 494 个，包括：设备型号、出厂编号、生产厂家、投运日期、使用年限等；交易过程标签 2880 个，包括：检修班组、检修类别、检修活动、电压等级、资产类别、资源投入等，将信息触点提升至亿万级，全面满足内部精益管理需求。

**3. 标签设计方法**

明确数据公共属性。公共属性是对象的唯一识别的客观属性，为确保公共属性在各业务系统中的一致性，避免各业务系统对冗余信息的引用，应确保公共属性轻量化管理，形成对象公共属性清单。如"组织"对象，公共属性主要包括组织对象编码、名称、类型、层级关系、成立日期、注册日期（单位组织）、撤销日期、统一社会信用代码（单位组织）共 8 项字段属性。规范数据业务属性。业务属性主要为丰富、完善公司级对象角色信息，在满足各部门管理应用、报表查询的基础上，能够全面提供各对象数据信息共享，最终形成对象业务属性清单。如"组织"对象，业务属性主要包括单位性质、投资比例、注册地址、银行账号等信息。建立数据维护管理机制。围绕对象数据属性设计成果，业务与财务部门共同制定并发布对象数据属性标准、闭环管理流程，做好增量数据维护，优化数据更新机制，数字化部门牵头完成数据模型优化完善，完成 MDM 主数据平台、ERP、财务管控、数据中台等相关系统功能改造。如"组织"对象，财务部、人资部共同牵头数据标准管理，发起单位组织维护流程，在 MDM 主数据平台（数据中台）集中统一管理，各业务系统按需全量或部分引用相关字段，不得随意更改数据内容。

## （四）完善面向业务全环节的流程数据规范

财务与业务协同，参照国家相关部门制定的数据规范，统一编码和数据标准，制定涵盖各类信息载体的结构化数据模板及转换规则，建立数据管理制度，确保全业务数据在价值链、业务链高效精准流转，实现业财数据深度融合共享、动态更新（见图 5）。

**1. 贯通多维数据链路**

基于多维数据关系，组织全流程业务穿行诊断，识别流程和数据链路断点，坚持"企业级、紧耦合、高效率"理念，推进跨部门流程管理变革，实现业务全流程在线自动处理；通过统一数据标准、优化业务流程，治理流程断点、堵点、冗余点、线下点 1056 类，全面打通业财数据链路，实现业务与价值数据全面贯通。

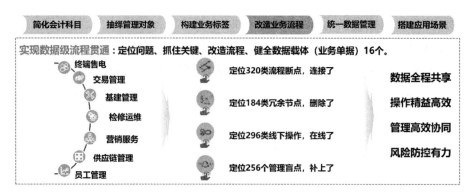

图5　改造治理业务流程

### 2. 建立业财管理规范

聚焦电力交易、营销服务、检修运维等全业务领域，提炼出跨业务、跨层级数据与管理融合规范7类，依托多维数据流带动建设、运行、营销等各业务环节高度协同。电力交易方面，全面贯通电力交易信息线上传递链路，将电力交易信息精准归集至跨区（省）线路、电能类型、供应商。营销服务方面，统一营销账务科目，规范项目、内部订单的使用，实现了每笔收入自动按产品服务、用户类型、电压等级汇总，每笔开支均自动对应每类项目和每类用户，支持营销部门按用户视角的收入贡献与开支精准匹配，优化营销策略。电网投资方面，建立概算数据统一接口，实现物料、设备材料清册与基建工程标准 WBS 架构的在线关联，推动工程全过程在线自动化管理。检修运维方面，规范项目、工单使用，与领料单建立强关联，实现每一次检修活动的资源消耗追溯到相应的设备类型、业务活动、电压等级。项目管理方面，以项目编码作为唯一关联，聚合计划、预算、采购、合同、支付等各环节执行状态，实现项目创建从储备到执行的全线贯通。供应链管理方面，统一服务类采购服务业务事项，实施全流程线上管理，推动每一笔物资消耗全过程追踪并精准归集至实际受益对象。员工管理方面，建立员工–班组（成本中心）–单位紧密联动的维度标签体系，精准定义组织机构与员工的关联关系，实现员工获得每一笔薪酬、报销精准归集至每一类业务活动、每一个经营单元。

### （五）打造全量数据汇聚的智慧数字运营中心

#### 1. 形成多维数据价值图谱

通过多维精益管理变革，国家电网打造了企业级数据价值图谱，业务数据与价值数据的关联关系由过去"二维平面"结构，升级为"多维立体"结构；消除了"管理烟囱"与"信息孤岛",实现了业务与价值的共同管理,使每一笔业务活动都有精准的价值反映、每一个价值记录都有鲜活的业务支撑、每一个组织都能看清自己的价值贡献、每一个要素都能定位准提升方向(见图6)。

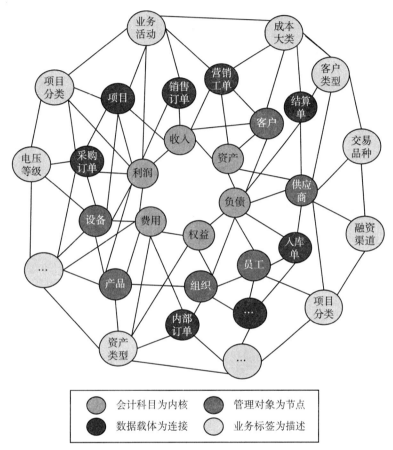

图6 国家电网多维数据价值图谱

### 2. 建立智慧数字运用中心

全量汇聚各层级、各专业,更实时、更小颗粒度的经营数据,让价值信息伴随业务活动自动沉淀,汇聚形成可供公司上下共用共享的数据资源"一个池",为推动目标同向和管理同频奠定基础。依托公司数字化基础设施,建设智慧运营"一个中心",与业务部门共同搭建应用场景493个,创新打造"驾驶舱""新引擎""e平台"三大数字化应用工具,推动多维精益管理由理念方法落实到具体操作,实现各业务板块及基建、检修、营销等各环节主要经营指标在线可视,积极服务科学决策和精益管理（见图 7）。

图 7　国家电网智慧数字运营中心

### （六）　开展面向管理全过程的数字应用实践

基于多维全量数据与多样化管理会计工具，通过总部与基层单位面点结合的场景设计，持续释放数据生产要素价值，支撑各类管理需求，打开价值空间，实现从全量数据到全局价值，全面提升财务服务能力。

**1. 总部层面以统一的模型应用推动精益管理**

服务政府，创造更大社会价值。打造电力看经济、看资源、看民生、看双碳等系列场景，支撑电力安全保供和能源低碳转型。服务决策，支持资源优化配置，围绕数据图谱，创新数据服务模式，及时输出业务、数据、价值多要素灵活组合、多方法又创新融合的管理报表，支撑内外部决策需求。服务业务，推动效率效益提升。用数据分析业务动因变化、识别最新的价值创造节点、评估最优的投入产出边界，服务业务管理精益；把精益理念嵌入最小经营单元，把管理行动延伸至最末端组织，激发基层创新创效。服务市场，全力优化营商环境，提供用户用电画像，看清用户用电特性和缴费行为特征，深入了解和积极适应用户需求，打造"电 e 金服"线上金融服务平台，提供优质高效低成本的普惠金融服务，助力畅通产业链供应链循环（见图 8）。

**2. 基层单位以多元化场景复用服务价值创造**

基于对经营活动的数字描述与洞察分析，基层单位开展特色应用实践探索，着力推动管理机制优化、业务创新提升和资源精准配置，实现精准激励、精细作业、精准营销、精准评价。

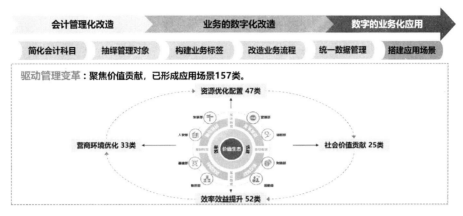

图 8　国家电网多维数据应用场景分类

（1）聚焦员工精准激励，建设内部五级模拟市场。

过去，由于价值信息反映颗粒度不够精细，难以量化考核末端组织经营绩效，也无法实施精准激励，导致一线员工经营意识不强、创效动力不足。国家电网所属 A 电力公司利用多维精益管理工具和方法，充分聚合业务与价值数据，将绩效评价向组织末端延伸，推动价值理念下沉到生产一线，充分激发基层活力。一是划小经营单元量化质效贡献。依托业务活动、成本中心等数据标签，将价值贡献与效率评价逐级细化至班组、员工，通过可视化呈现每一个基层班组同类业务价值贡献、同等规模资源消耗创效对标情况，促进低质效班组和员工自动查缺补漏、改善提升。二是衔接业绩薪酬推动精准激励。实施"业绩考核＋薪酬奖励＋资源配置"等激励措施，引导全员树立"花钱算账、事前算赢"意识，挖掘数据资产、人才当量价值，促进全业务发现问题、解决问题，实现全要素精准发力。

（2）聚焦台区精细作业，创新标准成本精益管理。

过去，台区作为一台变压器供电范围覆盖的区域，未融合价值洞察视角，导致台区这个专业管理交汇点的管理问题难以及时发现和解决。国家电网所属 B 电力公司在台区层面研究构建投入产出评价体系，形成了业财链路共建、数据资源共享、管理盲点共商的业财融合格局，有效赋能业务提升、推动价值创造。一是贯通链路聚合台区业财信息。聚焦台区投入产出，利用数据中台贯通资本性投入、成本性投入、购售电业务链路，通过在台区归集 10 千伏（kV）以下电网资产的成本投入，汇集台区创造的收入以及台区线损、电费回收、客户数量、单位资产运维成本等信息，实现对每一个台区投入产出情况的精准刻画。二是实时洞察驱动业务精益管理。构建台区投入产出效益在线分析场景，常态化扫描台区层级"万元资产售电收入""万元资产运维成本""线损率"及"电压合格率"等关键业务指标，自动定位异常台区，推送给设备、营销、基建、物资等前端业务部门，洞察业务管理薄弱环节分类施策，驱动业务精益管理水平不断提升。

（3）聚焦客户精准营销，构建多维客户价值画像。

过去，由于电网企业的成本投入分散在从特高压到终端用户的各电压等级网络上，销售收入均来自末端用户，导致单个客户的投入算不出，难以对客户经济价值进行全面感知。

国家电网所属 C 电力公司创新构建价值传导模型，实现收入、成本在单个客户上的合理匹配，全面量化评价客户价值贡献，提供精准服务。一是构建成本传导模型。突破核算主体限制，分层汇聚全级次成本，实现全口径成本在各级次完整汇集。依据业务活动属性，建立分级传导模型，以客户为核心，将全量成本沿着电网运行轨迹细化归集至每一个（类）客户，实现居民客户按供电台区、其他客户按户的成本精准计量。二是创建客户价值一本账。基于客户唯一标识（统一社会信用代码或身份证号码），精准记录客户成本消耗、用能收入、缴费习惯、信用记录等价值信息，并与业务记录连接，实现每一个（类）客户精准画像，全面感知客户价值贡献，分类优化营销客户服务策略。

（4）聚焦设备精准管理，实现供应商精准评价。

过去，供应商评价依赖供应商的资质业绩、生产能力、服务响应等数据，设备的运行质量和效率等历史性评价表现难以与供应商关联，导致供应商评价不够精准，支撑选好设备的能力不足。国家电网所属 D 电力公司依据归集的单台设备全寿命周期成本，通过比较分析不同供应商同类设备年均使用成本，智能绘制单台设备全寿命周期成本曲线，为供应商评价、设备选型提供数据支撑，提升质量、效能、成本综合质效。一是归集单台设备全寿命周期成本。贯通业财数据链路，围绕项目和作业，以"设备维修清册"和"标准作业库"为载体贯通项目类和非项目类生产成本业财链路，实现生产成本在设备层的精准归集与分摊。二是开展供应商选型及供应商评价。建立对"同一设备类型"设备的不同供应商的评价体系，从成本和设备运行状态两个方面进行指标分析展示。应用综合评价结果及其明细的成本评价和设备运行评价结果，从设备使用的经济性、运行的安全稳定性等方面，进行横向比较，做到设备选型及供应商"选好选优"。

# 四、取得成效

## （一）推动数据连接方式转变，实现数字化转型新突破

通过创造性地构建"管理对象＋业务标签"，打通了业财信息链路，使业务与价

值有序连接、全面融合，并可根据管理需求灵活拓展应用场景，唤醒了海量"沉睡"数据资源，赋能了业务创新发展，为进一步深挖电力大数据"富矿"、加快公司数字化转型奠定了坚实基础。

### （二） 推动信息反映维度转变，服务精益管理迈上新台阶

价值信息细化穿透到每一个班组、每一台设备、每一项作业、每一类用户，信息反映精细到最小颗粒度，并通过国资委业绩考核、国际信用评级、央企绩效对标等71个指标的全景展现、动态跟踪，实现经营过程看得更清、投入产出算得更准、风险隐患发现得更早。

### （三） 推动价值管理机制转变，汇聚了提质增效新合力

基于多维精益信息，搭建全级次内部模拟市场，经营责任和压力逐级传导，质效理念根植贯穿电网投资、建设、运营各环节，价值管理延伸至最末级最前端，有力推动各层级、各专业更加注重拓市场、强管理、比贡献、创价值，形成提质增效的强大合力。

### （四） 推动员工思想观念转变，为高质量发展注入新动能

通过实施精准考核与激励机制，成功推动员工思想观念的积极转变，确立了"业绩靠干、工资靠挣、荣誉靠贡献"的目标导向，有效激发了员工的积极性和创造性，使"过紧日子"的思想和精益文化在员工中得到广泛认同和践行，精打细算、精耕细作成为员工的自觉行动。

### （五） 推动财务管理模式转变，树立了中央企业新标杆

多维精益管理变革是国家电网构建智慧共享财务管理体系的重要举措，也是公司以数字化推进管理体系和管理能力现代化、引领驱动高质量发展的生动实践，得到国务院国资委和社会各界的高度评价，树立了国有企业经营管理新形象，为中央企业实现世界一流目标提供了国网方案。

---

# 五、经验总结

多维精益管理涉及体制机制、管理模式、业务流程、职责界面等各个方面，是一项财务引领、全公司共同开展的系统性管理变革行动。全面总结国家电网建设历程和具体实践，主要有如下几点体会：一是以价值为核心，明确管理会计工具方法功能作

用。多维精益管理以价值为核心，致力于资源耗用的精准管控和价值贡献，推动成本降低和质效提升，通过多维数据分析，创新价值模式，实现经济、生态、社会价值的融合与共创共享，促进公司长期价值增长。二是以标准化为基础，夯实管理会计工具方法应用条件。标准化是多维精益管理变革的基础，确保不同系统和数据的兼容性与互操作性，避免信息孤岛，实现数据的精准互融与决策赋能。三是以业财融合为关键，保障管理会计工具方法应用落地。业财融合是管理会计工具方法应用的关键，要求财务与业务部门共商共建共享，从顶层设计到实施管理，加强跨部门沟通与协同，确保管理会计工具的有效应用。四是以技术创新为支撑，具象管理会计工具方法应用场景。技术创新为管理会计工具的应用提供了支撑，通过结构化数据和模型工具，结合理论与实践，实现管理会计工具在不同业务领域和层级单位的创造性应用，将数据资源优势转化为高质量发展的价值优势。五是以组织人才管理为策略，保障管理会计工具方法效用。组织人才管理是保障管理会计工具效用的重要策略，强化组织领导，优化结构，制定管控机制，明确实施界面，培养数字化转型人才，提高建设效率和实效。

通过实施多维精益管理变革，国家电网开创了业财融合新篇章，打造了财务管理新能力，构建了管理会计应用新模式，培育了价值管理新生态。下一步，国家电网将持续聚焦"提质效、创价值、防风险"，全面深化多维精益管理变革应用，以更全局、更立体的数据支持科学决策，以更多元、更深度的业务洞察支持管理精益，以更直观、更开放的质效评价支持基层创新，实现数据赋能由"洞察"向"创效"转变、数据运营由"智能"向"智慧"转变、数据价值由"资源"向"资产"转变，为加快建设具有中国特色国际领先的能源互联网企业提供坚强支撑。

（国家电网有限公司：邹伟平　郑　琛　曾　力　周　振　孙英阁　赵志威　贾冬冬）

🎓 **案例评语：**

该案例聚焦"感知智能化、运营智慧化、发展生态化"为特征的数字化转型和价值管理，通过系列措施重构业务数据与价值数据的关系，精准刻画"会计科目＋管理对象＋数据标签"的多维立体展示；推进"业务数字化—数字业务化"的数字化转型，从而实现"价值管理与业务推进同步"现代商业模式，形成了一套数据资源应用、业财融合管理和上下一体行动的"数字化＋"运营管理新模式。

国家电网大财务、大经营、大数据、大共享、大生态基本格局为行业企业数字化转型与高质量发展提供了很好的实践参考价值。

# 基于区块链技术构建"两服务一提升"的工程智能结算体系

**摘要**

国网浙江省电力有限公司是国家电网有限公司的全资子公司,以建设和运营电网为核心业务,已基本实现了工程资产管理的信息化全过程管理,但在某些业务环节仍存在产业协同待增强,结算效率待提升,业务操作待规范,内控管理待优化等问题。为此,国网浙江电力以区块链等新数字技术应用为核心推动力,以数据为关键生产要素,推动构建"两服务一提升"的工程智能结算体系,服务好供应商和业主单位,提升工程财务数智化管理水平。具体内容包括,一是搭建区块链工程结算平台,将结算流程线上化,切实解决审批慢、效率低等问题,服务好供应商,实现供应商结算一次都不跑。二是重塑 ERP 智能结算模块,服务好业主单位,一方面实现结算控制前置化和工程风控精准化,切实解决人工审核单据、风控手段弱等问题,另一方面实现项目基础规范化和结算操作智能化,有效减轻财务人员机械性事务负担。三是凭证电子化应用,利用区块链技术天然的互信、不可篡改特质,突破性实现线上可信单据电子化存储,提升工程财务数智化管理水平。基于区块链技术的工程智能结算体系一方面提升处理效率,推动员工价值转型,实现管理变革;另一方面优化营商生态环境,践行"双碳"目标,彰显央企社会责任。

# 一、背　景　描　述

国网浙江省电力有限公司(以下简称"国网浙江电力")作为国家电网有限公司的全资子公司,是浙江省能源领域的核心企业,致力于电网建设与运营。公司积极推进数字化转型,特别是工程管理领域的数字化转型,通过培养关键用户和组建多专业团队,实现了业务数据全流程信息实时共享。

随着"十四五"期间电力基建投资规模的大幅增长,国网浙江电力面临基建工程财务管理的复杂挑战。尽管公司已在工程资产领域实现信息化全过程管理，但在结算效率、业务操作规范性和内控管理等方面仍有待优化。

面对这一挑战，国网浙江电力积极响应国家数字化转型的号召，结合"数字浙江"战略部署和国网公司数字智能电网建设目标，决定利用新一代数字技术如区块链和大数据技术，打造基于区块链技术的工程智能结算体系。区块链技术的去中心化、不可篡改和全程可追溯特性，结合大数据技术的数据挖掘能力，将显著提升支付结算效率，降低交易成本，同时确保交易记录的安全透明。这一创新举措有望为国网浙江电力解决当前管理难题，推动公司数字化转型迈向新高度。

# 二、总 体 设 计

## （一）应用目标

国网浙江电力积极探索区块链、OCR、PRA和大数据等新技术在财务管理的应用，以区块链、电子签章等新数字技术融合应用为核心推动力，以数据为关键生产要素，推动内外部业务变革，提升工程财务数智化管理水平，构建"两服务一提升"的工程智能结算体系。这一体系旨在服务供应商和业主单位，通过数据共享、智能风控、自动化结算和凭证电子化等手段，解决传统结算过程中存在的审核周期长、办理效率低、风险控制弱等问题，提升工程财务管理的整体效率和透明度。

## （二）总体思路与实施方案

国网浙江电力针对工程结算环节存在的审核周期长、办理效率低、风险控制弱、打印工作多等问题，以"数据实时共享，风险提前防控，结算智能入账，凭证电子归档"为架构主线，以区块链为底层技术，搭建工程智能结算体系，对外提供区块链工程结算平台，对内优化工程服务智能结算模块，创新凭证管理模式，实现工程管理的全过程提升。

工程智能结算体系包括区块链工程结算平台、工程智能结算模块和凭证电子化管理三个核心部分。

（1）区块链工程结算平台。利用区块链的去中心化、不可篡改和全程可追溯等特性，将结算业务从线下转移到线上，实现供应商、监理、设计和业主单位等多方参与、信息实时共享和可追溯化。通过电子签章技术，确保审批流程的线上化和单据信息的真实性。

（2）工程智能结算模块。依托 ERP 系统，通过身份认证和智能合约等智能化手段，重塑结算风控模式。通过严格的用户身份认证、内嵌智能合约稽核逻辑和灵活适配各类合同条款的规则引擎技术，实现风险防控前置化和结算操作智能化。同时，优化数据映射关系，实现一键创建订单、发起结算申请、生成会计凭证和完成付款清账等功能，提高结算效率。

（3）凭证电子化管理。利用区块链和大数据等新技术，实现凭证的电子化管理和归档。通过制定标准化附件样式、应用电子签章技术和电子附件引擎技术，形成符合国家档案无纸化要求的电子原始凭证。这些凭证具备合法、真实、安全和可追溯的特点，能够准确、完整地接收、读取和输出电子会计凭证及其元数据。

### （三）项目创新性

工程智能结算体系在技术创新和实际应用方面均取得了显著成效。一是通过区块链技术的引入和应用，实现了结算业务的全流程线上化和智能化管理；二是通过智能风控和自动化结算等手段，提高了结算效率和风险控制水平；三是通过凭证电子化管理，降低了资源消耗和存储成本。这一体系不仅提升了国网浙江电力的财务管理水平，也为行业内的其他企业提供了可借鉴的经验和模式。

# 三、应 用 过 程

### （一）人员投入

国网浙江电力财务部从问题出发，主动变革，牵头立项区块链工程智能结算信息化建设项目。结合数字化转型需求与目标，分析当前队伍构成，组建全面适配的团队，保持技术团队的稳定性。项目成员具有丰富的工程财务从业经验和财务信息化系统建设相关经验，能够有效利用信息化技术解决电网基建财务管理和前端业务管理难题的经验。

业财联动，与前端基建部、运检部等多个项目管理部门业务人员深入交流，形成详细的需求报告；前端业务人员参与系统功能开发测试、性能测试；对用户和系统运维人员开展培训，以确保体系建设最终落地。

### （二）部署要求

（1）资源部署要求。人力资源方面，应确保有足够的专业人员参与智能结算体系的规划、建设、运行和维护；技术资源方面，引入先进的智能结算技术，包括人工智能、大数据、云计算、电子签章等，以支持结算体系的智能化和自动化；物资资源方面，配备必要的硬件设备和软件工具，如高性能服务器、存储设备、结算软件等，以满足智能结算体系对数据处理和存储的需求。

（2）环境部署要求。建立完善的网络安全防护体系，包括防火墙、入侵检测、数据加密等措施，确保结算数据的安全传输和存储。

（3）信息化条件部署要求。信息系统集成方面，智能结算体系需与企业其他信息系统的集成，如 ERP、CRM、SCM 等，实现数据的共享和交换；数据标准化方面，建立统一的数据标准和规范，确保结算数据的准确性和一致性；信息化培训方面，加强员工对智能结算体系相关知识和技能的培训，提高员工的信息化素养和操作能力。

（4）其他部署要求。建立风险管理机制，对智能结算体系可能面临的风险进行识别、评估和控制。

### （三）具体应用

国网浙江电力基于区块链技术构建"两服务一提升"的工程智能结算体系：通过搭建区块链工程结算平台服务好供应商，实现供应商端到业主端全业务节点线上化、通畅化，切实解决结算流程审批慢、效率低等问题。通过重塑 ERP 工程智能结算模块服务好业主单位，规范化、标准化工程成本结算流程，建立数字化风控，提升财务管理水平。通过凭证电子化应用服务，打通工程财务数智化管理"最后一公里"。利用区块链技术天然的互信、不可篡改特质，突破性实现线上可信单据电子化存储。

基于区块链技术的工程智能结算体系整体框架如图 1 所示。

**1. 搭建区块链工程结算平台**

针对企业与外部服务供应商缺乏协同，存在篡改丢失风险等主要问题，国网浙江电力搭建区块链工程结算平台，充分利用区块链技术不可篡改、多方维护、去中心化、全程可追溯等特性，推动业主、供应商、监理、设计等多方参与，建立工程项目服务采购结算信息化平台。

（1）重构结算业务流程，实现线上闭环流转。

分类梳理业务流程，明确流转环节。不同的项目类型、费用类别、款项性质所对应的结算流程都有所区别。前期系统性梳理每一类项目、每一种费用及款项性质必需的流转环节，并与业务部门、各参与方达成一致。针对单据类型众多，版式各异，缺乏统一的规范标准的问题，以内部两大文件规范为指引，制定了标准化附件格式，统一了标准。

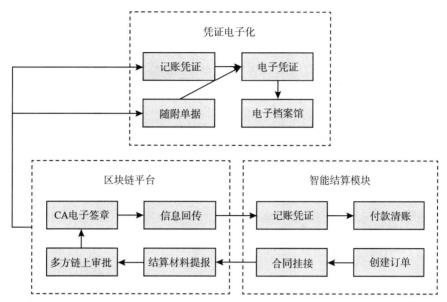

**图1 基于区块链技术的工程智能结算体系整体框架**

借助区块链技术，将结算流程线上化，如图2所示。区块链的本质，是一个安全、可信的分布式数据库，是服务于分布式账簿的互联网点对点底层技术，具备分布式储存、多中心协作、高透明度数据、相互信用验证的特点。利用区块链技术，供应商可线上发起预付款、进度款、结算款、质保金申报，根据对应流程，推送至监理、设计、业主方等完成中间环节审批，最后供应商上传发票，实现全流程闭环线上流转。

（2）打造系统接口引擎，实现信息协同共享。

从服务采购的发起源头开始上链采购订单信息，通过与ERP系统集成获取采购订单信息上链保存；通过与工程结算平台集成，将预付款、进度款、结算款、质保金的报审、申请、审批、过账、付款等重要流程节点的信息上链，形成供应商、监理、设计与业主单位的全过程信息共识和信息协同。运用区块链分布式维护、不可篡改的特性，确保服务采购结算全程业务信息、单证附件等上链记录的真实性和不可篡改，提供多方业务信息实时协同和存证鉴真的能力，实现了全程信息上链，打造多方共识产业生态。

（3）灵活配置审批流程，实现多方协同审批。

运用区块链分布式节点技术，根据各类业务流程特点和实际业务需求，灵活配置适用各类结算业务的审批流程。首先根据内控规范配置主干节点，在内控合规的基础上提供可选节点，满足各单位、各业务类型的特殊需要，从而实现业务场景、业务主体的全面覆盖，实现供应商间多点协同审批，改变过去由于缺乏多方共识、互不信任导致的协同差问题。

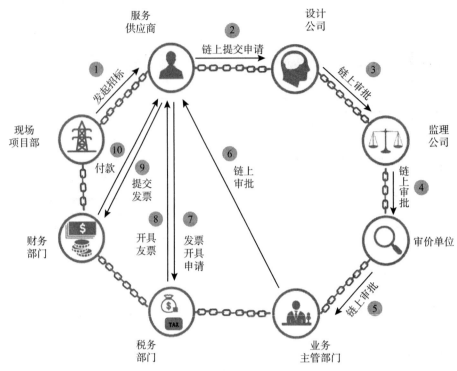

**图 2　区块链链上流程**

新模式下，施工方业务完工确认和财务核算皆可请"系统跑腿"，全流程审批步骤从过去的 9 步缩减到 5 步，效率提升近 100%，充分解决了业务审批累、财务入账难等问题，再造结算流程。

**2. 重塑 ERP 工程智能结算模块**

针对当前工程成本结算存在的规范化、标准化缺失，人工干预大等问题，依托 ERP 系统功能，通过智能挂接订单 WBS、规范关联订单合同、统一订单收货标准三大手段，从订单创建源头提升效率，从完善系统配置提升内控，从打通系统数据提升集成，从建立数据映射提升自动，实现项目基础规范化、结算控制前置化、结算操作智能化。

工程智能结算流程图如图 3 所示。

（1）嵌入风险智能控制，完善结算控制前置化。

按照订单创建阶段、收货及结算申请阶段、发票校验阶段三个阶段入手，运用信息化手段，将风险控制嵌入流程，实现结算控制前置化。

区分六大服务类型，加强订单创建阶段风控。通过系统设置，根据相应订单类型选择对应 WBS，实现订单业务类型与项目架构精准对应；严格遵循"无概算不创建、有概算不超概"原则，自动屏蔽无概算 WBS 行项目，将项目成本超概算审查从决算环节提前到发起费用结算环节，实现由原来无控制手段到系统逻辑控制的转变。

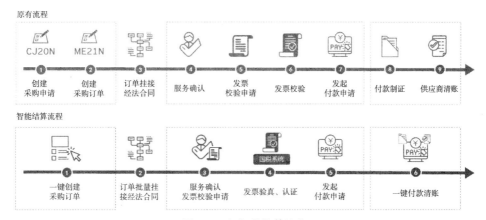

**图3 工程智能结算流程**

以机控代替人控，加强收货及结算申请阶段风控。针对供应商等基础信息、付款金额等关键信息、业务流程逻辑方面共总结出 37 个风险控制点，通过完善系统配置，将风险控制由以往"以人为主"的后期人工审核，转变为"以机为主"的前置自动控制，有效提升了风险控制管理效率。

风险控制类型分布占比如图 4 所示。

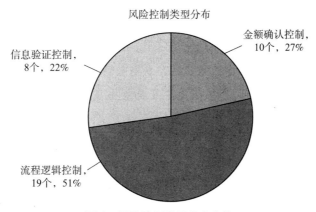

**图4 风险控制类型分布占比**

运用 OCR 自动识别技术，加强发票校验阶段风控。发票校验阶段，运用系统集成技术，贯通国税系统数据，实现发票及时认证，改变了过去月底人员集中认证发票的操作模式，有效避免月底认证工作量增多导致的业务数据错误等风险。

（2）引入规则引擎控制，推进财务审核智能化。

引入基于 Drools 的规则引擎技术，通过规则引擎的可配置性和执行的高效性，实现智能可灵活适配各类合同条款及业财审核逻辑的"智能合约"，实现工程结算风控的全过程、立体化覆盖。

将规则引擎技术与区块链智能合约技术深度融合集成，可直接基于自然语言灵活配置各类智能合约，审批人员可以根据自己的审核要求和业务理解，在结算流程的各个节点，自主快捷地编写稽核规则。规则即编即控，自动比对结算单据、合同、项目里程碑等多方数据，全方位管控业务数据、资金数据、流程数据。稽核报错就会拦截流程发起；校验通过后自动触发财务报账流程，完成工程结算自动履约。

（3）配置系统数据映射，实现会计核算自动化。

梳理数据分类要素的映射对应关系，建立 ERP 软件与电子报账系统的映射关系，通过系统完成相关配置，实现"一键创建订单，一键发起结算申请，一键生成会计凭证，一键完成付款清账"，打造会计核算自动化。具体为：通过构建费用类型与WBS 行项目之间的映射关系，实现一键创建服务订单；通过构建经法合同信息与电子报账模块之间的映射关系，实现一键发起校验申请；通过配置系统自动过账后台作业，读取前端规则引擎稽核结果，自动填写会计凭证字段数据，实现一键生成会计凭证；通过构建全结算流程信息与付款清账凭证字段的映射关系，实现一键完成付款清账。

通过实现"四个一键"，便利结算操作，打破部门壁垒，推动业财融合，大幅提升了业务和财务人员的工作效率。

**3. 凭证电子化应用**

借助区块链工程结算平台上产生的大量真实互信、不可篡改的结算数据及电子单据，响应新形势下工程财务全面数字化转型对财务管理流程全面线上化、财务数据分析全面智慧化的要求，国网浙江电力通过探索配网项目及部分主网、技改项目的结算、转资凭证无纸化及电子归档的业务及系统需求，充分利用区块链、大数据、OCR、RPA 等新技术，实现财务凭证电子化存储及归档。宏观层面，这一举措高度贴合财政部、国家税务总局、国家档案局等有关主管部门在 2020 年 3 月出台《关于规范电子会计凭证报销入账归档的通知》（财会〔2020〕6 号）中明确的"会计凭证无纸化的原则之一便是保证数据安全，确保数据不被篡改"；微观层面，档案电子化打通工程财务数智化管理"最后一公里"，为工程财务全面数字化转型指出了新归途。

（1）系统集成贯通信息。

凭证电子化首先需要解决的问题是跨部门、跨专业数据来源的标准性、真实性和一致性。国网浙江电力以工程结算凭证、转资凭证、固定资产报废凭证三类凭证为试点，全面梳理每一类业务的数据结构和版式文件格式，形成系统自动生成的电子凭证、系统链接生成的电子凭证和扫描上传生成的电子凭证，形成一套健全的标准化无纸化体系。

借助"3＋N"集成模式全量采集原始凭证电子信息，为凭证电子化提供可靠信息来源，为会计无纸化办公奠定基础。"3"指三大层次的打通。

第一层是打通 ERP 系统与区块链工程结算平台间的数据通道。采购订单信息在 ERP 系统创建完成以后，一键推送至区块链工程结算平台，相关人员协同审批后形成的共识单据及结算信息又通过实时接口流转回 ERP 系统，实现凭证信息从业务源头统一控制，并在整个业务链条各系统、各模块中自动传递共享。

ERP 系统与区块链平台集成示意图如图 5 所示。

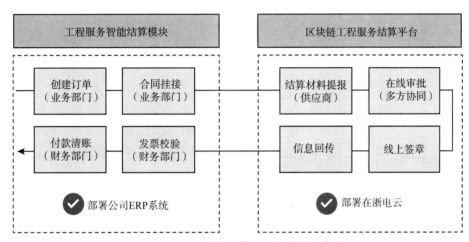

**图 5　ERP 系统与区块链平台集成示意图**

第二层是打通 ERP 系统和经法系统、电子签章平台间的数据通道，实现财务信息系统和合同系统在线互联。订单创建后与合同关联，由经法系统回传合同信息，其中关键信息提取后作为会计凭证信息来源，电子签章服务平台辅助单据在线电子签章。

经法系统、电子签章平台与 ERP 系统电子凭证集成示意图如图 6 所示。

第三层则打通 ERP 系统与金税系统、省财政厅财政票据的数据传输通道。直联税务电子底账库，实现发票校验入账与验真、认证同步自动完成，高效替代了财务人员机械、耗时的发票验真认证工作，会计凭证工作也更加准确、高效。

"N"则指通过银企直联，与工、农、中、建、交和邮储、中电财六家银行回单直接获取银行直联回单通道，实现回单一一对应凭证，回单一一挂接至 ERP 系统的凭证。

银企直联电子凭证集成示意图如图 7 所示。

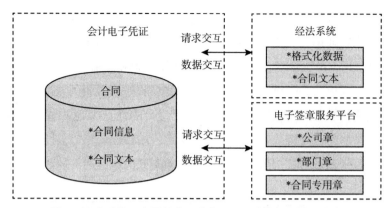

图6　经法系统、电子签章平台与 ERP 系统电子凭证集成

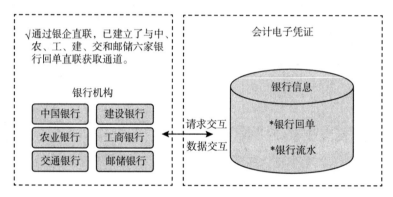

图7　银企直联电子凭证集成

（2）应用多种新兴技术。

充分应用大、云、物、移、智、链等新兴数字化技术，为凭证电子化的高效管理和应用创新注入动力：利用区块链多方共识、不可篡改的特性确保结算数据真实可靠，利用电子签名签章技术进一步满足电子凭证可信可证，利用 OCR 自动识别技术实现发票凭证全自动获取，减少手动输入出错概率，利用大数据技术实现电子凭证系统间传递，降低人工干预导致的篡改可能。新技术全面创新的应用既全面支撑电子凭证信息采集的流程化、自动化、智能化变革，切实减轻员工负担；亦保障信息可溯源、防篡改等安全需求，为会计凭证电子化的落地及推广应用奠定基础，更满足了财政部和国家档案局对电子会计档案的核心要求，即保证数据安全，确保数据不被篡改。

（3）设立电子档案馆。

建设会计电子档案馆，以版式文件（OFD 及 PDF）和结构化数据对会计电子档案进行全生命周期管理，并充分挖掘会计凭证电子化的分析和辅助决策价值，实现在线多维查询和展示。

对于仍需要纸质归档的原始凭证，通过在电子单据中生成二维码并打印封面后与实物票据一同粘贴的方式，实现电子数据与纸质数据的自动关联，借助二维码和RFID技术，保障电子档案和实物档案的一致性，实现线上线下一体化管理。

### （四）问题与解决

工程智能结算体系的实施是一个复杂而体系化的过程，在此总结出了管理和技术方面的问题及经验，具体如下。

**1. 全省推广和业务统一**

在智能结算体系的实施中，新技术提供了新手段，也重塑了工程结算的业务流程及业务操作方式。配套的人员职责、操作规范都将产生巨大变化。如果无法让业务适配并产生价值，那么这项数字化转型工作将寸步难行。实施过程中采取优先在试点单位理顺流程、探索关键改变点、适配操作人员、测试实施效果等措施，通过总结试点的实施方法论、修订制度、新编操作手册、调整人员职责，以供全省进行业务推广。进一步推广时，一方面业务规范、流程和表单需要统一；另一方面各地又存在差异。项目组在全省范围内进行了调研和沟通，将全省业务在业务分类、业务处理模式方面进行了统一，并通过信息系统进行固化；对于各地市在业务规范、流程和表单上的差异，通过在区块链平台中增加个性化流程配置和表单配置功能实现差异化兼容。

**2. 用户身份真实性认证**

本项目实现产业链生态的横向协同，参与用户包括企业内部和外部各利益相关方。数字化线上的工程结算业务流程，在涉及法律责任和资金安全问题时，用户身份真实性认证尤为重要。通过对用户身份认证技术的对比，国网浙江电力选择基于区块链的CAkey解决方案。一方面，CA实物签章是一种成熟的用户验证解决方案，拥有合法效力，并已提供标准的电子盖章功能，通过有限的技术改造即可满足用户认证和电子盖章需要；另一方面，基于区块链技术的CAkey方案与本项目的区块链平台形成对接，完美提供了基于区块链技术加密和保护的用户登录和操作的重要信息传递。

**3. 基于混合云的双链部署**

本项目形成的区块链生态圈，除了有浙江电力内部节点的接入，还将有大量的外部供应商、监理、设计、审价等节点接入，当前浙江电力的系统通常部署在浙电云之上，这对外部节点接入扩展是一项难题。着眼未来，在项目架构设计方面，浙江电力选择使用混合云部署方式来解决这一困难，其内部节点仍然维持在浙电云上部署，并形成内部区块链记录，外部节点部署在公有云上，形成外部区块链记录；两条链通过提供的同步信息服务进行信息镜像，在保证双链信息完全一致的同时，保证系统正常运行和系统扩展性。

**4. 性能评估认证与应急预案**

为避免由于新技术创新造成的实施安全问题，本项目进行了严格的性能评估认证，并建立了系统操作规范与应急预案：一方面，实施系统评估与性能认证测试。在区块链工程服务结算平台开发过程中，项目针对区块链平台的安全性、可靠性、功能性及稳定性进行了全面的测试、评估、识别和预防。正式上线前，邀请外部专家对业务流程、系统设计、系统功能、系统功能四个方面开展评估测试，均符合安全要求。另一方面，建立系统操作规范与应急预案。建立智能结算操作规范和应急预案，建立信息与沟通制度，明确结算系统的软硬件维护和日常管理职责，及时报告和解决智能结算模块出现的问题，保障稳定运行，防范运行风险。

# 四、取得成效

在构建"两服务一提升"的工程智能结算体系的过程中，国网浙江电力工程财务数字化和智能化水平取得了重大提升，有效激发了公司能源大数据的价值释放，部分成果已在国网系统范围内推广应用。

## （一）经济价值方面

国网浙江电力工程通过业财融合和数据共享，显著提升了项目效益和管理水平，实现了资产规模的稳步增长。这不仅提高了项目预算完成率和项目转资率，还显著增加了新增有效资产规模，为公司带来了实际的经济利益。

## （二）管理价值方面

智能结算体系极大地提高了业务处理效率，降低了人工成本，并推动了管理人员向更高价值的工作转型。按照 2022 年国网浙江电力各流程操作数计算，订单创建、收货并发起发票校验、发票校验、付款清账流程年均分别可节约 174.90 人·天、225.75 人·天、311.20 人·天、285.45 人·天人工成本。同时，通过改进风险控制模式，公司依法治企的水平也得到了提升，进一步巩固了管理基础。

## （三）社会价值方面

智能结算体系压缩了供应商结算周期，降低了企业运营成本。供应商结算审核周期由原来的 28 天减少到 3 天，以国网浙江电力 2022 年工程项目服务采购金额、同期银行一年期贷款利率 3.65% 计算，为供应商节约成本约 6539 万元，积极响应了落实国家加大清理拖欠民营企业、中小企业账款的政策要求，以实效推动电力服务营商环境的全面提升。

### （四） 可持续发展方面

推动凭证电子改革，促进"双碳"目标实现。彻底免除线下材料传递和纸质凭证存储，响应国家"碳达峰""碳中和"号召。一是直接减少了纸张、油墨等环保资源消耗，全省年均可节省纸张 216 万张，减少碳排放 108 吨左右；二是缩减了纸质文档传递、保管过程中所需的人力、物力和财力等经济资源消耗，年均可节约办公耗材费、快递费、保管费、仓储成本 589 万元。

## 五、经 验 总 结

经过三年的精心构建与持续优化，基于区块链技术的工程智能结算体系在国网浙江电力展现出显著成效，其高度可塑性为财务管理带来了革命性变革。在此过程中，总结经验如下：一是扎实的风险防控是财务智能化落地的前提。国网浙江电力进行了严格的性能评估认证，针对业务流程、系统设计、系统功能、系统安全四个方面，由事务所、浙江省电子信息产品检验所、电科院等专业机构进行充分测试，确认本系统安全性符合要求。二是充分的业财融合是财务智能化长青的保障。一方面，深入融合工程管理前端业务，规范内控标准，满足用户真实需求。前期调研项目管理部门业务人员，形成详细的需求报告，统一规范操作标准，明确内控逻辑，通过数字化手段实现业财协同合规。另一方面，通过集成业财系统，打通业财数据，切实解决原模式痛难点。进一步提升系统对业务支持的灵活度和广度，打造可编辑式表单服务和灵活配置式流程服务，提供可快速适应多种业务审批及单据编纂流程的中台化服务工具；打破区块链平台与其他财务、业务系统壁垒，嵌入业务系统，与业务系统开发深度合作。

尽管工程智能结算体系能够为财务管理带来诸多便捷，然而在推广过程中仍面临着供应商操作普及、部分凭证类型无法无纸化等挑战。展望未来，国网浙江电力计划进一步完善工程智能结算体系应用场景，打造项目前景式监控平台，实现资本性项目的全景式监控，为业财双方提供更加便捷高效的工程管控工具；持续致力于推动工程智能结算体系跨省、跨专业应用，与更多企业并肩前行。

（国网浙江省电力有限公司：丁伟斌　蓝　飞　张德奇　杨　玲　李　皓　胡炎军）

**案例评语：**

该案例聚焦工程智能结算体系，创新性地基于区块链技术，结合工程资产建造数字化应用、供应商选择、会计凭证电子化应用等新质生产力，进行系统化、数字化、关联性的方案设计，搭建区块链工程结算平台，实现工程结算线上办公；重塑 ERP 智能结算模块，嵌入内控、审批等节点流程；推广会计凭证电子化应用，实现数据信息完整存储，从而构建成功基于区块链技术的智能结算体系。该体系大大提高工程结算效率，并破解长期以来普遍存在的工程结算难、周期长等历史疑难杂症。

国电浙江公司推动建立工程智能化结算体系的探索过程、经验总结具有很好的参考价值，对推进相关领域的管理变革有很好的借鉴意义。

# "全、新、一、联"税费管控平台建设应用

**摘要**

国家能源集团是拥有煤炭、电力、运输、化工等全产业链业务，集"四个试点"于一身的中央企业。在国家税收征管从"以票管税"向"以数治税"分类精准监管转变的税收环境下，面临业务板块多、产业链条长、管理层级深等难题，国家能源集团坚持以习近平新时代中国特色社会主义思想为指导，深入贯彻国家"十四五"规划，加快世界一流财务管理体系建设，把数字化转型作为推动高质量发展的重要抓手，初步建设形成业财资税票一体化的央企首家全税种税费管控平台，成为首家整体接入"乐企平台"、构建数字化"发票库"的央企。税费管控平台实现了"全、新、一、联"的智慧管控，通过建立并完善税务政策、资源、信息、数据的统筹调度和使用机制，提升税务管理效率，提高风险防范能力，实现税费价值创造，有效地支撑了世界一流财务管理体系建设，促进税务集团化管理，推进税企互信，持续增强国有经济的创新力、控制力、影响力和抗风险能力。税费管控平台建设作为智慧化财务的重要一环，以信息化优势，持续支撑并完善税费管理体系，两者相辅相成，融为一体，是税费管理在管理会计应用中的典范。

# 一、背景描述

国家能源投资集团有限责任公司（以下简称"国家能源集团"）于 2017 年 11 月 28 日正式挂牌，是经党中央、国务院批准，由中国国电集团公司和神华集团有限责任公司联合重组成立的中央骨干能源企业，具有"煤电路港航""产运销储用""煤电油气化"一体化优势，是国有资本投资公司改革、创建世界一流示范企业、国有企业公司治理示范的试点企业，2023 年世界 500 强排名第 76 位。截至 2023 年底，员工总数 31 万人，资产总额约 2.1 万亿元，所属子分公司超 2000 家，产业分布在全国所有省、自治区、市以及美国、加拿大等 10 多个国家和地区。

面临业务板块多、产业链条长、管理层级深等难题，国家能源集团顺应数字化发展趋势，全面推行一体化、集约化、智慧化建设，筹建了全集团集中统一的ERP一体化集中管控系统，形成以ERP系统财务模块为核心，涵盖报表、司库（资金）、税务等13个系统的"1＋N"财务信息系统架构，探索和实践财务数字化转型。

国家能源集团以世界一流财务体系建设要求和财务"十四五"规划为指引，积极构建新型税费集中管控体系，单独设立"税费管理处"。尽管集团持续加强世界一流税费管理体系建设，但与一流企业相比，仍存在标准化程度低，缺乏统一的税费数据池，管理精细化程度不足等问题。

先进管理理念与落后管理手段之间的矛盾，是引发税费管理风险高、效率低等问题的重要原因，严重影响税费管理成效，制约集团高质量发展。外部数字化浪潮的冲刷、税收征管环境的变化和内部管理粗放、标准化程度低的现状，使管理会计信息化应用成为必然趋势，为促进税费管理数字化转型，国家能源集团积极运用管理会计信息化建设手段，组织建设了全集团统一的税费管控平台（以下简称"平台"）。

# 二、总体设计

## （一）建设目标

以建设业财资税票一体化的央企首家全税种税费管控平台为目标（见图1），助力创建世界一流税费管理体系。平台以提升管理效率、提高风险防范能力为导向，通过完善税务政策、资源、信息、数据的统筹调度和使用机制，实现计缴申报自动化、合规流程信息化、风险管控智能化，促进集团智慧化税务管理，助力创建世界一流税费管理体系。

## （二）建设思路

国家能源集团以服务管理为目标、以调查研究为基础、以集团合力为支撑、以计划试点为保障，全力推进平台建设。

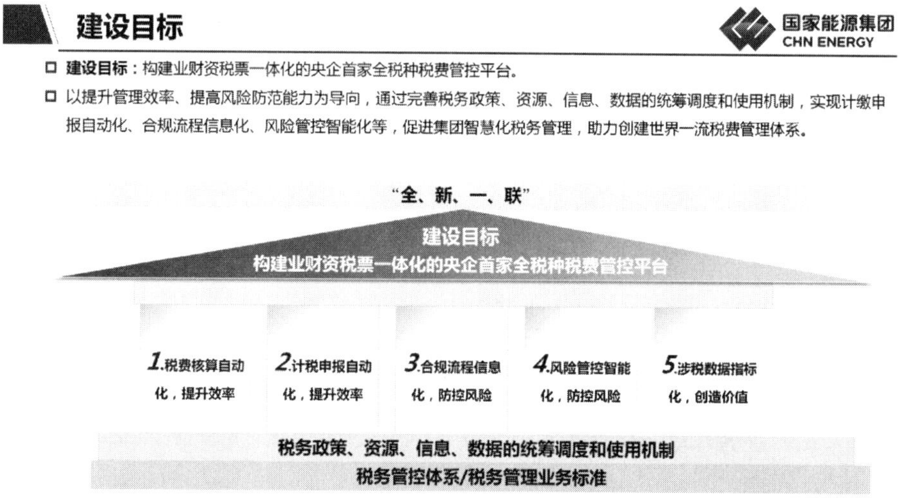

### 建设目标

□ **建设目标**：构建业财资税票一体化的央企首家全税种税费管控平台。

□ 以提升管理效率、提高风险防范能力为导向，通过完善税务政策、资源、信息、数据的统筹调度和使用机制，实现计缴申报自动化、合规流程信息化、风险管控智能化等，促进集团智慧化税务管理，助力创建世界一流税费管理体系。

"全、新、一、联"

**建设目标**

**构建业财资税票一体化的央企首家全税种税费管控平台**

1. 税费核算自动化，提升效率
2. 计税申报自动化，提升效率
3. 合规流程信息化，防控风险
4. 风险管控智能化，防控风险
5. 涉税数据指标化，创造价值

税务政策、资源、信息、数据的统筹调度和使用机制

税务管控体系/税务管理业务标准

图1　建设目标

紧跟"金税四期"节奏，以税收政策和征管要求为立足点，以服务集团税费管控和体系建设为目标，明确平台总体建设目标；充分调研集团内外税务系统和税务管理现状，论证评估业务技术方案；建立以董事长为组长的财务信息化工作领导小组，下设税务管理信息系统项目管理组，调动集团内外专业税务人员支持平台建设；采取"总体设计，分期实施""先试点后推广""急用先行，逐步扩大"的实施策略，确定时间表和路线图，明确分工，夯实责任，挂图作战，积极稳妥建设税费管控平台。

### （三）建设内容

税费管控平台以建立统一的业务标准为基础，充分打通业务、财务、资产、税务、发票一体化流程，全面覆盖发票管理、纳税申报等涉税功能，搭建涵盖申报管理、风险分析、综合管理等模块在内的税务管理信息系统和增值税发票服务平台，统一管理，交互涉税数据，强化税务管理，提高办税效率，控制涉税风险，挖掘数据价值。

税务管理信息系统以全税种申报为核心，以税费风险与分析为关键，以综合管理为支撑，将税收政策要求和税费管理理念嵌入系统，推进税务流程规范化、税费数据标准化、风险管理智能化、数据分析可视化，完善税务信息的使用机制，实现集团化税务管理。

增值税发票服务平台作为业财资税票的重要组成部分，打通内部涉税、涉票相关系统与流程，形成统一的发票池，通过税企交互实现发票全流程、自动化管理，为纳

税申报奠定基础。

### （四）系统革新

国家能源集团始终保持平台建设的前瞻性和先进性，将平台建设与管理体系建设相辅相成、相互融合，初步建成"全、新、一、联"的税费管控平台。

依托"以数治税"新理念，运用新思路、新方法和新技术，充分挖掘数据价值，通过全级次、全流程涉税、涉票业务数据集中管理，构建了央企首家全税种的业财资税票一体化税费管控平台，全面联通"金税"，先后打通发票底账库、实现"一键申报"、成功试点"乐企自用直连"，成为首家整体接入"乐企平台"、构建数字化"发票库"的央企，持续推进数电票新技术应用，创造央企集团税企互信新模式。

---

# 三、应用过程

## （一）应用条件

"全、新、一、联"的税费管控平台，离不开先进的体系环境支撑、专业的人员及组织保障和统一的信息化资源基础。

在体系支撑方面，税费管控平台是落实税务管理理念和税费管控体系的重要抓手，需要先进管理体系作为支撑和指引。国家能源集团始终坚持落实建设中央企业世界一流财务管理体系要求，加快数字化发展，积极探索和实践财务数字化转型，以合规遵从、业务协同、价值提升和智慧赋能为导向，建立规划科学前瞻、制度健全完善、流程优化合理、系统支撑高效、人才保障有力的税费管控体系，持续强化税费管理，实现规范高效。

在人员支持方面，税费管控平台建设跨地区，涉及面广、复杂程度高，创新要求高，需要庞大且专业的人员支持。为保障平台建设与实施高质量完成，建立了以董事长为组长、总会计师为副组长的财务信息化工作领导小组，下设由集团财资部、科信部、数智科技公司共同组成的税费管控平台项目管理组，调动全集团各板块共计53名优秀税务人员、外部税务咨询顾问与集团内部信息化专业服务公司数智科技公司一道，共同支持税费管控平台的建设工作。

在信息化基础方面，国家能源集团拥有煤炭、电力、运输、化工等全产业链业务，依托"1＋N"财务信息系统架构（见图2），支撑煤电、煤化、产运、运销协同发展。2020年，国家能源集团完成集团一体化集中管控系统（新ERP系统）上线"全覆盖"，奠定了全集团财务信息化基础，统一的信息化是实现一体化管理和集中管控的前提，国家能源集团大力推进数字化转型，建设统一的生产运营业务系统和集中管控财务系统，在此基础上构建税费管控平台。以 ERP 系统财务核算模块为核心的"1 + N"财务信息系统，与法务合同、银行、商旅平台等各系统模块高度集成，形成了支撑财务、共享、资本、金融"大一体化"集约管控平台，更是为平台的推进提供了良好的信息化建设基础。

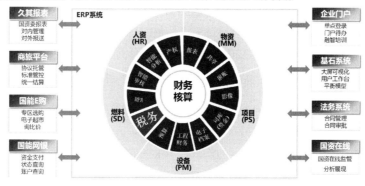

图 2 "1 + N"财务信息系统架构

## （二）应用过程

由于税费管控平台建设没有现成的经验和成熟模型可以借鉴，且有组织范围广、建设模块多、工作任务重的现实情况，需要聚焦集团管控需求，统筹业务规范标准，创新项目管理和实施方法，协调内外部优质资源，确保实现设计、质量和进度的多目标平衡。

国家能源集团主要从前期准备、需求调研、系统实施、上线和维护、应用保障 5 个方面确保平台高质量推进，历经 2 年，初步建成稳定高效的税费管控平台。

### 1. 前期准备

坚持"顶层设计，统筹规划"。财务数智化建设是体系工程及系统工程的统一，相对繁重复杂，要加强顶层设计，统筹各方力量协同推进。税费管控平台紧紧围绕"控风险、创价值、提效率"的体系建设目标，从集团整体出发，规划整体蓝图和建设总体方案，坚持统一设计、集中部署的建设原则和策略，采取"统一规划、统一设计、统一建设、统一标准、统一投资、统一管理"六统一的设计原则模式，通过"集中设计、集中实施、集中管理、集中部署、集中运维"大集中的方式，最终将全集团统一的业务标准、规范业务流程，嵌入税费管控平台，在项目管理方面，通过集团总体层面制定系统建设管理办法，明确工作职责、工作机制、会议制度、人员管理、后勤安排、绩效考核等，统筹规划实施策略、方法和过程管理，促进平台建设工作更加高效规范。

坚持"机制保障、组织安排"。为保障平台建设的顺利推进，项目建设抽调相关二级单位税务专家与系统开发人员共同集中办公，负责业务标准制定和系统实施、上线阶段的业务配合。在业务标准编制、系统实施和系统上线阶段分别采用不同组织方式，有效推进项目建设。一是业务标准编制阶段采用"模块分组，板块协同"的方式，根据税种与模块，设置 6 个分组，由 6 家二级单位分别牵头拟定各模块的业务标准制定、试点上线等工作，每个模块均安排外部税务咨询顾问辅助设计，同时设置业务板块分组，制定模块方案时若有板块差异，则由板块分组牵头人组织对应板块讨论确定；二是系统实施阶段采用"业务专家＋开发团队"的组织方式，由对板块业财税深度了解的业务专家和顾问向开发人员传递业务需求，将业务标准流程设计转化为系统功能的实现，确保系统功能满足设计要求，为系统上线打好基础；三是系统上线阶段采用"项目组顾问＋关键用户"的组织方式，关键用户由试点上线单位业务专家担任，快速识别试点过程中存在的问题，及时解决，协助系统上线推广工作，各子分公司深度参与，在按时保质完成上线任务的同时，也在全集团范围内培养一批系统应用人才。

**2. 需求调研**

坚持"充分调研、细化措施"。项目设计需兼具先进性和实用性，这要求我们既要充分调研外部先进系统，又要做好内部需求调研。为保障平台先进性、领先性，集团公司分别与多家税务先行的代表性企业作了充分交流研讨，与百望、航天信息、元年科技等 14 个厂家进行了充分的技术交流，评估平台建设方案和工作重难点；为充分考虑内部实用性，在集团内部下发涉税、涉票业务调研问卷，收集全集团票税业务场景；结合调研结果，与集中的税务专家，按税种、按板块双向进行现场调研与沟通；为全面了解平台建设环境，组织 ERP、报账、法务、MDM 主数据系统等相关系统顾问，调研各系统涉税、涉票业务，评估系统相关功能影响，确保平台建设符合集团一体化建设思路和方案可行性，将智慧税务本身蕴含的管理理念与企业实际业务相结合，采用创新性思维，建设央企示范性工程。

**3. 系统实施**

坚持"业务引领、标准先行"。业务标准制定是管控平台建设中关键的基础性工作，是税费管理蓝图的落地指引，是税务系统建设信息技术及应用的前提保证。国家能源集团作为国内大型集团全税种建设先行者，在缺乏全税种建设案例和成熟的建设经验情况下，组织集团内经验丰富的税务专家，在外部税务顾问的协助下，群策群力，历时 6 个月的时间，集中编制、分组讨论，以税收法规为核心，充分考虑集团实际，在确保先行性和可实施性的基础上，制定完成了 54 余万字统一的业务标准，将集团税费管理工作流程与系统应用充分结合，更好地支撑全集团各类税务管控业务场景，为后续平台开发奠定了坚实的基础。

坚持"集中设计、统一实现"。集中统一是满足集团税费集中管控的需要，也是强化集团管控力度的重要保证。国家能源集团通过对各子分公司业务、核算、系统配置、数据标准等进行统一、规范，固化数据标准、规范管理业务流程，落实统一管控要求，打通内外部涉税、涉票系统联接，实现业财资税票一体化管理，实现标准化集中实施。例如，在进销项发票管理方面，将报账系统作为统一入口，统一表单和数据标准，嵌入标准化流程，实现发票管理的全流程管控；在煤炭资源税和成品油消费税自动计税方面，将税表出具所需的科目、物料分类、物料移动类型等相关要求，在 ERP 系统通过物料主数据标准化与收发货流程化规范控制，结合 ERP 业财集成功能，实现税基数据自动取数。

坚持"多方测试，优化功能"。应用的关键离不开测试和优化。项目组通过单元测试、集成测试、用户接受测试和性能测试等多种方式，测试系统功能，在多次升级优化下，最终实现系统建设目标、业务需求及系统设计的全面应用落地。例如，在系统实现过程中，开发人员按系统设计逻辑完成系统开发工作，业务顾问和测试人员根据业务需求，对子功能模块进行单元测试，从而验证子功能模块是否满足业务需求；税务系统和发票平台与 ERP、报账等相关外围系统集成度高，为验证全流程运行是否正常，从全流程角度进行集成测试；为确保系统符合实际业务需求，安排系统使用人使用实际业务数据进行用户接受测试；为确保系统在业务高峰运转顺畅，系统上线前，通过模拟高并发方式进行性能测试。

### 4. 上线和维护

坚持"分步上线、全员参与"。为确保"上线可用、上线即用"，项目采取"分步上线"方式，选取典型单位试点再进行推广的方式，确保系统上线运行有序可靠。在功能模块的上线安排上，基于税法规定的不同税种的申报期要求，科学地安排不同税种模块的上线试点周期，最高效地实现税种上线安排。首先优先选择业务基础好、集成度高的企业所得税预缴作为第一个上线税种，预缴的成功上线，极大地激发了广大用户对平台应用的信心。在后续全税种上线过程中，采用"模块牵头 + 板块牵头"相结合方式，确保模块功能有责任方，板块能纵向到每个单位，同时根据各税种存在不同纳税申报期的特点，"踩点"进行试点和全面推广，确保每家单位、每个税种上线过程"不踩空"。另外，将人员配置在重点税种上予以倾斜，分步上线、逐步实施、全员参与，最终全力保障平台全税种成功上线。

坚持"建档跟踪，高效运维"。维护优化是保持税费管控平台稳定运行的最佳手段，国家能源集团在平台应用阶段，整合了现有运维服务资源，确保运维质量和效率，形成统一管理、集约高效的一体化运维体系，确保应用系统安全、稳定、高效、持续运行，协同企业系统管理人员和关键用户共同开展系统维护工作，采用"分系统""按板块"建立专项运行维护组，线上 24 小时提供运维支持，及时解决应用过程中发现的问题，并建立问题档案，跟踪问题的解决情况，持续优化平台建设；税费管控平台保持每月进行日常升级迭代，基于用户的需求变更和政策变化进行优化，持续保持系统的适应性和可用性。

**5. 应用保障**

坚持"过程管控，统筹推进"。项目建设阶段，通过发布管理制度，明确管理机制，统筹资源配置，每日召开工作例会，解决项目建设中的问题，推进项目进度，确保按期完成平台建设工作；平台应用阶段，下发全面应用通知，督导子分公司全面、准确应用平台，对子分公司实施过程管控，确保平台应用尽用、准确使用。

坚持"绩效导向，考核激励"。通过建立评选先进，以点带面树榜样的激励考核机制，采用上线夺旗赛等方式，将子分公司平台应用情况纳入集团公司财务考核，定期检查各单位的系统应用情况，并将检查结果予以通报，充分调动子分公司应用积极性，激发全员参与活力，实现以赛促学，保障平台实施进度和质量，加强平台的"扩容、深用"。

坚持"以培促学，以学促用"。下发平台操作手册并定期组织培训，打造自助学习平台，在国家能源集团融智学习平台创建了税费管理专区，上传培训材料、视频供税务人员学习。

**（三）应用难点和解决措施**

国家能源集团横跨多个业务板块，拥有统一、复杂的 ERP 业务系统，在没有现成经验和成熟模型可供借鉴的情况下，面临着税务管理基础薄弱、各地纳税申报要求不同、税种繁多复杂、局端系统迭代更新、内部系统衔接集成难度大、财税规则不一等难点，国家能源集团税费管控平台建设着重从以下几方面应对现实挑战。

**1. 摸石过河，探索全新路径**

国内税务信息化建设处于起步和探索阶段，缺乏成熟的解决方案和经验积累，且国内大型集团尚无成功的全税种建设案例，缺乏成熟的经验可供借鉴。国家能源集团税费管控平台建设攻坚克难、群策群力、探索前行，充分调研全国优秀企业的先进案例，借鉴应用兄弟企业数字化建设经验成果，组织经验丰富的内部税务专家，涵盖电力、煤炭、运输、科技环保等各个业务板块，人员最多时达到53人，同时结合外部税务顾问的协助，集中编制、分组讨论，确保业务标准的先行性和可实施性，通过技术创新和新技术应用，挑战传统思想，打破固有模式，探索全新路径，通过新思路、新方法和新技术，将"以数治税"的新理念企业化，充分挖掘数据价值，为税务数字化发展提供有益探索。

**2. 攻坚克难，夯实管理基础**

税费管控平台上线前，央企暂无一家实现全税种申报管理的企业，主要原因是税务规则复杂，部分税款计算牵涉大量业务数据，尤其是企业所得税的汇算清缴工作，涉及大量数据和信息的收集、整理与核对，及税会差异大、纳税调整多等问题，导致十分复杂和烦琐。不仅需具备统一的信息化建设基础还对企业所得税汇算清缴数据的准确性提出很高的要求。因此，税费管控平台建设抓住日常申报的难点痛点，聚焦关键突破，一是注意打通业财隔阂，从业务系统抓取业务数据，例如，将增值税纳税申报每个场景的税率对应税码，前置到采购订单和销售订单，在业务发生时明确税码，通过业务、财务集成，自动将税码集成到会计凭证上，实现税表涉税数据自动取数；二是对于能从财务系统抓取的数据，应抓尽抓，实现自动化；三是企业所得税汇缴规则复杂，申报表、底稿共有67张，众多数据无法直接从业财系统取得，因此对于企业所得税汇缴的难点问题，我们聚焦工作效率最低，风险较大的税务折旧作为突破口，在ERP系统启用税务折旧模块，区分购入、折旧、报废、资产转移与会计折旧差异；结合税法规则要求，通过新增会计科目与辅助核算，从核算上区分涉税的罚款支出、滞纳金、资源综合利用收入、环境治理恢复基金利息支出、公允价值变动等业务，有效提高税款计算效率，在各税种上线过程中，迎难而上，精细管理，最终实现全税种申报管理。

**3. 覆盖全面，规范精细管理**

当前，不同税种的申报频率、纳税申报表格式等在全国36个省市要求不一，个别税种在不同省市电子税务局有不同申报系统，普遍存在"标准和系统在全国范围不统一"的情况，通过一套纳税申报表的数据逻辑难以满足全国所有电子税务局的申报要求。另外，缺乏统一的全国电子税务局，若要实现"一键申报"，则要求每个企业税表逻辑需与对应的省市电子税务局进行适配，这给跨区域集团性企业税费管理工作带来了系统应用难度。国家能源集团税费管控平台覆盖集团全部12个经常性税种、全国36个电子税务局，需要针对各税种及地方特点进行合理的设计和开发，满足不同业务需求，这加大了税费管控平台纳税申报系统逻辑的设计难度。针对这一技术难题，平台建设前期做了精细的调研，对各税种及地方特点进行合理的设计和开发，运用新技术全面联接税务局端，在广东、内蒙古两地完成"一键申报"的试点应用，并积极与局端沟通合作，在宁夏地区尝试实现税企直连，促进平台功能应用的高质量落地。

### 4. 把握趋势，紧跟变革步伐

近年来，税收征管从信息化快步走向数字化，国家能源集团税费管控平台建设，恰逢国家税务总局征管系统由"金税三期"向"金税四期"更迭。"数电票"和"乐企自用直连"的试点推广，正是税收征管迈出"金税四期"建设的第一步，这要求平台建设要快速跟上国家税务总局"金税四期"建设节奏，既要满足金税盘、税控盘、税务 Ukey、税控服务器等多种税控设备的开票，又要满足传统纸票、电子发票和数电票的开具要求。

为确保平台建设工作顺利推进，国家能源集团与国家税务总局，尤其是"金税四期"项目组和各省市税务局保持常态化沟通，实时关注"金税四期"、数电票和"乐企自用直连"的蓝图规划、政策变化和技术发展趋势，及时调整平台建设方案，实现了传统纸票、电子发票、数电票等全票种的兼容。积极申请试点"乐企自用直连"，实现数电票的直连开具和发票归集，实现税企线上数据的互联互通，进一步防范涉税风险，为后续国家税务总局在大型集团全面推进"乐企自用直连"奠定了坚实的基础。

### 5. 统筹兼顾，研讨兼容协同

为实现业、财、税协同，实现全流程自动化应用效率，税费管控平台涉及的税费管理流程、规范需延伸至集团内 ERP、报账、法务等多个外围系统，同步需要对外围系统进行流程再造，系统衔接和改造难度大，具体体现为：一是系统集成工作，涉及不同系统的技术架构、接口规范、数据交互方式等问题，需要对各系统业务和流程进行分析、调整，以确保系统集成后的业务流程顺畅运行。二是集成过程中可能会遇到技术难题，如系统兼容性、数据安全性等，对技术团队的专业水平提出了很高的要求，须投入大量的技术资源进行技术对接和开发工作。针对系统集成难度大的问题，在系统实施过程中，以组建跨系统问题解决小组的方式，召集各个系统的专家顾问，通过组内的反复研究、研讨交流，形成最终的各系统集成兼容方案，并经历多次测试验证，最终圆满完成外围系统改造工作，成功构建业财资税票一体化数据仓库，为自动出具全税种申报表提供数据基础，远期也可满足对内部财税深化应用和总局"以数治税"应用需求。

### 6. 统一规则，建立"税会"体系

财务会计核算与纳税申报要求存在异同，会计核算及报表系统的成功实施已初步实现会计规则的自动化、标准化。为实现纳税申报表的自动出具，税费管控平台建设需要在会计核算中嵌入统一税务会计规则，统一税款计算，避免涉税风险。国家能源集团税费管控平台全面梳理了纳税申报要求及会计科目体系的对应关系，将税费管理

工作关注的要点嵌入会计核算体系，细化涉税会计核算，通过对 237 项会计科目、税码和辅助核算及 390 家公司物料数据的改造，新建税务折旧模块，统一各板块税务计税规则等方式，保证从业务前端满足税费管理工作的要求，将业财税充分联接，探索建立新的税务会计体系。

# 四、取得成效

在国家能源集团主要领导的高度重视和分管领导的亲自指导下，以统一的信息化为基础，历时 2 年，搭建形成了"全、新、一、联"的税费管控平台，随着管控平台的上线、应用和推广，优化了企业资源配置、强化了风险管控，为企业管理决策提供支持，全面提升了税费管理和价值创造水平。

筑根基，实现了数据管理由"分散孤立"向"集中统一"转变，统计分析由"人找数据"向"智慧分析"转变，平台建设通过政策法规库和案例信息库及时收集更新税收政策，整合内外重点案例信息，搭建信息协同共享机制，夯实了税费管理基础；提效率，通过乐企在发票平台开具"数电票"，借助一体化流程，实现主要税种 95% 以上纳税申报数据自动出表、自动计税，提升了发票开具和纳税申报效率，每年节省发票打印及快递费等各项费用约 4000 万元，节省的纸张可少砍伐约 3100 棵树；控风险，将 224 个风险点嵌入系统，逐步实现了风险的前置、闭环管理，有效控制了涉税风险，平台上线后近两年，税费罚没支出显著下降，2023 年同比降低 10.5%；创价值，统一的数据仓库，有助于分析、对标税费数据，对税费动态实时监控，促进税费工作向数字化、智能化转型，深挖涉税数据价值，实现企业价值最大化；促互信，以"乐企直连"试点为契机，推进"一键申报"、"税企直连"和"乐企自用直连"等，全面增进"税企互信"，得到了国家税务总局的高度认可，成为首家整体接入"乐企平台"、构建数字化"发票库"的央企，树立了"总对总"合作全国性典范；助发展，税务管理理念、体系的落实落地，切实提升了管理决策和绩效管理水平，拓展了税费管理新思路，形成新质生产力，助力集团"国能 e 链"生态化平台建设和高质量发展。

# 五、经验总结

认识是先导，税费管控平台作为税费管理体系落实落地的抓手，通过业务和技术的统一，实现了管理理念和科学技术的有机结合，以信息化促管理变革，以管理理念推技术革新，助力体系建设。

规划是关键，建设具有实用性、先进性和前瞻性的税费管控平台，规划至关重要，平台在缺乏先进经验借鉴的情况下，从实际出发，提前规划，不同阶段采用不同组织方式和实施策略，稳步上线、深化应用。

机制是保障，数字化工程是体系、系统和人才的统一，需要强有力的组织和制度保障，平台在财务信息化工作领导小组带领下，由集团内外税务专家、信息技术人员共同组成专项工作组，集中办公、统一部署，确保平台上线运行。

细节是基础，面临税种繁多复杂、系统集成难度大、申报要求不一等情况，平台建设充分考虑各方因素，细致调研、精选方案、反复校验，统一底层架构、流程体系、规范数据，同时满足系统、平台、数据安全管理要求。

应用是核心，平台不只在于建好，更在于用好，集团坚持"应用尽用、以用促优、以用促建"，总部以身作则，率先使用，发布操作指引、组织培训，辅之以奖惩、激励等考核手段，激发全员参与，推进平台的扩容、深用。

持续优化是永恒，虽然平台的建设与应用初步实现了税费管控流程标准化、数据标准化和税表自动化，但在"乐企平台"深化应用、税费计提自动化和税费风险监控等方面仍存在一定差距，需要总结经验、持续优化，保持平台生命力。

平台的建设需要体系的支撑、思维模式方法的转变、专业人员的支持和统一的信息化基础，并非一蹴而就，而是一项持续、动态的长期工程。后续的发展、完善和推广应用同样也需要秉持与时俱进的管理理念、强有力的组织和制度保障，不断优化迭代，加强扩容。

（国家能源投资集团有限责任公司：冯来法　栾宝兴　班　军　刘　芳

陈颖洁　曹　群　汪水洪）

🎓 **案例评语：**

在"以数治税"背景下，国家能源集团针对税务管理粗放、标准化程度低等难题，以提升管理效率、提高风险防范能力为导向，应用管理会计信息化工具，建设"全、新、一、联"税费管控平台，完善税务政策、资源、信息、数据的统筹调度和使用机制，实现计缴申报自动化、合规流程信息化、风险管控智能化，促进集团智慧化税务管理。

国家能源集团在税费管控平台建设方面的实践总结，过程具体、可操作性强，对于能源类企业打造业财资税一体化管理、提升税务管理数智化水平、推动一流税务管理体系建设具有良好借鉴意义。

# 中国宝武财务共享实践
# 与数字化转型之路

**摘要**

中国宝武钢铁集团有限公司（以下简称"中国宝武"）由原宝钢集团有限公司和武汉钢铁（集团）公司联合重组而成，于2016年12月1日揭牌成立。2019年9月，中国宝武对马钢集团实施联合重组，2020年重组太钢集团、成为重庆钢铁实际控制人，2022年重组新钢集团和中钢集团。2020年纳入中央企业创建世界一流示范企业，粗钢产量全球第一，盈利水平位居前列，位列2023年《财富》世界500强第44位。

中国宝武于2009年成立运营共享服务中心（以下简称"宝武共享"），是中国特大型企业集团财务共享建设的先行者。宝武共享紧紧围绕公司战略目标，致力于构建与公司战略高度匹配的财务共享服务体系，成为共享平台的运营者、规范透明的守护者、标准服务的提供者和数据价值的挖掘者。在联合重组、专业化整合融合及高质量钢铁生态圈建设中，有效发挥体系覆盖移植、风险控制、穿透式监督及数字化转型支持等方面作用，支撑集团战略发展，赋能生态圈各方价值提升。

中国宝武以建设世界一流共享中心为目标，通过强化顶层设计和全局规划，从战略架构、系统建设、人才培养等方面布局，以"十年磨一剑"的决心和耐力深耕推进，形成可复制、可扩展的共享运营框架，统一化、标准化的技术平台与数据基础，培育了一支涵盖运营管理、专业领域及信息技术的共享核心团队，实现了财务共享服务的整合、链接、赋能跨越式发展升级，走出了具有中国宝武特色的财务数字化之路。

# 一、背景描述

## （一） 宝武财务共享管理现状

2009 年，中国宝武推出一系列"切实推进企业变革，真正提高管理效率"的重要举措，启动财务共享服务建设实施。历经十几年的发展沉淀，一方面形成特有的共享模式及技术特点，另一方面通过业务和系统的规范推广，助力联合重组、专业化整合融合及高质量产业生态圈建设，努力构建与公司战略高度匹配的运营共享服务保障体系。同时，建立数智化建设工作推进体系，开展以财务数字化转型为抓手，打造价值创造型财务团队，建设与世界一流伟大企业相匹配的业财融合体系。

## （二） 管理会计应用基础

国资委发布《关于中央企业加快建设世界一流财务管理体系的指导意见》，提出要积极探索财务共享从账务集成中心向企业数据中心的演进路径，不断提高共享效率、拓展共享边界。

财税数字化政策陆续出台，数电票全面推进，大数据应用、云计算和人工智能等新兴技术的成熟与落地为共享业务效率和服务水平提升提供新的手段和方法。

着眼于服务各类单位提高内部管理水平和风险防范能力，管理会计指引体系基本建成并得到广泛应用，内部控制建设防风险、防舞弊的作用日益显现，电子会计凭证应用全面推开，统一的会计数据标准更加健全，会计职能实现从传统的算账、记账、核账、报账向价值管理、资本运营、战略决策辅助等职能持续转型升级。

## （三） 共享实践与数字化转型主要原因

中国宝武自身战略规划，对共享发挥集中管控需求和数智化能力提出了新的要求。在国有资本投资公司定位下，共享服务建设是企业管理达到资源配置效率最佳、企业治理风险防控的最佳路径。

对宝武共享本身而言，"以科技推进极致共享、以共享助力极致高效"，推动共享极致高效，创新引领共享升级，实现财务共享智慧化、高端化、绿色化升级，充分发挥自身核心价值，也是迫在眉睫需解决的问题。

# 二、总体设计和实施路径

## （一）一体化管理整合

### 1. 全力推进共享系统在联合重组中的全面覆盖与体系移植

紧跟亿吨宝武步伐，强化体系及标准化推进先行，从宝武框架要求、业务运行规范要求、业务清理要求及配套制度流程分工调整四个方面，全方位推动覆盖单元管理推进，确保系统覆盖质量及应用效果。

### 2. 构建一总部、多基地"1＋N"网络分布式架构布局和保障体系

构建并完善一总部、多基地管理体系和运营模式，建设一贯到底的制度体系，明确统一的质量、流程、客服和系统管理体系及内部运行机制。推进总部模式在各分中心的快速复制移植，完善1＋N业务布局，完成各区域分中心设立及人员业务划转，实施共享业务一体化集中运行。

### 3. 有序推进财务共享业务一体化整合

化解资源瓶颈和风险挑战，加速推进集团内尚未覆盖的各级公司财务共享业务覆盖，持续优化财务共享覆盖实施方法论，明确大规模共享覆盖模式下的推进思路、工作方案及推进机制。结合地域分布、财务人员和资源配置情况，统筹制定全覆盖计划，各共享分中心按就近就地原则平行推进业务全覆盖。

### 4. 充分发挥专业优势，强化标准体系建设

运营共享服务中心承担公司一体化标准化管理功能，主动应对与共享业务相关的国家及行业政策变化，发挥集约效应，开展统一流程及规范标准建设。随着数字化发展，财税政策新规不断，且涉及技术、专业等各方面配套要求，需快速反应和积极行动，第一时间完成全公司层面的统一规范设计。基于大共享模式下，探究各公司之间业财结算协同、收付协同方案，提升业财双方效率，助力各公司数字化转型。

## （二）数字化转型

### 1. 夯实数据治理标准，实现内外部信息的互联互通

以运营共享系统覆盖为契机，通过对标财和eHR两个共享管控系统的建设应用，完成第一轮业务规范推进、主数据治理及基础数据积累工作，同步搭建共享服务技术平台，实现内外部信息的互联互通，初步形成数据链接中心。

### 2. 以技术创新驱动数智化转型，推动共享基础服务焕新升级

从技术手段创新、业务流程改善和组织方式优化三位一体推动业务全面再造，构

建财税业务全自动处理中心，实现财务共享从工厂化模式向数智化服务转型升级。推进全自动处理模式在财务共享的全面应用推进，"ERP 全自动化 + RPA 机器人 + 大数据处理"，全面提升数智化水平。

打破现有基于业务流程的业务分工，重构基于数字化运行的组织方式，统筹开展众鑫工作台升级及应用，构建基于数据的可视化，探索事找人、任务化的实时数字化应用场景，推进精益化规模化管理。

### （三）创新赋能

围绕线上化、数字化、智能化目标，综合分析银行端、非银金融端、税务端、业务端、财务端系统架构和信息条件，构建高效联动协同、高度串联兼容的业财系统流程和功能建设，不断延伸共享服务领域和内容，拓展数据结构和数据服务。

持续推进大数据中心数据汇聚、链接，完善数据服务产品，支持集团大监督体系，为数字化转型、向各方赋能奠定基础。加快共享体系转型升级和大数据中心建设，开发合同备案、招标、公车、客商、票联、税务等平台建设，积极挖掘宝武共享在中国宝武管理体系复制、风险控制、穿透式监督及数字化转型支持等方面作用。

---

# 三、应用过程和推进举措

## （一）一体化管理整合

在整体策划、共治共建、平行推进的框架下，共享实施安排分四步骤开展：

### 1. 面向全集团的系统建设覆盖

2009 年，以宝钢股份一体化财务系统和集团统一会计系统为基础，设计开发满足多业态、多组织的统一财务处理平台，不断提升业财系统集成度，形成集团标准财务系统（见图 1）。以信息化建设为引擎，过程中同步开展基础数据治理与标准化业务推进，快速带动、达成业务标准化和规范化。

在集团公司层面，明确标准财务系统全集团覆盖的强管控要求，大力推进中国宝武各级公司全覆盖：按照横向到边、纵向到底原则，同步推进标财覆盖、各子公司业务系统覆盖及业财集成；过程中全面开展从业务到财务的流程梳理，财务核算流程、主数据及关键代码必须统一；按集团标准流程规范，业务流程推进一步到位，包括业务流程中的内控要求、流程功能分担、业财对接数据标准化、传递数据质量控制等，各公司业务系统同步进行适配性改造。

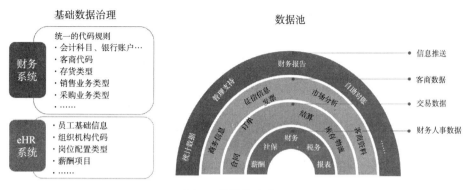

**图1　数据基础治理**

### 2. 共享模式构建与共享整合

（1）顶层设计、选取典型。

由总部开展共享模式探索，按照"选取典型、分步实施、逐步完善"的思路，开展共享业务整合推进。

宝武共享成立初期选择大行业（钢铁主业）板块、信息系统统一、文化环境相似、地域相对集中的分子公司快速纳入。对集中业务进行梳理优化，形成业务整合及流程标准。取得经验与整合标准后，逐步在集团范围内进行共享推广，对目标公司开展业务差异分析及标准化业务推进，达到对接要求后实现宝武共享与目标公司共享业务的对接。

积极开展共享模式探索，创建具有自身特色的共享运营管理体系。按照"单一化岗位、标准化作业、批量化处理、精益化管理"的会计工厂化特点，对各业务环节进行标准化细分与重塑，构建了以十大标准作业为内核，以流程管理、质量管理、客服管理、系统管理四大运营保障系统为支撑的内部运营架构。业务运作按照不同内容进行族群化设置与分工，将实物流与信息流进行分离，建立作业任务分配规则进行任务分配及管理，并形成与作业方式相匹配的绩效评价体系。不断创新与积累管理技术、信息技术、专业技术与结算技术，形成共享运行的标准流程、运行模式与技术手段。

（2）部分子公司同步推进。

一级子公司积极行动，根据自身管理现状及发展需求，在应用集团统一的系统平台及共享运营模式条件下，开展自身共享业务整合，总部共享中心提供专业支撑。

自2014年起，中国宝武下属宝钢工程、八一钢铁、韶关钢铁、宝钢资源等部分一级板块公司在标准财务系统覆盖和集团共享模式搭建后，积极行动、主动探索，在总部共享中心的业务指导下陆续推进各自范围内共享业务整合，在板块内实现了区域共享和资源配置优化，为后续进一步集团全面共享整合奠定良好基础。

（3）共享一体化集中管理推进。

实施全集团财务共享一体化集中管理，按一总部多基地统一运行模式、专业标准、技术手段，推进全集团财务共享业务全覆盖（见图2）。

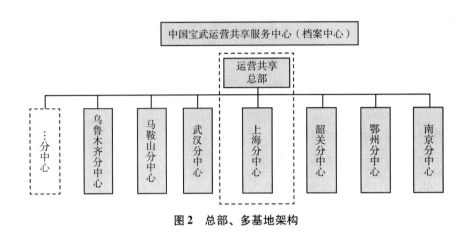

**图 2　总部、多基地架构**

随着中国宝武产业化聚焦、专业化整合推进，集团内存在较多跨板块、跨区域的业务重组与变革，原以各一级子公司为主体建立的共享中心面临被解构的问题，总部和子公司结合的共享业务覆盖与集团公司专业化整合发展方向不能完全匹配。同时，各一级子公司共享中心在覆盖深度、规模和效果上也存在差异，共享服务资源可进一步整合协同。

如何基于一贯到底共享管理，实现快速整合、提升一体化共享效应？中国宝武实施了财务共享架构升级，在原有一级子公司共享中心基础上扩展整合为区域分中心，实现运行模式、专业标准、技术手段、能力体系的充分共享与高度统一。统筹规划，多头并举，加大财务共享整合覆盖力度，推进全集团财务共享全覆盖。借助技术手段，打破区域限制，推进各中心资源的统筹调配，实现资源的最优配置和极致的服务效能。

**3. 运营保障体系建设**

为支撑规模快速扩大后业务的有效运行，宝武共享搭建了一整套内部运行保障机制，形成一套以风险质量管控为基础，以流程管理和服务管理为支撑，通过整合管理及会计工厂化模式搭建快速承接业务、有序运行业务的一整套内部运营体系，并建立纵向一贯到底的一总部多基地模式下流程、质量、客服等运营体系，实行穿透式质量管理体系和统一管理、分层实施的客服管理体系。

开展从业务组织分工、岗位配置到业务流程、系统应用的"一室对一室"全面对标，对各分区域开展岗位分工评估，在岗位设置对标一致基础上开展岗位规程适用性学习和补充，客服体系在前期试行基础上热线电话实现统一管理，在总部层面统一开展质量巡检和抽查，强化标准统一性、会计工作的规范性及在线风险监督，实现各分中心业务范围、业务流程及处理规范的标准统一（见图3）。

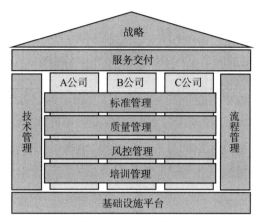

图3　运营保障体系

### 4. 专业综合解决方案

快速应对外部政策及内部重大业务变化，形成业界标杆及集团内统一规范，提供财务专业领域解决方案凸显专业价值。

对照财政部电子凭证数据标准新规，明确集团统一的基于电子凭证的结算流程及业务标准，从业务系统的对接、内部附件的电子化推进，全流程设计推动从资料端到档案端的全流程在线。

推进数电票乐企试点对接方案设计建设，开展统一开票平台的优化完善及集团内全覆盖推进，落实基于数电票的开票标准及集成对接规范，集团层面采购发票信息依托税企直连实现数据汇聚及穿透应用，销售发票数电票推进打通"最后一公里"，实现了购销数据汇聚及全生命周期管理。

构建集团统一合同信息管理平台，通过合同备案及结算控制，增强全集团整体合同风险防范能力。以经济合同结算控制和风险监测为主要目标，解决集团各级公司普遍存在的合同管理系统分散、自动化程度不高，线下环节多风险大、监控手段缺乏等痛点难点，通过实施全层级合同备案和结算控制，最大限度降低合同结算风险，支撑集团及各公司穿透式经济业务监管，增强集团整体风险防范能力。

## （二）数字化转型

根据中国宝武财务数字化转型部署，结合落实国资委《关于中央企业加快建设世界一流财务管理体系的指导意见》、"账务集中处理中心向企业数据中心演进，不断提高共享效率、拓展共享边界""探索建立基于自主可控体系的数字化、智能化财务"等相关要求，宝武共享建立数智化建设工作推进体系，强化统筹、压实责任、细化任务计划，组织搭建数智化平台、建立数据治理和数据资产目录、设计研发应用及数据模型，不断延伸共享服务领域和内容，拓展数据结构和数据链接，推进提升公司数字化、业财融合能力。

**1. 系统链接**

以前期多年财务信息系统建设、数据治理及财务共享推进基础，依托财务系统与数据的天然优势，扩展数据结构与数据网络，实现内外部信息的互联互通，初步形成数据链接中心（见图4）。通过开展数据体系梳理、拓展数据渠道和数据结构，不断丰富数据资源，实现标准财务系统与各内部 ERP 系统、互联网平台、外部信息采购资源及外部对接通道的链接互通。目前标准财务系统已集成250个内部业务系统，对接 7 个内部互联网平台，直联 14 家银行及金融机构，连接地方税务局、国家金税平台，对接 6 家外部第三方平台服务公司。

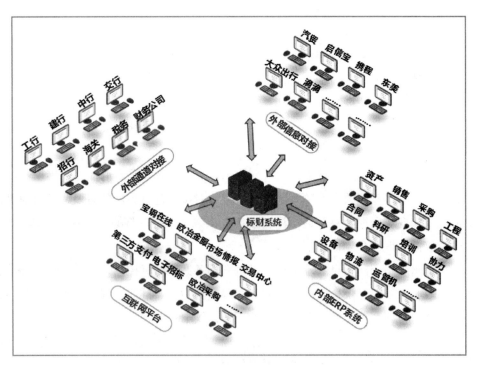

**图 4　系统链接**

在数据积累过程中，以财务数据为基础，延伸业务数据链接触角，将静态数据变为动态数据，将结果信息变为全流程过程信息，不断编织立体多维的数据网络，应用方面如下。

在业财系统集成联动方面，实现已对接 5017 个系统接口结算关键信息的系统控制，建设抛账中心提供业财对接标准化、灵活性解决方案，通过抛账引擎实现数据就源采集、信息校验控制、财务自动抛账。

在集团交易信息层面，对已实现连接的 ERP 系统信息延伸拓展，实现合同、订单、结算单及收货单等交易过程数据及状态的收集。

在链接外部数据资源方面，推进发票全要素信息、企业基本信息及征信信息、税务黑名单信息等第三方供应商信息的统一采购。

在平台数据收集方面，对接欧冶采购、欧冶金服等互联网平台，推进数据和信息资源共享。

推进与银行、税务、差旅供应商等外部机构平台的对接，实现银行回单、电子票据、发票信息、差旅信息、纳税申报等全流程信息自动获取和线上自动化处理。

持续推进核心技术创新与数据应用，开发使用远程报支、影像识别、银企直联、合并报表、发票认证、资金处理等功能和技术，支持共享业务地域突破与效率提升。

**2. 业务链接**

中国宝武以财务共享建设为核心点与辐射圈，在多年来公司上下各层面形成统一、认同的共享理念与文化环境下，进一步将分散在不同业务单元的后台支持性或需要充分发挥专业技能的价值链活动进行有效整合与高效运营。探索积累一整套共享领域管理技术，创建具有自身特色的共享运营管理体系，并根据数智化转型进程，搭建可扩展的共享服务运营框架（见图5）。

**图5 运营框架**

### 3. 数据链接

通过数据网络和数据应用的持续扩展和功能延伸，通过标财和 HR 两大系统建设，完成主数据治理及基础数据积累，逐步增加公车运行、宝武 e 家、智慧档案、智慧招标、合同备案等 8 大共享平台，汇集多维数据资源及业务场景，开展数据服务产品设计，形成近百个数据产品（见图6）。

图6　技术平台

持续积累财务数据、客商信息数据、交易发票数据、公车数据，推进差旅、档案、合同信息等业务线上化，从财务数据扩展到业务数据、商务数据、行为数据，为后续跨域数据加工、开发数据共享产品提供坚实基础。

### （三）创新赋能

根据国有资本投资公司的定位要求，构建"分业经营、分级管理"的架构体系，推行"资本运作层—资产经营层—生产运营层"三层管控架构，打造横向到边的综合运行体系、纵向到底的专业职能管理体系和协同共享的保障服务体系，全面推进公司治理体系与治理能力的现代化（见图7）。宝武共享作为三大管理体系之一的协同共享的保障服务体系，紧跟公司战略发展步伐，迎来新一轮的建设任务和发展阶段。

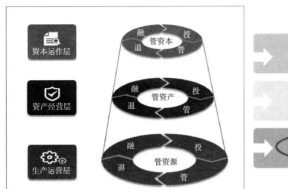

图7 国有资本投资公司管控架构

### 1. 联合重组体系复制移植

在钢铁业联合重组和超亿吨宝武发展战略下，宝武共享作为中国宝武开疆拓土、体系覆盖的先锋队，快速将运营共享管控系统、管理体系和管理技术复制移植。系统覆盖过程中强调财务管理体系及标准化推进先行，从宝武财务核算体系框架、业务运行规范、业务清理及配套制度流程分工调整等方面全方位推动覆盖单元管理推进。以信息化建设倒逼管理变革、业务整合、流程再造，推动新进单元的快速整合融合，支撑宝武管理体系和系统平台全面对接和深入移植。

随着中国宝武联合重组步伐加快，全力推进标准财务系统覆盖。以集团共享管控系统为抓手，在武钢集团、马钢集团等公司联合重组中，第一时间推进集团系统覆盖及应用，确保"快、准、深入"的整合任务，提升中国宝武整体竞争力。相继完成西藏矿业、太钢集团、昆钢公司、重钢集团、中钢集团、新钢集团等各新进单元一年内标准财务系统覆盖到位任务，有力贯彻国有资本投资公司风险管控和整合融合要求。

### 2. 穿透式监督支撑

宝武共享结合国有资本投资公司对穿透式监督方面要求，通过体系、流程及技术创新，积极挖掘在监督支持方面作用，并在智慧监督服务领域实现突破（见图8）。

机制安排上，通过全力推进财务共享模式全覆盖，全面渗透各在线经济业务，履行财务在线风险控制和会计监督功能，强化各级子公司的财务监督；在数据治理及管理方面，完成系统平台、数据标准及业务规范的统一。

在数据分析挖掘和智慧监督服务领域积极探索。通过票联平台建设，为业务监督支持提供数据服务，支持业务招待中禁止消费物品监督检查、交易信息核查；通过公务服务采购平台，推进全集团机票、酒店、用车等采购资源整合及服务共享，实现全

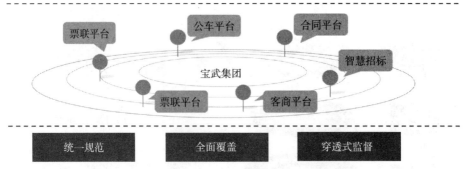

**图 8　国有资本投资公司下数据穿透应用**

流程线上化推动差旅业务规范透明；通过全集团统一的客商信息管理与服务平台，开展客商信息服务支持，完成客商代码系统与监察系统对接联动，实现黑名单客商的在线禁入控制；通过公车运行跟踪平台，为集团公司公车改革、常态化管理及运行监督提供数据支持服务。

**3. 生态圈服务支持**

围绕高质量钢铁生态圈建设目标，面向生态圈集成信息、聚合资源，以数据运营为核心，通过大连接、大数据、大共享实现各参与主体信息、资金、服务等对接和赋能服务，提升钢铁生态圈运营效率及优化价值链，推动数据变资产、数据驱动创新业务新模式的持续赋能。

基于风险管控要求和各一级公司管理需求，加强对参股公司风险控制，成为新的推进方向。此外，探索为生态圈客户提供代理记账、管理咨询项目、业财流程再造、定制化财务共享解决方案。

（1）助力产融结合。

开展在线供应链金融应用支持，通过在线数据链打通，解决企业与金融服务机构间、企业和客户供应商间的信息断点，实现资金需求方与供给方实时对接，进行资产整理、在线撮合、线上结算、风险控制、交易过程服务等金融服务支持；区块链技术创新应用，开展金融新产品通宝的财务核算方案设计、结算流程分析、系统功能开发实施及共享单元通宝结算的规模应用，为通宝产品的大规模应用奠定基础。

（2）客商协同服务。

建设在线结算协同平台，为交易双方提供业务协同、票税交互、结算跟踪等在线处理功能，实现全流程交易状态实时推送与可视化跟踪，并支持与在线金融的数据信息推送和对接（见图 9）；解决客商业务查询信息流程长、不透明和渠道分散问题，开发客商在线自助服务功能，提供全集团范围内的发票查询、收付款查询、往来账对账等一站式查询服务。

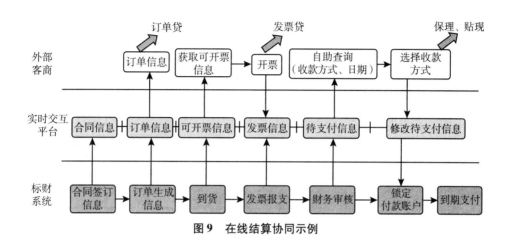

**图9　在线结算协同示例**

### 4. 大数据及数据产品

围绕公司"数智化"转型升级目标，全面开启集团运营共享大数据中心建设。排摸现有数据资产和系统资产，开展架构脉络梳理和规划蓝图编制。通过大数据建设，加快数字化转型，推进智慧宝武共享和穿透式监督支持中心建设，探索提供高质量的数据报告及数据产品服务。

致力数据整合挖掘，支撑公司智慧治理。匹配三层管控架构职能定位，整合融合形成各类数据模型，提供面向公司领导、各一级公司及共享中心内部不同层次、不同角色各类数据产品和数据服务，推进外部服务产品敏捷交付及内部运营规范、高效及透明。

（1）智慧财务管控支持。

提升智慧财务核算及管理水平，支撑新一代智慧财务管控。从业务统一管理要求和共性需求统一建设出发，满足集团及各一级公司的共性财务管控需求，建立集团层面统一的财务指标体系和计算服务，提供资金、资产、预算、税务、报表等核心业务分析。

（2）智慧监督风控支持。

满足集团及各一级公司穿透监督及风险管控要求，基于运营共享各专业域数据整合治理，建设风险模型，汇聚会计在线、资金控制、费用标准执行、合同执行、车辆运行、客商风险、异常交易等监测信息，进行可视化监测展示，实现运营共享业务范围内面向不同用户的各类风险及异常信息揭示。

（3）智慧运营管理支持。

打造智慧化运营共享服务中心，为共享中心提供运营数据的可视化与分析，优化中心运营管理，提升中心运营效率、运营质量和风险防范能力。提供面向共享中心整体层面、内部各区域、各业务条线的运营情况分析、运营质量分析、运营风险管理、系统运行分析。

（4）智慧税务治理支持。

结合金税四期"以数治税"等外部环境变化，为充分发挥共享价值、推动税务体系能力提升，已开展集团统一智慧税务平台建设。从税务档案、税务风险指标、税务政策、税务效率四方面搭建系统架构、细化设计一体化税务管理工具，运用数智化技术应用提升税务核算质量和纳税申报效率，完善税务风险管控，为集团和各级公司提供更高端的税务服务支持。

# 四、取 得 成 效

（1）完成集团业务规范推进、主数据治理及代码规则统一。实现系统平台、语言规则、数据标准、业务规范的统一，集团标准财务系统覆盖 1077 个账套运行，集成 250 个内部业务系统。从会计核算要素维度促进前端业务规范和结算内控。

（2）全面推进流程、处理及业务日常运营的转型发展。从"技术驱动、数据驱动、流程创新、机制创新"四个方面扎实推动全面转型发展，全面推进财税共享业务的线上化、数字化和智能化。实现共享核算业务自动化率达 98.8%，劳动效率提升 11.24%。

（3）构建"一门户、两中心、一基石"的数智化建设框架，基于数据的可视化，深化"事找人、人治事、数智事"工作任务分配模式，由原"业务条线 + 工序环节"调整按"服务流 + 数据流 + 业务流 + 任务流"设置工作任务自动化分配、异常提示、运行监控。

（4）开展一总部多基地一体化集中处理的设计推进，优化财务资源配置，提升财务运行效率。以提升风险管控、实现统一标准化和集约化处理为推进目标，推动全流程全覆盖"合同备案商务检核"、"差旅小秘书结单"和"会计电子档案归档"等一体化集中处理。

（5）支撑集团控制力强化和财务管理深化。通过基础数据治理与统一的财务信息化平台，推进全集团数据集成和信息透明化，实现集团对各级公司财务通用业务的集中管控，有效控制了公司整体运营风险。通过集团内数据标准化和数据共享，显著提高分析效率，在经营分析、决策支持等方面提供有效支撑。

# 五、经验总结

## （一）数据底层治理和业务链接是数字化转型的基础

宝武共享通过运营管控系统的推广覆盖，按照"横向到边、纵向到底"的原则，推进集团全部控股子公司财务系统配套功能的全面覆盖，同步推进前端业务系统与标财系统的集成对接，按照业务服从系统原则，实现业务流程标准化推进一步到位，包括流程中的内控要求、功能分担、业财对接数据标准化、传递数据质量控制等，各公司业务系统同步进行适配性改造。

## （二）共享专业价值发挥和功能延展是数字化转型的动力

在集团运营管控系统层面，继标财系统、公车平台、党务集中核算系统、商旅服务平台（差旅小秘书）后，开发建成全集团智慧档案系统和统一合同信息管理平台，助力集团数字化转型和风控体系完善；六大集团运营管控或共享系统在建成的同时，承担起相应领域全集团业务规范、数据治理和推广覆盖工作。

在前期积累的财务数据、客商信息数据、交易发票数据、公车数据基础上，通过推进差旅、档案、合同信息等业务线上化，数据拼图更加完整，数据资产进一步立体多维，从财务数据扩展到业务数据、商务数据、行为数据，为后续跨域数据加工、开发数据共享产品提供坚实基础。

多维度调研、透彻研究国家数电票的政策和技术发展路径，加速"统一开票平台"接入"乐企"接口建设，推动标财、统一开票平台和局端系统无缝衔接。利用数电票发展契机，推动购销结算全流程电子化改造，实现财税管理数字化转型和智慧升级。

## （三）技术投入和平台建设是数字化转型的支柱

针对前瞻性技术、能力及人才等方面储备投入不足，数据资源未得到充分挖掘利用和资产转化等问题，宝武共享统筹加大科技创新投入力度，持续提升数字化能力。首先从体制架构上进行设计安排，聚焦智能化、高效化，汇聚科技创新力量，设计"一部两中心"运作模式，在组织体系上把职能管理、业务中心、研发机构统筹起来，形成既有统筹协调又有分工协作的组织架构模式，快速推进科技创新和技术研发工作，持续做好高质量平台建设。

（中国宝武钢铁集团有限公司：朱永红　何宇城　陆怡梅　郭　岩　张翠娥　周宝英
施　蔚　张　祺　王丽娟　郑　宁　叶素丹　丁　文）

**案例评语：**

中国宝武通过建设覆盖全集团的信息系统、整合集团及下属单位共享模式、搭建运营保障体系、运用专业综合解决方案等做法，推进集团一体化管理整合；同时，通过组织搭建数智化平台、建立数据治理和数据资产目录、设计研发应用及数据模型，延伸共享服务内容等手段，拓展数据结构和数据链接，提升公司数字化、业财融合能力；最后，通过构建"分业经营、分级管理"的架构体系，推行"资本运作层—资产经营层—生产运营层"三层管控架构，打造横向到边的综合运行体系、纵向到底的专业职能管理体系和协同共享的保障服务体系，全面推进公司治理体系与治理能力的现代化。

中国宝武的实践探索过程和经验总结，可为特大型企业集团开展财务共享和数字化转型实践，提供较高价值的参考借鉴。

# 管理会计信息化建设助力价值创造

## ——交通银行价值管理平台在全面
## 预算管理中的实践与应用[*]

**摘要**

交通银行是中国第一家全国性的国有股份制商业银行，截至2024年上半年，境内有2000多家网点、境外有20多家分（子）行及代表处，为200多万名公司客户和近2亿名零售客户提供综合金融服务。为支持经营战略有效传导、提升内部精细化管理水平，交通银行于2021年启动建设全行级价值管理平台。价值管理平台以前期管理会计核算及应用体系为基础，围绕"服务于战略落地和价值创造的作战指挥系统"这一建设目标，采用总行和分行共建、跨条线合作的模式，通过整合内外部数据来打造集预算预测、分析监测、考核评价、资源配置全流程价值管理功能于一体的企业级平台，全方位支持机构、板块、条线、产品、客户、员工的多维度分析。目前，价值平台服务的用户范围已覆盖交通银行总行、分行、省辖分行、支行各层级和财管、公司、个金、同业等各业务条线，对全行经营管理的赋能作用已经体现在绩效考评与资源配置、经营分析与科学决策、客户管理与营销组织等方方面面的工作中。

总体而言，价值管理平台完善了战略目标在各价值链条分解、传导、优化的自适应管理过程，有力地促进了银行的价值创造。未来，交通银行将继续以数据质量为基础、服务用户为导向、共建共享为模式，持续推进管理会计平台的迭代优化，以更好发挥管理会计赋能经营决策、助力经济高质量发展的作用。

# 一、背 景 描 述

交通银行始建于1908年，是中国第一家全国性国有股份制商业银行，总部设

---

[*] 本案例是职务作品，著作权归属交通银行股份有限公司。

在上海，2005 年、2007 年分别在港交所、上交所挂牌上市。2023 年，交通银行在《银行家》杂志（*The Banker*）公布的一级资本排名中，居全球银行第 9 位。截至 2024 年上半年交通银行境内有 2000 多家网点、境外 20 多家分（子）行及代表处，为 200 多万公司客户和近 2 亿零售客户提供包含存贷款、产业链金融、现金管理、国际结算与贸易融资、投资银行、资产托管、财富管理、银行卡、私人银行、资金业务多种业务在内的综合金融服务，涉足金融租赁、基金、理财、信托、保险、境外证券和债转股等多个业务领域。近年来，受利率市场化改革深化、经济周期波动叠加新冠疫情冲击、监管引导银行持续让利实体经济等因素影响，商业银行息差水平收窄、盈利空间压缩、负债成本过高等问题涌现，提升内部管理的精细化水平成为商业银行应对挑战的重要手段，加强管理会计建设的重要性日益凸显。交通银行于 2003 年成立管理会计核算处，启动管理会计项目框架设计和建设工作。2005 年，管理会计一期工程上线，初步构建了交通银行管理会计基本框架，解决了以往成本核算相对粗放、网点业绩核算不清等问题。2010 年，交通银行启动了管理会计 Ⅱ 代系统建设，提升了多维度业绩核算体系的完整性、时效性和精准性，丰富了 FTP 灵活核算分析功能，建立了面向多层次用户的应用报表体系。为促进管理会计系统与前台业务系统的有效融合、提高战略传导效率，2021 年 9 月，交通银行启动新一代价值管理平台（以下简称"价值平台"）建设项目，在前期管理会计核算及应用体系的基础上，通过总行和分行共建、跨条线合作的模式完成了一期建设并启动二期升级。

# 二、总 体 设 计

## （一）目标定位：服务于战略落地和价值创造的作战指挥系统

价值平台依托管理会计机构、板块、条线、产品、客户、员工等多维度业绩核算信息，通过整合内外部、跨条线数据，打造集预算预测、分析监测、考核评价、资源配置全流程价值管理功能于一体的企业级平台。价值平台通过将国家政策要求、总行战略导向及各级经营策略分解传导到基层网点和客户经理，形成自上而下、一体贯通的价值传导体系和战略管理链条，更好发挥管理会计赋能战略落地和价值创造的作用。

价值平台战略传导顶层设计如图 1 所示。

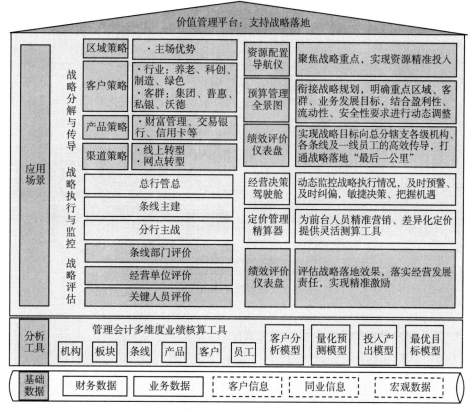

图1 价值平台战略传导顶层设计

## （二）设计思路：建设企业级价值管理平台

**1. 基于动态预测功能的闭环式全面预算管理**

不同于以往静态化、割裂化管理模式，价值平台以多维度业绩核算体系为基础，将预算预测、分析监测、考核评价、资源配置一体串联，实现了以战略传导为最终目标的闭环式全面预算管理（见图2）。

**2. 基于共建共享理念的企业级平台**

价值平台遵循"统一平台、统一数据、统一标准、统一模型"的原则，打破部门制的系统开发，将各板块部门、各层级对内部经营管理的需求纳入平台统一管理，实现了业绩分成关系和绩效机构树、账户层明细数据、指标库等大数据在总行和分行间、上下游系统间、价值平台各个应用间的一致性，避免了系统重复开发，促进了数据共享复用。

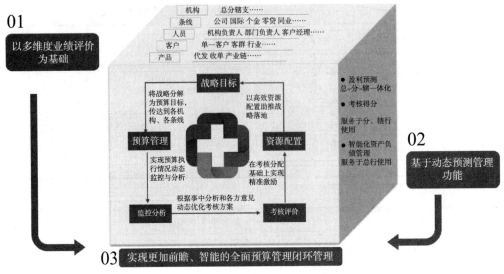

**图2　全面预算管理闭环设计**

### 3. 基于用户导向的千人千面适配展现

为提供强而有力、有针对性的系统工具和业绩数据，价值平台以机构、条线、员工层级为维度，分出多个角色，每个角色对应不同的权限，并为不同角色设计适配的功能视图（见图3）。

### （三）实施路径：持续推动"四模块""六维度"建设

"四模块""六维度"实施模型如图4所示。

### 1. 夯实统一融合的数据底座

一是业财融合：打通业财数据，实现底层数据统一。搭建账户层利润明细宽表，实现规模、收入、FTP、成本、拨备、资本全要素核算，纳入前台系统产品、客户、行业等各类业务标签信息，支持机构、板块、条线、产品、客户、员工多维度业绩核算。二是数出同源：价值平台账户层利润明细完成全要素拼接后将作为数据中台权威的考核及分析数据来源，从底层做到数据接口统一，共享至下游应用系统，为各级机构、各条线业务分析、客户准入、授信管理、投入产出分析等提供统一数据来源。三是精细核算：整合"交易/账户/客户－员工－机构"绩效关系信息，建立统一的绩效机构树，构建全行统一的指标库，支持总行考核指标层层下钻至最小经营单位；重点解决中收集中入账清分到网点和客户等问题，进一步提高机构、客户、员工业绩核算精准度。

### 2. 搭建全流程一体化的应用模块

预算预测模块：一是优化利息净收入预测。区别于以往盈利预测依赖各级机构自

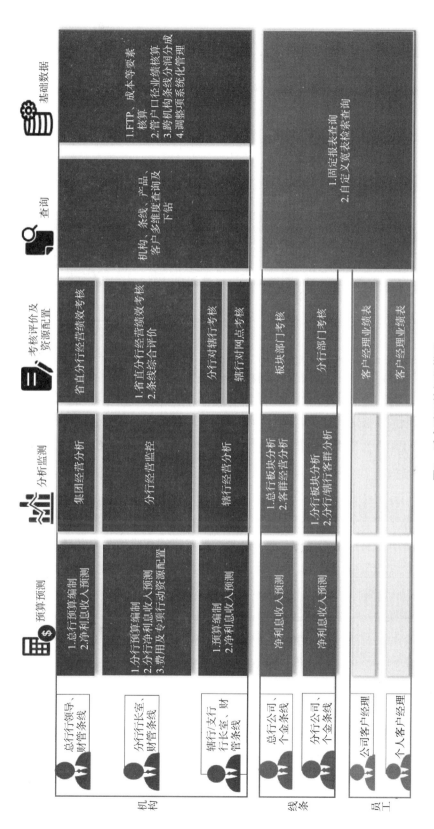

图3 千人千面的视图搭建

**图 4 "四模块""六维度"实施模型**

行预测、逐层上报的模式，现行预算预测模型对所有指标应用零基预算模式：区分存量业务未来预计损益、存量业务到期滚存（续贷）损益及未来新发生业务损益，根据当前业务结构、实际利率、年内重定价情况及还款计划情况，逐笔精准预测利息净收入，动态监控预算目标达成情况。二是支持分支机构考核得分预测。基于模型预测数据和分行及条线业务专家的判断调整，形成经营绩效考核得分预测结果。三是智能化资产负债配置。实现盈利目标、业务计划与监管指标等联动预测，提供给定条件下最优资产负债配置策略；建立机构、产品、客户多维度预测模型，提高预算管理的精细化水平。

分析监测模块：一是建立面向各级管理层的经营分析视图。根据《管理会计应用指引第 802 号——管理会计信息系统》的系统集成原则，打破业财数据壁垒，对考核、预测及底层多维度业绩评价数据整合，构建分辖支行一体化、条块结合的月度经营分析体系，实现财务和业务信息到管理会计信息的自动生成，对分行、省辖分行、支行、板块整体经营情况进行自动化、可视化、智能化展现。二是建立灵活的多维度检索工具和特色专题分析。按照《管理会计应用指引第 405 号——多维度盈利能力分析》构建全行唯一的账户层利润明细数据，实现多维度灵活检索，满足不同用户场景化分析应用需求。例如，围绕全行战略转型和分行业务经营中的热点与难点，开发新发生存贷款明细、存贷款亏损业务等固定场景查询功能和代发、普惠、客户贡献分析等专题分析功能。

考核评价模块：一是建立总分辖行一体指标库。根据《管理会计应用指引第802号——管理会计信息系统》的数据共享原则、规则可配原则，采用关键绩效指标法统一构建指标库，解决过去考核指标口径过多、考核导向不统一、自上而下考核传导链条不畅通等问题，在为基层有效减负的基础上，真正打通考核传导的"最后一公里"。二是实现灵活的考核方案构建功能。实现总行对分行、分行对辖行、辖行对支行各层级考核方案在同一平台搭建、同一指标库交互，通过参数化、组件化的考核方案配置功能，支持考核方案"一键复制、个别修订"，在保证总行考核导向传导的同时，有效兼容不同分行差异化的绩效管理需求。

资源配置模块：一是完善客户经理业绩表。支持展现客户经理业绩贡献和薪酬预测，加强员工业绩数据与客户经理工作平台的交换共享，为前台人员展业提供有效的算账工具。二是搭建重点项目后评估体系。建立重点项目投入产出评价体系，实现事前预测、动态监控、项目后评估为一体的项目全周期管理，确保各类资源精准投入价值贡献最高的业务领域。

# 三、应用过程与取得成效

自2021年价值平台建设项目启动以来，交通银行组建了一支跨条线专班团队，由财务管理部牵头，金科板块（软件中心、金科部、数管部等）、业务部门（公司部、个金部、机构部等）、总分辖行财管条线管理人员和业务骨干等共同组成柔性团队，按照统一规划落实平台开发、指标核算等工作。目前已取得主要亮点有：

实现一体化管理：在统一数据底座、统一平台架构的基础上，系统化集成预算预测、分析监测、考核评价、资源配置四大重点领域功能，减少"各说各话"、提高管理效率，支持战略的同向传导和决策的有效执行。

减轻基层工作负担：自动生成月度经营分析材料，支持总行考核指标数据逐级拆分到网点和上级机构考核方案"一键复制、个别修订"，系统化集成绩效关系，减少手工统计工作量，释放基层机构人力资源。

提升核算及预测精准度：非息收入清分到户的比例大幅提升（对公达85%以上，对私达70%以上），客户业绩贡献精准度显著提升；盈利预测更精准，利息净收入预测偏离度5%。

支持千人千面"用户化"展现：根据用户需求匹配差异化界面，支持客户、产品贡献分析模板的自定义和定向共享。以参数化设置兼顾总行考核传导和分行个性化考核需求，有效兼容总行、分行、省辖分行三级机构经营绩效考核方案的灵活组建需求，同时支持条线评价等其他考评方案系统化实现需求。

实现功能融合和数据共享：通过"即插即用"的模块化开发，支持分行特色应用功能在全行范围内复制推广；打通跨条线、跨机构数据，支持跨条线数据共享和跨区域、跨分行对标。

价值平台服务用户范围已覆盖交通银行总行、分行、省辖分行、支行各层级，财管、公司、个金、同业等各业务条线，对全行经营管理的赋能已经体现在绩效考评与资源配置、经营分析与科学决策、客户管理与营销组织等方方面面的工作中。

### （一）应用场景

**1. 预算预测过程：借助平台海量数据集成，强化预算预测精准度**

**【案例 3.1】零基预算模型**

应用过程：

在利率市场化启动前，银行定价以央行基准利率为基础，贷款利率上浮、存款利率上浮受到严格限制，存贷利率天然存在一定利差，加上经济处于快速发展阶段、社会融资需求较大，此时采用"存量＋增量"的预算管理模式较好适应银行发展需求。但随着利率市场化快速推进、互联网金融超预期发展，原有预算预测模式在支持经营单位发展、适应智能化数字化转型等方面的不足逐渐显现，预算编制的精细化程度、支持决策的响应效率明显落后于新业态的发展需求。针对预算管理中的突出问题，交通银行重新审视当前预算管理模式，并根据《管理会计应用指引第 200 号——预算管理》《管理会计应用指引第 202 号——零基预算》《管理会计应用指引第 802 号——管理会计信息系统》在价值管理平台内搭建了以逐笔业务为基础、零基预算为基调、浮动预算为辅助的零基预算模型。构建零基预算模型的核心在于，未来的规模/损益划分为两部分，即目前已发生业务在未来形成的相对确定的规模/损益以及尚未发生、需要根据外部情况统筹安排的零基预算部分。具体来说，对于已发生业务，其未来基本取决于相关合同具体条款，需要对当前逐笔业务全量信息深入加工，并考虑特殊因素调节；对于新增业务部分，需充分考虑银行流动性、存贷比、备付金率、资本充足率等监管要求，以及利率、久期、风险等内部管理要求，然后在所有满足内外部管理要求的方案中，通过线性规划寻找可促使银行长期价值最大化的预算安排方案。

表 1 为××分行人民币单位定期存款损益总体预测。

**表1** ××分行人民币单位定期存款损益总体预测 单位：百万元

| 项目名称 | 1. 已实现损益 | | | | | | 2. 存量业务在统计期内情况 | | | | | |
| --- | --- | --- | --- | --- | --- | --- | --- | --- | --- | --- | --- | --- |
| | 平均余额 | 净收入 | 外部损益 | 资金价值/成本 | 外部利率 | FTP | 平均余额 | 净收入 | 外部损益 | 资金价值/成本 | 外部利率 | FTP |
| 单位定期存款 | *** | *** | *** | *** | *** | *** | *** | *** | *** | *** | *** | *** |
| 1个月以内 | *** | *** | *** | *** | *** | *** | *** | *** | *** | *** | *** | *** |
| 1~3个月（含） | *** | *** | *** | *** | *** | *** | *** | *** | *** | *** | *** | *** |
| 3~6个月（含） | *** | *** | *** | *** | *** | *** | *** | *** | *** | *** | *** | *** |
| 6个月~1年（含） | *** | *** | *** | *** | *** | *** | *** | *** | *** | *** | *** | *** |
| 1~2年（含） | *** | *** | *** | *** | *** | *** | *** | *** | *** | *** | *** | *** |
| 2~3年（含） | *** | *** | *** | *** | *** | *** | *** | *** | *** | *** | *** | *** |
| 3~5年（含） | *** | *** | *** | *** | *** | *** | *** | *** | *** | *** | *** | *** |
| 5年及以上 | *** | *** | *** | *** | *** | *** | *** | *** | *** | *** | *** | *** |
| 逾期未支取 | *** | *** | *** | *** | *** | *** | *** | *** | *** | *** | *** | *** |

| 项目名称 | 3. 后续新发生业务在统计期内情况 | | | | | | 4. 全年预测 | | | | | |
| --- | --- | --- | --- | --- | --- | --- | --- | --- | --- | --- | --- | --- |
| | 平均余额 | 净收入 | 外部损益 | 资金价值/成本 | 外部利率 | FTP | 平均余额 | 净收入 | 外部损益 | 资金价值/成本 | 外部利率 | FTP |
| 单位定期存款 | *** | *** | *** | *** | *** | *** | *** | *** | *** | *** | *** | *** |
| 1个月以内 | *** | *** | *** | *** | *** | *** | *** | *** | *** | *** | *** | *** |
| 1~3个月（含） | *** | *** | *** | *** | *** | *** | *** | *** | *** | *** | *** | *** |
| 3~6个月（含） | *** | *** | *** | *** | *** | *** | *** | *** | *** | *** | *** | *** |
| 6个月~1年（含） | *** | *** | *** | *** | *** | *** | *** | *** | *** | *** | *** | *** |
| 1~2年（含） | *** | *** | *** | *** | *** | *** | *** | *** | *** | *** | *** | *** |
| 2~3年（含） | *** | *** | *** | *** | *** | *** | *** | *** | *** | *** | *** | *** |
| 3~5年（含） | *** | *** | *** | *** | *** | *** | *** | *** | *** | *** | *** | *** |
| 5年及以上 | *** | *** | *** | *** | *** | *** | *** | *** | *** | *** | *** | *** |
| 逾期未支取 | *** | *** | *** | *** | *** | *** | *** | *** | *** | *** | *** | *** |

取得成效：

其一，价值管理平台构建的零基预测模型有利于提升预算预测效率，提高计算准确性，尤其是在业务广度和深度不断加大、衍生业务设计复杂度提升的情况下，系统计算相对手工计算具有明显的效率和准确性优势；其二，加快了数字化转型进程，为全行战略落地做好支撑；其三，能更好地监控和分析业务发展新动向，支持各机构特色化调整，这为进一步提升服务基层能力、提高决策效率提供可能；其四，预测平台集成了大量数据，对资产负债配置、息差管理、资本管理、成本管理、利率风险管理等综合影响进行评估，形成了从业务到财务驱动、从财务到业务反向优化的闭环管理，助推全行全面预算管理能力的提升。

**2. 分析监测过程：利用平台数据共享机制，细化监控分析维度**

**【案例 3.2】存贷利差管理**

应用过程：

利息净收入是银行利润的最重要来源，但近年来受利率市场化改革推进、经济周期下行叠加新冠疫情冲击，银行资产收益率下降、存款成本率上升，存贷利差明显收窄，掣肘银行的价值创造能力。在存贷利差管理中，分行面临两方面困难：一是内部数据分散、外部数据缺失；二是管理人员的形势研判、管理思维能力亟待提升。这些都需要数据平台进一步搭建完善，做好支撑和助力。为解决这些问题，交通银行根据《管理会计应用指引第 400 号——营运管理》《管理会计应用指引第 405 号——多维度盈利能力分析》《管理会计应用指引第 802 号——管理会计信息系统》，采用多维度盈利能力分析、标杆管理、边际分析等多种工具和方法在价值管理平台内按照机构、板块、条线、产品、客户、员工等维度开发了一系列利差管理类报表，为分行事前确定目标、事中监督动态、事后结果检验提供了依据，从而支持企业精细化管理、满足存贷利差管理需要。

2022 年一季度，××分行通过价值管理平台发现单月新发生定期整存整取平均利率高企，明显高于当地同业和四大行。对此，××分行于 2022 年二季度起开展了定期整存整取利率的专题分析。结果显示，××分行储蓄存款增长对三年期存款依赖较大，且部分经营单位一浮到顶的情况较多，导致定期整存整取存款利率偏高。××分行对各经营单位储蓄三年定期存款一浮到顶进行额度控制，根据各单位的存款业务发展质效按月分配额度；并对活期增量占比高于全辖辖行平均水平的经营单位给予额度奖励。2022 年 12 月，××分行新发生三年期存款平均利率 3.10%，较年内峰值（2022 年 3 月）下降 30bp。

如表 2 所示为价值管理平台存款利差管理常用报表工具。

**表 2**　　　　　　　　　价值管理平台存贷款利差管理常用报表工具

| 环节 | 报表名称 | 分析用途 |
|---|---|---|
| 事前 | 指标完成情况表 | 分析利润情况，查找利差问题，提出目标 |
|  | 境内分行绩效考核利润表 |  |
|  | 境内分行经营分析 |  |
|  | 产品利差分析表 – 明细表（剔除减值贷款利息收入） |  |
| 事中 | 存款余额结构情况表 | "比自身"，了解自身定价走势 |
|  | 存款成本情况表 |  |
|  | 新发生人民币存款情况表 |  |
|  | 新发放人民币贷款情况表 |  |
|  | 省直分行累计新发生人民币整存整取存款累计加权平均利率表 | "比系统"，了解系统分行情况 |
|  | 省直分行当月新发生人民币整存整取存款加权平均利率表 |  |
|  | 省直分行累计新发生全口径存款累计加权平均利率表 |  |
|  | 省直分行当月新发放人民币贷款加权平均利率表 |  |
|  | 省直分行当月新发放人民币贷款（全口径）加权平均利率同业比较表 | "比同业"，了解当地同业定价，作为议价调整依据 |
|  | 省直分行当月新发放各类人民币贷款加权平均利率四大行比较表 |  |
|  | 省直分行人民币活期一般存款余额利率同业比较表 |  |
|  | 省直分行当月新发生人民币整存整取定期存款加权平均利率同业比较 |  |
| 事后 | 指标完成情况表 | 逐项检验贷款收益率、存款成本率的管理成效，根据实际情况适时调整定价策略 |
|  | 境内分行绩效考核利润表 |  |
|  | 境内分行经营分析 |  |
|  | 产品利差分析表 – 明细表（剔除减值贷款利息收入） |  |

取得成效：

价值管理平台上线前，分行在数据获取和运用方面存在难题：第一，利润、定价、利差等数据分散在各个子系统中，数据跨条线取数难，需要花费大量的沟通成本；第二，系统内分行数据共享不足，同时由于当地监管机构共享信息有限，分行难以了解系统内分行和同业的情况，不利于调整优化竞争策略；第三，数据缺乏统一的分类整理，对管理人员的数据挖掘和数据整合能力有较高的要求。

价值管理平台推出后，极大程度地改善了这些情况。第一，业务条线数据割裂的现状打破，跨条线数据共享得以推进，这降低了分行管理人员沟通成本，极大地提高数据获取效率；第二，系统内分行间数据的共享促进了分行间的比对分析，引导分行形成"比""学""赶""超"的良性竞争氛围；第三，引入同业数据改变了无法获取同业数据的局面，提高了分行对市场竞争的敏感性；第四，对数据进行分类并不断优化和完善数据源，提供考核、财务分析、报表、客户等多项数据分类，引导分行管理人员理顺管理逻辑思维，鼓励分行强化数据运用能力，提高分析和管理水平。

**3. 考核评价过程：凭借平台数出同源模式，做到人与机构绩效关系的有机统一**

**【案例 3.3】分行绩效考核**

应用过程：

长久以来，××分行的绩效关系管理一直存在一些问题：一是业绩统计不够准确，如电子渠道业绩不能归属到非开户机构客户经理的所在机构、非物理网点机构双边记账、无法实现业绩分润，等等；二是多套系统的绩效关系并行，取数逻辑、调整频率难以统一，机构业绩始终不等于人员业绩的加总；三是灵活的展业模式导致大量账户的管理机构与开户机构不一致，绩效关系梳理困难；四是绩效考核时手工统计量巨大，且难以保证业绩计算及时准确。

为了解决分行绩效考核所遇到的问题，交通银行全面梳理了所有账户的绩效关系，参照《管理会计应用指引第 600 号——绩效管理》《管理会计应用指引第 802 号——管理会计信息系统》，通过总行和分行共建的模式在价值平台中对原有绩效考核的底层数据逻辑进行重构、以关键绩效指标法为核心建立绩效考核指标库。首先，价值平台以客户经理工作平台绩效、全员全产品计价系统绩效等关系参数为基础，根据所属机构层层归集人员数据。同时，平台还单独设置了绩效关系修订功能处理业绩分配的特殊情况，如跨机构营销、人员与机构业绩规则不一致处理、非物理网点的双边记账等。在构建管户口径机构树、开发以客户归属为底层数据的头寸、利润、利差表及管户口径明细报表后，总行通过分行条线、经营单位逐级开展数据核对，确保数据的准确性。考虑到各级机构考核对象的差异，总行设置了考核方案配置模块，相关人员可以在核心指标库里灵活选取指标，生成不同对象的考核方案并自动计分。机构树、管户报表以及考核方案自定义配置功能的上线使用，大大减少了手工工作量，实现了员工业绩与机构业绩数出同源，使各条线、各平台的员工与机构业绩、管理目标的有机统一。

考核模块架构设计如图 5 所示。

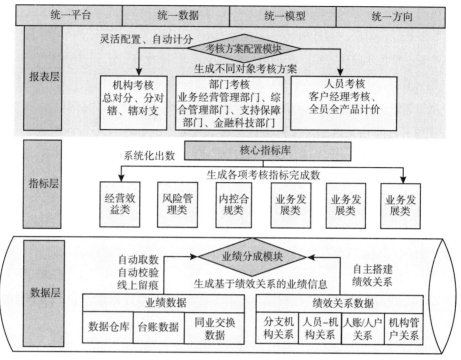

图 5　考核模块架构设计

取得成效：

价值管理平台对管户关系的重新梳理构建，在实践应用中取得了良好的效果。一是打破了物理网点的数据统计壁垒："客户号管理""分润记账""账户开户行""虚拟机构""事业部制"等各类管户的个性问题得以解决，进一步实现了卡片层面的业绩分润。二是提高了绩效关系的精度：彻底解决了人员业绩与所属机构的业绩无法完全核对、差异原因难以准确定位的问题，真正实现了机构考核和人员考核的有机统一，对客观真实衡量业绩发展成效和科学开展人力资源规划具有重要意义。三是减轻了经营管理的难度：一方面经营单位可随时通过平台查询头寸、存贷款利润、利差等数据，另一方面条线部门通过直接运用价值平台相关数据，极大提升了考核的工作效率，结束了数十张报表计算利润的历史，将考核人员从繁复的机械劳动中解放出来。四是为价值平台其他功能的开发奠定基础：目前，绩效关系管理主要应用在存贷款业务中，下一步，随着中间业务等绩效规则的建立，可实现非息业务等全业务收入领域的自动及时出数，这对支持经营单位业务发展和深化推进网点综合化转型具有深远影响。

**4. 资源配置过程：依托平台客户综合收益数据，实现有限资源的精准投放**

【案例3.4】项目全流程管理

应用过程：

××分行立足"生老病死、衣食住行、安居乐业"民生、经营类重点行业，关注学校、医院、政务等重点客群，了解相关客户的需求、加强对他们的营销力度。××分行发挥数字化经营职能，通过积极参与学校、医院、政府等重点行业的数字化建设，为这些客户提供特色化解决方案，开拓出"金融＋教育/医疗/政务"的场景化合作模式。

按照《管理会计应用指引第 500 号——投融资管理》《管理会计应用指引第 502 号——项目管理》《管理会计应用指引第 503 号——情景分析》的指引，××分行依托价值管理平台的相关数据，按照项目管理工具方法的程序（可行性研究、项目立项、项目计划、项目实施、项目验收和项目后评价）在事前进行准入分析、事中开展监督管控、事后定期评估考核，实现了对项目的全流程管理。项目立项阶段，××分行根据客户存款历史数据、FTP 定价数据等数据测算 A 集团 2020～2024 年承诺可带来存款收益约 417 万元的可能性；另外，考虑到存款收益情况的不确定性，××分行采用情景分析法对收益情况进行判断，结合平台的客户利润表、存贷款数据表、商户结算表、代发损益表等报表，预测 A 集团的对公贷款、商户结算、代发工资和商户活动等 5 个方面也会带来其他类型的综合收益。由于 A 集团自 2020 年初开始受到突如其来新冠疫情的影响，导致公司销售收入下滑明显，共创利为 123 万元，较预计收益存在差距；同时，与预期一致，A 集团对公存款、对公贷款、商户结算、代发工资和商户活动近三年创利合计为 620 万元，覆盖了投入的资金成本。××分行也在持续关注集团债务融资工具招投标进度，适机为其发行债务融资工具，提升综合收益；加大宣传数字人民币等结算场景业务，寻求多方位合作。

表 3、表 4 分别为预测数与实际完成数情况、项目综合回报测算。

表 3　　　　　　　　　　预测数与实际完成数情况　　　　　　　　　单位：万元

| 年份 | 日均存款 | | FTP 收益 | |
| --- | --- | --- | --- | --- |
| | 立项承诺数 | 实际执行数 | 立项承诺数 | 实际执行数 |
| 2020 | *** | *** | *** | *** |
| 2021 | *** | *** | *** | *** |
| 2022 | *** | *** | *** | *** |
| 2023 | *** | *** | *** | *** |
| 合计 | *** | *** | *** | *** |

表 4　　　　　　　　　　　　项目综合回报测算　　　　　　　　　　单位：万元

| 年份 | 存款创利 | 贷款创利 | 收单创利 | 创利合计 | 代发（人数） |
| --- | --- | --- | --- | --- | --- |
| 2020 | *** | *** | *** | *** | *** |
| 2021 | *** | *** | *** | *** | *** |

| 年份 | 存款创利 | 贷款创利 | 收单创利 | 创利合计 | 代发（人数） |
|------|---------|---------|---------|---------|-------------|
| 2022 | *** | *** | *** | *** | *** |
| 2023 | *** | *** | *** | *** | *** |
| 合计 | *** | *** | *** | *** | *** |

取得成效：

××分行通过不断加强场景建设，实现了拓客营销的新模式，丰富了客户金融生态。这不仅提升了客户的贡献，也推动业绩发展的稳定性和可持续性。同时，从另一方面来说，××分行利用科技赋能数字化场景建设、创新服务模式，也推动了自身的组织变革、业务变革。在整个过程中，价值管理平台为项目全流程管理提供了数据基础，一是预期综合收益测算及后评估工作（直接收益以及战略性等间接收益）；二是对未达到立项承诺收益的项目进行问题分析，找出营销工作短板、挖掘新的业务增长点，来提高财务资源的效率。

总体来说，价值管理平台使机构能够对合同方的经营状况、项目承诺的经济效益、存在的风险因素以及潜在的利润增长点进行全面系统的评估，为项目的全流程管理提供了较为科学的计算方法和精准的数据。从资源使用效率看，这实现了有限资源的精准滴灌，最大化撬动财务资源对业务的支持作用；从自身发展情况看，为科技赋能数字化场景提供了数据支持，形成了与学校、医院、政府等重点行业长期合作的新路径，有助于业务的长远发展。

## （二）应用总结

价值管理平台的应用贯穿了预算管理、分析监测、考核评价、资源配置四大环节，以事前、事中、事后的全流程一体化实现了更加前瞻、智能的闭环式全面预算管理，完善了战略目标在各价值链条分解、传导、优化的自适应管理过程。预算预测中，价值平台借助海量数据集成，提高了预算预测的精准度，使得预算管理过程更加符合业务发展的实际情况；分析监测中，价值平台利用数据共享机制，从比自身、比系统、比同业三个方面搭建分析维度，提升了监控过程的全面性；考核评价中，价值平台凭借数出同源模式，做到人与机构绩效关系的有机统一，有助于业务目标的实现；资源配置中，价值平台依托客户综合收益数据，实现有限资源的精准投放，为经营效益最大化提供助力。整体而言，价值管理平台促进了预算管理智能化、经营分析精细化、考核管理一体化、资源配置精准化，从而为集团的价值创造提供了更有利的条件。

# 四、经 验 总 结

## （一） 高层推动是管理会计平台推广的前提

管理会计平台服务于集团战略和高管层经营理念的传导和落地，其服务对象跨层级、跨板块、跨条线，只有各级管理层统一思想认识、准确理解平台定位、加强组织领导和统筹协调，方能确保平台建设的顺利实施和有效应用。

## （二） 数据质量是管理会计平台应用的基础

受分行个性化考核、管理水平不一、技术基础差异大等因素影响，管理会计平台的数据质量参差不齐。然而，完整、准确、及时的基础数据是管理会计平台的"地基""地基"不牢，上层的应用功能就会失去实用意义。要推广管理会计平台的应用，就必须提升基础数据质量。

## （三） 用户导向是管理会计平台焕发生命力的关键

管理会计平台用户范围包含总行管理层、分辖行的机构和条线负责人、财务管理条线和其他条线的业务人员，需考虑用户差异化诉求，在兼顾系统稳定性和管理灵活性、兼顾总行集中统一管理和各地差异化经营特色之间寻求动态平衡。

## （四） 共建共享是管理会计平台建设的保障

管理会计平台建设事关全行战略落地大局，项目建设周期长、涉及模型复杂、数据源众多、技术投入需求高，需要总行、分行、各条线同向发力。建设过程需采取"统一平台，共建共享"的模式，技术架构要坚持用企业级思维代替项目视角，加强数据统一、互联共享，在保障开发效率的同时减少重复建设。

## （五） 智能创新是管理会计平台发展的方向

近年来，AI、BI、多方安全计算等技术迅速发展，管理会计平台建设作为企业数字化转型核心项目，既要结合管理需求和战略调整动态优化，又要借助新技术不断升级平台功能，更好发挥出管理会计赋能经营决策的有效作用。

（交通银行股份有限公司：李军阳　刘淑洁　卢思绮　余　庆　季　璐）

**案例评语：**

　　本案例以管理会计信息化为手段，构建预算管理价值管理平台。案例单位通过整合内外部数据来打造集预算预测、分析监测、考核评价、资源配置全流程价值管理功能于一体化的企业级平台，全方位支持机构、板块、条线、产品、客户、员工的多维度分析。该价值平台服务的用户范围已覆盖总、分、辖、支各层级银行和财管、公司、个金、同业等各业务条线，对全行经营管理的赋能作用已经体现在绩效考评与资源配置、经营分析与科学决策、客户管理与营销组织等方方面面的工作中。从效果上来看，案例单位的价值管理平台完善了战略目标在各价值管理链条分解、传导、优化的自适应管理过程，有力地促进了银行的价值创造。案例单位在银行业管理会计应用方面的探索和实践，不仅体现了业财融合的思路，也为金融行业的财务管理创新提供了实践案例。

# 基于数据治理的机场航空服务
# 业财融合研究与实践

**摘要**

    本案例是首都机场集团管理会计转型先行实践。案例首先阐述了首都机场集团当前管理会计工作面临的问题是核心业务航空服务收入与成本难匹配、业务与财务数据割裂。解决这些问题难点在于能够快速、准确和完整地获取航空服务业务数据，并通过业财信息系统的集成实现业财数据相互可追溯，为管理会计工具的应用奠定数据基础。

    其次，针对上述难点，首都机场集团提出了包括目标、数据、系统和管理四个方面的业财融合建设实施框架，并构建了业财融合成熟评估模型。在此基础上，运用关键绩效指标法搭建业财指标体系，依据指标体系梳理具备价值的数据资源，运用数据治理方法论进行业财数据治理，实现数据融合。通过流程标准化和优化消除不增值环节，通过数据治理工具集成业财信息系统，实现业财系统融合。运用作业成本法和多维度盈利能力分析模型，完成细化到航班的服务产品收入成本匹配和多维度盈利能力分析，同时通过人才培养机制提升财务人员综合能力，加速财务人员转型，实现管理融合，最终促进业财价值共识，实现目标融合。随后，首都机场集团应用业财融合成熟度评估模型进行实施效果评估，航空服务业务的业财融合度得到了显著提升。

    最后，首都机场集团总结经验，强调了管理会计工具的应用必须依赖高质量的数据，管理会计信息系统建设应从信息化向数字化转变，实现会计与业务活动的有机融合。同时，推动业财融合需要关注业财集成的信息系统、统一的数据标准和协同的数据管理体系等关键点，并在具备清晰的企业战略、规范的业务流程和一定信息系统应用基础的条件下进行。

# 一、背 景 描 述

## （一）首都机场集团基本情况

首都机场集团有限公司（以下简称"首都机场集团"）是以机场业为核心、跨地域的大型中央管理国有法人独资公司，管理着北京、天津、河北、江西、吉林、内蒙古、黑龙江 7 个省、自治区、市 54 个干、支线机场，是全球最大的机场管理集团之一。其最新战略愿景为"创造卓越价值的世界一流机场产业集团"，实施以机场运营和机场保障为主体，机场商业和临空生态为两翼的发展战略。集团总部发挥战略引领、管理赋能、风险管控的 3S 战略管控功能定位。

## （二）财务工作及信息化现状

首都机场集团财务管理工作紧承公司战略，持续优化管理手段，积极应用先进管理工具，统一资金池，统建财务系统，推动完成了会计核算标准体系、全面预算管理体系和财务数字化管理体系建设等一系列工作，对二级成员企业财务总监、财务经理实行委派制。在 2006 年上线了 ERP 系统，并逐步实现集团内的一体化部署，应用的系统模块包括财务会计、管理会计、现金管理、采购与库存管理、项目管理、航空计费（机场行业销售模块）和租赁管理。

## （三）当前管理会计工作难点

当前财务工作仍偏向以核算场景为基础，管理会计功能未有效发挥。机场核心业务是航空服务，服务的收入和成本难以进行直接匹配，经营分析业务与财务"两张皮"。要解决上述问题，难点在于能够快速、准确和完整地获取航空服务的业务数据，并通过业财信息系统的集成实现业务发生自动触发会计凭证，业财数据相互可追溯，能够为服务的成本分摊模型和多维度盈利能力分析模型提供高质量数据。但是目前，航空服务的业务系统未能与 ERP 系统集成，且数据采集和管理手段落后、环节滞后、效率低下，无法为管理会计工具的应用奠定数据基础，制约了管理会计转型和财务职能拓展。

# 二、总 体 设 计

## （一）建设目标

通过构建一套全要素、全场景、全流程的机场航空服务数字化管理体系和业财融合的信息系统，统一数据标准，提升数据质量，提高流程效率，促进业财联动，实现航空服务细化到航班的自动核算，以及收入与成本关联，支撑机场航空服务精益管理和科学决策，为全面推动管理会计体系建设提供可参考、可复制的实践经验。

## （二） 总体思路

首先，从目标、数据、系统和管理四个方面构建业财融合建设总体框架，并基于"四个融合"，建立业财融合成熟度评估模型。然后，从目标融合出发，应用管理会计工具搭建业财指标体系，梳理具备价值的数据资源。其次，运用数据治理方法论进行业财数据治理实现数据融合。通过流程规范和优化消除不增值环节，通过数据治理工具集成业财信息系统，实现业财系统融合。在技术手段支持能够高效获得高质量的业财相互追溯的数据后，运用作业成本法和多维度盈利分析模型，完成细化到航班的服务产品收入成本匹配和多维盈利能力分析，同时通过人才培养机制提升财务人员综合能力，加速财务人员转型，实现管理融合，最终促进业财价值共识，实现目标融合。最后，运用业财融合成熟度评估模型评估应用效果。

## （三） 相关管理会计工具

### 1. 关键绩效指标法

关键绩效指标法指通过一系列有关联的指标，将企业的战略目标与业务活动联系到一起的绩效管理方法，能够使业务和财务表现被客观地衡量和比较，有助于解决业务与财务部门之间因价值观念不同而产生的分歧，从而促进跨部门沟通和协作。

### 2. 作业成本法

按照"作业消耗资源，产品消耗作业"的原则，将成本费用分配到各个产品或服务对象，最终完成成本计算。其提供了一种透明的成本分配机制，使业务和财务部门可以共同理解成本结构，更准确地识别和分配与各项服务和运营活动相关的成本，促进双方对成本和价值的认识统一，从而加强协作。

### 3. 多维度盈利能力分析

多维度盈利能力分析是指企业对一定期间内的经营成果，按照地区、客户、产品等多维度进行计量，分析盈利和亏损的原因。其有助于支持企业精细化管理，并使业务部门可以更好地了解产品或服务的盈利潜力，财务部门可以确保成本控制与收益目标相匹配，共同推动企业实现经济效益最大化。

## （四） 应用创新点

一是首次提出了一个系统化的业财融合实施框架，不仅丰富了业财融合的研究，还为实践界提供了具体的实施指南和工具。

二是创新构建了业财融合成熟度评估模型，为业财融合实践提供了一种新的量化工具，用于帮助企业评估和改进其在业财融合方面的表现，从而促进其财务职能拓展和管理会计转型。

三是丰富了数据治理在管理会计场景的应用研究。案例通过运用国际国内知名的DAMA 数据管理体系、DCMM 数据管理成熟度模型等数据治理方法论，构建多源融合航空服务业财数据治理体系，夯实管理会计应用的数据基础。

四是丰富数据治理工具应用于管理会计信息化建设的案例。案例在对业务端影响降到最低的情况下，将管理会计标准前置到业务端，为面向管理会计的信息系统建设提供了借鉴和参考。

# 三、应 用 过 程

## （一） 参与部门及人员

首都机场集团成立了专项工作组，设置了由项目管理委员会、办公室以及实施团队组成的三级项目管理组织体系。

管理委员会由集团总会计师担任主任，成员包括集团财务管理部总经理以及各成员机场财务总监。管理委员会职责是统筹推动项目，决定项目规划蓝图、实施计划，并协调解决项目中的重难点工作。

管理办公室由集团财务管理部总经理担任主任。办公室下设各机场推进小组，并由各机场财务部负责人作为分组组长，负责推动项目关键进程。

项目实施团队由集团财务管理部负责组织项目具体工作，管控项目进度和项目质量。集团信息技术团队负责项目整体技术支持。各实施机场财务部、各运行保障部门和信息技术部门业务骨干作为各小组业务和技术专家，参与业务调研、蓝图和方案确认、系统上线测试、前端系统配套建设等工作。

## （二） 航空服务业务业财融合现状

### 1. 航空服务业务简介

机场航空服务是指从航班进港到出港过程中，机场方为航空器提供进出港和停场保障、为旅客提供值机、登机、行李运输等服务，为货物提供装卸和运输等服务等。机场和航空公司根据民航局收费文件以及双方的协议进行服务费用结算，每个航班涉及服务费用项目达 60 余项。

**2. 航空服务业财融合现状**

在业财价值共识方面，航空服务主要服务于国家战略和人民出行，体现机场政治和基础设施服务属性，部分服务项目价格仍受政府部门监管。相比服务的经济价值，业务部门更加关注服务的政治价值和社会价值。但是机场企业的企业属性又要求机场，仍要对国有资产保值增值进行管理，以企业化的方式进行价值创造，最大化自身的价值创造能力。

在业财数据共享方面，当前除了进出港保障相关信息及吞吐量数据能够实现系统采集，过站期间地面服务的设备使用次数或时长、人工工时、耗材用量等还是纸质单据记录和传递，财务人员需要耗费大量时间进行数据核对和账务处理，导致月结时相当一部分服务收入需要跨期调整。同时，服务项目与会计科目未进行数据标准化管理和映射，各机场相同服务项目手工核算至不同的最末级会计科目，导致集团层面的业务和财务分析"两张皮"。

在业财系统贯通方面，未通过流程标准化设计将业务数据责任落实到业务前端。集团统一建设的 ERP 系统未与各机场建设的业务端生产运行系统集成，且业务端数据采集未覆盖满足收费结算和收入核算的服务节点，也不能满足参考财务结算、核算和分析的数据标准和数据质量。

在业财管理协同方面，由于缺乏足够的高质量数据基础，难以为航空服务收入和成本匹配找到最为合适的分摊动因，导致无法搭建成本分摊模型和多维度盈利能力分析模型，无法为新航线的开辟，大客户的折扣，航线的优惠政策等管理层决策提供可靠数据。

## （三） 航空服务业财融合建设过程

**1. 构建业财融合实施框架及模型**

首都机场集团以"价值创造"与"财务管理转型"为目标，以结构化思维剖析业财融合的内涵和构成，借鉴国内多方面研究业财融合的成果，形成体系化、能指导落地的业财融合理论体系，提出以目标融合为引领、以数据融合为主线、以系统融合为支撑，以管理融合为手段的"四个融合"理念。

目标融合是价值目标和管理理念的融合，旨在以企业战略、经营目标为基础，形成业财效益共创、合作共赢、风险共担的价值共识。

数据融合是业财数据和信息的融合，涵盖业财数据标准的统一、数据质量的提升，信息的实时共享，为管理会计工具应用和决策支持奠定基础。

系统融合是业财流程和信息系统的融合，以提供更高效、更完善的整体功能和服务。

管理融合是业财管理行为的融合，是通过管理工具，特别是管理会计工具在相关业务领域、不同管理层级和业务环节的应用，促进财务业务有机融合，更好地服务于目标设定、决策与控制。

基于"四个融合"，首都机场集团选择价值、数据、技术、流程、人员、制度作为六大评估维度，建立业财融合成熟度评估模型，分为初始、发展、成熟、领先四个阶段，利用该模型可以为企业树立业财融合建设目标，了解企业的业财融合现状，并可评估其在此方面的改进。

**2. 目标融合——搭建业财一体指标体系**

为了实现首都机场集团成为创造卓越价值的世界一流机场产业集团这一目标，需要将战略目标分解为可以量化的指标，并通过业财一体的指标体系尽可能促进航空服务实现价值创造。例如，为了开辟新航线，需要为决策层提供当前航线贡献数据，为了促进与基地航空公司的战略合作，需要为管理层提供航司贡献数据，为了优化机场机位资源分配，需要为业务部门提供机型贡献数据和旅客属性数据等，并识别出关键业务流程，例如，航班准点率、旅客吞吐量、商业收入和安全记录。依据这些管理需求确立管理会计指标。首都机场集团构建了一个既支持战略目标实现，又能够反映航空服务和财务融合的航空服务业务业财指标体系。首都机场集团航空服务业财指标体系示例如图 1 所示。

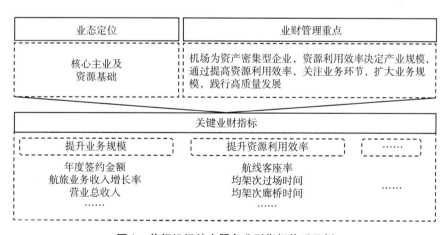

**图 1 首都机场航空服务业财指标体系示例**

**3. 数据融合——构建业财数据管理体系**

数据融合是首都机场集团业财融合的主线，而要实现业财数据融合，需要构建一整套完善的数据治理体系来保证数据质量。工作组参照《DAMA 数据管理体系指南》，以及数据管理成熟度模型（DCMM）中的部分数据管理能力域，首先梳理航空服务数据资源，定义数据标准、然后进行主数据管理、数据质量管理的设计，在此基础上，结合管理会计工具应用最终实现数据应用和服务。

（1）梳理数据资源。

企业运营过程中产生的数据，就像一棵树一样，对于企业的"数据之树"，可以分成三个部分：主数据、交易数据和指标数据。

主数据是企业的核心数据，通常是与业务实体（如客户、产品、供应商等）直接相关的数据，串接起来了各种业务，各种系统，是数据管理的重点对象，具有共享、稳定和高价值特性。航空服务的业财主数据资源包括客户、会计科目、服务产品、航司代码、机场代码、机号、机位。

交易数据是指组织日常业务活动中产生的数据，包括各种交易、操作记录、业务事件等，通常与特定时间段或特定业务活动相关联，属于动态数据。航空服务的交易数据就是各类计费数据，包括飞机参数信息、航班信息、航班负载信息、地面保障服务信息等 62 项数据。

指标数据是用来衡量和评价组织绩效、业务活动或特定指标表现的数据，通常是通过分析和汇总其他数据得出的结果，是管理层进行管理、决策的依据。航空服务业财指标数据包括航线客座率、均架次停靠时间、每旅客收入等。

数据治理是建立在信息化基础之上，数据资源梳理同时需要梳理其源系统情况，航空服务数据资源及源系统情况如表 1 所示。

表 1　　　　　　　　　　航空服务数据资源及源系统情况

| 源系统 | 航空服务数据资源 |
| --- | --- |
| 航班信息集成系统 | 机号、机位、航司代码、机场代码、航班号、飞机最大起飞全重/最大业载/最大座位数、航班计划日期、进离港标识、航线属性、任务性质、实际起降时间、旅客人数、货邮重量等 |
| 客桥及桥载系统 | 客桥、桥载电源和空调使用数据 |
| 机场协同决策系统 | 地面服务特种车辆使用信息、飞机勤务信息、飞机服务信息等 |
| 货运系统 | 货物搬运信息、存储信息 |

（2）定义数据标准。

主数据方面，建立航空服务业财主数据 U/C 矩阵，如表 2 所示。其中，C 表示创建，对应主数据来源系统；U 表示使用，对应主数据消费系统。航司代码、机场代码、机号主数据、机位主数据来源于生产运行系统，ERP 系统作为数据消费系统，遵循生产运行系统的数据资源标准规范。其中，机号主数据直接使用飞机注册号，航司代码主数据直接使用 IATA（国际航空运输协会）两字码，机场代码主数据直接使用 IATA 三字码。客户、会计科目和服务产品主数据来源于 ERP 系统，其中客户主数据标准遵循整个 ERP 系统的标准规范，会计科目主数据遵循首都机场集团会计科目体系，在这里不做赘述。服务产品主数据是航空服务业财融合数据治理中主数据标准建设的主要内容，是业务和财务主数据拉通的关键。

**表 2** 　　　　　　　　　　　航空服务业财主数据 U/C 矩阵

| 信息系统 | 客户 | 机号 | 机场 | 机位 | 会计科目 | 服务产品 |
|---|---|---|---|---|---|---|
| ERP 系统 | C | U | U | U | C | C |
| 生产运行系统 | C | C | C | | | |

首先要进行服务产品的标准化命名。由于相同的服务在不同机场的相关系统或文档里出现不同的叫法，比如有的叫"客桥"，有的叫"廊桥"，有的叫"登机桥"。有的叫"引导车提供"，有的叫"引导服务"。依据管理当局对于机场收费相关文件的描述，工作组采用"航线属性 + 进离港属性 + 服务产品组"的方式对服务产品进行标准化命名。之后，采用"服务类型码 + 进离港标识 + 服务项英文缩写"的方式制定服务产品主数据编码规则，作为服务产品唯一标识。

在完成服务产品主数据标准建设后，再将其与会计科目主数据进行映射（见表 3），并将映射关系固化到信息系统中，实现服务提供自动关联会计凭证。

**表 3** 　　　　　　　　　　航空服务产品与会计科目映射示例

| 服务产品 | 会计科目 |
|---|---|
| 国内航班进港降落服务 | 主营业务收入 – 航空 – 起降服务收入 |
| 国际航班进港降落服务 | |
| 国内航班出港起飞服务 | |
| 国际航班出港起飞服务 | |
| …… | |
| 国内航班出港旅客服务 | 主营业务收入 – 航空 – 旅客服务收入 |
| 国际航班出港旅客服务 | |
| …… | …… |

续表

| 服务产品 | 会计科目 |
|---|---|
| 国内航班进港引导车服务 | 主营业务收入－地服－引导车服务收入 |
| 国际航班进港引导车服务 | |
| 国内航班出港引导车服务 | |
| 国际航班出港引导车服务 | |
| …… | …… |
| 国内航班进港除冰车服务 | 主营业务收入－地服－除冰服务收入 |
| 国际航班进港除冰车服务 | |
| 国内航班出港除冰车服务 | |
| 国际航班出港除冰车服务 | |
| …… | …… |

计费数据方面，计费数据是航空业务的交易数据，既是航空业务收入核算的业务数据依据，也是航空业务成本分摊的作业动因和资源动因，因此其标准化也非常重要。工作组根据民航局相关收费政策文件、航班运行数据规范的要求，同时结合首都机场集团生产运行系统内元数据情况，对计费数据标准进行定义，包括其分类、名称、标准、计量单位和数据来源（见表4）。通过计费数据的规范，进一步实现了首都机场集团航空业务业财数据融合。

表4　　　　　　　　　　　　航空服务计费数据标准示例

| 分类 | 数据项 | 标准 | 单位 | 来源 |
|---|---|---|---|---|
| 航班 | 承运人 | 航司 IATA 代码，两位大写英文字母 | | 空管报文 |
| | 航班号 | 航司 IATA 代码＋航班编码，如 CA1886 | | 空管报文 |
| | 飞机注册号 | 1. 首位大写英文字母－四位数字 | | 空管报文 |
| | | 2. 首位大写英文字母－四位大写英文字母 | | |
| | 计划运行日 | 日期格式，格式为：20230901 | | 空管报文 |
| | 实际起降时间 | 日期格式，格式为：20230901 | | 空管报文 |
| | | 时间格式，格式为：182500 | | |
| | 航线 | 1. 非经停进港：来站机场－本场 | 三字码 | 空管报文 |
| | | 2. 非经停出港：本场－去站机场 | 三字码 | 空管报文 |
| | | 3. 经停：来站机场－本场－去站机场 | 三字码 | 空管报文 |
| | 进离港标识 | A 进港/D 离港 | | 空管报文 |
| | 任务性质 | 格式为：如 W/Z 客班 | | 空管报文 |

| 分类 | 数据项 | 标准 | 单位 | 来源 |
|---|---|---|---|---|
| 机位 | 机位编码 | 1. 近机位，N – 机场的实际机位编码 | | 机位主数据 |
| | | 2. 远机位，F – 机场的实际机位编码 | | 机位主数据 |
| | | 3. 近机位对应的客桥属性字段 | | 机位主数据 |
| | | N 无廊桥 | | 机位主数据 |
| | | S 单廊桥 | | 机位主数据 |
| | | D 双廊桥 | | 机位主数据 |
| | | T 三廊桥 | | 机位主数据 |
| 飞机参数 | 最大起飞全重 | 数值字段，向上取整 | 吨 | 机号主数据 |
| | 最大业载 | 数值字段，向上取整 | 吨 | 机号主数据 |
| | 最大座位数 | 数值字段 | 个 | 机号主数据 |
| 飞机负载 | 成人旅客 | 数值字段 | 人 | 舱单/LDM 报文 |
| | 婴儿旅客 | 数值字段 | 人 | 舱单/LDM 报文 |
| | 儿童旅客 | 数值字段 | 人 | 舱单/LDM 报文 |
| | 货邮重量 | 数值字段 | 吨 | 舱单/LDM 报文 |
| 设备使用 | 使用次数 | 数值字段 | 次 | 签单 |
| | 使用时长 | 开始时间，格式为：20230901 182500 | 分钟 | 签单 |
| | | 结束时间，格式为：20230901 182500 | 分钟 | 签单 |
| | 用量 | 数值字段，向上取整 | 公升 | 签单 |
| 人工 | 工时 | 人数 | 人 | 签单 |
| | | 开始时间，格式为：20230901 182500 | 分钟 | 签单 |
| | | 结束时间，格式为：20230901 182500 | 分钟 | 签单 |

指标数据方面，根据航空服务业财指标体系，为了能更好地应用相关分析指标，保证数据标准和统计口径一致，需要对航空服务业财指标数据进行标准定义，包括指标名称、定义、计算公式、责任部门、数据来源、使用范围、统计频率等，如表5所示。

表5　　　　　　　　　　航空服务业财指标数据标准示例

| 基本信息 | | 指标定义 | | | | 指标设计 | | 数据源 | |
|---|---|---|---|---|---|---|---|---|---|
| 编号 | 名称 | 指标定义 | 计算公式 | 单位 | … | 维度 | 使用范围 | 取数来源 | 频率 |
| B000M001 | 航线客座率 | 某条航线上均架次客座率 | ＝某航线旅客人数/某航线总座位数 | % | … | | 内部 | ACDM | 按月 |

续表

| 基本信息 | | 指标定义 | | | | 指标设计 | | 数据源 | |
|---|---|---|---|---|---|---|---|---|---|
| 编号 | 名称 | 指标定义 | 计算公式 | 单位 | … | 维度 | 使用范围 | 取数来源 | 频率 |
| B000G003 | 均架次停场时间 | 某时间段内飞机在本场从降落到起飞的时长 | =所有飞机停场时间/飞机架次 | 小时 | … | | 内部 | ACDM | 按月 |
| F900P001 | 每旅客收入 | 指每位旅客为机场带来的收入 | =旅客相关收入/旅客总量 | 元 | … | 航站楼 | 内部 | BPC | 按月 |
| F900P012 | 航线均架次收入 | 指某条航线为机场带来的收入 | =航线总收入/架次总量 | 元 | … | 航司 | 内部 | BPC | 按月 |
| F900P017 | 机型均架次收入 | 指某类机型为机场带来的收入 | =架次总收入/架次总量 | 元 | … | 航司 | 内部 | BPC | 按月 |
| F900P032 | 航司均架次收入 | 指某航空公司为机场带来的收入 | =航司总收入/架次总量 | 元 | … | 航司 | 内部 | BPC | 按月 |
| …… | | | | | | | | | |

（3）主数据管理。

虽然主数据是在多部门之间共享的数据，但不同部门对同一主数据仍然会有不同属性字段的要求和数据质量标准的差异，因此主数据管理需要在不同部门之间划分职责，并且兼顾集团与成员企业的管理关系。建立分层分级的主数据运营模式，既符合财务的数据标准，又不给业务增加过多数据维护压力，既能够满足集团全局视角的分析决策，又能够支持各成员企业的日常经营。

客户主数据为联邦式运营。主数据编码及基本信息由集团统一管理，各单位再进一步在公司代码层维护区域信息。

会计科目主数据和服务产品主数据采用集中式运营。服务产品主数据和会计科目主数据在 ERP 系统中实现映射，由集团统一在 ERP 系统中维护。对于定价规则配置，政府指导价项目由集团统一配置，市场化定价项目由各机场经过相应管理流程后自行配置。

服务产品主数据中政府指导价的服务产品采用集中式运营。市场化定价的服务产品采用分散式运营。

航空性主数据中的航司代码、机场代码和机号采用联邦式运营。由各机场生产运行系统创建数据后推送到数据稽核系统，经过治理后推送到集团主数据管理平台，通过集团主数据管理平台分发到其他成员机场。同时，各机场需补齐计费所需参数字段后下发给航空计费系统。航空性主数据中机位采用分散式运营。各机场维护各的机位主数据。

（4）数据质量管理。

工作组结合业务运行规则和会计核算及财务分析对数据的要求，总结梳理形成了一套首都机场集团航空服务业财融合数据治理规则库，共计328条规则，其中所有成员机场均适用的通用规则182条，两家以上的部分机场均适用的共性规则105条，只有一家机场适用的个性规则41条。通过将这套规则体系在数据稽核系统中应用，自动进行多源融合数据治理，对问题数据进行告警和报错提示，相关业务部门完成数据确认后下发至计费系统，保证了业务数据的完整性、准确性、一致性、关联性和唯一性。航空服务数据稽核部分规则示例如表6所示。

表6　　　　　　　　　　航空服务数据稽核部分规则示例

| 规则编码 | 规则描述 | 类型 | 检核源 | 提示类别 | 阈值 |
|---|---|---|---|---|---|
| APU010 | 同一空调资源同时被多个航班占用 | 唯一性 | APU替代设施 | E | 0 |
| APU012 | 进港取消航班不应有空调资源 | 关联性 | APU替代设施 | E | 0 |
| APU016 | 桥载空调资源开始或结束时间为空 | 完整性 | APU替代设施 | E | 0 |
| FLX005 | 充电瓶使用次数超出阈值或为零 | 准确性 | 非例行 | W | 5 |
| FW004 | 备降出港航班旅客服务状态缺失 | 完整性 | 飞机服务 | E | 0 |
| HB005 | 航司二字码开头，长度不超过7位 | 准确性 | 航班计划 | W | 0 |
| HB008 | 取消航班不应有实际起降时间 | 关联性 | 航班动态 | E | 0 |
| HB009 | 已起飞客运航班登机口不能缺失 | 完整性 | 航班动态 | W | 0 |
| KQ008 | 降落取消航班不应有客桥资源 | 关联性 | 登机桥 | E | 0 |
| QW003 | 航前/过站/航后标识缺失 | 完整性 | 一般勤务 | W | 0 |
| QW006 | 非例行维护工时超过阈值或为零 | 准确性 | 非例行 | W | 10 |
| QW016 | 飞机勤务-飞机放行次数超过阈值 | 准确性 | 一般勤务 | W | 1 |
| TC001 | 非冰雪季不应有除冰/除雪信息 | 准确性 | 除冰车 | W | 0 |
| TC002 | 存在除冰液但未有除冰车使用记录 | 完整性 | 除冰车 | E | 0 |
| TC014 | 客桥与客梯车不能同时存在 | 关联性 | 客梯车 | W | 0 |
| ... | ... | ... | ... | ... | ... |

**4. 系统融合——集成业财流程和信息系统**

（1）业财流程规范与优化。

首都机场集团内成员机场的航空服务主要有四种业务模式：一站式模式、地服分站模式、地服联站模式和地服分站复合大机务模式。

一站式模式是指干线机场管理机构提供干线机场所有的航空性服务和地面服务并负责结算。地服分站模式是指干线机场的部分地面服务由干线机场管理机构的地服分子公司提供并负责结算。地服联站模式是指干线机场的部分地面服务由干线机场管理机构的地服关联公司提供并负责结算。地服分站复合大机务模式是指干线机场管理机构还负责所辖支线机场的机务服务和结算。

业务模式的差异给流程规范带来了不小的难度。航空服务计费的关键点是数据，可以按静态数据、动态数据、业务环节、财务环节以及业务处理方式这几个角度去进行流程划分。首都机场集团最终形成了 4 个 L2 级标准流程，包括主数据管理、业务数据管理、订单开账管理、结算及拒付管理和 12 个 L3 级标准流程，并在最末级的L4 级流程中以"谁提供服务，谁对数据负责"为原则，进行了流程和数据责任的落实。

在纸质签单状态下，一个航班由多个部门保障，分别找航司进行服务签单，导致一个航班的数据分散在多个格式不一的单据上，不仅流程冗余分散，而且给数据整合增加了难度和工作量。经过与相关部门的多次研讨、模拟、演练，在实施服务数据电子化采集、电子化签单的情况下，同时实现了合并签单，在关舱门前最后一个保障节点完成航司机组签单，并根据近机位和远机位的保障作业不同进行区分，近机位由撤桥节点负责签单，远机位由客梯车保障节点负责签单，提高了服务签单效率，提升了航司服务体验，加强了业务链数据协同，实现了"作业即记录，记录即数据"。

（2）业财信息系统集成。

传统的航空服务业财系统架构，是将生产运行系统和计费系统直接连接，在计费系统端设置一些简单的校验规则，对数据进行校核。这种线性的架构在数据量巨大、数据来源多、数据类型复杂的场景下，面临数据一致性欠缺和灵活性不足的挑战。直连模式对某一数据项往往只能进行单一数据源的校验，无法进行多源数据融合校验，且计费系统要实现所有收费项的计费往往要对接多个生产运行系统，缺乏足够的灵活性，无法应对多变的业务需求和数据场景。基于此，首都机场集团构建了一个四层的系统集成架构，如图 2 所示。

第一层：数据采集层。由业务端各生产运行系统组成，包括航班集成系统、客桥及桥载系统、离港系统或 LDM 报文解析系统、电子签单系统、货运信息系统等，负责航空性主数据（机场、航司、机型、机号、机位），以及原始服务数据的采集。

第二层：数据治理层。由数据稽核系统发挥承上启下的功能。收集各个异构系统的原始服务数据，按照数据标准和业务规则进行数据的清洗、加工、转换以及治理，通过报错和告警两种方式提示数据责任人进行相关处理、纠正；最后为航空计费系统输出符合计费标准的规范化数据。

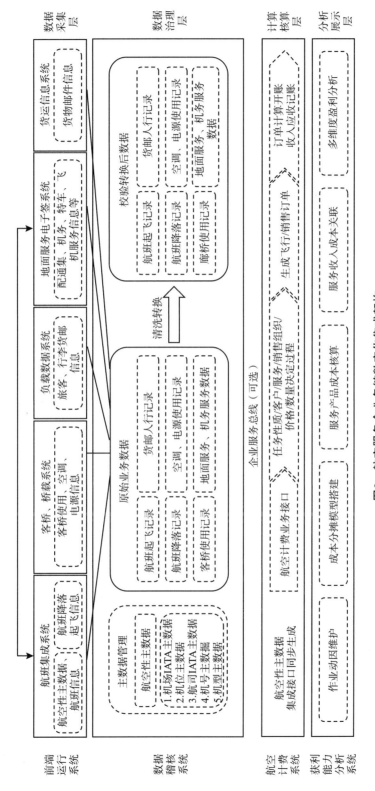

图2 航空服务全业务链数字化集成架构

第三层：计费核算层。由航空计费系统接入规范化的计费数据，生成飞行订单，完成任务性质、客户、服务产品、销售组织、价格和数量六大决定过程，实现服务计费，订单开账，收入核算。

第四层：分析展示层。由盈利分析系统获取飞行订单业务维度数据，根据成本分摊模型获取财务凭证和飞行订单作业动因数据完成成本分摊和与收入的关联，实现多维盈利分析。

这种架构优势在于：一是作为生产运行系统与航空计费系统之间的数据桥梁，数据稽核系统整合、清洗、加工和治理全业务链多个生产运行系统输出的原始业务数据，为航空计费系统提供将符合计费要求的清洁数据。二是实现财务数据标准的前置。通过数据稽核系统，将数据治理与业务流程分离，能够在对前端生产运行系统影响最小的情况下，实现将财务数据标准前置到业务前端，大大提升了航班保障全业务链集成的数据质量，同时兼顾了财务的严谨性和业务的灵活性。三是实现场景化多源融合的数据治理，可以对单一数据项进行多数据源的冲突校验，能够执行更加丰富的校验规则，提供更加完善的校验机制，同时可以对多个数据源进行优先级排序，优先选择数据质量高的数据源，其他数据源按优先级作为数据源备份补充，大大提升了数据的准确性和完整性。四是数据稽核系统具有更好的兼容性和扩展性。无论是面对不同的数据来源、数据格式，还是面对未来的新业务和新需求，都能够确保数据流转的稳定性和连续性。

### 5. 管理融合——实现业财多维精益分析

（1）应用管理会计工具。

高质量的业财数据为应用管理会计工具进行服务产品成本核算和航班多维度盈利能力分析奠定了数据基础。

首先，确定管理最小颗粒度。成本核算是进行多维度盈利能力分析的前提。而应用作业成本法首先需要确定管理最小颗粒度。机场航空服务的服务对象主要是飞机、旅客和货物，这些也是公司成本支出的主要对象和收入的主要来源。而飞机、旅客和货物与航班运营紧密相关。因此，首都机场集团最终确定航班作为航空服务的最小核算对象。

其次，确认作业与作业动因。作业成本法总体核算思路建立在"作业消耗资源，产品消耗作业"之上，首都机场集团的会计核算体系以对外信息披露为目标建立，其中收入按服务项目归集直接进了起降收入、停场收入等各类收入。成本的归集都按照性质进入人工成本、维修成本、运行成本等。如果要应用作业成本法进行服务产品成本核算，首先要梳理清楚服务产品对应的作业，及相应的作业动因。工作组从服务流程实际出发，在调研访谈一线业务人员后，形成航空服务作业项的整体框架，并确定了起飞全重、飞机面积与停场时间之积、货物吨数、旅客人数、使用时间、使用次数等作业动因。

最后，确定成本和资源动因。对于直接成本可以直接归入相应的服务活动。例如，跑道、滑行道、联络道和助航灯光等资产的折旧和维护费用可以直接计入起降服务的成本中心。对于间接成本，如管理人员的工资、房屋建筑和共用设备设施的折旧及维护费用，需要先根据资源中心的人员数量、考核指标等资源动因，将职能部门和技术支持部门的成本分摊到各自的资源中心成本中。再根据作业的具体消耗方式，如工作时间、工作人数、资源消耗量、资产原值、资源占用面积、安全风险系数等，将资源中心的成本分配到各个作业中。航空服务产品成本核算示意如图3所示。

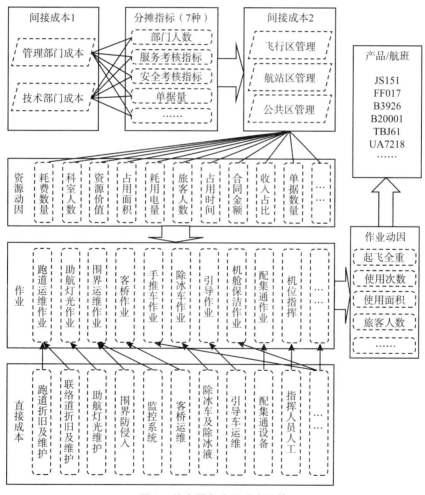

图3　航空服务产品成本核算

通过采用作业成本法，将成本与航班服务紧密联系起来，确保成本的精确归集，有助于更准确地反映各项服务的成本，并为成本控制和决策提供支持。

在获得每一个航班的收入和成本数据后，进行多维度盈利能力分析的还需要确定合适的分析维度。首都机场集团选取了与管理层、业务需要以及公众关注的 54 个航班维度信息构建了航空服务多维度盈利能力分析模型（见图 4）。

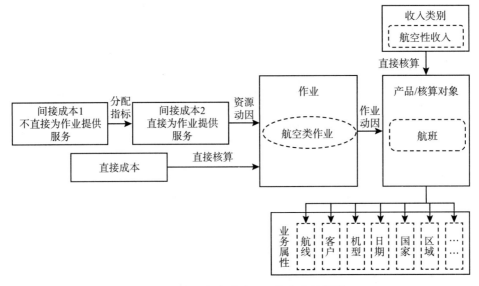

**图 4　航空服务多维度盈利能力分析模型**

根据系统中搭建的盈利分析模型及获取的高质量业财数据，可以及时提供航线、机型等各维度的分析。细化到航班的多维盈利分析使得业务部门对每个航班、每个航线、每个机型的盈利能力有了直观的认识，使管理层和业务部门认识到航空服务在实现其政治价值和社会价值的同时，仍有空间提升其经济价值，并且可以进一步研究提升其经济价值的有效策略，促进了业务和财务的价值共识。

（2）提升财务人员综合能力。

管理会计工具的应用需要财务人员具备业、财、技综合能力。航空服务是最具机场专业性的业务，同时也是信息化最复杂的业务领域。航空服务业财融合建设对财务人员的能力要求从会计核算向数据管理能力和业务分析能力转变，需要财务人员不仅深度熟悉航空服务业务流程、业务标准、数据标准，还需要了解业务相关的信息系统及其集成关系，能够对数据问题进行定位，能够从会计数据洞察业务动因。需要培养一批懂业务、懂财务、懂数据应用的复合型人才，支撑业财流程高效顺畅运行。通过以下四项措施可以有效提升财务人员综合能力。

一是新进财务人员在定岗前需要作为培训生在业务部门轮岗两年。在此阶段熟悉一线部门操作流程，有助于对业务的理解。二是形成一套涵盖业务、数据和技术的知识体系文件作为岗位手册，在岗位交接时对知识转移进行严格要求。三是制定完善的培训体系，定期对在岗人员进行培训，通过考试进行资格认证。四是建立一支核心骨干团队，培养成为该业务领域的专家，以点带面，保障整个财务团队的业财融合能力。

### （四） 实施难点及应对策略

业财融合建设必定涉及与业务部门、业务系统的对接。在项目启动前建立职责明确的项目管理组织尤为重要。本案例涉及三个系统项目的同步建设和集成，摒弃烟囱式建设方式，采取"统建＋自建"上下结合，"业务＋财务"全链条同步建设的方式，避免"部门壁垒"和"信息孤岛"，对项目管理提出了极高要求。每家机场的上线均是在集团统筹总体方向和进度下，通过各单位运行保障部门、信息技术部门、采购部门和财务部门等多部门通力下协作完成预算申请、需求梳理、方案设计、招标采购等准备工作，并同时协调三个系统团队的实施工作。而正是通过建立了自上而下、有统有分的三级项目管理组织，实现了项目的进度、成本和质量的可控，为集团级跨领域、跨部门业财融合信息系统集成项目的实施提供了可参考的成功经验。

# 四、取得成效

本案例基于北京两场部分航空服务场景应用经验，进行航空服务全场景、多模式的拓展和深化研究，形成集成航空服务全业务链条的信息系统和全场景多源融合的数据治理体系。除直接应用于行业上下游服务费数字化结算，多维精益管理分析，还可支持航空服务整体运营效率提升，资源配置优化，有效促进行业高质量发展和交通强国建设。具体成效表现在：

一是大大提升了财务数据质量。数据完整性和准确性显著提升，结算拒付率平均降低78％，有效降低结算错漏，保证应收尽收。数据及时性上，实现航班起飞后1小时内完成所有保障服务计费，收入计量从按月提升到按小时，实现质的飞跃，为管理决策支持提供精准、高价值数据。

二是显著提高了财务服务效率。主营收入实现从数据采集到财务核算，再到管报提供的全流程自动化。财务人员能够腾出更多的时间精力参与业务和管理支持。

三是切实实现了财务服务职能拓展。及时提供细化到航班的盈利分析，以及多维度准确、可比的分析和预测，服务数据管理层决策。形成流程和数据双轮驱动，从运行保障到收费计算，从收费计算到经营分析，再从经营分析到业务赋能的经营管理提升通道。

根据构建的业财融合成熟度评估模型，项目实施完成后，机场主营收入领域在目标、数据、管理和系统的四个方面的业财融合度大大提升（见图5）。

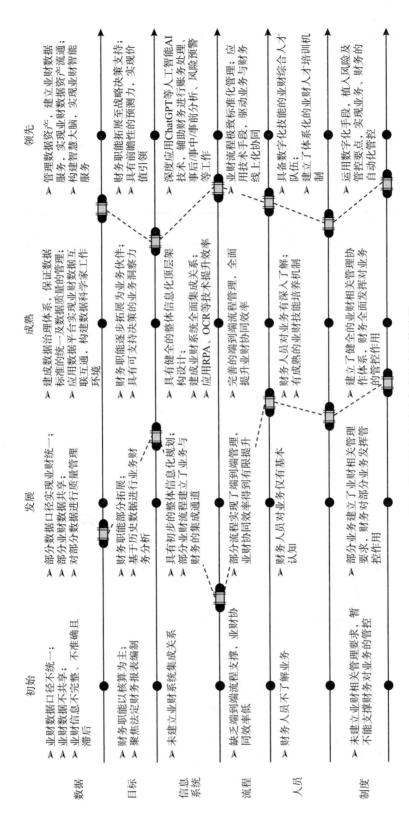

**图5 航空服务业财融合成熟度评估结果**

# 五、经验总结

本案例是首都机场集团围绕"目标融合、数据融合、管理融合和系统融合"的管理会计转型先行实践。首都机场集团在实践中逐步认识到管理会计工具的应用必须依赖高质量、高价值的数据。而数据质量的管理不能滞后到财务环节，在数据采集、传输、存储、加工和利用的整个过程，都需要通过一系列手段保证数据的完整性、准确性、关联性、一致性和唯一性。因此，作为管理会计应用支撑的信息系统建设应从信息化向数字化转变，运用数据治理理论、数字化工具，以及一套数据管理机制来配合信息系统的建设和集成，将数据工作充分卷入业务，将数据标准前置到业务前端，实现会计与业务活动的有机融合，推动管理会计功能有效发挥。

在推动业财融合过程中需要关注三个关键点。一是业财集成的信息系统，实现信息的集中统一管理及财务和业务信息到管理会计信息的自动生成。二是业财统一的数据标准，统一业财数据语言，消除"部门壁垒"和"信息孤岛"。三是业财协同的数据管理体系，通过一整套的制度规范和考核机制来保证业财融合体系的持续运营。

另外，建设业财融合的数字化管理会计信息系统应具备一定的基础条件：一是清晰的企业战略和管理需求。二是规范的业务流程和明确的职责划分。三是已经具备一定的财务和业务信息系统应用基础，包括已经完成了相关业务系统的信息化建设，能够实现业务数据采集电子化，以及完成了相对成熟的财务会计系统的建设，并在一定程度上实现了经营计划管理、销售管理、成本管理等基础业务管理职能的信息化。

（首都机场集团有限公司：沈兰成　陈小海　王　燕　施云飞　汪镓琦）

## 🎓 案例评语：

该案例聚焦航空服务业务多维度盈利能力分析，通过创新性地应用数据治理方法论，构建了一套全要素、全场景、全流程的机场航空服务数字化管理体系和业财融合的信息系统。在实践过程中，首都机场集团通过统一业财数据标准，提升数据质量，提高流程效率，促进业财联动，实现了航空服务细化到航班的自动核算，以及收入与成本直接关联，有效支撑了机场航空服务精益管理和科学决策，创新建立了行业业财融合新模式样板。

首都机场集团包含"目标、数据、系统、管理"四要素的业财融合实施体系，为民航企业指明了业财融合的目标、路径和方法，有很好的借鉴和参考价值。

# 福田区国库支付中心智慧财务云平台创新实践

**摘要**

本案例介绍财务共享服务在国库集中支付模式下的应用。案例单位为深圳市福田区国库支付中心，该中心为深圳市福田区纳入集中管理的预算单位提供国库集中支付和会计集中核算，实现会计服务与会计监督双重管理。

为适应财政改革发展新需求，落实"数字政府"建设有关部署要求，福田区国库支付中心针对核算效率低下、财会监督乏力、决策支持有限等问题，借鉴财务共享服务模式，构建具备"数字化、智能化、一体化、可视化"的智慧财务云平台。智慧财务云平台基于"设计一体化、资源集约化、数据联通化、系统智能化、整体安全化"的建设原则，搭建统一的用户连接平台、一体化的财务共享应用平台、可视化的数据赋能平台以及易维护的基础支撑平台，以实现"提高服务质量效率、加强政府风险管控、促进财务职能转型、提升财务价值支撑"的战略目标。

智慧财务云平台以信创技术全面构建安全高效的国产信息技术体系，实现"业务、内控、数据"三环协同。自实施"智慧财务云平台"项目以来，在提高报账效率、强化内控运行、服务智慧财政、满足财会监督等方面起到了积极作用：一是业财数据实时可见，赋能政府科学决策；二是保障支出合规安全，强化预算执行落地；三是保证会计信息质量，赋能资金优化配置；四是提高单位报账效率，推动财务管理提质。

# 一、背景简介

## （一）单位基本情况

深圳市福田区国库支付中心（原福田区会计核算中心，以下简称"中心"[①]）成

---

[①] 文中未特指的情况下，区指的是深圳市福田区；中心指的是福田区国库支付中心。

立于2002年5月, 2007年1月转轨为国库支付管理中心, 2011年4月更名为国库支付中心, 履行国库集中支付和会计集中核算双重职能。智慧财务云平台上线前, 中心内设9个部门, 其中支付一部至五部、支付七部分别负责不同预算单位国库支付和会计核算工作, 中心的组织架构及职责分工如图1所示。

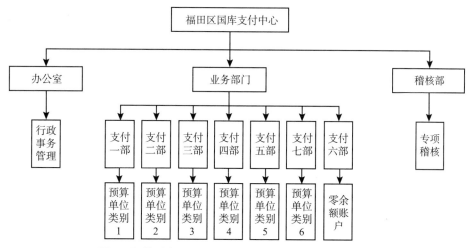

图1 智慧财务云平台上线前中心组织架构与职责分工

### （二）应用基础及建设原因

中心财务信息化历经三个发展阶段, 分别是电算化阶段、信息化阶段和数智化阶段。电算化是信息化的基础, 信息化为实施财务云平台打下坚实基础。

在信息化阶段, 中心系统运行涉及的信息系统及连接关系如图2所示。承载核算业务的中科江南核算系统（以下简称"核算系统"）对纳入集中核算的区预算单位进行统一核算。该系统功能较为简单, 仍处于电算化水平。中心对接智慧财政系统, 可以从系统中获取财政拨款收支信息, 但区财政工作相关业务系统以及各预算单位相关系统的数据信息需手工导入。经过信息化阶段的发展, 仍存在以下问题: 一是业务流程中缺乏统一的形式与制度规定, 增加执行和沟通的难度, 导致费时费力、效率不高。二是现行流程中缺乏统一详尽的过程记录和规范控制手段, 风险控制多依赖人工, 且仍处于事后审核控制。三是系统联通程度低, 数据传递不顺畅, 难以发挥数据的效用。四是现有系统存在报表功能薄弱, 资产管理系统操作复杂, 缺少发票管理系统, 自动对账模块功能较弱, 难以有效支撑业务发展需求。

第三阶段通过上线财务云平台实现财务数据化转型, 即基于数智化技术解决信息化阶段仍存在的痛点问题, 同时提升数据赋能作用。

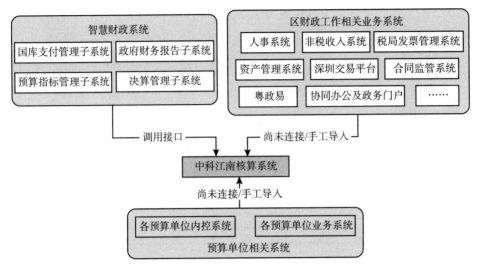

**图 2　智慧财务云平台上线前中心各关联系统连接**

智慧财务云平台建设的原因，一是贯彻落实深化数字政府战略，提升改革创新能效；二是保证会计信息质量，提升会计服务质量，推动国库支付业务高质量发展；三是健全内部控制机制，强化预算执行落地，提高财务运行效率，有效防范舞弊和预防腐败；四是推动业财有机融合，激发数据价值，科学支撑政府决策。

# 二、总 体 设 计

## （一）建设目标

中心紧握粤港澳大湾区建设和中国特色社会主义先行示范区建设"双区"驱动的战略机遇，结合中心职能定位和现实问题，明确了智慧财务云平台建设的总体目标为："提高服务质量效率、加强政府风险管控、促进财务职能转型、提升财务价值支撑"。

通过平台建设，一是统一业务流程和作业标准，打通不同系统的信息传输路径，并应用信息技术，实现流程控制、财务审核等自动、智能化，提升会计信息质量，从而提高财务运行效率，提升财务服务质量；二是嵌入规章制度，强化财务风险管控，使廉政风险防控由"人控"逐步转向人机"共管"，减少或消除人为操纵，提升政府治理能力；三是推动财务人员从事后核算监督转向事前引导预警，从核算型会计转向管理型、战略型会计，促进财务职能转型，通过提高财务工作的自动化水平，使财务人员能投入价值型工作中，发挥管理会计价值；四是打通财务与内外部系统的连接，推动建设财务大数据中心，实现系统高度集成、信息充分共享，在机器学习相关模型算法的支持下，以多维精益的数据为业务赋能，提升财务价值支撑。

### （二） 总体思路与设计原则

**1. 总体思路**

平台建设遵循"设计一体化、资源集约化、数据联通化、系统智能化、整体安全化"的设计原则，应用财务机器人（RPA）、机器学习、自然语言处理（NLP）、光学字符识别（OCR）等智能化工具与技术，搭建统一的用户连接平台、一体化的财务共享应用平台、可视化的数据赋能平台以及易维护的基础支撑平台。平台通过"统一会计科目、统一业务流程、统一信息系统、统一数据口径"，推动"业务、内控、数据"三环协同，为各预算单位提供专业化、立体化的财务支撑，有助于充分发挥财政数据价值。

**2. 总体应用架构设计**

平台整体应用架构包括管理层、核算层和基础支撑平台，如图3所示。

管理层：新建业财数据汇聚系统、财务算子系统、内审报表系统和财务大数据分析系统。基于数据的标准化治理和业财数据联通汇集基础上，通过财务算子系统提供的新技术模块，实现可视化等多种形式展现数据，直观反映各预算单位的整体状况，各维度财务分析、挖掘财务数据价值，支撑业务决策。

核算层：包括财务共享平台、会计核算系统与资金支付系统。通过与已有会计核算系统以及智慧财政系统里的资金支付子系统进行对接，实现预算单位从报销到资金支付，再到会计核算的统一线上全业务流程。帮助各预算单位及支付中心打通数据壁垒，实现业财一体化。

基础支撑平台：新建智能RPA平台、财务云接口管理平台和智能监控平台。基础支撑平台用于帮助智慧财务云平台平稳高效地运转，并实现各系统间的互联互通与数据共享。

### （三） 智慧财务云平台

基于"设计一体化、资源集约化、数据联通化、系统智能化、整体安全化"的建设原则，中心与项目实施公司共同携手搭建统一的用户连接平台、一体化的财务共享应用平台、可视化的数据赋能平台以及易维护的基础支撑平台，使其在业务处理、数据管理、决策支持等方面提供更高效、更准确的服务，并且为财务管理的数字化转型提供了强有力的支持（见图4）。

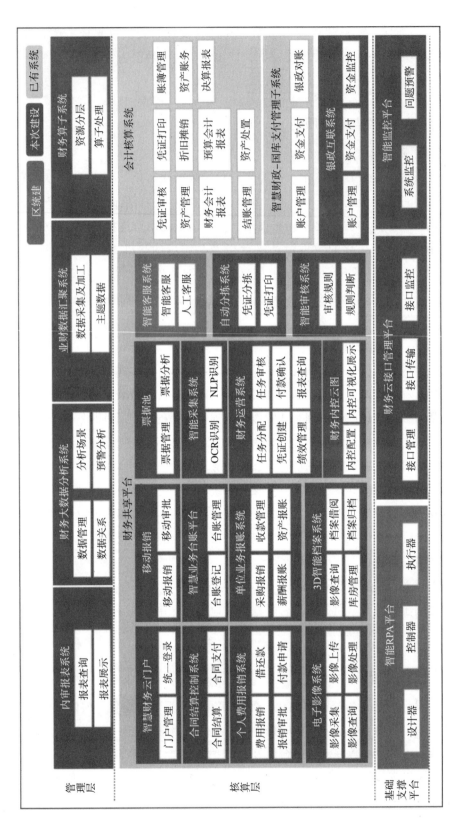

图3 智慧财务云平台应用系统架构

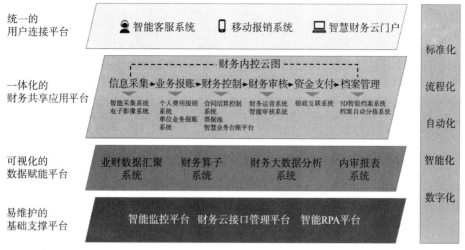

**图4 智慧财务云平台建设内容**

用户通过扫描、手机拍照等多种方式上传影像化附件，平台应用 OCR、NLP 等技术进行票据、合同关键信息的智能采集和识别。

平台通过内嵌审核规则，实现系统智能校验审核，实现各类发票智能识别、自动验真查重，在资金支付上实现合同结算按支付进度进行管控，同时支持电子签章技术，方便快捷、防止篡改。

平台支持合同台账管理，支持待摊、在建工程、预付应收、应付、容缺、支付更正、薪酬等台账管理，实现电子会计档案全流程管理，支持在线借阅、查询。

平台通过数据采集、加工及分析，生成多维度、多指标主题数据，搭建智慧财经云图，为不同层级用户提供全方位、多角度的决策支持信息。

# 三、应 用 过 程

## （一）项目前期准备

### 1. 扎实管理基础，多方考察借鉴

一是完善内外制度体系建设，统一工作流程与标准。对内，建立制度体系，明确各岗位的职责。对外，编纂报账指引手册，对所有预算单位能按统一标准执行。二是落实集中支付电子化管理要求，为智慧财务云平台建立系统基础。三是积极开展人才培养与能力提升，为智慧财务云平台奠定人才基础。

### 2. 充分调研沟通，洞察用户需求

中心采用问卷的形式进行广泛征求意见，充分了解各预算单位在应用现有系统、

流程和服务模式中遇到的问题，分析相关业务需求以及对财务云平台的功能需求，洞察用户需求。

**3. 公开招标竞选，多方多轮论证**

在多方考察借鉴和充分征求意见的前提下，通过公开招标方式选择项目咨询机构及实施机构，多方通力合作对项目的重难点展开分析，充分分析实施过程中可能面临的挑战和各种不确定性因素，并给出解决办法以保障项目的顺利开展。

### （二）项目组织架构

智慧财务云平台自项目论证成功后，得到区委区政府各级领导的高度重视和大力支持，区领导赴中心调研时曾多次强调"要加快以数字技术手段赋能政府财务业务建设工作，全面提升福田政府管理会计水平"。由区领导牵头，该项目顺利纳入2023年福田区"一榜三令"高效执行机制任务榜单，在政策、人员、资金方面获得了较大的优先性。

在项目具体实施和推进上，成立了由中心工作人员、咨询公司团队、项目实施公司团队共同组成的项目攻坚团队。由中心主任担任攻坚团团长，中心处级干部协助具体推进智慧财务云平台的建设和实施进展；在中层保障上，由稽核部部长落实跟进与外部单位的协调沟通，支付部部长负责试点单位的培训及推进工作。

### （三）项目具体部署

智慧财务云平台改变了全区纳入集中核算及支付的各预算单位报账流程和支付中心核算流程，在党政内外网及互联网间架起桥梁，涉及与核算系统、智慧财政、协同办公系统、政府采购系统、人事系统等系统间的集成和数据共享，技术复杂，工作量巨大。因此需要在系统对接、系统测试以及系统安全等方面做好规划。

一是需要协调系统对接。智慧财务云平台项目协调难度最大的是智慧财务云平台与市智慧财政系统、各预算单位内控系统等相关业务系统的对接，各预算单位信息化基础水平差异较大，这需要与相关单位沟通协调，建立统一的数据信息化及基础交互规范。

二是需要保障数据安全。智慧财务云平台项目所涉及到的财政业务数据含多个部门的敏感数据，确保网络安全和数据安全至关重要。因此，需要在物理层、数据层和应用层等方面设置关键安全措施，降低系统漏洞和数据泄露的风险，确保系统的安全稳定运行。

三是宣传数字化报账理念。从预算单位的角度出发，智慧财务云平台项目建设后会改变预算单位人员报账和领导审批的习惯，存在一定的变革风险。全区自上而下需要从文化和理念上进行转变，明确各环节的审批审核责任，并建立相关的制度规范，增加培训频次、拓宽培训角度，向全区行政工作人员宣传全员报账的理念与效益。

### （四） 主要实施内容

根据"设计一体化、资源集约化、数据联通化、系统智能化、整体安全化"的项目建设原则，开发实施智慧财务云平台考虑的重点问题有以下7点。

**1. 统一会计科目**

遵循政府会计准则制度的要求，明确预算单位各类经济业务事项所对应的会计处理及相应的会计科目，明确定义会计科目，界定会计科目的核算内容、核算口径与核算范围，统一规范会计科目使用，确保各预算单位同一经济业务事项采用相同的会计处理方法和相同的会计核算结果。

**2. 业务流程优化**

针对中心为各预算单位提供的服务范围，对中心现有业务进行梳理，并对相应的业务流程按照标准化、流程化、自动化的思路进行流程梳理和优化。梳理出包括收入业务、商品及服务业务等12类业务流程及相关子流程，如表1所示。

表1 业务流程分类汇总

| 流程分类 | 相关业务子流程 |
| --- | --- |
| 收入业务流程 | ● 从同级政府财政部门取得的各类财政拨款收入<br>● 从非同级政府财政部门取得的各类财政拨款收入<br>● 取得的银行存款利息收入等其他收入和非税收入 |
| 商品及服务业务流程 | ● 差旅与因公出国（境）费用<br>● 其他商品和服务业务<br>● 代扣代缴的商品和服务业务<br>● 需摊销的商品和服务业务 |
| 非流动资产业务流程 | ● 固定/无形资产、保障性住房新增<br>● 固定/无形资产、保障性住房处置<br>● 固定资产折旧与无形资产摊销 |
| 工程（基建）项目业务流程 | ● 代建工程<br>● 自建工程<br>● 改扩建工程<br>● 财务决算批复前入库并折旧 |
| 工资福利支出业务流程 | ● 工资报账<br>● 个税报账<br>● 社保报账<br>● 公积金报账 |
| 对个人和家庭补助业务流程 | ● 离休费、退休费、退职（役）费、抚恤金、生活补助、救济费、医疗费补助、助学金、奖励金、其他对个人和家庭的补助支出 |

| 流程分类 | 相关业务子流程 |
|---|---|
| 对企业补助业务流程 | ● 费用补贴、其他对企业补贴等补助支出 |
| 往来业务流程 | ● 预付账款、其他应收款等往来业务处理<br>● 应付账款、其他应付款等往来业务处理<br>● 核销预付账款、其他应收款等往来业务<br>● 核销应付账款、其他应付款等往来业务 |
| 存货业务流程 | ● 受捐赠业务<br>● 购买存货业务 |
| 长期股权投资业务流程 | |
| 受托代理资产/负债流程 | |
| 其他业务流程 | ● 会计档案归档<br>● 会计档案借阅 |

**3. 内嵌预算标准与内控节点**

系统梳理各预算单位业务流程的关键控制点，明确内控要求和预算要求，总结提炼单据审核校验规则，嵌入信息系统，强化预算与内控的刚性约束。

一是将财务管理制度规范和内部控制规则通过业务流程控制节点内嵌于系统。从业务发起端嵌入内控机制，明确设置风险阈值，实现系统智能校验审核，从源头保障财政资金支出安全，降低领导审批风险和中心运行风险，以实现对财政资金支出的过程控制和前瞻预警。二是通过中间库直接对接智慧财政，获取预算单位相关的预算指标信息，明确界定各预算单位财政资金支出的预算标准，实现预算数据互联互通，事前明确预算标准，事中同步预算信息，强化对财政资金支出的执行控制。

**4. 关联系统架构**

在平台统一搭建一套财务云接口管理平台，实现与粤政易、智慧福田—综合政务门户、粤基座（广东省统一电子印章平台）、广东省统一身份认证平台、智慧财政系统、福田区队伍评价系统、福田区辅助人员管理系统、政府采购智慧平台、中国工商银行网银系统、中国建设银行网银系统、中国农业银行网银系统、中科江南核算系统、福田区智能客服系统共13个系统间的关联互通，通过财务云接口管理平台对内外进行基础数据与业务数据的传递及分发，通过系统对接或批量导入的方式实现预算指标、支付指令、支付状态、工资薪酬、资产折旧摊销、非税收入、备案合同、电子印章等关键数据交互。同时考虑系统数据需要支持未来区政府建设的共享大数据中心，同步建设留有冗余的数据共享接口。

### 5. 搭建智慧财务云图

针对财政部门管理需求及预算单位内控需求，设计可视化财务云图，设置不同层级的数据使用权限和不同预算单位的数据隔离机制，以可视化平台展示内控点、内控策略及控制情况，支撑分析决策，加强内控管理。

为预算单位领导提供重点经费使用分析和预算单位内控分析。重点经费使用分析包括对预算单位各项重点费用的使用金额、明细项目、增长比例等进行可视化呈现。预算单位内控分析包括单位内控整体情况概览、月度内控情况分析、单位内控点分布情况、不同单位内控情况分析、内控点拦截情况分析、不同预算单位拦截情况分析。

图 5 为财务云平台内控分析云图，图中所展示数据为实时更新。

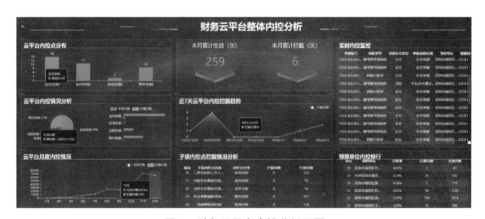

图 5　财务云平台内控分析云图

为上级主管部门提供集中核算单位财务状况分析、财政资金拨付状况分析、集中核算单位预算概况分析等。集中核算单位财务状况分析包括资产总额及其结构分析、收入来源分析、费用类型分析、重点财务比率分析等。财政资金拨付状况分析包括近五年财政资金拨付总业务量及总资金量、财政资金拨付金额前十单位、本年财政资金分布情况、本年财政资金纳入区集中核算方式情况分析、重大开支项目前十名等。集中核算单位预算概况分析包括本年度预算经费基本情况、预算收入结构分析、预算支出情况分析、单位预算收入排行、预算支出同期对比、三公经费支出同期对比等。

图 6 为预算概况分析云图，图中所展示数据为实时更新。

为支付中心领导提供支付中心付款与凭证监控情况分析、支付中心质量监控分析、支付中心任务监控分析、财务云行为分析、费用报销流程数字化分析、财务云平台整体内控分析等。以财务云行为分析云图为例，财务云行为分析包括系统累计访问分析、近 12 个月用户增长趋势、云平台日提单量走势图、年度云平台提单量各月走势图等。

图 6　预算概况分析云图

图 7 为财务云行为分析云图，图中所展示数据为实时更新。

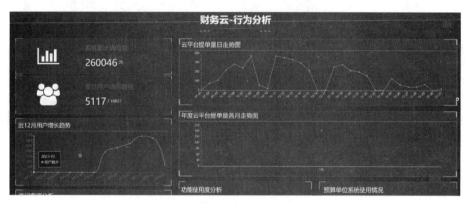

图 7　财务云行为分析云图

**6. 组织架构调整**

为了提高中心财务运行效率，做好中心各项工作，重新对中心组织架构及具体工作岗位分工进行调整。各支付部门在原有分工基础上，以平衡工作量，专精各项业务为原则，支付一部独立为信息化管理部门，负责中心各项软硬件的升级维护，包含财务云平台及核算系统的运维，支付二部至支付七部分别负责不同预算单位会计核算工作，在部室内部分别设置财务会计和管理会计岗位，财务会计专精某几类业务的财务初审，管理会计负责对接各预算单位并负责特定单位的财务复审、凭证记账、会计报表出具工作。稽核部在原有职能基础上，增加会计档案管理、国库集中支付的职能（见图 8）。组织结构的调整，保障了在账套翻番和核算会计工作翻番的情况下，仍能高效完成工作任务。

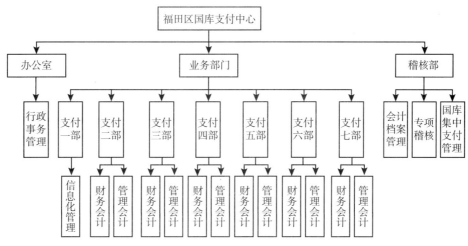

图8　财务云平台上线后的组织架构与职能分工调整

### 7. 持续运营优化

为了更好地完善履职管理体系，提升财务运营管理水平，保证各服务岗位的服务可靠性、服务效率、服务态度达到相关要求，加快会计数字化转型步伐，福田区国库支付中心持续进行制度和流程的优化。

一是对原有的制度流程进行系统梳理并形成制度汇编和工作手册，同时针对智慧财务云平台的运行要求，新增和修订部分制度，如新增《深圳市福田区政府会计集中管理办法》《福田区集中核算单位电子报账实施办法》《福田区国库支付中心会计档案管理实施细则》《福田区国库支付中心信息系统基础数据管理实施细则》，修订《内设机构职责分工管理规定》《工作人员岗位职责管理规定》等。

二是规范中心财务服务管理要求，设立由具体业务处理人员、各业务部室服务管理职能相关负责人、稽核监督部的三级服务架构，明确各级服务管理的具体规范。通过明确各级服务管理的具体规范，确保服务质量和标准的一致性。

三是实行首问首诉负责制。中心服务管理工作人员处理相关业务过程中，首先收到业务咨询或业务投诉的办事人员对该项事项负责的机制。这有助于提高服务质量，加强办事人员的主动性和责任感，以适应日益数字化的会计环境，确保财务运营管理的有效性和效率。

### （五）实施难点与解决措施

#### 1. 流程变革管理

智慧财务云平台的建设在一定程度上对原有的业务流程进行优化与重构，改变了预算单位内部的人员报账和领导审批习惯。

为了应对流程变革风险，中心采取了以下关键举措：一是在全区范围内自上而下地推动文化和理念的转变，强调变革的必要性和潜在优势，并提供有力的制度支撑。二是明确各环节的审批审核责任。预算单位领导审批业务的真实性和合理性，原始凭证的合规性、完整性、一致性则由支付中心进行审核。建立明确的制度规范，详细说明报账和审批流程，为参与者提供明确的操作指引。三是对接了广东省统一电子印章平台粤基座，实现电子签章，方便快捷的同时防止篡改，有效降低伪造签名的风险，增强了审批流程的安全性并提高审批效率。通过技术保障和信息安全策略，消除预算单位人员对线上报账审批安全性的疑虑，强调系统的数据保护和隐私安全。四是增加培训的频次和广度，向全区预算单位的行政工作人员传达全员报账理念的重要性和实际效益，以增强他们的认可度。在实施过程中持续收集预算单位的反馈，及时调整策略以提高服务满意度。

**2. 业务需求管理**

平台涉及全区内所有纳入集中支付和集中核算的预算单位，由于不同预算单位核算业务类型的多样性以及管理和关注焦点的差异，导致项目中出现繁杂的信息系统需求，甚至产生相互冲突的情况。

为解决这一问题，中心采取了以下关键举措：一是深入分析各预算单位的核算流程和业务关注点，捕捉核心业务需求，整合业务共性部分，从而规避庞杂和冲突。二是积极邀请各预算单位业务科室的经办人参与，增加他们的参与度并不断完善需求，以更准确地捕捉各业务单位的独特需求。三是在项目前期阶段，根据业务量较大且共性较强的业务进行场景梳理，满足统一需求。四是针对部门核算单位的个性化的业务需求，分批次进行个性化配置与开发，以更好地匹配各预算单位的核心业务需求。五是在项目后期阶段，通过设定自定义模块，鼓励各预算单位的业务经办人提交资料，以进一步完善业务场景，促进需求的持续优化。

**3. 系统对接管理**

平台的集中部署需要与多个系统进行集成和数据共享，内外部的系统对接在智慧财务云平台的建设过程中非常重要且具有挑战性。

为应对这一挑战，中心采取了以下关键举措：一是在项目建设阶段，遵循区政务数据管理局的相关规定，并参照深圳市智慧财政系统的要求，以确保系统间对接合规且有序进行。二是按照先统建、后自建的原则，采用分批次的方式将不同业务系统逐步对接至智慧财务云平台。对于全区统建的业务系统，分别设计独立开发方案，由智慧财务云平台与各系统进行对接；对于各单位自建的业务系统，智慧财务云平台提供满足管理要求的标准接口，各单位根据需求自行开发对接；对于智慧财务云平台建成后新增的业务系统，按照平台提供的标准接口规范进行开发和对接，确保一致性和互通性。三是加强沟通与合作。通过支付中心的领导和项目组与各单位的持续沟通，建立合作关系，共同努力推动与预算单位及外部兄弟单位系统的有效对接。

**4. 协同改造管理**

智慧财务云平台建设项目具有高度集成性，单个系统的进度可能对整体上线产生影响，相关基础配套系统的进度和衔接需要协同一致。

为确保基础配套系统协同改造的有效进行，中心采取了以下关键举措：一是采用统筹规划、分阶段实施的策略，将整个项目分为多个阶段，明确各阶段具体的建设目标和里程碑。同时，明确不同基础系统的改造和新建要求，对基础系统的改造协同进行关键路径分析，确定影响整体项目进度的关键节点，从而有针对性地进行调整和协调，以确保它们在协同工作中相互衔接。二是采用敏捷开发方式，在项目的不同阶段进行快速迭代升级。在项目进行过程中，各个基础系统的开发团队、测试团队等需要进行多方协同迭代。通过密切合作，快速解决问题，确保进度和质量。三是阶段目标优先上线。在项目不同阶段，将优先级较高的功能和目标先上线，以实现早期收益，减轻基础系统改造协同所带来的整体上线压力。

**5. 数据质量管理**

智慧财务云平台建设项目涉及业务、财务数据的流转，预算单位和支付中心必须在数据的一致性、准确性和及时性方面达成一致。

为此，中心采取了以下关键举措：一是支付中心联合各单位成立专题小组，全面梳理财务核算所需要的业务数据，明确各项数据的传递需求、目的和频率。针对需要传递的数据，建立线上传送流程，明确数据的流动路径、责任人和时间点。二是明确对数据的标准化定义，确保各方对数据含义的理解一致，在数据的准确性和及时性方面达成共识，避免在数据传递过程中产生歧义。三是设立数据传输的质量监控机制，定期对传递的数据进行检查和验证。采用自动化工具和系统集成方式优化数据传输流程，减少人工介入，降低出错率，提高数据传递的效率和质量。

---

# 四、取得成效

智慧财务云平台在提高报账效率、提升会计质量，优化支付效率、强化内控运行、服务智慧财政、满足财会监督等方面起到了积极作用。

**1. 业财数据实时可见，赋能政府科学决策**

平台从业务源头开始形成了全量化、精细化的业财数据，各类业财数据的真实性、准确性、完整性、及时性以及数据的精细化程度得到了极大的提高。同时，云平台建立了与外部单位的系统连接，从横向上打通预算单位、财政部门、审计、纪检的系统数据，实现数据全量实时在线互联共享，令决策支撑更为有力，财政监督更加精准。

**2. 保障支出合规安全，强化预算执行落地**

平台运用合规内嵌与智能识别技术，实时抓取关键字段比对内嵌规则，将原来部分手工审核和支付的环节转变为由智慧财务云平台对接支付数据，实现智能审核，并及时发现重复支付等风险点，确保财政资金使用合规，并通过智慧财务云平台直接对接智慧财政平台全面获取预算指标，实现预算执行有效落地。

**3. 保证会计信息质量，赋能资金优化配置**

平台通过业务、财务系统的联通，从源头保证了会计的信息质量，通过智能审核减少了中间过程中的人工核算差异，提高预算单位的付款质量和效率，通过实物流、影像流、数据流的有机整合，满足系统的内控审核与财会监督需求，赋能财政资金的优化配置。

**4. 提高单位报账效率，推动财务管理提质**

平台实现了从手工票据录入到智能填单录入的转变，并由线下票据审批流转到线上审批自动流程关联，改善了预算单位的报账流程，从而极大地提高了报账效率。并且平台率先搭建业财融合大平台，使信息更加多样化，也拓宽了绩效管理的评价与衡量标准，使可量化指标更加可视化，非量化指标的种类更加多元和全面，绩效评价更加客观和公正。

---

# 五、存在问题与未来规划

当前，中心通过平台建设已然取得一系列显著成效，但是仍存在以下三方面问题：第一，中心平台与市财政的系统接口未完全打通，目前已实现支付凭证数据、支付状态数据和资产系统数据等信息实时推送流通，但预算指标信息、工资数据等关键信息仍是通过中间库获取，未实现实时更新，致使提单效率、支付效率等难以全面提升；第二，智能财务应用水平有待进一步提升，目前中心的部分审核工作、归档工作仍通过人工完成，容易出现差错和遗漏，并且会降低财务工作效率；第三，中心在各业务环节中沉淀下的数据资源未得到有效利用，数据驱动决策的能力有待加强。

基于此，中心未来将从以下三个方面改进：一是采用接口模式，通过与市财政进一步沟通协作，财务云平台全面对接市财政智慧财政平台，实现各项关键数据信息自动、实时获取，全面提升数据交互的质量与效率；二是从智能纸电核对、智能审核以及智能归档三方面统筹推进，提升中心智能财务应用水平；三是平台建设将逐渐由财务信息化向管理数字化推进，通过拓宽可视化数字分析业务场景，实现财务管理到业务管理场景渗透，不断强化政府财务数据驱动决策能力。财务云平台将从数据时效、数据来源、数据质量、高级分析四个方面提升中心数据价值挖掘能力，进而支持关键性决策，提高公共资源的配置效率，让公共资源更好地服务于民生。

（深圳市福田区国库支付中心：李　娅　陈　菡　江腾蛟　蔡剑辉）

### 案例评语：

该案例展示了深圳市福田区国库支付中心（以下简称"中心"）通过智慧财务云平台提升财务管理效率的措施和路径。中心通过整合会计核算、资金支付与数据分析系统实现了业务流程标准化、实时化和自动化，提高了决策支持效率及财务信息质量；同时云平台智能识别的技术显著优化了财务审核效率，确保财政资金使用的安全合规。

该案例为同类单位实现财务数智化转型，提升风险管控能力，落实相关政策要求具有重要的借鉴意义。一方面，中心为平台上线重构了组织架构，不仅专设了信息化管理部门，还将财务和管理会计的职能进行了进一步明晰。另一方面，中心智慧财务云平台集成了大量数智化技术，展示了技术赋能下的管理会计现代化路径，因此具有一定的参考价值。

# 计财管理一体化下事业单位
# 管理会计信息系统建设研究

**摘要**

中国气象局机关服务中心响应政策号召着手建设管理会计信息系统，该系统旨在解决预算管理复杂性、业务流程分散和数据孤岛问题。系统建设由涉及计财司、服务中心、国家气象信息中心等共同组建领导小组和工作小组推动，集成了财务核算、业务协同、工程项目管理、资产管理、智能决策监督等功能，实现了国、省、地、县四级应用与数据互联互通，并针对项目推动缓慢、数据迁移与整合难题、技术更新与维护成本、用户抵抗及适应性问题和安全性等问题，提出了对应的解决方案。系统应用在财务创新、业务监控、预算控制等方面成效显著，最后针对系统的建设与应用总结了相关经验，以期为其他行业提供参考依据。

## 一、计财管理一体化信息系统建设背景描述

2022 年，财政部发布了《会计信息化发展规划（2021～2025 年）》（财会〔2021〕36 号），提出深入推动单位业财融合和会计职能拓展，加快推进单位会计工作数字化转型。基于此，中国气象局机关服务中心明确了管理会计在预算管理、资金管控、绩效评价等方面的特定目标，旨在通过信息化手段提高财务数据的可用性和决策支持能力。丛梦等（2019）指出，当前财务职能已经不单局限于传统的核算、监督、投融资管理等。冯巧根（2018）在回顾我国改革开放四十年间管理会计的发展后认为，在"智能＋"和"互联网＋"的时代下，管理会计工具和方法的创新将不断被驱动。如今随着财务管理向精细化、智能化迈进，中国气象局机关服务中心面临预算管理复杂、业务流程分散、数据孤岛等问题。全面深化管理会计应用，是推进行政事业单位预算绩效管理、建立事业单位法人治理结构的基本要求。在此背景下，本项目旨在通过建设一体化管理会计信息系统，解决财务管理与业务脱节、信息不透明等挑战，实

现财务与业务的深度融合，提升管理效率与决策支持能力。

---

# 二、计财管理一体化信息系统总体设计

## （一）计财管理一体化信息系统建设目标

2014 年，财政部《关于全面推进管理会计体系建设的指导意见》（财会〔2014〕27 号）发布，提出应推进面向管理会计的信息系统建设的目标。2022 年，《中共中央办公厅 国务院办公厅印发〈关于进一步加强财会监督的意见〉的通知》，要求统筹推进财会监督信息化建设，通过深化"互联网 + 监督"，充分运用大数据和信息化手段，切实提升监管效能。为积极响应国家政策，计财管理一体化信息系统建设的旨在打造核算型智能财务、管理型智能财务、决策型智能财务于一体的会计信息系统，为气象部门智慧财务建设和智慧财务监管提供技术支撑。系统在实现对基层财务、重点工程项目管理活动的监管的同时，实现对内实现国、省、地、县四级应用与各系统数据互联互通，对外与中央预算管理一体化系统等融合对接。通过财务核算、业务协同、工程项目管理一体化、资产管理、智能决策监督、应用支撑平台等建设，为财务数据治理与财务决策服务提供准确科学完备的整体解决方案。

## （二）应用计财管理一体化信息系统的总体思路

首先，计财管理一体化信息系统建设要聚焦目标导向、问题导向和结果导向，聚焦管理需求科学划分系统及功能模块；其次，在气象政务管理信息系统和"信创"平台框架下对各功能模块进行设计建设，整合各类资源，避免重复建设；再次，充分利用新理念及技术打破系统壁垒，实现与气象政务管理信息系统融合及与中央预算管理一体化系统对接，并严格注意信息安全保障与数据标准统一，按照国家"信创"工作要求，逐步提升国产自主可控水平；最后，建立业务流程和管理节点的清单事项和实施步骤，实现管理链条的纵向维度和协同交叉的横向维度的无缝衔接。

## （三）计财管理一体化信息系统的内容

计财管理一体化信息系统由财务数据平台、应用支撑平台、安全保障体系、计财监管运维体系、多应用系统五部分组成，旨在推动业务与财务一体化融合，实现管理会计"提供有用的财务信息"的目标。主要建设内容是实施"1 + 3 + N"计财管理一体化信息系统建设，"1"是指建设财务数据统一平台，"3"是指完善 3 个基础支撑体系（应用支撑平台，安全保障体系，计财监管运维体系），"N"是指打造 5 个分系统、33 个应用模块，构建业务管控（业务协同分系统、工程项目管理一体化分系统、资产管理分系统）和财务核算（财务核算分系统）两大体系，如图 1 所示。

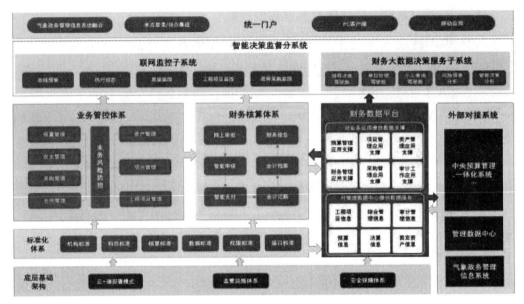

**图 1 计财管理一体化信息系统总体框架**

### （四）计财管理一体化信息系统创新之处

本案例在系统的建设上运用一体化管理思维进行了业财数据的汇集与业财系统的融合，系统集成了从预算编制到资金支付的整个财务管理流程；引入智能财务机器人技术，提高了系统运行效率，实现了财务活动的智能化处理；系统具有综合查询功能，能够满足预算、财务收支等关键数据的"一键式"统计查询需求；同时，系统设计考虑了可扩展性和兼容性，可供其他行业或部委借鉴和推广应用。希望通过以上方法帮助气象部门以及其他行业更好地推进信息化建设，提高工作效率和质量。

# 三、计财管理一体化信息系统的建设及应用

## （一）参与部门和人员

"计财管理一体化信息系统"项目的实施人员分为领导小组和工作小组。领导小

组由计划财务司、机关服务中心、国家气象信息中心相关领导和人员组成，主要负责统筹协调系统建设重大事项。工作小组设在机关服务中心财务信息室，负责推进系统建设具体业务工作。各单位主要分工如下：

首先，计财司为计财管理一体化信息系统建设的主管部门，负责提出系统发展规划，牵头编制总体建设方案、年度工作任务，负责系统建设、推广应用的工作统筹、组织协调和资金安排，负责制定财务主数据标准等。

其次，机关服务中心为计财信息化建设的具体实施牵头部门，负责计财管理一体化信息系统的全面建设及应用软件推广、运行维护、技术保障及系统稳定运行。

再次，国家气象信息中心为信息化建设技术支撑单位，负责计财信息化建设通信网络、硬件、系统软件及数据安全方面的具体规划和资源提供，提出相关数据建设需求，做好系统融合对接的技术支持以及对各省级信息网络业务部门的技术指导。

最后，各省（区、市）气象局，计划单列市气象局为计财管理一体化信息系统使用单位，负责本单位计财管理一体化信息系统使用、协调等相关工作，其中，按照各省局的内部分工，计财部门（一般为各省局计财处或核算中心）负责本省局所辖单位的系统应用和个性化需求开发与维护等工作；各省级信息网络业务部门负责计财信息化网络、硬件及系统软件方面的建设、运行维护、技术保障及信息系统安全等工作。

### （二）计财管理一体化信息系统的部署要求

为确保计财管理一体化信息系统的高效运行，首先，需要充足的硬件资源与软件资源，包括但不限于服务器、存储设备、数据库系统、应用软件等，硬件是系统建设的基础，软件则将支撑起整个系统的数据处理和业务流程。其次，在人力资源方面，在会计人员与IT技术人员以外，需要针对系统的建设成立领导小组，负责审定方案，落实系统建设，督促建设进度等工作。最后，应尽量保证各部门具有稳定和安全的网络环境，包括内部网络和与外部系统连接的网络设施，其使用的系统也应符合国家和行业标准，并确保良好的兼容性以便计财管理一体化信息系统建设的系统整合工作，应要有数据采集、处理和分析的能力，以支持管理会计的决策需求。

此外，需要完善系统建设的相关制度、措施，保证信息系统有效推进；严格执行国家信息化建设、财务管理、政府采购相关制度、办法，保证信息系统建设顺利进行；落实《气象高质量发展纲要》、气象政务管理信息系统建设项目实施方案等，积极推进计财管理一体化信息系统建设；同时需要加强网络建设与管理，确保网络与信息安全。最后，应严格执行国家、部门网络、信息安全相关法规、政策，按照国家气象信息中心的要求加强数据安全建设与管理，逐步建设备份系统，保障网络安全、应用安全、数据安全和信息安全。

### （三） 计财管理一体化信息系统的建设及应用流程

**1. 计财管理一体化信息系统的建设及应用步骤**

第一，对中国气象局各预算单位进行管理需求调研，明确中国气象局管理组织架构及其职责划分，以中国气象局管理需求及工作流程的优化为目标优化系统顶层设计，界定系统应包含的各功能模块。经过充分调研及系统顶层设计的优化，中国气象局针对计财管理一体化信息系统建设，构建了"1534"的计财管理一体化信息系统建设总体设计，分别是"1 大建设目标""5 个建设思路""3 项核心举措""4 类保障措施"。其中，3 项核心举措分为平台层、数据层和应用层，整体构成计财管理一体化信息系统应用框架，如图 2 所示。

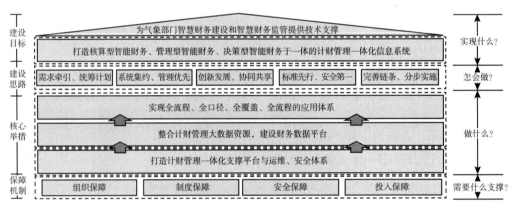

**图 2　计财管理一体化信息系统建设总体设计**

确定计财管理一体化信息系统的总体设计后，应以三个核心举措为导向，搭建一体化底层支撑平台，打造智慧财务一体化雏形，初步构建计财管理一体化信息系统。

第二，实现系统集成。系统集成与财务管理一体化支撑平台的构建，其核心在于通过技术创新驱动气象财务管理的现代化转型。这一策略着重于两个主要方面：一是通过工程项目管理一体化及内部控制信息化的深度推进，从根本上强化气象业务流程与财务流程的紧密连接，确保两者在操作层面的高度协同与信息流的无缝对接。具体实践中，将运用先进的信息技术手段，如云计算、大数据分析等，打破传统管理壁垒，实现业务与财务数据的实时同步与智能分析，从而提升决策效率与执行效能。二是构建统一的系统门户，作为所有计财管理活动的中枢神经。该门户设计上强调用户友好性与安全性，采用统一账号登录与权限控制机制，确保用户在单一登录后即可便捷访问多个应用系统。针对预算、收支、工程项目、政府采购、合同、资产等管理需求，新建多个融合衔接、协同共享的应用系统和功能模块，融合对接和升级改造已建系统，实现数据录入、业务办理、流程查询、智能统计、预警监控、决策分析、可视化展示的全链条智慧化财务管理，推动构建财务核算中心模式下的统一核算平台，建设计财管理"云+端"部署模式，确保系统各模块协同工作。此外，系统门户与气象政务管理信息系统的深度融合，不仅实现了数据与功能上的互补，还促进了管理决策的科学化与精准化，为气象部门的综合管理提供了有力支持。

第三，整合数据资源，整合计财管理大数据资源，建设财务数据平台。首先，建立财务数据收集分系统。将散落于各个系统中的与财务相关的数据收集整理，为气象业务发展和政务管理提供支撑。高度汇聚融合气象计财和项目管理基础数据，构建计财和项目管理综合分析功能，在单位预决算分析与资产分析的基础上，开展资金支付、资产管理、银行账户、计财监控预警工程项目等数据关联分析，为管理决策提供计财数据支撑。其次，建设国家级气象计财业务数据中心，配备数据存储、计算所需的资源池，并建立可以容纳全国气象部门计财业务数据的数据备份中心，为中国气象局计财业务基础数据的汇集和入库提供存储和运行保障。最后，按照急用先行原则加快推动基础性、关键性标准规范出台，统一数据标准，强调数据标准化，为数据整合提供长期输入标准。其中，应重点做好气象部门财务管理主数据、主题数据等数据资源方面的标准制修订，加快实施工程项目管理全过程技术标准研制，确保财务管理数据汇聚共享和应用协同，并根据业务管理和综合办公等管理应用和决策分析的需要，建立数据存储格式、分类标准和技术接口，实现与中国气象局管理数据中心数据交互，同时满足各省定制本地化个性服务。

第四，推动系统实现全流程、全口径、全覆盖应用。气象部门依托计财管理一体化信息系统，为提供决策信息支撑、风险防控关口前移提供技术支撑，因此，适合采取事前监督为基础，事中监督为手段、事后监督为补充，财务分析为支撑的工作机制，为部门监督提供支撑。从业务的事前、事中、事后三个阶段进行全流程监管。塑造如图3所示的系统框架。

首先，在建立标准化业务流程并配套相关制度的情况下，将气象单位内部控制嵌入财务报销中，严格把控资金使用事前审批阶段，提高监督效果，实现事前、事中监督结合，在功能上实现计划编制与事项申请及审批相结合，做到资金事前控制。其次，做好事中报销执行监控，通过财务报销网上审批子系统将事前审批与财务报销相结合，将审批报销流程标准化，形成固化的审批流程，建立中央、省、地、县四级审批流程，解决领导签批随意性的风险；在资金支付环节运行银企直联，引入RPA财务自动流程技术，与银企直联相互协同应用，有效控制支付风险；将17条预警规则嵌入报销审核、支付环节，有效推动支付透明化和责任追溯。最后，完善事后监管，定期针对事前中期出现的问题进行整理整改，并建立相应问题库与整改库。

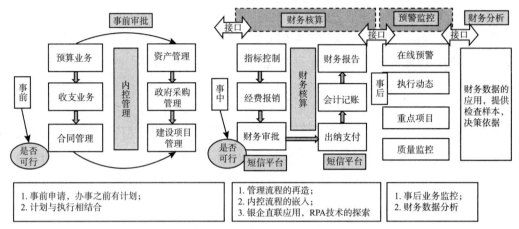

**图3　事前、事中、事后财务管控的逻辑框架**

第五，进行系统测试。这一阶段需采取科学严谨的态度，确保计财管理一体化信息系统的稳定、安全与高效。测试策略需细致规划，不仅涵盖系统功能验证、性能测试，还包括用户界面友好度、系统间交互兼容性等多方面考量。在实施过程中，强调跨部门协作，特别是财务信息部门需担任主导角色，主动协调技术、业务等部门，形成合力，共同解决测试中发现的问题。同时，鼓励各业务单位深入参与测试，提出实际操作中的改进建议，通过不断的反馈与调整，确保系统最终形态能够完美适配气象单位复杂的管理需求，实现系统优化与管理效率的双重提升。

第六，做好后续优化工作。首先，应以强化培训、应用为主，推进系统应用质量，通过对一线财务人员和各级财务管理人员（包括地县局分管财务领导）全面培训，以"提高素质、实务操作、应用为主"为目标，围绕计财业务系统组织开展全方位、多角度的实务操作培训。专项督导，问题导向，扎实改进系统应用情况。其次，应采取系统建设及应用督查和深入推进专项工作，以查促建、以查促用、以查促改，推进系统各项工作落到实处。加大调研，深入基层一线了解系统使用情况，并总结系统专项工作成果，研讨专项工作发现的典型问题、优秀经验及做法，推动各单位务求实效、扎实做好系统各项工作。最后，定期对系统运行状态进行监控，及时评估性能并调研各单位使用情况，不断对系统进行优化，明确信息系统的建设不是一劳永逸，确保系统随时间推移不断改进。

**2. 计财管理一体化信息系统涉及的业务流程与财务流程的改造**

首先是业务流程及财务流程的标准化。为达成计财管理一体化的目标，旨在优化气象局内部控制体系建构，将业务流程与财务流程标准化。张海鹏等（2022）认为管理制度化、制度流程化、流程岗位化、岗位职责化、职责表单化、表单信息化。这一系列举措的核心在于深化业务流程与财务流程的融合与高效对接。通过这一系列整合，旨在促进气象业务与财务管理活动在组织管理层面的协同优化，确保两者运作的无缝链接与效能提升。具体实施上，将经优化与重构的业务流程及财务流程嵌入计财管理一体化信息系统之中，借助信息化工具的高效能与自动化处理能力，不仅显著增强了流程执行的透明度与可控性，还极大提升了管理决策的速度与精准度，最终促成了一个高度协同、智能响应的气象财务管理生态系统，实现了资源的最优化配置与战略目标的高效达成。

其次是财务流程自动化。在推进计财管理一体化信息系统的过程中，财务流程的自动化是一个关键环节。通过这一系统的实施，气象局的财务操作变得更加自动化，显著减少了手工处理的需求。系统引入智能财务机器人技术，这些机器人能够执行一系列自动化任务，比如自动填报、审核和对账等，从而提高了财务处理的速度和准确性。此外，系统通过与外部系统如银行的直联技术，实现了支付流程的自动化。这种集成化的支付解决方案不仅加快了资金流动的速度，还增强了支付过程的透明度和安全性。通过自动化和集成，财务人员能够从烦琐的手工操作中解放出来，将更多的时间和精力投入更有价值的分析和决策支持工作中，进一步提升了整个财务管理的效率和效果。

最后是集成化接口设计。在计财管理一体化信息系统中，集成化接口设计是实现财务流程与业务流程无缝对接的关键。通过构建统一的接口标准和协议，确保了系统与气象局现有的各类业务系统和财务系统之间的兼容性和互操作性。这种集成化设计不仅简化了数据交换过程，还提高了数据流转的效率和准确性。通过这种方式，无论是预算编制、资金申请还是报销流程，都能够在不同系统间顺畅进行，无须重复输入或转换数据，从而减少了工作量和出错的可能性。

**3. 计财管理一体化信息系统所需的资源投入**

首先，人力资源是项目成功的核心，进行统筹规划的领导小组需要具有领导能力的相关领导及项目领导，并要求熟悉财务工作，工作小组则需要组建一支高素质的工程、财务人员队伍，不仅要有较强的信息技术知识，具备坚实的财务知识，还要具有良好的组织、沟通能力，多年来气象部门形成了一支业务能力较强，专业理论深厚的专业队伍，支撑整个信息化的建设与应用。同时，为了确保用户能够熟练使用新系统，需要聘请或指派内部培训师进行系统操作和流程变革的培训。

其次，项目的开展与推动更需要技术资源包括硬件设备如服务器、存储系统、网络设备，以及软件工具，包括数据库管理系统、开发环境和测试工具。系统集成是确保现有系统与新系统无缝对接的关键。

再次，财务资源涉及开发成本、运营成本和培训教育的预算。这包括系统开发、定制化设计、实施阶段的费用，以及系统维护、技术支持和日常运营所需的资金。

此外，时间资源的有效管理对于项目按时完成至关重要。项目规划应包括合理的时间表，为系统设计、开发、测试和用户适应新系统提供充足的时间。

同时，信息资源的管理确保数据的质量和安全，涵盖数据收集、清洗、整合和迁移。建立系统操作和故障排除的知识库，使用户能够方便地查询和学习。

最后，变革管理是确保组织顺利过渡到新系统的重要组成部分。这包括管理组织结构和文化的变革，以及制定有效的沟通策略，确保所有利益相关者了解系统的好处和变革的必要性。

### （四）计财管理一体化信息系统建设及应用中遇到的问题及解决方案

（1）项目推动缓慢。气象部门层级与单位较多、资金来源与核算相对复杂，导致气象部门建设计财一体化信息系统项目的推动相对困难。为解决该问题要求气象局领导层面的高度重视及持续关注，成立领导小组对项目进行统筹规划，承担监督项目进度的工作，并协调各单位配合进行系统的建设、应用及维护工作。

（2）数据迁移与整合难题。气象部门各单位业务系统与财务系统分散建设，数据口径、数据格式并不统一，导致系统间数据融合困难。本案例通过建立财务数据收集分系统，将散落于各个系统中的与财务相关的数据收集整理，为计财管理一体化信息系统提供数据基础，为气象业务发展和政务管理提供支持。通过高度汇聚融合气象计财和项目管理基础数据，构建计财和项目管理综合分析功能，在单位预决算分析与资产分析的基础上，开展资金支付、资产管理、银行账户、计财监控预警、工程项目等数据关联分析，达到计财管理一体化信息系统为管理决策提供计财数据支撑。

（3）技术更新与维护成本。随着技术的快速发展，计财管理一体化信息系统可能面临需要频繁更新的情况，并带来较高的维护成本。对此，本案例积极争取中央财政资金的持续投入，确保系统更新的资金支持，在系统建设时，以信息资源共享为重点，采用模块化设计，便于单独更新系统组件与各预算单位定制个性化服务，同时积极向外了解技术的更新，并建立长期技术支持计划。

（4）用户抵抗及适应性。新系统的应用不可避免地会使单位工作人员对新系统的学习产生抵抗与不适应，从而降低工作效率与新系统应用率，本案例通过对工作人员进行持续培训与教育，在系统建设期间强调新系统应用的意义，增强工作人员配合意愿，系统建设时强化系统易用性，通过对系统的功能性的增强鼓励工作人员使用新系统，在系统应用后建立激励机制鼓励用户采用新系统。

（5）安全性和数据保护问题。使用信息系统会存在网络安全威胁和数据泄露风险。为此，本案例通过加强网络建设与管理确保网络与信息安全。通过严格执行国家、部门网络、信息安全相关法规、政策，按照国家气象信息中心的要求加强数据安全建设与管理，逐步建设备份系统，保障网络安全、应用安全、数据安全和信息安全。

# 四、计财管理一体化信息系统的应用成效

第一，计财管理一体化信息系统的应用创新了财务服务模式，帮助气象部门实现了财务流程的在线化，包括报销、支付和记账等环节，提升了效率并降低了错误率。

第二，通过内部控制管理和网上审批，建立了一个覆盖事前、事中、事后的业务监控机制，加强了财务监控的全程化，确保资金使用的规范性和安全性。

第三，通过系统整合与数据汇总，优化了预算控制、收支管理等流程，提高了业财协同能力，加强了资源的合理配置和使用，为计划财务的大数据应用、决策支持提供了大数据基础。

第四，通过建立"部门财务政策研究"平台，为制度建设和内部控制体系的构建提供了有力支撑，提升了财务政策研究和监控预警系统的运行效能。

第五，通过加强风险管理和内部控制，形成了齐抓共管、上下联动的财会监督体系，提升了依法行政的水平，为财务数据中心的组织架构奠定了技术基础，为智慧财务建设提供了信息化保障支撑。

第六，系统的实施促进了云计算、大数据、互联网＋和平台技术在计财管理应用方面的纵深发展，推动了气象部门计财管理智能化的全面发展，为气象高质量发展提供了技术支撑。

# 五、计财管理一体化信息系统建设及应用经验总结

## （一）应用经验

首先，领导的高度重视与人才保障是项目顺利进行的基石，确保了必要的领导层面支持和人力技术资源，在系统的建设与应用中发挥了核心作用。其次，标准化与信

息化基础建设为系统提供了坚实的基础，通过统一的管理体系和核算规范，促进了信息化的全面业务应用。此外，针对工作人员对系统的使用问题运用了多样化的推广方式这一方案，包括循序渐进的实施策略、强化培训和专项督导，提高了系统应用的质量和效果。再次，在方案的设计途中通过充分的调研与论证强化风险控制，有效规避可能导致的技术风险、资源风险与资金投入风险问题。最后，遵循国家政策、法规和行业标准，确保了系统的合规性和可持续发展。

### （二） 改进及发展建议

首先，明确未来发展方向对于系统的持续优化至关重要，项目总结了当前成就，并为构建智能决策平台、加强能力建设、深入财务标准化体系研究等提供了明确指导。其次，技术创新是推动系统发展的关键，在系统的后续使用中，需要持续关注系统的技术更新，以便更好地推动会计数据治理能力建设。最后，探索计财管理一体化信息系统与其他管理会计工具和方法的协同运行路径，进而提升财务管理的效率和效果。

（中国气象局机关服务中心：周　欣　司惠菊　郭雪飞　任振和　董　江　赵空军
石　丽　魏　娟　高广京　席　楠　张　令）

🎓 **案例评语：**

　　该案例聚焦于中国气象局机关服务中心（以下简称"中心"）计财管理一体化信息系统的建设。具体而言，中心通过引入智能财务机器人技术、建立财务数据平台、实现系统集成与业务协同，成功解决了财务管理与业务脱节、信息不透明等问题，推动了部门管理的精细化和智能化。

　　该案例的探索和经验总结对同类行业企业具有较好的实践参考价值。首先，中心以计财管理一体化系统为例展示了推动财务管理数字化转型的有效手段，具有较强的示范作用。其次，中心专门搭建了财务政策研究平台来为其他业务开展提供合规支持。其他部门和企业可以借鉴该案例在系统集成、合规管理和智能化管理方面的成功经验，进一步优化自身的财务管理体系。

# 九、综合应用

# 苏控集团司库体系建设

**摘要**

江苏省溧阳高新区控股集团有限公司（以下简称"苏控集团"）是江苏省溧阳市重点国有独资企业集团，集团下属公司中有 4 家主体信用评级为 AA＋。集团围绕产业园进行市场化开发、载体建设、民生工程等，通过产业投资参与股权投资项目，围绕行业龙头、大型央国企及能源行业拓展核心供应链合作伙伴，为园区企业和住户提供优质服务，招商与运营资产约 120 万方，坚持以产业服务为本，以经营收益为核推进集团各项业务开展。鉴于集团业务板块多、业态多、层级多、账户多等特点，导致集团整体资金状况难以实时掌握，资金监管困难，资金集中度低，资金管理与业务脱节，各公司财务数据处理标准不统一，各项业财资源难以整合，集团管控能力较弱等问题越发凸显。为构建适应集团战略管控要求的管理模式，最终选择了司库管理体系模式。

苏控集团通过 4 年多的时间，集合集团内部力量、软件服务商、银行、电信运营商等相关力量，先后上线移动 OA 和 NC 系统、全面预算、费用控制、投融资、银企直联等模块，经过从 1.0 到 4.0 版本的不断发展和改善，搭建了较为完善的司库管理平台，实现了对集团内所有单位的资金、债务、项目、资产等重要资源的集中统一配置，并通过平台和数据赋能成本管理、风险管理、价值管理和经营决策。

# 一、背 景 描 述

## （一）苏控集团基本情况介绍

江苏省溧阳高新区控股集团有限公司（以下简称"苏控集团"）成立于 2013 年 5 月，是江苏省溧阳市重点国有独资企业集团，经过多年的深耕和发展，2022 年苏控集团已拥有 2 家控股子集团，子公司中有 4 家主体信用评级为 AA＋，累计开发各类物业载体近 600 万方，运营管理资产近 120 万方，正逐渐发展成为多元化发展的大型国有企业集团。

### （二） 司库体系的应用基础

在集团业务规模发展越来越大的背景下，为规范资金结算管理和加强资金集中管控，结合业务发展需要不断探索合适的管理模式，在模式选择上分别经历了统收统支管理模式、结算中心管理模式和司库体系管理模式三个阶段。

### （三） 选择司库体系的主要原因

从集团治理现状来看，传统企业财资管理模式存在财务关系混乱，资金集中度低，业财管理脱节，资金管理风险高，财务成本高等弊端。引入司库体系可发挥资金整合优势，充分降本增效；强化内部监控力度，有效控制风险；提高集团相对地位，获得最优融资；提高数据质量，发挥预算管理功能。通过高效高质的信息提供，给管理层经营决策提供全方位支持，充分发挥预算在运营过程中的事前控制、事中监督、事后跟踪的作用。

## 二、苏控集团司库体系总体设计

### （一） 应用司库体系的目标

本司库管理系统的应用目标是：通过建设资金集中、投融资统筹、全面预算、费用控制、项目管理、资产管理等多功能信息化系统，在货币资金管控方面，实现集团成员单位银行账户和资金流动的信息动态归集和穿透监测，以实现资金动态监控，提高利用效率；在实物（无形）资产方面，提供全方面线上管理，达到无遗漏无重复实时跟踪的效果，盘活资产，发挥价值；在数据报告提供方面，通过高效高质的各种信息化手段，达到实时费用控制、全面预算覆盖的目标，提供各种管理会计报告，助力决策层。扭转传统财务只能事后跟踪的局面，达到事前控制、事中监督。

### （二） 应用司库体系的总体思路

本司库管理体系通过实施专业化的司库管理，搭建跨区域、跨行业司库管理平台，实现集团总部与板块之间的贯通。规划和设计思路主要包括：首先实现集团管理要求、规范操作流程，加强对成员单位的账户、资金结算的集中管控；其次实现对其他金融资产和资源的规范管理，做到费控预算、货币资金、投融资、建设项目、固定（无形）资产的集中管理、线上管理；最后通过数据的抽取、加工，实现数据互联互通，做到数据价值挖掘，助推管理决策链、生产经营链、客户服务链更加敏捷高效，进一步增强战略决策支持深度、经营活动分析精度和财务风险管控力度，打造"价值创造型总部"，增强集团的核心竞争力。

### （三）司库体系的重点内容

根据司库体系建设要求，集团建立由总经理牵头，计财部、综合部、风控部、相关事业部和信息部负责人主抓的项目组，以项目制的形式对司库体系建设工作进行管理。

**1. 资金全生命周期管理，关联系统全覆盖**

通过体系化建设，完成企业资金收支、全面预算管理、债务管理、投融资管理、监管信息对接、数据采集分析等平台的全联全通对接，实现业务流程全线上化管理，数据资产可视化管理。

**2. 以预算管决算，司库体系实现线上化串联**

对于全面预算管理业务，全集团完成预算制定后，预算数据全面维护进财务系统。资金支付和预算管理系统互联，在司库平台完成资金支付后，支付结果信息推送至财务系统，同时数据反馈至项目管理、资产管理、债务管理、供应链管理等各个子系统中，进行流程闭环管理，并相应生成管理会计报告，整个业务流程均采取线上化流转，不仅保证了预算管理执行到位，也极大地提升了工作效率、降低了业务差错率。

### （四）应用司库体系的创新

基于支持战略发展，提升管理效能的要求，集团把司库体系建设纳入全面深化改革方案中，着力做好组织实施工作。历经4年多的探索，司库体系的创新点主要体现在四点：一是制度层面创新，体系智能友好；二是紧扣管理核心，统一管理标准；三是凸显价值管理，统一管理标准；四是数据智能报送，满足监管要求。

通过司库体系的建设，促进业务和财务部门的联动，从事后管理转向事前预测，事中控制，事后监督，全过程参与，财务与业务深度融合，实现整体效益最大化。苏控集团司库管理模式与原模式的对比如表1所示。

表1                                苏控集团司库管理模式优劣对比

| 序号 | 对比内容 | 原模式 | 新模式 |
|---|---|---|---|
| 1 | 原信息化多系统状态 | 各自为政 | 互联互通 |
| 2 | 资金集中度及结算效率 | 普通 | 极高 |
| 3 | 资金管理的风险防控 | 一般 | 较强 |
| 4 | 决策支持能力 | 滞后 | 实时 |
| 5 | 精细化管理程度 | 粗糙 | 精细 |

# 三、苏控集团司库体系应用过程

## （一）参与部门和人员

苏控集团司库管理建设参与部门和人员的情况如表2所示。

表2                                项目参与部门和人员

| 主要任务阶段 | 责任部门 |
|---|---|
| 全面负责组织实施 | 集团总经理 |
| 项目推进情况跟踪及协调 | 综合部、计财部 |
| 管理制度制定及实施 | 综合部、计财部、风控部、相关事业部 |
| 项目模型设计 | 计财部 |
| 内部控制设计 | 风控部、计财部、综合部 |
| 软件公司商务谈判 | 计财部、综合部 |
| 银行产品调研与对接 | 计财部 |
| 项目立项书 | 项目经理、计财部 |
| E化资料类设计（主文档、流程类、接口类等） | 信息部 |
| 软件公司开发（方案评估确认/进度跟进）——OA端/银行端/NC端/业务端 | 集团各部门及事业部负责人 |
| 项目测试（OA端/银行端/NC端/业务端） | 集团各部门及事业部负责人 |
| 试点正式上线运用 | 集团各部门及事业部 |
| 项目结项书 | 项目经理、计财部 |

其中参与各方的主要职责分工为：集团总经理全面负责司库建设工作，带队进行

调研软件实施方，定期召开司库建设推进会议。综合部对各部门的职责进行分配，主导管理制度制定及实施，将司库建设纳入各部门绩效考核内容，并对各部门进行监督，协调各部门之间关系，实现项目有序推进。计财部修订管理制度，参与司库内控设计，对软件公司和银行进行调研谈判，设计项目模型协调银行与软件方进行系统对接并完成相关测试；对司库建设运行过程中问题收集并汇总向信息部及软件方反馈；参与项目验收。风控部参与制度管理制度法审，结合风险管控需求设计审批环节，细化控制活动、识别内控薄弱环节。信息部参与软件公司的前期调研，制订网络规划与设计，并组织实施；与软件方对接系统的开发，承担系统日常运行维护工作；根据各部门的运行反馈对系统进行优化；参与系统管理与维护工作，并提供技术支持；信息部负责人作为项目经理协助司库建设推进参与项目验收；各事业部对相关系统进行测试，根据管理需求提出改进意见。

### （二）应用司库体系的信息化条件

根据苏控集团司库体系建设的经验总结，司库体系建设的信息化条件包括：

（1）完备的技术组织架构和人员配置，集团于2018年成立信息部，截至2023年6月30日信息部成员8人，其中，投入本项目建设人员5人。

（2）基于业务组件分层的应用架构，系统包含平台层、业务组件层和应用层，平台层是根据底层系统级功能服务的封装和实现；业务组件层是通过针对业务进行分析和提炼，将某一类的业务功能作为独立的"零部件"单独实现，然后再将这些"零部件"合理地组装起来，实现所需的业务品种功能，从而实现快速开发和代码复用；应用层是针对业务需求的具体实现，包含了各业务模块等完整的多资金管理平台建设项目。

（3）技术架构保持前沿和成熟，架构遵循J2EE开发技术栈，采用组件化、动态化的软件技术，利用一致的可共享的数据模型，按照界面控制层、业务逻辑层、数据层实现多层技术体系设计，通过一体化企业级平台的应用集成，实现业务的各接口组件能够协同工作、方便地集成与重用。

### （三）具体应用模式和应用流程

苏控集团高度重视国资委对司库体系建设要求，认真谋划，谨慎搭建，扎实推进，通过4年时间不断地持续建设，分四个阶段逐步完成平台建设工作。其中，司库1.0规划设计阶段，主要工作包括：外部管理制度调研学习、内部管理制度和业务流程设计，司库体系架构设计；上线NC系统和移动OA系统，为司库体系建设奠定了坚实的基础。司库2.0线上化实施阶段，主要工作包括：构架司库运营平台，上线预算、费控和融资管理模块；实现 OA 与 NC 的平台对接，并且开展银企直联接入工作，实现财务结算线上化，提升了结算效率。司库 3.0 互联互通阶段，主要工作包括：上线债务管理模块，加强数据治理工作，实现与市国资委、财政局、金融局债务财务监管系统对接；上线供应链管理模块，加强客商、订单、仓储、结算系统化管理；通过司库平台对接主要合作银行的银企直联服务，进一步提升资金结算效率。司库 4.0 提质增效阶段，主要工作包括：加强司库体系与前端业务系统和财务系统对接，实现各系统数据集中抽取和共享；实现集团内资金业务的集中监控、现金流的统一规划和调配等工作；深挖数据价值，提高数据分析利用水平，为集团资金管理提供辅助决策支持。集团司库体系实施路径如图 1 所示。

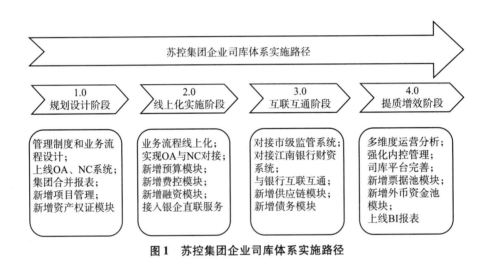

图 1　苏控集团企业司库体系实施路径

### 1. 司库 1.0 规划设计阶段（2018～2019 年）

制度建设及审批流程设计：根据司库体系建设推进计划，集团综合部牵头对原有的管理制度进行修订，梳理业务审批流程，协调各个部门的资源，上线 OA 办公系统。OA 以权限管理为基础，基于公司实际需求，围绕组织、职能、岗位建立层次清晰的线上流程审批平台，明确流程审批节点，智能生成业务流程。发起人可进入系统选择相应审批流程进行录入并提交，系统自动匹配设置的审批流程，逐级推送至相应审批人，流程节点中审批人待办、已办、已发、终止等流程均在相应模块，流程涉及人员均可在相应模块中实时跟踪审批节点，流程审批结束后不再允许进行任何操作。

上线用友 NC 系统和项目管理模块：集团公司经营范围广，涉及行业多且杂，急需统一各项规则，梳理相应数据。经过前期调研初步上线用友 NC 总账、应收管理、应付管理、资产管理、资金管理、合并报表，同时上线项目管理系统，并同步嵌入 NC 与 OA 中。上线半年内原财务系统与 NC 双系统并行，其间对所有财务人员培训并定期组织系统操作考试。该阶段是整个系统上线最关键的阶段，计财部安排专人负责系统问题收集及对接，及时向对接责任人反馈问题。如不能自行解决，则按日汇总提交给软件项目组，项目组在 24 小时内予以解决。其中合并报表模块，在系统中预置多种合并、抵消等规则，实现自动生成调整、抵消分录，合并业务自动化，调整、抵消可审批控制，保留工作底稿，一键生成报告，灵活自定义。

**2. 司库 2.0 线上化实施阶段（2020 年）**

OA 与 NC 系统对接：在进行 OA 与 NC 对接之前，首先由 IT 人员确定系统接口，再进行关联，并对接软件供应商进行相应的财务参数设置。例如，员工在 OA 中发起付款申请，OA 审批完成后，通过接口将相关数据传送至 NC 系统，直接生成财务凭证，经财务人员确认后自动记账。

预算、费控模块上线：在系统内根据期间、费用类型、部门、所属行业等维度建立预算体系。集团建立一定额度的预算，自上而下进行预算编制与发布。各部门及事业部，在 OA 系统进行预算的填报、汇总。OA 系统可以根据不同支出类型跟踪预算执行，生成各类预算分析报表，进行全局控制并根据不同权限实时展现预算执行情况。苏控集团同步上线了费控模块，实现预算的控制与费用控制紧密相关，费控与预算数据融合交汇。

银企直联上线并对接 OA 系统：首先，结合业务需求、银行服务能力、费用等因素进行综合评估，选择合作银行。首批选择中国银行、建设银行、工商银行、中信银行和兴业银行作为接入银行，直接在 NC 端接入银企直连，配置前置机与银行接口、NC 系统对接。同步，在 OA 端开发内部资金调拨、划转流程，并与 NC 端、银企直联端进行对接。资金调拨与支付分集团内外部两种情况：（1）内部方面，进行相应授权，由出纳在 OA 系统发起内部资金调拨流程，审批完成后该单据自动推送至 NC 系统，发起人签字、复核人结算后即进行支付，支付指令状态可实时跟踪，结算成功后推送至 NC 自动生成凭证。（2）外部付款，由业务经办人员在 OA 端发起，系统审批完成后，自动推送至分管出纳的 OA 待办事项模块，出纳在 OA 端提交付款申请后单据即可推送至 NC 系统银企直连模块进行支付。支付成功后，自动在 NC 系统中记账生成预制凭证，流程发起人可在 OA 系统中查询支付状态，付款业务顺滑高效。

**3. 司库 3.0 互联互通阶段（2021～2022 年）**

升级司库管理模块：该阶段主要重点集中于各系统的整合贯通，并将现有各系统进行升级迭代，特别是将银企直联升级为司库管理系统，将更多的银行纳入系统中，实现互联互通。

互联互通银行及业务情况如图 2 所示。

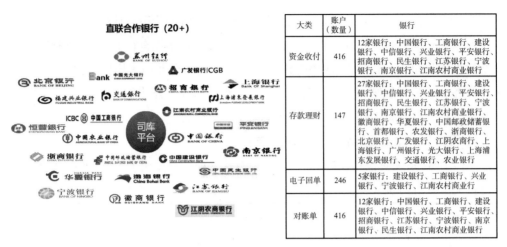

**图 2 银企互联及业务分布**

开发供应链模块：集团供应链业务中有部分是物资收购并加工，该业务量大、供应商杂，手工处理极易出现差错，为全面控制物资供应过程，有效降低物资采购风险，苏控集团与本地税务局联合，根据集团与税务需求，向软件公司定制，开发了在线签署且具有法律效力的供应链模块。首先，在系统中对采购产品、供应商信息进行维护，要求供应商下载供应链小程序并上传相应资质以便后续业务开展；其次，业务进行过程中，采购人员进行需求确定，明确采购货物种类、数量、质量要求等信息；根据确定的采购需求，系统中选择目标供应商，并在系统中发送采购订单至供应商端；供应商在系统中进行确认并在线上完成合同签订，提高采购订单效率；系统跟踪相应物流信息，直到货物交付；交货完成后自动汇总相关付款信息，采购员在 OA 端发起付款即可。全过程采购业务都对重要节点（如合同签字、卡车过磅、上下货物、进出厂房等）进行自动截图、录取视频等，并同步上传至云服务端。订单、物流、合同等数据都自动上传至云端保存，并可视权限进行批量下载。该供应链系统整体颠覆了物资行业传统手工作业传统，直接将物资采购从"拉马车"状态拖入"高速公路"狂飙中。

上线债务管理模块：上线债务模块融入 NC 之中，实现集团融资数据集中，融资业务统一审批管理。首先，对融资业务进行分类，完成融资项目立项、担保抵押、融资计划等，对融资过程进行跟踪管理，包括综合成本、合同、授信额度等，及时掌握融资情况；其次，动态掌握集团债务数据，如各金融机构扣息情况、融资余额、授信额度等，各项融资数据在系统中实时可查；最后，实现债务预警功能，还本付息计划、融资成本差异等定时预警，实现贷后债务的精准管理，防范债务逾期风险。

债务管理模块如图 3 所示。

**图 3　债务管理模块**

对接市级监管系统：为在全市实现监管系统数据的自动化升级，苏控集团与财政局和金融局系统进行对接，实现自动抓取财务及相关债务数据，不再需要手工申报，也方便使用单位对数据进行分析处理。经过近几年的系统打磨，苏控集团的工作效率与质量在本地国企中名声大振，溧阳市财政局与金融局几次派其他国有企业前来苏控集团参加学习，并参照苏控集团上线为榜样，要求其他国企尽快实现信息化提升。

**4. 司库 4.0 提质增效阶段（2023 年）**

2023 年苏控集团着手进行司库体系提质增效工作。在实现各基础功能模块的基础上，充分挖掘各事业部前端业务系统和财务系统功能，提升数据价值，各系统各板块数据共享，实现数字化管理。

完善司库架构：通过账户集中、资金集中、票据集中、融资担保资源统筹、预算统筹等"集中"应用模式，实现对集团内资金业务的集中监控、现金流的统一规划和调配、关键业务的审批、预算控制、业务的事中控制和预警，利用"司库系统"平台的统一，发挥集团资金业务的"垂直管控"。取得的业务成效详见下文四。

司库运营平台架构设计如图 4 所示。

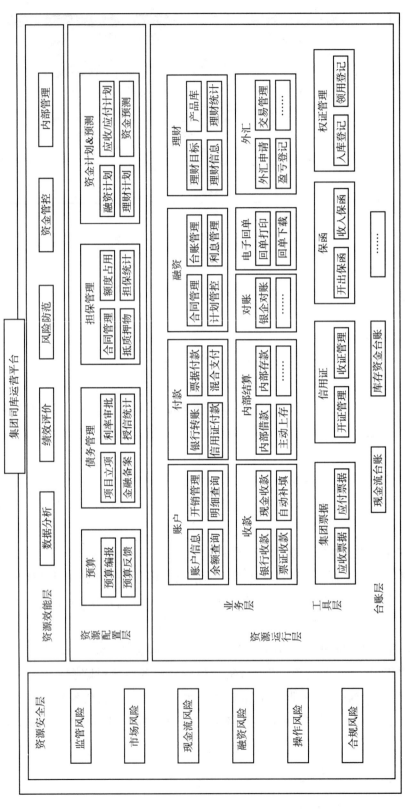

**图 4　司库运营平台架构**

完善 BI 报表：司库体系的建设，方便对集团资金流动性及外汇业务进行跟踪分析，对可疑资金行为及时预警，揭示、防控集团公司在资金收支、外汇敞口、流动性等方面的风险，提升资金风险防范能力。通过数据模型管理银行账户、资金收支、资金计划、投融资、外汇收支等全流程资金数据，进行多维度分析，挖掘数据价值，提高数据分析利用水平，并为集团资金管理提供辅助决策支持。形成了一整套的 BI 分析报表。

增加票据池模块：银行承兑汇票作为商业社会资金结算的一种重要形式，在苏控集团的资金结算中占据相当比重。为提升票据结算效率、降低票据结算成本和实现票据的全生命周期管理，集团新建"票据池"模块，实现票据集中入池管理，并与部分银行的票据银企直联服务进行对接。

在实现集团内部票据的集中管理之后，集团主动对接银行票据池业务，在票据入池后，通过质押方式，实现大票拆小票、小票并大票、票据期限错配和质押融资贷款等，满足各类结算效率需求，并实现降低融资成本的诉求。

票据池功能如图 5 所示。

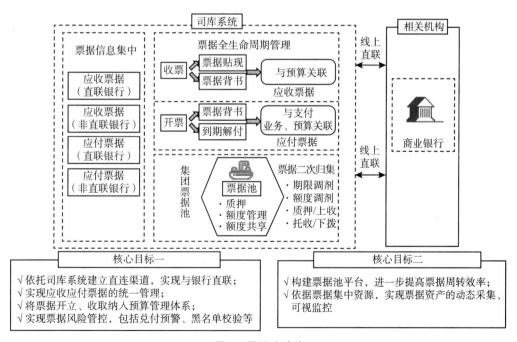

**图 5　票据池功能**

新增外汇管家：传统外汇业务，对于业务合规性和真实性的审查较为严苛，很多银行都需要业务人员携带各样手续临柜办理。线下业务办理，还经常因为各种差错导致业务办理时长不可控，业务的办理效率不高，且体验度差。在各项业务逐步线上化的过程中，为提升集团外汇业务效率和准确率，集团积极对接相关银行，调研银行的外汇业务线上化程度。经过多方调研，最终选定常州本地银行——江南农商行和异地城商行——宁波银行作为外汇业务合作对象。在后期的合作过程中，两家银行积极响应集团的各项外汇业务线上化的需求，在服务速度和服务质量方面都有很可靠的保障，为集团外汇业务发展提供了有力的支持。

### （四） 实施过程中主要问题和解决方法

（1）支持层面：在司库体系建设过程中，如何取得集团成员对资金集中化管理的支持，并在建设过程中得到总部各部门配合。

解决方案：集团成员的主要责任人均由集团进行任命，集团通过制度化管理和长期的宣贯工作，或者主要责任人对资金集中化管理的支持。同时集团领导根据监管机构对国有集团公司财务管理的透明度和可追溯性的要求与时俱进、司库体系对于集团数字化转型和高质量发展有着高度的认知。在平台建设的过程中，由领导层支持项目自上而下推进。明晰各部门权责，把各部门负责人作为信息化建设的责任人，多部门分工协作确保项目推进速度与建设质量。

（2）协同方面：如何协同所有合作银行和 ERP 厂商，实现各系统对接、所有资金、票据、投融资业务线上联通化和数据互联互通。

解决方案：一是从业务合作层面入手，站在国有集团公司与银行方合作平等关系角度出发，宣传司库体系建设的必要性、重要性和价值，打消各家银行对存款流失的顾虑，引导银行分支机构积极配合，达到双赢，推进系统间的互联互通；二是从平台建设方案层面推进，兼顾低成本和短周期的安全、可靠解决方案，确定好各参与方的权责，协同开展项目建设工作，达到预期效果。

---

# 四、苏控集团司库体系取得成效

### （一） 提升监管水平，实现实时监控

建立集团统一的司库管理制度，制度嵌入 OA 审批流程，将业务系统、OA 审批系统、资金管理系统与 NC 财务系统互联互通，借助数字化司库体系建设，对集团资金管理、融资管理、预算管理实现内控执行痕迹化管理，如表 3 所示。

表3                                           集团业务流程对比

| 审批项目 | 流程内容 | 使用部门 | 传统控制流程 | 优化后流程 |
|---|---|---|---|---|
| 资金集中 | 内部资金划拨、内部资金调转等资金归集审批 | ALL | 线下审批 | 线上审批 |
| 资金结算 | 差旅报销、项目付款、税费缴纳等 | ALL | 线下审批 | 线上审批 |
| 资金预算 | 预算收支计划、预算执行分析、预算调整等 | ALL | 线下审批 | 线上审批 |
| 债务融资 | 融资授信立项、担保、还本付息、融资利率等融资相关流程 | 金融部 | 线下审批 | 线上审批 |
| 账户管理 | 银行账户登记、变更、注销等 | ALL | 线下审批 | 线上审批 |

## （二）提高结算效率，增加资金收益

司库系统单日付款量最高可达上万笔，系统快速响应，大幅降低财务工作量，提高处理效率。在资金成本方面，归集沉淀资金、提高闲置资金收益率，如通过资金汇集使账户达到银行协定的存款起息标准等方式的经济效益，如表4所示。

表4                                        2022年成本节约明细                                   单位：万元

| 序号 | 成本节约项目 | 成本节约内容 | 金额 |
|---|---|---|---|
| 1 | 人工成本 | 与2019年相比管理账户数量增加3倍，资金结算量增加4倍，约节省6人工作量，按10万/人/年计算 | 60 |
| 2 | 活期资金收益 | 活期资金归集，与金融机构协商较高协定存款利率或办理通知存款。集团平均活期资金约3亿元，银行活期存款年利率约0.3%，协定或通知存款利率1.55%，活期资金收益可提高 $30000 \times (1.55\% - 0.3\%) = 375$（万元） | 375 |
| 3 | 贴现成本 | 银行承兑汇票统一询价，集中办理贴现业务，现银票贴现利率低于市场平均利率，整体约降低10bp*。年贴现银行承兑100亿元，节约贴现成本 $1000000 \times 0.1\% = 1000$（万元） | 1000 |
| | | 累计节约成本 | 1435 |

注：* 在金融方面，"bp"是"Basis Point"（基点）的缩写，是债券和票据利率改变量的度量单位。1个基点等于0.01%，即1%的百分之一。

## （三）控制融资规模，降低融资成本

通过司库体系进行全方位现金流预测，根据资金计划缺口确定融资需求量，有效控制债务规模。建立融资业务集中审批制度，发挥统一融资优势，积极与金融机构进行议价谈判，采用借新还旧等方式置换高利率融资，有效降低融资成本。

### （四）对接监管机构，强化风险管控

2021 年集团 NC 系统已与溧阳市财政局债务系统互联，实现与财政监管的互联互通。基于司库建设平台，实现资金业务数据与财务数据共享及财务凭证的协同处理，对现金流入流出整合分析。集团凭此在市各部门的信息化建设中发挥示范带头作用，获得多家来访企业的认可，目前不少企业已投入各自的信息化建设中。

### （五）强化预算管控，提升预算效能

2021 年末预算管理系统上线，实现预算申报、预算审核、预算批准、预算执行、预算反馈等方面线上管理。预算指标作为各部门、各事业部的绩效考核重点，促使各部门在日常工作中践行"经营收益为核"的管理原则，使集团各项工作呈现稳中有进、持续向好的良好发展态势。

### （六）深化管理会计，体现数据价值

利用司库数据资源充分发挥资金集中管理、监控等作用，结合风险控制、融资成本、预算分析、资金管理、项目管理等模块，运用大数据、人工智能等先进技术手段，定时为各部门提供全方位数据分析，支撑战略决策管理，为企业重大经营投资活动提供数据支撑。

---

## 五、苏控集团司库体系经验总结

### （一）司库体系的基本应用经验和体会

司库体系作为集团资金、融资、预算、监管对接、决策支持的核心系统，在应用方面的基本条件包括：集团需具有完备的制度和业务管理办法；具有一定的信息化建设能力，并且持续对信息化建设工作进行维护、迭代更新。

为保证司库体系的有效性，须确保其对于集团内各类资源的掌控力，现金票据管理、资本结构设计、授信资源分配、资金投资规划等管理工作需要自上而下的推广，部门间协同推进。成功建设司库体系的关键因素包括：一是集团领导层的高度重视和有力督进；二是高质量的信息技术开发实力保障；三是规范化的项目管理流程；四是司库体系涉及银行在业务方面的支持。

### （二）对发展和完善司库体系的建议

**1. 加强核心技术掌控，提升内部信息技术团队建设工作**

司库体系作为集团业财融合的核心系统，集团在充分发挥此平台的功用方面，需要练好内功，加强技术团队的培养，掌握核心技术。要形成统一、周全的资金管理制度和流程，在规范集团内公司资金行为的同时提升资金服务水平以协调各方诉求，还要加强企业现金流的监控和追踪，确保企业资金利用的安全和效率。

**2. 推进合作银行系统升级，协同搭建标准化体系**

作为地方性国资平台，有着一定的地方性城商行和农商行合作关系，为更好和更加标准地搭建司库体系，集团主动推进城商行、农商行系统升级迭代，通过组织国有行、股份行、城商行、农商行的业务与技术人员讨论，推动相关方完善自身系统，保障司库系统与各参与银行的服务对接。

（江苏省溧阳高新区控股集团有限公司：史云华　吕骏菲　俞　波）

🎓 **案例评语：**

该案例针对集团业务板块多、业态多、层级多、账户多等特点，以及集团整体资金状况难以实时掌握、资金监管困难、资金集中度低、资金管理与业务脱节等问题，为构建适应集团战略管控要求的管理模式，选择了司库管理体系模式。该公司的司库体系的创新点主要体现在四点：一是制度层面创新，体系智能友好；二是紧扣管理核心，统一管理标准；三是凸显价值管理，统一管理标准；四是数据智能报送，满足监管要求。司库建设在促进企业提升监管水平、实现实时监控、强化预算管控、提升预算效能、强化风险管控等方面起到了非常积极的推动作用。

案例在集团公司司库体系建设方面具有很好的借鉴价值。

# 基于平衡计分卡的浙江社保股权
# 综合发展指数构建与应用

**摘要**

浙江省财务开发有限责任公司设立于 1988 年，重点承接管理运营全省划转充实社保基金的国有股权工作。公司在社保股权管理作了诸多有益探索，但因社保持股企业数量多，行业跨度大，资产质量及经营情况差异显著，信息未有效集成和价值分析，缺乏整体性指标来反映和监测社保持股企业整体运营及资产变动情况，管理精细化程度有限，难以快速为经营决策提供支持。

因此，公司采用平衡计分卡等多项管理会计工具，结合公司股权管理业务实际，经过实地调研、数据分析及内外部专家讨论等方式，采用 31 个财务及非财务的指标，并予以科学赋权，通过指数计算模型，构建了浙江社保股权综合发展指数体系。通过编制年度和月度指数，反映和监测社保股权资产整体运营情况，为社保股权分级管理提供依据，推进"精细化"管理；运用指数多维度分析手段，对社保股权经营管理过程中发现的问题和短板进行跟踪分析，提升管理质效，全力打造社保股权管理运营"浙江样板"；依托指数体系，强化对社保持股企业的价值分析和前景分析，挖掘业务投资机会，促进优质资源共享和精准赋能，推动社保持股企业高质量发展。

# 一、案例背景

## （一）公司基本情况

浙江省财务开发有限责任公司（以下简称"公司"），承担管理运营政策性、功能性、财政性资产的职责，重点承接管理运营全省划转充实社保基金的国有股权（以下简称"社保股权"）以及开展其他股权的投资运营工作。2018 年，公司作为浙江省划转企业国有股权的承接主体，在省财政厅等主管部门的指导下，完成了试点企业划转承接任务。2020 年，公司率先完成所有社保持股企业的划转。

### （二） 管理会计应用基础

管理会计作为企业高质量发展的助推器，能够全方位提升企业发展质量和水平。公司在预算管理、绩效评价等过程中应用管理会计工具，促进社保股权业务方发展。但公司在社保股权管理方面，仍存在诸多难点：

（1）社保持股企业数量多，缺乏整体性指标来反映和监测这些企业的整体运营情况。全省共划转了 157 家大中型国有企业中，公司仅通过股东会议案、分红收缴和年度审计报告等渠道了解社保持股企业状况，缺乏整体性指标体系来反映和监测社保持股资产情况。

（2）社保持股企业资产质量及经营情况差异大，管理精度、广度和深度不够。社保持股企业行业跨度大，遍布金融、经济、民生各个行业，资产质量良莠不齐，社保股权主要为国有非上市企业股权，盈利情况参差不齐，流动性较差，股权退出存在较多限制。基于管理难度和信息不对称等因素制约，公司管理精度、广度和深度不够。

（3）社保持股企业信息分散，难以快速为经营决策提供支持。公司已上线社保股权管理系统，实现议案办理、分红收缴、统计分析等功能，但仍有部分工作流程未实现全链条管理、业务场景分散以及数据缺少整合等问题。

### （三） 管理会计工具方法的选择

公司选择应用平衡计分卡等管理会计工具方法，设计浙江社保股权综合发展指数（全称浙江省充实社保基金国有资本综合发展指数，以下简称"社保股权指数"）体系。

平衡计分卡从财务、客户、内部业务流程、学习与成长四个维度，提供了全面的指标体系，能对社保持股企业进行综合性的评价。此外，平衡计分卡重视完善内部业务过程、加强学习与成长，有助于推动社保持股企业完善治理和提升管理。

---

# 二、总体设计

## （一） 总体设计思路与目标

在浙江省高质量发展建设共同富裕示范区的背景下，为科学评价我省社保股权资产质量，提升公司社保股权资产价值管理水平，助力打造共富型社保股权资产运营商，公司率先设计和编制社保股权指数。总体设计思路如图 1 所示。

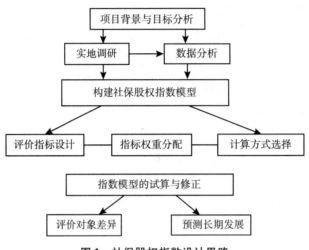

**图 1　社保股权指数设计思路**

首先，实地调研社保持股企业，了解企业的特点和发展情况；其次，多维度进行历史数据分析；再次，围绕社保股权管理目标，以平衡计分卡体系为基础，充分利用科学的指标体系，确定指标权重分配，用数字化算法模型，构建社保股权指数和分析模型；最后，利用指数综合性、动态性、系统性展示复杂的现象、事物变化规律和积累历史数据，揭示评价对象的差异，进一步预测评价社保股权资产长期发展趋势。

预期目标主要包括以下三个方面：

（1）强化业财深度融合，构建社保股权指数。通过建立多指标综合评价的社保股权指数体系，用动态指数展示浙江省社保持股企业整体的运营情况，从而把握社保资产整体变化趋势，及时发现社保持股企业的风险和问题。

（2）强化评价与分析，精准赋能企业发展。通过社保股权指数的分析与评价，挖掘社保持股企业内外部数据价值，初步形成企业画像，用数据客观反映经营管理业绩与成效，揭示存在的不足与短板，为社保股权管理统筹施策提供支持。

（3）强化决策支持，推动浙江模式走在前列。围绕各类项目资源，利用社保持股企业在产业资源开发、产权置换等方面具有的成熟经验，深挖各类产业链价值，通过深度合作撬动地方政府和社会资源，激发各类企业活力。

### （二）相关管理会计工具

本案例主要应用了以下管理会计工具：一是平衡计分卡，平衡计分卡从财务、客户、内部业务流程、学习与成长四个维度提供了一系列的绩效指标体系，能对企业进行综合性的评价。二是关键绩效指标法，关键绩效指标法是将价值创造活动与战略规划目标有效联系，识别和提炼出最能有效驱动企业价值创造的指标。三是风险管理工具，通过对企业风险进行有效识别、评估、预警和应对来控制总体风险和主要风险在风险容忍度内。

### （三）应用创新

#### 1. 应用内容的创新

划转国有资本充实社保基金是一种战略性、储备性、预防性的政策安排，但在社保股权管理评价方面，理论研究和管理实践中都缺乏相应的工具。公司通过大量理论研究和调研，深度融合业务和财务，设计和编制社保股权指数，这是全国社保股权管理领域第一个创造性的指数，不仅为股权管理和经营管理决策提供支持，也可为国有资本管理公司或国资监管部门提供创新的管理思路。

#### 2. 应用方法的创新

管理会计工具多应用于企业内部的经营管理，而在构建社保股权指数的过程中，公司是从外部管理者角度去对股权进行评价，并综合运用多项管理会计工具。同时，应用过程不拘泥于管理会计的常规做法，紧贴业务管理需要，创新实践业财融合。

# 三、应用过程

## （一）参与部门及分工

社保股权指数项目在公司管理层的领导下，由公司社保股权管理部、计划财务部、外部专家等成员组成项目组。具体的分工如下：

（1）公司管理层。公司管理层对本项目起领导核心作用，大力支持项目的开展，调配项目实施所需的资源，从内部专家的角度提出指数编制的指导意见。

（2）社保股权管理部。社保股权管理部门组织社保股权指数项目的开展，参与方案的制订，做好各方的协调与沟通工作，获取社保股权企业的各类数据。

（3）计划财务部。计划财务部深度参与社保股权指数编制方案的制订，全程参与指标体系的设计及完善、指数的编制及数据整理的过程，提供管理会计的应用指导。

（4）外部专家。外部专家提供指数编制、大数据采集分析等方面的指导。浙江省内相关领域专家参与项目成果的评审。

## （二） 管理会计应用环境

社保股权指数项目的应用环境主要涉及管理会计理念、数字化系统和基础数据来源三个方面。

### 1. 管理会计理念的认知提升

管理会计理念是推动管理会计实施的重要基础，管理会计应用对企业战略、运营和风险管理等各方面均有重要的提升作用。计划财务部认真研究管理会计的相关理念和具体工具方法，并向业务部门普及相关理论知识，提升公司各级人员对管理会计的认知，保障管理会计应用的效果。

### 2. 数字化系统的加速建设

社保股权业务系统是社保股权业务的基础系统，一期建设已完成，所有社保持股企业基础数据、财务数据等相关信息均纳入系统管理，主要服务于议案审核等流程的日常管理，数据统计和分析功能较薄弱。公司的财务核算系统是金蝶软件，是市面上较为成熟的财务软件，用于社保股权资产的会计核算。指数信息系统是专门为社保股权指数新设的系统，具有底层数据的存储、分析和指数编制、展示等功能。

目前，公司正加速推进社保股权系统二期、财务系统一体化及管理驾驶舱等系统应用的建设，旨在打破各系统间的数据壁垒，创建更清晰、更广泛、更有价值的数据仓库和展示平台。

### 3. 基础数据来源的收集获取

鉴于社保股权指数的编制需要大量社保持股企业的基础数据，主要数据来源包括年度财务决算报表、年度审计报告、外部公开信息披露数据以及内部统计数据。财务决算报表数据由公司向上级主管部门申请，从年度财务决算系统内提取，审计报告数据由社保持股企业提供，外部公开数据由社保股权管理部门自行收集，内部统计数据由公司计划财务部提供。

因数据来源的及时性直接影响社保股权指数编制的准确性和有效性，社保股权管理部门和计划财务部重点关注数据来源的收集和管理，以保障社保股权指数及时准确编制。

## （三） 具体应用流程

社保股权指数整个项目历时近半年时间，历经指数设想的提出、实地调研社保企业、分类梳理企业情况、指数的构成内容、指标体系的设计以及指数的编制等一系列过程，并经过项目组多轮的探讨与论证，最终形成社保股权指数。

**1. 实地调研**

为更好地了解社保持股企业情况，更有效地开展赋能与合作，以建立更科学有效的指数指标体系，公司开展了大走访大调研活动，由公司领导分别带队实地调研了近百家社保持股企业，主要从企业主营业务、财务经营情况、项目投资及履行社会责任等多方面进行深入了解，为后续指标体系建设夯实基础。

**2. 分类梳理**

根据整理的社保持股企业历史数据，项目组从地区和行业分布、权益、盈利等角度对持有的157家社保企业进行分类梳理与分析。

（1）地区与行业分析。

从地区分层来看，省级企业29家，占比为18%，基本覆盖社会经济民生发展各领域；市级企业53家，占比为34%，主要为各市的城交投、文旅投资及产投等；县级企业75家，占比为48%，包括各区县市的国投、城交投、文旅投资等。从行业分层来看，社保持股企业遍布各类行业，其中，城建投资类企业最多，有25家，占比为16%；国有资本投资类企业有19家，占比为12%；国有资本运营类企业有16家，占比为10%；公共性服务业类企业有15家，占比为10%（见表1）。

表1　　　　　　　　　　　地区及行业分类情况

| 地区分类情况 | | | | | |
| --- | --- | --- | --- | --- | --- |
| 地区 | 家数（家） | 占比（%） | 地区 | 家数（家） | 占比（%） |
| 省级 | 29 | 18 | 金华市 | 12 | 8 |
| 杭州市 | 26 | 17 | 舟山市 | 12 | 8 |
| 宁波市 | 20 | 13 | 嘉兴市 | 10 | 6 |
| 温州市 | 10 | 6 | 台州市 | 9 | 6 |
| 绍兴市 | 10 | 6 | 丽水市 | 7 | 4 |
| 湖州市 | 11 | 7 | 衢州市 | 1 | 1 |
| 行业分类情况 | | | | | |
| 大类 | 家数（家） | 占比（%） | 大类 | 家数（家） | 占比（%） |
| 国有资本投资类 | 19 | 12 | 产业集团类 | 9 | 6 |
| 国有资本运营类 | 16 | 10 | 制造业类 | 5 | 3 |
| 城建投资类 | 25 | 16 | 基础性服务业类 | 10 | 6 |
| 交通投资类 | 13 | 8 | 生产性服务业类 | 13 | 8 |
| 文旅投资类 | 11 | 7 | 消费性服务业类 | 12 | 8 |
| 产业投资类 | 9 | 6 | 公共性服务业类 | 15 | 10 |

（2）社保股东权益分析。

社保股东权益是社保资产最重要的组成部分，2021 年度审计报告显示，全省社保股东权益合计 2293.37 亿元。省属 29 家企业社保权益合计 401.27 亿元，占总权益的比重为 17.49%；各地市中，社保股权权益规模排名前三的为杭州、宁波和绍兴，杭州市 26 家企业合计社保权益 546.40 亿元，占比为 23.83%，宁波市 20 家企业合计社保权益 285.67 亿元，占比为 12.46%，绍兴市 10 家企业合计社保权益 270.47 亿元，占比为 11.79%（见表 2）。

表 2　　　　　　　　　社保权益地区情况（排名前 8）

| 地区 | 企业数（家） | 净资产（亿元） | 归母净资产（亿元） | 社保股东权益 | |
| --- | --- | --- | --- | --- | --- |
| | | | | 规模（亿元） | 占比（%） |
| 省级 | 29 | 7725.82 | 4388.07 | 401.27 | 17.49 |
| 杭州市 | 26 | 6021.50 | 5317.84 | 546.40 | 23.83 |
| 宁波市 | 20 | 3627.93 | 3220.02 | 285.67 | 12.46 |
| 绍兴市 | 10 | 3129.99 | 2727.95 | 270.47 | 11.79 |
| 嘉兴市 | 10 | 2214.32 | 2000.78 | 169.14 | 7.38 |
| 湖州市 | 11 | 1916.55 | 1776.83 | 136.67 | 5.96 |
| 台州市 | 9 | 1715.82 | 1565.44 | 121.19 | 5.28 |

（3）盈利分析。

2021 年度审计报告显示，在全省社保持股企业中，有 136 家企业当年盈利，21 家企业亏损；盈利企业中，净利润过亿元的企业共 87 家，10 亿元以上的共 20 家，在这 20 家中，省属及杭州地区企业 16 家，占比为 80%。另外，营业总收入在百亿元以上的企业共 26 家，其中有 7 家企业营收超 500 亿元，5 家超 1000 亿元。

全省社保持股企业净资产收益率分化比较严重，平均净资产收益率仅为 2.5%，大部分企业净资产收益率处于 0~3% 的区间内，仅 18 家企业净资产收益率高于 10%。117 家地方投融资平台，盈利能力较弱，对财政补助的依赖度较高。综合 2019~2021 年三年数据，平均净资产收益率在 5% 以上的企业有 42 家，仅有 10 家企业年均净资产收益率达到 15% 以上。

**3. 设计指标体系**

在分析现有社保持股企业情况后，项目组初步确定以平衡计分卡的绩效评价指标为社保股权指数体系的框架。经参考相关文献，在选取较多可以应用的指标作基础上，项目组多次组织公司管理层、业务部门、财务部门及外部专家讨论，深度融合公司业务管理需要，对指标体系进行创新构建。具体从以下四个方面进行：

第一，财务层面。社保股权资产对公司财务状况的影响主要体现在两个方面：一是社保持股企业的价值变动，目前以企业账面净资产为衡量依据，这部分变动与社保持股企业自身的经营情况和成长能力密切相关，最重要的是企业自身的盈利能力，包括净资产收益率、成本费用利润率及归母净利润等财务指标。通过盈利分析，发现社保持股企业中有117家为地方投融资平台，盈利能力弱，利润依赖政府补助，增设剔除政府补助后的利润指标来体现企业的实际获利率。另外，社保权益与社保企业净资产变动直接相关，指标中也新增了国有资本保值增值率等权益指标。二是公司通过对社保资产运作形成的收益，目前主要包括分红收益的资金运作及对社保股权的增资，选择了分红资金收益率、速动资产①等指标。

第二，客户及利益相关者层面。由于社保持股企业均为国有企业，行业分布差异大，涉及具体客户相关评价指标不适用于所有企业，且部分底层数据获取难度大，因此，本层面主要体现政府诉求以及社会公众利益，选择年度分红额、企业纳税总额以及社会责任相关的捐赠等指标来衡量对社会公众利益的贡献程度。随着社会责任数据的公开程度加大以及对社保企业的数据获取能力加强，下一步指数迭代升级时，本层面可以融入企业环保节能、员工持股计划等ESG关键指标。

第三，内部业务流程层面。本层面包含公司和社保持股企业的内部流程两个层面。公司内部社保股权运营设置了上市公司家数及速动资产等指标来反映对社保资产的运营和管理情况。而社保持股企业的内部业务流程复杂多样，主要以社会责任和债务相关指标来反映和体现。ESG（环境、社会和公司治理）是我国近年来对国有企业高质量发展的重要理念之一，对企业可持续发展具有重大指导意义。指标体系充分融入了ESG理念，一级指标中设置了社会责任履行能力，参考ESG指标体系，选择获取性强、利于评价的指标作为其二级指标。

另外，由于公司管理的社保资产具有特殊使命和职能，股权和资金安全性的要求较高，故在业务流程层面设置风险管理相关指标。因社保持股企业内国投、城投、交投及文旅投等平台类企业占比较多，这类企业有大量的对外举债，通过风险识别，债务风险是影响这类企业生存和发展的最重要因素。因此，选定流动比率、信用评级下调或审计年报保留意见企业户数及债务违约次数等指标，以评价企业内部管理情况。

第四，学习与成长层面。本维度确定了企业最重要的无形资产，包括人力资源和研发能力，考虑到指标数据的可获取性，选择了技术投入比率、年末从业人数、劳动

---

① 本案例的速动资产口径是持有上市公司股权资产＋分红运作可变现资产。

生产率等指标来评价其成长能力。

为了深入融合社保股权业务管理目标，项目组在基于平衡计分卡设计的指标基础上，将二级指标重组形成更加贴合社保股权业务管理目标的一级指标，包括五个方面的能力指标，即"企业盈利能力""企业偿债能力""企业社会责任履行能力""社保权益运营能力""企业成长能力"。

**4. 构建系统的指标体系**

在上述指标的基础上，形成了年度综合发展指数，综合反映全省社保股权资产运行状态与发展趋势的指标。为更好地以区域和行业维度来评价社保持股企业的发展情况，剔除财务开发公司社保权益运营能力指标后，又形成了分地区、分行业类型指数组成的年度指数，主要是从地区或者行业的维度来反映社保股权资产管理水平和绩效差异。具体的指标体系如表3所示。

表3　　　　　　　　　　　社保股权指数指标体系及权重

| 一级指标 | 序号 | 二级指标 | 单位 |
|---|---|---|---|
| 企业盈利能力 | 1 | 净资产收益率（＋） | ％ |
| | 2 | 成本费用利润率（＋） | ％ |
| | 3 | 归母净利润（＋） | 亿元 |
| | 4 | 剔除政府补贴后盈利企业户数（＋） | 家 |
| | 5 | 投资收益占剔除政府补贴后归母净利润比率（＋） | ％ |
| | 6 | 政府补贴占归母净利润比率（－） | ％ |
| 企业偿债能力 | 7 | 资产负债率（＊） | ％ |
| | 8 | 已获利息倍数（＋） | — |
| | 9 | 流动比率（＊） | — |
| | 10 | 一年内到期债券占比（＊） | ％ |
| | 11 | 社保企业年内新增发债规模与净资产之比（＊） | — |
| | 12 | 信用评级下调、审计年报保留意见企业户数（－） | 家 |
| | 13 | 企业发生债务违约次数（－） | 次 |
| 企业社会责任履行能力 | 14 | 年度社保股权分红额（＋） | 亿元 |
| | 15 | 社保企业纳税总额（＋） | 亿元 |
| | 16 | 全员劳动生产率与全省社会平均劳动生产率之比（＋） | — |
| | 17 | 年末从业人员数（＋） | 人 |
| | 18 | 社会责任相关的捐赠（＋） | 亿元 |
| | 19 | 环境违规违法事件次数（－） | 次 |

| 一级指标 | 序号 | 二级指标 | 单位 |
|---|---|---|---|
| 社保权益运营能力 | 20 | 分红资金投资收益率（＋） | ％ |
| | 21 | 速动资产（持有上市公司股权＋分红运作可变现资产)（＋） | 亿元 |
| | 22 | 上市企业户数（＋） | 家 |
| 企业成长能力 | 23 | 总资产（＋） | 亿元 |
| | 24 | 总资产增长率与全国国企平均值之比（＋） | — |
| | 25 | 国有资本保值增值率（＋） | ％ |
| | 26 | 社保权益（＋） | 亿元 |
| | 27 | 营收增速超过全省生产总值名义增速企业户数 | 家 |
| | 28 | 增资扩股企业户数（＋） | 家 |
| | 29 | 技术投入比率（＋） | ％ |
| | 30 | 净资产大幅增加企业户数（＋） | 家 |
| | 31 | 净资产大幅减少企业户数（－） | 家 |

注："＋"为正向指标，"－"为逆向指标，"＊"为适度指标。

鉴于社保持股企业处于不同行业、不同地区，指标的选取要适用于大多数社保持股企业，且部分指标的底层数据难以获取，社保股权指数的指标体系也仍存在一定的局限性。在未来经营管理过程中，指数指标体系和计算模型将会不断优化和迭代，丰富数据采集方式、深化分析维度，推动成果展现更明了、运营评价更清晰、监测效果更精准等成效进一步显现，切实发挥指数对社保资产的运行监测效用。

**5. 指标体系权重分配**

指标权重是对指标在整个指标体系中重要程度的数值描述，指标权重设置的大小直接取决于该指标的重要性和对整个社保股权价值创造与管理的影响程度。本项目采用德尔菲法对指标进行赋权，具体步骤如下：

（1）编制专家咨询表。按社保股权指数构成体系、评价指标的定义、必需的填表说明，绘制专家咨询表格。

（2）分轮咨询。根据咨询表对参与项目的 5 位外部专家进行两轮咨询，并针对反馈结果组织小组讨论，确定调查内容的结构，经过有控制的两轮咨询后将每轮的专家意见汇总。

（3）初步结果处理。应用常规的统计分析方法，分析专家对该项目研究的关心程度、专家意见的集中程度、专家意见的协调程度等来描述权重值。

（4）内部专家确认。在外部专家的权重结果基础上，公司组织内部专家进行讨论，从社保股权管理实践角度出发，对权重进行调整并确定最终结果。

**6. 指数计算模型**

（1）年度浙江社保股权综合发展指数。

年度浙江社保股权综合发展指数采用加权平均法进行编制。具体编制方法为：选定 2018 年为基期，基点设为 100 点，以各项二级指标的当期值与基期值之比作为该项指标的水平指数，再按照计算原则，逐级向上计算各级指数。

①计算一级指标指数。

$$I_i = \sum_{j=1}^{n} w_{ij} \frac{X_{ij}^t}{X_{ij}^0} \tag{1}$$

其中，$I_i$ 为第 i 个一级指标指数，$w_{ij}$ 为第 i 个一级指标下、第 j 个二级指标的权重，$X_{ij}^t$ 为第 i 个一级指标下、第 j 个二级指标的报告期数据（逆向指标和适度指标为处理后的数据），$X_{ij}^0$ 为第 i 个一级指标下、第 j 个二级指标的基期数据。

②计算社保股权指数。

$$I = \sum_{i=1}^{n} I_i \times w_i \tag{2}$$

其中，I 表示社保股权指数，$I_i$ 表示第 i 个一级指标指数，$w_i$ 表示第 i 个一级指标在社保股权指数中的权重。

（2）地区/行业综合评价指数。

地区（含省级）综合评价指数与行业综合评价指数的计算逻辑相同，以下以地区（含省级）综合评价指数计算方法为例。地区（含省级）综合评价指数以年度为周期，采用综合评价指数法进行编制，对全省各地区社保持股企业指标进行指数计算和横向排名。

首先，编制反映各地区社保持股企业发展水平提升过程的动态发展指数和各地区发展水平相对差异的地区比较指数；其次，进行加权形成综合评价指数，并依此进行排名。其中，动态发展指数计算当期发展情况与基期发展情况的比值，用于观测各地区相对于基期水平的发展速度和发展趋势；地区比较指数使用功效系数法计算，衡量各地区当期发展情况在所有地区中的水平，计算思路如图 2 所示。

**7. 指数项目评审**

2022 年 12 月 15 日，公司组织召开指数项目的专家评审会，评审组由浙江省人大常委会预算工委、国家统计局浙江调查总队、浙江工商大学等相关单位专家组成。

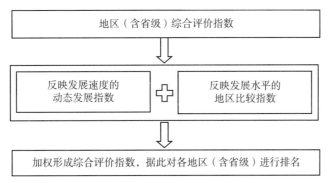

图 2　综合评价指数计算思路

评审组在认真审阅编制方案、听取项目组汇报、了解分析指数试编制结果和深入交流的基础上，一致认为项目组运用科学的统计指数理论，结合社保持股企业特点和公司社保股权管理经验，遵循指数编制原理研发社保股权指数，指数架构较为完整、数据来源可靠、赋权方法较为科学、可操作性较强，编制方案符合管理需求和技术要求。指数项目获得评审通过。

**8. 指数编制结果**

2023 年 8 月，公司完成 2022 年社保股权指数报告的编制。由于报告篇幅较长，本案例仅选取部分结果进行展示。

（1）年度综合发展指数应用。

2022 年全省社保股权指数为 111.10 点（基期为 2018 年，基点设为 100），较上年增长 4.48%，整体呈现恢复向好态势（见图 3）。社保股权指数五个一级指标升降互现，其中，企业成长能力、社保权益运营能力两个指标表现突出，指数较上年分别增长 7.22% 和 36.23%；企业盈利能力、企业偿债能力有所下降，指数较上年分别下降 4.77% 和 9.75%；企业社会责任履行能力指数亦较上年小幅下降 1.68%。

根据指标评价体系，一级指标可向下钻取到二级细分指标进行分析，以此来展现每个维度指标的变动情况，并识别主要变动原因。

以企业盈利能力指数为例，2022 年企业盈利能力指数为 93.78 点，较上年下降 4.77%。其中，投资收益占剔除政府补贴后归母净利润比率达到 175.15 点，较上年增长 41.77%，有效对冲因主业盈利受损造成的指数下降。2022 年全省社保持股企业净资产收益率为 1.45%，较上年下降 0.58 个百分点；成本费用利润率为 3.14%，较上年下降 0.81 个百分点。整体来看，新冠疫情三年，净资产收益率、成本费用利润率等反映企业盈利能力的指标呈逐年下降趋势。新冠疫情对企业的主业经营造成一定冲击，投资收益逐渐成为企业业绩主要增长点。展望未来，社保持股企业仍需以提高企业核心竞争力和增强核心功能为重点，推动企业全面高质量发展。

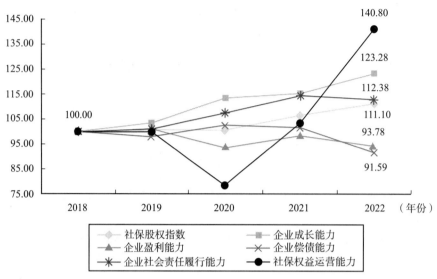

**图 3　2018～2022 年社保股权指数及一级指标指数结果**

（2）分地区评价。

2022 年分地区综合评价指数最高值为 87.68，最低值为 73.02，均值为 78.75，较上年提高 0.78，其中指数值高于全省平均的有 4 个，由高到低依次为省本级（87.68）、杭州市（85.80）、宁波市（85.49）和台州市（79.56）（见图 4）。

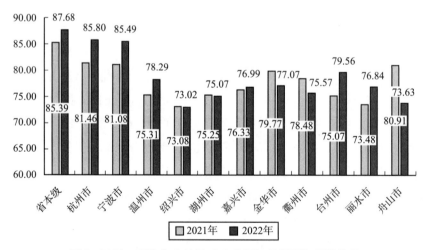

**图 4　2021～2022 年分地区（含省级）社保股权指数结果**

与 2021 年相比较，台州市、温州市、丽水市排名跃升明显，较 2021 年分别进位 6 位、3 位和 3 位；舟山市、衢州市出现较大程度的退位，较 2021 年分别后退 7 位和 3 位。

（3）分行业评价。

2022 年分行业类型综合评价指数最高分值为 84.57，最低分值为 75.37，均值为

79.23，高于全行业类型均值的有 5 个，由高到低依次为城建投资类（84.57）、公共性服务业类（82.73）、生产性服务业类（82.68）、产业集团类（81.89）和文旅投资类（79.62）（见图 5）。

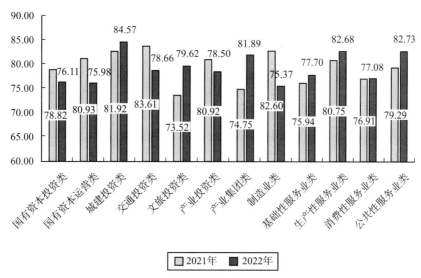

图 5　2021~2022 年分行业类型社保股权指数结果

与 2021 年相比，文旅投资类、产业集团类、公共性服务业类指数排名进步明显，较上年分别进位 7 位、7 位和 5 位；制造业类、国有资本投资类、交通投资类退步明显，后退位次均在 5 位以上。

上述展示了指数报告的部分内容，公司后续还将根据资产规模、经营情况、公司现代化治理水平等资质，对社保持股企业进行分层分类，实行差别化管理。对于发展前景好的优质企业，重点转向挖掘潜在项目、探索合作赋能等；对于资产质量和盈利能力相对较差的尾部企业，日常管理将常态化跟进，定期复盘总结；对于中部企业，则根据企业实际情况进行动态灵活调整。

### （四）主要问题和解决方法

**1. 指标体系创建环节**

主要问题：在社保股权指数创建过程中，指标的选择和体系的重构难度较大。公司所处的社保股权管理领域尚在起步发展阶段，运用指数来管理社保股权是公司开拓创新之举，几乎没有可参考的案例。由于社保持股企业数量多、行业跨度大，在选择指标时既要充分考虑广泛适用性，又要考虑是否能真实准确反映企业运营情况。同时，还需要考虑指标的数据来源，以及数据的及时性、准确性和可获得性。

解决方式：项目组查阅了大量参考文献，多次召开内部讨论和外部专家咨询会议，运用平衡计分卡等管理会计工具，紧贴公司管理需求，深入剖析各类指标，逐步从分散型的指标完善形成分类分级的指标体系。

**2. 数据来源获取环节**

主要问题：计算指标的部分数据获取难度较大。年度指数包含 31 个二级指标，指标的数据来源主要有四个途径：一是年度决算数据，主要取自各社保持股企业向省财政厅等政府主管部门定期填报的年度决算报表数据；二是社保持股企业的年度审计报表数据，由各企业提供；三是公司内部数据，由公司相关部门统计提供；四是公开数据，由外部机构收集，包括浙江省统计年鉴、生态环境部披露的环境违规违法等数据。年度决算数据需向上级主管部门正式申请，并及时与持股企业沟通，数据获取存在一定难度与障碍。

解决方式：公司向上级主管部门提出数据共享的申请，经过多次的现场汇报，经充分沟通社保股权指数的编制意义并承诺数据安全保障后，获得上级主管部门的大力支持，取得了年度财务决算数据。同时，与社保持股企业充分宣贯指数，提升年报等资料的及时性。未来计划将利用 OCR 识别、文本分析以及网络机器人等新型数字化技术拓展数据获取途径。

# 四、取得成效

## （一）深化管理会计应用，提升社保股权精益管理

对于股权管理型企业，管理会计应用的维度相对有限。公司创新应用管理会计工具，打破管理会计工具常规应用方式，综合运用多种管理会计工具，最终形成公司独特的股权管理手段——社保股权指数，实现对社保股权资产的运行监测和风险把控，直观清晰地展示资产运行情况和发展态势，为社保股权分级管理提供参考依据。

## （二）深化管理模式创新，探索社保股权浙江样板

浙江省是社保股权管理先行省份之一。我们创新引入社保股权指数工具，对社保股权管理过程中的问题和短板进行跟踪分析，并针对性地提出相应建议和意见。通过《2022 年指数报告》分析发现，浙江省内各地区划转的社保股权资本占当地国有资本比例差异较大，主要由于各地区国企改革导致国有资产的整合重组多，为保障社保股权的权益，公司提出探索建立动态调整划转企业机制。未来将迭代深化标准体系、综合指数、数字化平台等管理手段，积极推动实现"一地创新、全国推广"，着力打造

浙江标杆。

### （三） 深化赋能协同联动，打造共富型社保股权资产运营商

依托社保股权指数体系，加强对社保持股企业及其下属子公司的价值分析和前景分析，以财务表现力、股权流动性、生态圈互动情况三个维度为主要标准，排摸投资标的，探索建立"种子池"企业库，实地走访库内企业，挖掘投资机会。公司已对 2 家社保企业完成投资，累计投资金额超 3 亿元，另完成 3 家社保企业投资前期工作。公司建立社保股权高质量发展基金，增强对社保持股企业产业链、供应链、价值链等方面的赋能，努力推动实现省域范围内的"产业促共富"。

---

# 五、经验总结

## （一） 项目实施的经验

社保股权指数项目是公司探索社保股权管理标杆路径的重要一步，是财务与业务深度融合的创新实践。在成功应用管理会计方面主要有以下三点启示。

**1. 管理层大力支持，多部门分工协同合作**

管理会计理论在实践中才能真正发挥作用。管理会计方法的应用实施会涉及公司业务、财务及信息等各方面的改变，是需要顶层设计、全员参与的改革活动。公司管理层对社保股权指数项目的全力支持，是整个项目能得以顺利开展的先决条件。通过调配各方面的资源、协调内外部人员全力合作，才得以顺利完成本项目。

**2. 紧密贴合业务现状，创新应用管理会计**

管理会计的应用并非一成不变，需密切贴合公司的具体情况，才能形成符合公司管理要求、具有真正效果的管理会计实践。本项目在应用过程中始终围绕社保股权管理的战略目标，以平衡计分卡为基础构建评价体系，结合业务管理经验，突破管理会计的常规应用方式，对指标体系按业务管理需求进行重构和创新。

**3. 加速数字化支撑，智能汇聚集合数据**

本项目集成所有社保持股企业的各类数据，数字化系统的支撑是社保股权指数顺利实施的基础条件之一，指数体系也会随着各类数据的完善和积累，创造更大的价值。

## （二） 推广和借鉴

社保股权指数是公司超越传统股权管理手段、深度业财融合的实践，对社保股权

管理乃至国资国企管理均具有重要借鉴意义。

**1. 为股权管理企业提供参考与借鉴**

公司的社保股权指数项目，是顺应大数据时代、深化国有企业改革背景下，对管理会计工具数智化应用的创新探索和有效实践，也可为其他承接主体以及其他持有众多股权的国有资本运营平台企业提供管理新工具和新方法。

**2. 为国资监管提供新的思路和方法**

财政及国资部门管理数量庞大的国有企业，社保股权指数项目逐一突破了目标背景、设计思路、数据来源及编制方法等多方面的难点，成效显著。财政监管部门和国资监管部门可参考指数管理模式进行国资监管，综合运用地区、行业分析等评价维度实现资源调配，统筹规划区域发展，助推建立高质量国资监管体系。

（浙江省财务开发有限责任公司：章忠良　方　晔　郑舒頔）

---

🎓 **案例评语：**

　　该案例针对行业跨度大、资产质量及经营情况差异显著、信息未有效集成和价值分析等问题，采用平衡计分卡等多项管理会计工具，结合公司股权管理业务实际，采用31个财务及非财务的指标，设计绩效评价指标体系，构建了浙江社保股权综合发展指数体系，推进"精细化"管理，打造社保股权管理运营"浙江样板"，助力挖掘业务投资机会，促进优质资源共享和精准赋能，推动社保持股企业高质量发展。

　　案例在社保行业的绩效评价指标体系设计和综合发展指数的构建等方面，具有很好的借鉴价值。

# "114N"财经决策分析体系的构建与实施

**摘要**

本案例介绍了财经决策分析体系在企业集团数智化发展中的应用。案例单位为交通投资类企业。针对财经决策分析中信息孤岛、分析工具选择不当、分析支持决策效果不理想等问题，该单位通过构建以全面预算管理为核心工具，以"数据中台"为支撑平台，将预算模块、战略模块、业务系统模块、管理报表模块紧密串联，可服务于 N 个对象的"114N"财经决策分析体系，辐射企业经营、投资、融资、成本、考评、风控六大应用领域，并通过全面预算管理促进战略调整与落地，实现底层数据持续积累与更新，促进财经决策分析指标体系不断优化，实现"114N"财经决策分析体系的"自我调整、自行迭代"。

# 一、背 景 描 述

## （一）单位基本情况

甲有限公司（以下简称"甲公司"）是大型国有独资企业，主要从事高速公路、铁路建设运营及附属业务，同时还经营成品油销售、大宗材料贸易、物流运输等其他业务，经过 16 年以来的发展壮大，在交通基础设施投资建设等方面发挥着战略性作用。甲公司担当"发展交通、服务社会"使命①，积极拓展多元化经营，探索高质量发展新路子，目前逐步形成高速公路（铁路）+地产+物流+能源+金融+旅游+信息化等产业协同发展格局，持续提升对社会经济发展的贡献和支撑力度。

## （二）管理会计应用基础

甲公司现代法人治理体系健全，作为债券市场活跃发行人，受到众多机构投资者

---

① "发展交通、服务社会"是政府对甲公司的发展定位，也是甲公司的企业使命。

和监管部门的持续关注，形成了良好的外部治理环境。公司总部财务处于核心地位，统筹指导子公司财务管理工作。当前公司总部层面已制定财务相关制度 20 余项，实现资金、预算、税务、会计核算、内控等业务全覆盖。财务工作开展主要以财务战略为引领，预算管理为主线，资金管理为抓手，会计核算为基础，加强对政策的研究及内部控制建设，不断推进财务数字化转型。

### （三）管理会计工具应用及选择原因

甲公司对标世界一流企业，坚持价值创造导向，以高质量发展为主题，通过多种管理会计工具的组合应用，积极探索形成适应自身发展的财经决策分析体系。一是财务战略顶层设计采用 PEST 分析、波特五力分析、价值链分析、SWOT 分析工具、对标分析等管理会计工具。从宏观、中观、微观角度，审时度势，找准发展定位，充分发挥自身优势。二是以全面预算管理为核心管理会计工具，科学合理配置企业各项财务和非财务资源，对执行过程进行监督和分析，并对执行结果进行评价和反馈，指导经营活动改善和调整，进而推动实现企业战略目标。三是内部管理报表聚焦风险分析、揭示企业未来营业收入和利润总额的决定因素及影响程度。通过深度挖掘资产负债表蕴藏的风险，揭示资产配置结构的利弊以及是否与战略匹配；通过建立收入与利润关键因素预测模型，合理预测年度及未来经营情况，从而推动公司高质量发展（见图 1）。

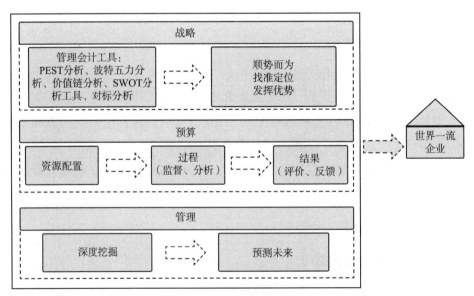

**图 1　管理会计工具结合应用**

# 二、总体设计

## （一）应用相关管理会计工具方法的目标

甲公司紧跟时代步伐，始终朝着世界一流企业建设加速推进管理体系的"数智化"升级而努力。为增强财务对业务的决策分析支持职能，甲公司选择了全面预算管理作为串联各业务的核心管理会计工具，通过与其他管理会计工具的组合应用，目标是通过在信息化和大数据环境下进行可视化的预算编制、执行、分析，在财务共享数据中台的支撑下，确保业务数据、财务数据之间能够顺畅流动和全面共享，形成符合甲公司可持续发展的、可自行迭代的分析框架和预测模型，为管理决策提供财务支撑，最终输出符合经营决策需求的、可及时追溯的管理报表，将该体系提供的科学财务决策分析成为提升企业竞争力和经营管理水平的重要抓手。

## （二）应用相关管理会计工具方法的总体思路

甲公司构建财经决策分析体系，运用以全面预算管理为主的管理会计工具组合总体思路：一是以公司信息化、数字化转型为支撑，通过数据中台逐步打通业务系统与财务系统，实现业务数据、财务数据的实时传递并在数据中台沉淀。二是将全面预算管理的预算编制、执行、分析全过程通过数据中台与业务系统联通，实现全面预算管理过程与执行结果的可视化。三是通过财经决策分析不断优化预算编制基础，并形成内部管理报告辅助经营决策，最终形成"预算编制执行""分析结果与管理建议反馈""分析体系优化"的良性循环。

## （三）应用相关管理会计工具方法的创新

甲公司管理会计工具在应用广度、深度、高度三个方面进行创新，一是在实践过程中通过应用多种管理会计工具，以及管理会计工具的组合，提高应用广度，充分发挥管理会计工具的优点，同时避免缺点，使管理会计工具能有效应对实务错综复杂的问题。二是构建全流程可视化的信息化系统，依托财务共享中心数据中台，将管理会计工具融入组织管理全链条，并向业务前端延伸，提高管理会计应用深度，实现企业业财数据、产业协同及财经决策分析的过程与结果可视化，更好地适应现代企业管理需求。三是实现业财融合的同时推动产业协同发展，将管理会计工具的应用高度进行创新。在当前国有企业深化改革转型之下，通过管理会计工具为企业经营决策提供更多经营信息和非财务信息，围绕产业链谋求创新链，通过内循环促进外循环，助力企业面对复杂多变的市场环境快速反应，提升企业的管理效率与经济效益。

# 三、应用过程

## （一）应用部署

甲公司在全面预算管理系统的资源投入过程中，一是集团本部财务人员深度参与，加强顶层设计和统筹指导力度，形成了远景规划图以及多项制度，确保工作方向的准确性，提高决策水平；二是成立攻坚小组，负责流程梳理、沟通协调等具体事务；三是选择优秀的合作伙伴，加强与第三方软件商、咨询机构的协作配合，借助"外脑"经验、技术，着力开发并投入使用财资管理系统、税务管理系统、统一报表平台等系统。截至 2023 年 8 月，通过数据中台连接了 20 余个业务系统、沉淀了 258 张表格、约 112 万条业务数据、建立了 1 个分析模型，建设运营看板、财务看板、资金看板、单据看板等数据看板，使全面预算编制、执行、分析的过程与结果可视化逐步形成，并能提供满足日常经营决策的管理报表，初步建立了"114N"财经决策分析体系①。

## （二）"114N"财经决策分析体系

近年来，甲公司以财务数字化建设和业财深度融合为依托，紧扣财务管理理念变革、数字化变革，突出价值创造导向，聚焦主责主业发展，积极探索管理会计工具应用对企业财务管理创新的效益和效用，形成了具有公司特色的"114N"财经决策分析体系，即"以全面预算管理为 1 个核心工具，以数据中台为 1 个支撑，形成 4 个管理模块，N 个服务对象"的财经决策分析体系（见图 2）。

"1 个核心工具"，即以全面预算管理为管理会计工作核心工具。核心应用工具通过在信息化和大数据环境下进行可视化的预算编制、执行、分析，形成符合公司经营发展的、可自行迭代的分析框架和预测模型。

"1 个支撑"，即以数据中台作为财经决策分析体系的支撑。通过数据中台汇集业务数据、财务数据等大量信息，不但可以来支撑管理会计报告，也可以支持包括战略目标、全面预算等管理会计领域诸多应用的实现。

"4 个模块"，即围绕公司全业务管理周期，通过管理会计工具的应用组成 4 个管理模块：战略目标模块、预算模块、业务模块、管理报表分析模块，保障企业经营发展。

---

① 数据由作者通过对甲公司的实地调研所获，调研时间为 2023 年 6 月 ~ 2023 年 8 月。

"N个服务对象"，即服务于公司管理层及多个单位。根据公司内部单位的需求和特点来设计预算管理分析体系架构，以满足服务对象的需求。

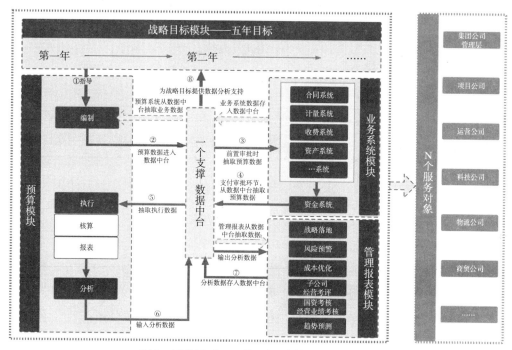

图2　甲公司"114N"财经决策分析体系框架

## （三）具体应用模式及流程

### 1. 应用的模式

甲公司"114N"财经决策分析体系以战略管理为顶层设计，以可视化的预算编制、执行、分析为主线，以财务共享服务中心数据中台为桥梁，实现"114N"财经决策分析体系对业务全过程的指导、控制和监督作用，并通过定期和不定期的财务指标分析，及时发现企业存在的问题，并将发现的问题反馈经营层，以便经营层及时调整经营策略，最终通过管理报表检验经营策略调整的有效性，促进企业经营决策良性循环。

### 2. 应用的流程

第一步：根据5年发展战略，制订年度经营目标，编制年度全面预算。

甲公司从投资战略、经营战略、筹融资战略等方面制定5年财务战略目标，指导全面预算编制工作的开展。一是通过财务战略输出资产规模、营业收入、利润总额、毛利率、现金流量、融资规模等关键性指标进入"数据中台"实现数据共享。二是将5年战略目标分解和细化至各年度，形成年度经营目标，促进战略目标的达成，为全面预算编制工作开展定下基调。三是结合经营目标编制全面预算，将预算目标层层分解落实到各子公司、各部门。通过加强财务战略、经营目标与全面预算的紧密衔接，真正意义上发挥财务战略顶层设计的指导作用。利用"数据中台"将预算编制数据传输至管理报表模块，实时生成模拟分析报告，以发现预算编制过程中存在的问题，及时纠偏，提高预算编制的科学性，实现风险问题源头管控。战略目标年度分解与预算实施流程如图3所示。

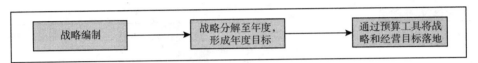

**图3　战略目标年度分解与预算实施流程**

第二步：全面预算指标下达，业务板块执行全面预算。

首先，甲公司董事会通过年度全面预算后，预算管理办公室会将预算数据同步至数据中台，可实时推送至各业务系统。其次，各预算主体通过采购、合同等业务系统执行预算时，在立项和签报等前置审批环节，可选择数据中台推送的预算项目，并按流程实施预算，达到从业务源头进行预算控制的效果。再次，甲公司按照"有预算才有资金计划、有计划才有资金流动"的原则进行预算控制，以资金计划管理系统、产业协同资金管理系统等手段辅助全面预算执行，在执行过程中全流程可视化。最后，预算执行完毕后，业务系统会将执行情况反馈数据中台对应的预算项目，财经决策分析体系可从数据中台自动获取该执行完毕的预算项目以备分析。全面预算执行与反馈流程如图4所示。

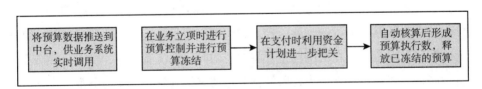

**图4　全面预算执行与反馈流程**

第三步：财经决策分析体系通过全面预算进行分析。

一是全面预算执行过程中，预算管理系统实时从数据中台获取已执行完毕的预算项目数据，将其匹配至预算管理系统的对应预算项目，生成期中预算执行情况分析，评价定额预算和零基预算的执行情况，跟踪期中财务报表以及期中经营业绩考核指标完成情况，并将相关数据传递至数据中台，对预算执行情况进行反馈和预警。二是全面预算执行完毕后，预算管理系统将自动生成期末预算执行情况分析、期末财务报表、期末经营业绩考核指标分析，通过年度全面预算的分析来评估公司的管理情况、经营成果和财务状况是否达到预期。三是如执行结果未达预期或出现异常变动，通过数据中台调取业务系统数据可对预算执行情况进行溯源分析，找出造成执行结果异常的最小业务单元（见图5）。

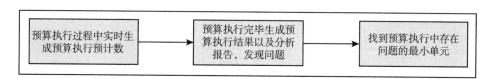

**图5 预算执行监控与分析流程**

第四步：针对不同层级管理需求，及时形成多维管理报告，逐步建成甲公司财经决策大脑。

根据第三步的分析结果，针对不同层级的使用者的需求和使用目的，按照各层级管理报表所需数据的维度，设计不同层级、多个维度的管理报表体系，为不同报表使用者实时提供其最关注的管理信息。

一是生成国资考核管理报告。根据国有资产管理部门以及公司管理需要，可在经营过程中依托财经决策分析体系实时产生的利润总额、净资产收益率等"一利五率"①国资考核指标体系，生成国有资产考核报表以及考核得分结果。针对异常指标，可穿透分析至每个层级、每个板块的业务单元，分析影响考核的具体因素，形成促进国资考核指标完成的管理建议。以2022年应收账款周转率管理为例，2022年中财务分析体系自动预警"应收账款周转率"这一关键国资考核指标出现较大风险，对相关子公司提出了加快应收账款管理的管理建议并跟踪建议落实情况，经营相关单位落实管理建议后，圆满完成了该考核指标。

二是生成经营业绩考核管理报告。经营业绩考核管理报告主要用于对公司内成员单位的考核评价，根据企业功能分类、考核导向、经营性质、发展阶段和管理短板确定有针对性的差异化考核指标，将所属企业分为工程建设类、运营类、商业类进行分类考核。经过数据中台对数据的治理分析，各子公司可以实时查看各指标完成进度和考核得分情况，为子公司经营层提供决策支撑。在经营业绩指标出现异常波动时，可及时反向穿透追溯业务数据，查找关键因素，采取必要措施调整经营活动。以2022

---

① "一利五率"经营指标体系是由中国国务院国有资产监督管理委员会（以下简称"国资委"）提出的，这个新的指标体系是在2023年初由国资委为了指导和促进中央企业的高质量发展而设立的。

年 10 月经营业绩考核分析为例，10 月经营业绩考核系统对某子公司的两金占比指标做出提示，该公司反向追查业务流程发现，由于业务开展进度慢于预算进度，按照预算设定的赊销政策和收款方式，年底将产生大额的应收账款。明确问题原因后，该公司立即调整经营策略，加快业务审批，加大与客户票据结算比重，最后圆满完成经营业绩考核目标任务。经营指标分析与改进措施流程如图 6 所示。

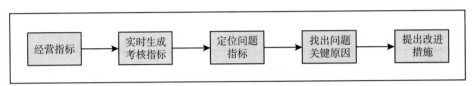

**图 6　经营指标分析与改进措施流程**

三是风险预警。甲公司在对各种财务活动进行全面评估的基础上，结合财务数据和业务数据，从经营、投资、筹资等维度构建了风险预警体系。风险预警体系能够通过数据中台实时整合业务数据与财务数据，准确及时地识别风险，一旦出现可疑情况，可动态生成预警信息。风险预警体系可帮助公司及时发现可能存在的风险，及时采取相应措施控制风险。如根据"本量利"模型判断资产属于优质资产、低效资产或无效资产；通过计算短期债务极限，结合公司实际运营资金需求，判断公司是否存在流动性风险；根据资产的投资回收期与借款期限比较，判断是否存在短贷长投的风险；根据本期新增合同金额同比，判断公司是否存在可持续发展的风险；根据本期产生利润但没有收到现金流的异常点，提示经营风险等。风险识别与预警流程如图 7 所示。

**图 7　风险识别与预警流程**

四是成本优化。通过管理报表模块将子公司按板块、资产规模、营业收入规模等维度分类，分析同类型公司同类成本是否存在显著差异性，对存在显著差异的成本进行流程拆解，成本控制较差的单位应对标成本最优单位，找出差距原因，有针对性地开展成本优化。2022 年养护成本控制过程中，甲公司经过对运营板块各类成本横向对比发现，某运营子公司隧道电费同比其他同类隧道较低，经分析发现，该隧道主要是采用了 LED 智能灯光工程改造从而降低电费，且该项工程改造支出费用较少，因此在其他运营单位组织进行推广，从而有效压降养护成本支出。成本优化分析流程如图 8 所示。

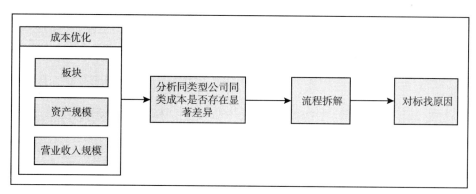

**图8 成本优化分析流程**

五是确保战略落地。甲公司根据经营管理需要，通过"数据中台"抽取预算模块、内部管理报表模块相关数据，使公司决策层、管理层动态把握战略目标完成进度，及时了解行业政策、内外部环境、市场竞争等相关因素变化，掌握公司最新的财务情况、成本情况，适时调整优化公司经营策略，确保顺利完成战略目标。以"十四五"财务战略为例，甲公司通过对 2021～2022 年预算执行情况关键指标的分析，形成战略执行情况报告，使公司总部精准掌握"十四五"战略目标完成进度，为 2023～2025 年度战略目标落地提供保障。战略管理与执行流程如图 9 所示。

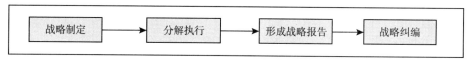

**图9 战略管理与执行流程**

六是趋势预测。通过财务标准化和数据中台建设，将数据全量全要素连接和实时反馈。通过采集高速公路设计数据、建设数据、运营数据，在数字世界中建立与现实高速公路相对应的"数据孪生"模型，模拟预测高速公路整个运营期收费、还贷等趋势。通过调整模型参数，模拟不同情况下，高速公路的财务表现，发挥预测、预警、监控等作用。探索性建立包含"本量利"分析、成本动因等模型的经营预测分析体系，为未来集团公司的经营发展趋势预测提供参谋，发挥财经大脑的作用。数据分析与趋势预测流程如图 10 所示。

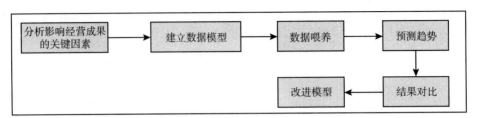

**图 10　数据分析与趋势预测流程**

第五步：分析数据沉淀至数据中台，并为预算标准优化和财务分析体系成长进化提供支持。

一是预算标准优化。甲公司通过建立数据中台，不仅将现有的预算、核算数据在数据中台沉淀，还可将集团成立之初的数据整理打包进入中台，使数据的时间链条得以完善。依托数据中台，可以同时对同类型公司的同个成本费用项目的预算执行结果进行逐年横向对比，输出可视化图表，帮助管理者把握其发展规律，从而适时对预算定额标准进行优化调整。指标校验与持续改进循环流程如图 11 所示。

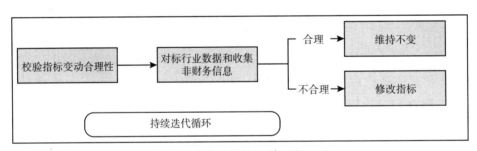

**图 11　指标校验与持续改进循环流程**

二是分析体系成长进化。"114N" 财经决策分析体系把分析指标嵌入分析体系全流程，通过全过程、可视化分析自动评估分析体系的完整性和各分析指标的有效性，从而判断 "114N" 财经决策分析体系的整体有效性。如国资委更新考核指标后该体系指标可实时对应更新，经营业绩考核指标可结合子公司的业务板块、经营情况、发展方向等对不适用的指标替换更新，当财经决策分析体系指标出现缺漏时也可及时发现并及时弥补，实现分析体系的优化迭代。另外，数据中台沉淀的大量数据，为 "数据细分" 打下了坚实的基础，"数据细分" 可提高预测的准确度，进而能更精准地指导业务，业务开展又进一步产生数据；通过数据的不断存储、循环迭代，不断推动分析体系实现智能学习进化。数据沉淀与优化分析流程如图 12 所示。

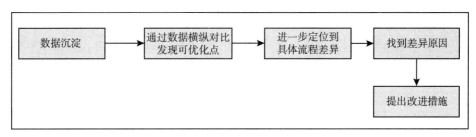

**图 12　数据沉淀与优化分析流程**

### （四）　在实施过程中遇到的主要问题和解决办法

**1. 业务系统互联互通未搭建完毕**

当前"数字企业"尚在建设阶段，部分业务系统还处于开发建设期，业务系统间仍存在一定的技术壁垒未能完全串联打通，尚未形成数字智能体、未实现全量全要素的连接和实时反馈，不利于企业经营活动信息的共享利用，下一步需将所有系统数据实现互联互通，满足管理层随时调取和利用的需求。

解决方法：一是领导层对数字化转型工作的高度重视和支持，把建设财务共享服务中心作为公司数字化转型的战略起点，在财务共享中心系统化建设的人员和技术配套资源逐渐往共享中心系统化建设方向倾斜。二是共享建设初期融入"中台"的战略思想，业务系统统一接入"数据中台"，通过"中台"强大的功能构建全量全要素的连接和实时反馈。

**2. 在数字化转型经验上有所欠缺**

当前大部分企业仍处于数字化转型的进程中，且不同行业的转型过程差异较大，企业自身的特质也各有不同，已有的成功经验难以支撑其他企业参考学习。甲公司"114N"财经决策分析体系建设中可借鉴的经验匮乏，该体系的数字化转型都是在摸索中前进，转型过程中难免遇到不同的意见分歧，减缓了企业的转型速度。

解决方法：一是引入"短平快"的轻咨询，即将复杂问题拆解成若干子问题，通过专项咨询，高效快速解决问题；二是对标行业内优秀企业的经验做法，定期组织对外考察培训，对存在的不足加以学习改进。

**3. 业务预算管理组织对体系建设的支撑力度不足**

虽然目前各预算责任部门及单位能够按照战略目标要求完成年度预算数据的编制，但在数据分析管理上主要由财务部门主导，预算数据与实际投资经营业务部门结合得不够具体、不够翔实，预算制度的约束力主要体现在财务方面，由此导致决策分析体系的构建还不能达到业务全覆盖，影响决策分析数据的质量和效率。

解决方法：企业决策层高度重视，调动企业全员参与，配合预算管理，主导推动协调各级责任主体间的协作配合，将财经决策分析体系融合进入各部门各单位的日常工作计划，明确财务部门作为总体决策分析实施执行及监督管理的主要执行者，将决策分析工作渗透业务部门的所有经济业务，促成业财融合程度提升，全面深入推进该体系顺利开展。

# 四、取得成效

## （一）分析体系对经营决策支持能力大幅提高

结合信息化手段，运用全面预算管理工具，构建"114N"财经决策分析体系，节约了人工工时、成本，提高了生产要素周转率，切实提高了经济效益。一是系统提高数据流转效率，并减少了人工审核、处理数据的时间，预计年均节约管理成本 1000 万元以上；二是通过分析体系对成本不断优化，单公里运营养护成本得到有效控制，公司养护质量和养护成本管控保持全国领先水平；三是提高了生产要素的周转次数，通过分析体系，产业协同资金管理系统等，切实提高了应收账款等要素的周转次数，年均节约资金成本超过 1 亿元。

## （二）促进公司数字化转型，数据治理能力进一步提升

甲公司为建立可视化的财经决策分析体系，将业务系统与数据中台进行对接，累计接入合同管理系统、建管平台等 20 余个业务系统，累计沉淀 258 张表格，各类数据约 112 万条，并在数据中台对数据进行清洗整理，形成标准化数据。以高速公路收费管理系统为例，系统接入数据中台后，可对某高速公路运营有限公司辖区范围内 37 个收费站 356 个车道 7545 万辆车的收费情况进行实时分析，并对各收费站各车道的交通量进行动态整理分析，通过交通量预测模型，测算拟投资项目的经济效益，为公司投资服务区经营策略、物流产业布局提供决策依据①。

## （三）实现全面预算管理过程和结果的可视化

以全面预算管理为工具的预算分析体系利用数据中台对现有的信息资源进行梳理和整合，大量已有数据得到沉淀和合理利用，增加了业务系统间的可视化、透明化程度。一是全面预算管理过程基本实现可视化。在养护项目合同立项环节，可以监控到其预算申请全过程，在合同签订环节，可以监控其总合同总金额是否可控，在合同执行环节，可以实时看到养护项目的执行情况，可视化平台也可以按照管理需求，汇总

---

① 数据由作者通过对甲公司的实地调研所获，调研时间为 2023 年 8 月。

监控各预算主体养护费用的执行比例以及公司该时点养护费用总体执行金额及比例。二是实现全面预算管理结果的可视化。预算期结束后可自动分析全公司整体预算执行情况以及专项预算执行情况,对不同公司同类型成本项目进行比较,对预算执行横向和纵向比较,利用管理流程对标和假设检验等方法,深挖可优化的流程,不断提升成本管控能力,分析结果均可在可视化平台上展示。

# 五、经验总结

## （一） 应用条件总结

该案例体系在甲公司及下属公司得到较好的推广应用,并通过实践不断补充完善财经决策分析体系指导企业经营决策。通过总结发现,要建立财经决策分析体系需以下条件:一是企业决策层需高度重视并支持;二是要明确企业的各项业务范围及业务流程;三是初步建立企业标准化体系;四是企业信息化管理部门全过程参与建设,具备能打通业务系统与财务系统的数字化平台基础。

## （二） 关键因素总结

通过对甲公司财经决策分析体系的构建过程分析,主要有以下几项关键因素值得关注。一是模型搭建的重要性。如利用概率模型,量化预算编制过程中不确定性事项概率及风险,提高对不确定性事项的管理水平;利用作业为基础的定额模型,提高定额的科学性;利用现金流量折现模型、工作量模型编制零基预算,可以有效发挥零基预算的优势。二是数据中台的支撑作用。财务数字化建设需要融入"中台"战略,如围绕业务中台、数据中台、技术中台建设,构建以采购到支付、订单到收款、核算到报表三大流程为核心的财务运作体系,可进一步沉淀业务和财务数据,提升企业数字化管理水平。三是业财融合的深度。业财融合不仅局限于打破业务部门与财务部门之间的壁垒,或是简单地将业务流程线上化,更需要强化财务系统与业务系统的协同,将业务数据和财务数据进行比对,验证逻辑的合理性;同时运用资金流、票据流等财务手段把控业务风险,提升风险防控能力。

（广西交通投资集团有限公司：林　森　宋书勇　王小雪　朱　棋　龙昭成　陈小琼
蒋　晴　谢晓雯　朱雅静　黄家宝　邓积芬　白诗嘉）

**案例评语：**

　　该案例深入探讨了财经决策分析体系的构建与应用。案例单位抢抓数字化变革机遇，积极探索并构建了一个以全面预算管理为核心工具、以"数据中台"为支撑平台的"114N"财经决策分析体系。该体系通过将预算、战略、业务系统、管理报表等多个模块紧密串联，服务于多个决策对象，实现了对企业经营、投资、融资、成本、考评、风控等关键领域的全面覆盖。这一体系的应用，不仅推动了案例单位战略的调整与落地，还实现了底层数据的持续积累与更新，促进了财经决策分析指标体系的不断优化，为案例单位的高质量发展提供了全面、快速、有效的决策支持。

　　案例单位在财经决策分析体系构建与应用方面的创新实践，为其他企业提供了宝贵的经验和启示。

# 综合应用管理会计工具方法激发企业创效活力

## 摘要

能源化工行业对国民经济发展具有重要的推动作用，是现代工业化的基础。在国际油价剧烈波动和绿色新能源发展迅猛的形势下，陕西延长石油（集团）有限责任公司炼化公司综合应用作业成本法、本量利分析、内部转移价格、关键绩效指标法四种管理会计工具方法，创新业财融合手段，激发企业创效活力，取得显著成效。

炼化公司贯彻集团公司要求，锐意改革，引入市场机制，确定了"以业财融合平台为基础，以效益测算为关键点，以内部市场化为主要途径，以分灶吃饭为落脚点"的改革思路，以强有力的组织保障推进多种管理会计工具综合应用。首先，以业财融合平台为基础，搭建全流程成本核算模块，提升成本核算的精准度。其次，以效益测算为关键点，通过多维度效益测算，合理组织调度生产，实现了产品结构的优化。再次，以内部市场化为主要途径，制定内部转移价格，建立内部两级市场，提升产品市场竞争力。最后，以分灶吃饭为落脚点，设置关键绩效指标，构建绩效考核体系，实施两级分配，激发全员增收创效的主动性。

炼化公司综合应用多种管理会计工具方法，解决了市场意识淡薄、产品成本核算不精准、内部效益测算维度单一、平均主义大锅饭等问题，有力支撑了公司低成本战略，生产组织决策基础更加牢靠、落地效果更加明显，多措并举取得显著成效。

# 一、背景描述

## （一）单位基本情况

陕西延长石油（集团）有限责任公司（以下简称"集团公司"）是中国石油和天然气大型骨干企业，世界企业 500 强排名 234 位。

炼化公司是集团公司下属的核心专业公司，以石油天然气加工制造为主要业务，下辖延安炼油厂、永坪炼油厂、榆林炼油厂、延安石油化工厂、天然气股份有限公司、油田气化工科技公司、江苏延长中燃化学有限公司等 9 个单位。2023 年，原油加工规模 1740 万吨，液化天然气（LNG）产能 110 万吨，航空煤油生产能力 100 万吨。产品包括车用汽柴油、LNG、航空煤油、军用柴油以及聚丙烯、醋酸仲丁酯等，拥有广阔的市场和良好的信誉。

### （二）管理会计应用基础

近年来，国际油价剧烈波动，绿色新能源发展迅猛，集团公司面临产品滞销、利润增长趋缓等一系列挑战。炼化公司作为集团公司的重要板块，只负责生产加工，不面向外部市场，是典型的成本中心，实行低成本战略。会计核算主要以成本核算为考核指标，实行以生产装置成本核算为主的四级核算体系。以成本核算为主的传统核算管理模式，难以满足集团公司高质量发展需求。

存在的主要问题：一是产品成本核算不精准，难以满足生产决策需求；二是以往内部效益测算方式简单，难以发挥决策支撑作用；三是生产型企业不直接面向市场，市场意识淡薄；四是平均主义的绩效考核制度，制约企业增收创效活力。

### （三）选择管理会计工具方法的主要原因

国际原油市场格局被不断打破重组，集团公司盈利水平发生巨幅震荡，绿色新能源日益挤占更多的市场份额，集团公司面临严峻挑战。实现集团公司减亏目标，炼化公司降低成本压力巨大。按照财政部《管理会计基本指引》，炼化公司多措并举，蜕变求生，综合应用四种管理会计工具方法，解决公司长期存在的生产组织问题、管理问题、经营问题。

（1）应用"作业成本法"解决成本核算问题。《管理会计应用指引第 304 号——作业成本法》，弥补了传统成本核算中间接费用分配不准确的缺陷。炼化公司采用作业成本法，能够识别作业动因与资源动因，实现全工艺流程逐步结转，精准核算各生产环节的分装置加工成本和产品成本。

（2）应用"本量利分析"解决效益测算问题。《管理会计应用指引第 401 号——本量利分析》，用于规划企业经济活动和营运决策。炼化公司采用本量利分析中的盈亏平衡分析、目标利润分析、敏感性分析，全工艺、多维度进行效益测算，为生产组织决策提供依据。

（3）应用"内部转移定价"解决市场意识淡薄问题。《管理会计应用指引第 404号——内部转移定价》，旨在厘清各责任中心的经济责任，计量其绩效，为实施激励提供依据。炼化公司采用内部转移定价，引入市场竞争机制，将外部市场压力传导至内部市场，解决产品价格与市场脱节问题。

（4）应用"关键绩效指标法"解决分配中的大锅饭问题。《管理会计应用指引第601号——关键绩效指标法》，旨在构建指标体系、确定关键绩效指标，为绩效考核和薪酬分配提供参照标准。炼化公司采用关键绩效指标法，打破平均分配，最大限度地激发各级组织和员工价值创造的积极性，提升企业增收创效活力。

---

# 二、总 体 设 计

## （一）应用管理会计工具方法的目标

建立由"战略财务、共享财务、业务财务"组成的财务管理体系，确定"支撑战略、支持决策、服务业务、创造价值、管控风险"的财务管理五大职能定位，落实"财务发现问题、技术制订方案、生产抓好落实"的工作保障机制，充分发挥财务管理在公司价值链中的价值管理作用，实现业务流、价值流、信息流"三流统一"，为实现炼化公司高质量发展做好财务支撑和保障。

## （二）应用管理会计工具方法的总体思路

炼化公司以集团公司全面深化改革为契机，引入市场竞争机制，确定了"调动最基层生产单元积极性、增产高附加值产品、实现集团公司效益最大化"的总基调，形成了"以业财融合平台为基础，以效益测算为关键点，以内部市场化为主要途径，以分灶吃饭为落脚点"的改革思路，构建以效益为中心的生产运行机制，如图1所示。

（1）运行基础。搭建业财融合系统平台中的全生产工艺流程成本核算模块，为同步开展"先算后干"和内部市场化两项工作奠定运行基础。

（2）"先算后干"。通过多维度效益测算，规划生产组织运行，与职能部门及车间高度耦合，实现价值创造最大化。

（3）内部市场化。构建两级市场，以内部转移价格实现一二级市场产品交易结算，使每一个业务单元直接面向市场，人人都是利润源。

（4）"分灶吃饭"。在前面两项工作的基础上，实施绩效改革。通过关键绩效考核指标，实施差异化薪酬分配，实现全员绩效考核，最大限度地激发企业增收创效活力。

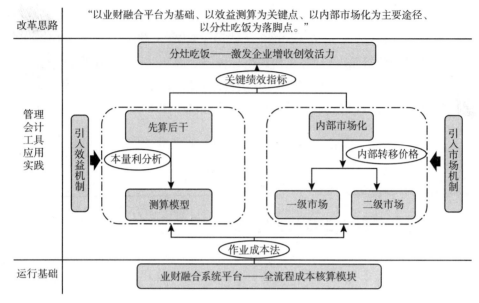

图1 管理会计工具综合应用的改革思路

### （三） 管理会计工具方法的内容

本案例为了解决成本核算不精准、效益测算维度单一、不直接面对市场、平均主义大锅饭的问题，综合应用作业成本法、本量利分析变动成本法、内部转移定价和关键绩效指标四种管理会计工具方法，其内容如图2所示。

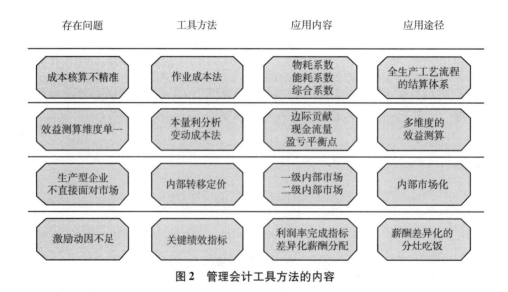

图2 管理会计工具方法的内容

（1）作业成本法。具体采用三类装置技术系数（物耗系数、能耗系数、综合系数），通过全流程成本结转分配，以解决成本核算不精准的问题。

（2）本量利分析。具体包括边际贡献、现金流量、盈亏平衡点，通过效益测算反映生产经营效益水平，以改变过去不核算效益，财务数据难以为生产组织决策提供支持的问题。

（3）内部转移价格。通过等值价定价原理，确定出内部一二级市场互供产品价格，实现利润中心之间的交易结算，保证内部市场化运行，以解决不直接面对外部市场的问题。

（4）关键绩效指标。通过设置内部利润完成率、内部收入完成率、资产利润率、劳动生产率等关键绩效指标，实现薪酬差异化分配，以解决平均主义大锅饭的问题。

### （四） 应用管理会计工具方法的创新

（1）构建多维效益测算模型，为生产组织决策提供支撑。围绕效益和价值，优化生产安排，按照"先算后干"的工作模式，形成由生产、财务、技术三部门联测联算、联合决策的多维效益测算模型，全面运行效益测算机制，持续实施周效益测算，挖掘生产效益增长点。

（2）创新内部转移定价方法，实现内部市场化运行。通过中间产品内部转移价格进行交易，采用等值价的内部转移定价计算方法，破解内部模拟市场间的利润分割难题，将外部市场压力传导至内部各个生产单元，构造内部市场主体，形成市场竞争关系，使内部市场顺畅运行。

（3）构建关键绩效指标体系，实现薪酬差异化分配。构建内部两级市场指标体系，确定内部市场关键绩效指标和权重，分析并进行考核，突出效益指标权重对绩效工资的作用，实现差异化薪酬分配，解决"平均主义大锅饭"的问题，调动员工积极性，激发企业增收创效活力。

---

# 三、应 用 过 程

炼化公司以集团公司全面深化改革为契机，引入市场竞争机制，搭建业财融合信息平台，建立效益测算模型，实施内部两级市场，推进绩效改革，低成本战略得到贯彻执行，企业发展焕发勃勃生机。

### （一） 参与部门和人员

成立效益测算、内部市场化、分灶吃饭领导小组，由总经理担任组长，总会计师担任副组长。

牵头部门：炼化公司财务资产部负责效益测算、内部转移价格制定、协调运行和全程监控。

配合部门：炼化公司生产计划部、科技部、人力资源部、企业管理部等部门，负责关键绩效指标选定、绩效评价及考核兑现。

### （二）应用相关管理会计工具方法的资源、环境、信息化条件等部署要求

**1. 资源和环境**

（1）四级核算强基础。

启动炼化公司、炼厂、车间、装置四级成本核算体系（见图3），夯实核算基础，统一核算口径，细化核算单元。优化成本分配，强化基础应用，为炼化公司效益测算、内部市场化提供基础数据支撑。

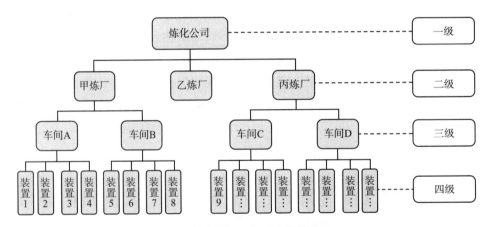

**图3 炼化公司四级成本核算体系**

（2）四级预算控成本。

通过四级预算，开展分装置加工成本执行分析，掌握影响各装置加工成本变动的主要因素，及时制定措施提升运行效益，将预算责任主体落实到车间，强化全面预算管控能力。

（3）定额标准立规矩。

汇编定额标准总册及11项各专业分册，制定定额标准应用指引，将定额标准应用到业务和预算管理中，规范各类业务活动。

**2. 信息化条件**

持续推进信息系统建设，打破信息孤岛，深挖业务和财务数据的价值，树立

"数据就是价值，数据就是资源"的管理理念。

炼化公司完成了集团全面预算一期、二期系统试点运行，实现了四级预算、定额标准数据信息化。实施了物料管理系统应用项目，以物料需求计划为主线，通过统一炼化公司物料需求采购计划及流程，将计划审批、归口预算纳入物料管理系统。物料领用采用电子料单，实时传递凭证，实现物料供应链预算源头管控。

优化升级业财融合系统平台，完成数据采集与分析、效益测算、内部市场、价格管理、效益分析、决策支持等功能模块，为炼化公司效益测算、内部市场化提供完整的数据支持。

### （三） 具体应用模式和应用流程

炼化公司按照"瓶颈突破、机制先行、平台支撑"的工作思路，综合应用管理会计工具方法，推进业财融合。首先，开展了炼化公司全流程成本核算。其次，"先算后干"，推进内部市场化。最后，实施分灶吃饭，落地薪酬差异化分配。

**1. 搭建全流程成本核算模块**

业财融合系统平台的全流程成本核算模块，为公司各级生产组织部门提供精准的分装置、单产品成本数据，有效支持"先算后干"和内部市场化两项工作。

（1）应用作业成本法，实现公司全流程成本核算。

以往成本核算长期存在"算不细、算不准、算不清"的问题，采用作业成本法，实现全流程成本逐步结转，精准核算各生产环节的分装置和单产品成本。

四级核算体系为全流程成本核算提供分装置的成本数据支撑。具体包括：第一级，公司总体吨原油加工成本。第二级，各单位吨原油加工成本。第三级，各生产车间加工成本。第四级，车间内部分装置加工成本。

炼化公司应用全流程成本核算模块，对主要生产单位工艺流程进行梳理整合，基于四级核算数据，按照实际生产作业流程、生产物料流向，逐步进行成本结转，有效破解公司成本效益核算难题。

（2）为全流程成本核算提供分配系数——三类联产品系数。

基于资源动因和作业动因，利用产品物耗和能耗基础数据，将以往单一联产品系数细分为物耗系数、能耗系数、综合系数三类联产品系数，三类系数提供反映产品物料、能源消耗特点的成本分配系数，具体分配结转如图4所示，并根据生产工艺改进，动态调整，提供可靠的分装置、单产品成本信息。

以联产品B为例，其单位成本计算过程包括以下三个步骤：

第一步，联产品B物耗/能耗/综合积数＝装置生产成本×联产品B物耗/能耗/综合系数

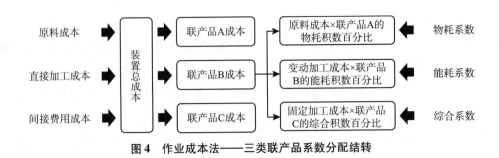

**图 4 作业成本法——三类联产品系数分配结转**

第二步，联产品 B 物耗/能耗/综合积数百分比 = 联产品 B 物耗/能耗/综合积数 ÷（联产品 A 物耗/能耗/综合积数 + 联产品 B 物耗/能耗/综合积数 + 联产品 C 物耗/能耗/综合积数）

第三步，联产品 B 单位成本 =（原料成本 × 联产品 B 物耗系数积数百分比 + 变动加工成本 × 联产品 B 能耗系数积数百分比 + 固定加工成本 × 联产品 B 综合系数百分比）÷ 装置产量

联产品 A 和联产品 C 的单位成本计算过程同理。

### 2. 先算后干

（1）效益测算模型的运行机制。

围绕效益和价值，实施"先算后干"，优化生产组织安排，形成由生产、财务、技术三部门联测联算、联合决策的运行机制，在生产系统全面运行，动态实施周效益测算，挖掘效益增长点。效益测算模型运行机制如图 5 所示。

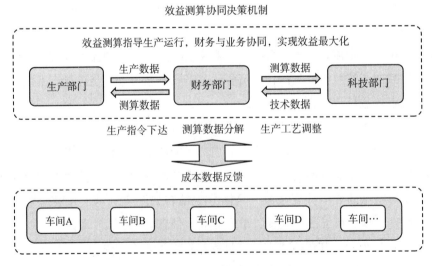

**图 5 效益测算体系运行机制**

实施步骤：第一，由生产和技术部门提出需要效益测算的项目。第二，构建多维度效益测算体系。第三，通过效益测算，应用本量利分析法，综合分析利润、边际贡献、现金流、盈亏平衡点等指标，确定效益最优解。第四，经三部门联合决策，报公司决策层审定后，逐级下达生产指令，进行具体生产组织安排。

（2）多维度效益测算体系。

生产方案效益测算。在公司多种生产方案的决策中，需要对多种不同生产方案的效益进行对比，从而确定出效益最大化的生产方案。

装置效益测算。在装置加工规模的选择上，需要掌握装置盈利水平，对同类不同规模装置的单位效益进行对比，确定装置加工负荷、加工规模。

产品效益测算。在产品结构优化调整时，需要对各类产品或同类不同型号产品效益进行对比，确定效益最好的产品，从而进行产品结构优化调整。

生产链效益测算。在生产工艺的优化改进中，需要掌握同类产品生产链不同生产环节的效益、盈利水平，找出影响效益的生产环节，进而对生产工艺进行优化改进。

原料效益测算。在生产投入原料的选择上，需要对同类型不同来源、不同价格、不同品质的多种原料（进口原油、长庆原油、自产原油）的加工效益进行对比，最终确定原料投入方案。

因此，需要进行生产方案、关键装置、产品、生产链、原料五种类型效益测算，以全流程成本核算模块为基础，建立多维度的效益测算模型。多维度效益测算体系如图6所示。

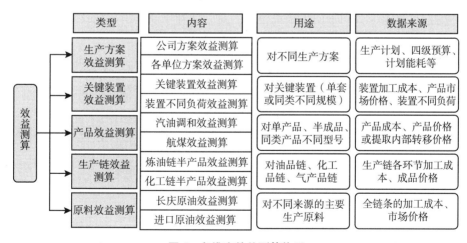

**图6　多维度效益测算体系**

（3）构建效益测算模型。

根据既定的生产计划方案、物料流向，结合产品的市场价格，测算方案的产出效益，为评价生产方案提供合理依据。效益测算模型如图 7 所示。

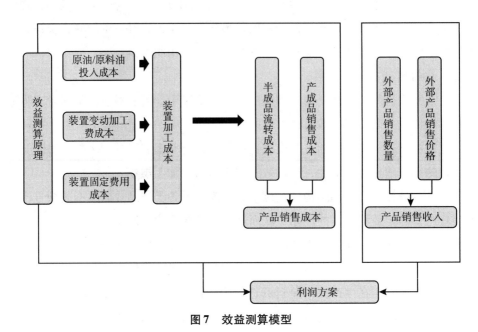

**图 7　效益测算模型**

注：在效益测算过程中，考虑产品、半成品库存成本对产品成本的影响，使用移动加权平均法计算产品的最终销售成本。

（4）效益测算应用示例。

根据集团公司整体效益最大化原则，结合当前国内成品油及石脑油的市场价格，对永坪炼油厂（炼化公司下属生产单位）石脑油深加工或直销方案效益进行测算。

①品类价格及来源。

石脑油：3800 元/吨（市场价格），92#汽油：6374 元/吨（来自集团销售公司），液化气：4185 元/吨（来自集团销售公司），C6 馏分油：5700 元/吨（内部转移价格），石脑油运费：242 元/吨（永坪炼油厂运输至延安石油化工厂）。

②效益测算。

表 1 为石脑油方案测算过程。

**表 1　　　　　　　　　　　　　石脑油方案测算过程**

| 方案 | 测算内容 | 测算过程 |
|---|---|---|
| 直销石脑油方案 | 石脑油利润 | 石脑油直销利润＝石脑油价格－印花税－水利防洪建设基金＝3796 元/吨 |

| 方案 | 测算内容 | 测算过程 |
|---|---|---|
| 深加工石脑油方案 | 液化气、92#汽油、C6馏分油单位产品成本 | 重整装置生产成本×液化气技术系数＝液化气积数（同理算92#汽油、C6馏分油产品积数） |
| | | 液化气积数百分比＝液化气积数/（MTBE积数＋92#汽油积数＋C6馏分油产品积数） |
| | | 液化气单位成本＝（液化气装置生产成本×液化气积数百分比）/液化气产量液化气产品成本 |
| | | 液化气移动加权单位产品成本＝（液化气单位成本＋液化气期初库单位成本）/（液化气产量＋液化气期初库存量）<br>92#汽油单位产品成本、C6馏分油单位产品成本参照液化气产品成本计算方法 |
| | 石脑油深加工利润 | 石脑油深加工利润＝液化气收入＋92#汽油收入＋C6馏分油收入－92#汽油单位产品成本－C6馏分油产品成本－液化气产品成本－92#汽油消费税及附加－印花税－水利建设防洪基金＝3798（元/吨） |
| 方案对比 | 直销石脑油较深加工石脑油效益 | 销售石脑油较石脑油深加工可增加销售效益＝石脑油直销利润＋石脑油运费－石脑油深加工利润＝3796＋242－3798＝240（元/吨） |

注：每加工1吨石脑油可生产0.034吨液化气、0.768吨汽油、0.12吨C6馏分油。

③测算结果。

92#汽油与石脑油价差大于2814元/吨时，石脑油深加工方案效益更好；92#汽油与石脑油价差小于或等于2814元/吨时，石脑油直销方案效益更好。建议集团公司动态调整销售方案，实现利润最大化。

**3. 内部市场化**

（1）构建内部两级市场。

引入外部市场，构建炼化公司内部两级市场。一级市场主体包括永炼、延炼、石化厂、榆炼、天然气5个利润中心，如图8所示。

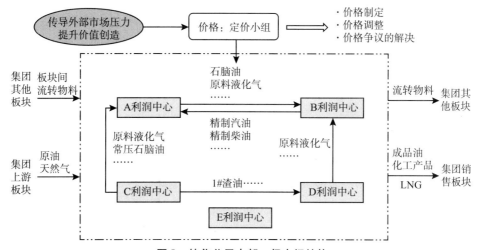

**图8　炼化公司内部一级市场结构**

二级市场主体由一级市场主体细分而来。比如，一级市场主体延炼利润中心包含4个主车间、8个辅助车间，共设置12个二级市场主体，具体如图9所示。

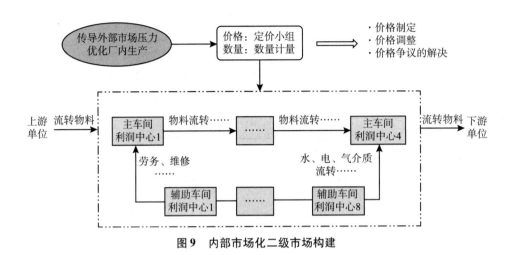

**图9　内部市场化二级市场构建**

建立内部市场交易定价体系、核算体系。以四级预算、四级核算为基础确定成本，对各单位、各主要生产装置进行市场化效益核算，使内部市场利润指标成为各单位优化资源配置、强化成本管控、提高经济效益的主要依据，激发各主体主动提质增效的活力。

（2）计算内部转移价格。

①内部转移价格计算步骤。

首先，划分各装置、产品的品类，分析不同产品品类中能够体现市场价格差异的要素。其次，找出产品品质指标与产品价格之间的内在关系。再次，计算装置、产品的等值价。最后，在等值价基础上，按月确定并发布内部产品转移价格，支撑炼化公司内部市场化运作。

②三类产品等值价计算。

炼化公司产品归结为汽油类、柴油类、固体类三类。依据市场因素和产品属性，制定三类产品等值价模型。具体计算过程为：

汽油类产品等值价模型。以92#汽油、95#汽油、98#汽油的市场价格为基准，以辛烷值、硫含量作为汽油类产品的价格计算动因，计算出重整汽油、精制汽油、加氢汽油等汽油类前端产品的等值价。辛烷值越高、硫含量越低，汽油类产品等值价越高。

柴油类产品等值价模型。以0#柴油、-10#柴油、-20#柴油、-35#柴油的市场价格为基准，以凝点、密度、十六烷值作为柴油类产品的价格计算动因，计算出常压柴油、精制柴油、加氢柴油等柴油类前端产品的等值价。凝点越低、密度越高，柴油类产品等值价越高。

固体类产品等值价模型。聚丙烯及粉尘料、过渡料等和其他可直接获取实际市场价格的固体类产品，直接以市场价格作为等值价。干气、氢气直接以行业价格作为等值价。

经过上述三类产品等值价的计算，结合内部转移定价调价规则，确定厂际互供产品的内部转移价格。

**4. 分灶吃饭**

（1）构建两级绩效考核体系。

效益联动绩效改革下的两级绩效考核。将绩效工资与内部市场化利润完成率等指标相关联，确定出考核结果，与绩效奖金挂钩，突出业绩贡献，充分发挥考核的激励作用，具体如图 10 所示。

| 市场主体 | 关键绩效指标 | 成本效益分析 | 考核分配 |
|---|---|---|---|
| 一级市场 | 利润完成率<br>收入完成率<br>成本完成率<br>原油成本节约率 | 物料流转的一级市场<br>成本效益分析 ⇒ | 分灶吃饭考核<br>分灶吃饭兑现 |
| 二级市场 | 利润完成率<br>产量完成率<br>成本偏差率 | 物料流转的二级市场<br>成本效益分析 ⇒ | 分灶吃饭考核<br>分灶吃饭兑现 |

**图 10　两级市场绩效考核体系**

绩效考核实施步骤。第一步，确定内部市场关键绩效指标。第二步，依据内部转移价格，计算内部市场成本效益。第三步，分析关键绩效指标，确定考核系数，评价执行情况。第四步，兑现绩效考核结果。

（2）一级市场绩效考核方案及实施。

①设置关键考核指标。

绩效考核指标中，不仅有产量和成本等任务型指标，还有体现市场导向和效益导向的收入、利润等价值型指标，且占到考核权重的 60%，突出了效益为中心的管理理念，如图 11 所示。

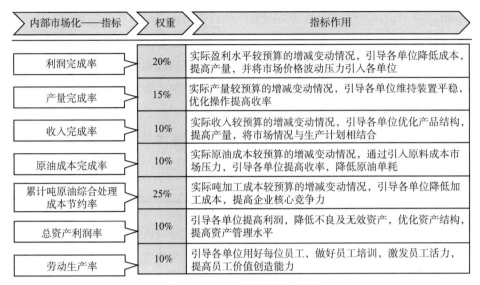

| 内部市场化——指标 | 权重 | 指标作用 |
|---|---|---|
| 利润完成率 | 20% | 实际盈利水平较预算的增减变动情况，引导各单位降低成本，提高产量，并将市场价格波动压力引入各单位 |
| 产量完成率 | 15% | 实际产量较预算的增减变动情况，引导各单位维持装置平稳，优化操作提高收率 |
| 收入完成率 | 10% | 实际收入较预算的增减变动情况，引导各单位优化产品结构，提高产量，将市场情况与生产计划相结合 |
| 原油成本完成率 | 10% | 实际原油成本较预算的增减变动情况，通过引入原料成本市场压力，引导各单位提高收率，降低原油单耗 |
| 累计吨原油综合处理成本节约率 | 25% | 实际吨加工成本较预算的增减变动情况，引导各单位降低加工成本，提高企业核心竞争力 |
| 总资产利润率 | 10% | 引导各单位提高利润，降低不良及无效资产，优化资产结构，提高资产管理水平 |
| 劳动生产率 | 10% | 引导各单位用好每位员工，做好员工培训，激发员工活力，提高员工价值创造能力 |

**图 11　一级市场关键考核指标**

②一级市场分配方案。

炼化公司将所属单位按照是否实施内部市场化，分为纳入分灶吃饭考核单位和未纳入分灶吃饭考核单位两类。一级市场具体分配方案如下：

纳入"分灶吃饭"的单位：

◆ 以调节系数 1.0 为中点，在 60 元/人奖励标准基础上，调节系数每增加（减少）0.01，奖励标准上提（下降）20 元/人，调节系数低于 0.98 时不参与奖励。

◆ 纳入分灶吃饭考核单位的调节系数 = 1 + 关键绩效指标增减 ×100/1 ×0.01

◆ 核定额 = 单位系数 × 人数 × 奖励标准

未纳入"分灶吃饭"的单位：

◆ 未纳入分灶吃饭单位的调节系数 =（纳入分灶吃饭单位调节系数的平均值 − 1）×60% +1

◆ 机关生产计划部、科技部、机动设备部调节系数 = 纳入分灶吃饭单位调节系数的平均值，其余机关各部室调节系数 =（纳入分灶吃饭单位调节系数的平均值 − 1）×80% +1

◆ 核定额 = 单位系数 × 人数 × 奖励标准

③一级市场实施过程。

将各单位年度绩效工资与利润完成率等指标相关联，拿出绩效工资的 15%（2334 万元），作为分灶吃饭专项奖金；按照一级市场的关键绩效指标考评结果，依据一级市场分配方案兑现薪酬。在多劳多得的基础上，突出了业绩贡献，充分发挥考核的激励作用。

（3）二级市场绩效考核方案及实施。

二级市场主体是主车间利润中心与辅助车间利润中心。二级市场主体与一级市场主体考核的不同点表现为考核指标和分配方案的差异。参照炼化公司内部市场化考核指标设置及分配方案，设置了二级市场主体三项考核指标，即利润完成率、产量完成率、成本偏差率。再根据二级市场主体内各单位（如联合车间、化验中心、维修车间、电仪车间等）的职能、性质、贡献，分别与三项考核指标挂钩考核。二级市场分配方案与一级市场分配原理和过程相同。

### （四）在实施过程中遇到的问题及解决方法

**1. 物料价值属性的复杂程度高，确定内部转移价格不易**

物料价值属性是决定物料价值高低的主要因素，找出物料品质中与价值关联度较大的因素，分析其与产品市场价格关系和关联变化曲线的难度较大。根据炼化公司生产工艺、生产过程中间产品的物料品质属性（辛烷值、密度、凝点、十六烷值等）、结合产品市场价格的关键动因，参考产品市场价格，找出关键动因与产品市场价格间的关联变化曲线，确定中间产品等值价，制定出内部转移价格。

**2. 价值型绩效考核指标权重确定困难**

维持生产平稳运行是炼化公司生产经营的首要前提。在考核指标权重确定中，难以权衡价值型绩效考核指标在指标体系中的占比，如果价值型绩效考核指标权重过大，则会对生产加工为主要任务的加工企业造成冲击，背离绩效考核初衷。因此，需要将价值型绩效考核指标控制在一个合理范围内，而这一点是困难的。针对这一困难，我们对所制订的分灶吃饭考核方案进行了持续优化完善，既能起到考核激励导向作用，又不至于影响正常的生产平稳运行。

# 四、取得成效

**1. 综合应用多种管理会计工具方法，促进管理体系的跃升**

作业成本法在分装置、单产品、全链条、各单位成本核算中的广泛应用，构建了价值管理的坚实基础；内部转移定价的引入，促进了市场竞争机制的形成，推动了从成本中心向利润中心的转变，重塑了管理环境；融合运用本量利为核心的多维度分析预测、关键绩效指标工具，聚变出强大的价值创造活力，催生了炼化公司管理体系的变革，促进了从传统生产型企业向新型经营型企业的跃升，推动炼化公司步入可持续高质量发展轨道。管理会计工具方法综合应用前后对比如图12所示。

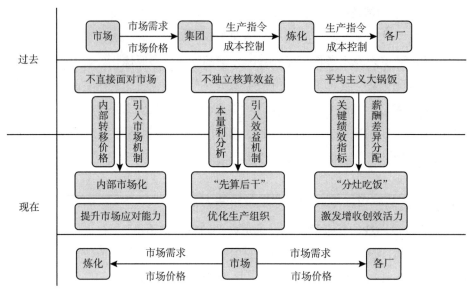

图12　管理会计工具方法综合应用前后对比

**2. 构建起支持战略、反映市场、有效激励的绩效评价体系**

生产型炼化企业在引入内部转移定价、形成内部市场环境后，为了实现集团战略、公司定位、真实市场、内部激励间的平衡，炼化公司构建了横向区分业务性质、产品（半成品）、生产链、装置、原料等维度，纵向覆盖"公司—炼厂—车间—班组—个人"各层级的绩效评价体系。绩效指标作为绩效评价体系的核心承载，"公司—炼厂—车间"层级侧重于价值型指标，确立一二级市场利润中心地位，支持集团战略目标实现；"车间—班组—个人"层级侧重于与价值型指标相关联的业务量指标，确保利润中心目标实现的同时，突出员工薪酬分配差异性，激发了各层级的降本增效积极性。

# 五、经 验 总 结

**1. 深植价值理念，注重文化涵养**

理念是变革的先导。炼化公司经过深入的宣贯引导、扎实的业务操作培训与持续的媒体推广，营造了"全员增收创效"氛围，市场、价格、效益等理念深入人心，生产与经营连通，财务与业务协同，公司上下管理层和员工实现了从"完成任务"到"创造价值"、从"发工资"到"挣工资"的观念转变，为管理会计工具方法的落地生根提供了良好的文化涵养。

### 2. 工具与技术融合，注重平台支撑

综合运用管理会计工具方法需要信息化平台提供有力支撑。作业成本法、本量利分析、多维度测算、内部转移定价与关键绩效指标的综合运用，面临着海量的信息数据、复杂的业务流程、多角色信息交互，必须依托强大的信息化平台才能实现。炼化公司建立了业财融合系统平台，融合了决策支持、多维度效益测算、内部市场化等模块，推动了生产、财务、技术为核心的多部门协同，从而实现管理会计工具方法的更大效能。

此外，如果内部转移价格不公允、关键绩效指标权重不合理，在一定程度上会影响内部市场的运行质量，导致产业链内部各主体间权益失衡，削弱新的管理体系效能发挥。

（陕西延长石油（集团）有限责任公司炼化公司：李　军　张缠桥　董小永　王海宁
高粉孝　乌忠理　张忠军　段志阳
王　博　王宏斌）

🎓 **案例评语：**

炼化公司存在市场意识淡薄、成本核算不精准、内部效益测算维度单一、平均主义大锅饭等问题，通过综合采用四种管理会计工具，引入市场机制，从四个方面展开了改革实践：（1）构建了全流程成本核算模块。（2）动态效益测算，科学指导生产组织决策。（3）建立内部两级市场，制定内部转移价格，提升产品市场竞争力。（4）设置关键绩效指标，构建绩效考核体系，实施两级分配。这一实践使得生产组织决策基础更加牢靠，对公司战略的支撑更加有效，最终实现了公司降本提质增效和绿色的目标。对同类型企业具有较好的可复制性和可推广性，有较高的实践价值。

# 构建"三位一体"财务管控模式，
# 推进集团管理转型升级

**摘要**

甘肃省电力投资集团有限责任公司（以下简称"甘肃电投集团"）深入贯彻落实党的二十大精神，按照《会计改革与发展"十四五"规划纲要》、国务院国资委关于加快建设世界一流财务管理体系等要求，夯实财务管理基础，建设财务共享服务中心，形成了"战略财务＋业务财务＋共享财务"三位一体的新型财务管控模式，依托管控兼顾服务支持双重功能财务共享服务模式，进一步夯实了财务管理和风险防控职能，深化了管理会计应用，推动企业集团管理转型升级和高质量发展。

推进管理会计应用的主要做法如下：

一是扎实铸牢集团财务信息化基座。

二是着力打造集团化财务共享中心。

三是构建"以现金流量为核心"的预算管理体系。

四是融合形成一体化资金监管体系。

五是建立合规风控体系有效防范风险。

六是完善智能前瞻的财务数智体系。

甘肃电投集团在深化推进管理会计应用方面取得了良好的成效，以财务共享服务中心建设和财务数智化转型为基础，进一步推动集团整体的标准化建设，集团风险防控的能力大幅提升，资金集中管理和运营成效显著，整体经济效益和费用管控方面的效果也比较明显，荣获甘肃省管理创新成果一等奖 1 项、技术创新成果三等奖 1 项，集团公司成果 5 项，财务精细化管理不断提升，有效助力了集团高质量发展。

## 一、背 景 描 述

甘肃电投集团是隶属于甘肃省政府国资委监管的省属大型国有企业，甘肃省新能源产业链和数据信息产业链链主企业。截至 2023 年 12 月，资产总额 885 亿元，下辖子公司 52 家（含 1 家上市公司），用工规模 7000 余人。

在新挑战和新机遇下，甘肃电投集团按照对标一流企业和建设世界一流财务管理体系要求，立足构建"支撑战略、支持决策、服务业务、创造价值、防控风险"的核心功能，不断完善拓展共享中心的管理和服务职能，形成了三位一体的新型集团财务管控体系，实现了"三个转变"，在推进管理会计和助推集团高质量发展方面，实现了"三大提升"。

### （一）管理会计应用基础

**1. 管理现状**

甘肃电投集团持续强化财务管理和风险防控，严格按照省政府国资委财务监督要求，紧密围绕"推动财务数智化转型，不断提升集团整体财务风险防控能力和标准化水平"这一主线，主动引领担当，研究国有资本投资公司财务管控新战略，不断推进财务管理转型升级，充分发挥财务管理在企业管理中的核心作用，不断提升企业的核心竞争力，为集团公司高质量发展提供重要支撑和保障。

2011 年，全面推行集团财务集中管控体系建设，并设立资金结算中心。2012 年，财务核算、资金、计划预算和报表实现集中管控。2016 年，设立财务公司，更好地发挥了集团资金集中管控的核心职能。2018 年初，资金计划和现金流量监控体系更加完善，资金计划实现"月计划＋周计划"和事前控制，进一步提升了集团资金集中运营管理效能。

**2. 主要问题**

随着甘肃电投集团资产规模迅速扩张，多元化快速发展新格局已经出现，财务管控和财务决策分析的难度也不断加大，在财务管理方面面临一些亟须解决的难题。例如，财务核算标准化、自动化、时效性等问题；财务精细化管理的要求不断提升；移动审批和多端应用需求迫切，管理层对财务数据自主分析应用、数据价值挖掘的诉求也越来越多。

### （二）选择相关管理会计工具方法的主要原因

随着甘肃电投集团高质量发展和转型壮大，财务精细化管理的要求不断提高，原侧重于记录型的核算模式已经无法满足集团发展和财务管控的要求，亟须深化推动应用管理会计，按照经营型管理会计的财务核算、业务管控和经营分析三大职能，在做好记录型会计基础工作的同时，采用管理会计方法评价过去、决策现在、预测未来，强化集团内部管理。

因此，一方面，亟须推进财务数智化转型，为集团深化应用管理会计奠定技术支撑基础；另一方面，应尽快谋划推进构建集团财务共享服务模式，为管理会计打好管理支撑基础。同时，还要在集团财务战略指导下，构建财务大数据平台，对业务财务数据进行标准化治理，系统性引入预算管理、内部报告管理、投资决策、一体化资金监管体系、风险管理等管理会计工具和方法，深度依托集团财务共享模式开展管理会计推广应用。

# 二、总体设计

## （一）应用相关管理会计工具方法的目标

构建载体、落实管控，建成"业财融合、功能完善、运行高效、内控健全"管控兼顾服务支持双重功能的集团财务共享服务中心，面向业务服务基层，助力集团财务管控风险，服务决策提升效益，技术创新助推价值创造，紧密围绕集团财务战略和业务实际，推进管理会计应用，持续优化提升集团财务管理能力，实现集团财务管理转型升级。

## （二）应用相关管理会计工具方法的总体思路

持续推动财务数智化转型工作，走稳技术路线，夯实集团财务信息化基座。按照"集中核算—资金集中管控—财务共享—自动化智能化—数据资产价值挖掘"这一主线，实现业务驱动财务、单据驱动结算、全业态财务业务共享，将技术创新和管理创新贯穿集团财务信息化全过程，不断提升集团整体财务风险防控和标准化水平，打造一流、灵活、高效、安全可靠的集团一体化财务管控体系。

依托集团财务信息化基座，以"业务驱动财务"这一主线条构建全业态全财务业务的集团财务共享服务中心，在集团范围内推行"四个标准化"和"一个统一化"。探索构建集团财务智能中台，推广应用机器人流程自动化技术，将既定标准业务 RPA 技术化，构建知识库体系，融合实现人机交互。开展财务数据治理与分析应用工作，打造集团和各级公司财务数据驾驶舱，调动各公司将管理会计工具和方法融入日常工作中。

## （三）相关管理会计工具和方法的内容

甘肃电投集团借助财务共享服务等财务信息化工具，支撑集团财务共享服务模式转型，搭建"业务驱动财务"标准化流程体系，达到财务数据从溯源、梳理、收集，到分析、应用、展现的全过程管理。

**1. 集团财务共享服务信息系统架构和功能**

甘肃电投集团财务共享服务信息系统总体架构包含 3 大主系统：财务共享服务综合平台、财务大数据平台、财务决策支持系统，如图 1 所示。

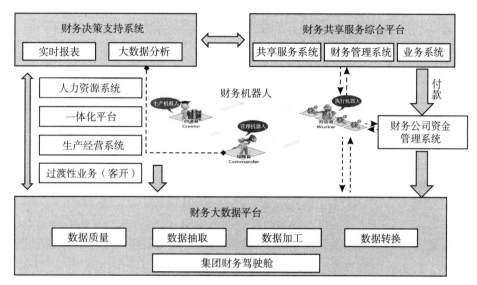

**图1 甘肃电投集团财务共享服务系统架构**

通过"集团—财务公司"直连，打通了集团财务共享服务系统与财务公司资金结算系统的各类支付结算核心业务，构建了一体化资金结算监管体系。打造集团财务 RPA 技术架构，深度融合后通过决策支撑系统、钉钉实现工作交互。

集团财务共享服务信息系统涵盖财务共享服务、财务驾驶舱、预算资金报表（将来重点向管理会计方向发展）、业务录入平台、财务智库、智能财务应用 6 大类功能。

集团财务决策支持系统实现与财务共享服务、财务数据驾驶舱、数据分析应用、资金计划、过渡性业务系统等融合集成。

**2. 集团财务共享服务模式**

通过财务共享服务模式变革，形成了"战略财务—共享财务—业务财务"三位一体的新型财务管理体系，约有 70% 的财务人员工作重心前移至业务财务，20% 的财务人员参与财务核算、稽核、风险防控和信息技术支撑形成共享财务，还有约 10% 的财务人员将面向财务管理各个方面形成战略财务，集团整体上变革实现了财务管理的转型升级，全面提升了集团财务管理水平。

集团财务共享服务中心与集团本部财务、成员单位财务的职责划分进一步明确，在履行各类财务职能的过程中相互协作，但侧重点有所不同（见图2）。

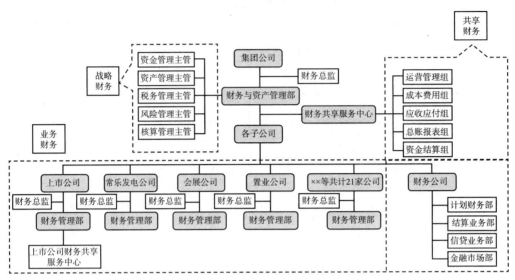

**图 2　甘肃电投集团财务管理组织架构**

战略财务：集团本部工作重心转移到战略管理和决策支持层面上，紧紧围绕集团发展战略，统筹投融资管控，进一步明晰财务管理目标，制定集团相关会计政策，研究决策下属单位筹融资、风险管控、投资、预算、税收等重大事项，督导日常财务管理、经营活动等工作。

共享财务：贯彻执行集团财务管理政策，信息化落地保障；记录经济活动；真实地将会计信息反馈给集团本部和成员单位；通过集中化、标准化的流程管理，实现集中作业、共享资源；不断完善财务共享服务中心的"集团财务数据中心、业务处理中心、流程管理中心、决策支持中心和财务人才培训中心"功能，提高效率、释放资源，积累和凝练大量基础数据、分析决策模型来支持集团发展，助推集团财务管理转型。

业务财务：执行集团财务管理政策，深化业财融合，推进管理目标的实现，助推业务部门提升业绩，配合财务共享服务中心核算，开展好本公司战略财务，并将工作贯穿到业务处理全过程，支持企业业务发展，为战略目标保驾护航。

**3. 集团全面预算管理体系**

在全面预算管理领域运用了零基预算管理会计工具和方法编制预算。结合集团各业态板块管理实际情况，设置了财务预算套表、业务预算套表和投资预算套表。业务预算报表根据各业务板块行业属性设置，根据业务发生量确定收入及相关成本费用。通过业务预算和投资预算编制财务预算。

以现金流为核心，不断深化全面预算管理。组织全员全方位参与编制预算，与行业先进指标对标，以实现现金流收支平衡为核心，全力保障到期债务本息偿还和项目生产运营、建设为基本原则，将保增长、降成本、控风险等关键环节内嵌在全面预算管理的管控体系中，加强债务风险动态监控，强化资产负债约束，全面提升预算的控制、激励、评价功能，不断发挥财务管理在经济业务中的决策支撑、价值创造、资源配置和风险管控中的重要作用，为集团公司实现高质量发展阶段性目标提供坚实的专业支撑力量。

完善优化预算控制方案，进一步强化预算刚性控制。集团强化财务刚性约束，不断深化全面预算管理意识，促进各部门沟通协作，加强业务事前、事中和事后风险控制，保证各类信息及时、准确、高效传递，提高集团公司的预算管理效率。

强化预算预测分析，助力经营决策科学有效。通过编制月度预算执行情况分析报告及预算指标完成情况预测，对各公司经营情况进行对比分析，确定差异及分析形成的原因，及时发现预算管理中存在的问题，提出有效的改进意见和建议，进行及时纠偏和提前预警，不断提升预算管理的引领作用，发挥财务管理在经济业务决策支撑、价值创造、资源配置和风险管控中的重要作用，为集团公司实现高质量发展阶段性目标提供坚实的专业支撑力量。综合运用比较分析法、比率分析法、趋势分析法、因素分析法及结构分析法等方法，对集团公司整体及各板块经营、财务状况进行分析，通过与预算目标及同期完成情况的对比分析，查找差异的原因及存在的问题，为经营决策提供依据。推进对标管理工作。借助信息化手段，在核算系统、决策支持系统中植入包括盈利回报、资产运营、风险防控、持续发展指标在内的企业绩效评价标准指标体系，建立财务风险预警机制，通过专人对管理报表及财务指标进行月度对标分析，在业务部门、财务部门、集团及子公司之间形成对标结果的共享模式，强化对标管理，提升风险管控水平。推进最小单元核算。推行多维度分析体系，从业务经营层面逐级细化拓宽指标维度和颗粒度，集团层面分析板块、业态的收入、成本和费用构成情况、成本性态，产业子集团和各级公司分析指标内部构成、差异化原因，各级公司的职能部门按照分工不同侧重于小指标管理，将生产经营指标细化到机组，分解到设备，人人身上抗指标。例如，张掖发电公司以度电成本计算模型为基础，配合值际小指标竞赛，基本上做到了单台机组利润实时测算，以利润为导向的绩效管理模式初步形成；会展展览业务引入边际贡献管理理念，固定成本分摊至会议厅、展览摊位，在接受业务订单时考虑收入是否能够补偿固定成本；物业管理业务按单一物业项目进行核算，通过辅助核算实现固定成本、变动成本按项目进行区分，通过对各项目的对比分析，找出管理差距，逐步推进业财融合模式，按照年度预算指标体系，进行月度进度分析与年度综合考评相结合的方式推进业财管理。

### 4. 集团资金一体化监管体系

在资金集中管理方面，基于"财务共享＋财务公司"模式，自主设计搭建了一体化资金集中监管体系，形成了以银行账户集中管理机制为基础，财务共享服务系统和财务公司资金管理系统互联互通为纽带，构建数据信息共享与风险防控互补，多层次资金结算管控流程，资金信息数据分析为一体的资金集中监管体系。

在银行账户管理方面，通过一体化资金监管平台实现全集团银行账户集中管理。整合超级网银、财务公司代理支付功能，财务共享服务系统作为发起对外支付的唯一渠道，财务公司作为统一结算平台，商业银行超级网银作为应急支付通道，集团一体化资金集中结算监管体系已经形成。商业汇票模块实现票据业务全过程管理。资金计划填报、审批、调整和执行反馈功能，实现了集团公司融资审核与财务公司资金平衡联动审查，进一步健全了集团各级公司资金管理委员会功能，"集财""银企""业财"融合发力，进一步提升了集团银行账户管理能力和资金集中结算效率，资金管理"月计划、周控制"管理模式的形成，进一步提升了集团盘活冗余资金、降低财务费用、防范财务风险的能力。

### 5. 合规风控体系

充分发挥"六位一体"大监督体系的协同监督效应。按照"依法依规、纵横联动、高效监督、服务大局"的原则，建立健全内部监督机制，进行监督资源整合，以监督活动"计划统筹、协同实施、结果共享"为抓手，实现监督资源集中调度、监督职责统一行使、监督内容全面覆盖、监督信息成果共享的闭环监督模式。

充分发挥财务共享服务系统智能化风险控制功能。完善风险预警机制，建立健全风险控制体系，严密防范操作风险，科学管理市场风险、信用风险和流动性风险。同时，以现金流量为主线，对成员公司资金的流入流出实行全过程实时监控，实现资金流与信息流的有效匹配，加强资金的全程监控。财务共享服务中心对业务流程整合设计时，在考虑简洁高效的同时，更加侧重风险控制，业务流程满足内部控制的要求，进一步强化了对各公司的财务监督，有效防范了财务风险。

充分开展内部询证制度，深入推进业财融合。各级财务部门落实与业务端的内部询证制度，定期核实费用报销、合同款项支付、代垫款项扣缴等情况，确保会计要素确认计量的及时、准确、可靠；业务部门从生产、经营、项目管理各环节入手，加强与财务部门沟通协调力度。

充分发挥中介机构决策支撑作用。积极引进具有较高专业水平的第三方中介机构担任集团财税顾问，参与集团公司决策咨询，为集团公司解决财税难题，防范财务风险，实现专业化及科学化决策保驾护航。

### 6. 完善智能前瞻的财务数智体系

不断拓展共享边界。探索建立涵盖预算、财务报告、税务、会计电子档案、机器人流程自动化等系统的集成应用。结合国家增值税电子发票电子化报销入账归档和电子凭证会计数据标准化深度试点工作，打通财务业务处理前端通道，建设会计电子档案系统作为后端支撑，实现了全链条会计电子档案的采集、识别、查验和归档，为会计档案"单轨制运行"创造了良好的条件；智能财务中台模式已经初步形成，引入机器人流程自动化、人机交互、知识库等工具提升集团财务自动化智能化水平，集团数字化员工中心上线运行，总账结账、智能辅助稽核、系统监控机器人进入生产环境运行阶段。

推进财务数据治理工作。收集积累系统资源数据和行业对标对比数据，形成集团财务大数据。将财务和业务信息转换成为结构化数据存储，积累了大量的财务业务基础数据，数据的颗粒度和分析维度也更加精细化。

通过搭建财务管理驾驶舱（见图3），实现财务各类数据实时展现，按现状指标、关注项目和风险控制三大类逐级动态列示国资委年度考核指标、投资收益等16项指标和杜邦分析模型、高质量发展指标、任期目标的分析展现模型，实现根据管理需要对上述指标实时钻取分析，直观地按照业态、组织、时间、指标等多维度分类横向、纵向展现集团及各级公司财务指标全貌，实时进行风险预警并推送信息。

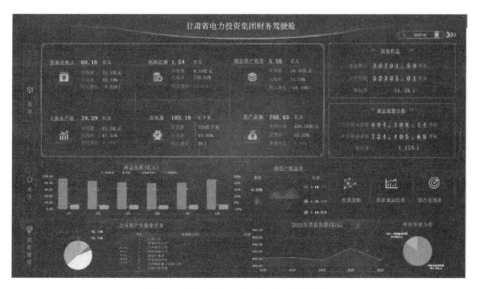

**图3 甘肃电投集团财务驾驶舱效果**

设计实时展现财务共享服务中心作业绩效看板，作业人员和系统资源"错峰调整"，有效节约成本，也使管理人员做到了"心中有数"。

另外，还内置了大额资金动态监管、供应商基础数据等指标模型。

### （四） 运用相关管理会计工具和方法的创新

（1） 构造了"事权与财权相分离"的业务驱动财务模型，实现了集团财务集中管控、业务集中核算，集中但不集权。

（2） 自主设计深度融合"决策支持＋财务共享＋财务大数据"集团财务共享服务技术架构，实现了财务大数据技术布局和多平台深度融合应用。

（3） 推行"四个标准化"和"一个统一化"财务共享标准化管理。

（4） 自主设计开发了集团资金计划管理体系、集财直联系统，构建了"年度预算和资金计划刚性管控＋业财资自动结算＋资金五级监管＋大额资金驾驶舱"一体化集团资金监管结算平台。

（5） 设计开发过渡性业务系统，有效解决了财务共享服务系统与集团各级公司各类业务系统标准化对接、接口开发和维护费用难题。

---

# 三、应 用 过 程

## （一） 参与部门和人员

在实施过程中，甘肃电投集团财务与资产管理部作为牵头部门，各级公司职能部室全力配合，集团公司全员参与。

## （二） 资源环境和信息化条件等部署要求

### 1. 明确财务信息化与集团总体信息规划关系定位

结合公司实际，甘肃电投集团按照"短平快优建系统，前瞻性部署"的原则，集团财务信息化建设先行，以财务和资金为纽带固本夯基。财务共享服务系统在集团总体信息规划中，作为财务管控的核心系统功能定位进一步明确。

### 2. 全集团形成"总部—基层—共享"财务组织架构

甘肃电投集团推进财务共享服务模式后，财务管控的职责进一步明晰，如图 4 所示。集团总部侧重于战略管控和分析决策；基层单位侧重于业财融合，更好地服务业务、支撑管理，充分地发挥好财务共享服务二级纽带职能；集团财务共享服务中心按照专业化分工的思路，将集团内部各级财务组织核算、结算等基础会计职能剥离出来，纳入财务共享服务中心统一处理。集团开始了由价值记录型财务向价值创造型财务转型，借助财务共享服务持续优化提升集团财务管理能力，实现集团财务管理转型升级和数据资产价值创造。

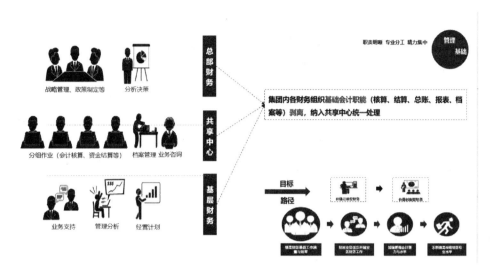

**图4　甘肃电投集团"总部—基层—共享"财务组织架构**

### 3. 集中但不集权的集团财务共享服务模式

甘肃电投集团推进财务共享服务模式，原单位审批和决策权不变，按照集中但不集权的原则，在财务管控模式方面实现了"两个不变"和"六个改变"，如图5所示。

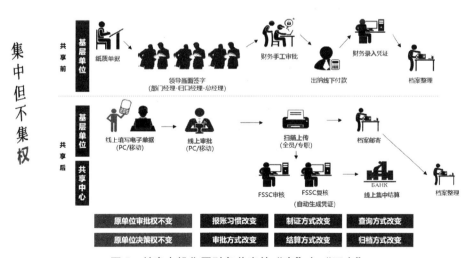

**图5　甘肃电投集团财务共享的"变"与"不变"**

**4. "财务共享＋决策支持＋财务大数据"元素融入集团财务信息化框架**

财务共享领域：以推进国有资本投资公司改革为切入点，构建了新型集团管控模式，建成了甘肃省属国有企业第一家财务共享服务中心，覆盖全业态、一次上线运营，为国有资本投资公司转型发展打造了新型管理平台，也为进一步提高企业管理质量、提升管理效率、强化风险防范奠定了坚实的基础。

智能费控和核算等领域：部署了智能报账平台、电票与税务云平台、财务预算、合并报表、合同管理、存货核算、出入库管理等系统，采用业务驱动财务、单据驱动结算的方式，内置各类费控标准，实现了票据自动识别、凭证自动生成、线上自动结算、单户报表一键生成、集团内部交易对账等功能。组织编制了18万余条物资编码，统一了集团物料档案，所有物料按照集团统一的分类实现集团级管控。

资金集中管理领域：集团财务公司作为资金集中管理执行机构，协同集团财务与资产管理部为集团下属的各子公司提供金融服务。

会计电子档案领域：建设了一套集团本部及所属子公司统一应用的会计电子档案系统，实现集团会计档案电子化采集、归档。

决策支持和财务数据分析：自主设计了基于"决策支持＋财务共享＋财务大数据"的集团财务共享技术架构，将财务决策支持系统作为一个综合性的财务管理统一平台和门户运行，以高性价比实现与财务各类应用系统的深度融合应用，有效降低了项目建设成本。综合考虑企业财务管理所处的阶段性任务，以财务精细化管理作为建设决策支持系统的突破口，涵盖预算、资金一体化监管、财务风险预警、收入成本测算模型等功能。作为实时报表工具和自主式挖掘分析工具、过渡性业务系统、统一门户等，充分发挥了多平台融合的功能，可以有效解决财务共享综合平台应用和二次开发灵活性不高、创新成果保护等问题，合理降低投资成本和后期运维费用。

机器人流程自动化：包括财务自动化流程管控平台、IDP、OCR 等技能平台、数智业务助手等，并建设配套的标准规范。配套建设的机器人场景涉及总账结账、系统监控和智能辅助稽核。

**5. 财务信息系统资源和安全保障**

在硬件设备和网络资源方面，作为集团"企业云"的子平台，融合嵌入集团办公一体化平台，实现了统一门户登录和用户身份安全认证，安全等级高。

**（三）应用模式和流程**

**1. 具体步骤**

前期调研阶段：2018 年，开展财务共享服务中心专项调研，编制了集团财务共享服务中心项目初步可行性研究报告。

项目启动阶段：2019年4月22日，甘肃电投集团决定启动筹建财务共享服务中心项目，成立了项目领导小组和项目工作组，如图6所示，由集团公司总经理任组长、财务总监任副组长亲自主抓，在集团公司信息化领导小组指导下开展具体工作。

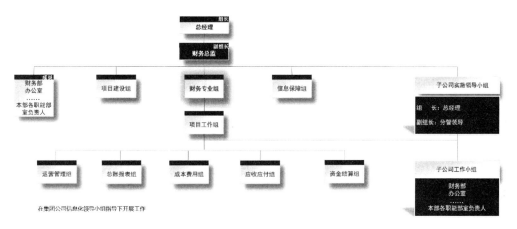

**图6 甘肃电投集团财务共享服务中心项目筹建工作领导小组**

方案设计阶段：2019年5月，甘肃电投集团财务共享服务中心项目组与各公司开展业态广度和深度对接，评估各系统应用深度和投资成本。2019年7月，项目立项，设置组织机构，场地和人员到位，开展项目咨询和现状调研与分析，确定实施方案，设计财务共享服务中心蓝图和实施方案。

部署实施阶段：2019年8月，完成系统搭建、调试运行、接口开发等工作，进行业务推演与测试，组织开展核算系统升级、共享上线前动员与宣贯工作。2019年10月，甘肃电投集团所属的各级公司分批全面切换上线，在集团范围内全面推行财务共享服务。监控运行情况并进行项目总结。

优化运行阶段：自2020年开始，开展财务共享业务流程优化工作，完善提升财务共享服务信息系统功能效率。陆续开展了会计电子档案、财务共享服务系统机器人流程自动化项目建设，按照国家电子凭证会计数据标准深度试点工作要求，持续开展了电子凭证接收端试点工作。

**2. 财务和业务流程改造**

机构和岗位设置：按照"虚实结合"的原则，集团设置财务共享服务中心，各级公司财务部门设置本公司财务共享业务稽核会计。集团财务共享服务中心作为集团本部的二级职能部室，由财务与资产管理部归口管理。下设了运营管理组、成本费用组、应收应付组、总账报表组、资金结算组、上市公司组6个工作组。拟设的岗位

31 个，如图 7 所示。

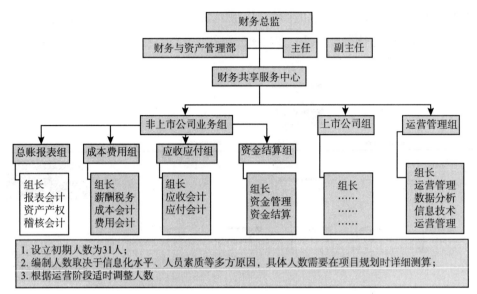

图 7　甘肃电投集团财务共享服务中心组织机构和岗位设置

流程优化：选择管理基础较好、业态典型的火电板块张掖发电公司作为首家现场调研单位，根据其业务全貌打造集团财务共享服务雏形。开展现状调研工作，全面掌握火电运营企业业务流程处理全貌和现状，据此优化和分析梳理形成"集团财务共享服务模式"基本模型，准确"定范围、定深度、定模式"，并根据后续调研单位实际情况不断征求各公司意见后优化完善实施方案，确保项目可行、落地。

现场工作方案及调研内容主要以集团财务共享服务中心建设为出发点，针对张掖发电公司财务管理涵盖的各项业务，从两个角度进行了梳理，一是从财务凭证到业务源头的反向梳理方法，二是采用从业务源头以"业务驱动财务"方式的正向梳理方法，按照集团公司安排进行了全业务、全流程的全面梳理。

随后，集团公司项目筹建工作组分别对集团其他电力、能源、产业地产、现代服务业等板块公司开展了现场调研，并在张掖发电公司调研基础上优化完善流程体系，严格按照内控管理的要求，最终将财务共享服务涉及的业务审批挂账与财务付款流程进行了有效分离，做到分级授权、互相监督，在防范风险的同时尽量缩短审批流程，提高管理效率。在集团层面推进财务业务流程标准化、单据模板标准化、会计核算标准化和报销标准统一化，如图 8 所示。

**图8 甘肃电投集团财务共享单据流程标准化**

形成财务共享服务目录：在对财务业务梳理优化的基础上，形成了集团财务共享服务目录，将集团各级公司原有的 1582 个流程优化为 132 个标准流程，涵盖了全业态财务业务，如图9所示。

打造财务共享服务模式：按照财务会计具体工作的特性，将甘肃电投集团各级公司财务中分散重复的，具备标准规范管理条件的，需要集团严格合规管控的财务业务进行分离，交由集团财务共享服务中心处理，建成"财务数据加工厂"，借助管控兼顾服务支持双重手段，充分发挥财务共享服务中心作用，面向业务服务基层，助力集团财务管控风险，服务决策提升效益，技术创新助推价值创造，紧密围绕集团财务战略和业务实际，推进管理会计应用，持续优化提升集团财务管理能力，实现集团财务管理转型升级。

形成标准流程和风险控制矩阵：甘肃电投集团在财务共享服务目录的基础上，结合各公司实际情况，经过充分沟通研讨后，采用了统一的标准化的流程体系。为差旅、会议、接待等业务配置了前置事项申请，先审批后执行。费用报销类业务内置严格完整的标准限额、费控部门。往来类业务既坚持了先挂账后付款的原则，也支持即挂即付自动处理。按照财务精细化管理的要求，结合集团公司"业务在线短板"现状，设置了科学完善的会计科目和辅助核算体系，并通过单据源头和流程中参数彻底解决了会计凭证自动化问题。

依托甘肃电投集团财务共享服务目录流程体系，对每一项业务流程梳理形成了风险控制矩阵，据此形成了集团财务共享服务内控手册。流程关键信息、流程图、风险控制矩阵内置其中，指引流程中各环节人员使用，如图10所示。

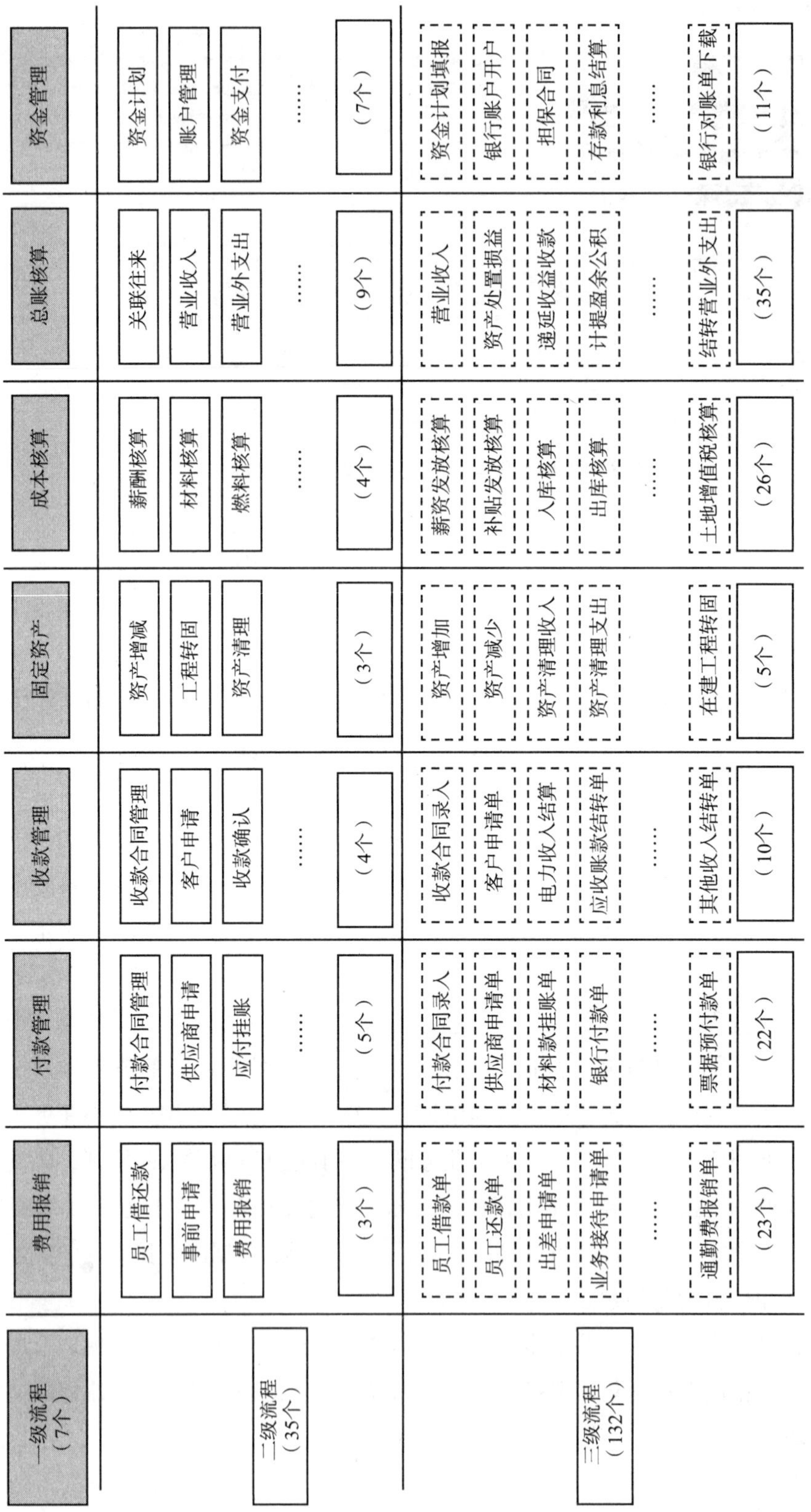

图9　甘肃电投集团财务共享服务目录

| 一级流程（7个） | 二级流程（35个） | 三级流程（132个） |
|---|---|---|
| 费用报销 | 员工借还款／事前申请／费用报销／……（3个） | 员工借款单／员工还款单／出差申请单／业务接待申请单／……通勤费报销单（23个） |
| 付款管理 | 付款合同管理／供应商申请／应付挂账／……（5个） | 付款合同录入／供应商申请单／材料款挂账单／银行付款单／……票据预付款单（22个） |
| 收款管理 | 收款合同管理／客户申请／收款确认／……（4个） | 收款合同录入／客户申请单／电力收入结算／应收账款结转单／……其他收入结转单（10个） |
| 固定资产 | 资产增减／工程转固／资产清理／……（3个） | 资产增加／资产减少／资产清理收入／资产清理支出／……在建工程转固（5个） |
| 成本核算 | 薪酬核算／材料核算／燃料核算／……（4个） | 薪资发放核算／补贴发放核算／入库核算／出库核算／……土地增值税核算（26个） |
| 总账核算 | 关联往来／营业收入／营业外支出／……（9个） | 营业收入／资产处置损益／递延收益收款／计提盈余公积／……结转营业外支出（35个） |
| 资金管理 | 资金计划／账户管理／资金支付／……（7个） | 资金计划填报／银行账户开户／担保合同／存款利息结算／……银行对账单下载（11个） |

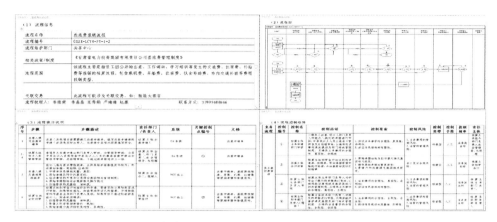

图10　甘肃电投集团财务共享服务流程与风险控制矩阵

## （四）　实施过程中遇到的困难和解决方法

一次性全面推行财务共享模式难度较大；集团公司"业务在线"短板突出；平台设计理念超前，软件选型和系统整体深度融合的难度较大。

# 四、取 得 成 效

集团推进财务数智化转型、构建集团财务共享服务模式，对业务财务数据进行标准化治理，形成了一套财务管控有度、风险防控到位、创新创效引领的管理会计应用"组合拳"，进一步有效深化推进了管理会计应用，取得了良好的管理成效和社会效益。

## （一）　管理成效

（1）在战略规划决策层面，集团财务管理新模式已经形成。

（2）健全完善了集团财务和内控制度体系，财务风险防控能力和决策辅助支持效力不断提升，集团整体财务管理水平不断加强。

（3）以"业务驱动财务"为纽带，推进集团财务标准化建设。

（4）在财务价值创造层面，"财务共享＋财务公司"集团一体化资金集中管控体系效能不断发力；集团财务创新基地已初步形成，"产学研"技术创新做法成效显现，荣获甘肃省管理创新一等奖1项、职工技术创新成果三等奖1项，集团成果5项；财务精细化管理不断提升，有效助力了集团公司高质量发展。

（5）加速了集团公司整体信息化建设步伐，各个新建、在建的业务系统在集团信息总体规划"一盘棋"布局下开始有序推进。

（6）充分发挥了集团财务人才培训中心功能，打造了一支综合素质过硬的财务团队，培养了一批"一专多能"型复合财务人才。

自甘肃电投集团运用管理会计"组合拳"，强化集团财务管控和推动财务管理转型升级以来，累计创造和节约财务费用等约 3800 余万元。全口径资金集中度进一步提高，可归集口径集中度达到了历史较高水平。财务公司实现了账户三级动态预警，严格开展可疑交易筛查及大额结算资金核查，大额资金核查覆盖率为 100%。直连对接银行达到了 16 家，多家银行对私批量笔数和金额实现双突破，彻底解决了系统代发笔数和跨行发放限制历史问题，提升了对成员单位的服务水平。

### （二）社会效益

作为省属国资监管企业首家成立的财务共享服务中心，甘肃电投集团在财务管理经验、新技术创新应用等方面的经验，已经逐步蜕变为甘肃省财务共享的标杆之一，具有良好的示范意义，成为软件公司财务共享、数据分析和智能财务的典型成功案例，与省内外 20 余家大型企业财务数智化项目开展了良好的管理经验和技术交流。

2022 年，甘肃电投集团成功入选中国财务数智化转型与高质量发展蓝皮书编委企业，财务共享服务案例被遴选推荐纳入《蓝皮书》名企案例。

总体来看，甘肃电投集团运用管理会计"组合拳"后，在集团各级公司优化资源配置、改善内部治理、强化内控运行、实现决策支持、助推价值创造、促进可持续发展等方面发挥了积极且非常重要的作用。

---

# 五、经验总结

## （一）关于相关管理会计工具方法的基本应用条件

甘肃电投集团在管理会计应用方面能够形成持续有效的"组合拳"，最主要的原因是为集团财务管理创造了一个良好的应用环境，除具有良好的财务管理制度体系、企业文化等方面环境外，还具有良好的信息技术支撑。

## （二）关于相关管理会计工具方法成功应用的关键因素

管理会计工具方法成功的主要因素在制度、人和信息技术支撑。

（1）企业管理者能够清楚地认识到管理会计应用的重要性，作为"一把手"工程亲自来抓，有了健全良好的制度环境和人力资源基础，企业集团的管理会计工作必定会取得较好的成效。

（2）要抓好信息技术这条主线。扎实推进财务数智化转型，是甘肃电投集团深化应用管理会计工具的技术支撑基础；谋划构建集团财务共享服务模式，是甘肃电投集团深化应用管理会计的管理支撑基础。

### （三）改进相关管理会计工具方法应用效果的措施

针对甘肃电投集团财务管理和整体信息化现状，集团公司做了深入调研和专题研究分析，将从以下几个方面对现用的管理会计"组合拳"进行改进优化。

（1）加速推进甘肃电投集团信息总体规划"业务支撑层"应用的部署和实施。优化和打造以财务价值链为核心的集团公司 ERP 小循环，建立"计划—业务—财务—绩效"为一体的财务价值计量体系，形成短小精悍的集团公司财务 ERP 小循环。择机加快建设资产管理、经营管理、工程项目管理、法务管理等"业务支撑层"应用。

（2）建立健全甘肃电投集团公司数据标准制度体系，开展数据治理工作。

（3）完善纵横贯通的全面预算管理体系。

（4）持续推进财务数智化转型，夯实一流财务管理体系的数智化基座。

（5）进一步做好业财融合，支撑甘肃电投集团公司财务管理转型升级。

（6）谋划构建甘肃电投集团财务"创新工作室"，形成"产、学、研、培"创新合作新模式，增强集团财务智能化提升能力，加快科技成果转化力度，推动财务共享向"价值创造"快速转换。

（甘肃省电力投资集团有限责任公司：甄兴荣　赵　莉　李玉瑞　张路佳　周　玲

徐银山　蒋瑞娜　刘波宏　李小燕　张　豪）

🎓 **案例评语：**

> 甘肃电投集团从三个方面建设财务共享中心：一是构建三位一体的财务管控模式；二是搭建财务管理信息技术架构；三是形成双重功能的财务共享服务模式。主要做法包括：铸牢集团财务信息化基座；打造集团化财务共享中心；构建"以现金流量为核心"的预算管理体系；形成一体化资金监管体系；建立合规风控体系有效防范风险；完善智能前瞻的财务数智体系。最终新的财务管理模式形成；财务风险的管控和决策支持能力不断上升；一体化的信息体系和资金集中管控体系逐步建成并发挥效能；财务精细化管理不断提升，有效助力了集团高质量发展。案例的经验和总结比较切合实际，对同类型企业具有一定的可复制性和可推广性，有一定的实践价值。

# 基于生态共创的共赢增值财务赋能体系构建及应用

**摘要**

当前，物联网已成为全球科技与产业变革的重要力量，推动人类社会从信息化向智能化迈进。数字技术革命不仅重塑了社会生活与经济运行方式，还催生出众多新的商业模式。在这一背景下，企业面临转型升级和模式创新的迫切需求。为了有效支撑新兴业务的发展，企业的财务管理体系也亟须变革升级，构建更加灵活、高效、智能的财务管理新模式。

海尔集团创立于1984年，是全球领先的美好生活和数字化转型解决方案服务商。在"人单合一"模式驱动下，海尔财务逐步从智能化平台型财务组织向基于用户场景的价值创造型财务生态转型，确立了"规划未来，引领双赢"的战略定位，形成基于生态共创的共赢增值财务赋能体系。海尔财务不仅致力于成为海尔战略的推动者，更是海尔管理模式的建设者，持续推动财务管理的变革与创新。本案例以海尔集团为例，深入探讨了物联网时代下企业如何通过数智化创新构建与实施共赢增值财务赋能体系。研究发现，数智化财务并非单纯追求技术层面的创新，而是运用数字技术，在管理模式、组织结构、财务工具等多个维度实现财务的全面创新，从而推动企业从产品制造向构建生态模式转型，实现生态价值最大化。本案例的研究成果不仅为企业在物联网生态构建、组织结构重塑等方面提供了宝贵参考，更为共赢增值财务赋能创新体系的建设与应用提供了有益借鉴。

# 一、背景描述

## （一）公司简介

海尔集团创立于1984年，是全球领先的美好生活和数字化转型解决方案服务商。作为实体经济的代表，海尔持续聚焦实业，始终以用户为中心，布局智慧住居、大健康和产业互联网三大板块，建设高端品牌、场景品牌与生态品牌，以科技创新为全球用户定制智慧生活。海尔财务致力于打造物联网时代的财务生态品牌，以数字化、智慧化、场景化、无感化构建运营管理体系，提升服务与价值创造能力，助推企业高质量发展。

### （二）管理会计应用基础

#### 1. 政策指引，建世界一流财务体系

2022年，国资委印发了《关于中央企业加快建设世界一流财务管理体系的指导意见》，强调财务管理是企业实现基业长青的重要基础和保障。海尔作为行业的领军企业，积极响应国家政策号召，以构建世界一流财务体系为目标，提升财务管理能力与数智化水平，为企业高质量发展奠定坚实基础。

#### 2. 数据驱动，支撑财务数智化转型

信息技术的革新推动社会进入"大智移云物"时代，数据要素成为企业经营关注的核心。海尔财务积极拥抱变革，以数据驱动财务数智化转型升级：一方面，通过精准高效的技术应用和运营，提升财务管理的效率和质量；另一方面，凭借专业分析深入挖掘数据潜在价值，支持企业战略经营决策。

#### 3. 业财融合，创新财务管理应用

随着海尔业务的多元拓展和快速变化，对业财融合的要求日益提升。为此，海尔依托对AI、大数据等智能技术的研究应用，以财务共享中心数智化转型为切入点，聚焦业财端到端数据贯通，实现业财场景的全流程优化。同时，搭建统一的财务管理标准和赋能体系，提升集中管控能力，推动海尔财务向价值创造型转变。

#### 4. 用户导向，赋能生态新模式

数字经济推动新业态、新模式涌现，用户成为企业价值创造的核心。在"人单合一"模式指导下，海尔转型为开放式生态平台，并联生态各方，聚焦用户痛点共创最佳体验，实现生态各方的共创共赢。此时，传统财务三表的局限性日益凸显：大量无形的战略资源无法呈现在资产负债表上，利益攸关方所创造的价值被忽视，无法全面反映企业的生态价值。因此，海尔发展了新的财务管理工具——共赢增值表，以用户为核心衡量与评估企业生态价值创造与增值分享。

# 二、总 体 设 计

## （一）总体目标

随着海尔第六个战略发展阶段——生态品牌战略阶段的提出，海尔财务的组织结

构、模式体系也进行了全面升级重构，并基于自身长期的财务管理实践，构建了基于生态共创的共赢增值财务赋能体系（见图1）。其中，海尔财务组织矩阵优化是构建共赢增值财务赋能体系的底层设计，跨平台、跨组织提供场景服务，从集团内部"破墙"，按业务需求直连生态。数据中台体系搭建则打破了离散职能管理部门之间的信息孤岛，从智能化到场景化到生态云化，聚焦业务场景赋能提效。此外，海尔财务还创新出管理工具"共赢增值表"，全面动态监测、评估和驱动企业及用户、资源方、员工等生态攸关方的价值创造，验证和指导海尔的生态模式转型。共赢增值财务赋能体系的搭建及应用，最终目标是构建一个共创、共享、共治、共赢的无界财资生态。

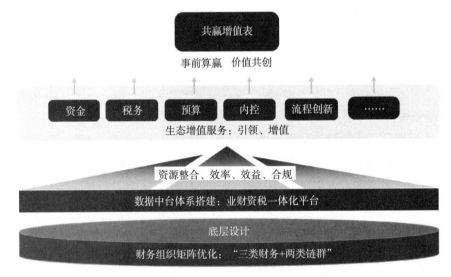

**图1　基于生态共创的共赢增值财务赋能体系**

### （二）设计思路及内容

**1. 组织变革，引领财务转型新思路**

面对物联网时期用户个性化、动态化、多触点的需求，海尔创立灵活自驱的"链群"（生态链小微群）组织，从原来的窗口式职能部门转型成为基于用户场景划分、融入业务前端的生态链群，支持用户体验迭代。在此基础上，海尔财务全面优化财务组织结构，结合三类财务角色建立了用户场景导向的"三类财务 + 两类链群"式的财务组织矩阵。同时也确立了海尔财务的战略定位：规划未来，引领双赢，即通过财务战略转型承接业务目标，助力业务实现物联网时代生态品牌的引领。

**2. 平台统一，打造数智财务新底座**

随着智能技术在财务管理领域的不断应用，海尔财务提倡依托技术应用和数据赋能，助力实现业务、财务、资金、税务等管理和服务更敏捷和智能。在这方面，海尔财务主要通过两个维度的数智化建设，助力财务"管控、共享、赋能"三类职责有效落地。横向维度上，围绕业财连接点和决策点做透业财融合全流程，并向前延伸驱动业务流程升级，构建业财深度融合的数智化业财平台。纵向维度上，建立以数据贯通为基础、具有全局视野的数智化决策体系，发掘业务价值空间，使企业决策体系视野更宽、粒度更细。

**3. 工具创新，深化业财融合新模式**

生态模式下的价值创造逻辑是跳出价值链和企业自身视野，将焦点放在和其他利益相关者一起做大整个蛋糕上，把企业从与上下游的零和博弈中解放出来。因此，海尔首创了针对企业内部生态经营管理的"第四张表"——共赢增值表。共赢增值表采用了一种全新的价值衡量体系，其形成逻辑是从企业价值驱动原因扩展至价值创造与分享的效果，将用户个性化需求通过一定机制转化为链群及链群各节点的目标。一方面，共赢增值表通过准确衡量员工实现的价值和所创造的用户价值，验证了人单合一管理模式的核心"人的价值最大化"；另一方面，共赢增值表以链群为最小单元进行价值衡量与评估，需要结合链群的激励机制实现对员工的激励与绩效评价。

## （三）创新价值

海尔基于生态共创的共赢增值财务赋能体系的创新价值在于其前瞻性和实践性。该体系不仅将财务管理从传统的职能部门转型为生态链群的重要参与者，还通过数据赋能和数智化平台，实现了业财资税一体化深度融合，极大提升了运营管理效率和服务质量。特别是共赢增值表的创新应用，突破了传统财务报表的局限，将价值创造与分享的视角扩展至整个生态链群，有效促进了企业、用户、资源方、员工等攸关方的价值共创与共赢。这一体系不仅验证了海尔在物联网时代生态品牌战略的引领能力，更为企业实现可持续发展和长期价值创造提供了有力支撑。

# 三、应 用 过 程

## （一）财务组织矩阵优化："三类财务 + 两类链群"

按照"集中的更集中、分散的更分散"的运营原则，海尔将财务人员基于功能划分为三类角色：共享财务、专业财务、业务财务，如表 1 所示。这三类人从各自的角色和职能角度为用户提供价值增值服务，承接集团的战略转型，推动平台化、生态化战略的落地。

表1　　　　　　　　　　　　　海尔三类财务角色

| 财务角色 | 定位 | 价值 |
|---|---|---|
| 共享财务 | 高效的交易处理者 | 核心体现的是共享：将资源、信息集中共享，实现交易处理的信息化，集中共享与会计流程的统一，从而提升信息整合与交易处理效率，是数据资产的价值体现 |
| 专业财务 | 资源与价值的整合者 | 核心体现的是共赢：赋能生态增值，创新整合资源，推进资金、投资、专业服务等增值，实现高增值高分享 |
| 业务财务 | 业务的战略伙伴 | 核心体现的是共创：战略聚焦，事前算赢。提供决策支持与增值服务，是融入业务的战略伙伴，通过机会洞察、绩效管理等支持战略目标达成 |

业务财务是业务的合作伙伴，真正融入业务前端的财务，事前算赢，为业务提供决策支持与增值服务，支持战略落地，如经营绩效、投入产出、效率管理等，支持业务战略目标达成，成为驱动业务发展、构筑行业领先地位的战略伙伴。

专业财务的定位是赋能增值，通过扎根行业做深、充分理解产业用户，通过挖掘机会，转化机会，利用税务、预算等专业知识和资源整合、规模化效益创造价值，为业务单元提供最佳解决方案，可以看作是集团内部的"四大"。

共享财务，即财务共享中心，通过标准、流程、会计准则的规范统一，提升信息整合与传递、资源配置、交易处理的规模效率与经济效益；借助信息化手段实现全流程信息化管理，形成数据管理资源池，挖掘出数据资产的潜在价值，是为支持人单合一落地的基础平台。

这三类角色分工明确，各司其职，实现自身价值创造与传递，维护集团财务体系稳定运营。例如，共享财务进行各类账务处理，实现业务财务无账簿、无资金、无会计，深度融入业务端价值链，利用数据进行有效价值分析；同时，共享财务统一数据的标准、规范、原则等，实现数据资源信息共享，规避了不同财务角色因对流程、准则等差异化理解而导致的各类分歧。

在三类财务角色基础上，海尔财务以用户需求场景为导向、以链群合约为组织管理机制，自涌现形成了两类生态链群：体验链群与创单链群。体验链群，即业务财务。创单链群，指专业财务和共享财务。它们聚焦用户最佳体验，开放整合、并联内外部生态攸关方资源（如内部小微企业，外部税务局、银行、客商等），精准获取用户服务需求与体验痛点，搭建灵活自驱、无边界的开放式链群组织，并基于用户需求场景分类形成多个社群生态，持续为小微企业、客商用户等赋能、服务。

基于财务三类角色形成的体验链群和创单链群节点分别扣住各自的节点目标，围绕用户价值最大化的同一目标，共同解决业务或终端用户难题，对赌实现高增值、高分享。以资金外汇链群为例，作为创单链群节点，外汇管理人员融入业务前端，通过套期保值管理锁定外汇结汇目标，以规避市场汇率波动对业务订单利润产生的影响。海外业务财务则作为体验链群节点更多聚焦企业经营发展，通过分析海外客户需求、业务模式与流程，从预算、成本、应收管理等方面提供经营指导意见。专业财务与业务财务深度融入、耦合共创，加速业财融合，支持业务快速发展，提高行业竞争力，最终实现跑赢市场。此时，外汇链群实际构成了一个虚拟的利润中心，链群整体对赌引领目标，损益共担共享。若跑赢市场，高于市场汇率的价值将计入链群整体利润，若低于市场汇率则冲减利润。其中，利润增值部分就是可参与增值分享的价值。因此，链群创造的增值越高，可分享价值就越高。

### （二）数据中台体系搭建：业财资税一体化平台

在大数据和人工智能等尖端数字技术的驱动下，海尔财务成功搭建了一个内外"双向驱动"的业财资税一体化平台，为数智化建设奠定了坚实的基础。

对内，海尔建立了基于业财资税深度一体化的跨组织、跨行业、跨区域的全球化智能财务共享平台，将财务数据作为生产资料融入业务价值的创造过程中，推动财务共享服务的数智化转型，让财务数据蜕变为数字资产。通过与集团产业小微、信息化团队、税务平台深度合作，海尔财务建立集团统一的全业务处理流程与并联服务平台，打破业务、财务、税务、资金之间的壁垒，让企业每一笔业务数据从合同签订产生订单开始，到领料生产、入库发货、收款结算、账务处理、税金申报等一系列工作都能够实现统一、全流程覆盖的智能化服务和管理，有效提升企业的运营效率。同时在并联服务流程下，将财务、税务、资金相关规则逻辑直接植入用户端、业务端，实时提取经营活动信息，全程透明、数据可证可逆，确保企业业务经营发展符合统一规则与要求，规避经营风险，实现事前算赢。此外，海尔财务通过对云平台上实时的业财资税大数据进行提取整合、深度分析，挖掘经营方面的优势与不足，为企业战略决策、经营管理、未来规划提供有力的数据支持和合理化建议，提升企业行业竞争力。

对外，海尔财务秉持开放共创的态度，积极与外部利益攸关方建立互信互联的合作模式，共同构建基于统一数据标准和信息化系统直连的财务共享新生态。海尔财务与税务局、银行等外部节点并联协作，构建基于用户需求场景、内外部利益攸关方生态共创的增值赋能链群，对现有业务流程与逻辑实施重构。基于同一目标，链群内各个节点自发对现有业务流程梳理优化，同时在各个节点之间建立统一的数据标准与直连接口，实现数据信息无障碍传递，信息共享公开透明、互联互通。这不仅提升了业务办理的效率，降低了管理成本，还有效地管控了风险。目前，海尔财务共享平台已与政府机构、金融机构、供应商客户等多类组织建立了直连的互信体系和应用，共同推动了企业数智化建设的深入发展。

### （三）企业生态管理工具："第四张表"——共赢增值表

共赢增值表内涵丰富，包含六大要素，即用户资源、资源方、生态平台价值总量、收入、成本和边际收益，它囊括了整个生态平台核心的财务数据和非财务数据，动态监测、评估和驱动价值创造全流程并促进优化迭代，准确、全面地衡量了生态平台的价值增值，并展示了价值增值是如何在用户、资源方、创客和企业等攸关各方所构成的生态平台之间进行分配共享的。

如表 2 所示，共赢增值表的设计体现了海尔基于生态共创的共赢增值财务赋能体系的核心理念。其中"用户资源"与"资源方"两项衡量生态系统中节点的数量和紧密程度，体现了生态系统的规模边界与潜在的价值空间大小。"生态平台价值总量"的"增值分享"衡量了生态系统中各个利益相关方获取的价值；"收入"、"成本"与"边际收益"衡量了焦点企业在生态中获取的价值。

表 2　　　　　　　　　　　共赢增值表 V4.0 定义

| 项目 | | 定义 |
|---|---|---|
| 1. 用户资源 | 1.1 交易用户 | 在平台上进行过交易的用户 |
| | 1.2 交互用户 | 在平台上购买过产品或服务后，持续参与交互的用户 |
| | 1.3 终身用户 | 平台自演进持续迭代丰富社群生态，形成百万级终身用户 |
| 2. 资源方 | 2.1 交互资源方 | 平台链接的所有资源方 |
| | 2.2 活跃资源方 | 实际参与共创的资源方 |
| 3. 生态平台价值总量 | 3.1 利润 | 企业聚焦用户体验迭代而实现的价值创造 $\sum 3.1.1 : 3.1.2$ |
| | 3.1.1 传统利润 | 传统收入 - 传统成本（4.1 - 5.1） |
| | 3.1.2 生态利润 | 生态收入 - 生态成本（4.2 - 5.2） |
| | 3.2 增值分享 | 生态平台各利益攸关方聚焦用户体验迭代而获得的价值分享 $\sum 3.2.1 : 3.2.3$ |
| | 3.2.1 链群分享 | 聚焦用户体验共创增值的链群所获得的价值分享，如创客、链群节点 |
| | 3.2.2 支持平台 | 帮助链群实现价值创造和传递的支持平台所获得的价值分享，如大共享、三自平台 |
| | 3.2.3 共创攸关方 | 参与共创的生态攸关方（包括资源方、用户以及外部资本方）在平台上获得的价值分享 |
| 4. 收入 | 4.1 传统收入 | 聚焦用户交互与体验的持续迭代，通过销售电器或网器、提供服务等经营业务所形成的收入 |
| | 4.2 生态收入 | 聚焦创物联网生态品牌的引领目标，小微与各合作方在社群生态平台上通过价值共创持续迭代所形成的收入 |

| 项目 | | 定义 |
|---|---|---|
| 5. 成本 | 5.1 传统成本 | 聚焦用户交互与体验的持续迭代，通过销售电器或网器、提供服务等经营业务所形成的成本 |
| | 5.2 生态成本 | 社群交互平台持续迭代升级过程中的投入资源成本 |
| 6. 边际收益 | 边际收益 | 每一位交易用户所创造的价值 (4 − 5)/1.1 |

共赢增值表首先衡量的是小微是否拥有用户资源，用户资源不等于用户流量，而是全流程参与设计、有最佳用户体验、参与迭代升级、形成生态圈的用户。其次是生态平台上的资源方，其可以根据用户交互需求动态优化升级的资源方多寡来衡量生态平台的竞争力。收入在传统硬件收入的基础上引入生态收入，在收入的实现上，需更多关注的是生态收入持续增长且比重持续增加，这说明链群通过持续的用户交互获取更多资源、吸引攸关方共创。此外，共赢增值表中有一个关键指标——用户增值分享，用以衡量链群是否搭建吸引各攸关方蜂拥而至的生态平台，并实现各攸关方的价值共赢共享，这会倒逼小微必须颠覆传统的业务模式，不断探索创新、差异化的商业模式。

共赢增值表结合财务数据和非财务数据，将传统报表"事后算账"的模式改变为"事前算赢"。企业的决策层根据每天每周每月的损益分析，来预先统计每个小微体的营收状况、业绩成效，以及通过观察业绩来预先判断哪个链群的项目或者产品更具市场开拓性，从而更好地把握市场动向以及企业发展方向。

# 四、取得成效

## （一）用户体验：全流程数字化的资金结算中台

海尔业财资税一体化平台的建设与应用，在资金结算方面取得了显著成效。随着新零售的崛起，海尔专卖店迅速转型为场景体验店，并打通线上、线下、移动端多个渠道，由"渠道交易"转变为"触点交互"。然而，这一变革给传统财务结算体系带来了巨大挑战。海尔财务依托智能技术，以海尔智家商城场景为切入点，推动结算中台模式创新建设，实现资金的数字化集中管理和信息资源的集约化。如图 2 所示，结算中台可以面向不同场景提供全渠道交易的支付结算和账户服务解决方案，从收、存、管这 3 大类业务场景，彻底颠覆传统的结算模式。

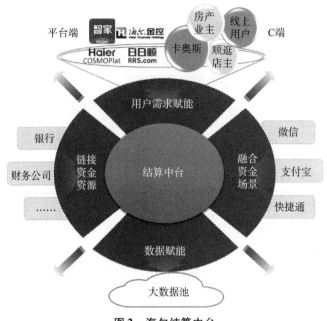

图2　海尔结算中台

收是指无论用户是在店、在家、在线支付，企业都可以做到资金的统一收取。海尔结算中台集成了支付宝、微信、银联、建行、工行、快捷通等多种结算渠道，融合多个银行和第三方机构，实现了结算的聚合。无论用户是通过线上网银付款，还是线下刷卡支付，企业都可以顺利收款，在满足了终端用户无感支付需求的同时，也为企业与用户进一步的深入交互奠定了基础。

存是指为企业建设统一资源池，实现资金账户和资源的集中管理。结算中台通过打造生态账户体系，直通零售用户数据，实现了大数据从订单流、资金流、货物流、信用额度等多维度的聚合，通过大数据深入了解客户的需求，更好地为终端用户服务。

管是指资金统一管理后要省钱、变钱和增钱。结算中台将体验店通过银行卡、支付宝、微信等结算渠道获得的资金聚集起来形成一个庞大的生态资金池，通过对接优质理财资源，为生态方带来额外增值收益，同时降低体验店手续费，实现企业结算成本的降低。

此外，结算中台通过链入多个银行的金融方案，让用户多重选择，实现资金池、金融方、服务方等多方的智能推荐、最优聚合，共建了一个共享共赢的生态，不仅企业获得了竞争优势，资源方也可从中获益。像银行通过真实的交易结算以及履约诚信数据，可以更准确地判断用户风险与需求，从而进一步推广自己的信贷、理财等产品，控制风险创造生态收益，从而实现多方共赢。

### （二）模式引领：生态共赢的财务赋能价值体系

共赢增值表作为海尔独创的"第四张表"，其建设与应用在推动海尔生态模式转型方面也取得了显著效果。共赢增值表实质是一种战略管理工具，通过事前锁定财务与非财务目标，战略驱动员工创客为用户赋能、创新业务模式从而创造价值；事中通过信息化系统实现预算（目标/预测/实际）拆解到天到人、实时显差、表内指标异动监测分析，从而动态优化调整目标与经营策略，支持业务可持续发展；事后通过对生态平台价值总量以及其他数据资产的价值衡量与评估，驱动业务模式迭代升级，抢更高的引领目标，同时对达成增值目标的生态各方基于增值空间进行价值分配，真正实现生态共创、共赢增值。

以海尔生物"血液网"为例。海尔旗下上市公司海尔生物通过自主创新，低温技术与物联网深度融合，孵化出疫苗网、"血液网"、样本网、生物实验室等用户场景解决方案，打造物联网生物安全科技生态品牌。"血液网"聚焦用户不同场景下的用血需求，为解决用户在用血供需、安全、及时性等方面的问题，从传统的销售电器向以低温存储网器为基础、打造"血液网"场景解决方案的模式转型。

如图3所示，围绕医院采血难、用血浪费等痛点，"血液网"在用户需求的驱动下逐步构建用户场景，并形成场景化的解决方案。而共赢增值表在"产品—场景—生态方案"的构建过程中则起到了战略引导性的作用。在模式发展初期，通过共赢增值表分析得出结论："血液网"用户资源大多为城市血站和医院血液室，用户类型较为单一，且用户数量增速逐渐放缓、增长规模明显达到一定瓶颈。此时，共赢增值表通过事前算赢对业务模式发展提出新的要求：开拓新的业务模式，扩展新的用户场景，增加用户资源多样性与可持续发展空间。基于此战略方向，"血液网"聚焦用户资源制定了引领性目标，随后颠覆传统单向存储的血液冰箱，创造性重组出具备物联网属性的智慧血液冷藏箱网器，并开拓出采血、送血、临床用血等新的用户场景，实现院外急救场景和院内手术、ICU、病房场景分布式用血，将以前的手术室、急诊室等"非用户"转化为用户，最终实现全流程价值链的延展与提升，生态收入获得倍速增长。随后，"血液网"又延伸到跨区域调配和针对性采血生态，"网器"成为生态中的一个部件，借助无线射频、智慧芯片等技术，实现包括血液、温度、位置等在内的血液信息集中化管理，最终实现城市血液资源大数据共享，跨院区调配用血，真正搭建起一个基于血液的物联网生命安全共创生态。

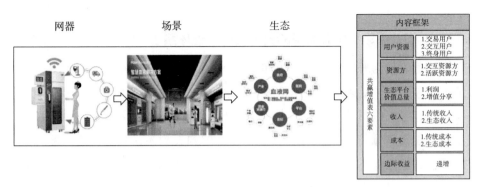

**图3　"血液网"商业模式转型与共赢增值表验证**

如表3所示，生态价值的创造逻辑可归纳为：以用户资源、资源方等非财务因素驱动业务模式拓展创新，从而提升业务模式竞争力，最终实现企业生态收入多样化、高增值、可持续发展，生态平台各攸关方获得价值增值，整个企业生态的边际收益打破传统市场定律，呈持续上升趋势。"血液网"在后期发展阶段，手术室、急诊室、急救车等均拓展为其用户资源，呈现多元发展趋势，侧面说明其价值创造的核心驱动因素已经具备了一定竞争力，反映在共赢增值表上，则是生态价值的健康发展。"血液网"的生态价值可分为三类：传统的冷藏电器归为传统收入，基于用户场景开发的冷藏箱网器可视为一类生态收入，除此之外，生态收入还包括：（1）物联网转运箱、相关耗材等周边商品或服务产生的收入；（2）大数据监测管理的相关软件及运维服务产生的增值服务收入；（3）提供综合智慧血液管理方案所实现的整体场景服务收入。在共赢增值表中，生态收入的种类越丰富、收入占比越高，则说明该业务模式的可持续发展能力越强；其边际收益呈递增趋势，则侧面反映企业在一定程度上实现了健康可持续的生态转型。

**表3　　　　　　　　　　"血液网"共赢增值表指标逻辑迭代**

| 从传统卖产品的模式转型为提供智慧血液综合解决方案 | | step1 | step2 | step3 |
|---|---|---|---|---|
| | | 销售电器→网器 | 网器→提供综合智慧血液管理方案 | |
| 用户资源 | 交易用户<br>↓<br>交互用户<br>↓<br>终身用户 | 城市血站 | √ | √ |
| | | 医院血液室 | √ | √ |
| | | / | 手术室 | √ |
| | | / | ICU、病房 | √ |
| | | / | / | 急救车 |
| | | / | / | 卫健委 |

续表

| 从传统卖产品的模式转型为提供智慧血液综合解决方案 | | step1 | step2 | step3 |
|---|---|---|---|---|
| | | 销售电器→网器 | 网器→提供综合智慧血液管理方案 | |
| 收入 | 传统收入 | 传统电器 | / | / |
| | 生态收入 | 物联网网器1.0 | 网器迭代2.0 | 网器迭代3.0 |
| | | / | 转运箱、耗材等 | √ |
| | | / | / | 软件、运维服务等 |

"血液网"实现了网器和场景的融合，创集中式供血到分布式用血的最佳用户体验，既满足了用户需求，又为攸关方创造增值。对患者来说，"血液网"保障了患者手术用血安全及时性。对医院来说，血液调配全流程可视、可溯、可控，做到血液资源零浪费。对血站来说，最大限度节约血液资源，缓解供血压力，并可根据医院临床用血需求，针对性采血，提高采供血管理水平。对政府来说，搭建了城市用血管理体系，提升"城市物联网+数字化"信息管理水平。在此过程中，共赢增值表能够反映出生态各方所创造的超用户体验增值，使"血液网"模式从临床用血主动管理到精准用血应用延伸，用户也完成从医院到健康人群的升级，最终链接全民大健康产业，实现生态共赢。

# 五、经验总结

## （一）应用建议

### 1. 重塑组织管理是基础

绝大多数大型制造业企业采用科层制为主的组织架构，在当下生态竞争中，缺乏敏锐发觉消费者需求的能力，无法适应迅速变化的市场。因此，企业管理层需要重构组织，从而对用户需求做出快速响应，财务组织建设亦是如此。一方面，通过建设全球财务共享服务中心，进一步优化财务内部组织体系；另一方面，对财务人员也要清晰地划分共享财务、专业财务和业务财务三大角色职能，积极打造与企业战略发展相匹配的能力多元化、结构最优化的财务组织体系。

### 2. 升级认知维度是保障

在"人单合一"创新机制驱动下，财务从智能化平台型财务组织向基于用户场景的价值创造型财务生态系统进行转型，提升了财务人员的认识维度。未来，也应充分发挥财务作为天然数据中心的优势，以数智化财务管理创新为切入口，加速财务人员向企业价值创造者方向转型，提升业务分析与数据洞察能力，参与战略经营决策并为企业价值创造与提升贡献力量。

## （二）总结思考

海尔基于生态共创的共赢增值财务赋能体系，颠覆传统财务管理模式，重新定义财务角色与价值，从战略思想、驱动机制、组织优化，技术革新、流程重塑、工具创新等层面逐步构建起一个共创、共享、共治、共赢的无界财资生态，这一生态的构建，不仅为海尔在物联网时代的创业创新、生态转型奠定了坚实的基础，更为海尔生态品牌战略的落地提供了坚实的保障。

"人单合一"下的财务创新永无止境。自创业之初，海尔便敏锐地捕捉时代的脉搏，不断进行战略转型与变革，以提升企业的动态竞争力。与之相伴，海尔的财务管理也历经从财务共享到管理会计的转型与变革，积累了丰富且具有中国特色的创新经验。面向未来，随着集团战略的持续演进，海尔财务将继续秉持初心，以用户需求为导向，不断探索管理会计的创新实践，并在实际应用中持续迭代升级，以适应不断变化的市场环境和企业需求。

（海尔集团：邵新智　宋金成）

---

**案例评语：**

该案例以海尔集团为例，深入探讨了物联网时代下企业如何通过数智化创新构建与实施共赢增值财务赋能体系。案例研究发现，数智化财务并非单纯追求技术层面的创新，而是运用数字技术，在管理模式、组织结构、财务工具等多个维度实现财务的全面创新，从而推动企业从产品制造向构建生态模式转型，实现生态价值最大化。该案例成果为共赢增值财务赋能创新体系的建设与应用提供了有益借鉴。

# 基于民营企业战略转型的财务管理

**摘要**

九牧王股份有限公司（以下简称"九牧王"）自 2011 年上市以来，很长一段时间各项经营指标停滞不前。究其原因，一方面是由于九牧王品牌、商品、渠道老化，导致顾客流失严重；另一方面是由于公司不善于运用各种管理会计工具和方法，导致内部管理粗糙，效率低下。因此，公司在 2020 年果断启动战略转型。

财务部在支持公司战略转型的过程中，从传统财务的事后管理转型到事前、事中财务管理，将公司战略、内控管理、业财融合、预算管理、数字化转型等多维度进行综合考虑，运用平衡计分卡，从财务、顾客、内部运营、学习与成长四个维度出发，辅以各种管理会计工具的运用，例如，成本管控法（作业成本法、目标成本法、定额成本法、标准成本法等）、本量利分析、全面预算管理、流程管控等。通过管理会计工具的运用，确保公司在战略转型过程中各项关键指标符合预算目标。

2023 年 1~9 月公司各项指标大幅度改善，2023 年 1~9 月营业收入达 21.4亿元，同比上年同期增长 9.6%，扣除非经常性损益后的净利润达 1.5 亿元，同比上年同期增长 174%，经营活动现金流量净额达 3.2 亿元，同比上年同期增长161%。

经过 3 年多的奋斗，九牧王初步完成了战略转型的目标，实现了营收创新高、品牌更健康、渠道更优质、顾客更年轻，"中国裤王"找到了高质量发展之路。

# 一、背景描述

## （一）公司基本情况

九牧王是中国男装行业的龙头企业，公司于 2011 年在上海主板上市，公司拥有2390 家门店，覆盖全国各省、自治区、直辖市的重点商圈。截至 2022 年，九牧王男裤市场综合占有率连续 23 年位列国内第一。

公司生产上以自制生产为主、委托生产为辅。销售上采用直营、加盟、线上相结合的模式。公司的主营业务简要流程如图 1 所示。

**图1　公司的主营业务简要流程**

## （二）管理会计应用基础

（1）渠道模式多元：公司采用多元化的渠道模式，包括直营店、加盟店、线上销售等，企业要有更高的店效、坪效才能发展。

（2）劳动密集产业：服装行业属于劳动密集型产业，公司要有更高的人效才能盈利。

（3）市场竞争激烈：服装市场参与竞争的国内外品牌众多，公司要有差异化才能生存。

## （三）选择相关管理会计工具方法的主要原因

### 1. 强化战略支持

财务管理要以平衡记分卡为核心，既要结果指标，也要过程指标；既要财务指标，也要非财务指标；既要单业务核算，更要强化全面预算管理，才能推动公司战略转型成功。

### 2. 推动业财融合

财务部要制定符合公司经营特点的管理会计指标，建立分层次的管理会计报告体系，推动业务部门高效决策。

### 3. 重视长期利益

管理会计工具方法要有长期视角，重视品牌指标和顾客指标，推动公司打造核心竞争力。

### 4. 建立信息系统

建立良好的信息系统是运用管理会计工具方法的重要支撑。

# 二、总体设计

## （一） 应用相关管理会计工具方法的目标

公司应用管理会计工具方法的目标是提高决策质量，降低经营风险，提升销售收入，提高盈利水平，从而推动战略转型落地。

## （二） 应用相关管理会计工具方法的总体思路

### 1. 确定基于战略的以全面预算管理为核心的计划体系

战略转型的工作千头万绪，各种新增投入不断发生，为了推动各项工作高效有序开展，财务部制定了基于战略的、全面预算为核心的计划体系，要把有限的资源通过全面预算分配好。

### 2. 建立以责任会计中心和阿米巴经营为核心的执行体系

战略转型成功依赖组织的高效运转，公司建立了以责任会计中心和阿米巴经营为核心的执行体系。把经营指标分解到各经营单位、各门店，做到人人有指标，提高执行效率。

### 3. 选择以衡量战略转型成功的关键指标为核心的过程检查体系

为了有效监控战略转型的进展情况，公司制定了财务指标和非财务指标进行过程管控。财务指标主要有：收入、利润等，非财务指标包括渠道成本率、坪效、男裤第一提及率、"90 后"销售占比、购物中心和奥莱渠道占比等。

### 4. 做好以管理会计报告和内控检查报告为核心的处理体系

为了推动战略转型落地，公司定期和不定期会召开经营分析会，财务部提供适用各层级管理者使用的管理会计报告。

为降低战略转型风险，公司定期进行内控检查，出具内控报告。

### 5. 数字化转型

推进数字化转型，力求通过前沿的数字技术全面提升管理会计报告的效率和质量。

## （三） 相关管理会计工具方法的内容

公司制定了以平衡计分卡为主要框架，辅以各种管理会计工具的运用，例如，成本管控法（作业成本法、目标成本法等）、本量利分析、全面预算管理、流程管控、标杆法等，确保在战略转型过程中各项关键指标符合预算目标。

### （四） 应用相关管理会计工具方法的创新

**1. 选择坪效，提高经营质量**

在本量利运用方面，我们提出用坪效（门店零售额/门店营业面积）作为新开和整改门店审核依据的核心指标，制定每平方米年零售高于 1.2 万元作为审核依据，有效提升了新开和整改门店的盈利能力。

**2. 精选指标，提升评价质量**

在关键绩效指标运用方面，我们选择男裤第一提及率、购物中心和奥莱店销售占比、"90 后"销售占比作为衡量战略转型成功的关键指标，有效地提升了对战略转型的正确评价。

**3. 巧用均线，改善关键指标**

在责任中心运用方面，我们针对关键指标进行排序，并设定平均线进行衡量，有效建立赛马机制，促使各责任中心不断改善关键指标。

**4. 善用标杆，树立团队信心**

战略转型初期我们通过分析，发现南宁市场几个新形象门店业绩提升显著，董事长马上组织团队到南宁进行现场研讨，把南宁市场树立为标杆市场，总结出一整套打法，向全国推广，迅速坚定团队信心，统一思想，提升战略转型的推进速度。

# 三、应用过程

## （一） 参与部门和人员

牵头部门：财务部

配合部门：各责任会计中心和阿米巴

## （二） 应用相关管理会计工具方法的部署要求

为推动公司战略转型成功，公司高层领导多次召开会议，要求各级管理者要善用管理会计工具，提高决策效率和质量。

公司定期召开经营分析会，财务部提供管理会计报告，报告内容包括销售收入、资产周转率、净利率、净资产收益率、经营活动现金净流量等财务指标。还包括坪效、购物中心和奥莱店占比、男裤第一提及率等非财务指标。针对异常指标，要求主责部门提出整改措施，并定期复盘措施的有效性。通过经营分析会，提高了公司各级管理者运用管理会计工具方法的主动性和积极性。

高质量的管理会计报告是各级管理者快速做决策的依据，为此在战略转型的同时，财务部推动进行了数字化转型，数字化的要求是让各级管理者能够及时了解自己负责范围的经营指标完成情况，对异常指标能快速进行决策调整。

## （三）具体应用模式和应用流程

### 1. 战略层转型变革

公司 2020 年开启"男裤专家"战略变革，目的是用差异化的男裤定位去赢得品牌的价值战。公司提出"打造全球最好的裤子"的品牌使命和"领跑中国男裤，成为全球裤王"的品牌愿景，并在品牌力、渠道力、产品力三个方面进行战略升级。

基于战略变革，公司要实现创始人林聪颖先生提出的"三个可见"，让九牧王成为主流消费者购买男裤的首选品牌。

（1）第一个可见，是通过加大品牌投入，让九牧王品牌在消费者"心中可见"，占领顾客心智份额。

（2）第二个可见，通过加大研发投入，实现商品时尚化、年轻化，让消费者"眼中可见"商品的实质性变化，提升商品竞争力。

（3）第三个可见，是通过进驻主流渠道和对门店形象的重新设计，让消费者"眼中可见"的门店形象与九牧王裤王形象是相符的。

全面预算管理是实现战略目标的重要工具。通过优化全面预算管理，重构公司绩效评价体系。公司需要制定明确的预算目标，并将这些目标分解到各个部门和员工；通过对预算执行情况进行定期评估和调整，以确保预算与实际情况相符合，并且能够支持公司的战略目标。

责任会计中心和阿米巴经营模式的应用可以使战略转型主体更加可操作。财务部将战略目标分解为各项看得见的指标，将公司的战略目标化整为零，并逐层分解到各个责任会计中心，再由各中心逐级分解到各个被考核部门和被考核个人。通过对各个责任会计中心和阿米巴利润中心的考核，使财务管理的颗粒度能够精细化到具体的经营指标和考核人员；通过对小单元经营管理的赋能，可以使公司更加灵活地应对市场变化，使无数个小单元经营质量和效率提升，推动财务管理精细化发展，使绩效评价体系的考核数据兼具直观化和实用性，从而来促进整体的经营管理提升。

### 2. 数字化转型变革

为推动战略转型成功，实现业财融合，公司启动数字化转型变革，加速建设信息化体系，将经营管理数据标准化和数智化，具体如下：

（1）搭建财务共享平台体系，推动财务转型，实现企业降本增效。

第一阶段，为解决大量核算工作由分散在全国各地分/子公司财务人员进行账务处理，效率低下且不统一、不及时的问题，财务部门进行了初步的财务共享，即核算工作共享，提高会计核算质量与时效性。

第二阶段，推动商旅费控系统的上线。为解决费用报销审核标准不统一，报销周期长的问题，财务部门搭建集出差订票、住宿、打车为一体的差旅闭环系统，一方面，借助系统提高了财务人员审核差旅报销的效率，促使财务人员释放更多的精力从事附加值更高的业财工作，提高公司整体效益；另一方面，员工也无须为出差垫资，员工的满意度显著提升。

第三阶段，搭建大财务共享中心。公司财务部门通过不同的渠道全方位地了解财务共享相关的知识，并深度参与外部多家财务共享供应商的研讨，了解适用公司的方案，通过评估与测试，出具专业财务共享可行性方案，并计划按图 2 的时间表推进财务共享中心的建设。

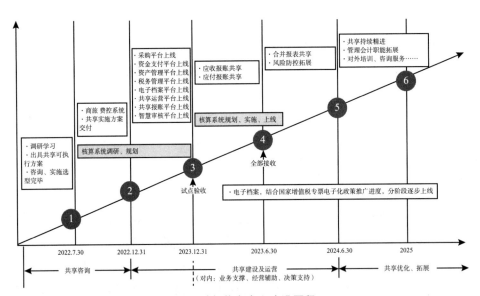

**图 2　财务共享中心建设历程**

（2）搭建数字化经营指标平台，创造财务价值。

财务部通过推动经营指标集的数字化，形成各种指标集的 BI 看板，并于 2021 年 9 月成功开发手机端的智能应用平台"战略直通车"，实现随时随地可监测各种关键指标，如回款情况、裤销量、直营适销率、加盟订单执行率、零售折率、渠道成本率等，结合指标情况及时进行经营战略的变更与调整，创造财务价值。

### 3. 管理工具的应用

（1）建立全面预算管理制度。

第一，强化全面预算管理，提高资源配置效率。

为落实全面预算管理，公司成立了以董事长为组长、各业务分管领导为核心组员的预算委员会，发布了基于战略的预算编制原则。

预算编制基于业务驱动因素（定价倍率、销量、适销率、零售折率等），落实到最小预算单元（如生产线、终端门店、后台部门），层层汇总形成从采购、生产、商品规划、渠道规划、人力规划、信息设备投入、战略项目投入到财务结果中（经营结果、资产状况、现金流量），能够合理调配企业资源，精准反映企业全价值链的运营状况和财务状况。

在预算执行过程中，通过滚动预算可以监测到业绩与预算目标的偏差情况，据此严格控制各业务单元不必要的费用开支，例如，2022 年度财务部门监测到业绩达成率持续下滑，便建议缩减品牌投入和外部咨询服务费用等约 1 亿元，最终在年度收入下降 12% 且刚性费用占比超过 70% 的情况下，利润与 2021 年基本持平。

第二，加大全价值链成本费用管控，确保完成预算指标。

为了实现预算利润和关键经营指标，公司在研发、生产、销售等全价值链上的各个环节加大成本费用管控力度，财务部门通过运用目标成本法、定额成本法、标准成本法等成本管控法推动成本费用的下降。

①使用目标成本控制法，降低生产和运营成本。

A. 研发设计阶段要求按目标成本进行开发，从源头上降低产品成本。

好的产品成本是设计出来的，财务部通过销售和毛利分析，倒推各个产品的目标成本，要求设计师在设计产品过程中加强成本控制意识，在不影响品质的前提下，实现产品成本最优。2020~2022 年累计减少产品成本 3000 万元。

例 1：大皮标建议改为小规格皮标，每个节约 1.7 元，累计减少成本 170 万元（见图 3）。

规格：8cm×5.2cm　　　　　　　规格：9cm×2cm

**图 3　皮标修改前后对比**

例 2：建议减少洗水唛袋以及休闲裤印花等对销售附加值低的设计，减少加工费支出。

B. 设定店铺目标渠道成本，推动店铺降租金减扣点，推动渠道成本下降。

根据公司的利润目标，编制了终端门店合同管理档案，结合门店的盈利目标，与业务部门沟通制定需要降租金减扣点的门店清单及谈判目标，并每周跟进谈判进度和结果，推动门店降租谈判。

财务部通过推动门店减免租金，降低扣点及保底，2020～2022 年共减少渠道成本约 8000 万元。

②使用定额成本法，控制终端门店货架装修和广告物料投入。

A. 核定门店单位货架装修定额成本，减少门店成本费用。

公司财务部通过历史数据的统计分析，设定了每一个明细项目的定额成本。财务部通过测算得出，2022 年度货架道具类每平方米成本需下降 100 元，装修成本需下降 50 元。为达成该定额成本，财务部在严格审核结算费用的同时，以实际成本与定额成本的差异为关注点，为空间设计的优化提供建议。

通过以上措施，最终有效将全年每平方米投入控制在定额成本内，按全年新开整改门店面积约 7 万平方米，每平方米货架道具装修投入下降 150 元，全年节约费用 1050 万元。

B. 核定广告物料投入的定额成本，减少广告费用支出。

广告物料通常在分公司当地制作和安装，考虑到全国各地物料制作、安装收费标准不一，财务部联合采购部对广告物料安装与制作拟定了全国统一参考单价，并要求各经营主体严格执行。

通过执行定额成本法，公司在广告物料制作方面每年节约费用约 100 万元。

③使用标准成本法，分析成本差异，推动成本下降。

为更严格管控生产成本，公司财务部门通过加大对每月成本差异的分析，重点对于材料单耗进行分析，借助标准成本法，2022 年裤子平均单耗为 1.27 米，下降 0.02 米，按公司年产 350 万条裤子计算，2022 年节约生产成本约 210 万元。

④使用目标利润管理法，提升零售折率，提高毛利率。

零售折率（实际成交价/吊牌价）对公司的盈利有重要影响，过低的零售折率会降低公司的毛利金额。同时，过低的折率也会影响公司的品牌形象，顾客会倾向认为少打折的品牌是高端品牌，经常打折或者零售折率偏低的品牌是低端品牌。战略转型前公司的新品零售折率只有 6.8 折，主要的原因是销售部门在销售指标完成有压力的时候，倾向于用更低的折扣来吸引顾客。为此，战略转型开始后，我们根据目标利润管理法，设定了每年的零售折率考核目标，要求销售部门要严格执行。

通过目标利润管理法，公司的新品零售折率从 6.8 折提升到 7.4 折，提升了毛利率，提高了盈利能力。

⑤做好本量利分析，提高门店经营质量。

公司在战略转型初期，销售部门对于开大店的策略执行过于激进，造成店铺坪效下降。

通过坪效数据变动分析，从2023年开始，在终端形象改善项目中，充分应用本量利分析方法，构建"门店投入产出"决策模型，进行量化管理，有效降低门店投入成本。

A. 门店面积最优化，实现门店盈利提升。

在终端形象改善过程中，建立了"坪效＝店效÷面积"的开店面积控制体系，以本量利分析中的盈亏平衡分析为指导，测算并制定了开店的坪效最低标准。对于店效无法提高，但坪效又达不到标准的店铺，在店铺空间设计上要求缩小店铺的营业面积，减少装修投入（见图4）。

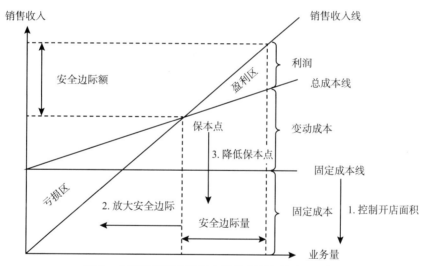

**图4 本量利模型在控制店铺营业面积的应用逻辑**

通过门店面积的最优化，公司直营门店的盈利占比从转型前的60%，提升到2023年的85%，极大提升了公司的盈利能力。

B. 门店分区合理化，实现收入最大化。

为提升门店业绩，财务部门运用本量利模型作为指导，围绕坪效这一核心指标，在门店空间设计上，要求业务部门合理作出门店空间规划，在准确传递品牌战略的同时保证门店内部各个区块都能有合理的业绩产出，避免门店销售死角情况的发生，达到整体销售最大化。

通过门店空间的合理设计，公司店效从转型前的178万元提升到241万元，提升了35%。

⑥使用作业成本法，减少裤子迁边费用。

九牧王的销售收入中，裤类产品的销售占比高达45%以上。公司在终端提供修改裤脚服务（也称"迁边服务"），费用由公司承担。公司的迁边费用近几年来不断提高。为降低迁边费用，九牧王运用作业成本法原理，分析驱动迁边费用增长的动因，一是裤销量的提高，二是商场迁边费用单价的提高。

因此九牧王提出了降低迁边费用的措施：一是在有条件的店铺设立迁边设备，自力更生，减少迁边的数量。二是通过谈判降低迁边单价。

通过以上措施，公司直营终端迁边费用在市场平均收费单价普遍提高且裤销量不断增加的情况下，迁边费用从2019年的890万元，下降到2022年的720万元，下降19%。

⑦使用减少浪费法，降低手提袋费用。

公司原有手提袋采购及配送管理较为粗放，总代理按照期货订单数量100%下单，二级经销商及直营分公司按照期货订量数量70%下单，未考虑实际商品售罄率及连带数据，超量采购及配送产生的浪费现象十分严重。财务发现问题后，结合公司经营数据，在考虑手提袋合理使用的影响因素后，重新调整了包装物料的采购及配送标准，统一按照销售数量的50%进行下单和配送，管控效益明显，2022年手提袋费用同比下降44%，2023年同比下降39%。

（2）建立责任会计中心和阿米巴制度。

①建立责任会计中心，提高分公司运营能力。

九牧王在全国各省（区、市）成立了26个分公司，为更科学客观地评价分公司负责人的经营成果，公司引入责任会计制度。

自建立责任会计制度以来，品牌公司和营销公司、各区域分公司独立核算，责任到人，公司整体的费用率明显下降，各经营主体为提升利润努力提高零售折率，提升店效。在后疫情时代，营销公司直营业务快速扭亏为盈，2023年上半年利润率提升17个百分点，利润额同比提升442%，加盟业务利润率提升3个百分点，利润额同比提升41%。

②运用阿米巴经营模式，提升定制业务收入。

公司的定制业务是通过招投标的方式取得各企事业单位的定制服装订单。定制业务收入在战略转型前始终在6000万元上下浮动，而报喜鸟在2019年的团购业务收入已达5.6亿元。经分析，九牧王发现定制业务长期停滞不前的主要原因是吃大锅饭的现象严重，员工干好干坏一个样，争取订单的积极性不高。因此，为提高定制营收，公司引入阿米巴的经营方式。将定制业务视为一个阿米巴单元，包产到户，极大提升了员工抢单的积极性，业绩快速增长。

定制中心的阿米巴经营模式主要体现在以下方面：

A. 设定目标。

每年年初，针对定制业务设定年度收入和利润目标。

B. 划分组织架构。

作为一个独立的阿米巴，定制中心下设面料开发设计部、技术部、生产计划部和业务部，业务部又进一步细分为业务一部、二部、三部及四部，每个业务部门也各为一个小阿米巴，独立获取订单，享受订单提成。

C. 自主管理。

作为一个独立的阿米巴，定制中心拥有自主管理的权利，包括销售计划、生产计划、人员招聘与考核计划等。

D. 独立核算制度。

建立属于定制中心的独立核算制度，独立核算定制中心的收入、成本、费用及经营利润，以便定制中心的经营者快速地了解经营数据，借助实时的阿米巴经营数据，有针对性地调整运营方向。

E. 确立与业绩直接挂钩的绩效考核制度。

定制中心全员的考核与定制业务的收入、利润直接挂钩，工资构成为：基本工资＋年度绩效奖＋目标达成奖，工资的绝大比例均来自年度的奖金，此举使员工在日常的工作中更加积极主动地控制成本费用，比如，积极主动与供应商进行价格谈判、充分利用呆滞面辅料，严格控制费用的开支等，使费用率逐年递减，经营利润率逐年递增。费用率自2018年的16.7%减少至2022年的11.2%，下降5.5个百分点，经营利润率自2018年的17.8%提高至2022年的20.8%，增加3个百分点（见图5）。

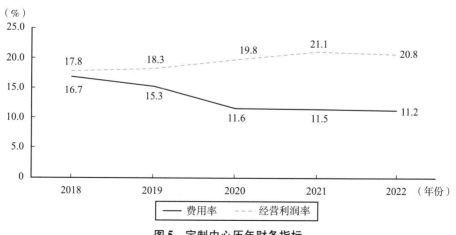

**图5 定制中心历年财务指标**

F. 定制阿米巴经营成果。

借助阿米巴经营模式，公司的定制业务收入从2018年的6314万元增加至2022年的1.34亿元，增长113%，5年复合增长率16%；经营利润从2018年的1124万元增加至2022年的2788万元，增长148%，5年复合增长率20%；人均贡献额从2018年的131万元增加至2022年的264万元，增长101%。

（3）建立关键指标表。

为衡量战略转型的效果，我们分析了公司的关键成功要素，建立了关键指标表，设定关键指标的5年发展目标，并逐层分解到各个责任会计中心。关键指标如表1所示。

表1 关键指标

| 关键指标 | 战略转型前 | 5年目标 |
|---|---|---|
| 销售收入 | 26亿元 | 年复合增长率15%～20% |
| 净资产收益率 | 8.6% | 20% |
| 售罄率 | 58% | 提升12个百分点 |
| 新品零售折率 | 68% | 提升8个百分点 |
| 渠道成本率 | 28% | 下降6个百分点 |
| 同店坪效 | 1.5万元 | 达2万元 |
| 销售净利率 | 7% | 16% |
| 经营净现金流 | 2.6亿元 | 净利润的1.1倍 |
| 男裤第一提及率 | 6% | 35% |
| 购物中心和奥莱销售占比 | 15% | 45% |
| 90后销售占比 | 3% | 20% |

（4）定期出具管理会计报告和内控检查报告。

①出具管理会计报告，提高决策速度和质量。

公司每月召开经营分析会，财务部提供管理会计报告。报告要求针对经营良好的指标进行成果追击，针对经营良好的责任会计中心树立标杆。针对经营较差的指标进行原因分析，并要求主责部门提出整改措施。

②建立内控体系，加强内控检查。

公司战略转型加大投入，为了降低经营风险，减少各种跑冒滴漏的行为。公司在国家五部委发布的《企业内部控制基本规范》及其他法律法规的基础上，从组织架构优化、流程优化等各个方面推动公司运营体系进行优化和调整，同时通过数字化项目将所有流程嵌入信息系统，改"人治"为"法治"，全面构建守护企业价值的风险防范体系，有效降低了经营风险。

A. 建立完善的财务管控体系。

公司财务部建立体系完整、管控严密的内部控制制度。所有的业务基于战略，以预算为导向，经过立项审批、供应商及价格评估、合同评审、验收确认收货、付款，整个管控环节都嵌入公司的信息系统（见图6）。

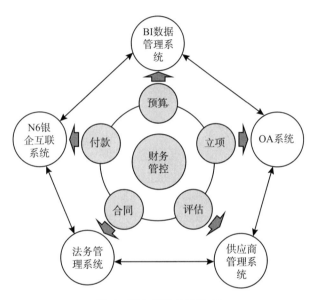

**图6　财务管控流程体系**

B. 加大财务人员现场检查力度。

财务部要求财务人员要到现场检核工作，有效提升了内控工作的质量。

案例1：

天津天河城店 LED 屏供应商提供的验收面积为 10.2 平方米，财务人员现场测量后发现，实际使用面积仅有 7.3 平方米，短少 2.9 平方米，短少 28%，导致公司多付 1.7 万元。财务部在追回多结算的 1.7 万元外，对该供应商处以 1.7 万元的罚款。

案例2：

财务人员到遵义海尔大道专卖店进行检查，发现店长将 88 件产品的销售货款占为己有，金额 6 万元。财务部给予店长处罚 5000 元并辞退。

案例3：

公司现场核查某总代虚报销售业绩，骗取公司补贴，为公司追回损失 2000 万元。

案例 4：

公司某采购员多次收取供应商贿赂，金额巨大，被依法移送司法机关。公司同时对向其行贿的供应商进行处罚。

通过加大现场内控检查，战略转型期间公司累计追回各种损失及处罚金额超5000 万元。从而有效降低了企业经营风险，让企业经营更健康。

---

# 四、取 得 成 效

## （一）关键指标大幅改善，战略转型初见成效

### 1. 营收创新高

2023 年九牧王品牌线下销售收入达到公司成立以来的最高水平（见图 7）。

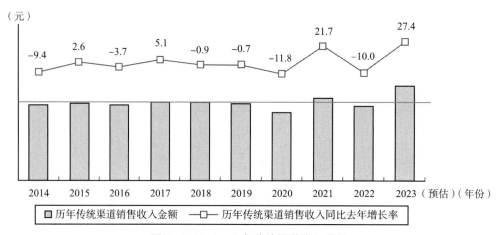

**图 7　2014～2023 年传统渠道收入增长**

在营收创新高的同时，反映盈利质量的指标，如渠道成本率、新品零售折率、店效、经营净现金流等提升明显，公司盈利水平大幅度提升。

### 2. 品牌更健康

男裤第一提及率从转型前的 6% 提升到 2022 年的 23%，增长了 283%。

### 3. 渠道更优质

公司购物中心和奥莱渠道销售占比从 2019 年的 15% 提升到 2023 年的 40%，占比提升 25 个百分点。同时公司还进驻高端购物中心，如万象城、海岸城等，在提升销售的同时，也极大提升了品牌形象。

### 4. 顾客更年轻

"90 后"销售占比从 2019 年的 3% 提高到 2023 年的 9%，顾客的年龄结构更加

合理，意味着公司未来的发展潜力更大。

### （二） 管理会计高效运用，体系运营初显威力

公司以平衡计分卡为框架，按照 PDCA 循环，建立了以全面预算为核心的计划体系，以责任会计和阿米巴为核心的执行体系，以关键指标为核心的过程检查体系，以管理会计报告和内控报告为核心的处理体系。企业日常经营全方位使用管理会计的工具和方法，通过体系运营，在战略转型期间各项工作、各种投入有条不紊，高效衔接，取得良好效果。

---

# 五、经 验 总 结

### （一） 增全员管理会计意识，助推企业高质量发展

管理会计在企业全价值链的方方面面发挥举足轻重的作用，因此，通过组织定期的管理会计培训，分享成功案例，将管理会计的理念融入企业文化，在潜移默化中增强全员运用管理会计的意识。

### （二） 择合适管理会计工具，定明确经营发展目标

管理会计工具种类繁多，但并不是所有的管理会计工具都适合企业，需要结合战略目标、组织规模、经营现状等选择合适的工具。同时一经选定的管理会计工具也非一成不变，需要定期评估其有效性，并根据需要进行调整。

### （三） 建经营业绩评价体系，促企业战略目标落实

管理会计运用的目的是借助工具提高业绩，而衡量业绩就需要确定关键绩效指标，它可以是财务指标，也可以是非财务指标。在制定指标时，要注重客观性和可操作性，还需要将其与激励机制相结合，推动员工主动实现绩效目标。

### （四） 保管理会计信息质量，助企业科学经营决策

管理会计的目的是为决策者提供实时、准确的信息，需要确保信息来源可靠、准确，并建立信息质量评估机制。同时，建立定期报告制度，搭建实时数据平台，以反映最新的情况。

### （五） 强培训夯实业务基础，提管理会计活动质效

管理会计是一个需要持续学习和发展的领域，需要定期为相关人员提供培训、轮

岗以及更多的发展机会，提高财务人员的专业功底和对业务的了解，提升业财融合水平。

# 六、结　语

在消费者主权时代，产品同质化异常严重，服装行业陷入价格血战。没有特色的企业，将会丧失优势，被消费者抛弃，最终走向死亡。

九牧王将何去何从？九牧王如何从同质化走向差异化？从价格战走向价值战？从流量战走向心智战？取决于九牧王如何将 34 年来在男裤上积累的优势，植入消费者心智中。因此这一次战略转型，对九牧王来说既是一场涅槃之变，更是一场生死之战。巨额的投入，如做不好投入产出控制，可能会让企业陷入巨大的危机，这方面的惨重案例比比皆是。在董事长的领导下，九牧王既找到了战略转型的正确方法，也运用了各种管理会计工具为战略转型保驾护航，让九牧王在战略转型中能够渡过各种艰难险阻，实现营收创新高、品牌更健康、渠道更优质、顾客更年轻，迎来胜利的曙光。

中国目前有部分民营企业遇到经营困难，九牧王战略转型成功之路，也为民营企业高质量发展探索了一条道路。那就是只要对中国经济有信心，战略正确，勇于投入，善用管理会计工具，企业一定能走出困境，实现高质量发展。

（九牧王股份有限公司：陈惠鹏　王鹭蓉　黄炳艺　许加纳　陈晓燕
邓永烩　程艺佳　杨惠恋　陈刚艺　苏梅烘）

**案例评语：**

该案例公司财务部在支持公司战略转型的过程中，从传统财务的事后管理转型到事前、事中财务管理，将公司战略、内控管理、业财融合、预算管理、数字化转型等多维度进行综合考虑，运用平衡计分卡，从财务、顾客、内部运营、学习与成长四个维度出发，辅以作业成本法、目标成本法、定额成本法、标准成本法、本量利分析、全面预算管理、流程管控等管理会计工具应用，确保公司在战略转型过程中各项关键指标符合预算目标，初步完成了战略转型的目标，实现了营收创新高、品牌更健康、渠道更优质、顾客更年轻，"中国裤王"找到了高质量发展之路。该案例应用管理会计工具方法改进内部管理、提升管理水平、实现效益增长的经验，对民营企业应用管理会计具有较好的借鉴价值。

# 以价值链为核心的管理会计工具组合
# 在大型制造企业存货管理中的应用

**摘要**

　　中国航发哈尔滨东安发动机有限公司（以下简称"中国航发东安"）是以研制生产轻型航空动力、航空机械传动系统、航空机电产品、微型燃气轮机、铝镁合金铸件和高精管轴管材产品为主的航空制造企业，其产品技术难度大、状态迭代变更频繁，且呈现多品种、小批量特点。"十四五"期间，中国航发东安科研及批产产品型号任务不断增加，营业收入快速增长，存货规模逐年增长，对公司经济运行质量和整体效益提升产生一定影响。

　　存货管理贯穿企业生产经营全过程，是一项复杂的系统工程和管理课题，其问题和难点需战略性的综合管理工具解决。中国航发东安应用价值链为核心的管理会计工具组合，对公司存货业务链条进行系统分析，通过搭建组织机构、完善标准流程、深化信息化建设、深入全业务价值流管理相关点、建立业财融合管控模式等，推动存货全链条各环节提质增效。通过存货全链条精益管理，实现资源优化配置，降低存货资金占用，加速存货流转，稳步提升公司经济运行质量和效益，为公司可持续发展提供有力保障。

# 一、背景描述

## （一）单位基本情况

　　中国航发哈尔滨东安发动机有限公司始建于1948年8月，是国家"一五"期间156项重点建设工程之一，是新中国首批六大航空企业之一，是以研制生产轻型航空动力、航空机械传动系统、航空机电产品、微型燃气轮机、铝镁合金铸件和高精管轴管材产品为主的航空制造企业。现有职工5000余人，占地面积128万平方米。

## （二） 单位管理现状分析及存在的问题

中国航发东安经营生产呈现多品种、小批量特点，产品技术难度大、状态迭代变更频繁。"十四五"期间，产品型号任务不断增加，营业收入快速增长，公司存货规模逐年增长。2021年，存货规模27.99亿元，存货占营业收入的46.15%，占用公司大量资金，严重影响公司的现金流，增加财务和经营风险，影响公司经济运行质量。

随着生产任务增长，公司存货管理短板逐渐凸显。一是库存管理重视程度不够。生产管理重点在确保科研生产任务按时交付，对库存管理、成本效益重视程度不够，"重交付、轻效益"造成持续高额投入、提前投入。二是计划管理精细程度不够。公司销售、生产、采购计划不完全匹配，存在层层放大的"滚雪球"现象。业务端对客户需求变化不敏感、信息传递不及时、计划变更不同步，造成非必要库存占用。三是业务财务融合程度不够。存货管理涉及生产、采购、质量、技术、销售、计划、财务等多个业务环节和部门，各部门注重自身利益，目标导向及协同效应不强。

## （三） 选择相关管理会计工具方法的主要原因

存货管理贯穿企业生产经营全过程，价值链管理可以对公司存货管理链条各环节进行系统分析，识别价值创造环节和不增值环节，有效降低存货在流转过程中产生的浪费与无效占用。全面预算管理、经济增加值等管理工具，可以对存货管理各价值链节点进行差异互补，最大限度优化资源配置。

# 二、总 体 设 计

## （一） 应用相关管理会计工具方法的目标

基于价值链视角识别公司存货管理的主要风险点和关键因素，搭建集组织、流程、信息化、计划、分析、考评等于一体的全价值链存货精益管理体系，提高存货利用效率，保障公司"轻资产，重效益"运行。

## （二） 应用相关管理会计工具方法的总体思路

中国航发东安以企业战略为导向，以价值创造为目标，以信息化系统建设为保障，以价值链为平台，以业财融合为手段，通过构建价值链管理会计工具"五维"

综合应用保障体系，推动管理会计工具充分融入企业价值链，实现不同管理会计工具在价值链条上的协同增值效应，业财深度融合，精细全链条管理，持续推进公司存货管理体系化、规范化、精益化。

### （三）相关管理会计工具方法的内容

不同的管理会计工具嵌入价值链关键环节进行综合应用，可以最大限度发挥流程再造和价值增值功能。如全面预算应用于存货管理，主要是对存货各业务环节进行预算编制、跟踪、分析等来实现事前、事中、事后系统控制功能，最终完成存货整体目标。经济增加值应用于存货管理，主要用于存货各业务环节的业绩评价，发挥考核引导作用进而实现存货管理目标。因此，以价值链为核心的管理会计工具组合是一种战略性的综合管理工具，将其应用于存货管理中，可以将存货各关键环节有机整合起来，建立起协同联盟关系，提高全价值链资源利用效率。

### （四）应用相关管理会计工具方法的创新

本案例系统阐述了以价值链为核心的管理工具组合应用于存货管理中的具体思路和方式、方法，是涉及预算、成本、绩效等多项管理内容的综合性管理会计应用创新工作。中国航发东安综合运用管理会计工具，通过搭建组织机构、完善标准流程、深化信息化建设、深入全业务价值流管理相关点、建立业财融合管控模式等，建立符合新形势下的存货管理体系，推动业务各环节提质增效，有效降低存货资金占用。

## 三、应用过程

### （一）搭建组织机构，保障存货精益管理工作推进

为保障存货管理工作有序高效推进，中国航发东安成立总经理为组长、主管财务及生产的副总经理为副组长的存货管理工作领导小组，负责决策存货管理实施过程的重大事项。工作领导小组下设存货管理办公室，由财务部门和生产部门负责组织协调及统计汇报工作。组建规划、销售、采购、工艺、设计、质量、库房等跨业务部门的存货管理团队，团队成员各司其职、分工协作，共同推进存货精益管理体系建设工作。

### （二）完善流程标准，指引存货精益管理工作开展

创建 EOS 经营管理系统，梳理包含存货管理业务在内的各项流程，加强存货管

理工作标准控制，构建端到端业务场景（图 1 以 OTD 业务流程为例）、EOS 系统内的流程图，反映业务全貌及业务间的逻辑关系，显现不增值的部分，连接业务断点，补足业务短板，规范存货管控流程。

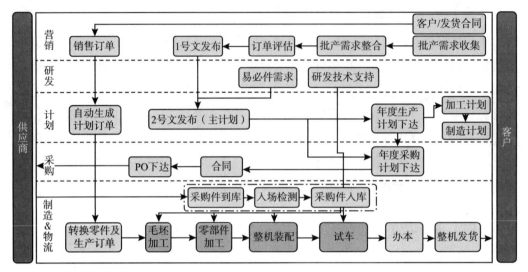

图 1　中国航发东安 OTD 业务流程

### （三）深化信息化建设，支撑存货精益管理工作实施

中国航发东安高度重视信息化建设，逐渐构建出存货全业务流、全价值流、闭环的信息化管理环境，借助信息化技术逐步实现存货管理愿景，助推管理改进实施。

如中国航发东安以 ERP 系统为核心，集成 MES 制造执行系统、生产协同平台、PDM 数字设计与工艺系统、WMS 仓储管理系统、合同管理系统、网络报销系统等外围系统业务数据，从而保证业务数据源头的唯一性和业务数据交互的实时性。存货信息化管理环境如图 2 所示。

中国航发东安借助全面预算管理会计工具，建设业财协同的预算管理平台，将全面预算和业务计划融合在一起，实现以业务为起点，期量标准为计算基础，进行价值展现。如全面预算管理信息化系统可以用预算规则将各类业务计划和业务预算有效连接，形成服务于存货整体目标，可快速进行数据测算的存货预算模型。通过全面预算管理信息化系统可自动提取存货预算所需的生产数量、销售数量、采购数量、期量标准、物料价格等信息，同时在客户需求、生产计划调整或前端业务数据发生变化后，实现存货预算实时联动调整，及时发挥存货预算模型的预警功能，有效提升存货管理工作效率。全面预算信息化系统建设如图 3 所示。

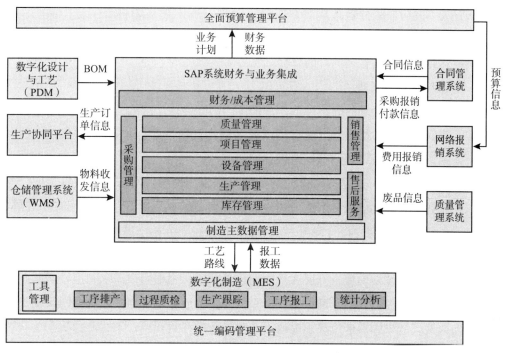

图 2　存货信息化管理环境

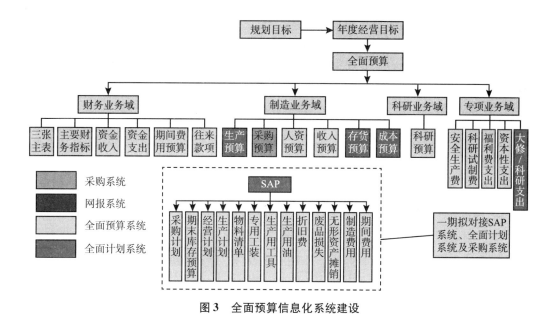

图 3　全面预算信息化系统建设

## （四）建立业财融合管控体系，提升存货全价值链管控效率

中国航发东安建立业务流、价值流、过程浪费（资金占用、资源毁损）三位一体存货管控体系，以客户需求为存货产生的输入点、以售后服务为收入交付达成的终

点，从存货不同阶段划分管理职责，在存货管理过程中建成销售、生产、采购、库房、财务闭环管理模式，形成跨部门协作、多流程管理、全员参与的业务过程管控形式，最终达到实现存货管理提升的目标。

**1. 存货销售环节管理**

销售环节是存货管理的起始环节，营销部门需在会计年度的前一年年中开始与客户对接，获取客户需求信息并形成存货产成品销售订单预案，并关注客户需求变化，及时更新预案信息，最终达到签订销售合同的目标。

（1）以合同为牵引，完善经营计划下达与调整。中国航发东安以销售合同、监管协议和监管任务等为依据，下达公司年度经营计划，确保科研生产工作有序开展。完善公司三年滚动计划，将计划颗粒由年度细化至月份和季度（24个月＋4个季度），为生产组织与采购、专业化调整、能力建设等各业务决策提供顶层输入。依托数字东安线上销售计划模块，开展客户意向订单评审，根据用户需求和型号研制总体计划安排及时调整经营计划，确保生产、采购等下游业务端根据变化进行同策划、同组织、同调整，减少因需求传递不准或不及时导致的存货积压。

（2）跟进产品交付结算，缩短产品销售周期。根据验收周期、预算报送、结算要求等，将产品划分为交付主机厂产品和交付军方产品，并根据产品分类制定相应期量管控模式，其中，主机客户批产产品交付客户 1 个月内确认收入，最长不超过 3 个月；军方机关客户交付客户 12 个月内确认收入，最长不超过 18 个月。持续加强与各客户之间的联系，采取客户现场联合验收、邀请客户入厂检验等方式，缩短客户产品验收周期。

（3）强化异地库管理，减少库存商品积压。完善异地库信息化管控工作，合同、销单、发货单创建人与库存产品绑定，产品流转信息可追溯，从源头杜绝无责任人异地库的产生。同时制定异地库奖惩措施，对提前实现处理异地库及超时限处理责任人进行正负向激励，有效保障异地库存良性运转。

**2. 存货生产环节管理**

生产制造环节是存货流转的主要环节，历经材料领用、转工、投料、加工、检验、缴库等过程，结合各生产特点，挖掘工艺改进、生产组织管理等方面潜力，旨在缩短生产周期，节约生产成本，提高生产效率。

（1）开展价值流分析及专项改进，有效降低产品生产周期。开展从材料供应、生产制造、装配试车交付全过程中的问题梳理及改善工作，选取主产品典型件号，完成主产品现状价值流程图绘制及瓶颈问题识别，依据问题层级建立多项公司级改善项目和车间级改善项目，通过改善有效压缩产品生产周期，促进存货降低。

（2）加强期量数据管理，提升线上计划准确性。中国航发东安持续推进计划下达、物资采购、零组件加工、产品装试及发运等期量数据的收集、迭代工作，实现期量数据从订单到交付的 OTD 全流程覆盖管理。通过基础数据库的不断完善和迭代，提高 SAP、MES 系统的线上计划准确性，支撑生产计划落地，加快车间 APS 高级排产的推进，实现期量标准实时监控和定期更新。

（3）生产过程管控，提升产品齐套性。存货管控与 AEOS "三板一会" 相融合，通过分层例会、计划管控板、问题跟踪板手段，及时发现生产过程中出现的问题及生产计划的偏离情况，制定追赶措施，提升产品准时交付性；按月监控长期等待在制品及半成品，在生产例会上晾晒各车间拖期订单占比，组织生产单位制定清理计划，跟踪清理进展，提升在制品周转速度。

**3. 存货采购环节管理**

存货采购管理通过完善供应商体系、提高供应链整体效率、加强采购管理、推动物资齐套性，缩短采购周期，减少检验成本的浪费，减少因齐套性形成的等待浪费。

（1）制定供应商安全库存管控策略，规避供应风险。梳理瓶颈产品供应商情况，加大供应商寻源力度，开发备选供应商，结合产品年度需求价值、需求稳定性等多维度因素，制定供应商安全库存管控策略，推进供应商提前对公司外购产品进行合理储备，截至 2022 年底已有 31 家供应商按公司要求建立安全储备库存，共有 8000 余种产品可按公司需求储备周期保持流动储备，有效规避供应风险。

（2）加强战略供应商培育帮扶，提升存货稳定性。中国航发东安诊断战略供应商的薄弱环节，制定对应的供应商培育帮扶策略，从技术管理、质量管理、生产管理等方面制定培育帮扶行动计划，通过战略供应商培育使供应商快速、正确地理解公司的质量管理要求，提升能力短板，规范不标准动作，使输送的存货稳定、优质，缩短采购周期。

（3）精益采购计划管理，降低采购成本。严格执行经营和生产计划，有效配置资源，依托信息化建立物资采购期量标准，完善外购物资 ABC 分类，按分类优化物资储存流转期量（见表 1）。以生产滚动计划需求为依据，以生产齐套为重点，控制物资入库节拍。如对于资金大的物资减少储备，采购难度大的物资适当增加储备，资金少容易采购的物资减少储备并采用分批供货的方式减少库存占用。

表 1　　　　　　　　　　公司物资分类　　　　　　　　　　单位：种

| 物料分类 | A 类 | B 类 | C 类 | 总计 |
| --- | --- | --- | --- | --- |
| 毛坯 | 96 | 325 | 894 | 1315 |
| 金属材料 | 131 | 738 | 2299 | 3168 |

续表

| 物料分类 | A 类 | B 类 | C 类 | 总计 |
|---|---|---|---|---|
| 非金属材料 | 94 | 389 | 2344 | 2827 |
| 标准件 | 28 | 229 | 3058 | 3315 |
| 轴承 | 196 | 320 | 274 | 790 |
| 附件 | 153 | 129 | 167 | 449 |
| 成品件 | 511 | 3121 | 19257 | 22889 |
| 合计 | 1209 | 5251 | 28293 | 34753 |

（4）推进网上商城采购管理，开发电商供应商潜力。积极推进网上商城电子超市采购规范化管理，持续扩大物资采购范围，充分开发电商供应商寻源潜力，提高采购效率。加强供应商日常量化考核管理及资质审核，不断引进优质供应商资源。加强刀具专区采购管理，达成标准刀具企业超市化采购模式（见表2）。

表 2 集中采购完成情况

| 序号 | 项目 | 1～5 月完成情况 |
|---|---|---|
| 1 | 集中采购率≥80% | ≥90% |
| 2 | 刀具专区采购率100% | 100% |
| 3 | 国产刀具直采率80% | 100% |
| 4 | 刀具品牌商和渠道商数量压减率累计达到50% | 需进行现场试刀、综合评价 |
| 5 | 采购管理年度监督检查计划执行率达到100% | 100% |
| 6 | 采购管理风险及异常事项处理及时率达到100% | 100% |
| 7 | 线上交易额≥5 亿元 | 1.5 亿元 |

#### 4. 存货仓储环节管理

存货库房管理立足价值流，对于重复、劳动量大、不增值业务，建立业务外包机制。加强特殊库存的管理，加快物流一体化进程，降低库存资金占用，减少保管成本浪费、验收入库等待浪费、搬运浪费等。

（1）建立库房管理业务外包机制，降低库存占用。中国航发东安与合作方签署供应链集成服务战略合作框架协议，以辅助类业务外包作为出发点，在部分金属、非金属类原材料采购、库存管理，下料加工、厂内物流配送、余料再利用、设备维修及保养等领域开展了深入合作。业务外包单位按公司需求配送原材料，按实际需用量与公司进行结算，一定范围内实现零库存管理，有效降低辅助材料存货积压风险。

（2）全流程物料可视化跟踪，实现常态化管理。中国航发东安利用信息化手段开展物料流转全流程足迹追溯可视化管理。以外购物料验收到物料入库为切入点，开展物料配送到生产准备贯穿管理，结合 WMS 系统建立物料信息的一码到底、两单合一、产品入库控制、计划期量管控等全流程管控看板，实现物料全流程足迹追溯可视化管理。

（3）定期清查库存物资，夯实资产质量。定期组织相关部门，开展存货专项清查，全面摸清存货现状，对物资中带隔离表、限制使用、有外观问题等物料，组织相关部门明确处理意见，并组织返修、报废等处理；对长期库龄物料，组织各部门核实形成原因，确定处理意见，提出管理思路，形成长效机制，为提高资产运行效率和效益奠定基础。

### 5. 存货财务环节管理

存货财务管理贯穿存货全流程价值链，中国航发东安建立业财一体的财务核算流程，并提供高质量的业财数据分析。基于业务数据开展存货指标预测，为业务改善提供数据支撑。开展存货考核，强化过程引导，推动业务开展，实现管理效益最大化。

（1）建立业财一体的财务核算流程，实现业务数据共享。中国航发东安依托信息化平台在财务核算上以业务为驱动，建立了合同—订单—收发货/报工（同时自动生成财务凭证）—预制发票—生成财务凭证的业财一体的财务核算流程，打通了业财数据的透视途径，以进行财务和业务信息的双向追溯，为过程管控和业财分析奠定基础。

（2）开展存货日常及专项分析，提高存货精益管理水平。按月跟踪存货占用情况，从机型、物料、账龄等角度进行分析和汇总，并将数据及时传递至相关业务部门和生产单位，促使各业务部门挖掘问题根源，制定解决措施。不定期进行存货专项分析及晾晒，对重点机型、重点件号细化分析，有针对性地进行整改，切实解决存货管理存在的问题。

（3）建立存货预测监控模型，有效指标偏离预警。中国航发东安基于资源投入流出角度和业务流转角度建立两种存货监测模型，通过定期预测与跟踪，有效识别存货超标风险和偏离情况，为业务改善和制定纠偏措施提供数据支撑。

模型一：以期初存货为计算起点（代号为 $QC_0$），将边际成本（代号为 $TR_1$）和固定成本（代号为 $TR_2$）作为投入资源总计（代号为 $TR_总$），以销售转出（代号为 $ZC_0$）作为存货的总流出，通过期初存货加投入资源减去总流出，最终得出年度、月度存货测算值（代号为 $QM_0$）。

$$QM_0 = QC_0 + TR_总 - ZC_0$$

表 3 为存货预测表——投入流出。

表3 　　　　　　　　　　　　　　　存货预测表——投入流出

| 序号 | 项目 | 年度预算 | 1月 | 2月 | 3月 | 4月 | 5月 | 6月 |
|------|------|---------|-----|-----|-----|-----|-----|-----|
| 一 | 期初存货 | 20.00 | 24.00 | 25.00 | 26.00 | 27.00 | 28.00 | 29.00 |
| 二 | 投入资源 | 144.00 | 12.00 | 12.00 | 12.00 | 12.00 | 12.00 | 12.00 |
| 三 | 边际成本 | 84.00 | 7.00 | 7.00 | 7.00 | 7.00 | 7.00 | 7.00 |
| | 其中：采购 | 12.00 | 1.00 | 1.00 | 1.00 | 1.00 | 1.00 | 1.00 |
| | 存货税 | 12.00 | 1.00 | 1.00 | 1.00 | 1.00 | 1.00 | 1.00 |
| | 生产 | 12.00 | 1.00 | 1.00 | 1.00 | 1.00 | 1.00 | 1.00 |
| | 工装 | 12.00 | 1.00 | 1.00 | 1.00 | 1.00 | 1.00 | 1.00 |
| | 外委 | 12.00 | 1.00 | 1.00 | 1.00 | 1.00 | 1.00 | 1.00 |
| | 仓储 | 12.00 | 1.00 | 1.00 | 1.00 | 1.00 | 1.00 | 1.00 |
| | 水电 | 12.00 | 1.00 | 1.00 | 1.00 | 1.00 | 1.00 | 1.00 |
| 四 | 固定成本 | 60.00 | 5.00 | 5.00 | 5.00 | 5.00 | 5.00 | 5.00 |
| | 其中：人工 | 12.00 | 1.00 | 1.00 | 1.00 | 1.00 | 1.00 | 1.00 |
| | 折旧 | 12.00 | 1.00 | 1.00 | 1.00 | 1.00 | 1.00 | 1.00 |
| | 水电暖 | 12.00 | 1.00 | 1.00 | 1.00 | 1.00 | 1.00 | 1.00 |
| | 大修及中小修 | 12.00 | 1.00 | 1.00 | 1.00 | 1.00 | 1.00 | 1.00 |
| | 零星支出 | 12.00 | 1.00 | 1.00 | 1.00 | 1.00 | 1.00 | 1.00 |
| 五 | 销售转出 | 152.00 | 11.00 | 11.00 | 11.00 | 11.00 | 11.00 | 11.00 |
| | 其中：产品成本 | 140.00 | 10.00 | 10.00 | 10.00 | 10.00 | 10.00 | 10.00 |
| | 相关费用 | 12.00 | 1.00 | 1.00 | 1.00 | 1.00 | 1.00 | 1.00 |
| 六 | 投入转出差额 | -8.00 | 1.00 | 1.00 | 1.00 | 1.00 | 1.00 | 1.00 |
| 七 | 测算存货 | 12.00 | 25.00 | 26.00 | 27.00 | 28.00 | 29.00 | 30.00 |

公司使用该预测模型，可在年初预算时快速得出年度存货预计值，并对存货流入、流出的关键环节，按照年度存货管控目标加以事前的管控。例如，通过压降采购额或生产成本、增加销售额等，有效实现存货目标的达成。

模型二：从原材料、在制品、库存商品三维度开展业务预测，扣除计提的存货跌价准备后，测算得出报表存货（见表4）。假设原材料期初值、入库、领用、期末值代号分别为：$YC_0$、$YR_0$、$YL_0$、$YM_0$，在制品期初值、材料投入、费用投入、完工交付、期末值分别代号为：$ZC_0$、$ZT_0$、$ZF_0$、$ZW_0$、$ZM_0$，库存商品的期初值、完工缴库、销售、期末值代号分别为：$KC_0$、$KW_0$、$KX_0$、$KM_0$，存货跌价准备值为$DJ_0$，存货测算值代号仍为$QM_0$，其中$YL_0$与$ZT_0$相等，$ZW_0$与$KW_0$相等。用公式来看测算过程：

$$①YM_0 = YC_0 + YR_0 - YL_0$$

$$②ZM_0 = ZC_0 + ZT_0 + ZF_0 - ZW_0$$

$$③KM_0 = KC_0 + KW_0 - KX_0$$

即：$QM_0 = YM_0 + ZM_0 + KM_0 - DJ_0$

表4　　　　　　　　　　　　存货预测表——业务流

| 项目 | | 年初报表 | 1月预测值 | 预测部门 |
|---|---|---|---|---|
| 原材料 | 期初值 | — | 7 | |
| | 入库 | — | 1 | 采购部门 |
| | 领用 | — | 2 | 采购部门 |
| | 期末值 | 7 | 6 | |
| 在制品 | 期初值 | — | 8 | |
| | 材料投入 | — | 2 | |
| | 费用投入 | — | 3 | 财务部门 |
| | 完工交付 | — | 5 | 生产部门 |
| | 期末值 | 8 | 8 | |
| 库存商品 | 期初值 | — | 10 | |
| | 完工交付 | — | 5 | |
| | 销售 | — | 6 | 营销部门 |
| | 期末值 | 10 | 9 | |
| 跌价准备 | | 2 | 1 | |
| 报表 | | 23 | 22 | |

业务流的测算需业务部门和财务部门共同完成，集成业务部门的数量预测和财务部门的价值量信息，最终形成存货的期末预测值，根据预测结果，可与基于资源投入流出的预测模型结果相印证，进一步提高预测准确性。

（4）创新绩效考评方式，做好存货管控导向。中国航发东安注重提升靶向激励效果，引入经济增加值（EVA）考核方式，按照"控增量、降存量"存货考核原则，在原有数量、种类、金额三维捆绑考核的基础上，创新设置依据管理权重进行整体捆绑的指标完成EVA考核和推动业务部门加强存货清查与处置的管理改善EVA考核。

控增量：设置指标完成EVA，考核方式为存货整体指标考核，即按照管理贡献程度对相关管理单位进行奖励分配的"同奖同罚"方式，此种考核方式有利于增强业财凝聚力，引导各单位同心同向、担当尽责，促进全价值链合力发挥，助推存货指标完成。

其中，指标完成 EVA 奖励额 = 单位管理权重 × 50（万元）。

如表 5 所示为存货指标完成 EVA 各单位管理权重明细。

表 5　　　　　　　　　　存货指标完成 EVA 各单位管理权重明细

| 序号 | 单位 | 管理权重（%） | 备注 |
|------|------|------------|------|
| 1 | 管理单位 1 | 30.00 | |
| 2 | 管理单位 2 | 15.00 | |
| 3 | 管理单位 3 | 15.00 | 管理权重依据各单位在存货管理工作中的贡献度进行核定。一级管理单位下设二级、三级管理单位的，可由一级管理单位在本单位管理权重范围内向下分配 |
| 4 | 管理单位 4 | 10.00 | |
| 5 | 管理单位 5 | 5.00 | |
| 6 | …… | …… | |
| 合计 | | 100 | |

降存量：设置存货管理改善 EVA（包含日常清查 EVA 和存量盘活 EVA），依据管理贡献程度、清查规模、盘活力度对按要求开展日常清查工作、组织存货盘活工作并取得实效的单位予以奖励。该指标有利于推动业务部门主动发挥清查牵头作用，系统摸清存货质量状态，促进低周转物资的良性循环，预防存货减值风险。

其中，管理改善 EVA = 日常清查 EVA + 存量盘活 EVA。

日常清查 EVA = 各单位管理贡献度 × 各单位清查评价系数 × 15（万元），其中，清查评价系数 = 清查库存物资种类数量或生产订单数量 ÷ 总库存物资种类数量或生产订单数量。

$$存量盘活 EVA = 各单位管理贡献度 × \frac{一年以上库存物资种类或生产订单较年初减少数量}{} × 0.05（万元）$$

如表 6 所示为存货管理改善 EVA 各单位管理贡献度明细。

表 6　　　　　　　　　　存货管理改善 EVA 各单位管理贡献度明细

| 序号 | 单位 | 管理贡献度（%） | 备注 |
|------|------|--------------|------|
| 1 | 清查牵头单位 | 60 | 当涉及多个牵头单位时，贡献度平摊 |
| 2 | 重要参与单位 | 40 | 当涉及多个参与单位时，由牵头单位评定参与单位贡献度 |

# 四、取得成效

## （一）降本增效，提升经济质量与效益

形成降本增效长效机制，保持成本竞争优势，稳步提升公司经济运行质量和效益。2022 年实际存货资金占用为 30.75 亿元，依据公司 2021 年存货占营业收入比推算，同口径降低存货资金占用为 4.9 亿元，以年末集团内部贷款平均利率 3.1% 计算，实现效益提升 1523 万元。

## （二）齐抓共管，建立业财融合管理机制

突破部门壁垒，集合业务、财务各部门，协同合作，通过月度例会、专项会议、计划跟踪等方式确保工作有序开展、稳步推进。管理过程中财务部门充分发挥指标管理优势，深度数据挖掘，向数据要策略。业务部门充分发挥业务资源优势，精益过程管控，确保管理出效益。价值创造、齐抓共管的管理理念进一步深化，业财融合存货管理机制有效建立。

## （三）精细管控，支撑管理作用发挥

中国航发东安深化存货过程管控，借助指标测算、数据跟踪、专项分析、考核晾晒等管理手段，为管理层提供多维度的数据分析结果、可量化的考核评价信息及具有针对性的改进建议等，支撑公司管理决策作用的发挥，确保对症施策及存货管理目标差异最小化。

## （四）责权匹配，激发主体管理活力

完善多主体绩效考核体系和激励机制，科学量化考核标准，加强考核分配的紧密联动，充分激发各主体活力，推动各主体由被动管理向主动管理转变。定期开展库存晾晒，分析问题产生根源，并落实到责任单位及个人，做到权责统一，确保问题整改到位。

# 五、经验总结

## （一）应用条件及关键因素

（1）顶层设计是全价值链存货精益管理的基础。顶层方案设计是部署开展工作

的坚实基础，需要反复论证推敲、持续完善补充，从思路设计、方案编制到分工部署，都得到公司领导高度重视以及各级部门的响应与支持。

（2）业财联动是全价值链存货精益的手段。存货管理涉及企业全业务价值链条，需要业务和财务各部门积极联动、常态互动，切实推动管控效率，确保存货管理目标的实现。

（3）队伍建设是全价值链存货精益管理的保障。存货管控难度巨大，需要建立一支既懂财务管理，又懂业务实际，既会专业，又会沟通的复合人才队伍，要致力于骨干人才培养，为存货精益管理提供人才支撑。

（4）信息化建设是全价值链存货精益管理的支撑。业务和财务信息系统的应用与集成，可实现存货全要素、全业务链管理，减少人为操控和信息孤岛，有效提升存货管理效率。

### （二） 应用存在的优缺点

主要优点：价值链分析从生产经营流程视角研究企业内部价值链各个环节，与其他管理会计工具组合应用，可打破部门自身内部孤立的"点"式存货管理模式，促进管理效益与效果提升。

主要缺点：价值链及其他管理会计工具组合应用过程较为复杂，大规模普及和推广存在困难。

### （三） 应用推广相关建议

（1）遵循适用性原则。要从本单位经营管理实际需求出发，将管理会计工具与经营活动实践有机结合起来，具体问题具体分析，不能苛求一个标准化模型解决所有问题。

（2）借助信息化技术手段。价值链及其他管理会计工具组合应用过程较为复杂，管理会计模型参数及测算分析等工作体量日渐加大，借助信息化技术手段，应用效果将大幅提升。

（中国航发哈尔滨东安发动机有限公司： 张 浩 王国彦 关 鑫

潘聚冬 边祖鹏 金宏琳）

🎓 **案例评语：**

该案例详细介绍了管理会计工具组合在大型制造企业存货管理中的应用实践。案例单位以企业战略为导向，以价值创造为目标，以信息化系统建设为保障，以价值链为平台，以业财融合为手段，通过建立组织机构、优化标准流程、加强信息化建设、构建价值链管理会计工具"五维"综合应用保障体系等措施，推动管理会计工具充分融入案例单位价值链，实现不同管理会计工具在价值链条上的协同增值效应，推进存货管理体系化、规范化、精益化，从而稳步提升案例单位的经济运行质量和效益，为其可持续发展提供了有力的保障。

案例单位的实践为其他企业的存货管理工作提供了宝贵的经验和借鉴，其在业财融合、信息化建设和全价值链管理等方面的创新做法，也值得其他企业深入学习。

# 基于新能源产品转型期的
# 产品效益管理体系探索

**摘要**

近年来，中国汽车行业逐步进入新能源产品转型的关键时期，但伴随着全球大宗原材料涨价、新能源技术成本居高不下、油电同价等恶劣的生存环境，中国汽车市场的竞争日趋激烈。为提升企业品牌价值与核心竞争力，长安汽车致力于打造科学的新能源产品效益管理体系，并在实践中不断完善与优化。在实践中，坚持以产品利润率目标体系为牵引，创建并运用量价模型、五年电池价格预测等一整套科学的财务分析工具和方法，辅以自动化的交互分析系统提升标准化和高效率，长安汽车已形成了完善的新能源产品效益管理体系。同时，再配备行之有效的激励和约束管理机制，最大限度地激发新能源产品效益提升潜能，从而助推长安汽车新能源产品盈利能力和市场竞争能力的提升，支撑中国汽车经济的壮大和腾飞。

# 一、背景描述

## （一）新能源汽车行业竞争日趋激烈，产品盈利能力面临新挑战

2022年我国新能源汽车持续高速增长，同比增长93.4%，销量达到688.7万辆。新能源汽车行业竞争激烈，销量不断向头部企业集中。根据乘联会2022年新能源乘用车零售销量数据统计，品牌销量排名前5份额合计占比为57.5%，品牌销量排名前10份额合计占比为72.3%。

传统车企与新势力品牌都以新能源领域作为主要发展方向，各大自主品牌企业为了提升销量，纷纷通过降低售价和让利促销稳住各自市场份额，市场竞争格局日趋激烈。同时，消费升级趋势明显，客户的个性化、时尚化、智能化需求强烈，"低价格、高配置"已趋势化，新能源产品盈利能力面临挑战。

## （二）亟须开展新能源产品效益管理体系建设，支撑企业可持续发展

受市场环境等因素影响，长安汽车产品可持续高质量发展受到了成本与效益的双重挑战。新能源产品缺乏爆款，未形成规模上量效益，产品项目成本控制能力提升刻不容缓。相对于行业领先者，品牌溢价能力不足，技术标签打造不突出，产品研发和策划能力受到挑战。

提升长安汽车产品盈利能力和市场竞争力，亟须开展新能源产品效益管理体系建设。长安汽车在产品效益管理实践中，通过搭建"业财融合"团队、打造全球化利润率牵引目标、构建一系列科学的财务分析工具和方法等管理机制，以系统性地解决新能源转型期产品效益管理中的难点，支撑企业可持续发展。

# 二、总体设计

在新能源产品转型期间，长安汽车致力于打造完善的产品效益管理体系，坚定不移地以达成"第三次创业——创新创业"战略目标为目的，以产品为核心，以盈利为目标导向，基于主要技术路线，分别建立产品利润率目标体系，牵引新品开发项目达成企业战略目标要求。同时，基于2023年长安汽车发布的"海纳百川计划"，补充建立了全球五大区域市场的产品利润率目标体系，实现全球市场产品利润率目标体系的100%全覆盖。

同时，在项目实际管理过程中，长安汽车通过创新并运用"量价模型"，提高新能源产品策划成功率；创新电池5年价格预测，掌握核心成本变化趋势；建立新能源产品谨慎方案分析方法，提前预防业务假设发生重大偏差给项目带来的效益风险；创建"5+1"新产品定价方法，确保产品上市"量价齐升"等构建了一整套科学的产品效益财务分析工具和方法。同时，利用大数据与信息化技术，首创了"在研产品一键生成自动化交互分析系统"和"软件价值变现收入系统"，实现财务分析工具方法的标准化和高效率。

# 三、应用过程

## （一）搭建以项目为主线的业财一体化矩阵式团队

围绕以产品为核心、以项目为主线，进一步深化组织机构改革，优化整合资源，

建立了集产品策划、采购控制、产品研发、质量管理、品牌营销等各业务部门，和财务经营部各专业处为一体的矩阵式团队（见图1）。

为做好产品效益管理体系，长安汽车还统筹按品牌和主要技术路线优化了PD财务组织架构，并要求各品牌项目PD财务必须按业财一体化进行产品全生命周期、全价值链的财务经济效益分析。集团总部的财务经营部负责统筹工作，并指导股份本部和欧尚、新能源、凯程汽车及海外等分子公司、事业部的PD财务工作。同时，明确了"战略协同、充分授权、边界可控、信息共享"的管理思路，在推进中通过开展构建全球化产品利润率目标体系，建立集分权、分层管理模式，完善财务分析制度，建立信息共享机制等各项工作，实现业务能力的整体提升。

### （二）打造全球化的新能源产品利润率目标体系

（1）基于主要技术路线，建立中国市场的产品利润率目标体系：随着汽车行业逐步向新能源转型，汽车动力类型不再局限于传统的单一燃油动力，逐步衍生出HEV、PHEV、REEV、EV多种动力类型，长安汽车销售结构逐步由ICE单一技术路线向多元化的电气化技术路线转型。基于产品全生命周期价值管理，长安汽车亟须大胆创新，构建多技术路线的新产品利润率目标体系，由ICE单一路线向多元化路线（见图2）全覆盖，用来指导经营，助力长安汽车向"智能低碳出行科技公司转型"。

基于公司战略目标与产品规划，考虑国内市场价格战等竞争环境变化，长安汽车按分品牌（C品牌、S品牌、A品牌、K品牌）、分技术路线（ICE、HEV、PHEV、REEV、EV）、分细分市场（小型、紧凑型、中型）建立差异化的产品利润率目标，并考虑制定新能源转型期的效益爬坡机制，确保产品效益稳步达成战略目标要求；其中，2023～2025年上市产品设定"爬坡阶段"利润率目标，2026年及以后上市产品按"爬坡后"目标执行。

（2）基于"海纳百川计划"发布，建立海外市场的产品利润率目标体系：2023年上海国际车展，长安汽车正式对外发布了其海外战略"海纳百川计划"，宣布向全球各大主要市场进行战略迈进。基于"海纳百川计划"产品规划，按欧洲、中东及非洲、独联体、亚太和美洲五大区域，按品牌和主要技术路线，同步设立海外产品利润率目标，打造全球市场利润率目标体系，指导海外产品的业务与产品开发，达成公司海外战略目标要求。

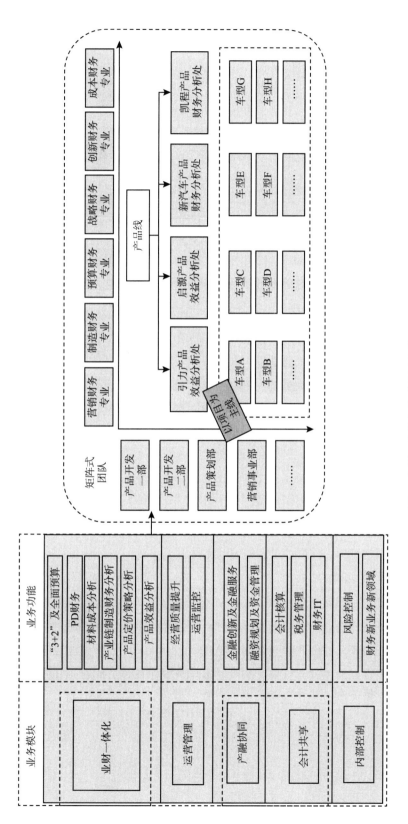

**图1 业财一体化矩阵式团队架构**

图 2　多元化技术路线

### （三）　构建一整套科学的新能源产品财务分析工具和方法，支撑利润率目标达成

**1. 创新"量价模型"运用，提高新能源产品策划成功率**

汽车产品开发周期较长，一直困扰着许多汽车企业的一个难题就是如何更准确地预计在研产品上市后的价格和销量。

长安汽车基于汽车行业大数据分析，创新"量价模型"运用，基于模型推导最优量价组合，形成新品上市定价量价模型推导方案，与策划方案、财务建议方案形成三股合力，已成功运用到长安各品牌新品上市定价。

（1）量价模型预测。

①价格预测：根据竞品可视成交价格，结合宏观环境价格指数、产品力得分溢价、品牌力溢价、配置溢价平均值等综合评估合理市场价值。

②销量预测：基于本品产品动作和竞争策略，根据行业新能源市场总量、细分市场总量以及市占率目标，使用模型预测自由需求量。

（2）市场需求曲线。

①基于历史竞品圈需求弹性系数表，对不同价格段的自弹性与偏弹性关系，运用数学模型预测不同价格点位对应的销量，并绘制出需求曲线，将预测的量价标示在对应需求曲线中，即坐标轴中的"量价模型方案"。

②分析产策方案的销量与价格交集点是否偏离需求曲线，得出当前规划量价是否合理，并推导在需求曲线上其他参考坐标：目标价格对应的销量、目标销量对应的价格，最后模拟对应坐标的年化边利总额，如图 3 所示。

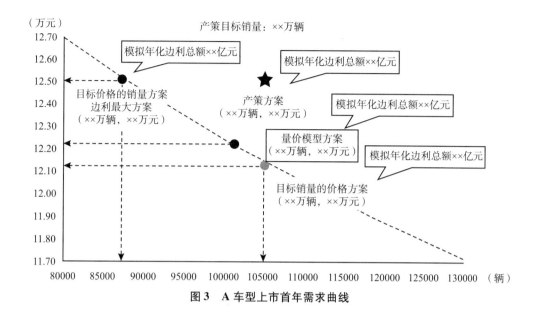

图3　A车型上市首年需求曲线

（3）最大边利规模曲线。

基于量价模型求解边利规模最大值及对应销售定价方法，设销量为 Q（辆），主销价格为 P（万元），单车边利为 V（元），边利总额为 U（元）。

①确定销量函数表达式。

根据需求曲线提供的数据样本，在对应车型竞争圈需求弹性系数区间内，分段通过 MATLAB – Curve Fitting 功能包按指数形函数进行拟合（通过回归检验），可将销量 Q 与主销价格 P 的函数进行表示：

$$Q = ce^{\int(\phi(P))/P \times dP} + d$$

$$Q = f(P) = c \times e^{(k/P)} + d$$

②确定单车边利函数表达式。

根据《长安汽车在研产品生命周期利润分析模型》计算出主销价格与单车边利的二维数组，并通过 MATLAB – Curve Fitting 功能包对数据按一次形进行拟合（通过回归检验），可将单车边利 V 与主销价格 P 的函数用一次形进行表示：

$$V = g(P) = aP + b$$

③确定边利总额表达式。

根据上述销量函数表达式与单车边利函数表达式，将两者相乘即得边利总额 U 与主销价格 P 的函数表达式，如图4所示。

$$U = VQ = g(P) \times f(P) = (aP + b) \times (c \times e^{(k/P)} + d)$$

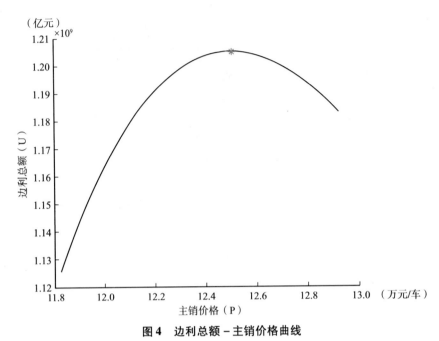

**图 4　边利总额－主销价格曲线**

（4）新品各配置销售结构占比预测。

①推导加权成交价公式。

以主销车型为参考，根据上下配置级差确认不同配置价格，并结合对应预测销售结构综合加权得出总体成交价格，如图 5 所示。

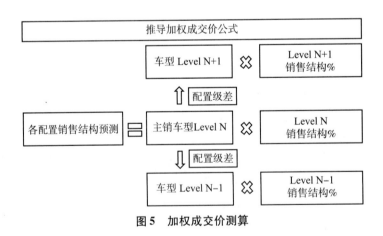

**图 5　加权成交价测算**

②上市混合比推导。

一般情况下，产品策划将调研消费者对不同配置的偏好程度，用以作为策划方案混合比依据，但通常策划方案下销售结构偏激进。因此，最终上市定价节点则会结合策划方案目标混合比与量价模型推导混合比后，作为上市方案混合比。

以 A 车型为例，在策划方案基础上，根据模型推导的各配置结构占比，引导上市定价结构制定；如低配车型 L1 策划方案结构是 5%，量价模型推导结构是 30%，结合量价模型和市场理性结构综合评估，最终 L1 结构按 25% 制定，如图 6 所示。

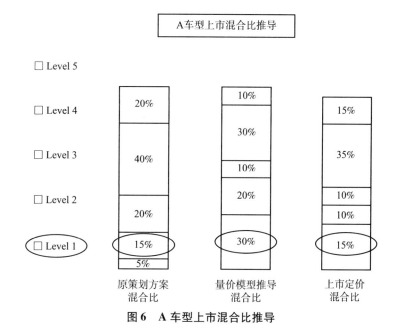

图 6　A 车型上市混合比推导

### 2. 创新电池 5 年价格预测，掌握核心成本趋势

动力电池作为新能源汽车的动力来源，是整车中最重要的系统，同时动力电池也是新能源车型中单体成本最高的零部件，占整车成本的 30%～40%，在产品开发中是绝对绕不开的一座"技术和成本"大山，也是产品效益管理中的重点与难点。在长安汽车以往的实践中，电池成本的统计和预测，只能以已实现定点定价的电池单价为参考，无法对后续生命周期的电池价格趋势作出合理预判，导致电池成本在产品生命周期的趋势预测成为产品效益分析的业务假设短板。长安汽车基于产品全生命周期价值的管理思路和在研产品效益分析实践经验，对标行业领先，基于电池原材料成本发展趋势及对电池成本的预测，创建了一套电池 5 年成本趋势预测标准，并按此纳入产品效益全生命周期效益管理。具体做法如下：

（1）建立电池 5 年成本趋势预测标准：结合电池前端材料市场价格，构建从前端材料到动力电池的成本模型（材料成本＋加工成本＋费用率＋附件成本等），预测动力电池价格变化趋势。主要通过对电池关键原材料（如碳酸锂、硫酸镍、硫酸钴等）价格走势及市场供需关系的判断，结合主流电池动力电池供应商及长安加工成本与费用率趋势预测，正向推演得出电池 5 年成本预测。

（2）设定电池 5 年成本应用原则：各产品可根据实际电池采购状态、材料体系及电池类别，选择对应预测标准纳入 PD 综合效益分析等运营场景。

**3. 建立新能源产品效益财务分析方法，首创谨慎方案分析方法**

在产品开发阶段，一般是根据产品市场方程式等业务部门各项关键假设进行产品经济效益分析。为确保提供系统全面、科学规范的财务分析，长安汽车在实践过程中建立新能源产品"五步法"标准化财务分析方法，即财务分析关键假设、效益分析方法选择、效益分析数据、效益分析结论、效益风险及建议五大步骤方法。

在以往的实践中，产品策划团队的策划方案作为产品开发的始点，项目的远景和关键目标偏乐观，缺少对目标市场的谨慎意识及核心竞品的竞争策略变化的预防。例如，量价的规划，在产品研发阶段趋于乐观，但产品上市后出现大幅"跳水"现象，利润达不到预期。在通过多次案例分析总结后，长安汽车在"五步法"基础上，在单一的策划方案分析基础上，又首创了产品效益谨慎方案分析方法。

谨慎方案分析贯穿整个汽车产品开发的过程中，以"策划方案"为基础，在进行"谨慎方案"测算时，审视不同项目各自自身的问题和优势，不同项目设置科学合理的"谨慎点"，如"规划销量的谨慎""规划售价的谨慎""促销资源的谨慎"等，从多重维度建立谨慎点。谨慎方案分析方法在各项目不同里程碑得到了充分的应用，如图 7 所示是一个谨慎方案效益分析的示例展示。

| 序号 | 指标 | 单位 | 本节点<XX> 产策 上市12个月 | 本节点<XX> 产策 生命周期 | 本节点<XX> 谨慎 上市12个月 | 本节点<XX> 谨慎 生命周期 |
|---|---|---|---|---|---|---|
| 1 | 规划销量 | 万辆 | 0.00 | 0.00 | 0.00 | 0.00 |
| 2 | 投产日预算标准价（主力车型） | 元/车 | 0 | 0 | 0 | 0 |
| 3 | 上市EATP（VS XX竞品） | % | 0.0% | 0.0% | 0.0% | 0.0% |
| 4 | 变动市场费用占比 | % | 0.0% | 0.0% | 0.0% | 0.0% |
| 5 | 投产日材料成本占比（全口径） | % | 0.0% | 0.0% | 0.0% | 0.0% |
| 6 | 边际利润 | 元/车 | 0 | 0 | 0 | 0 |
| 7 | 边际利润率 | % | 0.0% | 0.0% | 0.0% | 0.0% |
| 8 | 备件 | % | 0.0% | 0.0% | 0.0% | 0.0% |
| 9 | 单车毛利率 | % | 0.0% | 0.0% | 0.0% | 0.0% |
| 10 | 沉没成本 | 万元 | 0 | 0 | 0 | 0 |
| 11 | 单车利润率（整车基础配置） | % | 0.0% | 0.0% | 0.0% | 0.0% |
| 12 | 选装包 | % | 0.0% | 0.0% | 0.0% | 0.0% |
| **13** | **单车利润率（含选装包）** | **%** | **0.0%** | **0.0%** | **0.0%** | **0.0%** |
| 14 | 生态及软件收费等收入 | 元/车 | 0 | 0 | 0 | 0 |

图 7　谨慎方案效益分析示例

**4. 创建"5＋1"新产品定价方法**

产品开发完成后，将进入上市前定价阶段。为确保上市定价工作有效有序开展，长安汽车建立了"5＋1"新产品定价方法（见图 8）。

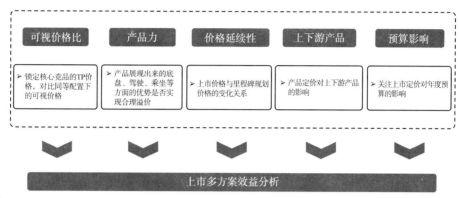

**图8 "5+1"新产品定价方法**

具体步骤和主要内容如下:

(1)可视价格比:通过满足市场需求获取产品成功,按照"TP对TP"(终端成交价)原则,根据竞品未来TP价格锁定新品上市年策划TP价格,锁定本品配置组合方案,明确核心竞争力。

(2)产品力:审视自己了解自身的实力和优势,确保产品所展现出来的各方面优势实现溢价,带来产品力的提升。

(3)价格延续性:基于已制定的项目开发计划,回顾并持续审视产品发展方向,避免价格"虚高""跳水"等引起的产品成本和周期利润失控。

(4)上下游产品:随着车型谱系日趋完善,新品上市定价需确定是否和公司的商业战略、竞争规划、资源优势、核心能力等相匹配,有利于公司全面的产品规划。

(5)预算影响:平衡与年度预算之间的组合规划,避免资源调配不科学,造成上市后与年度预算的结构性失衡。

依据"5+1"新产品定价方法,通过锁定核心竞品终端成交价,综合上下游产品价格布局,关注里程碑价格演变,结合产品力及年度预算影响等方面进行定价审视,确保市占率和利润率之间取得平衡,实现企业效益最大化。

### (四) 开发信息化系统,实现工具方法的标准化和高效率

**1. 建立业务前端的基础数据数字化,保障量价模型准确性和高效率**

量价模型以汽车行业和客户数字化为基础,通过对业务前端各项主要影响因子的大数据收集和分析,形成以宏观环境、行业竞争、产品属性、用户属性、营销策略和本品属性的"六维"主要影响因子基础数据库(见图9)。

| 因子大类 | 因子名称 | 数据来源 |
|---|---|---|
| 宏观环境 | GDP、PPI、M1、进出口总额、消费者信心指数、税收政策等 | 国家统计局 |
| 行业竞争 | 细分市场销量、价格、竞品新车、数量、使用成本、产能利用率、经销商毛利等 | 乘联会、威尔森、艾瑞等机构 |
| 产品属性 | 外观、内饰、空间、油耗、舒适、配置、动力、智能化、性价比等 | 汽车之家、易车网、研发参数等 |
| 用户属性 | 收入、年龄、学历、地区、维保记录、兴趣爱好等 | 内部客户系统 |
| 营销策略 | 广告、促销、库存等 | 艾瑞、威尔森等机构 |
| 本品属性 | 销量目标及MIX、品牌调研等 | 内部规划系统 |

图 9 业务前端的"六维"主要影响因子

基于业务前端基础数据的关键假设因子数字化：

（1）基于市场需求的数字化（销量）：基于 Facebook 开源框架 Prophet 模型进行算法建模，依据历史各细分市场车型销量数据，叠加市场需求多因子，通过收集、清洗、分析对销量因子数据进行预测。

（2）基于市场价格数字化（行业降价）：基于各细分市场目标车型的成交价格数据，建立行业、细分市场、各竞争厂商的价格指数，评估价格指数在年对年、季对季、月对月维度的价格变化趋势，掌握行业价格波动规律。

（3）基于客户需求的数字化（产品力）：融合产品力市场调研、汽车之家等大数据，结合用户需求配置感知溢价分析、用户接受度测试等要素，模拟未来客户需求，形成产品力得分数据，构建客户需求对价格影响的关系。

（4）基于行业竞争的数字化：基于品牌调研溢价趋势及产品关注度构建品牌溢价能力模型，结合 Nerlove–Arrow 广告投资模型，评估品牌溢价和广告宣传对产品量价的稳健性影响系数。

通过提取目标细分市场车型关键假设因子数据，运用多元回归（岭回归）算法，运算得出量价锚点和多量价组合需求曲线，输出新品上市量价模型方案（模型运用过程见图10）。

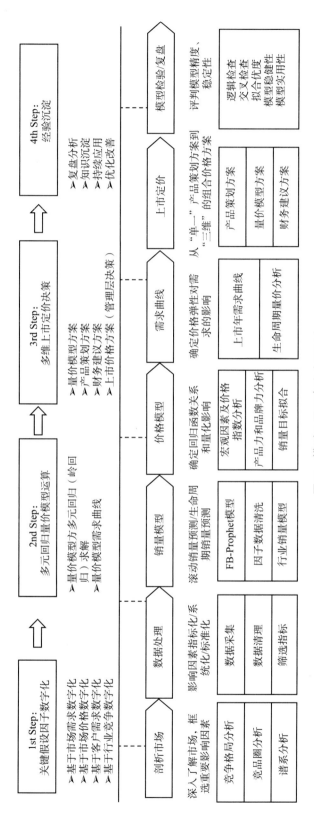

**图10 模型运用四步法（FSM）**

### 2. 首创在研产品一键生成自动化交互分析系统

在对标学习中发现，多数企业基本都是借助传统的 Excel 工具来实现分析模型的运算（见图 11），但这种模式往往存在"协同效率低、数据审核难、集团管控差"的"三大痛点"。

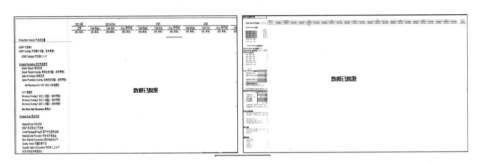

图 11　Excel 模式下的传统产品经营预测模型

长安汽车大胆创新，结合新能源汽车主要技术路线项目的业务特性，采用编程语言 VBA（visual basic for applications）作为工具，以传统手工在研产品经营预测模型套表为载体，通过编程语言对需要人工识别判断的计算逻辑与规则进行编译，形成自动化识别。最后，新增输入判断对错、防止修改公式和数据等限制性功能，在自动化基础上形成一套统一标准化的、具有数据存储和计算功能的"在研产品一键生成自动化交互分析系统"（见图 12），实现分析工具方法的标准化和高效率。

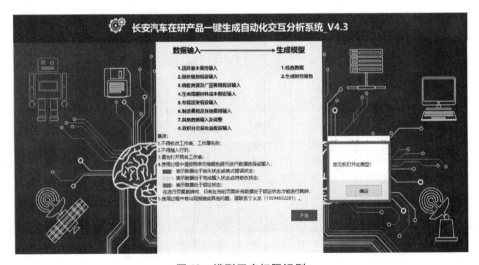

图 12　模型开启权限识别

该分析系统主要包括以下 7 个数据录入界面：

（1）项目基本信息：包括项目代码、项目动力类型、项目周期起止时间以及配置个数等参数的录入（见图13）。（2）量价规划假设信息：包括项目生命周期规划销量、项目生命周期规划售价以及项目生命周期改款节奏计划等参数的录入。（3）销售资源及广宣费用假设信息：包括商务政策、促销资源以及广宣费用等参数的录入。（4）生命周期材料成本假设：包括项目整车材料成本参数的录入。（5）专属投资假设信息：包括项目设备及工装投入与项目研发投入参数的录入。（6）制造费用及其他费用假设：通过勾选品牌类别与车型类别，实现变动费用、固定费用以及其他费用参数的录入（见图14）。（7）其他数据输入及调整信息：包括工装扣除费用、外购发动机加成费用以及关联交易加成费用等参数的录入。

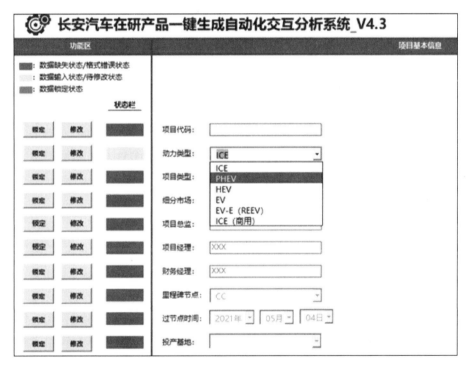

**图 13　在研产品一键生成自动化交互分析系统——项目基本信息界面**

### 3. 创新软件价值变现收入系统

当前长安汽车的软件价值变现收入统计，存在路径繁杂不统一、数据采集效率低、数据统计不及时等"痛点"。同时，通过不同路径传递的数据，因渠道及统计方法不统一，影响运营数据分析的可比性，导致效益趋势预测不准确。

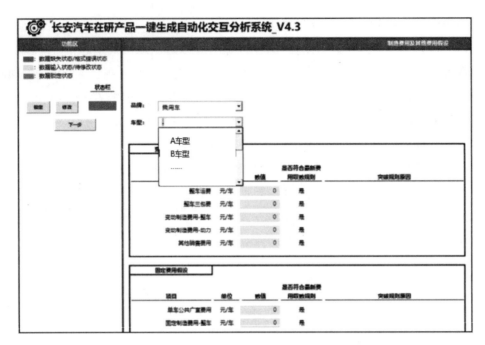

**图 14　在研产品—键生成自动化交互分析系统——成本费用假设界面**

为落实公司数字化转型要求，基于当前实际月度在产车型软件价值变现收入统计数据，结合 Tableau 分析软件，将该部分数据转化为更清晰直观的动态图表进行展示，完成了收入明细、付费率情况及同环比分析等功能，并基于公司 DDM 系统开发，使数据结构化对外分享更为清晰和便捷。

开发展示模块：根据收入结果分析维度，主要拟定 6 个主要展示页面搭建展示模块，分别为"整体运营情况""分车型明细""付费率情况""车型月度同环比分析""产品月度同环比分析""年度累计同比分析"，并在 Excel 中进行各页面模块及图表的初步搭建。在此过程中，需要考虑各页面图表的展示形式，分析结果展示维度，保证信息展示的直观，数据的完整性。

绘制 Tableau 图表：将开发完成的基础数据源，运用 Kyligence 连接器链接到 Tableau 软件，并在 Tableau 软件中完成 6 个页面中各模块的图表绘制及排版。其中，对于"整体运营情况"页，绘制收入环形图，展示总体收入及纯软类、选装类和后装类三大类型收入占比，同时，完成分月度收入情况、分车型收入情况条形图，以及平均单车收入条形图绘制，并添加期间筛选器及相应详细工具提示信息；对于"分车型明细"页，按产品维度绘制条形图和折线图，分别展示收入和销量，并添加车型名称筛选器，以查看特定车型数据；对于"付费率情况"页，包含整体付费率情况、车型维度付费率和产品维度付费率条形图，充分展示各车型产品的付费率数据；

对于"车型月度同环比分析"、"产品月度同环比分析"和"年度累计同比分析"这三个页面，基于车型和产品角度，在图表中查看月度收入的增减趋势，同时，增加明细表格展示，查看具体车型及产品的月度同环比具体数值，了解当月对收入影响较大的产品，并进一步查找分析具体原因。通过以上 6 个页面的绘制，可以从各个维度充分了解和分析软件价值变现的整体情况（见图15）。

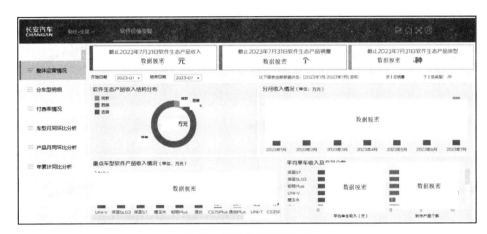

图 15　软件价值变现系统

## （五）项目激励与约束管理机制

创新新能源产品项目跟投财务管理细则，激发新能源产品盈利。长安汽车建立价值评价考核体系，在考核、督促的同时，将激励与约束进行有机结合，更加有效地提升责任人的主动性和积极性，确保产品全生命周期的价值目标的实现。

为进一步增强团队的经营效益意识，制定《长安汽车研发项目团队激励管理办法》，运用"团队跟投 + 里程碑考评激励 + 价值分享"的"前、中、后"管控激励模式，从产品全生命周期效益、项目研发进度、产品质量、销量四个维度对项目团队进行全生命周期的激励与约束。

在激励方面，对评价指标完成情况突出、成绩显著的单位、个人，给予表彰和奖励，设立价值分享奖（按计提比例分享该产品给公司创造的价值），并与职级晋升挂钩。

激励方式主要分为本金返还、跟投激励和利润分享三大类。

①本金返还：指结合项目相关目标的实现情况，确定是否返还激励对象个人出资的标准（本金）；并分别按项目 JOB1 里程碑和上市 +6 个月实际效益情况评价对应本金的返还。

②跟投激励：跟投激励的考核时间点为上市 + 12 个月，主要对利润贡献、市占

率和质量三项指标基于目标的达成情况进行考核。

③利润分享：指产品项目团队开发的产品上市后，根据产品实现的利润目标及规模可按一定的标准进行奖励。

在约束方面，对于产品项目的"项目总监、产品营销总监、项目开发经理、产品定义经理、产品经理（营销）"的职位职级发展与产品的利润规模、市占率情况进行关联。对超目标达成的人员，可实施职位职级晋升，对未达成目标的人员可实施职位职级降低调整（见图16）。

| 追责情形 | 追责周期 | 追责对象 | 追责方式 | |
|---|---|---|---|---|
| | | | 跟投激励追责 | 职业发展追责 |
| ✓ 项目相关数据弄虚作假；<br>✓ 项目开发过程中隐瞒重大风险与问题，给公司造成严重影响；<br>✓ 出现重大批量质量事故，给公司造成严重影响；<br>✓ 与生命周期效益规划出现严重偏差，给公司造成严重影响；<br>✓ 其他公司认定的需要追责的情形 | 产品生命周期内 | 项目总监及相关问题主要责任人 | 视情况对相关责任人员已取得的跟投激励金额进行追责扣回，具体扣回金额由公司根据问题情况具体分析确定 | 视情况对相关责任人员已取得的职位职级晋升进行追责、降职、降级，具体降级降职追回情况由公司根据问题情况具体分析确定 |

**图 16　职位职级发展的激励约束**

### （六）　在实施过程中遇到的主要问题和解决方法

**1. 主要问题：新能源产品溢价低、电池成本高，产品盈利难**

从收入端来看，2023 年 1 月，T 企业全球降价；2 月 8 日 B 企业发布新品 Q 冠军版，起售价下降 1.4 万元/车至 9.98 万元/车，其余车企陆续入场降价促销，新能源汽车市场开启"油电同价"价格战。受价格战影响，2023 年 3 月 10 日 S 汽车降价 2.2 万元（17.19 万元/车→14.99 万元/车），产品效益由正转亏；同时，降价带动新品策划价格下调平均单车 1 万～2 万元/车，产品效益大幅恶化。

从成本端来看，长安汽车新能源产品销量不高，未形成规模效益；同时未掌握核心零部件动力电池技术和生产，动力电池均依靠外部采购。与 B 企业相比，基于同为 55KM 续航里程下，推测长安汽车产品的动力电池成本是 B 企业同产品的近两倍，动力电池成本高企，已成为制约长安汽车新能源产品盈利能力的主要问题，如何通过"全域降本增效益"是当下急需攻克的重难点问题。

**2. 解决方法：通过目标体系牵引、运用科学分析方法，提出"21153"改善策略**

受市场价格战的影响，在短期内电池成本及产品溢价无法追平下，产品效益同步大幅滑坡恶化，亟须思考如何从全价值链降本弥补效益差距。长安汽车通过优化效益管理机制，审视迭代全球产品利润率目标体系，通过运用整套财务分析工具与方法，优化新能源产品盈利结构，提出了"21153"产品效益改善策略，落实全域降本增效益。

总体由财务经营部牵头，联合项目组、产品策划部、科技项目管理部等强相关业务单位，以下半年即将上市新品"3+1"为引（3个PHEV产品+1个REEV/EV产品），提出"21153"新能源产品效益改善策略（见图17），其中，"2"指两大抓手（一抓成本，二抓收入），"11"指11项成本要素改善措施，"5"指5项稳定收入措施，"3"指3项效益管理保障机制优化。通过推进以上成本优化策略，新能源产品效益预计可提升6%~9%，实现新能源产品效益扭亏为盈新突破。

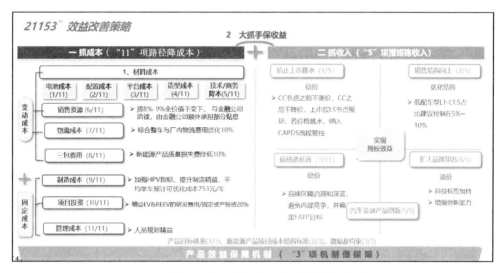

图17 "21153"新能源产品效益改善策略概览

（1）"11"项路径降成本。

变动成本方面，主要包括材料成本（细分为电池成本、配置成本、平台成本、造型成本和技术/商务降本）、销售资源、物流成本和三包费用的优化，固定成本方面，主要包括制造成本、项目投资和管理成本的优化。

①电池成本优化：分阶段降低电池成本，即短期（2023年）通过商务和技术结合，降低电池单价；中期（2024年）推进与N企业合资，通过技术白盒化实现单价降低，同时优化电量；长期布局三电产业链，自研及标准化电芯等。

②配置成本优化：审视配置冗余，减少客户感知不强的配置，设定配置成本目标，避免因产品里程碑之间出现"同时降价和增配"现象带来的效益恶化问题。

③平台成本优化：平台通过内部成本对标实现进一步优化，电驱通过与青山商

谈、规模化降本等模式达成目标价。

④造型成本优化：明确造型成本及时间节点等管理机制；同时，建立造型成本控制标准，精益造型成本降低。

⑤技术/商务降本：持续挖掘技术方案并调整商务策略，按照产品线已下发的技术及商务降本目标推进。

⑥销售资源优化：寻找第三方运营模式共担资源开支，合作共赢，短期支援，长期反哺，降低长安方资源成本。

⑦物流成本优化：通过物流模式优化（如推行入库即发运）、干线运输比例优化、物流环节优化等业务措施，综合整车与厂内物流费用优化。

⑧三包费用优化：提升新能源产品质量，优化维修效率，降低三包件成本，实现新能源产品质量损失费优化。

⑨制造成本优化：通过工艺、平台化设计、模通化等推进优化 HPU 产品工时 X 工时，降低单车制造成本；同时对于产能利用率低的工厂，精细化基地布局策略，加大厂内人员结构及成本结构优化。

⑩项目投资优化：区分产品专属投资及多项目共用投资，投资管理分类精益化，进而实现新能源产品的专属投资优化；同时，结合设计产能与规划销量达成率适配最优基地布局，提高产能利用率，降低投资成本。

⑪管理成本优化：基于未来 5 年产品规划，多款燃油产品在 2024～2025 年集中退市，相关人员可精准至新能源项目，降低新增人员需求，精益人员规划，降低人工成本。

（2）"5"项措施稳收入。

①防止上市跳水：严格执行开发阶段价格谨慎策划（CC 节点之前不涨价，CC 之后不降价，上市按 LS 节点规划）；若存在 CC 之后价格跳水，积极开始全域降本增效并纳入流程管控。

②销售结构向上：为改善产品效益，提升单车净收入，严格控制低配车型 LEV1～LEV1.5 销售占比。

③价格谱系清晰：精准定位，找准竞品，避免产品上市发现核心竞品偏移，导致上市降价；设定 Q 品牌和 S 品牌 EATP 目标，使品牌价格、配置差异化，避免出现多米诺骨牌效应。

④扩大品牌知名度：强化科技标签加持，增强创新能力、优化产品性能以提升产品核心竞争力，提升服务体验从而积累品牌声誉，逐年提升品牌溢价，逐步缩小与 B 企业差异（力争 3 年内持平）。

⑤汽车金融产品创新：对标竞品，"车身"与"电池"金融产品分开包装支持，

打造适用 A 品牌和 S 品牌的"电池分期"金融产品，为用户降首付、降月供，促成交，借此打造营销噱头。

（3）"3"项机制做保障。

优化全球化产品利润率目标体系，牵引新品项目达成战略目标要求；建立新能源产品成本结构标准，推动项目团队同步优化业务规划；强化激励与约束，对 MCA 及以上开发级别产品项目签订跟投协议，纳入 CA – PDS 流程管控。

# 四、取 得 成 效

随着新能源产品转型期的产品效益管理体系逐步完善，长安汽车新能源产品经营质量稳步提升、产品结构转变巨大，已从 2022 年前开发的 B 车型和 L 车型等低价值代步产品，成功转变为如 S 车型的行业明星产品，企业形象和品牌价值显著提升，同时从产品效益看产品毛利率也得到显著提升。

长安汽车深蓝品牌发布 14 个月即实现交付突破 10 万辆，刷新了自主新能源品牌 10 万销量新速度，2024 年 8 月销量突破 2 万辆，环比上涨 20.4%，同比上涨 36.6%，创下历史新高；其中，2023 年 5 月上市的深蓝 S7 连续 4 个月销量激增，排名当年 8 月纯电 SUV 第四名，取得了中国新能源上市最快单月交付破万"第一车"的好成绩，S 汽车也由此正式开启了深蓝品牌旗下"双子星产品矩阵"的进击之路；长安启源已累计交付 7 万辆新车，其中首发车型启源 A07 2024 年 5 月在 10 万级~20 万级新能源中大型轿车细分市场销量榜居于第二。

# 五、经 验 总 结

长安汽车建立的基于新能源产品转型期的产品效益管理体系，经过多年的实践运用和不断完善，该管理模式具有较强的可复制性和可推广性，为工业制造型企业价值提升以及未来可持续的、可预期的盈利性增长打下了坚实基础。对汽车行业其他企业具有很好的参考借鉴价值，同时在大批量、多品种、产品快速迭代的行业领域也具有推广应用前景。

该管理模式打破了传统的组织维度经营管理，创建"以产品为主线"的"业财融合"模式，并匹配全球化利润率目标体系和一套科学的财务分析工具方法等，高效支撑企业实现新产品规划的效益预测，并针对新能源产品转型期遇到的一系列问题，提出"21153 产品效益改善策略"等行之有效的解决路径，切实提升长安汽车新能源产品盈利能力，与时俱进地适应了现代企业管理模式的转型升级。

在未来的发展道路上，长安汽车将坚持准确立足新发展阶段，深入贯彻新发展理念，加快融入新发展格局，为中国式现代化贡献长安力量。坚持以产品为核心，以新能源技术、智能互联等为突破口，加快推进新能源和智能化战略落地。长安汽车将运用完善的产品效益管理体系，形成可靠的未来产品规划效益预测，支撑企业业务实际及时改善和良性运转，助推企业新能源产品盈利能力逐步提升，为汽车及制造行业提供可复制可推广的最佳实践经验，为长安汽车迈向世界一流汽车企业添砖加瓦，为国家和社会发展作出更大贡献！

# 附　　录

**1.《关于发布 PD 财务管理体系暨长安乘用品牌产品利润率目标体系》是产品效益达成公司战略目标要求的重要管理纲领，目前已修订至 V6.2 版本**

---

## 重庆长安汽车股份有限公司文件

### Chongqing Changan Automobile CO.,Ltd. Documents

长股司财 〔2018〕316号

---

#### 关于明确长安汽车乘用品牌产品利润率目标体系暨长安汽车PD财务管理体系的通知

公司相关单位：

围绕打造世界一流汽车企业的"2025愿景"，坚持以第三次"创新创业"的战略为指引，以提升效率和效益为目标，根据长股会〔2018〕127号《乘用车产品利润率目标体系会议纪要》的相关决定，现将长安乘用品牌产品利润率目标体系，暨PD财务管理体系明确如下：

一、长安乘用品牌产品利润率目标体系

---

**2.《关于发布电池五年成本趋势预测》以半年为一个审视周期，预测新能源产品未来五年的电池成本变化趋势**

---

## 重庆长安新能源汽车科技有限公司文件

长新科司 〔2022〕1067号

### 关于发布电池五年成本趋势预测2023A版的通知

公司各单位：

---

### 3. 持续完善的新能源在研产品一键生成自动化交互分析系统

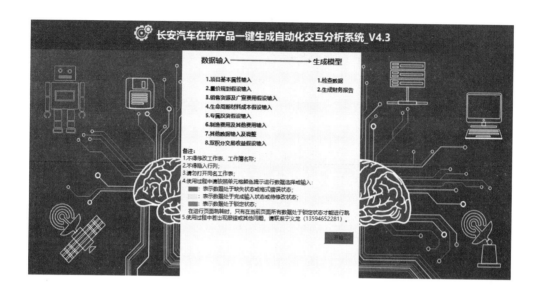

### 4. 高效的软件价值变现收入系统

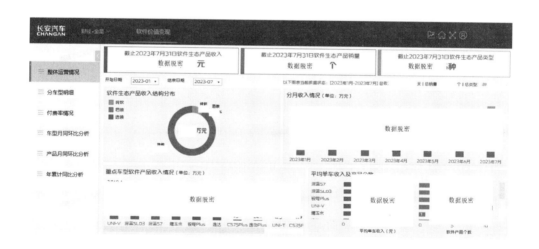

（重庆长安汽车股份有限公司：张德勇　陈剑锋　林　婵　黄芃森
王　丽　符　伟　杜宇　张　峻）

**案例评语：**

该案例深刻揭示了长安汽车在新能源产品转型浪潮中，如何通过构建高效、灵活的产品效益管理体系，实现了企业竞争力的显著提升。前瞻性的战略定位与组织架构调整：通过矩阵式组织架构变革，实现了管理领域的横向拓展与业务职能的纵向深化。全生命周期价值管理：围绕产品从研发到退市的全生命周期，通过设定合理的利润率目标体系，确保了产品在不同市场环境下的盈利能力和竞争力。系统优化与资源配置：长安汽车通过系统化的产品效益改善策略，各个业务环节进行了价值增值管理，有效优化资源配置。

长安汽车在新能源产品转型期的产品效益管理体系建设方面取得了显著成效，其成功经验对于同行业企业具有重要的参考价值。

# 基于 WBS 管理工具的企业财会
# 监督运行机制构建及实施

**摘要**

在中共中央办公厅、国务院办公厅印发《进一步加强财会监督工作的意见》的大背景下，中国航发动力股份有限公司作为由中国航空发动机集团有限公司（以下简称"中国航发"）控股的子公司之一，坚决贯彻落实文件精神，在总结归纳以往财会监督工作经验的基础上，立足管理会计思维，尝试引入管理工具对现有财会监督管理效能进行全面提升。通过 WBS 管理工具的具体运用，化繁为简，将原本管理目标复杂多元的财会监督工作分解为更容易控制、执行的步骤和环节，将财会监督执行流程从业务前端贯穿财务后端，实现前有目标牵引、中有过程控制、后有效果评价的财会监督项目全流程的监督和控制，实现 WBS 管理理论与企业财会监督管理实践有机结合，在执行—反馈—改进的管理循环中不断提高财会监督质量，最终形成强矩阵高效率的财会监督运行机制。

# 一、背景描述

## （一）单位基本情况

中国航发动力股份有限公司（以下简称"公司"）始建于 1958 年，是国家"一五"期间重点建设项目之一。公司全面聚焦航空发动机主业，以航空发动机研制生产保障为核心，共同发展燃气轮机研制生产保障、新能源和环保设备设施制造，是国内一流、国际知名的高技术装备制造企业。

## （二）管理会计应用基础

公司探索突破稽核以财务为服务主体的传统定位，从价值链角度出发，深入渗透公司各生产经营环节和业务流程，以财会监督视角分析和解决公司目前生产经营和财务管理中存在的风险事项和管理短板，与公司纪检监察、审计法务等业务职能协同，共同筑强企业内部风险防控体系的坚实防线。

### （三）选择 WBS 管理工具的主要原因

当前，随着多元化任务来源、多层次工作目标、多方位监督视角为显著特征的财会监督越来越多，在执行中往往存在财会监督工作责任杂糅，很难快速形成工作合力。通过运用 WBS 管理工具，快速分解目标、合理配置资源，形成对存在问题的快速响应、高效反馈，高质高效地达到财会监督工作目标。

---

# 二、总 体 设 计

## （一）应用目标

财会监督是一项复杂的系统任务，具有范围广、内容多的特点，如何清晰界定工作范围、合理分解任务，是顺利完成各类财会监督的重要基础。在确定财会监督的检查范围、团队建设、执行标准等方面，运用 WBS 管理工具，能够快捷高效地将财会监督工作层层分解为责任更明确、更容易管理和执行的子任务，便于更好地实施过程控制和目标监控，达到公司财会监督工作目标。

## （二）总体思路

**1. 开展现状诊断，多维度分析问题**

为诊断财会监督工作执行中存在的问题，指导下一步设计工作，从职权职能、团队组织、监督效率、监督质量四个维度，通过对以往财会监督的实施情况进行深入分析，组织集体研讨等形式，对财会监督实施过程中存在的问题进行了分析诊断，全面复盘（见图1）。

**2. 明确改进方向，运用 WBS 进行项目分解**

根据现场诊断分析的结果，通过问题明确优化方向，针对制定方案、团队建设、标准制定、管控进度、检查效率、整改评价六个维度进行财会监督项目执行任务的分解（见图2）。

**3. 以风险控制为导向，抓关键控制点**

在财会监督项目实施中必须正确理解把握业务和财务的关系，财务支撑业务、业务依托财务，以财务数据为线索，以风险管控为导向，以业务流程的关键控制点为切入点，深入财会监督项目管控的细末端，达成财会监督项目实施的管理控制效果。

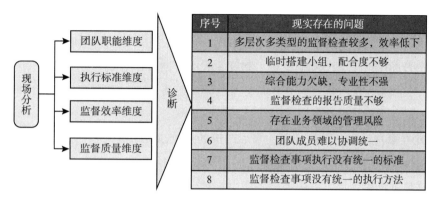

图1 问题的分析诊断

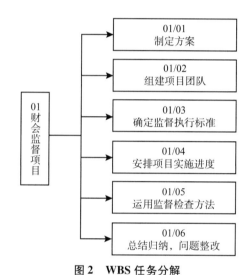

图2 WBS任务分解

注：图中01、01/01等标号为WBS分解的结构编号。

## （三）工具方法

WBS是以结果为导向，对工作任务结构化分解的一种项目管理工具。其中，工作分解是最核心的阶段，分解时必须做到可操作、全覆盖、合理、灵活。制定WBS的方法有很多种，常用的有类比法、自上而下法、自下而上法、遵循指导方针法等。可以按照项目功能、产品结构、工作类型等不同的侧重点适当地对WBS进行分解。针对公司财会监督具体项目进行WBS分解时，本案例选用了自上而下法则分解项目任务的方法。

## （四）方法创新

### 1. 依托WBS拆解财会监督目标，强化执行和控制

改进原有财会监督项目实施过程控制弱化的缺点，按照项目实施步骤分解，在每

个步骤下按照 WBS 管理原则，分析拆解上层任务，可以概括为：项目→任务→工作→活动。运筹帷幄合理安排财会监督工作，突出关键控制点，明确财会监督团队人员的职能和责任；在全面梳理政策、制度、标准的同时，紧扣财务业务与生产业务流程间的内在联系，统一监督检查执行标准；落实监督整改、巩固监督效果，最终建立强执行、重控制、快整改的财会监督运行管理方式。

**2. 建立事前计划、过程控制、事后改进的持续改进机制**

运用 WBS 任务分解，把财会监督工作执行流程从业务前端贯穿财务后端，实现了财会监督全流程管控，有效保障各类财会监督工作的完成，形成基于 PDCA 持续改进的事前计划、过程监督、事后改进的财会监督运行机制。在完成该机制的搭建后，项目团队将运行机制落实在承接的各类专项财会监督工作中，在工作实践中不断磨合和改进，在高效利用有限的财务管理资源、提升财务管理工作质量的同时，也努力促进财会监督管理成效的综合运用和广泛借鉴。图 3 为财会监督全流程管控。

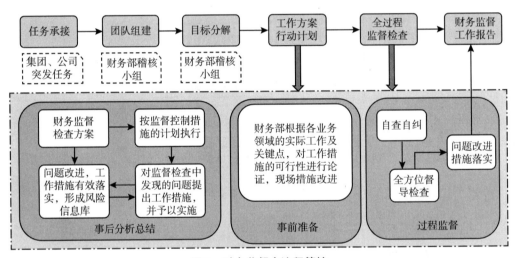

**图3　财会监督全流程管控**

# 三、应 用 过 程

## （一）部署要求

公司目前运用了 ERP 管理系统、MES 管理系统、网报系统、浪潮以及润衡核算系统等，各系统初步发挥数据信息支撑作用。公司采用垂直管理的财务管理模式，具备专职财会监督组织机构，在财务部下设稽核监督室；并设置兼职总稽核师主管财会监督业务，配备了具有不同财务领域工作经验、较高专业职称的专职人员。

### （二）应用流程

**1. 制定"基于目标分解"的监督行动方案，引导实施方向**

2021年，为贯彻国资委相关工作精神，认真落实中国航发《关于进一步严肃财经纪律有关事项的通知》和《关于进一步加强防治"小金库"长效机制建设的通知》文件精神，公司高度重视，快速有效地组织开展进一步严肃财经纪律专项监督检查工作。

运用 WBS 管理工具对财会监督目标进行逐层分解，制定行之有效的财会监督行动方案（见图4）。

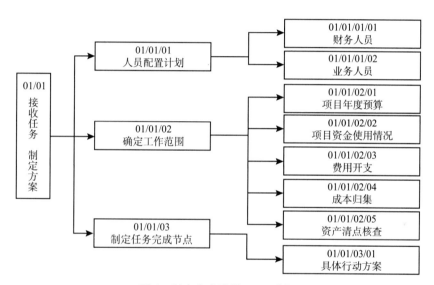

**图4　制定方案阶段 WBS 分解**

注：图中01、01/01等标号为WBS分解的结构编号。

（1）根据上级文件要求，明确财会监督实施的范围。划定全预算管理、资金管理、资产管理、会计基础管理4大财务管理领域，梳理出科研经费、货币资金与银行账户、外委外协、应收款项、存货、防治"小金库"、严格经费支出、强化财会监督等14个管控要点，从而对财会监督工作实施的广度形成初步界定。

（2）深入开展调研，提升对业务领域信息的掌握了解。项目开展前期，团队组成了6个业财融合调研组：批产成本调研组、科研成本调研组、生产计划调研组、外委加工调研组、物资供应调研组、预算调研组，对公司业务链上涉及的不同业务领域进行了深入调研。通过调研分析，从公司业务链角度出发，收集生产经营各环节的产品价值变化情况，掌握各环节资源消耗和作业有效性，评估流程之间资源配置协调性。为快速掌握计划、生产、交付等业务要点，逐步了解掌握公司相关业务领域生产经营的运转情况，团队先后与盘轴优良制造中心、燃烧室优良制造中心、钣焊优良制造中心、综合机械制造中心、第一装配中心、发动机大修中心、第一装配中心等多家生产单位进行了业务交流学习，补充团队能力短板，强化对财会监督工作个别重难点事项的职业判断能力。

（3）主动分析财会监督工作存在的问题，在充分进行业务调研的基础上，始终围绕强化方案实施可行性，持续对工作方案进行优化和迭代，直至最终形成满足财会监督管理要求、可执行性强、风险控制合理的成熟工作方案。将财会监督的工作机构与职责、工作整体进程安排、财会监督范围与要点、财会监督工作要求等内容进行系统化部署，在方案里予以"不留死角"地全面体现。其中，防治"小金库"工作已于2021年年初按照公司《关于进一步加强防治"小金库"长效机制建设的通知》持续实施并延续至今，因此，在本次工作方案编制中不再重复布置防治"小金库"的相关工作，强调需按照现有工作措施继续严格执行，持续巩固"小金库"专项治理工作的成果，避免重复工作造成各类管理资源的浪费，充分体现节约高效的监督工作原则。

**2. 组建"基于能力素养"的监督工作团队，保障执行力**

基于WBS管理框架，明确分解团队人员的能力要求，有针对性地选取能力适配的专业人员，为财会监督项目顺利实施奠定良好的团队基础（见图5）。

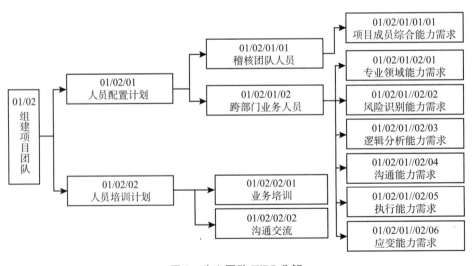

**图5　建立团队WBS分解**

注：01、01/01等标号为WBS分解的结构编号。

（1）以管理职能高度契合的财会监督人员为主。公司财务部财会监督管理团队的成立目的，就是通过承担财会监督工作，持续不断地强化财务制度与业务流程管理的合规性，实现财务风险监控。这样的管理职能定位，与实施财会监督所要求的职能不谋而合。在充分考虑人员业务经验和能力的基础上，财会监督管理团队整合各岗位优秀人员知识结构和能力，发挥各专业特长、取长补短，着重强调团队协作能力。将财会监督职能交给财会监督管理团队实施，最大限度上体现了对公司财务管理资源的优化配置。

（2）以满足专业信息支持的跨部门人员为辅。财会监督任务的执行，已经从基本的财务管理层面深入公司经营生产活动各领域，突破部门职能约束，寻求相关业务领域专业人员的支持是保证财会监督工作实施的必要条件。借助他们丰富的经验、专业的能力，能够更快更高效地梳理各业务流程之间的有效联系，定位问题症结所在，为后续财会监督运行机制建立打下基础。

财会监督团队成员运用集体力量分析解决问题，主辅人员配备到位，通过集思广益抓关键要点，就需要团队成员有不同的能力需求，团队对监督小组成员的能力进行了需求分析（见图6）。

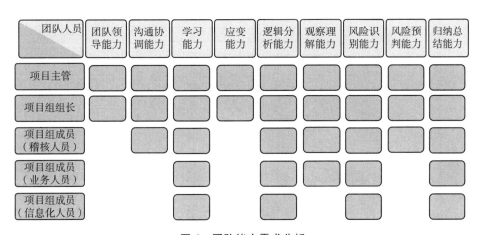

图6　团队能力需求分析

基于上述团队能力需求分析，由公司主管财务工作的领导任财会监督工作推进组组长，财务部门领导任副组长，财务部门根据管理职能相似性确定由财会监督人员作为主要成员，全面负责组织财会监督相关工作的具体实施，在财务部门内部形成分工明确、职责清晰的监督核心机构；同时，为了满足本次财会监督工作中明确提出"要将不断严肃财经纪律作为促进党风廉政建设的有效措施之一""完善企业内部控制体系，努力提升风险防控能力""制度的漏洞和管理的薄弱环节入手，查短板、补漏洞"等监督要求，将公司纪检监察部、人力资源部、审计与法务部、综合管理部纳入本次财会监督的成员单位范围中；根据财会监督目标的4大部分14个要求，将规划发展部、科研项目部、生产指挥部、质量科技部、物资保障部、资产管理与建设部纳入本次财会监督的业务牵头单位；由此形成围绕发挥财务部财会监督核心职能、聚集成员单位监督效果强化职能、带领业务牵头单位监督实施协同职能的团队，初步实现各单位管理职能互补、监督领域全面覆盖，为财会监督高效快速实施打好运营基础。

此外，为了强化财会监督团队的核心能力，根据工作需要不定期为团队人员提供关于会计核算、财务管理、财税法规、财务内控等各类培训，以增强团队人员的知识储备，满足对财会监督风险识别判断的能力需求。

**3. 统一"基于规范"的监督执行标准，提高风险识别**

财会监督工作对业财风险的识别和管控，依赖财会监督团队对监督标准的把握、理解和应用。但是在财会监督工作实际开展中，更多的是接收明确的财会监督目标和要求，而往往给出的监督标准并不明确，针对这一监督检查中的问题，团队通过下面三个层次建立统一的监督检查执行标准（见图7）。

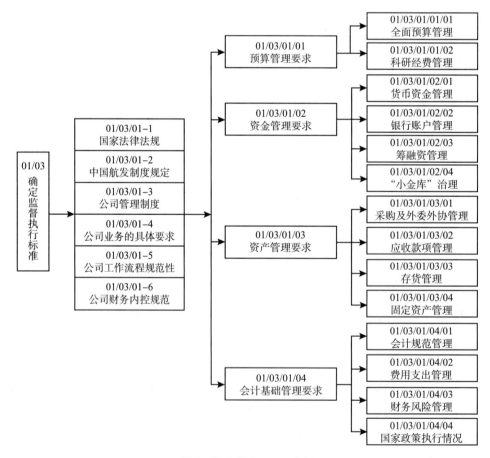

**图7 标准制定 WBS 分解**

注：图中 01、01/01 等标号为 WBS 分解的结构编号。

首先，对监督检查事项的具体要求进行分析诊断，进一步去收集、梳理、整合方方面面的信息，确定事项的目的、要求和关键点。其次，对监督检查事项相关的国家法律法规、行业规章规范，以及中国航发制度规定，进行收集了解，统一思想标准。最后，对监督检查事项相关的公司制度进行整理，全面考虑公司业务的具体要求，考虑工作流程规范性、公司财务内控实施有效性、制度规范执行符合性等方面，使之形成能够覆盖监督目标的完备监督标准框架。

在整合财会监督标准过程中，可能会存在对某些业务细节规定模糊、无法满足监督操作的情况，这时就需要财会监督人员发挥主观能动性，运用多种手段扩大信息收集范围，在国家法律法规、行业规章等中进行查找，并恰当地在监督过程予以运用。

在工作方案完成之后，为了进一步强化财会监督工作的效果，做实做细各业务领域自查自纠工作，围绕财会监督目标的 4 大部分 14 个要求，在财会监督工作推进组组长的主持下举行了一次严肃财经纪律工作措施研讨会，召集包括财会监督成员单位、业务牵头单位在内的 12 家单位主管领导及联络员参与，集思广益集中重点讨论 82 条初步拟定的工作措施的可行性，坚持以结合各单位工作实际为根本，现场进行措施改进意见征询，同时协调部门间协同配合事项，为各项工作措施的顺利实施扫清障碍。

**4. 运用"基于效率"的管理工具方法，提升监督效率**

运用恰当的管理工具，从流程化、规范化入手改进监督实施方法，实现以财会监督为基础拓展财会监督能效，既是顺应中国航发强化财会监督管控环境的外在需求，又是促进公司未来长期良性发展的内生动力（见图 8）。

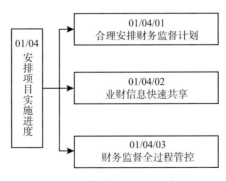

图 8　项目推进 WBS 分解

（1）基于波士顿矩阵理念，实现多财会监督合理计划。由于人员、时间等资源的限制，当面临多项财会监督工作同时开展时，就必须对财会监督项目进行合理安排，以便优化配置有限资源，保障财会监督工作按节点保质保量地完成。借鉴波士顿矩阵理念，以重要性和紧迫性评估维度，对财会监督项目分类，结合财会监督团队人力资源状况，确定年度内财会监督项目数量及分布，并在后续工作推进中指导资源的配置和运用。具体安排原则如下：①类项目优先安排，②、③类项目次优安排，④类项目最后安排；在后续人力资源补充的前提下，则优先安排②类项目实施，之后安排③类项目实施（见图9）。

**图9　财会监督项目实施优先级的矩阵分析**

（2）基于对财会监督工作的复盘，实现业财信息快速共享。面对各项财会监督任务，以往没有形成统一的执行方法，所以难免会出现"各自为战"难以形成监督合力的现象。在明确财会监督机制设计思路的基础上，按照高效快速、组织与流程匹配等原则，在现有财会监督管理体系的基础上，运用头脑风暴法，全面复盘财会监督领域范围内的审计发现问题、流程审视及自我评估披露的问题、账务差错及流程自检问题等，通过对相关内部控制环境、流程制度、组织架构等方面的再分析再评价，划定中高风险业务范围，将其纳入重点财会监督对象管理；通过不断去粗存精、提炼归纳，形成一套行之有效的快速识别业务流程薄弱环节的方法，培养实施财会监督的整体化思维，有效打通跨业务领域的信息壁垒，实现业财信息快速共享，形成适应于财会监督职能发挥的工作方式。

（3）基于财会监督流程梳理的全过程管控，实现工作环节"无缝"衔接。全流程管控就是对一个业务流程的起始到结束实施全过程管理和控制，这个过程中会涉及多个管理角色，以及可能出现财会监督职权范围的重叠。所以运用甘特图等管理工具进行业务梳理，跟踪业务流程推进，保障财会监督工作效果。

如图10所示，为2021年多项目财会监督项目进度安排。

| 序号 | 任务来源 | 实施进程 监督项目 | 2021年 | | | | | | | | | | | |
| --- | --- | --- | --- | --- | --- | --- | --- | --- | --- | --- | --- | --- | --- | --- |
| | | | 1月 | 2月 | 3月 | 4月 | 5月 | 6月 | 7月 | 8月 | 9月 | 10月 | 11月 | 12月 |
| 1 | 计划任务 | 进一步严肃财经纪律 | | | | | | | | | | | | |
| 2 | | 会计凭证项目 | | | | | | | | | | | | |
| 3 | | 一装厂成本项目 | | | | | | | | | | | | |
| 4 | | 大修厂成本项目 | | | | | | | | | | | | |
| 5 | | 二装厂成本项目 | | | | | | | | | | | | |
| 6 | | 叶片中心外委项目 | | | | | | | | | | | | |
| 7 | | 制度执行力检查项目 | | | | | | | | | | | | |
| 8 | 突发任务 | 对外计量检测项目 | | | | | | | | | | | | |
| 9 | | 会计信息质量项目 | | | | | | | | | | | | |
| 10 | | 资金业务风险排查项目 | | | | | | | | | | | | |
| 11 | | 集团财务规范性检查项目 | | | | | | | | | | | | |
| 监督工作项数（项/月） | | | 6 | 3 | 5 | 5 | 6 | 6 | 6 | 6 | 6 | 4 | 3 | 7 |

**图10 2021年多项目财会监督项目进度安排**

## 5. 建立"基于全过程业务链"的监督检查方法，提升监督质量

在财会监督体系执行方法的基础上，对以往各项检查的方法进行了回顾目标、评估结果、分析原因、总结规律，突出检查方法的全面性、操作性，重点是能识别业务流程的薄弱环节，找出关键控制点，形成了可以固化的监督检查执行步骤（见图11）。

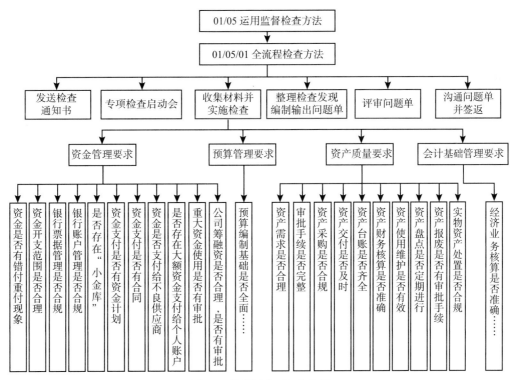

**图11 监督要点WBS分解**

基于业务流程全过程管控的检查方式，实现全面无遗漏。全流程管控可能包含多个子流程，涉及不同的管理人员和职权范围，全流程管控的实施能更大限度发现管理中的薄弱环节和执行盲点，从而发现问题。根据事先收集的资料及梳理出的潜在薄弱环节，确定问题访谈提纲，采取面对面交流等方式重点了解上下游承接关系，输出交付标准、业务处理模式等，同时听取访谈对象的意见和建议，快速了解检查项目实际运行的全部流程。在检查项目实施过程中强调要全面迅速地掌握全部业务流程，在谈话中可以大量了解制度执行现状，能发现许多制度和实际运行中的差异，实现对业务全流程的全面精准掌握（见图12）。

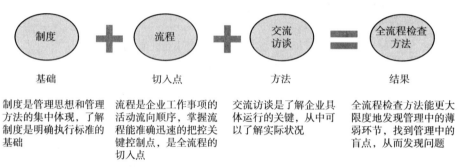

**图12　财会监督全过程管控的检查方法**

基于数据和现场相结合的抽样检查，实现风险识别。在了解全流程的实际运行后，对照公司政策、内部控制、流程制度，要对检查项目实际情况进行检查，实行数据和现场相结合的方法，针对样本总体和风险特征，有针对性地选择合适的抽样方法，对样本进行加工、分析、分类和汇总，并按照样本特征进行分类。以财务数据为线索，重点识别异常样本或问题，并进行认真分析、核实和确认数据的不真实、不准确、不完整情况，通过对比、验证、分析性复核，查找虚假业务信息等重大风险事项，保障各类业财数据信息质量。

**6. 实施"基于持续改进"的整改效果评价，夯实监督效果**

根据检查结果，提出整改建议，并出具检查报告，整个执行流程从业务前端贯穿财务后端，环环相扣，通过检查数据一致性的风险管控渗透全过程，实现监督检查任务的完成，最后再依据整改建议进行改进跟踪，达到监督检查项目的风险管控的持续改进（见图13）。

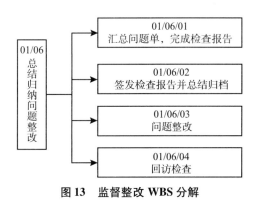

**图 13　监督整改 WBS 分解**

（1）及时纠偏，实现全过程督导多层次改进。在自查自纠阶段，为了在业务端实现业财风险的初步识别和防范，首先组织公司各业务领域进行自查自纠，业务牵头单位借助发挥各自专业特长，分别对照检查表和工作措施开展全面自查。以对目前各业务领域内的业务行为梳理分析结果为基础，重点研判可能引发财务风险的关键环节，根据管理制度、内控规范在日常工作中强化控制该业务流程，落实管理改进措施，降低财务风险发生的可能性。在督导检查阶段，根据业务管理职能特征，财会监督工作组对各业务牵头单位财会监督工作开展情况进行了两轮执行督导检查，以跟进各领域具体措施的落实和自查问题的整改。在检查环节中，除了检查业财风险事项外，更强调对财会监督工作推进的指导和帮助，从财务管理角度分析业务管理问题的存在会对财务信息的影响，统筹业务和财务两端提出管理改进建议，倡导立查立改，同时宣贯业财信息风险的一体性关系，践行"检查是手段，改进和解决是目的"的财会监督工作思想。

（2）信息反馈，完成财会监督效果展示。两轮执行督导检查后，财会监督团队会与各业务牵头单位持续保持畅通的沟通反馈机制，互相告知工作进展及需加强方面，并直至整个财会监督工作结束。随后，财会监督团队会再次全面回顾归纳工作措施的完成情况，进行财会监督效果巩固。通过本次专项工作，公司各业务领域在公司前期"小金库"专项工作长效机制作用影响下，能够严守财经纪律底线，从制度建设、规章执行、业财信息管控等方面规范自己的行为，在管理方面未发现重大财经纪律问题。但是在工作开展中发现，在科研经费管理、采购及外委外协管理、应收款项管理、存货管理等方面仍然存在个别难以快速解决的问题，这些问题需要在公司统筹协调、业务部门与财务部门协同配合下，齐心协力共同寻找推动问题解决的有效途径。持续的沟通协调，能够持续修正财会监督工作方向，着力保持财会监督工作具备良好适应性。

### （三）问题及解决

财会监督工作目标复杂、涉及面广，业务领域交织，检查难度大。特别是在开展公司成本管理财会监督工作中，遇到成本数据信息量大、信息传递链条长、核算流程步骤多、核算方法种类杂等特点，从生产计划、原材料的购入、生产投入、制造费用的分摊、在制品的管理、零部件的外委加工等都有涉及，特别容易遗漏对某些风险管控点的监督管控。

在尝试运用 WBS 管理工具对成本管理财会监督目标进行逐层分解，并制订成本管理财会监督行动方案后，一改过去财会监督工作推进缓慢、协同不畅的局面，在准确划定财务成本项目监督实施范围的基础上，快速明确了财务成本核算任务、实物资产清查任务、工装工具管理任务、外委风险检查任务 4 类监督对象，并具体确定对每一类任务的工作步骤、完成节点和里程碑进行了规划，通过甘特图等工作运用，加强执行过程管控，最终按节点高质量完成公司该财会监督项目。

# 四、取 得 成 效

## （一）高效保质完成多层次财会监督，体现责任担当

通过基于 WBS 财会监督项目运行机制有效运行，强调借助过往财会监督经验的积累和职业判断，正是有了相对稳定可靠的借鉴来源才能从根本上实现快速高效锁定管理缺陷和揭示业财风险，提出切实可行的管理提升建议及问题改进措施，坚持"实施—改进—完善—提升"的循环改进思想，助力快速高效完成任务，提升了财会监督工作效率和质量，最终圆满地完成中国航发下达的各类型财会监督工作任务。

## （二）精准细致完成多领域财会监督，体现风险管控

项目团队通过专项财会监督项目的创新，较好地完成了不同业务的监督检查项目，这些财会监督项目的完成促进公司管理体系的健全完善、规章制度的贯彻执行、工作流程的优化改进、财务核算的准确及时、业财信息的强效支撑等；借助进行监督回访强化对问题整改实施的监控，较明显地实现财会监督"夯实工作基础，强化业财支撑"的管理改进效果，实现了多业务领域的风险管控，全面促进改善整体管理水平的提升。

### （三） 持续优化完善财会监督运行机制，体现业财融合

在构建财会监督运行机制的过程中，以财会监督工作体系为基础，初步探索建立了一套有章可循、行之有效的财会监督实施方法，在财会监督核心团队人员通过调研、学习、交流、培训等多种形式，全面提升财会监督团队人员的处理业务领域问题的工作能力，运用 WBS 管理工具对原有财会监督工作方法改进，提炼、统一、固化财会监督的执行方法，逐步在工作中建立健全了体系化的财会监督运行机制。

# 五、经验总结

### （一） 培养复合型财会监督人员是基础

财会监督项目具有业务涉及范围广、业务内容综合性强等特点，根据这样的工作定位，只关注财务业务事项是远远不足以满足财会监督工作开展的需要，这就要求我们财务稽核人员不仅熟悉掌握财务领域的知识，而且应该对公司生产经营的各个方面业务知识都具备一定的学习能力，保证财会监督工作质量。

### （二） 检查财会监督整改效果落实是关键

财会监督工作的实质是对财务管理工作的查漏补缺，整改落实是关键。在财会监督工作机制中，明确了必须建立财会监督结果反馈机制。如果忽视对问题的解决和整改，有检查无整改使得财会监督工作流于表面形式，会直接导致风险管控职能发挥不彻底，财会监督效果大打折扣。

### （三） 公司各级领导的重视是重要保障

公司各级领导对财会监督的重视是财会监督工作独立性的重要保障。在项目实施过程中，公司各级领导对财会监督工作给予了充分的重视，使稽核人员在各类财会监督专项工作中，能够协调多方资源，赋予相应的职权，以保证财会监督工作有条不紊地开展，独立客观地将财会监督问题表述出来。

### （四） 相关业务部门的支持是必要条件

公司各相关业务部门的支持是财会监督工作顺利开展的必要条件。在财会监督工作中，常常需要借助相关业务部门专业领域的人员帮助，在各自专业领域发挥专长，给予必要的支持，正是由于各业务部门对财会监督的鼎力支持和帮助，才使财会监督

工作在得以顺利开展。

（中国航发动力股份有限公司：张　昀　段　强　诸葛轩　白　桦　马艳丽）

**案例评语：**

　　该案例聚焦公司财会监督运行机制，通过引用 WBS 管理会计工具，结合公司经营管理特点，将原本复杂多元的财会监督工作分解为更加容易控制、执行的具体流程、环节，最终建立"前有目标牵引、中有过程控制、后有效果评价"全管理周期监督和控制体系，并探索与纪检监察、审计法务、巡视等监督相互协同，实现 WBS 管理工具与各种监督有机结合，在"执行—反馈—改进"中提升财会监督水平和监督能力，选题视角独特。

　　中国航发运用 WBS 管理工具建立矩阵式财会监督体系的探索过程、经验总结对各企业具有较好的实践参考价值。

# 南方电网公司：基于价值创造的现代财务管理体系创新实践

**摘要**

　　南方电网公司是关系国计民生的大型电力央企，计划与财务是公司的资源配置中心和运营监控中心，有力支撑公司发展行稳致远。但其过去的财务管理模式仍以传统财务工作为重心，偏重历史、注重核算，对企业战略落地、长期价值和业务支撑关注不够，与现代企业高质量发展目标不匹配，亟须推进体系探索与创新。

　　南方电网公司以价值管理理论、价值链理论等经典理论为基础，结合财务管理领域最新发展动态，包括世界一流企业建设要求、数字化转型趋势、前沿管理理论等，创新构建基于价值创造理念的现代财务管理指导理论和"SEEE"模型，并立足南方电网公司财务管理实践，系统提炼体系构建路径，擘画了公司现代财务管理体系的蓝图。通过完善顶层设计、明确财务规划、完善制度流程、推动财务数字化转型，更好地发挥经营策划、资源配置、深化改革、运营监控、风险防控、评价考核六大管理功能，有效推动了传统财务向以价值创造为核心的现代财务转型，对其他大型央企集团具有良好的参考借鉴意义。

# 一、背景描述

## （一）南方电网公司基本介绍

　　中国南方电网有限责任公司（以下简称"南方电网公司"）是根据国务院《电力体制改革方案》，于2002年12月29日挂牌成立并开始运作，中央管理的关系国家安全和国民经济命脉的特大型国有重点骨干企业之一，属于电力行业，以输配电业务为核心，着力构建管制（输配电业务）、新兴、国际、产业金融、共享服务五大战略业务单元协同发展的新局面。

　　南方电网公司服务于南方五省区经济社会发展，确保电力安全稳定供应，与此同时，我国电力市场化改革逐步推进，电网管制业务盈利模式发生改变。受电力需求增速放缓、承担政策性降价等因素影响，公司经营呈现出"利润区"转移、举债经营明显、经营压力持续加大等态势，经营形势错综复杂，瘦身健体迫在眉睫。

### （二）管理会计应用基础

南方电网公司由总部计划与财务部（运营监控中心）归口管理全网财务领域业务，覆盖预算管理、会计核算、资产税务、价格管理、资金管理、运营监控等财务职能。管制业务单位一般设置计划与财务部和本部财务共享中心，分别负责本级财务管理业务归口管理、基础财务业务集中处理工作，非管制业务单位一般设置计划与财务部。现行财务管理模式下管制与非管制业务单位财务管理水平不平衡，集团财务共享集约度不高、战略支撑和服务业务作用不足，财务人员难以深入业务前端开展事前、事中的协同和管控，影响了财务把控全局经营以及支撑业务发展的能力，不足以支撑世界一流企业建设，亟须推进体系探索与创新。

### （三）优化财务管理模式的相关管理会计工具方法

**1. 价值创造理念**

传统财务管理向现代财务管理转型是提升企业价值创造能力的必然要求，也是适应数字经济发展的必然选择。传统的财务管理偏重历史，利用会计语言进行确认、计量、报告企业经济运行情况，对企业战略落地和多维度的价值创造关注不够。在不断变化的市场环境中，财务不仅要抓好核算的基础职能，还要有效落实决策支持、资源调配、绩效评估等管理职能，财务管理亟须向以价值创造理念为指导的现代财务管理转型，转化为战略财务、业务财务、共享财务"三位一体"的财务管理体系，强调管理会计工具理性，更加主动前瞻。

**2. 目标管理**

目标管理是以组织的总目标为中心，运用系统方法建立分层的目标体系，通过分权调动被管理者的能动性，从而有效地完成组织任务。为了实现经营目标，需运用目标管理的方法，通过自上而下的目标分解和自下而上的目标期望相结合，使经营计划的贯彻执行建立在员工的主动性、积极性的基础上，进而实现对企业的全面科学经营管理。

**3. 战略地图**

战略地图是一种以可视化方式展现单位目标规划并帮助管理人员理解战略目标与行动计划之间关系的工具。它通过明确本单位的宏观目标，将目标逐步细化为具体工作任务和指标，并形成一个清晰的、系统性的战略路线图，便于整个单位或组织能够有针对性地实现目标。

### 4. 平衡计分卡

平衡计分卡从四个维度——财务、客户、内部流程和学习成长角度全面考虑本单位的发展并制定相应的绩效指标，并整合到一个综合性的评价体系中，使单位达到持续发展的目的。平衡计分卡提供了一个综合的绩效评价框架，是将单位的战略目标落实为可操作的衡量指标和目标值的一套条理分明的绩效评价体系。

### 5. 标杆管理

标杆管理通过比较和学习其他企业或组织的最佳实践，来改进和优化本企业的管理和业务流程。标杆管理旨在识别成功的行业领导者的最佳实践，并将其应用于自身的业务过程中，通过对标杆的学习和应用，提高自身的绩效和效率达到业务的最优状态。

---

# 二、基于价值创造的现代财务管理体系构建思路

## （一）总体设计：基于价值创造的 SEEE 理论框架

如前所述，南方电网公司计划财务的战略支撑和服务业务作用不足，亟须将财务工作的重心由财务会计转向管理会计，建立自上而下、闭环贯通的现代财务管理体系，让财务管理真正成为企业发展的价值创造者。基于构建价值管理体系的方法论以及企业再造理论，构建现代财务管理体系的 SEEE 框架（S 明确经营目标、E 构建管理系统、E 赋能价值创造、E 完善评价反馈），如图 1 所示。构建现代财务管理体系的关键在于以价值创造理念为指导，明确经营目标、构建管理系统、赋能价值创造、健全评价反馈，实现计划财务闭环管理。

价值创造理念是现代财务管理体系的指导思想，对中央企业而言，价值创造包括用户价值创造、经济价值创造和社会价值创造三大维度。现代财务管理体系的关键在于，将价值创造理念融入公司经营活动的各方面全过程，以全员、全要素、全价值链价值创造为着力点，增强全员价值创造意识，合理配置资源、优化布局结构，推动劳动、资本、技术、管理、数据等各类生产要素创造价值，不断提升价值链运营效率，促进全要素循环畅通，推动公司做强做优做大，为客户及利益相关方创造价值。

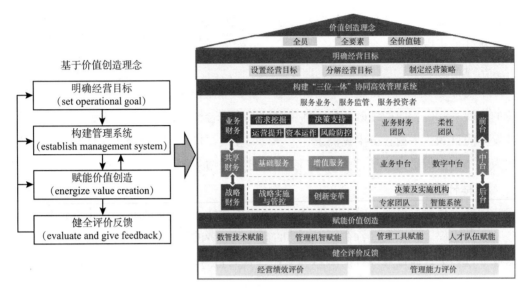

图1　基于价值创造的现代财务管理体系 SEEE 理论框架

现代财务管理体系 SEEE 理论框架共分为四个步骤：明确经营目标的核心是制定合理的经营目标，助力公司战略落实落地；构建管理系统的核心是打造财务"前中后台"模式，构建战略财务、业务财务、共享财务"三位一体"协同高效的管理系统，支撑经营目标实现；赋能价值创造的核心是围绕数智化转型、机制、工具、人才等关键要素，解决经营管理中信息处理、职能发挥、系统协作等问题，确保体系高效运行；评价反馈的核心是通过建立现代财务管理评价反馈系统，总结经验、发现问题、实施改进，持续优化提升管理能力。

## （二）明确经营目标

明确经营目标，要全面承接发展战略，设置具体的经营目标，细化分解形成主要指标及经营策略，引导推动贯彻实施。具体包括以下三个步骤：第一，从战略出发，基于战略目标、战略取向、竞争策略、战略举措等，绘制战略地图，统筹兼顾企业发展的效益、效率、可持续性等经营各维度合理制定经营目标。第二，利用平衡计分卡理论和方法描绘战略落地实施路径，以计划预算为载体承接分解战略及发展规划指标目标，统筹不同发展阶段、不同业务领域、不同管理层级能力合理分解经营目标，形成涵盖公司生产经营各业务领域的核心指标集合，实现目标的具体化、协同化。第三，围绕经营目标制定经营策略，通过分解关键指标的规模结构及驱动因素，细化明确资源配置项目明细，在投资策略、经营策略等指导下统筹开展具体业务和财务活动，推动经营目标达成。

### （三）构建管理系统

为加快实现经营目标，顺应传统财务管理的转型趋势，企业需要深入推动管理变革，改变传统上以核算为重心的财务管理体系，坚持系统观念、注重统筹平衡，有效发挥战略和管理作用，打造战略财务、业务财务、共享财务"三位一体"的新型管理系统。

**1. 业务财务**

业务财务是财务管理的"执行者"。随着现代企业的发展，企业内部各部门间的分工界限日益模糊，财务与业务活动日益呈现出融合的趋势，业务财务就体现了财务和业务的有机结合。业务财务作为敏捷前台，将财务的职能延伸、分散于前端一线业务部门，准确察觉市场的变化、理解客户的需求、发现价值创造新场景，进而通过提供相应的创新产品或服务，实现价值转化。依托业务财务的支持和运作，企业决策支持能力和持续发展能力得到加强，为管理者提供了多角度、全流程的精细化财务视角。

**2. 共享财务**

共享财务是财务管理的"装备库"。共享财务覆盖财务职能的执行层，以全球统一的流程、政策、信息系统，集中进行全球的交易处理，涵盖核算、报表、资金、税务、审计等。共享财务作为中台，为前台提供多元化、便捷、快速响应的服务，其实现的方式是将前台不同业务均需要的服务（如技术、数据、业务模式等）进行资源整合，沉淀为组件化、可复用、快速部署的通用能力，当前台有任何服务需求时便可通过共享的方式快速提供。共享服务通过将各分子机构中分散、重复的财务核算和账务处理业务予以标准化、流程化，为财务转型提供数据基础、管理基础和组织基础，成为财务转型的关键。

**3. 战略财务**

战略财务是财务管理的"指挥官"。战略财务相当于财务职能中的指导层，是财务的大脑，在财务领域有着深入的研究，参与战略的制定与推进，将业务财务和共享财务提供的信息转化为对公司经营决策有价值的经营信息分析，支持战略决策的落地。战略财务作为后台，对公司的资源筹集和配置活动进行全局性和长远性谋划，为业务整体发展提供战略控制和创新变革。

### （四）赋能价值创造

在现代财务管理体系当中，"三位一体"的管理系统是实现经营目标的主要载体，"赋能价值创造"是对"三位一体"的管理系统落实的价值创造活动赋能，赋予组织全新的管理能力，支撑现代财务管理体系高效运转。

通过数智技术赋能、管理机制赋能、管理工具赋能和人才队伍赋能推动"三位一体"管理系统协同高效运行，实现价值创造。数智技术赋能是通过运用大数据、人工智能、移动互联网、云计算、区块链等新技术，推动财务管理向数智化转型。管理机制赋能是通过组织结构运行机制设计优化，实现对体系功能的支撑，推动财务管理体系高效运转。管理工具赋能是在财务管理中倡导工具理性，以先进管理工具提升经营管理效能和效率。人才队伍赋能是健全财务经营专业人才选拔、培养、使用、管理和储备机制，打造专业人才队伍，推动现代财务管理各项工作落实落地。

### （五）健全评价反馈

现代财务管理体系本身应当是一个适应环境变化的、可以持续改进的系统，评价反馈体系就是管理者通过评价过程来了解被管理者的工作是否符合既定的标准、按照拟定的计划来执行。评价反馈体系为财务管理体系提供反馈，又是一个目标体系，为体系的改进提供方向。

评价反馈系统包括两个方面：一是构建评价体系。现代财务管理评价体系由经营绩效评价和管理能力评价两大板块构成，基于标杆管理理论，通过科学设置评价指标，分类、分级制定评价标准和评价方式，覆盖结果评价和过程评价。二是完善评价工作机制。制定管理制度、标准，定期组织评价、审核；深化评价结果应用，通过评价体系发现经营突出问题，有效反馈推动经营问题解决；优化评价体系，不断优化调整评价要点，动态更新评价体系。

---

# 三、南方电网公司现代财务管理体系应用过程

基于现代财务管理体系 SEEE 理论框架，南方电网公司计财部紧紧围绕成为具有全球竞争力的世界一流企业战略目标，坚持以价值创造作为战略管控、资源配置、优化布局、防控风险的出发点，搭建南方电网公司现代财务管理体系。

### （一）明确经营目标和经营策略

以"价值创造"为先导引擎，明确加快形成经营新局面的经营策略，并结合业务板块和层级功能定位，完善差异化经营策略。

设置经营目标。公司经营目标从战略出发，遵循可操作、可实现、可考量的原

则，统筹兼顾企业发展的效益、效率、可持续性等多维度制定经营目标。围绕公司发展战略，公司以加快形成经营新局面为经营目标。结合价值创造的核心要义，公司经营新局面具备以下五大特征（见图2）：服务大局，国之重器是经营新局面的根本遵循；适应监管，稳健经营是经营新局面的基本前提；同向发力，活力迸发是经营新局面的突出属性；持续发展，风险可控是经营新局面的内在要求；对标先进，业绩一流是经营新局面的集中体现。

**图2　公司经营新局面的特征**

分解经营目标。为推动经营目标的贯彻实施，将经营目标进行细化分解，把经营责任压实到公司生产经营活动的全方面、各领域，细化形成公司计划预算关键指标，统筹推进年度经营。统筹不同发展阶段、不同业务领域、不同管理层级能力合理分解经营目标，实现目标的具体化、协同化。目标分解以指标、任务、项目为主要载体，实现目标自上而下在各专业、各层级的细化落实，推动经营目标的达成。

制定经营策略。经营策略是企业为实现经营目标，谋求长期发展而作出的全局性、长远性的计划和方略。结合公司经营新局面的主要特征形成经营策略，指导公司年度运营，确保公司收入、利润、现金流总体稳定，确保不出现重大经营风险，加快推进公司产业布局调整，推动公司在转型发展过程中不断做强做优做大。在公司总体经营策略下，明确各业务板块经营策略。

制定财务规划。一是围绕战略目标、战略定位、战略指标、战略路径、竞争策略等核心要素，提出公司"十四五"期间计划财务管理的发展思路、发展定位、发展目标，并按公司推进管理体系和管理能力现代化的决策部署，研究提出计划财务管理体系、功能及管控策略，形成计划预算域战略地图。二是结合能源行业变革趋势、政府监管要求以及外部市场变化，测算分析公司"十四五"期间经营情况，统筹好发展目标、财务承受能力和资源配置方案，并提出公司经营策略，指导公司借助自身资源优势拓展市场、改善经营。三是对照战略举措以及高质量发展目标，聚焦公司经营以及计划财务管理变革，逐项细化分解形成关键举措，作为年度重点工作安排的基础。

如表 1 所示，为南方电网公司战略地图（计划预算域）。

**表 1　　　　　　　　　南方电网公司战略地图（计划预算域）**

| 编码 | | | | 主题名称 |
|---|---|---|---|---|
| 一级主题（战略领域） | 二级主题（细分领域） | 三级主题（重点任务） | 四级主题（关键事项） | |
| | A1 | | | 构建经营新局面 |
| | | A11 | | 做强经营策划 |
| | | | A111 | 计划预算 |
| | | | A112 | 提质增效行动 |
| | | | A113 | 现代经营管理体系建设 |
| | | A12 | | 做精资源优化配置 |
| | | | A121 | 精准有效投资 |
| | | | A122 | 提升资产效能 |
| | | | A123 | 标准成本管理 |
| | | | A124 | 现代司库管理 |
| | | | A125 | 集团化税务管理 |
| | | A13 | | 做严经营风险防控 |
| | | A14 | | 做优经营业绩考核 |
| | A2 | | | 资本运作 |
| | | A21 | | 推进企业上市 |
| | | A22 | | 丰富资本运作手段 |
| | J2 | | | 深化对标管理 |
| | | J21 | | 集团对标 |
| | | J22 | | 专业对标 |
| | | J23 | | 供电企业综合标杆 |

## （二）构建"三位一体"管理系统

应用"前中后台"理念，推动"三位一体"管理系统的优化。前台业务财务提高敏捷服务能力，帮助业务快速响应市场；中台共享财务为前台提供模块化、可复用的服务支撑；后台则是进行策略性和战略性的指导，为业务整体发展提供战略支持。

**1. 优化业务财务构建敏捷前台**

一是将财务职能延伸至业务前端，有效发挥需求挖掘、决策支持、运营提升、资本运作、风险防控等职能，为业务提供全价值链的财务支持。二是完善业务组织模式，构建常驻式前台业务财务团队及柔性项目团队落实前台职能，常驻式前台业务财务团队作为业务伙伴（business partner），负责理解业务需求、快速整合并实施方案，需要既懂财务又懂业务；项目制业务财务团队依托柔性组织发挥作用，针对重点专项任务、重大投资项目等，组建临时项目组团队，依托跨组织机构、灵活流动的柔性组织落实前台职能。

**2. 创新共享财务建立支持中台**

一是完善差异化的功能服务，立足于核算、报表、资金、税务等标准化、规范化的服务，开发"基于知识和数据"的增值服务，如数据分析、模型预测、风险评估等，形成多样化财务专业"功能库"，提升业务处理效率和质量。二是打造司库管理平台和财务共享服务中心两个业务中台，利用数智化工具提升服务支撑、资源整合配置能力。三是打造数字化中台，推动多维业财数据更多地向共享中台集中，并进一步挖掘数据价值。

整合公司财务集约管理资源，搭建符合公司特点的财务共享运营管理体系。公司总部统一了共享服务建设"1＋N"顶层规划，组建了南网共享运营公司（财务共享团队）。截至2022年末，公司二级单位共计建立财务共享中心52个，5个省级电网本部、深圳局财务共享中心共6个，服务本部机关、中心机构；各地市局财务共享中心41个，服务所属县区供电局；非管制类单位5个。各财务共享中心已集约了会计核算、资金结算、报表编制等财务基础工作，实现同质基础业务处理集约化智能化、业务流程标准化，降低经营成本，全面提升工作效率及服务质量，对基层财务人员进行了有效精简。

推进南网特色司库管理体系高效运行，完成集体新资金归集体系建设。全面承接落实国资委关于加快司库管理体系建设的工作部署，进一步健全"集团总部核心管控＋财务公司＋国际金融公司"的南网特色司库管理体系，有效保障高效协同运行。一是建成以南网财务公司为主体的新资金归集体系，统一开展涵盖现金、票据支付结算工作，进一步提升资金使用、结算效率。截至2022年末，公司全口径资金集中度90％，同比上升31个百分点。二是全面实行统一融资管理，压新增融资利率和降存量贷款利率双向发力，2022 年平均利率同比下降 0.7 个百分点，节约当年利息支出 4.7 亿元；积极协调各商业银行降低存量贷款利率达 50BP。三是以司库体系建设促进产融高效协同，通过"南网 e 链""南网融 e"供应链金融服务平台为上下游企业提供金融服务。

**3. 强化战略财务建强智慧后台**

一是依托决策层、议事机构及战略相关职能部门，强化战略管控。决策层负责承接战略，制定财务规划及中长期经营方案，统筹制定年度经营目标和资源配置方案，强化过程监督与管控，推动公司战略有效实施。二是依托内外部专家团队，采取项目化柔性运作的方式，对会计政策、税务、资金等重大问题进行集中研究，发挥对战略决策的支持作用。三是构建智能决策支持系统，在广泛的数据采集和链接的基础上，建立量化模型模拟分析商业模式和业务模式，推进经营决策由经验主导向数据和模型驱动转变，持续提升创新能力。

**4. 持续优化完善计划预算管理，有效发挥策划牵引作用**

以计划预算管理为抓手，推动战略实施、牵引经营活动、实现价值创造，一是持续完善横向协同、纵向贯通的计划预算组织体系、管理体系、制度体系，做好管理流程与战略规划、业务管理、评价考核流程的衔接，加强对企业级与专业级的指标任务、发展目标与资源配置方案的统筹管控，有效支撑战略规划落地。二是搭建中长期和年度衔接、业财信息联动、匡算与精算结合的经营测算预测模型，科学测算收入、成本、投资、负债、利润等关键指标的平衡点，持续提升目标设定的合理性、与资源的匹配性和指标间的横向协同性。三是建立健全经营目标核定、投资需求与能力匹配、投资与效益挂钩、项目储备管理、标准成本管理、资源统筹配置六项统筹平衡机制，推动计划预算管理充分融入业务。

## （三）多措并举赋能价值创造

以"四个赋能"为支撑保障，打通关键要素协同发力的路径载体。围绕数智化转型、机制、工具、人才等关键要素，解决经营管理中信息处理、职能发挥、系统协作等问题。

推动数智技术赋能。以"三算合一"为基础，重塑业务管理流程、标准，统一业财语言标准，建立业财数据串联的业务标准体系，构建开放、共享的多维价值信息反映体系，实现经营管理在信息系统的标准化落地。基于经营管理逻辑构建分析模型算法，基于云计算等技术提升数据计算速度以及分析能力，挖掘数据价值。加快典型应用场景推广，利用数智技术推动管理系统协同高效运转。

加强管理机制赋能。差异化设定战略型管控模式，公司总部坚持战略型管控，管制业务实施战略控制型管控；规范行权路径，推动管理型和治理型分类行权，完善总部权责清单；全面落实国资委"3＋1"约束激励机制，并落实到财务管理体系中形成管理机制要素。系统梳理财务管理领域制度和工作流程。依据财务管理领域现行的指导意见、通知等政策文件滚动修编管理制度，将各经营管理载体的核心要素体系化地固化到管理制度中，做好流程衔接和协同改进。补充缺失制度，新增经营风险、财务监督、营业收入、财务共享服务等管理制度，强化经营风险防控，服务公司高质量发展需要。

完善管理工具赋能。把价值链模型、杜邦分析法、对标管理等先进管理工具融入日常经营管理，形成多维度、全方位现代财务管理工具库，按重要性和紧迫性分批部署管理工具，整合形成管理工具应用平台，根据实际应用情况定期进行评估反馈。

优化人才队伍赋能。围绕建设财务管理人才队伍、构建人才能力提升框架、打造人才引导激励机制，打造"熟悉业务、精于理财、善于管理"的现代财务管理人才队伍。

### （四）构建现代财务管理评价反馈体系

以"两类评价"为激励约束，完善科学有效的财务管理评价体系。围绕管理体系规范化、标准化、机制化、数字化建设，经营实力、质量效益等外显指标以及管理能力等内涵要素，构建与公司发展战略和业务布局相适应、科学反映财务管理体系及能力现代化水平的评价体系。

在遵循导向性、系统性、适用性和重要性等基本原则的基础上，结合行业和公司的特征，克服单独使用定量或定性分析的局限性，科学设定评价标准，整体框架如表 2 所示。

表 2           现代财务管理评价体系框架

| 一级指标 | 二级指标 | 三级指标 | 评价要点 |
| --- | --- | --- | --- |
| 经营绩效评价 | 经营目标评价 | 目标达成情况 | 经营目标的达成情况，包括财务指标、非财务指标 |
| | | 对标情况 | 对标同类企业经营绩效差异，管理提升情况 |
| 管理能力评价 | 管理系统评价 | 业务层面 | 战略财务、业务财务、共享财务的运作情况 |
| | | 组织层面 | 业务、财务部门协作机制，"三位一体"运作协调性 |
| | 赋能系统评价 | 数智化平台 | 建设情况，包括业务的应用覆盖率等 |
| | | | 使用情况，包括业务平台功能共享服务调用率等 |
| | | 机构与人员配置 | 机构建设，关键职能的合理分工、授权 |
| | | | 人员配置与发展，人才结构、人才选拔、培养、储备机制、员工技能提升与保障机制 |

经营绩效评价以价值创造理念为指导，包括目标达成情况、对标情况两个方面，围绕更有质量、更有效率、更可持续差异化设置评价指标，健全对标机制，助力实现一流经营业绩。管理能力评价包括管理系统评价与赋能系统评价：管理系统评价分别对业务、组织层面进行评价反馈，推动财务管理机制、组织变革；赋能系统评价对数智化平台、机构与人员配置等赋能模块进行评价反馈，推动数智化建设和管理功能手段变革。

# 四、取 得 成 效

## （一）升级计划财务架构

南方电网公司全面承接国资委"1455"世界一流财务管理体系要求，完善现代财务管理体系顶层设计。结合南方电网公司实际，印发了工作方案，以"一个工作方案＋一组行动计划"牵引全面推动体系建设，立足资源配置中心和运营监控中心定位，发挥好经营策划、资源配置、深化改革、运营监控、风险防控、评价考核六大管理功能，基本建成战略财务、业务财务、共享财务"三位一体"协同高效的管理系统，财务管理各要素初步实现体系化运转，有效支撑财务管控力度、强度、效度全面提升。

## （二）提升价值创造能力

经营规模逐步扩大，各业务板块稳步发展。全盘谋划经营布局，动态调整经营策略，制定实施稳增长提质增效27项工作举措，2022年营业收入同比增长13.9%、利润总额同比增长19.9%、全员劳动生产率同比增长9.7%。南方五省区售电收入稳健增长；新兴业务增长势头强劲，新能源汽车充换电服务再上新台阶，大数据和互联网相关服务初具规模，数字运维、知识经济营收规模实现翻番；国际业务逐步拓展，越南永新项目营收快速增长；金融业务规模和领域不断扩大，绿色金融、供应链金融业务规模实现翻番，普惠金融取得新突破，有效服务实体经济发展；共享服务支撑体系服务能力快速提升，数字集团、供应链集团、科研院、能源院经营规模持续扩大，对集团的经营决策支撑作用日渐凸显。

## （三）提升风险防控能力

提升会计信息质量监督质量。强化"供电、工程、非管制业务"三本成本词典的规范执行，跟踪通报并全力推动成本科目及业务活动混用问题整改，强化源头治理，规范成本准入。从内部交易核算入手梳理规范购售电、工程施工等 15 类 71 项业务会计处理，发布关联交易核算规范，修订会计核算办法，贯彻权责发生制理念并向业务前端传导，推动会计信息质量稳步提升。

### （四） 推动财务数字化转型

实现业财数据融合共享，智慧支撑经营决策。南方电网公司发布了《数字电网白皮书》和《数字化转型和数字电网建设行动方案》，通过构建中台、统一数据底座、数据中心、云化等建设实现业财数据同源、融合共享，通过微服务化实现需求敏捷快速响应，为数据分析深化应用、支撑公司管理落地奠定坚实的基础。一是采集代替录入，会计核算智能替代。基于敏捷财务、开放共享的理念，开展自动化、智能化、可视化、人机协同数智化升级应用。突出前瞻性、创新性，实现数字化服务大厅、管理探针、移动审批 App 等创新应用，为数字化转型提供支撑。二是激活数据资产，保障高质量数据供给。从数据溯源和明确主数据，到明确数据标准、数据质量和数据标签，再到明确数据指标和数据建模，再提升到主数据 2.0（主数据治理优化迭代）和实现数据可视化，直至实现数据安全管理和数据资产管理，数据治理"五次升华"，所有数据可见、可懂、可用和可运行。三是建设国内领先的数智财务管理应用平台。健全完善电网管理平台、战略运行管控平台，打造全业务、多层级、一体化的数字化运行管控模式。打破业财信息界限，构建覆盖财务、营销、资产、工程、物资、调度等业务的财务经营数据集市，将业务管理范围细化到每一项资产、每一个客户、每一项业务、每一级电能质量，实现穿透业务前端的全方位运营监控，有效防控经营风险。四是智慧洞察、科学预测，支撑资源合理配置。运用大数据技术建设专业级财务经营大数据平台，覆盖经营展示、经营管控、经营预测三大功能，深入业务前端，挖掘数据价值，智慧洞察业务动因，解决未来经营目标规划与资源配置等问题，充分发挥财务价值引领、绩效规划和决策支持职能，支撑公司经营业务发展，推动财务管理转型。

# 五、经验总结

南方电网公司通过融合价值创造理论、目标管理、战略地图、平衡计分卡等管理会计理论和工具，构建现代财务管理 SEEE 理论框架并进行创新实践，围绕基于价值创造的经营管理活动，重构战略财务、业务财务、共享财务"三位一体"管理系统，系统提炼体系思路构建实践路径，并对财务管理变革趋势进行前沿探索，深入挖掘价值创造驱动因素和价值创造赋能机制，有效推动传统财务向以价值创造为核心的现代财务转型，对其他大型央企具有良好的参考借鉴意义。

（南方电网能源发展研究院有限责任公司：吴鸿亮　朱沛青　江雪菲）

**案例评语：**

南方电网结合中央企业财务工作未来发展要求和趋势，在目标管理、战略地图、平衡计分卡、标杆管理等管理会计工具基础上，结合南方电网财务管理现状与转型需求，搭建并应用现代财务管理 SEEE 理论框架，通过明确经营目标和经营策略、构建"三位一体"管理系统、多措并举赋能价值创造、构建现代财务管理评价反馈体系等一系列做法，实现计划财务架构升级、价值创造能力提升、风险防控能力提升、财务数字化转型升级。

南方电网基于价值创造的现代财务管理体系构建与实践应用经验沉淀，对于其他企业应用多种管理会计工具，搭建现代财务管理体系，建设相关信息系统，向以价值创造为核心的财务转型升级具备一定的借鉴参考意义。

# 国家电投 JYKJ 管理体系应用

**摘要**

国家电力投资集团有限公司（以下简称"国家电投"）由中国电力投资集团公司与国家核电技术有限公司于 2015 年 5 月重组成立，是一家以新能源为主要开发方向的特大型能源央企。成立以来，国家电投蓬勃发展，相比成立之初，规模效益显著增加，资产质量快速提升，盈利能力跃居四大发电集团之首，实现了再造一个国家电投的壮举。

高质量、跨越式发展离不开强有力的战略落地管理体系。2018 年，为保障"2035 一流战略"落地，国家电投在系统内推广应用 JYKJ 管理体系。JYKJ 管理体系紧密衔接"计划—预算—考核—激励"，向上承接"战略—规划—计划"战略闭环管理体系，向下衔接"双对标、双激励"的对标管理体系，打造战略落地中观平台。通过实现"计划—预算—考核—激励""四位一体"，将各子体系的组织架构、管理流程、管理工具和管理成果深度融合，探索形成了 JYKJ "五线"管理，将方案编制、执行分析、调整审批、考核激励和优化改进五线整合为 PDCA 管理闭环，实现三大体系的螺旋式优化提升。

JYKJ 管理体系的建设实施，全面提升了国家电投的战略执行力和内部治理能力。通过推动有效决策，破解了投资需求旺盛与投资能力不足之间的矛盾。对标世界一流，引导企业全面提升，实现了高质量发展。优化资源配置，"让听得见炮声的人呼唤炮火"，组织活力得到释放。建设重点任务谱系及焦点任务协同机制，解决了协同管理问题，内部治理得到极大改善。推动精准考核与有效激励，激发了组织和员工工作热情，正向引导了价值创造。

# 一、案例背景

## （一）单位基本情况

国家电投是我国四大发电集团之一，2015 年 5 月由中电投和国家核电合并成立，是中央直接管理的特大型国有重要骨干企业，拥有光伏发电、风电、核电、水电、煤电、气电、生物质发电等全部电源品种。负责牵头实施"大型先进压水堆核电站""重型燃气轮机"国家科技重大专项和"能源工业互联网"国家专项任务。截至 2023 年 5 月底，国家电投资产规模 1.66 万亿元，员工 13 万人，所属二级单位 64 家。管理电力总装机 2.36 亿千瓦，其中清洁能源占比近 68%，是新能源革命的领跑者。重组八年来，国家电投资产总额增长 104%，装机规模增长 98%，营业收入提高 90%，利润总额提高 96%，世界 500 强排名上升了 143 位。

### （二）JYKJ 管理体系应用基础

重组伊始，国家电投面临两个央企总部融合、战略转型的关键期。如何科学有效整合资源，做好万亿级资产管理，是摆在国家电投成立之初的一道难题。由于国际能源危机，国内电力系统加速转型，发电行业国内外竞争激烈，亟须加快战略提档，迅速实现管理提升。

**1. 管理提升是"2035 一流战略"的迫切需求**

2018 年 12 月，国家电投制定了"2035 一流战略"的宏伟蓝图，明确到 2035 年基本建成具有全球竞争力的世界一流清洁能源企业，定位先进能源技术开发商、清洁低碳能源供应商、能源生态系统集成商，聚焦现代清洁低碳能源企业和国有资本投资公司双转型，传统模式下的计划预算管理机制升级迭代为一套科学、灵活、高效、完善的战略落地体系已成为国家电投管理提升的迫切需求。

**2. 管理提升是行业竞争的必然结果**

新能源赛道竞争加剧并充满变数，"新能源 +"正成为重塑经济结构的关键因素。互联网企业加快推动互联网 + 能源的跨界融合，数字化技术也将极大重塑能源未来。在此形势下，战略的制定、修正、执行，需要强有力的战略落地工具支撑，JYKJ 管理体系可以有效打通战略管理和经营发展的壁垒，是应对激烈竞争的管理利器。

**3. 管理提升是高质量发展的具体要求**

对标世界一流，实现管理提升，推进国企改革，是国资央企的政治担当。因此，国企改革向纵深推进，对集团公司持续深入推进国有企业管理体系和管理能力现代化提出了更高要求。同时，国家电投作为深化国有资本投资公司改革试点单位，更需进一步优化集团总部战略型管控模式，更加强化总部核心职能，更加突出投资运营能力。

### （三） 选择 JYKJ 管理体系的主要原因

**1. JYKJ 管理体系符合国家电投行业管理特点**

JYKJ 管理体系在宏观、中观、微观层面均符合国家电投行业管理特点，具有实施可行性。宏观层面，JYKJ 管理体系拥有战略视角的管理特质，符合国资委对标一流的管理要求，匹配国家电投作为国有资本投资公司的管理特点。中观层面，JYKJ 管理体系拥有完备的战略分解工具箱，可以把复杂的战略规划按照既定原则、通过有效工具分解成小颗粒度的计划预算，承接起战略完全落地的使命。微观层面，JYKJ 管理体系管理理论成熟，与实践接驳紧密，市场导向显著，符合发电企业计划预算管理横向到边、纵向到底的大财务管理特点。

**2. 国家电投 JYKJ 体系管理会计基础牢固**

JYKJ 管理体系能在国家电投快速应用关键在于有坚实的管理会计基础做保障。从国家电投的管理会计机构建设来看，总部计划财务部行使集团总部管理会计职能，拥有计划统计、预算考核、会计监督、资产税务等多个板块和 23 项核心职能，集团管理会计体系组织健全，培养了一支优秀的管理会计队伍，建立了健全的财务内控体系，大力开展财务共享、司库建设和 ERP 建设，管理会计信息化基础牢固。

**3. JYKJ 管理体系理论基础成熟**

JYKJ 体系串联了计划管理、预算管理、绩效管理和激励理论等传统管理学模块，以计划、预算、考核、激励四大管理子体系为抓手，实现了战略、组织、资源、文化等的深度融合。

# 二、总体设计

JYKJ 管理体系总体设计包括应用目标、总体思路、管理内容和管理创新四个方面。

### （一） JYKJ 管理体系的应用目标

JYKJ 管理体系的建设目标是打造一个承接集团战略的中观平台，保障集团公司"2035 一流战略"的有效落地。具体目标为四个方面：

**1. 促进战略有效落地**

JYKJ 管理体系汇聚综合计划、全面预算、营运管理、项目管理和绩效管理的内容，形成"四位一体"管理闭环，将企业战略管理活动传导至具体厂站企业，落实到基层企业日常工作安排中。

### 2. 提升工作的系统性

JYKJ 体系通过逐级承接分解法（DOAM），保障重点任务有效分解与承接，减少盲目性和随机性，提高管理效率，做到"千斤重担人人挑，人人肩上有指标"。

### 3. 推动组织高效协作

将协作作为一种重要资源，明确组织和岗位人员在集团公司全局中的位置和关联，明晰协助事项，促进高效沟通。

### 4. 强化对标改进创新

遵循 PDCA 闭环管理，通过螺旋式上升，不断改进和完善管理体系，达到对标先进、提升管理的目的。

## （二） JYKJ 管理体系的总体思路

JYKJ 管理体系是国家电投三大体系的中坚组成部分。为推动战略落地，国家电投系统地建设了"战略—规划—计划（SPI）"体系、"计划—预算—考核—激励（JYKJ）"体系、"双对标、双激励（SDSJ）"体系三大体系，分别从宏观、中观、微观层面形成了嵌套式、环环相扣的逻辑框架。三大体系如图 1 所示。

## （三） JYKJ 管理体系的内容

JYKJ 内部"四位一体"，以年度综合计划落实战略规划，以全面预算保障年度计划实施，以业绩考核引导企业高质量发展，以激励激发组织的活力和员工的动力。

### 1. 计划

综合计划涵盖企业年度目标、重点任务、指标计划以及业务计划四个层次，概括为"一体、两翼、一支撑"，即年度目标为"一体"，承接企业规划；重点任务和指标计划为"两翼"，分解落实年度目标，并为年度目标实现提供强有力保障；以业务计划为"支撑"，通过具体工作安排和规范，支撑并推进重点任务和指标计划落地。

### 2. 预算

全面预算管理包括预算编制、审批、执行、调整和考核评价监督等管理过程。年度预算采取"上下结合、分月预测、分级编制、逐级汇总"的方式，采用固定、弹性、滚动、零基、概率等方法编制。

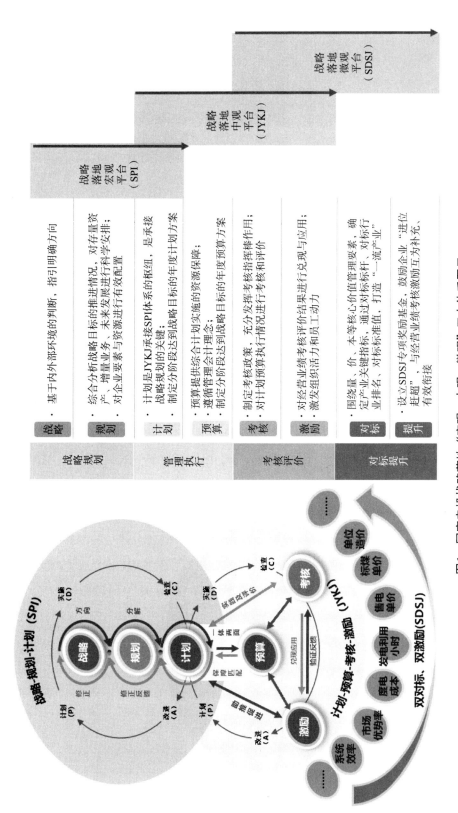

图1 国家电投战略落地"宏观—中观—微观"三大体系图示

**3. 考核**

JYKJ 考核分为任期考核和年度考核，分别以 3 年和 1 年为考核期，以签订经营业绩责任书的方式确定。考核结果作为所在企业效益工资分配的重要依据，也是所在企业负责人薪酬分配和调配任用的主要依据。

**4. 激励**

JYKJ 体系中，各级组织和员工最关注也往往发挥决定性作用的是最后一个 J（激励）。为真正做实激励，充分发挥好激励的作用，国家电投创新激励政策研究组织形式，不断丰富激励工具、完善激励手段、提升激励效果。

### （四）JYKJ 管理体系创新

国家电投 JYKJ 体系通过整合式创新，将"战略视角驱动""全面创新""协同创新""开放式创新"四大要素深耕体系建设中，将战略、组织、资源、文化等实现深度融合，实现了四个方面创新。

一是实现了战略视角驱动。国家电投以战略目标为牵引，以逐级承接分解法，强化战略管控、落实战略举措、提升战略执行力，引导集团各级组织和岗位个人聚焦战略，专注战略执行。

二是实现了全面创新。JYKJ 体系较好地实现了组织全覆盖、要素全覆盖、过程全覆盖。

三是实现了协同创新。JYKJ 体系的核心在于"四位一体"的协同性，通过价值管理和项目管理两条主线串联各管理模块，形成全方位管理平台，各专业模块既独立发挥自身的专业管理作用，又通过价值管理和项目管理的规则和流程相互协同，进一步强化了战略执行力。

四是实现了开放式创新。国家电投在学习、吸收、借鉴国内外先进的管理理念和管理方法，以及同行业优秀企业良好实践的基础上，进行了一体化整合。

---

# 三、应用过程

国家电投在应用 JYKJ 管理体系的过程中，把夯实管理基础放在第一位。建立了 JYKJ 组织机构，发布了"1＋N"的管理制度，建设会议机制、流程机制，按照实际需求不断完善数字化建设，并下大力气培训宣贯，将 JYKJ 管理理念嵌入企业文化，为管理提升扫清了障碍。

## （一） 参与部门和人员

JYKJ 管理体系的特点是打破了职能部门壁垒，形成了跨部门、矩阵式组织模式。JYKJ 工作领导小组办公室是集团公司实施计划—预算—考核—激励一体化管理工作的日常运作机构，设在计划财务管理部门。其他职能部门、业务部门等均为 JYKJ 成员。JYKJ 工作领导小组办公室负责组织编制、上报、实施 JYKJ 方案，并指导协调集团公司有关部门和所属单位开展 JYKJ 体系建设工作。

## （二） 部署要求

### 1. 资源条件

JYKJ 一体化制度采取 "1 + N" 的模式，"1" 为母制度，即《计划、预算、考核、激励（JYKJ）一体化管理规定》，"N" 为子制度，包括《综合计划管理办法》《重点任务管理办法》《全面预算管理办法》《二级单位负责人年度业绩考核办法》等制度文件。计划—预算—考核—激励四位一体制度横向衔接，全级次成员公司与集团公司制度纵向动态匹配。

### 2. 信息化条件

将数字化转型作为支撑企业战略落地的重要载体，衔接做好与会计、计划、预算、考核、对标系统（或数据）之间的接口关系，一体化建设 ERP 系统、司库系统和财务共享系统，实现高效集成，消除 "烟囱" 和 "孤岛"，打通企业管理和运营，实现互联互通、集约便捷。

## （三） 应用模式和应用流程

国家电投管理团队在管理实践中不断丰富了 JYKJ 管理体系工具箱，归纳总结并推广应用了 PDCA 循环、DOAM 分解、SMART 原则和重点任务谱系等管理工具，使其成为 JYKJ 管理体系的重要组成部分。

### 1. PDCA 循环

PDCA 分别是 plan（计划）、do（执行）、check（检查）和 act（处理）的首字母，PDCA 循环就是对计划、执行、检查和处理四个阶段进行质量管理，并且周而复始不断循环的管理过程。PDCA 是 JYKJ 管理体系的重要管理工具，在五线管理（方案编制线、执行分析线、调整审批线、考核激励线和优化改进线）各个环节都有应用。

具体来讲，P（计划）指 JYKJ 方案的编制，通过 DOAM 分解，以 SMART 原则实现公司战略 "最后一公里" 的落地；D（执行）是指计划预算的执行，重点任务、综合计划、全面预算落实落地的过程；C（检查）是指对计划、预算、重点任务执行偏差分析，主要通过预警机制，发现执行偏差，召开经营分析会议，查摆问题，找出原因；A（处理）是指针对执行偏差的问题处理。JYKJ 管理体系通过分级协调机制，及时研究工作措施，达到解决问题、改善指标或追赶进度的目的。

通过 PDCA 循环工具来强化计划预算过程管控是 JYKJ 管理体系成功的关键。国家电投 JYKJ 体系实行计划、预算重要指标滚动管理模式，从项目端开始逐级形成以月度、季度为周期的计划、预算滚动管控，以月保季，以季保年，根据实际情况合理预估核心指标完成情况；同步建立计划预算重点指标预警机制，设置"进度＋年度"执行的双维预警模式，每月参照指标进度执行偏差率，结合年度预计完成情况进行"亮灯"预警。按照风险程度标记绿灯、蓝灯、黄灯与红灯，并在每个亮灯标识下，根据细分风险等级划分Ⅰ、Ⅱ、Ⅲ级。同时，实施"专业管理部门—分管领导/大协同—党组"分级协调机制，在集团党组组织协调下，推动问题解决和管理提升。

**2. DOAM 分解**

JYKJ 体系广泛运用"逐级承接分解法"工具（DOAM），将战略重点任务进行逐级分解，层层压实到组织与个人，并设立量化考核标准，将评价结果与绩效挂钩。"DOAM"四个字母分别指代以下四项内容：行动方向（direction）、行动目标（objective）、行动计划（action）、衡量标准（measure）。

通过应用 DOAM 工具，将人、财、物全部纳入 JYKJ 管理体系。重点任务和计划预算的核心指标，采用 DOAM 分解，形成"从上而下"逐级分解、"从下而上"逐级承诺的 JYKJ 责任体系，通过签订岗位责任书，集团总部各部门、二级单位完整承接集团公司的战略目标任务；二级单位向其部门和所属单位进一步分解。最终分解至个人，签订个人考核责任书，岗位绩效与组织绩效达到高度结合，保障整体目标实现。

**3. SMART 原则**

SMART 原则是目标管理的有效工具。在 DOAM 分解过程中，末级的"衡量标准"M 要遵循 SMART 原则，即具体化（specific）、可度量（measurabale）、可实现（attainable）、相关性（relevant）和有时限（time-bound）。防止 DOAM 项衡量标准不够明确、不够清晰、不切合实际。

**4. 重点任务谱系**

为促进战略落地，国家电投创新设立了以重点任务为基础面，以登高任务、揭榜任务为激励任务，以焦点任务为管理抓手、多层次系统性的 JYKJ 重点任务谱系。

（1）重点任务谱系的构成。

重点任务是集团公司党组对重要领域和关键环节所作出的年度重点目标任务安排，是完成国家专项任务、促进战略规划落地、实现年度目标的重要手段。通过逐级承接分解，实现重点任务穿透式落地实施。

登高任务是在重点任务基础上，针对集团公司极具战略意义、需要攻坚克难的特定产业或领域，遵循"一企一策"原则，结合各单位自身定位和发展实际，通过"自下而上"和"自上而下"相结合方式统筹选取出的奖励性任务。

揭榜任务是奖励创新活动的非定向性任务。设立的主要目的是通过"广撒英雄帖"，充分调动广大干部员工干事创业的积极性、主动性和创造性，鼓励"牛人干牛事"。

焦点任务是在年度任务执行过程中，聚焦集团党组当前一个时期重点关切的薄弱环节、问题短板以及新形势新变化，运用 TOP10 管理工具，按照"轻重缓急"四象限和 SMART 原则，从重点任务、登高任务、揭榜任务以及其他党组关注事项中筛选而出集团战略焦点，通过广泛研究，整合不同重要会议成果，为集团党组、董事会和经理层出点子、出建议，发挥整体合力，协同推进焦点任务与重要会议的有序衔接。重点任务谱系如图 2 所示。

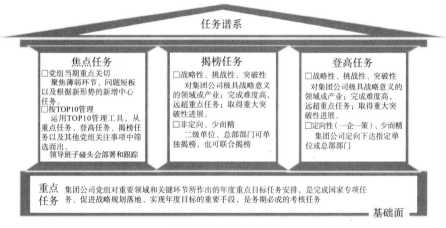

**图 2　重点任务谱系**

（2）重点任务谱系的管理执行。

重点任务谱系日常管理流程包括：任务编制、分解下达、跟踪监控、分析报告、任务调整、考核激励等闭环管理过程。

各项任务编制确定后，采取逐级承接分解法（以下简称"DOAM 工具"）进行分解，分别由总部部门向岗位、个人，由二级单位向本部部门、成员单位逐级有效分解与承接，全集团公司上至集团班子成员、下至各级组织岗位人员，形成人人有目标、人人有计划的局面。

在跟踪监控过程中，经过不断优化改进，国家电投创新实行了"星级管理""亮灯预警机制"、"分级协调机制"和"动态调整机制"等特色鲜明、行之有效的管理机制。按照任务战略性和关注度，将任务标识为一星、二星、三星、四星和五星，管理过程中优化了红黄蓝绿灯预警机制，针对日常"亮灯"任务，设立"部门—分管领导/大协同—党组"分级协调机制，极大提高了任务推进的成效。

（3）重点任务谱系管理成效。

从具体成效来看，以2023年揭榜挂帅工作进展为例，任务发布后，有53家二级单位451个团队踊跃揭榜，经评审，262个团队脱颖而出成功中榜。其中，最能体现"揭榜任务"推进工作力度的当属"获批1家原创技术策源地或现代产业链链长"任务。此项任务被国家核电和中国重燃两个团队揭榜，形成了"比学赶超"的良性竞争局面，最终两个团队均成功完成任务，经国务院国资委批准，集团公司获评2项现代产业链链长，有力推动了国资委要求的"探索新模式，强化产业链"工作，成功实现了战略牵引。

### （四）存在的主要难点和解决方法

**1. 过程管控需加强，以进一步加强计划预算精准度**

在JYKJ管理体系实施过程中，提高计划、预算的精准度始终是个难点。为此，项目组在计划预算编制、执行、分析、考核管理全周期不同阶段采取不同措施，进一步强化过程管控，促进计划预算管理水平提升。

**2. 需坚持重点任务战略性内涵和定位，严把入口关**

国家电投JYKJ管理体系中创新"三大任务谱系"管理，标定重点任务、揭榜任务、登高任务，抓重点、把关键，高度聚焦战略执行，坚持JYKJ重点任务战略性内涵和定位，严把入口关，完善任务管理体系，指导二级单位做好JYKJ重点任务体系建设。同时着力构建跟踪预警、动态调整、持续有效的闭环管理体系。

**3. 需优化完善激励体系，丰富激励工具箱**

优化完善激励体系应坚持以核心价值观为引领，以工资总额备案制为基础，梳理激励体系全图。有效区分日常工作和激励任务，一方面研究从固定薪酬、浮动薪酬、福利、中长期激励、荣誉表彰、职业发展等维度梳理激励体系全图；另一方面建立健全专项激励和即时激励机制，同时创新季度创新激励、揭榜挂帅、登高等激励措施，进一步提升基层员工干事创业的积极性。

**4. 需固化优化职责流程，强化集团层面的横向联动**

在组织保障方面，一是优化沟通机制。在计划制定和调整环节，通过战略解码会的方式统一共识，加强信息沟通，保证数据一致。二是健全规范流程。规范联动流程，明确方案研究、制定、下发、监督、考核评价过程中各事项的联动机制，形成制度。

在信息化支撑方面，不应只满足于数据的上下报送，还应以更丰富的应用场景为基础，设计或预留智能化分析功能，从而最大限度发挥 JYKJ 管理体系的价值。

# 四、取得成效

JYKJ 体系实施以来，在提高资产质量、改善内部治理、激发员工动力、优化资本结构、释放组织活力等方面成效显著，落实了决策支持和战略支撑，实现了企业高质量发展。

## （一）推动战略落地，全面提高资产质量

JYKJ 管理体系作为战略落地工具，最显著的成效就是快速提升了战略执行力。自 2018 年实施 JYKJ 管理体系以来，国家电投集团计划、预算承接规划能力迅速增长，重点任务、经营计划完成率节节攀升，资产质量实现全面提升。

从四大发电集团主要经营指标对标情况来看，2018 年末，国家电投代表盈利能力的营业收入、利润总额、净利润、营业收入利润率仅排在中游，代表资产质量的重要指标资产负债率、净资产收益率排名垫底，资产质量亟待提高。随着 JYKJ 管理体系作用凸显，国家电投盈利能力和资产质量大幅提升，推动实现了高质量发展。截至2022 年底，从四大发电集团对标情况来看，国家电投年末清洁能源装机占比、投资总额、资产总额、净资产、利润总额、净利润、营业收入利润率、资产负债率和净资产收益率均排名第一，尤其是表征资产质量的指标改善明显，一跃成为全球最大的光伏发电、新能源发电、可再生能源发电和清洁能源发电企业，世界 500 强排名攀升135 位。

## （二）激发员工动力，正向引导价值创造

JYKJ 管理体系一体化联动，通过考核、激励推动计划执行和预算实施，实现了组织业绩与个人绩效的有效贯通。通过 DOAM 工具，将绩效目标自上而下逐级分解，并自下而上逐级承诺，国家电投上至集团班子成员、下至各级组织岗位人员，人人有绩效计划。集团总部职能部门考核指标分设公共指标、承接集团和部门重点任务指标、督办指标、协同服务指标以及保障性指标，实行差异化考核、激励。与此同时，采取季度绩效面谈方式，进行绩效辅导，聚焦绩效目标，共同研究提升绩效计划执行力，推动实现个人意愿与组织需求的契合。建立多种激励工具，在工资薪酬之外，专

项激励、即时激励、股权激励、定制化激励等多种方式极大地激发了组织和员工的积极性和创造性，实现从"要我干"到"我要干"，正向引导价值创造。

### （三）推动计划落地，解决有效投资问题

在投资计划管理方面，JYKJ 管理体系突出了战略聚焦作用。通过建立投资计划"四挂钩"机制，有效破解投资需求旺盛与投资能力不足之间的矛盾。国家电投坚持效益优先，新开工项目按照经济性参与优选排序，创新建立投资计划安排与产业发展能力挂钩、与新增产能挂钩、与负债率控制力和投资回报挂钩、与关键区域发展挂钩的"四挂钩"机制。根据资产负债率约束，统筹安排所属企业投资计划，将投资项目分为"必保盘""优选盘"和"可争盘"，实行分类管控。通过机制安排，鲜明树立起"有保有压，能力约束"的原则，变"争"投资为"挣"投资，切实缓解了企业投资需求与投资能力之间的矛盾。

### （四）释放组织活力，提升绩效管理水平

一是通过考核规则引导企业"说真话"、减少博弈。实行 JYKJ 管理体系以后，国家电投通过优化考核挂档机制，将企业分级、目标分为"挑战目标""稳增长目标""效益目标下滑"三档，三个档位对应不同的考核政策和薪酬分配系数，对目标制定积极的单位进行考核奖励和薪酬激励。新的考核规则实施后，接受一档"挑战目标"的企业数量比例高达90%，激发了组织活力，各级单位盈利能力很快得到提升。

二是在考核的"分类考核、精准考核"上下功夫。国家电投实施了"经纬双轴、横纵双维"的综合绩效评价体系。据企业类型及生命周期进行分类，以企业类型为"纬度"线，以企业发展周期为"经度"线，差异化设置考核指标及考核权重。同时，鼓励企业科技投入及科技成果产出，在经营效益计算、考核系数设置、科技奖励加分等方面予以正向引导。

---

## 五、经 验 总 结

国家电投的 JYKJ 管理体系具有开放性、成长性，是可推广、可复制的，不同类型、不同规模的企业都可以在现有管理基础上建设实施，作为战略落地工具深度应用。

## （一） 成功应用的关键因素

国家电投 JYKJ 体系成功应用的关键因素，在于四个方面：

一是坚持战略引领。做好 JYKJ 管理体系与"战略—规划—计划（SPI）"管理体系的衔接。实现战略规划目标通过 JYKJ 管理体系逐级承接分解，强化战略管控、落实战略举措、提升战略执行力。

二是坚持四位一体。以年度计划落实战略规划，以经营预算保障年度计划实施，通过考核正向牵引价值创造，以激励政策促进释放组织的活力和员工的动力。

三是坚持全面覆盖。体系建设覆盖集团公司总部、二级单位及其所属企业，辐射各层级岗位人员。由集团公司总部顶层设计，并向二级单位及其所属单位宣传、推广和运用。

四是坚持持续优化。JYKJ 一体化运作遵循 PDCA 闭环管理，通过管理的螺旋式上升，管理体系不断改进和完善。

## （二） 应用中的优缺点

JYKJ 管理体系的优点非常明显。在人员方面：实现了全员参与，计划预算能够分解到每位员工，同时将薪酬与考核结果挂钩，做到"千斤重担万人挑、人人头上有指标"，激发全员主动性、创造性。在资源方面：JYKJ 体系能够统筹集团公司资源分配，提升资源配置效率，近年来国家电投将有限的投资能力向新能源项目倾斜，新能源发展实现跨越式发展。从便捷性来看，建立了 JYKJ 管理信息系统，数据可穿透每一个基层单位和每一个场站，信息化程度提高促进了 JYKJ 体系的过程管理，为 JYKJ 落地见效提供了数据化支撑。从可行性来看，JYKJ 体系理论基础成熟、管理方式具有通用性，在具体管理实践中推广到全级次企业，促进了战略有效落地。

从应用难度来看，首先组织建设、运行机制等需要有机统一。JYKJ 管理体系不同于传统管理模式，作为一项战略执行工具，需要在组织建设、制度建设、宣贯培训以及运行机制上不断下功夫，不断提高适配度，才有可能实现计划、预算、考核、激励机制的有机统一。其次在人员管理上需要加强战略认同和管理认同。只有人员理解了 JYKJ 管理体系、主动响应、积极执行，才能充分调动其他的管理资源，提高战略执行的效率、效果。

## （三） 对推广应用 JYKJ 管理体系的建议

首先做好 JYKJ 管理体系的组织保障、制度保障、数字化建设、宣传培训等基础工作。基础工作扎实与否，是决定 JYKJ 管理体系运转效率和效果的重要因素。其次是建立健全预警机制和分级协调机制，层层落实 JYKJ 目标和执行控制责任，形成全方位的 JYKJ 执行责任体系，强化过程控制，不断提高计划预算精准度和管理穿透力。再次是 JYKJ 管理评价机制常态化，抓住 JYKJ 管理关键点，树立管理标杆，梳理管理提升行动项，不断提升 JYKJ 管理效能。最后是因地制宜、持续创新，将 JYKJ 植入战略管理体系中，对标一流，提质增效，不断提升 JYKJ 管理体系战略执行力和决策有用性。

（国家电力投资集团有限公司：陈　西　柴艳丽　房　梁　汪雅萍　周　欣　张　伟　张　言　李　云　苍国超　廉　颃　刘国新）

🎓 **案例评语：**

国家电投根据自身行业及企业特点，以战略目标为导向，创新探索构建特色 JYKJ 管理体系（计划"J"、预算"Y"、考核"K"、激励"J"一体化管理体系），通过灵活运用 PDCA 循环、DOAM 目标分解、SMART 原则等多项管理会计工具，以价值管理和项目管理为主线，将战略、组织、资源、文化等实现深度融合，探索出一条从"战略"到"日常工作"的落地路径，在提高资产质量、改善内部治理、激发员工动力、优化资本结构、释放组织活力等方面成效显著，实现企业高质量发展。

国家电投建设并实施 JYKJ 管理体系的经验总结，对于同行业企业对标世界一流提升管理能力，落实决策支持和战略支撑具有较强的参考价值。

# 中央企业跨境并购后财务整合策略及实施路径探究

## ——以西班牙公司收购财务整合实践为例

**摘要**

近年来，在国家"一带一路"倡议及其配套政策得到不断落实与推进的大背景下，我国对外承包工程企业"走出去"迎来新机遇，通过海外并购，在技术创新、业务发展等方面快速形成互补优势，快速抢占目标企业所在国家及区域市场份额。在此过程中，财务整合的有效性对于并购是否成功起到关键性的作用。财务整合是对并购企业财务管理体系的修复和调整，从而使被并购企业顺利融入并购企业财务管控体系，确保双方充分融合、协同发展，最大限度发挥战略和业务协同效应。

本案例通过中国电力工程顾问集团有限公司（以下简称"中电工程"）对西班牙易安&盖飒设计咨询公司（以下简称"目标公司"）运用多种管理会计工具进行并购后财务整合策略研究和对路径实施进行探索。在研判了并购双方现有财务管控体系的内外部环境、管理会计工具应用于央企并购后财务整合管理的实施难点的基础上，运用了战略管理、绩效管理、风险管理、管理会计报告等管理会计工具设计并购后财务整合总体战略并结合应用程序加以实施，形成了央企跨境并购财务管控体系建设的一系列配套解决方案。最后，总结了实施效果，并对有效的跨境并购后财务整合助力央企进一步落实"走出去"的全球化战略提出了展望。

## 一、跨境并购财务整合的实施背景

### （一）单位基本情况

中电工程是中国能建直属的特大型核心子企业，是全球最大的能源电力类勘察设计企业，中电工程于2020年战略性收购了具有技术、产业、业绩、管理与业务流程优势的目标公司 100% 股权，旨在帮助中电工程加快打造国际化品牌、提升国际化运营能力。

目标公司（易安）成立于 1971 年，业务领域涉及电力、信息、可再生能源等，在 2019 年度 ENR 国际 225 强工程设计企业中，排名 116 位；目标公司（盖飒）成立于 1963 年，在电力设施、喷泉和基础设施建设方面有超过 55 年的丰富经验，拥有规范的现代化企业治理体系。

### （二） 管理会计应用基础

中电工程通过对目标公司财务管理现状和管理会计应用基础情况进行摸排分析，同时结合中电工程的财务管理要求进行整合难点分析，定位并购整合期财务管理的关键点，筛选关键整合要素。

### （三） 选择相关管理会计工具方法的主要原因

目标公司财务管理体系健全，流程标准化程度高，财务数字化程度高，业财融合程度深，以项目利润和项目全周期全成本核算为核心的全面预算管理体系健全；但从央企集团化财务管控体系建设的目标和要求来看，目标公司的财务管理属地化特征明显，在会计信息管理、产权管理和风险管理等领域"孤岛"化特征突出。财务整合中运用管理会计工具将有效解决双方财务管控体系偏差大、业财标准化数据难集成、境外属地化企业财务管理经验少等难点问题。

## 二、跨境并购财务整合的总体设计

### （一） 应用相关管理会计工具方法的目标

中电工程应用战略管理工具方法，通过层次分析法对财务整合的目标、成果及投入进行了分析，得出垂直逻辑，如表 1 所示。

表 1　　　　　　　　　　　财务整合的垂直逻辑分析

| 目标层次 | 财务整合战略内涵 |
|---|---|
| 宏观目标 | 1. 实现中电工程"十四五"财务发展专项战略目标，充分发挥财务支撑战略、支持决策、服务业务、创造价值、防控风险的功能作用；<br>2. 以数字技术与财务管理深度融合、贯通共享为抓手，加快构建资源集成、业财融合、价值创造、数据共享、安全可控的跨境财务管控体系，成为中电工程构建世界一流财务管控体系的重要一支 |

| 目标层次 | 财务整合战略内涵 |
|---|---|
| 具体目标 | 1. 实现"一个中心"（以中电工程企业价值最大化为中心）；<br>2. 三个到位（对目标企业经营活动的财务管理到位、对其投资活动的财务管理到位、对其融资活动的财务管理到位）；<br>3. 七项整合（财务管理目标导向的整合、财务管理制度体系的整合、会计核算体系的整合、现金流转内部控制的整合、存量资产的整合、业绩评估考核体系的整合、被并购企业权责明晰的整合） |
| 产出结果 | 1. 短期内构建跨境财务报告一体化体系，通过对财务信息和管理流程的摸底，迅速掌握目标企业财务状况，管控重大风险；<br>2. 建立多元文化的工作环境和有效的沟通机制；<br>3. 规范财务信息报送机制，建立授权管理、成本管理、资金融资工作机制；提高公司运营情况可视度，理顺财务内部控制方向，完成内控风险评价；<br>4. 依托中国能建的财务数字化智能化转型，将目标企业纳入中国能建业财一体化系统建设体系中，实现目标企业业财数据接入优化，实现统一平台，支持多语言、多币种、多准则 |

通过对目标层次的分解，确定了整合阶段的财务战略导向和根本任务是：以中电工程"十四五"发展战略为引领，按照对目标企业"战略管控型＋财务管控型"的总体管控策略，充分发挥财务支撑战略、支持决策、服务业务、创造价值、防控风险的功能作用，以数字技术与财务管理深度融合、贯通共享为抓手，加快构建资源集成、业财融合、价值创造、数据共享、安全可控的跨境财务管控体系。

### （二） 应用相关管理会计工具方法的总体思路

围绕以上并购后财务整合目标，基于并购双方管理会计工具应用基础，中电工程针对性地提出融合运用战略管理、预算管理、绩效管理、风险管理和企业管理会计报告等管理会计工具开展跨境并购后财务整合的具体实施，总体思路如下：

（1）通过融合促整合。短期内以融合代替控制，通过财务信息和财务管理现状的摸底，运用绩效管理工具最大限度地保留目标公司全面预算体系的同时植入中方股东绩效激励机制，实现中西管理接轨。

（2）通过协同促管控。管理接轨后，逐步强化战略和财务管控，运用管理会计报告工具统一业务单元分析报告模板和重点管控领域，加强双方业务协同和资源配置；运用风险管理工具识别、管理重大境外财务金融风险，以境外资金监管为中心，满足上级监管要求。

### （三） 相关管理会计工具方法的内容

#### 1. 战略管理

根据《管理会计应用指引》第 100 号，中电工程根据国资委对于境外国有资产管控的相关原则性意见与中国能建对境外法人单位的管理规定，结合西班牙当地法律法规要求与良好治理实践，通过战略地图和价值链分析法，确立对目标公司的战略管理原则。

**2. 预算管理**

根据《管理会计应用指引》第 200 号，遵循战略导向、过程控制、融合及平衡管理原则，推动以中电工程并购战略目标导向、股东价值最大化的高目标导向为标尺，优化西班牙公司预算绩效指标体系，促融合统一、促发展。

**3. 绩效管理**

根据《管理会计应用指引》第 600 号，建立业务板块经营指标与营运资本管控目标并重的业绩考核机制；将企业年度经营业绩考核评价结果与公司主要负责人及关键岗位人员的绩效奖金挂钩，与 5 年商业计划激励计划配套，最大限度调动管理层及员工完成企业主要经营指标的积极性与主动性。

**4. 企业管理会计报告**

根据《管理会计应用指引》第 801 号，紧密围绕生产经营，按月编制全面预算管理报告、经营分析报告、盈利分析报告、资金管理报告，用于满足战略层和经营层的管理需要。

**5. 风险管理**

根据《管理会计应用指引》第 700 号，应用风险矩阵管理会计工具定期对企业内部控制体系的健全性和符合性进行评价，及时发现企业重大风险管控点，从而保障目标企业经营安全，提升目标企业管理水平，提高经营绩效。

### （四）应用相关管理会计工具方法的创新

**1. 创新集中点**

（1）在运用战略管理工具过程中基于战略地图财务、客户、内部运营和学习成长四个维度的分析，在并购财务战略中优先选择了重构目标企业重大财务事项的管理授权，既充分尊重目标企业原有的运营管理机制，最大限度减少目标企业客户等外界对变更股东不确定性的担忧，又在决策体系上有效落实了国有出资人监管要求。

（2）在运用预算管理工具过程中将 EBIT、"两金"压降、盈余现金保障倍数等关键绩效指标、关键人员激励机制等绩效管理工具融合应用到预算考核管理中，既充分肯定了目标企业作为勘察设计类企业全面预算体系应用环境的先进性，又整合了并购战略目标的承接分解，强化预算对战略目标的标杆引导作用，强化股东对做优企业、提升经营质效的价值观要求。

（3）在运用风险管理工具过程中全面体现了国资监管的深度，着力培育属地化目标企业适应和遵从国资监管要求的风险管理文化，着力培育属地化员工的风险管控共识和自觉行动。

**2. 实施效果**

（1）实现会计核算与财务报告的合规精准。建立统一的财务核算和报告体系，实现目标企业与集团财报体系的无缝衔接；建立纵贯企业全部经营管理链条，覆盖各个业务板块的多维度指标体系，准确反映价值结果，深入揭示价值成因，为股东方定期评估目标企业生产经营情况做好决策支持。

（2）实现资金管理的安全高效。强化境外资金动态监测，强化"两金"管控和现金流管理，强化客户和供应商信用风险管理；将资金内控规则嵌入信息系统，建立资金舞弊、合规性、流动性、金融市场等风险监测预警机制；加强对担保、借款等重大事项的统一管理，严格落实各项监管规定。

（3）实现税务管理的规范高效。全面考虑相关国别的税收政策和法规，采取合理的税务策略，降低税务成本和税务风险；建立对重大经营决策的税务支持机制，做好业务源头涉税事项管控。

（4）实现风险管控的全面精准。针对重大决策事项设置股东会前置研究机制，确保重大风险管控符合国资监管要求；主动开展目标企业内控风险评估，确保风险可控；严格落实境外单位财务机构设置及人员委派管理要求。

（5）实现资本结构的动态优化。强化价值型、战略型股权管理，提高企业盈利能力和竞争力；动态调整资本结构，统筹内外部资金资源，选好用好资金渠道；盘活存量资产，不断优化资本成本。

---

# 三、跨境并购财务整合的应用过程

## （一）参与部门和人员

组建了以中电工程并购整合财务人员、属地财务人员和外部整合顾问为主的财务整合执行团队，建立财务整合的管理工作机制，开展财务整合工作。

## （二）应用相关管理会计工具方法的资源、环境、信息化条件等部署要求

（1）在目标公司配置首席财务官（CFO）；在目标公司聘用熟悉中国会计制度的本地财务人员协助外派团队人员的日常工作。

（2）借助中国香港国际金融中心的区位优势，成立紫荆能源（香港）国际财资中心，实行海外资金的跨境归集与管理。

（3）整合资源，财务整合实施路径中充分运用相关管理会计工具，用好"外脑"，选聘整合经验丰富的外部顾问和内控评价顾问。

（4）将整合工作资源分为三个阶段投入：百日整合、两年过渡期、整合期第三年回顾期，分阶段实施。

## （三）具体应用模式和应用流程

### 1. 重构目标企业重大财务事项的管理授权

建立健全"产权明晰、权责明确、管理科学"的子公司财务授权决策管理既是集团化财务管控体系建设的核心内容，也是跨境并购目标企业财务整合的先决条件。因此，以对目标企业重大财务事项的管理授权作为财务整合的首要任务。

（1）重构目标公司治理体系。有机结合国资委、中国能建对国有资产"三重一大"的管控要求，重构公司治理架构和决策机制，尊重 CEO 作为职业经理人在公司治理中的主导作用，就董事会决策的执行层面充分授权，同时发挥中方外派 CFO 对于重大财务事项的把关作用。

（2）完善目标公司的董事会授权清单。明确国有资本、重大投融资、重大资产购置与转让、重大资金事项财务管理的相关权限划分。

（3）严格关键财务人员委派制度。选拔具有专业技术资格、具备丰富财会工作经验和外语沟通能力、熟悉集团公司财务资金管控要求的财务主管人员外派西班牙，纳入董事会成员，对公司重大决策享有发起权和建议权；外派财务主管人员作为目标企业财务部门负责人的副职，充分发挥日常财务监督作用，行使职权不受外方制约，确保目标企业的财务管理得到有效监管和协调。

### 2. 整合标准化、一体化财务报告体系

整合跨境财务报告体系的目的是提高跨国公司财务信息披露的透明度和一致性，有助于母公司更好地了解其全球业务的表现，从而优化并购后战略决策。

（1）转化匹配财务报告核算基础。根据中国会计准则与西班牙会计准则的趋同与差异情况分析，识别双方准则下会计科目和报表项目的对应关系，设置财务报表转换模板，组织目标企业财务人员开展相关培训与研讨，加深中西双方对于会计信息使用方法的理解，确保财务数据整合的准确性、可比性与完整性。

（2）调整优化生产经营分析模板。派出财务人员参加公司每周经营管理例会，了解各业务板块经营情况，结合公司的经营管理报表，围绕目标企业各业务板块的合同、营收、毛利、毛利率、EBITDA 等关键指标，分析重点业务板块指标波动原因以及对企业整体经营状况造成的影响，对应予以关注的业务板块及财务指标做出提示并提出相关管理建议，不断提升业财融合能力水平，为未来的经营决策提供参考。

### 3. 引导重塑战略与价值导向的预算绩效指标体系

目标企业的全面预算管理以商业计划为指引、以业务预算为基础，在制度流程、信息系统建设、考核评价方面均处于行业领先水平。因此，对于目标企业的预算管理整合采用平稳过渡、逐步融合、双向交流，促融合统一、促发展。

（1）优化预算考核指标体系，落实并购战略目标。中电工程基于目标企业原有的绩效考核体系，为目标企业的预算考核和绩效考核确定了共同的考核目标，并建立了衔接机制，将在手合同剩余价值、息税前利润、营运资本以及盈余现金保障倍数等作为考核指标，科学落实考核责任，将考核目标与公司主要负责人及关键岗位人员的薪酬挂钩，应用于年度经营业绩评价和与 5 年商业计划配套的中长期激励方案。

（2）引导目标企业资源配置，在股东方国际化、一体化的市场重点领域发挥业务协同作用，助推股东方国际业务发展。瞄准战略性、基础性、前沿性领域，着力布局重要行业和关键领域，做优增量投入。

### 4. 强化跨境资金监管

跨境资金管理的关键在于确保境外国有资本资金安全，加强资金风险管控，提高资金运营效率。

（1）加强资金制度流程管理的识别和分析，进一步规范资金授权与审批管理。明确设置大额资金标准，严格落实大额资金联签制度，降低违法违规风险，保护企业的声誉和利益。

（2）完善营运资本管理体系。在业务预算中制定营业收入、毛利、息税折摊前利润等损益目标的同时将"两金"占营业收入比作为部门和公司级的业绩考核目标，强化营运资本在公司经营管理过程中的重要性，提升业务端运营效率。

（3）加快融入能建全球司库管理一体化体系。依托中国能建全球司库体系建设，以信息化手段加强银行账户统一管理，实现全部账户可视，加强银行账户动态监控，实现风险预警实时化、可视化、智能化，充分防范资金合规性风险。

（4）科学管控金融衍生业务风险。严守套期保值基本原则，杜绝任何投机、套利行为；及时评估已交易金融衍生品的风险敞口变化，及时识别并报告重大风险，及时启动风险应急处理机制，防止风险扩大或蔓延。

### 5. 全力筑牢境外内控风险防控管理体系

内控评价作为重要的风险防控手段，有助于提高企业管理水平和效率，降低经营风险，提高企业竞争力，保障企业的健康发展。

（1）借助外脑开展内控风险评估。聘请外部咨询团队对目标企业内部控制体系的健全性和符合性进行评价，优化企业内控管理流程。

（2）系统推进内控风险评估成果应用。针对内控评价过程中发现的控制缺陷，制定并实施改进措施；确保公司内部控制机制持续有效与合规。

（3）建立重大影响突发事件报告制度。对于具有重大影响的资金风险及突发事件，建立 48 小时内报告制度，明确触发机制与响应机制，做好应急处置预案，提高目标企业应对突发事件的能力，降低突发事件可能带来的损失。

### （四） 在实施过程中遇到的主要问题和解决方法

并购财务整合实施过程中双方企业文化、民族文化、历史价值观、语言沟通是主要的难点。解决方法是在尊重对方文化中促进互相了解；组建多元文化背景的跨境联合财务团队，培养国际化财务管理梯队，加强国际化财务管理能力培养。

（1）组织语言及文化礼仪的交流活动。

（2）选拔或招聘具有多元文化背景的属地化员工。

（3）科学构建与目标企业高质量发展目标相匹配的复合型国际化财务人才能力提升框架，建立健全多层次财务人才培养培训体系，加强国际化中高端财务人才队伍建设。

## 四、并购后财务整合管理的取得成效

通过以上运用多种管理会计工具进行并购后财务整合策略研究和路径实施的探索，有效提高中电工程对目标公司的财务管控能力，防范海外财务风险，取得切实成效。

### （一） 应用相关管理会计工具方法前后情况对比

目标企业实现并购后的平稳过渡和持续增长。并购后 3 年中新冠病毒全球大流行，很多跨境企业的生产经营遭遇重大危机，而中电工程与目标企业通过全力推进财务整合工作，目标企业营业收入、利润总额同比逆势上涨 28.2% 和 13.7%，并连续 3 年蝉联荣登 ENR 国际工程设计公司 225 强，排名较并购前提升 6 位，企业品牌和价值持续提升。

### （二） 对解决单位管理问题情况的评价

为央企海外并购提供财务整合解决方案。并购后中电工程对目标企业的财务管理体系进行了全面对标整合，打通境内外财务数据交互路径，重塑战略与价值导向并重的全面预算管理体系，强化境外资金监管，筑牢境外风险防控体系，在此过程中总结的经验可以为其他类似并购项目起到示范作用。

### （三） 对支持单位制定和落实战略的评价

为实现全球财务资源的统一调配，赋能业务开拓、实现并购战略目标打下坚实基础。中电工程对目标企业财务整合始终紧紧围绕这一目标，坚持先融合构建标准化、一体化、数字化国际财务管控体系，后通过协同效应、财务价值创造赋能国际业务发展，助力实现中西协同效应最大化的并购目标。

### （四） 对提高单位绩效管理水平的评价

有效激发目标公司内生动力。由于构建了与目标公司战略和业务特点相适应、与财务管理规划和框架相匹配的财务管理体系，科学设计绩效评价指标，分类、分级制定评价标准、评价方式和分值权重，并结合财务管理深度，动态优化绩效评价体系，并购后财务整合期内目标企业员工规模基本保持不变，中高端人才队伍流失率仅为0.5%。

### （五） 对提升单位境外中高端财务人才队伍建设评价

中电工程通过3年财务整合管理实践，采用内外结合、内培为主的人才培养模式，打破双方在财务管理方面的壁垒，培养和储备了一批熟悉跨境并购和属地化企业财务整合管理的中高级财务管理干部，进一步提升中方财务管理人员的国际化视野和能力，有力推动国际业务人才梯队建设。

---

## 五、总结与展望

本案例回顾总结运用多种管理会计工具实施跨境并购后财务整合的总体设计和应用过程，聚焦并购后财务整合策略和实施路径，助力中国能建形成海外财务管理体系一系列配套解决方案。对于塑造并优化跨境并购后的境外财务管理新模式，进一步提升央企海外财务管控能力，提升防范海外财务风险能力等方面提供了典型示范。

2023年正值中国和西班牙建交50周年之际，作为习近平主席2019年访西班牙后首批落地的投资项目，做好并购后的财务整合工作，保持目标企业平稳过渡、稳步发展、持续融合，对于提升中国能源咨询与规划设计行业总承包工程企业的整体形象与国际地位，乃至对中国对外开放及参与国际分工提升到新的水平均具有重大意义。

（中国电力工程顾问集团有限公司：郑良杰　朱　丹　吴　越　尤　欢）

**案例评语：**

中电工程以对西班牙易安 & 盖飒设计咨询公司运用多种管理会计工具进行并购实践为例，总结在此过程中，并购双方现有财务管控体系的内外部环境、管理会计工具应用于央企并购后财务整合管理的实施难点，综合运用战略管理、绩效管理、风险管理、管理会计报告等管理会计工具设计并购后财务整合总体战略并结合应用程序加以实施，形成了央企跨境并购财务管控体系建设的一系列配套解决方案。

在"一带一路"背景下，中电工程的跨境并购财务整合实践，能够为中央企业运用管理会计工具优化并购后财务整合管理工作，提供实践参考。

# 建设智能化管理会计体系支撑集团公司
# 打造国家网信事业战略科技力量

**摘要**

中国电子信息产业集团有限公司（以下简称"中国电子"）以习近平总书记关于网络强国的重要思想为总纲领和统筹指引，聚焦网信产业核心技术，将自主安全理念贯彻到计算技术研发和产业生态实践中，着力发展集成电路、计算产业、高新电子等重点业务，业态广、复杂度高。

为加快建设世界一流财务管理体系、持续提升精细化管理水平、充分发挥财务管理的价值创造功能，中国电子提出了以价值创造为目标、以智能预警与智能决策为愿景的智能化管理会计体系框架，以"管理会计工具体系、标准案例库、人才培养体系、信息化平台建设、管理会计评价体系"五大建设为抓手，因企制宜地应用管理会计工具，建设管理会计案例库、总结应用经验，持续培养管理会计人才，打造基于自主安全体系的财务共享平台，运用信息化、数字化手段为管理会计工具赋能，探索建立管理会计评价体系。经过 3 年持续推进，已取得显著成效，促进成本有效管控、业务流程持续优化、业财数据互通共享，推动财务管理向数字化、智能化转型，有力支撑中国电子打造国家网信事业战略科技力量。

## 一、基本情况介绍

中国电子信息产业集团有限公司（以下简称"中国电子"）是中央直接管理的国有重要骨干企业，以网络安全和信息化为主业，拥有计算机 CPU（中央处理器）和操作系统关键核心技术，构建了兼容移动生态、与国际主流架构比肩的自主安全计算体系。中国电子下属成员企业业务分布广，涵盖了集成电路、计算产业、高新电子、数据应用等多个业务板块，业务形态复杂。

中国电子长期以来高度重视管理会计工作，持续推进管理会计体系建设，推广管理会计工具应用，在全面预算管理、成本管理、投融资管理、绩效管理等方面积累了丰富的实践经验。"十四五"期间，中国电子研究提出中长期发展战略，通过打造自主安全自主计算底座，构建自主计算产业链，助力数字产业化和产业数字化，加快打造国家网信事业战略科技力量。在集团战略指引下，按照问题导向的总体思路，中国电子以价值创造为目标、以智能预警与智能决策为愿景开展智能化管理会计体系建设，主要解决两大问题：一是"构建怎样的管理会计体系框架"，二是"如何开展管理会计活动"。"构建怎样的管理会计体系框架"是顶层设计，解释了中国电子智能化管理会计体系框架的内涵，为开展具体工作提供指导。"如何开展管理会计活动"是实践路径，展示了中国电子在智能化管理会计体系框架的指导下，围绕"四个基础""七大领域""若干工具""五大建设"等全面开展管理会计活动，支撑集团公司战略落地、服务集团公司价值创造。

# 二、智能化管理会计体系框架

财务管理是企业管理的中心环节，是企业实现基业长青的重要基础和保障。中国电子认真贯彻落实党中央、国务院决策部署，坚定不移把新发展理念和集团公司中长期战略落实到财务管理的全过程，组织、指导企业与时俱进更新财务管理理念，持续完善财务管理体系，升级优化管理手段，不断创新管理模式，积极应用先进管理工具服务管理决策。近年来，中国电子在司库、财务云和财务共享服务中心方面积极探索基于自主安全体系的数智化财务体系建设，取得了显著进展。2022年，中国电子发布了《中国电子"十四五"财务体系建设规划》，同时结合国务院国资委《关于中央企业加快建设世界一流财务管理体系的指导意见》，研究制定了"中国电子加快建设世界一流财务管理体系工作清单"，全面推动财务管理迈上新台阶。

管理会计体系是财务管理体系的重要组成部分，是推进财务管理转型升级的主线和重点。中国电子智能化管理会计体系建设以价值创造为目的，以加快打造管理、技术、数据、人才四个方面的能力为基础，围绕战略管理、预算管理、绩效管理、成本管理、营运管理、投融资管理、风险管理等领域开展管理会计活动，灵活运用各类管理会计工具方法，生成有效支持决策的管理报告，持续赋能业务。

图 1 是中国电子智能化管理会计体系建设框架。

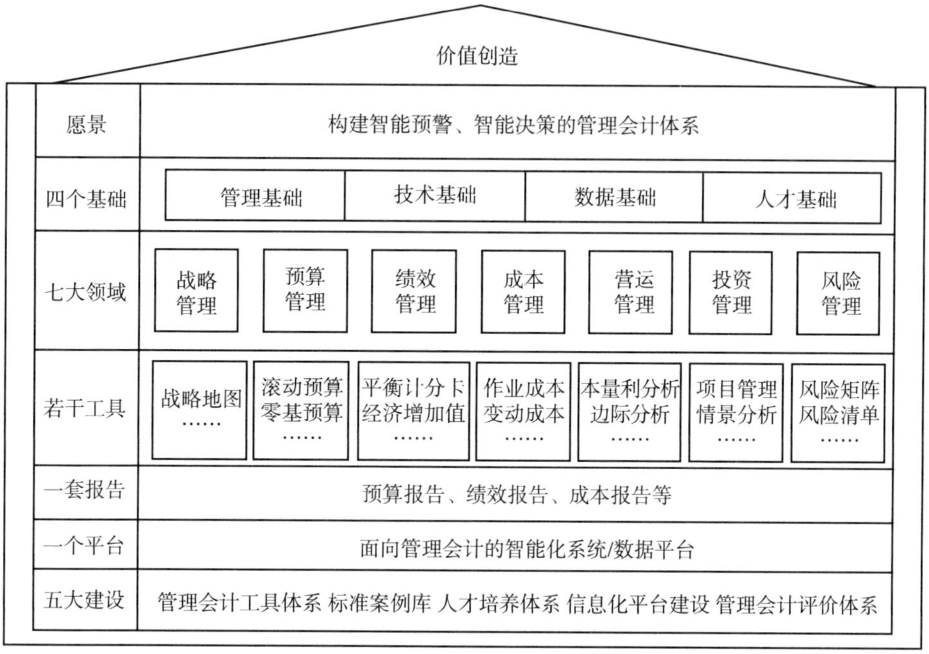

价值创造
愿景
构建智能预警、智能决策的管理会计体系
四个基础
管理基础
技术基础
数据基础
人才基础
七大领域
战略管理
预算管理
绩效管理
成本管理
营运管理
投资管理
风险管理
若干工具
战略地图……
滚动预算 零基预算……
平衡计分卡 经济增加值……
作业成本 变动成本……
本量利分析 边际分析……
项目管理 情景分析……
风险矩阵 风险清单……
一套报告
预算报告、绩效报告、成本报告等
一个平台
面向管理会计的智能化系统/数据平台
五大建设
管理会计工具体系 标准案例库 人才培养体系 信息化平台建设 管理会计评价体系

**图1　中国电子智能化管理会计体系建设框架**

# 三、智能化管理会计体系建设的实践路径

在智能化管理会计体系框架的顶层设计下，中国电子以“管理会计工具体系、标准案例库、人才培养体系、信息化平台建设、管理会计评价体系”为“五大建设抓手”（见图2），因企制宜地应用管理会计工具，研究汇编了系列工具指导手册和案例，持续培养管理会计专业人才、司库和财务共享建设人才，打造基于自主安全体系的财务共享平台，积极探索建设评价体系，通过3年持续推进，取得显著成效，有力支撑了数字化转型和业财融合。

管理会计工具体系
标准案例库
管理会计评价体系
顶层设计
人才培养体系
信息化平台建设

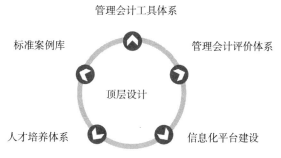

**图2　智能化管理会计体系框架的“五大建设抓手”**

### （一）以有效应用管理会计工具为基础

管理会计工具是管理会计理念的具体化，是推进管理会计应用的核心环节。管理会计通过运用工具方法，参与企业的规划、决策、控制、评价等经济活动，支撑决策、实现价值创造。中国电子持续推广管理会计工具应用，指导企业以解决管理问题和短板为导向，通过导入试点、推广实施、验收评估、完善总结四个阶段开展管理会计工具应用。在导入试点阶段，组织宣贯培训，对企业领导班子、骨干人员分别进行管理会计业务的分层培训；在推广实施阶段，组织开展企业管理会计应用现状分析，从研发、采购、生产、销售等存在主要矛盾的环节入手，因企制宜地推广实施管理会计工具；在验收评估阶段，定期对企业管理会计推进和应用情况进行督促和指导，做到有部署、有检查、有考核的闭环管理；在完善总结阶段，通过案例总结、经验交流、现场调研等多种方式，总结和推广企业管理会计的成功经验和做法，并提出下一步工作方向，形成良性循环。

通过 2020～2022 年持续推广应用，中国电子系统内管理会计工具使用率年均提升 4%，工具应用范围不断扩大，应用强度持续加深，并取得显著成效。成本管理方面，大部分成员企业已应用标准成本法加强成本管控；投融资管理方面，过半数的成员企业使用贴现现金流法辅助投融资决策；绩效管理方面，下属成员企业已运用关键绩效指标法制定、完善考核评价体系。

在工具运用效果上，生产制造类企业以成本管控为重点，构建了战略成本管控体系，突出降本增效；服务类企业以优化业务流程为突破，向管理要效益，突出精益管理；最终实现了不同管理会计工具在相关产业链、供应链上的协同增值，为集团战略提供有力支撑。

#### 1. 生产制造类企业以成本管控为重点

生产制造类企业根据自身情况，在研发、采购、生产、销售等多个环节综合应用多项管理会计工具，构建了战略成本管控体系，实现管控效能提升、价值创造。图 3 是生产制造类企业成本管控工具框架。

研发环节，下属的甘肃长风电子科技有限责任公司等企业针对自身设计工艺销量不佳等问题，采用面向成本的设计方法（DFC），通过分析和研究产品生产制造等全生命周期的成本构成情况，对占产品总成本较大的环节进行调整优化，有效降低产品成本。

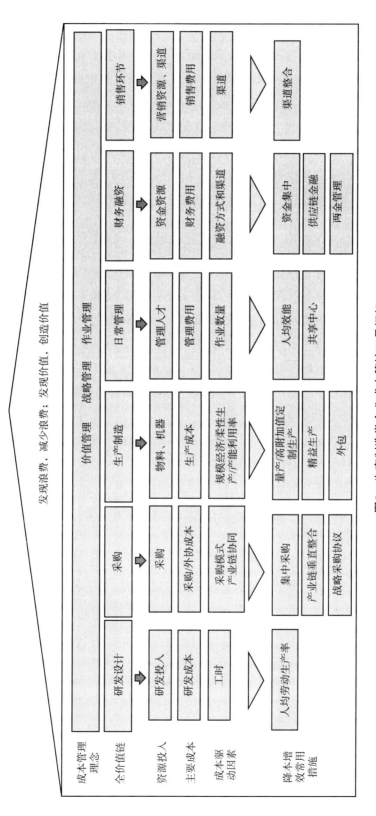

图3 生产制造类企业成本管控工具框架

采购环节，下属的彩虹集团有限公司等企业针对采购价格较高、供应商议价能力较强的现状，采用供应链管理工具。一方面，借助中国电子统一采购平台（CEC采购平台），统筹成员企业开展一体化采购，建立主要原材料价格跟踪机制，科学安排采购节奏，开展大宗商品的价格走势分析，提高议价能力，推动采购合理降本；另一方面，对采购业务全过程进行跟踪管理，优化采购流程，减少了从采购原材料开始的物流流转时间。

生产制造环节，一是以市场需求为导向，合理布局产能产线，特别是面对2021年以来全球半导体市场火热、企业产能产线紧张、难以满足市场订单等形势变化，下属的华大半导体有限公司等半导体企业运用约束资源优化工具调整产线配置、深挖产线潜力，显著提升产能利用率；二是下属的中国振华电子集团有限公司、深圳长城开发科技股份有限公司等企业在多个场景多个维度综合应用标准成本法、目标成本法等成本管理工具，形成循环管理模式，将标准成本、目标成本与企业预算管理相结合，科学分解目标，层层落实目标任务至各个部门，通过多部门协同合作，实现生产效益稳步提升、可控成本逐步下降，不断巩固提升企业核心竞争力。

生产制造类企业运用多项管理会计工具，建立并完善了"研采产销"全链条的成本管控，不断优化成本结构，突出降本增效，显著提高产品核心价值。

**2. 服务类企业以优化业务流程为突破**

服务类企业以满足用户多样化、个性化需求为目标，聚焦业务流程的痛点、难点，应用管理会计工具进行优化，实现向管理要质量、要效益、要增长。

流程管理方面，下属的中国软件与技术服务股份有限公司等企业对项目管理进行创新运用，采用项目管理工具对软件项目进行全流程管理，管控从潜在项目到项目验收全流程的显性及隐性成本。

人工成本核算方面，下属的中电金信数字科技集团有限公司等企业化小经营核算单元，把项目交付人员按照同质同类标准进行分组分档，核算同组同档人员在合理的生产条件下、每生产或服务一小时的成本，不仅实现了在薪酬保密的前提下计算项目的直接成本，而且能够在商务竞标报价时快速估算项目的直接成本，迅速向客户提供准确报价。

风险控制方面，下属的深圳中电港技术股份有限公司等供应链企业在"进销存"各个业务环节中运用"两金"管理工具，合理降控"两金"规模、持续防控"两金"风险，运用资金定额管理方法匹配"两金"额度与营收规模，运用营运资产报酬率统筹核算各个业务成本中心的投入产出情况，运用BI看板实时监控"两金"数据，对不同类别的库存商品实施差异化管理。

报告与分析方面，下属的中国长城科技集团股份有限公司等企业运用管理会计报告，为管理层综合提供财务信息（营业收入、合同回款额等）和非财务信息（合同签订额、产出贡献等），展现了利润指标的分解情况，以及财务数据与非财务数据之间的勾稽关系。

服务类企业运用各具特色的管理会计工具对项目流程、风险管理、报告与分析等方面进行优化改善，提高了精益化财务管理水平。

2020～2022 年，中国电子通过全面推进管理会计工作、有效运用管理会计工具，实现年均降本增效数十亿元，为持续推进高质量发展奠定坚实基础。

### （二） 以建立管理会计案例库为补充

管理会计工具作为开放的系统，随着实践应用的持续深入而不断丰富，需要不断总结、提炼优化。中国电子坚持"方法论导入—实践应用—经验总结—持续改善"的管理循环，组织各层级企业在价值链管理中创新应用管理会计工具，并结合应用情况编写管理会计案例，形成案例库，提炼管理会计工具应用指导手册，在系统内加以推广应用，不断积累经验和持续优化改进，形成工具运用的闭环管理和良性循环。

2020～2022 年，中国电子通过聘请外部专家、内部交流、线上培训等多种方式，组织了丰富的、多维度的管理会计应用交流会，发布了三辑《中国电子管理会计工具应用指导手册及案例汇编》，累计收录了 14 个工具应用指导手册和 26 个示范案例，覆盖了成本管理、营运管理、信息报告与系统等多个领域。其中，成本管理领域包括 2 个工具应用指导手册和 17 个示范案例，介绍了目标成本管理、作业成本管理、标准成本管理等管理会计工具应用；营运管理领域包括 8 个工具应用指导手册和 4 个示范案例，介绍了供应链管理、"两金"管理、项目管理等管理会计应用；信息报告与系统包括 3 个工具应用指导手册和 5 个示范案例，介绍了管理会计报告、财务共享平台等多个拥有信息化和数字化功能的管理会计工具应用。2020～2022 年共有 150 余人次参与了工具应用指导手册和案例的研究总结工作。

通过总结和发布管理会计工具应用指导手册和案例，组织下属成员企业沟通交流应用经验，中国电子管理会计案例库不断丰富，为持续指导和优化管理会计活动提供了丰富的知识积累。

### （三） 以信息化建设为支撑

推进管理会计体系建设，信息化建设刻不容缓。"工欲善其事，必先利其器"。信息化是支撑管理会计理念与方法落地，支撑管理会计功能发挥和价值实现的重要手段和推动力量。中国电子运用大数据、人工智能、移动互联网、云计算、区块链等新技术为管理会计工具赋能，充分发挥财务作为天然数据中心的优势，推动财务管理从信息化向数字化、智能化转型。

**1. 信息化建设规划**

中国电子落实加快建设世界一流财务管理体系要求，对标国内外先进企业做法，结合自身实际，提出财务数字化转型"三步走"重要规划，通过"在全集团建设财务共享管理新模式，加强业财融合、推动财务数字化建设，实现财务数字化转型支持集团公司战略发展"三阶段建设，打造智能前瞻的财务数智体系。自 2020 年 3 月，中国电子启动财务共享平台建设，历经顶层设计、系统建设、推广应用三个主要阶段，历时 3 年多时间，基本建成了基于中国电子自主安全计算体系的财务云平台并稳定运行；试点财务共享服务中心建设，已完成试点企业涵盖差旅费和费用报销业务的财务共享服务中心建设。

中国电子财务共享平台建设的重要实践价值在于"自主安全计算体系＋国产财务软件"的系统解决方案创新，在保证信息系统的先进性和安全性的基础上，实现国产财务信息系统的功能作用，是央企积极探索基于自主安全体系的财务共享平台建设的案例。

**2. 财务云平台**

目前，已基本建成了基于中国电子自主安全计算体系的财务云平台，并持续、安全、稳定运行。中国电子制定了财务数据标准，完善财务数据治理体系，在财务云平台上提供总账核算系统、移动报销系统、合并报表系统、财务分析系统、电子会计档案系统等。在总账核算集中方面，截至 2023 年 12 月，中国电子财务云平台已实现集团公司 413 家企业的账套在财务云上的日常核算，大部分企业应用了电子会计档案系统，实现了现阶段的核算系统、核算标准、核算工作、电子会计档案的集团一体化管理；在移动报销系统方面，集团内部的几家重点企业已通过手机 App 开展财务报销业务，该套系统可以继续用于财务共享服务中心的费用报销；在财务分析云平台建设方面，完成了涵盖"1＋5"的主题分析模块可视化展示，包括 1 个管理驾驶舱和 5 个经营分析（经营分析、增效分析、投资分析、担保分析、战略分析），已建设实时在线的财务云平台监控预警功能，覆盖了集团总部和二级企业，支撑集团总部管理层了解财务状况，便于财务人员日常分析。

**3. 财务共享服务中心**

全面推动基于自主安全体系的财务共享服务中心试点建设。2022 年，中国电子开展了集团总部和多家下属企业的业务访谈，并面向业务骨干进行穿行调研，累计开展 185 场调研、访谈 223 人次，输出调研记录 79 份，回收 140 份问卷，形成调研总结报告。基于前期建设规划、调研结果和充分讨论，设计出符合中国电子实践特色的财务共享服务中心建设的总体方案，通过三个阶段逐步完成全组织范围企业和业务纳入财务共享中心的计划：首先是试点上线期，按照组织分步实施，确定试点企业与推广企业；其次是推广加速期，运营优化已纳入的试点企业及业务相关流程、系统功能等，并且在推广企业全业务共享上线；最后是深化提升期，将全组织范围的全部业务纳入财务共享服务中心。同时，中国电子加速推动开展试点财务共享服务中心建设。2022年，针对试点企业已完成多个业务流程与方案编写，并组织开展了业务流程研讨会，已完成试点企业系统选型方案、信息系统规划方案、组织人力方案、实施规划方案的初稿。2023年开展集团总部和试点企业差旅费和费用报销业务的财务共享；目前，差旅费报销实现了智能审核、发票验真、一键支付等功能，报销周期缩短到2天。

**4. 智能财务模型**

中国电子积极应用大数据、人工智能等技术，基于基础财务数据，形成智能财务模型，为科学决策提供数据支撑。在集团总部层面，结合集团公司各大业务板块管控需求，搭建财务分析云平台，对业务板块关键财务指标进行实时分析、监控预警。结合国务院国资委管控要求和集团公司管控需求，构建"一自主、两管控、三融合"的司库平台，"一自主"是指基于自主安全体系构建司库平台，"两管控"是指司库建设全面内嵌国务院国资委资金管控要求和中国电子资金支付智能管控要求，"三融合"是指深度融合"总对总"战略合作银行最新的司库架构、数据、标准、模型，交叉融合各类业务场景，穿透融合中国电子金投板块体系；目前，已实现了账户资金可视、资金支付可控、担保等业务模块上线等功能，并通过数据中台和中电E查等集团内部管理软件对接，针对融资性贸易等难点问题，开展专门建模分析、进行排查。

在下属成员企业层面，各企业积极推广应用集团公司的财务共享平台实现会计标准化管理。同时结合自身业务需求，运用信息化技术手段为管理会计工具赋能，优化企业产品布局，为科学决策提供数据支撑。如中电金信数字科技集团有限公司将立项管理、人员管理、成本费用等信息集成于信息系统，实现了从销售机会跟踪、项目实施管理、收入成本预测、绩效考核等全流程的信息化管控。中国电子系统工程第二建设有限公司建立了财务共享服务中心，实现了分、子公司资金收支、成本及费用核算业务共享处理，单据处理时效从两周提升至24小时，财务部人工成本降低一半，实现了财务资源的有效整合，推动财务工作向数字化方向转型。中国电子产业工程有限公司和中国电子进出口有限公司不断探索国际化业务财务管理模式，将所有境外机构接入财务管理核心信息系统，通过梳理和固化记账逻辑，直接将相关系统表单中的业务数据转化为财务数据，通过接口集成，使得付款控制、资金管理、金税开票等均按要求自动产生会计凭证，其中，全自动凭证制证比例提升至45%，银企直联线上支付比例提升至 76%，入账自动化水平大幅提升、准确性得以提高，进一步推动业财融合。中国振华（集团）新云电子元器件有限责任公司通过整合财务系统、业务系统，连接生产系统，打造综合应用平台，全面建立对数据应用、分析和展示的全生命周期治理体系；目前，系统通过数据抓取编制经营分析报表超 260 张，已实现成本自动核算等功能，支持多维度的成本分析，可通过查看生产车间动态生产过程，监控车间成品、材料、在制品流转，实现前瞻性的成本控制。

中国电子将努力打造全集团"一张网、一个库、一朵云、一体系、一标准"管理系统，实施标准化、规范化、集约化的财务管理，促进数据赋能管理，支撑集团公司战略决策，实现价值创造。

### （四） 以培养管理会计人才为关键

人才培养是有效支撑管理会计体系、深度应用管理会计工具的关键所在。中国电子以管理会计人才为支撑，坚持"人才带动，整体推进"。

一是在实践中锻炼队伍。在中国电子总部的统筹引导下，成员企业高度重视管理会计人才培养工作。企业组建了跨职能部门的"攻关小组"，应用先进的管理工具和方法，提供有效的数据，精准定位重要领域环节、业务单元存在的管理问题，分析原因，提出解决方法，从业务实战中提升财务人员的综合能力。二是注重日常交流培训，加强多方面学习。中国电子根据实务需求，发布了多项管理会计培训课程，覆盖了财务数字化转型、业财融合、构建世界一流的财务管理体系等多个主题，并多次聘请外部专家做专门辅导。三是加强理论学习，中国电子总部鼓励财务人员积极参加管理会计和财务数字化方面的资质考试，为深化管理会计应用和数字化转型储备专业人才。

2020～2022 年，集团公司财务人才结构不断优化，中高端财务人才队伍持续扩大，取得注册会计师资格证书的财会人员年均增加 15%，取得 CMA（美国注册管理会计师）证书的财会人员年均增加 39%。

### （五） 以建立管理会计评价体系为保障

建立完善的管理会计评价体系是有效推动管理会计工具应用的重要保障。中国电子管理会计评价体系坚持导向性、系统性、适用性和重要性原则，组织试点企业结合实际，设计了通用性指标与个性化指标，科学反映、评价管理会计工作开展和应用情况。集团总部将管理会计体系建设作为年度财务工作目标，下属成员企业根据年度工作目标编制工作清单，分解工作任务，设置了与绩效挂钩的考核评价机制，以评促建，有效推动管理会计体系建设和工具应用实施落地，取得实效。

# 四、经 验 总 结

中国电子结合国务院国资委加快建设世界一流财务管理体系的要求，根据自身实践特点，构建了以智能预警与智能决策为愿景的智能化管理会计体系，以"管理会计工具体系、标准案例库、人才培养体系、信息化平台建设、管理会计评价体系"为抓手，促进成本管控更有效、业财数据更互通，推动财务管理向数字化、智能化转型。大型集团公司可结合自身实践需求，从组织保障、理念传导、创新应用、数字化建设、总结沉淀五大方面开展管理会计工作。

## （一）组织保障是管理会计应用的基础

管理会计体系建设与工具应用是一项长期性、系统性工程，需要上下贯通，业财融合。集团总部应做好管理会计体系框架的总体设计，为成员企业开展管理会计工作提供政策指导；各企业要加强组织保障，强化部门协同，创造管理会计应用的组织环境，促进管理会计工具的应用。

## （二）理念传导是管理会计应用的关键

管理会计是以价值创造为核心的管理体系，是财务管理体系的理念变革、组织变革、管理机制变革和功能手段变革。应加强管理会计理念与工具方法的培训宣贯，统一思想，凝聚共识；积极组织下属成员企业学习管理会计先进经验，为下属成员企业搭建沟通交流平台。

## （三）创新应用是管理会计应用的灵魂

管理会计的灵魂和力量在于应用。要强化工具应用理念，避免纸上谈兵。在开展管理会计体系建设和管理会计工具运用时，应充分结合企业应用环境、行业特点和目标需求，坚持"一企一策"，鼓励采取新技术、新理念、新工具促进管理会计创新，建立符合自身特色的管理会计应用模式。通常而言，管理会计工具应用建议从研发、采购、生产、销售等环节入手，先抓主要矛盾、再抓次要矛盾，设定管理会计工具应用的试点计划：针对产品竞争力弱、科技含量低、设计工艺效率不佳等问题突出的企业可优先采用面向成本的设计方法，加大研发投入、降本增效；针对供应商议价能力强、采购价格居高不下的企业可主动采取供应链管理工具压降采购成本；针对市场需求迅速变化、产能产线紧张、生产成本大的企业可着重推进约束资源优化工具调整产线配置、提升产能利用效率，加强标准成本法、目标成本法等工具的应用实施，同步建立适应管理会计工具实施的会计核算系统和管理信息系统。

### （四） 数字化建设是管理会计应用的支撑

数字化转型的"互联互通"是管理会计获取数据资源的重要路径。央企集团统一建设财务共享平台，打造全集团"一张网、一个库、一朵云、一体系、一标准"的管理系统，实施标准化、规范化、集约化的财务管理，有助于加强穿透管控能力，促进数据赋能管理。中国电子落实国务院国资委提出的"具备条件的企业应探索建立基于自主安全体系的数字化、智能化财务"，集结所属企业力量，基于自主安全计算体系打造从端到云的自主安全环境，建设财务共享平台、司库平台，实现了安全保障和体验升级，为国家推进央企"会计信创"提供实践案例。

### （五） 总结沉淀是管理会计应用的升华

管理会计随着实践而不断丰富发展。应发挥集团总部的统筹领导作用，组织下属成员企业总结提炼管理会计应用的先进经验，不断优化管理会计工具的应用方法，对经验教训进行沉淀升华。管理会计工作是一项螺旋上升的长期工程，只有进行时，没有完成时。通过不断总结沉淀，深化管理会计应用，才能更好地发挥管理会计的价值创造功能。

---

# 五、未来展望

### （一） 完善管理会计考核评价机制

未来，中国电子将逐步完善管理会计考核评价机制，区分下属企业类别，优化考核指标，分阶段评估管理会计工作的实施效果，探索建立管理会计应用评价体系的长效机制。

### （二） 持续开展行业对标工作

中国电子将持续与世界一流企业开展行业对标工作，学习一流企业管理会计工作的先进经验，对标先进找差距，制定完善的工作方案，明确改进目标，持续提高管理会计工作水平。

### （三） 运用数字化技术助推管理会计应用创新

在自主安全计算体系上，中国电子将不断完善业财一体化信息系统，积极引入智能化技术，推动业财信息全面对接。在业财信息全面整合的基础上，利用"数据 + 算法"，探索建立因果关系的数据模型，驱动生产经营智能决策，逐步实现"智能预警、智能决策"的愿景。

管理会计的灵魂和力量在于应用。中国电子将不断完善智能化管理会计体系建设框架，推动下属成员企业因企制宜地使用管理会计工具，持续丰富管理会计案例库，推动信息化手段在管理会计中的应用，大力优化管理会计人才结构，逐步建立并完善与绩效挂钩的多维度管理会计评价机制，更好地发挥管理会计在规划、决策、控制、评价等方面的作用，有力支撑集团打造国家网信事业战略科技力量，推动集团实现高质量发展。

（中国电子信息产业集团有限公司：李兆明　武文杰　刘　宁　凌筱婷）

---

🎓 **案例评语：**

中国电子通过因企制宜地应用管理会计工具、建设管理会计案例库总结经验、持续培养管理会计人才、打造基于自主安全体系的财务共享平台、探索建立管理会计评价体系等一系列做法打造智能化管理会计体系，促进自身成本有效管控、业务流程持续优化、业财数据互通共享，推动财务管理向数字化、智能化转型，有力支撑中国电子打造国家网信事业战略科技力量。

中国电子在智能化管理会计体系建设中，沉淀的案例库经验与管理会计评价体系，可为其他企业建设智能化管理会计体系提供参考。

# 羽翼未丰，求索不止：科技企业华陆新材初创期管理会计体系探索之路

**摘要**

《中国制造2025》指出打造具有国际竞争力的制造业，是我国提升综合国力、保障国家安全、建设世界强国的必由之路，并提出了创新驱动、绿色发展的政策方针。在国家政策的牵引下，某建筑央企子公司决定进行业务转型，依托自身的技术优势，由现有工程业务向制造新材料的气凝胶业务板块布局，由此成立华陆新材。作为中小型科技企业，华陆新材在创立初期面临战略模糊不清、营运资金短缺的问题，主要原因在于公司产品布局过宽、预算执行不力、成本核算不精、两金管理不善。为此，华陆新材决心在立足现有业务的基础上，推进管理会计体系建设工作，打造一套规范、高效的管理会计系统，指引后续财务工作的展开。管理会计体系建立从公司战略出发，以全面预算、作业成本、平衡计分卡等管理会计工具为抓手，聚焦战略重塑、财务预算、成本核算、两金管理、资金中心建立等多方面探索，优化财务管理制度，切实解决科技企业在初创期战略规划、资金短缺的痛点。未来，公司将进一步培养管理会计人才，推进业财融合、管理财务会计交融，打造具有特色的财务体系，凸显科创属性，赋能业务高质量发展。乘着发展战略性新兴产业的"东风"，公司实现从初创型科技企业到行业引领者的蜕变。

# 一、引 言

党的二十大报告明确提出"建设现代化产业体系，坚持把发展经济着力点放在实体经济上，加快建设制造强国、质量强国"的目标。作为某建筑央企的三级子公司，中化学华陆新材料有限公司（以下简称"华陆新材"）积极响应实体经济建设的号召，努力布局科学创新的前沿制造领域。成立之初，公司产品布局宽泛，资源配置分散，效益持续承压，而财务工作模糊低效，资金面临很大的缺口，企业正处在生死

存亡的关键时期。在经历了阵痛期后，华陆新材意识到财务建设的重要性，初步对管理会计体系构建进行探索，将先进的管理会计理念、管理工具和方法应用到实际中，赋能业务发展，实现精益管理。

# 二、背景概述

## （一）公司简介

华陆新材成立于 2020 年 9 月，主要从事硅基纳米气凝胶及其相关制品研发、生产和销售。气凝胶是世界上密度最小的固体，具备优异的保温隔热性能，被广泛应用于航空航天、军工制造、石油化工等领域，被誉为"改变世界的神奇材料"。我国气凝胶行业发展较晚，涉足企业较少，存在广阔的蓝海市场。凭借生产工艺、技术流程方面的优势，华陆新材成为国内气凝胶行业投产规模最大的企业，产能规模高达 5 万方（见图 1）。

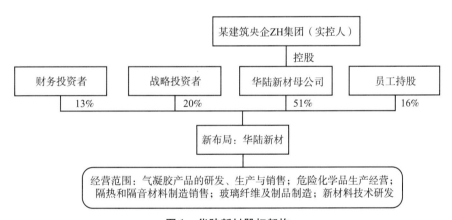

**图1　华陆新材股权架构**

## （二）现存问题分析

虽然管理会计助力企业高质量发展已有大量的研究成果，但是如何运用管理工具助力科技企业度过初创期成功"活下来"，却鲜有学术文献与企业案例实践。从理论上讲，在科技型企业初创期进行管理会计探索，凝练出适用类似企业的财务体系，能进一步完善管理会计研究的空白领域，提升管理会计理论的深度；从实践上讲，将成熟的管理会计理论与工具运用到企业实践，切实帮助初创企业凝练经营思路，解决经营痛点，不仅能为其他企业提供管理会计体系建设思路，也能鼓励不同行业投入科技创新中，提升我国整体科创水平。基于此，本案例阐述了华陆新材运用管理会计工具解决其初创期痛点管理问题的做法。通过调研后发现，华陆新材初创期遇到的主要问题表现在以下几个方面。

**1. 公司经营战略模糊**

华陆新材自2020年成立后，2021～2022年在建设的同时进行采购外销，2022年10月底正式投产。从态势分析来看，公司存在明显的劣势：前期战略定位不清晰，最初定位于单一产品，真正开始运营时却试图多点开花，实践不同种类的气凝胶产品，资金配置过于分散，产品切换成本高，尚未形成具有核心竞争力的产品。以上问题也导致了公司的经济效益不甚理想，经营业绩持续承压。因此，公司的经营战略还需要进行调整重构。

**2. 资金断裂风险较高**

初创型企业所面临最棘手的事情就是资金链断裂的问题。特别是类似于华陆新材的初创型中小科技企业。首先，企业开支巨大。初创期需要大量资金对厂房、生产设备等经营性资产进行投资；科技型企业往往还要进行研发投入，付出比成熟企业更高的薪资招聘合适的人才。其次，企业造血困难。初创期中小科技企业经营风险较大，市场拓展成本高，很难与成熟企业抗衡，市场份额不高，盈利能力较差，营收、净现金流入具有极大的不确定性。最后，体系建设不全。华陆新材目前尚未建立具体完备的资金管理体系，应收账款积压，从而形成"应收多，清收难"的局面。这些因素导致华陆新材资金流紧张，资金断裂风险较高。

对于营运资金短缺风险过高的问题，华陆新材通过内部讨论，进行深入剖析，问题具体原因提炼如下：

（1）预算管理执行不力。

公司的预算管理虽然落实了战略导向原则，但对于过程控制较为粗放，未能平衡好刚性和柔性相结合的管理原则。各个部门预算的执行率较差，临时增补预算的情况时有发生。此外，也存在某些部门预算申报过多，但实际尚未发生，导致该部分资金无法使用到其他项目中，资金的使用效率大打折扣。

（2）产品成本核算不精。

公司目前采用传统成本法对产品成本进行测算，选用产量作为制造费用分配动因。实际上，各种产品加工工艺、消耗资源均存在差异，单纯将产量作为分摊的依据，会扭曲资源投入的最终去向，造成成本失真，影响市场定价决策。

（3）两金管理方式不善。

财务管理中强调现金为王的概念，而非单纯以营收规模、利润总额作为评价基准。但在初创的华陆新材中，现金流管控意识不足，营运管理中忽略了企业现金流的管理工作。一方面，华陆新材没有制定的现金流管理制度颗粒度不够精细，导致对现金流的全过程跟踪覆盖不够清晰；另一方面，华陆新材对应收账款的管理不够健全，单纯重视提高销售收入，忽视应收账款催收工作。

---

# 三、华陆新材管理会计体系建设的总体设计

## （一）总体思路

为了解决现有财务与经营难题，走出初创企业的阵痛期，华陆新材立足业务实际，以战略规划为出发点，摸清公司当前战略定位，重塑经营方案。此外，针对资金断裂风险较高的问题，华陆新材遵循问题导向原则，从预算控制、成本核算、两金管理三个层面进行针对性部署，开展管理会计体系建设的探索。最后结合具体财务数据与平衡计分卡对管理会计体系所取得的成就进行评价，彰显管理会计体系对初创型科技型企业的作用，为公司未来在科创领域的持续探索形成一定的经验与启示。

华陆新材在管理体系的探索与建设过程中，采用了一系列管理会计工具与模型，做到了将理论与实务的紧密结合。在战略重塑层面，公司绘制战略地图，制定长期经营计划，认清未来资源布局。在解决资金链断裂问题上，在预算控制层面，推行全面预算，将预算进行细化，开展预算情况分析；成本核算层面，采用更加精准的作业成本法，加强产品成本计算的精确度；在两金管理层面，优化营运管理内容，树立现金为王的意识，同时加强投融资决策管理。在后续评价方面，结合战略地图，引入平衡计分卡模型，并在财务上强化对标分析。将华陆新材财务体系从原有财务会计核算、监督职能进行转变，深刻发挥管理会计计划、控制、决策及评价的四大职能，为切实解决战略与资金上的问题提供了思路（见图2）。

## （二）条件基础

华陆新材具备管理会计体系探索的基础，具备较高的可行性。体现在以下几个层面：

一是集团高管鼎力支持。华陆新材母公司总会计师殷敬忠为管理会计体系建设指明了方向：财务应围绕业务出发，财务人员的工作展开不能脱离业务实际，不能局限于自己的象牙塔内，应该走入车间，深入一线，熟悉生产流程，掌握成本构成和资金占用，用专业的知识积累为业务作出贡献。

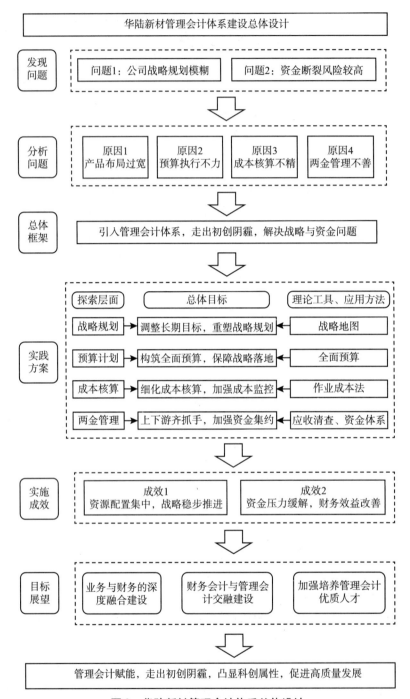

**图 2  华陆新材管理会计体系总体设计**

二是员工职业能力扎实。华陆新材董事长徐妥夫过往经历中有财务管理经验，对管理会计有清晰的认识和殷切的期望及要求。公司主管财务工作负责人为母公司专门派遣，财务从业经验超过十年。为保证工作的顺利落地，华陆新材2023年上半年通过内部外招聘的方式进一步夯实财务队伍，队伍结构逐步合理。

三是ERP信息系统推广。公司投入使用ERP资源管理系统，覆盖采购、研发、生产、库存、转运、销售等各个模块。ERP系统实现全流程覆盖监控，对生产经营数据进行自动化归集加工，极大地提高了员工的工作效率。

# 四、华陆新材管理会计体系建设的探索实践

## （一）战略为魂，前景重塑"一盘棋"

对于初期战略定位较为模糊，产品部署过于分散，资源配置不够集中的问题，公司高层决定重新理清战略规划，对产品和市场开发进行重新定位。由此，华陆新材将企业发展的总体战略按照层级划分为公司层、业务层和职能层三级体系。

在最高的公司层战略上，公司始终坚持以产品性能为基础，实施优质过程服务，为客户提供最适宜的气凝胶整体解决方案。公司紧紧围绕"成为气凝胶行业的开拓者、建设者、引领者"总体战略，秉承"同心同德、共生共赢"的价值观，努力实现"持续用卓越的气凝胶产品，为绿色发展和'双碳'目标贡献力量"的使命。基于此，工艺流程的改进与标准化、自动化成为长期关键目标。通过突破气凝胶生产的关键瓶颈，形成自身的技术优势，从而做好气凝胶行业领头羊。

在中间的业务层战略上，华陆新材结合自身实力有待提高与市场行情不及预期的形势，一改前期正式投产时多点开花的运营模式，将工作重心由原先的"气凝胶白毡、黑毡、新能源电池片、建筑保温材料等多种产品共同研发生产"转移到"以工业应用行业为核心，以新能源行业为辅，以建筑行业为研发渗透重点"的多步走战略。在具体的职能层战略上，华陆新材借用了平衡计分卡的多个维度进行规划设计。对于高科技化工材料生产企业而言，研发创新始终应当排在第一位，不同生产工艺对气凝胶产品结构影响不一，产品生产过程相对复杂，对技术要求很高。国内气凝胶材料起步较晚，工艺不成熟，导致投入高产出低。作为一家自负盈亏的市场化运营主体，企业的财务运营能力也同样重要。此外，华陆新材规划总投资逾50亿元，占地近千亩。客户方面，公司将"高质量产品"作为发展的基石，构筑了"质量为本、追求卓越、满意服务、创造一流"的质量文化方针，为客户提供优质产品，以提升客户满意度。结合平衡计分卡四个维度，华陆新材具体的战略目标分解如表1所示。

表1                                    华陆新材战略目标分解

| 战略层级 | 战略名称 | 战略目标 |
|---|---|---|
| 公司层战略 | 气凝胶行业的开拓者、建设者、成就者 | 做气凝胶行业领头羊，持续用卓越的气凝胶产品为绿色发展和"双碳"目标贡献力量 |
| 业务层战略 | "多步走"产品战略 | 以工业白毡为核心产品，以新能源行业为辅，以建筑行业为研发渗透重点 |
| 职能层战略 | 领先型创新战略 | 对标一流高新企业，着眼工艺技术突破，突出科创属性，解决"卡脖子"难题 |
| | 稳健型财务战略 | 降低成本、提高盈利 |
| | 特色型品牌战略 | 良好的客户开发和维护能力，领先的品牌知名度，提供优质产品，提升客户满意感知 |
| | 多元型人才战略 | 较高的员工素质能力和员工满意率，加强企业信息化建设和文化建设 |

根据前述对华陆新材战略目标的分解，可以绘制出华陆新材的战略地图（见图3）。

## （二）预算为先，计控析评"多手抓"

建立良好的预算管理体系是进行资金管控的第一步。成立初期，华陆新材需要进行大规模的装置建设投入，对于新兴产业，生产工艺尚未完全成熟，设备造价较为昂贵。有感于现金流的危机感，公司引入全面预算体系，制定资金计划，力图对各项经营支出进行节流。公司全面预算体系的建设从计划、控制、分析与考核四个方面进行展开（见图4）。

### 1. 计划——编制年度预算，细分各个部门

作为正式投入经营的第一年，公司在2023年初召开预算动员大会，管理层对当年需要实现的具体目标进行规划，提出了全年营业收入实现2亿元，实现盈亏平衡，经营性净现金流为正的财务目标。此外还包括销售各类气凝胶产品 X 万立方米的生产经营目标。这些经营指标是结合外部形势与内部情况，由母公司和集团进行综合研判后定制。

在预算组织结构上，公司设立了三级组织，包括预算管理委员会、预算管理办公室以及预算执行单位。其中，预算管理委员会由高管负责，预算管理办公室由财务、生产、销售与研发人员共同构成，财务定期编制预算报告向预算管理委员会进行汇报；预算执行单位在各部门设立，并细分到各个班组。

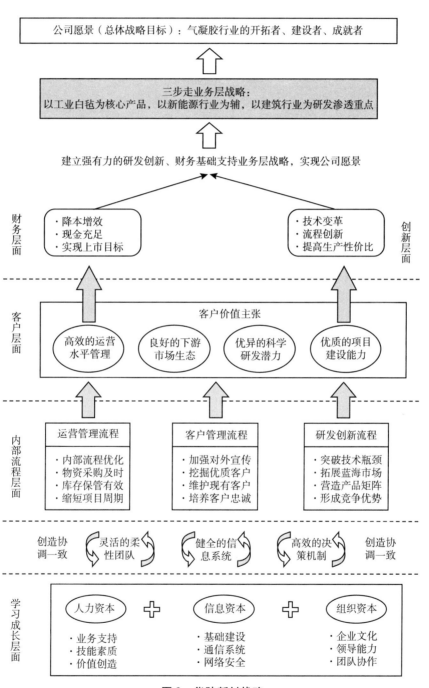

图 3 华陆新材战略

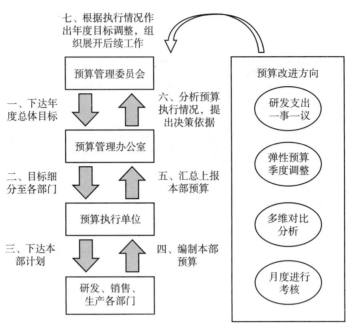

**图 4　华陆新材全面预算实施路径**

此外，华陆新材出台了全面预算管理办法，公司的年度全面预算编制与审批流程为"二上二下"。"一上"指公司向母公司上报预算主要指标匡算，"一下"为母公司审批下达主要指标。"二上"指公司在编制国资委预算表时一并上报全面预算报表，"二下"指母公司审批下达全面预算方案。公司预算管理委员会组织财务资产部等部门结合企业战略规划目标及企业实际情况，匡算下一年度预计新签合同额、营业收入、利润总额、投资总额等主要指标，财务资产部负责将各项主要指标匡算结果上报公司预算管理委员会，待公司审批通过后上报母公司。

**2. 控制——管控预算执行，强化费用管控**

公司于 2023 年 7 月召开半年度预算分析会，对半年度预算情况进行分析，并调整下半年度预算计划。半年度分析结果表明，其中，成本与期间费用与年初预期相差较大。成本方面，生产部门对固定资产折旧的估计数不足，上半年新购了固定资产，而起初预算中尚未体现，外加市场需求未及预期，销量未达盈亏平衡点，单位产品折旧等固定成本分摊较多，毛利指标惨淡。此外，期间费用与预期也有一定差距，主要体现在研发与销售费用上。公司上半年购买品质高、价格高昂的研发设备，而生产制造工艺改造仍不成熟，尚未形成资本化的成果，研发费用超过预算金额；市场层面，公司以新进入者的姿态挑战传统保温隔热材料领域，在市场开拓中势必要付出更加惨烈的代价，向市场进行推广，付出了更加高昂的销售费用。

同时，公司部分预算金额也尚未使用完全，管理部门年初预计发生的咨询费用大部分尚未动用。在编制下半年预算计划时，预算执行单位在原有计划上进行了弹性调整，尚未发生的预算进行节流，预算不足的部分相应调增。调增销售与研发费用的预算支出，并对固定成本实际使用情况进行评估，加强预算外固定资产管控，从而完成对年初计划的分析控制。

**3. 分析——结合研发实际，推行"一事一论"**

在后续预算开展中，华陆新材对预算机制逐渐进行优化。预算管理办公室按月度对预算执行部门的执行情况进行分析，对其中发生的重大超预算事项进行一事一议。考虑到研发设备高昂，后续研发支出甚至达到年初预算的一倍，对这样的预算安排需经预算管理委员会批准。此外，公司还加入滚动预算管理机制，对重要指标按季度进行调整，定期进行多维对比分析。让企业预算做到有理可依，有据可循。

**4. 考核——完善考核机制，纳入成效评价**

在预算改进基础之上，华陆新材还完善了预算考核机制。预算考核是预算管理顺利开展的重要保障，是评价公司经营业绩的重要方法。预算考核包括预算绩效考核、预算执行考核、预算工作考核。绩效考核对公司绩效指标预算完成情况的考核，通过考核的导向与激励约束功能促进预算指标的实现。将公司绩效指标纵向的层层分解和横向的关联分解，确保各项预算指标具有明确的责任主体；同时，对各项预算指标进行时间轴的分解，通过月度和季度的考核周期，确保各项预算指标过程受控。后续每年初，预算管理委员会针对各预算责任中心设定个性化的预算考核指标，考核指标与合同额、收入、生产量、单位生产成本等数据动态结合；考核结果与部门年终薪酬挂钩。业务部门和归口管理部门的费用预算，由财务资产部嵌入 OA 系统，各部门随时了解预算动态，对于预算执行异常的情况，由业务部门作出解释，预算管理委员会予以审议。预算执行考核主要通过实际执行情况与预算比较，以确定预算完成情况，据以评价预算责任中心的工作成效。如图 4 所示，为华陆新材全面预算实施路径。

## （三）核算为基，作业成本"一把尺"

全面预算的起点为销售预算，但要做好销售预算，就必须做好生产环节的预算，预算的编制者务必要对产品的成本与定价了如指掌，因此，做好预算管理的前提是需要获取精准且稳定的成本销售数据。华陆新材主要采用传统成本法进行成本核算，在这种成本计算方法下，除可以直接归集的材料成本外，公司将人工费用、动力费用以及制造费用全部按照产品当月的实际产量进行分配。这就导致了各种产品的成本差异仅体现在材料耗费中，其他资源耗费的数量均一致，无法反映出各项产品不同的作业工艺造成的成本差异，极大地扭曲了资源去向的归集（见图5）。

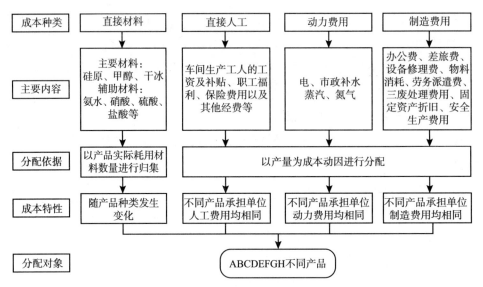

**图 5　华陆新材传统成本法核算体系**

**1. 识别——识别工艺流程，找准成本动因**

作业成本法一般适用于间接费用所占比重较大、产品品种繁多、产品生产工艺复杂多变的资金密集型企业。这与公司的实际情况相吻合，首先，公司形成了以 P 型和 C 型为主的气凝胶产品矩阵；其次，产品生产过程中所涉及的各项作业可明确进行辨认（见图6）；最后，作业动因与资源动因也可清楚识别。可以看到，华陆新材具备开展作业成本核算的实施基础。

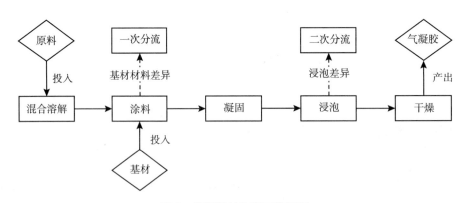

**图 6　华陆新材生产工艺流程**

结合华陆新材生产流程特点，梳理了作业成本法在企业中的实施步骤，整理成华陆新材作业成本法核算模型（见图7）。通过"作业消耗资源"环节，将各项资源耗费归集到基本作业中心，形成作业成本库。通过"产品消耗作业"环节，按照各项作业动因，统计出产品消耗的作业动因数量分配作业成本，以实现最终成本标的的分配。

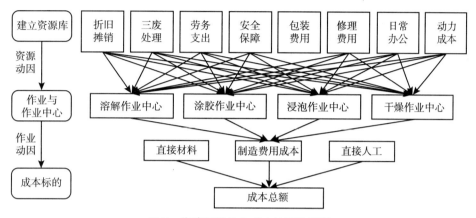

**图7 华陆新材作业成本法实施路径**

其中，公司各项作业中心的情况与对应的作业动因如表2所示。

表2 作业中心及作业动因归纳

| 作业中心类型 | 作业中心划分 | 包含作业 | 作业动因（二次动因） |
| --- | --- | --- | --- |
| | 溶解作业中心 | 称重、溶解、混合 | 开工次数 |
| 基本作业中心 | 涂胶作业中心 | 涂胶、凝胶 | 基材面积 |
| | 浸泡作业中心 | 浸泡 | 浸泡时长 |
| | 干燥作业中心 | 卷曲、干燥 | 干燥时长 |

### 2. 计算——遵循驱动因素，调准产品成本

作业成本法下，华陆新材按照气凝胶产品的生产工艺提炼出四项主要作业，根据各项作业实际的资源耗费情况对间接成本进行归集，从而完成作业成本法中"作业消耗资源"的第一步；再根据每项作业的特征，将作业成本中心所归集的间接成本进行分配，而完成作业成本法中"作业消耗资源"的第二步。将直接成本与间接成本加总即得到产成品总成本，如表3所示。

表3 作业成本法下计算的P产品与C产品成本

| | P产品 | C产品 |
| --- | --- | --- |
| 直接材料（元/平方米） | 22 | 47 |

续表

| | P 产品 | C 产品 |
|---|---|---|
| 人工、动力、制造费用分配（元） | 12937.26 | |
| 溶解作业分配间接成本（元） | 1293.73 | |
| 溶解作业次数（次） | 5 | 3 |
| 溶解作业对应成本（元/平方米） | 18.56 | 3.89 |
| 涂胶作业分配间接成本（万元） | 2587.45 | |
| 涂胶面积（平方米） | 43.56 | 124.85 |
| 涂胶作业对应成本（元/平方米） | 15.36 | 15.36 |
| 浸泡作业分配间接成本（元） | 3881.18 | |
| 浸泡时长（小时） | 239.58 | 499.40 |
| 浸泡作业对应成本（元/平方米） | 28.89 | 21.01 |
| 干燥作业分配间接成本（元） | 5174.90 | |
| 干燥时长（小时） | 239.58 | 561.83 |
| 干燥作业对应成本（元/平方米） | 35.52 | 29.06 |
| 单位制造成本总和（元/平方米） | 98.33 | 69.32 |
| 单位总成本（元/平方米） | 120.33 | 116.32 |
| 产量（平方米） | 43.56 | 124.85 |

传统成本法下，华陆新材按照产量作为制造费用分配的依据，P 产品与 C 产品的产品成本如表 4 所示。

表 4　　　　　　　　传统成本法下计算的 P 产品与 C 产品成本

| | P 产品 | C 产品 |
|---|---|---|
| 直接材料（元/平方米） | 22 | 47 |
| 制造费用（元） | 12937.26 | |
| 产量（平方米） | 43.56 | 124.85 |
| 直接人工（元/平方米） | 18.44 | 18.44 |
| 动力费用（元/平方米） | 22.01 | 22.01 |
| 制造费用（元/平方米） | 36.37 | 36.37 |
| 单位成本总和（元/平方米） | 98.82 | 123.82 |

以 2023 年 6 月的生产成本为例进行对标分析：传统成本法下，P 型产品成本偏低，而 C 型产品成本偏高。其原因在于：P 型产品所耗费的原材料成本偏低，而其加工生产的流程较为复杂，对浸泡、干燥都存在较高的要求，部分产品还需要进行特殊的定制作业，所耗费的动力费用与制造费用较多。C 型产品以混纺毡作为基础材料，而这类材料的成本较高，相对 P 型产品而言，这类产品的制造工艺较为简单，生产工艺稳定性较好，易于进行标准化操作，分摊的制造费用、动力成本相对较低。作业成本法通过产品实际进行的作业归集耗费资源，提升了成本核算的精度。

精准的成本核算也更有利于不同产品制定更加精准的定价决策。目前，华陆新材采取的是随行就市的定价策略。而根据作业成本法的计算结果，P 型产品成本在传统成本法下被低估，在现有的销售价格下具有较好的盈利能力，而实际上这种产品不具有较好的盈利潜能。在当前成本下，华陆新材适当增加了该类产品的销售价格，以弥补成本，提高毛利率。传统成本法下 C 型成本被高估，实际成本更低，华陆新材保持价格不变，以获取更多的利润。未来工作中，华陆新材利用好这把尺子，对成本进行精细化控制。

### （四）资管为要，开源节流"双管下"

除了引入全面预算与作业成本法解决资金问题外，华陆新材优化了营运计划，完善了两金制度管理体系，通过树立"现金为王"的观念，分别制定了"开源"的融资方案与"节流"的投资计划（见表5）。此外，还决定进行资金中心管理体系建立探索，加强资金的集中管理。

表5 华陆新材资金管理矩阵

|  | 开源 | 节流 |
|---|---|---|
| 投资 | • 利用科创属性，积极争取政府补助；<br>• 利用地缘优势与扶持政策，获得税收优惠减免 | • 加强固定资产管理；<br>• 优化两金管控，加强应收账款清收工作，确保最佳库存水平 |
| 融资 | • 获得集团资金注入；<br>• 积极推进战略投资者持股；<br>• 获取低息长期更加优质的银行贷款 | • 减少融资费用的开支，选择优质的资金提供者；<br>• 强化金融业务管理，健全保理方案 |

未来探索方向：加速构建资金中心，强化资金运营、资金管理与风险防控

### 1. 开源——引入战略资本，选择低息贷款

作为中国化学工程集团有限公司的子公司，华陆新材为集团开拓实体业务全新版图，华陆新材前期收到母公司 1.53 亿元注册资金。集团还承诺投入 20 亿元资金进行

后续二期三期规划建设，为生产工作的展开奠定了坚实的基础。除自有资金外，华陆新材在母公司的牵引下，积极寻找战略投资者。依托自身"混改试点、军转民用"的灵活机制优势、母公司化工设计龙头的专业优势以及蓝海市场前景广阔的市场优势，华陆新材获得了 HN 等多家投资机构的注资。

此外，公司未来仍计划引进相关产业的资管机构进行 A 轮融资，在深入上下游合作的同时，获取对方资本，建立更加紧密的合作关系。公司在债务融资上也进行了努力。公司将存量贷款利率下调 100 个 BP。此外，公司积极深入银行授信管理，在当地银行心目中信用良好，能够以更低的利率、更长的期限获取更为优质的贷款。华陆新材从自有资本、外部权益融资与债务融资三个层面减少资本成本，有效保障了资本结构的稳定，资金来源充足。

**2. 节流——强化库存管理，凸显科创属性**

两金是指应收账款及存货两类流动资产。对于初创企业而言，其下游议价能力均不足，容易出现高应收高坏账的情况；而市场未得到完全开拓，或是产品竞争能力不足，导致库存积压，难以变现，经营性现金获取能力不足。华陆新材就遭遇了这样的问题，下游到期应收难以收回，上游供应商拒收商业汇票，库存商品持续积压。为此，2023 年二季度起，公司出台了资金计划，力图强化两金管控体系，优化催收工作，降低存货水平。

对于下游客户，华陆新材首先调整了信用政策。公司一改前期过于宽松的信用政策，将所有与企业有往来的客户信息进行整理与归纳，构建客户资信档案，并由销售与财务人员进行综合评级。根据客户的信用等级，制定授信额度的大小，不仅提高客户对企业认可度，也能保证赊账款项按时收回。其次，优化催收工作。树立"清收也是创效"理念，制定奖惩措施，将货款清收加入销售人员业绩指标，而非一味地考核其销售金额。对于已到期尚未收回的应收账款，由销售人员查明原因，按照逾期时长分类为高中低风险货款，分别采取不同的催收政策，分解至每位高管进行督导，每月开设应收清查大会汇报催收工作进展。再次，加强客户尽调。对于潜在客户，在合同签订前，由销售人员进行调查，并将信息反馈至公司进行研判，资信良好的客户才会给予较大信用额度，避免"收款难""收款慢"的风险。

库存管理层面，公司实行以销定产的机制，一改前期不顾市场需求，盲目生产的行为。在市场开发部设立专门的研究小组，分析研判国内外气凝胶市场规模与行情变化趋势，对产能进行弹性调整。将库存水平控制在 20% 的安全边际线上，并根据市场淡季旺季随时调整安全库存水平，做到库存的动态管控。

此外，华陆新材积极凸显科创属性，获取了税收优惠、政策扶持的大量现金结余。作为科技型企业与西部企业，公司所得税减按 15% 征收。2023 年共取得增值税留抵税额返3500余万元；研发费用加计扣除金额1000余万元，进一步节约了税款造成的现金流出。此外，公司还积极争取政策资金返还，2023年收到各类政府补助，起到了雪中送炭的效果。在资本运作方面，公司持续跟进员工跟投过程中员工股权变动工作；强化金融业务管理，健全保理等方案的落实。切实提高对资金的使用率，确保企业资金链良性循环运行，解决初创型科技企业的燃眉之急。

**3. 探索——建立资金中心，实现集约管理**

华陆新材作为中央企业旗下的一个子公司，结合集团公司司库体系建设进度，积极打造自身的资金中心，完善两金管理的制度内容，努力实现资金的集约化管理。

当前，华陆新材借助资金管理系统，从四个方面进行资金中心建设。一是强化资金计划的管理，量入为出。坚持无计划不支付，保证资金流的稳定，做好资金的动态更新，给予公司决策提供及时的信息；二是加强客户动态监控，降低风险。根据合同、天眼查查到的信息来判断其风险，确定重点催收目标。通过结合回款情况、收入贡献等指标，确定哪些是现金流的客户，哪些是贡献产值的客户，哪些是要及时摒弃的客户；三是强化供应商管理，加强对比。主要涉及供应商之间的横向对比，包括支付方式对比，支付金额对比，反向倒逼业务；四是开立票据池，两家银行间形成竞争，最后争取到无保证金票据额度，进一步稳定了公司资金流。目前，公司资金中心建立布局还在逐步落实，但公司财务资产部已制定《财务审批制度》《供应商相关资质审查制度》《客户资质审查制度》等相关制度进行提前布局，切实为资金稳定提供了坚实的制度保障。

# 五、华陆新材管理会计体系建设的成效评价

## （一）基于经营效益的成效评价

国务院国资委提出"要有利润的收入和要有现金的利润"的监管要求，对企业的各项指标提出更高的要求。通过管理会计体系探索对财务工作的规范，公司2023年实现收入近2亿元，基本完成了收入规划指标；经营性净现金净流入1500万元，远超年度考核指标，公司完成了从外部输血到内部造血的转变；公司2023年末两金合计1.1亿元，占总资产比重约12%，较半年度时降低5个百分点，资金缺口明显缩小；从利润指标角度，公司做好业务的积累，为后续发力打下基础。

## （二）基于战略地图的成效评价

结合企业战略地图与平衡计分卡，从财务效益、研发创新、客户维度及学习成长

四个方面进行综合评价（见图 8）。

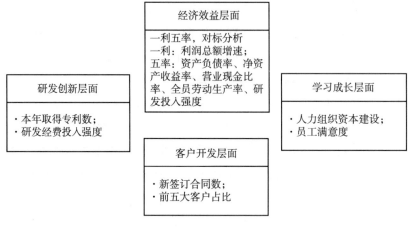

图 8　基于战略地图的华陆新材经营评价体系

**1. 财务效益层面**

公司财务效益主要用"一利五率"指标进行评价。其中，一利指利润总额，结合初创期企业特色，选择利润总额增速；五率包括资产负债率、净资产收益率、营业现金比率、全员劳动生产率、研发投入强度五项指标，对公司资本结构、盈利能力、现金造血能力有较为全面的反馈。分析结果显示，各项指标较上年有明显的提升，主要指标完成年度考核要求。

**2. 研发创新层面**

研发工作是华陆新材工作的重点，凸显公司科创属性，体现公司科创能力。公司主要以本年取得专利数、研发经费投入强度进行评价。本年新增专利数量较去年同期增长 50%。本年研发预算较去年增加，研发强度投入为同期 1.7 倍，研发进展持续取得突破。

**3. 客户维护层面**

客户维度考核指标主要为新签订合同额、前五大客户占比。2023 公司累计签订合同金额突破 3 亿元，较去年提升 40%。前五大客户较为稳定，总计占比为 65%，客户忠诚度较高。

**4. 学习成长层面**

学习成长层面，公司加强了人力资本与组织资本的建设。人力与组织层面，华陆新材从母公司挖掘具有丰富职业经验的高管人员，招聘博士、硕士进入企业研发、市场、管理岗位，为团队建设注入强大的动力。

# 六、华陆新材管理会计体系建设的未来展望

## （一）持续推进业务与财务融合建设

管理会计体系的建设与落地不是一蹴而就，也不是一劳永逸的，而是一个长期的过程，需要财务业务人员加强沟通，紧密合作，根据出现的状况进行动态调整。因此，在实践中华陆新材应进一步深化业财融合。从财务人员角度看，需要将财务管理嵌入业务流程中，将财务语言转为业务指导；从业务人员角度看，需要重视财务管理、支持财务工作，让落地的业务工作能够有效地反映到财务报表中。

## （二）推进管理会计与财务会计交融

在人工智能浪潮的冲击下，财务人员从财务会计向管理会计转型已逐渐成为大势所趋。在这种背景下，为培养综合型会计人才，华陆新材财务资产内部每年进行换岗，让核算会计人员与管理会计人员进行轮换，在对方的业务中进行深入体会。在此基础上立足企业营运实况收集与经营活动有关的信息，发挥各自优势达到控制、组织、指导、调节、评价经营活动的目的，促进企业在权衡利弊、调配资源、控制风险的基础上达成经营目标。

## （三）持续推进培养优质管理会计人才

企业管理会计体系的构建与落实离不开专业人才付诸行动。为此，华陆新材定期组织管理会计工作人员学习相关的理论知识及专业技能，旨在通过解析过去、统筹未来、控制现在的过程中提升人才素质。为此，华陆新材加强"校企合作"，面向高等院校提出用人要求，同时与人才进行双向选择，提升管理会计人员的创新能力、服务能力、职业修养等，继而为企业管理会计体系建构提供人才保障。

# 七、结　语

华陆新材正式运营刚满一年，基本业务刚刚起步。集团上下充满雄心，企业内部摩拳擦掌，初生牛犊，意气风发，誓要在气凝胶新材板块先拔头筹。财务建设方面，公司积极进行管理会计体系建设的探索，力图形成具备自身业务特色的财务体系，尽管现有的管理会计体系帮助华陆新材解决了资金紧张、战略模糊的燃眉之急，但在这

条从"0"到"1"的路上仍有诸多困难需要克服。

前有战略模糊，产品繁杂的伤疤，后有清收低效、回款不及的心酸。前车之鉴，后事之师；亡羊补牢，为时未晚。市场前景开阔，公司在研发、销售等多个层面表现良好，相信通过管理会计体系实践，公司能逐渐摸索出适合自己的财务路径。华陆新材身上，或许是千千万万中国科创企业的缩影：从他们身上我们能看到公司笃行致远的决心与踔厉奋发的勇气。立足于现存的温室，永远无法取得进步，只有初心如磐，砥砺前行，积极面对威胁与挑战，才能在激烈的竞争中存活。

（中化学华陆新材料有限公司：史华伟　安　康　张洲豪　熊　箭）

🎓 **案例评语：**

该案例紧扣当前国家制造业转型升级的战略背景，以前瞻性的视角，采用问题导向的研究思路，通过理论与实践相结合的方式，得出系统性的解决方案，将企业战略、全面预算、会计核算、资源管理充分结合，实现初创期企业从战略目标、资源调配到经营业绩反映、资源管理的良性闭环循环，且充分融合各模块管理会计工具方法的应用，有效促进财务与业务的深度融合，提升企业的战略管理能力，提高战略管理的科学性和有效性。

该案例在科技企业初创期管理会计体系探索方面作出了有益的尝试和贡献，具有较高的学术价值和实践指导意义，对于相关领域的研究和实践具有重要的参考价值。

# 统筹规划，创新管理会计实践，
# 助推北京市属医院高质量发展

**摘要**

近年来，国家相继印发了关于加强公立医院运营管理及高质量发展的政策，要求公立医院建立运营管理体系，加强全面预算管理，健全绩效评价机制，确保经济活动合法合规，提高资金、资产使用效益。北京市医院管理中心自成立起，坚决贯彻党中央、国务院关于深化医改和公立医院综合改革的决策部署，按照北京市委、市政府和市医改办、市卫生健康委工作部署安排，持续加强市属医院供给侧结构性改革，推进医院经营机制和服务模式战略性转变，进一步优化资源配置，不断提升运行效率，逐步实现市属医院治理体系和治理能力现代化。

在上述背景下，本案例阐述了北京市医院管理中心自主创新和有益实践，在各部门指导下，引导各市属医院在管理会计改革中的主体作用，从实际出发，兼容并蓄，基于医疗行业实际，运用管理会计的工具，以信息化为支撑，改进和加强会计人才队伍建设，完善管理会计的理论体系、组织体系、制度体系、流程体系、数据体系，为有序开展的管理会计的提供工作思路。通过 J 医院和 X 医院运用信息化管理会计工具取得的成果，分析其使用效果及现存问题和解决方法，总结概括改革前后所取得的成效。最后从系统设计层面、技术层面、使用层面三个方面总结出系统的应用经验，并提出优化意见和展望。为其他医疗机构引入并建立医院管理会计制度、使用信息化工具的选择作出了参考指导。

# 一、实 施 背 景

医疗卫生系统是资本密集型和知识密集型的行业，也是最早全面开展管理会计的行业之一。医院又是医疗卫生系统最具代表性的个体，如何调动好、管理好医院的各项资源—项复杂的探索性工作，又是一项有序的系统工程，市属医院也有公益性、持续经营以及精细化管理的要求，特别经历了三年新冠疫情，如何将管理会计的理念结合现代化的手段，才能持续推进医院精细化、高质量发展。

市医院管理中心，在对市属医院财经管理工作方面，采取"统一规划、统一规范、统一组织、统一实施"的工作方式，进一步优化资源配置，不断提升运行效率。

在落实深化医改政策、支撑市医管中心管理工作开展、完善市属运营管理体系等多方面具有建设必要性，借助管理会计的工具和方法，推动具有医疗行业特色的管理会计体系建设。逐步完善管理会计的理论体系、组织体系、制度体系、流程体系、数据体系等，围绕预算管理、成本管理、营运管理等方法，推进所属医院管理会计应用体系建设，并以此为基础采集汇聚市属医疗机构基础数据，建立卫生财经数据采集与整合体系。支撑医改各项任务调研分析、支持区域医疗服务价格调整、财政补偿，支持区域卫生资源规划与优化等各类应用要求，满足区域卫生财经监管的需要，提升整体医院运营管理科学化、规范化与精细化水平。

# 二、总体设计

逐步构建管理会计体系建设，加快建成全方位、全过程、全覆盖的预算成本绩效管理体系。

### 1. 应用相关管理会计工具方法的目标

通过管理会计，一是实现医院发展的提质增效，助力公立医院高质量发展；二是突出实务导向，发挥北京市属医院的区域率先优势；三是推动医疗卫生资源配置和合理构建财政部门、卫生主管部门、公立医院协同联动机制；四是为医疗体制改革提供支撑，提质增效，物质基础、数据基础；五是推动临床科研、临床教学事业发展。

### 2. 应用相关管理会计工具方法的总体思路

建立健全与公立医院高质量发展、医疗卫生体制改革相适宜的管理会计体系。以正确引导、加强监管为目的，强调业财融合、提质增效，以质量管理、风险管理为推手，推进管理会计体系建设、制度建设、人才队伍建设、信息化建设，建立多层次、多维度、标准化、颗粒度精细的决策支持系统，形成市属医院管理会计的科学化、精细化、智慧化和前瞻性管理。管理会计工具总体架构如图1所示。

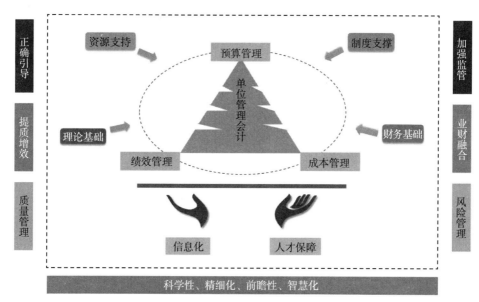

**图1 管理会计工具总体架构**

### 3. 实施管理会计的方法内容

（1）成本一体化管理。

制定《北京市属医院成本管理实施细则》，将成本管理向战略管理领域延伸和渗透，通过管理机制不断创新，市属医院由全成本核算逐步转型进入全面成本管理。并注重理论联系实际，充分结合市属医院成本管理工作实践中的共性和个性问题，给出具体指导，引领市属医院深刻理解成本管理内涵、掌握成本管理方法、提升成本管理效果。

（2）成本管理下的全面预算管理。

将管理流程从成本预算开始，与全面预算管理有效结合。通过制定医院战略目标分解完成预算准备工作，结合成本管理数据开展预算编制，以事前、事中控制为主，事后分析为辅为原则，跟踪预算执行与成本控制。对预算执行过程进行全程监控与分析，及时分析预算执行情况与风险因素。最后通过多维预算考评实现预算编制、预算执行、预算监控等全流程考核，推动预算执行积极性和合理性。

（3）围绕成本、预算管理运营数据中心。

建立基于统一数据标准与规范的运营数据中心，有效地解决当前医院信息孤岛问题，全面集成以 HIS 为核心的临床系统，以人、财、物为核心的医院运营管理系统，打通各个业务系统的壁垒，实现数据资源整合并打通前端临床数据、后端运营数据的壁垒，实现以资源消耗为核心，以财经管理为抓手，以精细化运营为目标，以数据驱动管理的现代化医院管理。

（4）智能分析。

以院长、总会计师等院领导、医工、人力等职能部门负责人及临床科室主任为受众对象，通过多组织维度、业务维度、时间维度与技术维护进行指标的深度分析，实现"数据驱动管理"，而 BI 工具，通过可视化的自助配置及数据模型、分析模型的管理，支持各类分析主题的呈现，根据不同业务分析场景的需要，通过查询、报表、多维分析、仪表板、故事板、嵌入式分析等丰富的展示分析手段提供所需信息，灵活快速地响应医院管理和业务变化。图 2 为运营数据中心架构图。

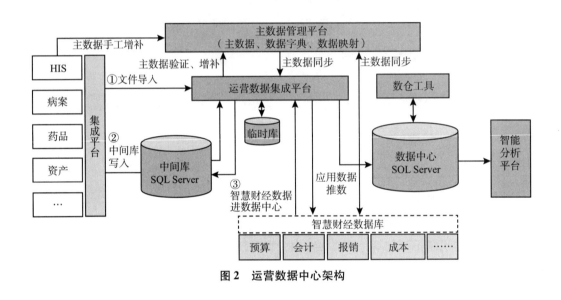

**图 2　运营数据中心架构**

# 三、北京市市属医院管理会计推进进程

## （一）参与部门和人员

### 1. 组织架构

市医管中心作为行业主管部门组织带领 22 家市属医院院长、书记、总会计师全面参与管理会计整体推进工作。其间各市属医院成立医院全面预算管理委员会、绩效管理委员会、成本核算工作领导小组等，明确委员会或小组的组织职责，充分发挥党委领导下的院长负责制，充分发挥专业委员会的科学论证、决策作用。

### 2. 专家体系

建立管理会计专家咨询体系，强调专家领先、理论领先。依托北京市卫生经济学会、清华大学、中央财经大学、北京中医药大学等行业学会和高校资源，构成专家组成员，形成专家组机制。专家组在行业财务管理、预算管理、成本管理、绩效管理、内部控制等各方面的制度建设中发挥了理论创新、制度建设、组织实施等重要作用，成为市属医院管理会计工作推进中的重要力量。

**3. 发挥总会计师制度优势**

为适应公立医院改革和管理会计的实际需要，2013 年原市医管局即前瞻性地谋划市属医院总会计师配备，率先制定了《市属医院总会计师管理办法（试行）》，面向全社会公开选拔总会计师，在运用管理中，充分发挥总会计师在领导班子中的专业能力，为医院经济运行管理出谋划策，有力地促进了市属医院财经管理领域的职业化建设和公立医院的改革发展。

### （二）推进管理会计体系建设

**1. 推进管理会计理论体系建设**

管理会计体系设立必须有政策支撑和政策指引，市医管中心根据管理会计基本理论、概念框架和工具方法，推进管理会计理论体系建设。

一是加强管理会计基本理论、概念框架和工具方法研究。例如，研究作业成本法在医疗服务项目成本核算中的应用。作业成本法以作业为中心，根据作业对资源的消耗情况，将资源的成本分配到作业，然后根据医疗服务所耗用的作业情况，最终将成本分配到医疗项目中。通过追踪所有资源费用到作业，然后再到医疗流程、临床路径、不同患者等成本对象，就需要医院提供全口径、多维度的更加准确的成本信息。比如，需要医疗专家根据经验，提供核算科室开展的每一个医疗服务项目的作业步骤、操作人员职称、数量、操作时间、使用的仪器设备、消耗的材料等资料信息。二是组织研究管理会计案例、宣传推广管理会计理论和先进做法等方面，发挥综合示范作用。例如，组织召开市属医院经济管理沙龙，22 家市属医院总会计师、财务处长、业务骨干共同参与管理会计理论和实践的讨论。组织市属医院积极申报管理会计典型案例，积极参加中国卫生经济学会、北京市卫生经济学会等行业组织的学术研讨活动，并在大会中积极发言，作为典型案例进行宣传推广。三是切实加强管理会计的实务研究，例如，鼓励市属医院积极探索业财融合模式，创新开展走动式服务。将管理会计相关数据与临床紧密结合，形成与医院职能部门、医务人员信息共享，互通有无的形式，更好地促进业财融合，实现公立医院的提质增效。

**2. 推进管理会计制度体系建设**

一是推进管理会计制度体系建设。例如，建立医院财务管理制度、全面预算管理制度、成本核算制度、成本管控制度，建立市属医院绩效考核财经指标，充分发挥绩效指挥棒作用等。形成以管理会计基本指引为统领、以管理会计应用指引为具体指导、以管理会计案例示范为补充的管理会计指引体系。二是建立管理会计专家咨询机制。组织招标管理会计相关课题，例如，开展《基于智慧财经模式下的成本管理服务方式研究》《医药卫生体制改革相关政策对公立医院运营的影响及应对》《立医院全面预算管理现状及预决算分析》等，持续推动管理会计有效应用。三是组织 22 家市属医院定期交流，及时总结、梳理管理会计实践经验。例如，北京市形成东北、西北、东南、西南四个片区的成本工作交流小组，以市属医院为组长单位带动区属医院共同探讨成本核算及管理工作。

### 3. 推进管理会计人才队伍建设

推动建立管理会计人才能力框架，完善现行会计人才评价体系。一是将管理会计知识纳入会计人员和注册会计师继续教育、大中型企事业单位总会计师素质提升工程和会计领军（后备）人才培养工程。二是推动改革会计专业技术资格考试和注册会计师考试内容，适当增加管理会计专业知识的比重。三是鼓励高等院校加强管理会计课程体系和师资队伍建设，加强管理会计专业方向建设和管理会计高端人才培养，与单位合作建立管理会计人才实践培训基地，不断优化管理会计人才培养模式。四是探索管理会计人才培养的其他途径。五是推动加强管理会计国际交流与合作。

### 4. 试点面向管理会计的信息系统建设

指导单位建立面向管理会计的信息系统，以信息化手段为支撑，实现会计与业务活动的有机融合，推动管理会计功能的有效发挥。一是鼓励单位将管理会计信息化需求纳入信息化规划，从源头上防止出现"信息孤岛"，做好组织和人力保障，通过新建或整合、改造现有系统等方式，推动管理会计在本单位的有效应用。二是鼓励大型企业和企业集团充分利用专业化分工和信息技术优势，建立财务共享服务中心，加快会计职能从重核算到重管理决策的拓展，促进管理会计工作的有效开展。三是鼓励会计软件公司和有关中介服务机构拓展管理会计信息化服务领域。按照整体"两端、五大体系、十三个模块"的总体目标与任务，协同建设的方式开展。统一设计层面完成业务架构、业务管理制度、数据标准体系、技术体系和部署模式的"五个统一"，完成"五大体系、十三个模块"的功能开发和落地部署实施。

## （三）市属医院具体实施内容

### 1. 作业成本法在医疗服务项目成本中的应用

通过追踪所有资源费用到作业，然后再到医疗流程、临床路径、不同患者等成本对象，就需要医院提供全口径、多维度的更加准确的成本信息。医院通过作业认定、成本动因分析以及对作业效率、质量和时间的计量，揭示资源、作业和成本之间的联动关系，为资源的合理配置以及作业、流程和作业链（或价值链）的持续优化提供依据，也为医院更有效地开展规划、决策、控制、评价等各种管理活动提供数据支撑。

医院在科室成本核算的基础上，采用统一的核算原则和方法核算医疗服务项目成本，为价格主管部门制定相关价格或收费标准提供依据和参考；同时，精准核算医疗服务项目成本也有利于临床、医技科室及时掌握医疗服务项目的实际开展及资源消耗情况，通过医疗服务项目作业库的迭代更新，不断优化临床路径。

**2. 量本利分析方法在经济运营分析中的应用**

J 医院根据科室成本数据进行医疗收入、成本及收益分析，采用比较分析法、趋势分析法对各类成本的构成及趋势情况分析，反映医院及科室成本结构及变动趋势是否合理；采用量本利分析法对医院及科室的盈亏状况分析，为医院提供适宜的运营方案；采用因素分析法、比率分析法对人力、药品耗材等关键成本要素及指标分析，明确医院成本管控的重点方向。

在医院成本核算中，医疗成本中的固定成本包括科室固定运行成本和支撑科室运行的管理成本；当科室工作量高于保本点工作量时，科室盈利；当科室工作量低于保本点工作量时，科室出现亏损。以 J 医院 B 病区为例，实际床日数为 2146 床日，接近保本床日数 2148 床日，科室工作量稍有提高即可扭亏为盈。目前，B 病区的边际贡献约 204 万元。故 B 病区属于临界点科室，未来仍需加速提高运营效率，突破保本点工作量，提高科室边际贡献；进一步改善收入结构，降低科室成本。具体数据如表 1 所示。

表 1　　　　　　　　　　**J 医院 B 病区本量利相关数据**　　　　　　　单位：元

| 科室 | 实际床日数 | 单位收入 | 单位变动成本 | 单位收益 | 固定成本 | 变动成本 | 保本床日数 | 保本收入 |
|---|---|---|---|---|---|---|---|---|
| B 科病区 | 2146 | 10754.63 | 9802.69 | −0.71 | 2044390.98 | 21036582.05 | 2148 | 23096725.68 |

**3. 探索全成本预算绩效，数据驱动全过程管理**

具体来看，在人员成本管理方面，J 医院合理进行人力资源配置。采用后勤运维人员集中统一管理的新模式，职能部门监督把关，统一管理后，后勤运维人员减少20%。同时，医院加强综合学科建设，加大人才培养和引进力度，引进了急诊、肾内科、呼吸科、心内科、重症医学科等人才骨干 9 名。在 2021 年末在职职工人数增长14.31% 的情况下，人力成本较 2020 年仅增长 3.6%。

图 3 为丁医院 B 病区本量利图示。

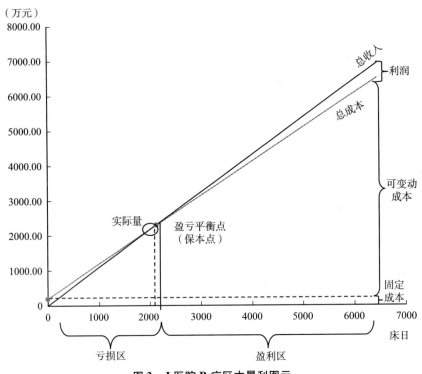

**图 3　J 医院 B 病区本量利图示**

　　耗材管理方面，医院注重耗材成本管理，采取针对性的管控措施。召开耗材管控专题会议，从辅助耗材敷料入手，制定科室控费目标，控制耗材不合理使用。职能部门定期在院周会公布科室控费情况，效果明显，重点科室敷料费用均下降 30% 以上。并以辅助耗材控费带动耗材全面控费。2021 年实现住院次均耗材费用同比下降 9.7%；门急诊次均耗材费用同比下降 14.1%。

　　提高资产使用效率方面，医院统筹资源利用，新龙泽院区科室腾挪积极鼓励出让、调拨、接收闲置资产，充分盘活存量，充分利旧，保证国有资产继续发挥效益。新龙泽院区开办费经预算管理委员会充分论证，审计、纪检部门全程跟踪监督预算执行、精准核对，共计完成 160 份合同、4.5 亿元的款项支付。医疗设备购置严格招标采购，提升附加价值。设备采购项目需求共 400 余项，开展招标 17 批次，累计中标总金额 4.7 亿元，其中国产设备占比 50.03%。通过谈判，将 90% 的医疗设备质保期由 3 年提升为 5 年，个别提升至 7 年，估算节省维保费用 2900 余万元，为医院今后 5 年节省大量资金成本。

　　党委全面加强对经济工作的指导，成立九个工作专项小组（协调督导组、医疗和药品工作组、人力资源管理组、卫生耗材管理组、后勤管理组、预算绩效工作组、医用设备管理组、科技创新成果转化组、综合宣传组）实行"问题包干、责任到人"的成本协同管理方式。建立经营管理的长效机制，努力提高风险防控能力，提高医院运行效率。利用财经信息化管理手段优势，实现数据驱动管理。医院充分发挥财经绩效指标指挥棒作用，实施"预算牵头，绩效收尾，全程管理"的运营管理方式。

**4. 运营数据中心在医院运营管理中的应用**

J医院在上级主管部门"统一方法，统一工具，统一组织，统一实施"的基础上，历时17年，已形成一套科学、成熟、稳定的科室、项目、病种、DRG一体化的成本核算体系。成本核算结果准确及时，成本结果应用维度不断拓宽，运营绩效、人力资源、资产管理、财务、信息等多部门联动融合，借助"预算—成本—绩效"闭环管理，为医院高质量运营发展助力。

（1）借助医院运营分析平台，强化科室成本管理。

建立了运营分析平台（即BI监测平台系统），月度监测耗材指标，通过深挖数据、分析数据、反馈数据，对耗材进行系统性的分析管理。打通医院内部原有的数据壁垒，实现医院层面的耗材线性追踪，并通过建立扁平化沟通机制，推动耗材精细化管理和闭环管理。同时，实行各科室医用耗材年度总额预算制，设定科室医用耗材领用额度，进一步加强耗材指标考核，做到考核结果与月绩效奖金挂钩，并设立年度耗材管理单项奖励。通过多方联动，切实加强临床耗材管控意识及综合监管力度，使日常监管与年度绩效考核互补，形成耗材管控合力。

如图4、图5所示分别为J医院领导驾驶舱和J医院科室运营分析平台。

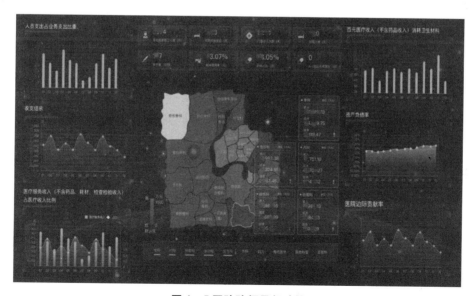

**图4 J医院院领导驾驶舱**

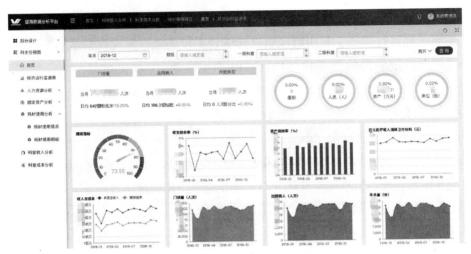

**图5　J医院科室运营分析平台**

（2）打造"走动式"服务模式，业财融合辅助决策。

为响应国家对三级公立医院高质量发展要求，2021 年医院以改革创新为动力，努力探索打造了"走动式"运营管理新模式，助力科室精细化运营管理。医院总会计师带领运营管理团队与重点临床科室详细沟通了科室运营情况，内容主要包括科室投入（科室人数、床位数、资产清单）、科室产出（科室收入结构、科室成本结构），以及科室 DRGs 病种费用及费用结构情况、例均住院费用、例均医务性收入及占比等科室重点关注信息。将成本核算系统中的数据主动带到临床科室身边，业财融合，上下齐心协力助力医院高质量发展。

（3）成本核算与绩效管理双向联动，运营管理互联互通。

医院成本核算办公室每月向绩效管理部门提供科室收支数据，用于科室月度奖金方案制定的参考依据；为强化部门间数据的共享及成本核算的及时性，提出每月 10日按时产出科室成本核算报表的明确要求，以应用管理倒逼结果产出；此外，根据每年北京市医院管理中心制定的绩效考核与评价指标方案，凡是可以分解到科室的、有关医院运营管理的指标部分，根据年初医院预算及运营管理目标，分解制定本年度相关科室各类指标的目标值，并及时跟踪分析指标的完成情况，用运营数据驱动绩效管理。

（4）形成数据驱动管理的长效机制，资源优化效益提升。

医院借助科主任例会制度，将"提效率、降成本、防风险、控费用"的医院运营管理目标传达到每个科室。致力于紧紧围绕医院绩效考核指标，不断强化医院收入结构调整、成本管控和提高资源配置效率。在科主任例会上，通过收入结构、成本效益、提高效率、费用控制四个维度，精准分析科室运营情况，协同科室一起努力改进，推动实现医院精细化运营管理。开展重点科室座谈活动，基于医院 5 年成本核算数据，作出以问题为导向的医院综合运营诊断分析；并以座谈会形式，就诊断分析的角度与结论，成功与临床科室、绩效管理部门进一步取得交流。

J 医院以业务流程管理为核心，以科室全成本管理和运营绩效管理为工具，致力于医院内部管理各环节的设计、计划、组织、实施、控制和评价，对医院人、财、物、技术等核心资源进行科学配置、精细管理，逐渐形成了具有医院特点的有效成本管理手段和方法。

**5. 大数据在医院耗材管理中的信息决策支持**

随着国家耗材管理政策持续高压，医院运营在 DRG 病组预付费模式下面临更高的要求和挑战，A 医院作为以心血管为特色的综合医院，成为本轮带量采购改革试点医院。

A 医院为适应 DRG 付费和耗材带量采购政策，响应公立医院绩效考核严控耗占比要求，切实降低患者负担，积极探索并实施了针对入组耗材的精细化运营管理，建立了面向专科专病的耗材分析管控体系，充分发挥数据优势，以大数据为抓手，面向临床，通过多视角分析耗材使用情况，为医院运营、耗材管理提供信息决策支持。

（1）严格控制重点监控高值耗材费用增长的政策要求。

一是加强高值医用耗材规范化管理，对十八类重点治理高值医用耗材进行监控，完善高值医用耗材临床应用管理，重点监控高值耗材医疗收入增幅小于医疗收入增幅；二是重点监控高值医用耗材收入占比增幅，要求本年度重点监控高值医用耗材收入占比小于上一年度重点监控高值医用耗材收入占比。

（2）结合医院学科特色制定重点监控耗材清单。

除十八类国家重点监控耗材外，医院增加了具有学科特点的高值耗材作为重点监控对象。如电生理手术用耗材、瓣膜、介入导管等，逐步建立心血管类卫生材料使用规范。

（3）将耗材管控纳入绩效管理范畴，并与绩效管理相结合。

医院定期在经济运行会、医用耗材管理委员会、心内外质量工作会等会议公示耗材使用情况，并将卫生耗材使用情况纳入绩效考核中的 KPI 指标，协同推进卫生材料规范化管理。

（4）耗材管控体系建设。

耗材管理不仅是医院医疗服务的重要组成部分，而且在提高患者满意度（国考关键指标）中起到关键作用，同时为满足 DRG 支付模式下绩效和经济双重管理目标，需建立 DRG 支付模式下的医用耗材分析管控体系。

管控体系建立从数据源头入手，以 ODR 数据驱动模式将耗材的选、采、供、管、评五大环节不同业务系统串联起来。打通信息阻梗，拿数据说话，医院可实时了解不同病例的耗材使用情况和费用分布，及时发现费用过高、浪费和滥用的问题，以针对性地采取控制措施；识别出关键病组和引发亏损的关键耗材，提供替换方案；在耗材分析和评价的基础上，医院进一步优化下一年度的耗材采购策略。

（5）医用耗材相关数据的集成治理是基础。

在已建设完成的智慧财经管理基础上，以 ODR 运营数据中心，一是实现管理端财务、物流和人力的数据标化管理。二是将医疗端的 HIS、医疗供应链管理系统、病案系统等和管理端连接为一个数据共享体。

（6）从不同角色维度提供不同口径的信息支持是关键。

耗材管控体系能够给院领导提供院级运营分析，主要重在对趋势变化的表达、耗材管理核心指标呈现与耗材指数多维分析列示；给医工部提供耗材专项运营分析，覆盖耗材使用、重点监控、超常预警等多环节的指标分析体系，涵盖使用科室、金额、分类、医师，病种等多维度的监测评估体系；给临床科主任提供运营助理程序，以科室损益分析为逻辑，串联收入、支出、资源消耗的管理逻辑体系，监管颗粒度落脚于临床科室和医生使用行为规范上。

（7）DRG 支付下病组耗材智能管控和运营分析是升华。

基于智能分析结果，医院能够为各科室和病组提供有针对性的解决方案，建立全院 DRG 耗材监控分析、科室 DRG 监控分析、DRG 手术耗材监控分析、DRG 耗材使用差异性分析等不同场景的分析维度，"一竿子插到底"地实现院级—系统—科室/医生/DRG/病种的分析。

# 四、取 得 成 效

## （一）解决公立医院财经管理业务痛点难点

系统在解决财经管理工作中的痛点、难点，推动财务对医院高质量发展的支撑作用。解决了财务管理对事前计划、事中控制不到位；对于医院科学资源配置，决策支持不足，颗粒度较粗；对医院改革统筹不足，忽略全面分析规划，全面预算效果不佳等问题。

## （二）助力公立医院高质量发展和提质增效

通过推进公立医院管理会计建设，实现业财融合，促进医院实现人力、资金、物资、信息、技术等资源全方位的优化组合，科学整合、高效利用医疗卫生资源，提升各类资源利用效率。建立起切实可行的、科学的工作规范和监控机制，落实医院内部管理、控制制度，最终实现公立医院运营管理的提质增效和高质量发展。

### （三）提升北京市属医院公共医疗服务能力

市属医院是北京区域公共医疗服务的核心力量。通过推进管理会计体系建设，建立财务共享服务中心，加快会计职能从重核算到重管理决策的拓展，进一步提高医院人、财、物等资源使用管理的安全性、规范性和有效性；通过财经信息化系统建设，细化各类工作流程、工作标准，确保中央确定的改革方向和原则下，医保支付、医药分开、价格改革、人事薪酬、分级诊疗等重点改革领域取得突破，建立符合首都特点的医院管理体制、运行机制和医疗服务体系，让人民群众得实惠、医务人员受鼓舞、医院发展添活力、资金保障可持续，进而提升北京区域公共医疗服务能力。

---

# 五、经验总结

### （一）管理会计体系建设的相关思考

管理会计建设是一项体系工程，市医管中心推动加强管理会计基本理论、概念框架和工具方法和医院实际结合的研究，形成了系统的相关制度和政策指引，也为系统管理会计体系建设打下理论基础。管理会计工作在实施过程中，主管部门和各单位的重视是项目建设成功的重要保障。制定了"基于管理会计体系"顶层设计方案，利用好各级领军人才的优势，对于专业技术问题，寻求专门的技术开发机构进行支持。

### （二）优化建议

由于医疗系统涉及业务多，运用数据量大，经济业务情况比较复杂，管理会计起步晚，管理会计应用中还是存在着应用深度不够，广度不宽的情况。

为了更好推广管理会计的运用，一是及时对现有政策、管理会计的工具进行解读，及时出台配套政策和制度，调整对应的工作和业务流程。二是系统建设方案设计时充分考虑系统的扩展性和延展性，建设单位需要在不断跟进新技术、新应用，在项目交付后可快速应对、升级。

### （三）推广建议

医疗卫生行业有医疗行业特殊性和经济复杂性，管理会计能够不断完善决策的科学性、经济性，建议财政部门加强管理会计在行政事业单位的政策指导、经验总结和应用推广，为行政事业单位提升内部治理水平作出有益探索。以信息化支撑会计职能拓展为主线，以标准化为基础，以数字化为突破口，引导和规范我国会计信息化数据标准、管理制度、信息系统、人才建设等持续健康发展，积极推动会计数字化转型，构建符合新时代要求的国家会计信息化发展体系。

（北京市医院管理中心：侯常敏　姜　鹏　周　颖　王　成

孙　磊　吴　倩　陈　越）

**案例评语：**

该案例聚焦北京市医院管理中心的创新管理会计实践，结合医疗行业实际，构建了符合政府相关部门要求和公立医院特点的管理会计体系。该体系从理论体系、组织体系、制度体系、流程体系、数据体系五个方面展开，以信息化为支撑，整合预算管理、成本管理、运营管理三大管理会计工具，并通过若干家市属医院的实践进行了验证，并提出优化意见和展望。

案例单位提炼出设计层面、技术层面、使用层面三个方面的应用经验，为其他医疗机构和有关单位提供了有益的借鉴。

# 基于业财融合的省气象部门
# 财务管控模式构建与应用

**摘要**

气象事业是科技型、基础性、先导性社会公益事业。湖南省气象局实行中国气象局和湖南省委、省政府双重领导体制。主要承担气象灾害监测预报预警，气象应急防灾减灾管理，防雷减灾工作组织管理，决策、公众、专业气象服务等工作。单位性质是中央驻湘事业单位，实行双重计划财务管理体制。

随着国家健全现代预算制度改革、事业单位会计改革与发展，以及气象高质量发展和会计数字化转型的要求，湖南省气象局结合部门管理特点，以业财融合为抓手，构建以"一平台、两重构、三机制"为核心，以"两化两式管控"为理念的业财融合财务管控新模式，持续提升财务管控能力，支撑气象事业高质量发展。

本案例重点介绍湖南省气象局应用预算管理、风险管理、财务信息化、财务共享等管理会计工具的实践。主要做法是"六个着力点"，构建集中核算下财务共享模式，助力财务数智化应用；实现预算管理全流程，强化预算刚性约束；搭建预警监控网，探索风险全生命周期监控；构建资金支付全闭环管理，确保资金安全；覆盖全流程业财场景，促进财务业务生态良性发展；建设管理会计人才队伍，提供转型专业支撑。

本案例为事业单位业财融合财务管控提供思路和参考。

# 一、背 景 描 述

## （一）单位基本情况

中国气象局是国务院直属事业单位。湖南省气象局（以下简称"省局"）是中央驻湘事业单位，受中国气象局和湖南省委、省政府双重领导。省局设有 10 个内设机构，下属 11 个直属事业单位，1 个省级地方气象事业机构，1 个非营利组织；下辖 14 个市（州）气象局，95 个县（市、区）气象局。

### （二） 应用基础

气象部门实行双重计划财务管理体制。湖南省气象部门实行财务集中核算制。2007 年，省、市（州）两级气象局相继成立财务核算中心，全部财务收支纳入财务核算中心核算与监管，下辖县局实行"县账市审"。同时省局会计信息化起步较早、基础较好。

### （三） 构建原因

（1）适应国家健全现代预算制度的要求。预算管理一体化实施，涉及单位内部治理、财务管理、业务规范等业财融合的财务管控模式构建，对落实党政机关习惯过紧日子要求，加强财会监督，提高财政资金使用效益等意义重大。预算改革后组织构架和业务流程重构迫在眉睫。

（2）事业单位会计改革与发展的积极探索。气象部门已具备事业单位财务共享的组织构架，通过集中核算和监管，为气象现代化建设提供财务保障。但机构改革下财务集中核算模式有待完善，需进一步厘清业务与财务职责，突破信息壁垒，创新服务方式，提升财务影响力，助推财务转型升级。

（3）顺应气象高质量发展和会计数字化转型要求。构建应用部门财务信息系统，发挥智慧财务对气象科技创新、业务服务和管理体系建设的作用是落实气象高质量发展要求。从传统的会计核算向信息化、网络化和集成化管理转型，发挥信息资源集约优势，强化对气象部门四级预算单位管控，为部门管理科学化提供支撑。

# 二、总 体 设 计

## （一） 应用目标

以强化部门预算管理为核心，加强内部控制为重点，数字技术与财务管理融合为抓手，推动财务管理理念、机制、组织、手段变革，持续提升财务管控能力，为湖南省气象高质量发展提供坚实财务支撑。

## （二） 总体思路

构建基于业财融合的财务管控模式，其理念是"两化两式"管控，即标准化管控、流程化管控、预警式管控和服务式管控。核心内容体现为"123"结构，即一平台（N 系统）、两重构、三机制（见图1）。

**持续提升财务管控能力**
**为湖南省气象高质量发展提供坚实的财务支撑**

管控模式四大特点：标准化 流程化 预算式 服务式

| 一个目标 | | |
|---|---|---|
| 四大理念 | | |

**一平台**　即以计财管理一体化、预算管理一体化系统为主体的业财管控平台

**主体系统（本地应用）**

● 本地化应用计财管理一体化信息系统
　◆预算指标　◆报表系统
　◆网上审批　◆联网监控
　◆会计核算
● 本地化应用预算管理一体化系统
　◆预算管理一体化系统

**辅助系统（研发与应用）**

● 研发应用资金支付全闭环管理系统
　◆银企直联
　◆RPA机器人
● 研发应用财务服务系统
　◆预算执行智能分析系统
　◆财经政策法规管理
　◆薪资管理

**两重构**　即基于业财融合的财务管控模式中流程和职责重构

流程规则与岗位职责整合子系统平台

● 业财融合的流程再造和资源再配置
　◆业务流程重构　＊财务报销、网上审批流程与岗位重构
　◆岗位职责重构　＊预算管理模块流程与岗位位置
　　　　　　　　　＊联网监控流程与岗位重构
　　　　　　　　　＊资金支付全闭环管理流程与岗位重构

**三机制**　即基于业财融合的财务管控模式中运行保障机制

● 组织构架、人才保障、财务服务三项机制
　◆财务集中核算下财务管理机制
　◆人才保障机制
　◆优质财务服务，提质增效活动等服务机制

**"123"核心**

**六个着力点**

■ 构建资金支付全闭环管理，确保资金安全　　■ 实现预算管理全流程，强化预算刚性约束　　■ 构建集中核算下财务共享模式，助力财务数智化应用
■ 覆盖全流程业财场景，促进财务业务生态良性发展　　■ 搭建省级预警监控网，探索风险全生命周期监控　　■ 建设管理会计人才队伍，提供转型专业支撑

**图1　基于业财融合的省气象部门财务管控模式总体思路**

### （三） 主要内容

（1）构建模式："一平台两重构三机制"。"一平台"以计财管理一体化信息系统、预算管理一体化系统实践为主，研发应用财务服务系统、资金支付闭环管理系统，集 N 系统为一体的财务管控平台。以"三标准三集中"实现"三促进"。在平台中打造核算标准化、流程标准化、支付标准化，将预算审核权、报销审核权、资金监管权三集中于财务中心，促进系统再优化再完善，促进单位财务管理规范化，促进风险防范能力提升。"两重构"是业财管控平台适配的业务流程、岗位职责重构。将管理、业务与财务等部门整合于系统平台，开展业务流程、岗位职责两条线上的流程再造、资源再配置和岗位责任落实，实现目标互锁和无感重点管控。"三机制"是财务管控模式构建中的财务管理机制、人才保障机制、财务服务机制的完善。

（2）主要做法："六个着力点"。一是构建集中核算下财务共享模式，助力财务数智化应用；二是实现预算管理全流程，强化预算刚性约束；三是搭建省级预警监控网，探索风险全生命周期监控；四是构建资金支付全闭环管理，确保资金安全；五是覆盖全流程业财场景，促进财务业务生态良性发展；六是建设管理会计人才队伍，提供转型专业支撑。

### （四） 创新点

（1）构建"两化两式"的财务管控模式。标准化财务管控，即完善财务集中核算的管理组织体系，统一会计核算要素、业务运行流程、管理规范标准等。流程化财务管控，即在平台中整合流程规则与岗位职责。预警式财务管控，即通过监控规则前置，开展事前、事中、事后预警。服务式财务管控，形成常态化财务服务机制和评价机制。"两化两式"的财务管控形成协同管控合力，实现财务工作转型。

（2）推动数字化下的业财深度融合。气象部门属于扁平化多分支的中央单位。业财融合起点体现在建立财务集中核算为基础的财务共享模式，变革人员、流程和信息等方面。业财融合在实践中，将管理、业务、财务三端固化于流程与数据，并建立端到端全流程闭环管控，多场景实现业财线上线下同步融合。业财融合体现在服务中，以服务的柔性理念解决系统的刚性机制带来的僵化问题，有效推动业财融合。

（3）构建全员参与的预算管理新机制。构建新的预算编制执行路径，改变原有"单位或财务"单向预算管理，为"单位 + 财务"双向预算管理，产生了"1 + 1 > 2"的效应。同时，丰富核算维度、细化核算颗粒度，建立资金支付闭环管理新方式，将预算编制、预算执行、会计核算等信息系统统一控制，实现预算执行刚性约束。

# 三、应用过程

省局高度重视业财融合的财务管控模式构建和应用，借鉴企业优秀实践经验，建立完善管理组织体系；注重顶层设计，开展实践探索；从最初的财务集中核算管理，到引入新技术融合创新，探索构建了业财融合的财务管控模式（见图2）。

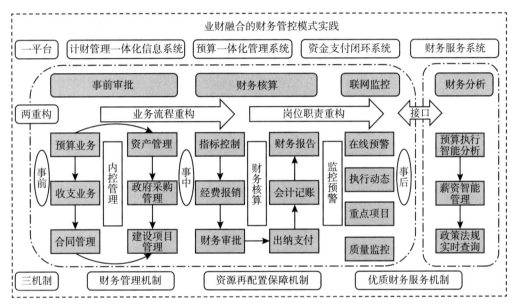

图2 业财融合的财务管控实践

## （一）组织架构

省局计财处和财务中心负责具体实施。运行方面实现三维度管理。计财处定位于规划财务，负责全省气象部门的规划发展、预算统筹、项目管理等，是计财管理一体化信息系统实施的主管部门。财务中心定位于共享财务，承担财会监督、财务数据挖掘与分析、会计核算与服务等，是财务管控模式创建和实施的主要部门。各预算单位定位于业务财务，具体落实业务单位财务主体职责。

在逐年完善的基础上，构建集中统一、上下贯通、各司其职、执行有力的组织构架体系，形成紧密协作、协同共管合力，为业财融合的财务管控模式构建与应用提供有力保障。

#### （二）部署要求

**1. 准备阶段**

开展前期调研、邀请专家现场指导录入预算指标、编写教材、组织培训、前往市县局指导。完成系统软硬件升级配置和全省气象部门网络布局设置，确保省—市—县气象部门财务报销系统顺利联网。组织编写常见问题集锦、指标管理、财务报销系统操作手册、县局报销系统操作指南等累计 37 份，确保推广应用效果。

**2. 流程梳理和职责划分**

首次明确管理部门、财务中心、业务单位职责。设置业财融合桥梁。设置财务报销中业财重要桥梁——单位报账员；设置预算管理中业财重要角色——预算管理员；设置资产管理中业财关键人员——固定资产管理员。

随着系统职能拓展、预算一体化试行、资金支付系统构建，再次梳理流程、重构职责。（1）计财管理一体化系统。管理端设置系统管理岗；业务端设置经办人岗、审核人岗；财务端设置初审会计岗、审核会计岗、出纳岗。（2）预算一体化系统。管理端设置计财管理岗；业务端设置单位信息管理岗、人员信息管理岗、资产管理岗、项目库管理岗、预算编制岗等；财务端设置预算审核岗、信息网络维护岗等。（3）财务数据联网监控系统。管理端设置计财管理岗；财务端设置财务中心监控岗；业务端设置单位疑点反馈岗。（4）资金支付全闭环管理系统。针对不同网上资金结算方式设置不同的业务办理流程，明确流程中各岗位职责。预算一体化系统中设置经办岗、审核岗、复核岗、签章岗；银企直联系统中所涉及的审核、复核均在计财管理一体化系统的网上审批系统对接完成。

**3. 构建历程**

（1）初步构建。2015 年，本地化应用包括预算管理、财务核算、报销系统等计财业务系统升级版。2016～2017 年研发应用财务服务系统，业财一体化平台初具雏形。（2）功能拓展。2018 年，在中国气象局和省财政厅指导下，率先开展政府会计准则制度信息化先行实践，重构部门政府会计核算运行模式。2019～2020 年应用联网监控、网上审批子系统，平台财务管控功能得到进一步拓展。（3）完善应用。2021 年研发应用银企直联和 RPA 机器人。2022 年本地化试点中央部门预算管理一体化系统。开展人才保障机制、优质财务服务和提质增效服务机制。形成业财融合的省气象部门财务管控模式。

#### （三）应用模式和应用流程

**1. 构建"一平台"，信息化助力气象高质量发展**

计财管理一体化信息系统、预算管理一体化系统、财务服务系统、资金支付全闭环管理系统集中于一平台，平台投入应用后，实现各系统之间及其与外系统的融合共享，业财管理数据信息化智能化，为决策和管理提供财务数据支撑。

一是落地计财管理一体化信息系统，提升管理效能。该系统底层基础架构以"云＋端"的部署模式，建立了机构、科目、核算、数据、权限与接口等标准化体系，以标准化体系支撑业务管控体系和财务核算体系，其中，业务管控体系包括预算、收支、采购、合同、资产、项目、工程项目管理模块，财务核算体系包括网上审批、智能审核、智能支付、会计记账、财务报告、会计档案模块。部门联网监控子系统实时在线监控业务管控体系与财务核算体系。部门财务大数据决策服务子系统供领导决策、单位管理、个人查询、风险预警，以及智能决策分析使用。计财管理一体化信息系统由中国气象局统一规划建设，省局本地化应用。

二是实施预算管理一体化落地，强化预算约束。气象部门作为财政部中央试点单位，按照统一部署，落地预算全流程电子化管理和预算资金全流程监控。结合实际，统筹计财管理信息系统与预算一体化的应用实践，相互补充、促进、融合。2021年、2022年省局分别开展省财政预算管理一体化、中央部门预算一体化复盘和执行，以系统化思维和信息化手段推进预算管理一体化进程。

三是建设财务服务系统，形成监管服务合力。针对财务管理服务中的突出问题，依托计财管理一体化信息系统和气象政务管理信息系统，研发应用省级气象部门财务服务系统，包括预算执行智能分析、薪资智能管理、财经政策法规查询等子系统，将监管通形于服务。研发预算执行智能分析子系统，加强对预算执行进度、预算执行风险防控、预算绩效考评等管理。研发薪资智能管理子系统，规范工资发放，及时为各级管理层提供决策依据，实现省局传统手工工资数据整理到电子化数据方式变革。研发财经政策法规查询系统、报账大厅 PC 触摸屏自助服务、财务报销规范化提醒实用工具等子系统，积极探索财经政策法规管理信息化发展服务新领域。

四是构建资金支付全闭环管理，防范资金风险。以银企直联为主、RPA 机器人技术为辅的全流程资金支付闭环管理系统，完成与预算管理一体化系统执行模块无缝衔接，所有查询、审核、支付等操作指令在计财管理一体化信息系统一次录入，实时由银行网银系统完成，操作简易、安全增效。财务 RPA 技术作为补充，有效防范资金支付风险。资金支付全闭环管理系统由中国气象局和相关银行投入。

**2. 开展"两重构"，厘清流程职责强化预算管理**

根据我省气象部门业务特点，确定过程管控的三原则：业财融合原则、制衡性原则、重要性原则。根据以上原则，将原本纷乱庞杂的流程重新梳理，规范和统一省—市—县三级财务报销、网上审批、预算管理、联网监控、资金支付四类五项运行流程及岗位职责，开展业财融合的过程管控。

一是开展财务报销与网上审批系统的应用实践。

重构业财运行流程。（财务端）会计依据批复的当年预算，分解预算指标，导入计财业务系统→（业务端）报账员录入相关支出信息，高拍仪扫描附件上传→（财务端）会计初审票据合规性完整性，根据预算支出渠道选取预算指标、付款方式、会计科目等信息→（业务端）单位财务负责人审批→报账员打印提交报销单据→（财务端）会计复核→出纳办理支付→在账务处理系统自动生成凭证→账务处理系统取数，报表系统生成报表（见图3）。

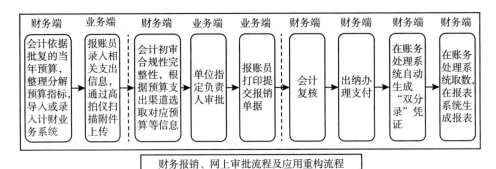

财务报销、网上审批流程及应用重构流程

**图3 财务报销、网上审批应用流程与岗位**

重构业财岗位职责。管理端、业务端和财务端重新明确各自岗位职责，按照业务类型重构报销审批流程，业务端和财务端联合审批支付。要求各单位严格执行权限变更制度流程，设计审批表单，将审批系统权限风险发生率降低到极小可能性。详细岗位职责如表1所示。

表1
网上审批系统岗位职责

| 岗位设置 | 职责分工 |
|---|---|
| 业务端：<br>经办人 | 1. 对业务真实性、票据合规性、完整性负责。<br>2. 根据支出事由填报对应的经费报销单，并上传原始单据的电子附件，确保要素齐全、附件完整。<br>3. 网上审批流程结束后，及时打印报销单，在报销单上手写签名，与纸质单据一并提交财务端办理支付 |
| 财务端：<br>初审会计 | 1. 负责补充经费报销单的财务信息。根据预算支出渠道选取对应的会计科目、预算指标、付款方式等信息。<br>2. 负责对报销事项进行线上初审。审核报销事项是否符合相关财务管理规定；报销人是否选择正确的报销业务类型；上传的电子要件是否齐全等。<br>3. 审核不通过时，负责将报销单退回至报销人，并通知报销人修改单据信息 |
| 业务端：<br>审核人 | 1. 对业务支出的真实性、合规性承担审查和领导责任。<br>2. 负责根据本单位预算，在授权审批权限内对提交的经费报销凭证进行审批。<br>3. 负责对大额资金支出报销的合规性进行风险防控审批，确保重大支出履行集体决策程序 |
| 财务端：<br>复核会计 | 负责对报销事项进行复核。审核纸质发票、收据的真伪；审核纸质报销单是否与网上审批的电子单据一致；所有纸质单据粘贴是否规范完整等 |
| 财务端：<br>出纳 | 负责根据审核和审批过的支付信息办理支付结算，整理打印回单并完成记账 |

过程管控具体举措。通过前置规则实现对财务端和业务端有效控制。报销审核环节新增填报、审核、支付前置校验，规则涉及凭证要素不完整，以及支付用途、大额提现、现金发放津补贴等不符合制度规范的内容。在系统中确定控制类型，分为严禁和提示。违反中央八项规定精神及实施细则等严禁支出事项在填报环节予以拦截。实现业务管理系统与财务报销、网上审批系统协同控制。自动调取省局气象政务管理信息系统的出差审批信息等，对接资产管理系统以确保资产的账账相符，完成报销、账务子系统对接，实现自动记账、自动生成报表。

二是开展全口径预算管理的应用实践。

重构部门预算编制流程。在中央预算一体化、省财政预算一体化中，（财务端）编制前，充分了解单位预算编制思路、依据和规模，主动提供上年决算数据、探讨下年新增因素，提供项目测算表式→（业务端）编制时，依据测算数据，统筹各类资金，主要对资金来源、部门经济分类科目、年度绩效目标、年度新增资产配置、年度政府采购等进行项目测算编制入库→（业务端）从入库项目中选取已细化的二级项目生成年度单位预算草案提交审核→（财务端）依据预算编制要求审核预算科学性合理性准确性规范性→（业务端）对数据勾稽审核后将数据逐级汇总上报。

重构预算管理支付流程。（财务端）经办岗录入→审核岗审核→（业务端）复核岗（单位指定负责人）审批（限额资金起点以上单据）→（财务端）签章岗办理支付（见图4）。

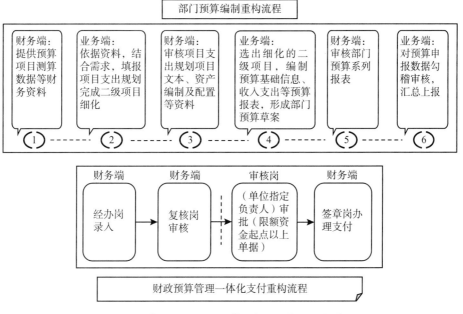

图4　预算编制流程、预算一体化支付流程与岗位

重构预算管理岗位职责。重新分配和设置省级气象部门预算管理职责。详细岗位职责如表2所示。

表2 预算一体化系统岗位职责

| 岗位设置 | 职责分工 |
|---|---|
| 管理端：<br>计财管理岗 | 1. 负责组织确定预算编制总体思路，开展预算编制、审核、汇总上报工作。<br>2. 完成预算批复工作，下达预算控制数，完成投资计划分解下达工作。<br>3. 根据地方政府或财政部门要求，制定预算公开方案，按规定在门户网站指定位置公开预算。<br>4. 组织预算单位开展绩效评价，对预算绩效运行情况开展绩效监控，对预算执行进行考核。<br>5. 组织对各类监控检查中发现的问题进行整改 |
| 业务端：<br>单位管理岗 | 1. 单位信息管理岗，负责单位联网登记工作。组织完成预算单位信息变更、新增、撤销、停用等流程操作，并汇总审核报送。<br>2. 人员信息管理岗，负责人员信息的录入和人员变动信息维护。<br>3. 资产管理岗，负责资产系统管理和维护。预算编制时，负责提取、核实资产数据，提供预算编制中资产报表相关数据。预算执行中，加强对国有资产的动态管理。并定期与财务部门对账，做到账账相符。<br>4. 项目库管理岗，负责项目信息管理和维护。申报项目时，完善项目文本等资料，对通过评审的建设项目完成入库。预算执行中，负责单位项目管理，项目经费使用、进度以及合同管理、项目绩效评价等。负责组织项目竣工验收，资产移交等 |
| 业务端：<br>预算编制岗 | 1. 负责结合上年度单位收入支出情况，统筹各类资金，编制上报预算表格。报送数据审核材料，答复审核疑点、补充审核材料。<br>2. 按要求细化本单位综合预算控制数。调整预算项目库，编制预算报表，逐级汇总上报。<br>3. 组织预算绩效评价，开展绩效监控等 |
| 财务端：<br>预算审核岗 | 1. 为单位提供编制预算所需的财务数据，配合确定预算总思路，协助完成预算编制审核工作。<br>2. 根据预算批复，录入并细化计财业务网上审批系统的预算指标，并以此严格审核单位经济事项支出 |
| 财务端：<br>信息网络维护岗 | 负责一体化网络和软硬件的运维保障，保证稳定、高效接入一体化系统，平稳开展一体化实施业务 |

过程管控具体举措。①以"点线面"业财融合预算管理机制落地预算一体化。"点"是深化预算体制改革在省气象部门落地，"线"是预算管理模式下业务流程和内部管理两条线的业财融合，"面"是构建预算管理全方位、全流程、全资金管控，覆盖预算编制、预算执行、过程管控，实行预算走访制、预算定期报告制以及提供标准化范本等多项机制。②以融合为理念，主动上门服务、开展专业化培训，根据单位实际情况，理顺编制流程、前移审核关口，将服务前置到项目谋划、预算测算和编制环节，有效构建新的预算编制路径：事前充分沟通（财务＋单位）→线下规模初审（财务＋单位）→经办人录入（单位＋财务）→预算审核（财务＋单位）。③通过"制

度＋系统"实现预算刚性约束。将经批复的部门预算数据导入预算指标管理模块，按照管理要求细化、分解，形成可用的预算指标，对接财务报销系统，形成刚性约束（预算指标可调整），完成账务处理后，形成预算执行情况查询及执行结果评价。

三是开展联网监控系统的应用实践。

重构监控运行流程。（财务端）财务中心接收下发疑点信息→（业务端）业务单位核查疑点，上报说明及整改材料→（管理端）计财处组织对研判事项的疑点研判→（财务端）财务中心进一步核查，上报核查报告→（管理端）计财处审核督促→（业务端）业务单位完成整改（见图5）。

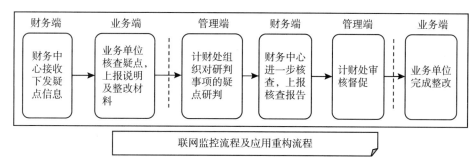

**图5　联网监控应用流程**

重构监控岗位职责。财务数据联网监控业务的开展，不改变单位的资金使用和财务管理主体责任和监督责任。详细岗位职责如表3所示。

表3　　　　　　　　　　　　　**省级财务数据联网监控岗位职责**

| 岗位设置 | 职责分工 |
|---|---|
| 管理端：<br>计财管理岗 | 1. 负责全省气象部门财务数据监控业务的管理工作。指导和督查监控业务实施情况，制定制度及相关规定，细化业务流程和岗位职责。<br>2. 组织开展地方财政资金和其他资金财务数据监控业务，开展监控业务的本地化工作，组织监控业务培训，对监控业务工作进行考评、检查和通报。<br>3. 总结分析监控发现的问题，提出完善建议。发现涉及违纪违法的线索，按规定程序报告省局，并将处理结果反馈主管部门 |
| 财务端：<br>财务中心监控岗 | 1. 配合计财处制定监控制度及相关规定，协助开展培训，做好计财业务联网监控平台和计财业务系统的对接和日常维护。<br>2. 组织核实国家局下发的财务数据监控疑点并及时反馈。承担地方财政资金和其他资金的监控工作。核实财务数据监控疑点。<br>3. 督促单位对财务数据监控发现问题进行整改。<br>4. 定期梳理财务数据监控业务运行中发现的问题，形成监控报告报计财处 |
| 业务端：<br>单位疑点反馈岗 | 1. 配合上级部门核实监控疑点信息，并提供真实有效完整的凭证和证明。<br>2. 按要求及时对违规问题进行整改并提交整改报告及相关资料。涉及违纪违法的线索应按照权限移交纪检部门，并向上级单位报告 |

过程管控具体举措。①制定《湖南省气象部门财务数据监控业务管理实施细则（试行）》等预警式管控相关制度，开展省—市—县三级气象部门财务监控。②确定预警管控流程。由省局财务中心归口管理，对联网监控平台进行实时监控，查看、通知疑点单位预警信息，要求其在规定时间内核实并上报，督促疑点单位整改。③对重大项目开展预警式管控。重大项目规定由财务中心开展内部预算评审，规定重大项目和大额资金支付前审批流程。

四是开展资金支付全闭环管理的应用实践。

重构资金支付运行流程。审核岗（会计）审核→支付岗（出纳）办理银企直联支付→（银企直联支付失败），启用 RPA 机器人执行支付→签章岗（出纳）办理支付（见图6）。

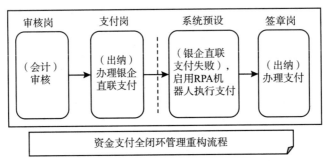

**图6　资金支付全闭环管理的流程和岗位**

重构资金支付岗位职责。针对不同网上资金结算方式设置了不同的业务办理流程，重新制定流程中各岗位职责和工作任务。详细的岗位职责如表4所示。

表4　　　　　　　　　　　　预算执行流程岗位职责

| 岗位设置 | 职责分工 |
| --- | --- |
| 财务端：<br>网上资金主管 | 1. 负责网上资金结算业务综合管理，安排各操作员岗位权限，协调各岗位工作关系；<br>2. 网上资金主管由中心主任指定人员担任 |
| 财务端：<br>资金结算业务<br>系统管理员 | 1. 负责管理各操作员功能权限、账户权限；<br>2. 对接网上资金结算业务技术人员和系统运维人员，监督其是否及时、规范处理技术问题等；<br>3. 系统管理员由监管科科长担任 |
| 财务端：<br>经办岗 | 1. 负责按照原始凭证和付款通知录入支付转账单，提交审核岗审核；<br>2. 负责查询账户交易明细和余额，及时对账；<br>3. 负责收款方信息和款项用途的登记、更新、维护工作；<br>4. 经办岗由出纳担任 |

| 岗位设置 | 职责分工 |
| --- | --- |
| 财务端：<br>审核岗 | 1. 负责审核经办岗提交的支付转账单；<br>2. 负责查询账户交易明细和余额，及时对账；<br>3. 审核岗由主办会计担任 |
| 业务端：<br>复核岗 | 1. 财政预算管理一体化系统中，负责支付对限额以上资金支付转账单进行二次复核；<br>2. 省局直属单位复核岗由本单位分管财务负责人担任，省局机关复核岗由中心分管财务负责人担任 |
| 财务端：<br>大额资金复核岗 | 1. 网上银行支付系统中，负责对 5 万元以上资金支付转账单进行二次复核；<br>2. 大额资金复核员由网上资金主管指定专人担任 |
| 财务端：<br>签章岗 | 1. 负责签章支付；<br>2. 签章岗由出纳担任 |

过程管控具体举措。①构建省级气象部门"银企直联＋RPA 机器人"为主的资金支付全闭环管理系统，实现统一界面实时监控各单位银行账户的存款余额、资金流量和流向，消除资金支付中存在隐患，确保资金安全。②通过银企直联前置机连接方式，使计财管理一体化信息系统与银行综合业务系统对接，利用系统自助完成查询、转账、资金归集、信息下载等，在确保安全的基础上开通银行白名单以达到提效减负目标。③引入 RPA 技术，依据预先设定程序，由软件机器人代替人工执行大批量、可重复性的操作任务，实现部分财务业务流程自动化，堵塞了资金支付漏洞。

**3. 建立"三机制"，创新机制提升财务管控效能**

建立"三维度"财务管理机制、"三纳入"人才保障机制，以及"服务至上"财务服务保障机制，并以此为抓手助力财务管控平台与重构流程的落地。

一是建立"三维度"财务管理机制。搭建"三维度"财务管理组织体系，即省局计财处定位于规划财务；正式成立财务中心，定位于共享财务；各预算单位定位于业务财务。建立健全财务管理制度体系，制定内控手册、风险控制清单、凭证审核要求等内部控制规范性文件，制定财务报销、网银管理、会计交接、质量考核、大额资金支付等制度，为加强财务管控明确制度基础。

二是建立"三纳入"人才保障机制。制定包含财务在内的人才发展规划。主要举措"三纳入"：将财务人才培养纳入气象高层次人才"百人计划"培养体系；将财务业务纳入新型气象业务技术体制改革，在省局重点课题、"三评"工作共享共用科技评价专家库、创新团队等方面对财务队伍开放，组建气象部门省级第一支财务创新团队；将气象会计人才自觉纳入财政部门会计人才培养规划，鼓励财务人员积极申报财政部、财政厅高端会计人才培养项目。

三是建立"服务至上"财务服务保障机制。以业财融合为目标，成立领导小组，制定优质财务服务实施方案，开展"提质增效"活动，从"健制度、强管理、重学习、抓检查、促考核"入手，确定 5 个方面 15 项具体服务措施，包括建立财务信息沟通机制，设立报销流程指引标识、大厅电子触摸屏，实行报账大厅服务值班制、AB 顶岗制、限期办理制、零等候无现金报销制，建立工作意见反馈簿等，推行评价反馈机制。一系列举措使财务业务生态良性发展，有效保障了财务管控的落地见效。

### （四）实施过程中的问题和解决方法

#### 1. 主要问题

（1）财务管理理念先进性不够。行政事业单位财务会计改革给财务管理带来颠覆性重构，改变原有财务管理模式和业务流程，部门财务管理在紧跟改革步伐中需要制度落地。预算单位在适应新财务规范规则过程中，思想认识难以完全到位，管理、财务、业务三方共情不够，制度执行落地较缓慢。同时，对内部控制、流程效率、廉政风险防控等要求更高，财务管控模式构建思路发生变化。（2）系统顶层设计与更新迭代问题。深度业财融合需要依赖强大的数据中台与稳定的系统后台。政府会计改革、预算管理改革的理念和精神需要融入财务新系统。设计者不断将前沿理论结合部门特点，持续完善修订，导致系统核心架构、单位组织构架、财务业务流程发生变化，使用者工作量骤增、现有知识结构和能力不能很好满足系统应用，为各系统推广应用带来困难。（3）业财融合壁垒难以突破。业财供需不适配形成壁垒。从需求来看，业务单位需要通过智能财务发挥预算管理、加强管控、支持决策作用。从供给来看，事业单位财务数据标准未统一、财务与业务数据未贯通、场景化应用较单一、预警机制不健全、风险应对能力不足、服务贴合需求欠缺，导致信息茧房无法突破，业财难以形成合力。

#### 2. 解决方法

（1）增强财务影响力，解决系统上线阻力。财务管理者将"财务视角"融入"大局观念"。将财务管理置于气象事业高质量发展中去考虑，顺应国家财务体制改革，统一规划，统一部署，统一推进。结合部门实际，制定方案，明确目标，细化节点，分解任务，层层落实，压实责任。全省气象部门形成一盘棋，共同推进财务管控模式落地见效。（2）设计全过程在线控制，解决系统应用技术问题。考虑多维度设计，查找风险点，将控制规则嵌入到系统环节。针对违反中央八项规定精神和违反财经纪律的资金支付问题，将监控规则前移填报审核端，开展过程智能预警监控工作，做到源头合规把控、过程合规管控、结果合规监控。针对"县账市审"以"线上+高拍仪"实现远程报销，解决财务报销及监管"最后一公里"问题。（3）会计核算要素标准化，解决实践中业务问题。统一单位名称、编码规则、核算要求、下级核算科目，确保新系统规范操作、信息共享。充分考虑基层气象部门财务核算差异化情况，明确管理职责，规范和统一省—市—县三级四类运行流程及岗位职责，将其作为打破业财融合壁垒突破口。（4）底层平台、数据中台发力，解决业财融合问题。针对不同管控需求应用新系统，将各系统优化完善、互联互通，增强数据关联性。对重点场景逐一梳理，将业务端与财务端整合在平台上，落实责任、流程、数据穿透，对预算管理、资金监控、核算规范、资产管理等实施管控，把原有的"核算"场景转换为"核算+业务"场景，如拓展差旅费管控功能，支撑业务端追溯报销场景，核算端链接出差审批场景等。

# 四、取得成效

## （一）构建集中核算下财务共享模式和财务管控平台

构建集中核算下的财务共享模式，充分发挥财务在战略规划管理方面的决策参谋作用。财务管控平台，提升管理效能，为省局气象服务、建成全国一流的气象"三平面一中心"、近4年连续获全国部门考评优秀等作出财务贡献。

## （二）建立了"全员参与"的业财融合预算管理机制

引入全员财务理念，业务人员纳入预算管理编制、执行全过程，强化预算约束力。在财政部监控通报中，未出现要求整改事项。为省局"十三五"期间高分卫星、三站等项目建成建好、落实"十四五"重大项目经费打下坚实财务基础。

## （三）构建了常态化监督和重大风险预警机制

利用信息化监控手段，以财务线串联进度线、资产线、资金线、安全线、效益线，实现无感重点管控。实施联网监控平台，省市县本地化运用，实现财政资金"看得见、管得住、用得好"，截至目前未出现过资金安全事件。

## （四）建立了长效财务服务和评价机制

提升审批效率，审批单据从现场排队到业财场景融合后即时线上完成，最短24分钟。提高管理效能，从单据录入—网上审核—凭证生成实现线上全流程，异地业务实现当日事项当日办结。提高服务质量，业务单位满意度评价中"非常满意"达到100%，构建良好业务与财务生态。

# 五、经验总结

## （一）经验和体会

（1）模式的顶层设计是关键。中国气象局财务管理层对管理会计的理论建设有前瞻性、趋势性的理念，在构架设置和信息化方面为财务管控模式提供指导、奠定基础。省局财务管理层高度重视财务管理和人才培养，制订工作方案，明确目标与节点，有力支撑财务管控模式的有序推进。

（2）完备的组织构架是基础。财务集中核算下明确的职责分工使部门财务核算层面相对容易统一。财务中心挂靠省局机关的模式使管控职能更能充分发挥。

（3）财务人才和信息化建设是支撑。财务管控模式核心是适应管理需要的 N 系统集中于一平台。引入新技术，完善相关规范，应用好智能化财务信息系统，才能实现财务信息资源共享机制。省局建立财务人才培养机制，成立财务创新团队，在财务人员上升通道方面给予激励。

## （二）改进建议

（1）引入资源配置理论完善体制机制。基于气象部门四级垂管、财务集中核算特点，建议在机构改革中进一步完善财务组织构架，实现业财流程再造下的资源再配置。

（2）构建业财融合模式的全面预算管理。构建气象观测、预报、服务等核心业务项目支出绩效指标体系，建立以绩效为导向的财政支出预算管理模式。

（3）构建业财融合模式的财务服务机制。建立气象科研助理制，构建全方位、多维度、立体式的智能财务分析体系，服务气象事业高质量发展。

（4）基于业财融合的数智化转型。进一步完善气象部门治理型财务系统助力科学决策。组建国家级财务创新团队，培养管理会计人才，发挥专业指导和辐射带动作用。

（湖南省气象局：詹　敏　梁红兵　陈　冬）

**案例评语：**

　　该案例结合气象部门管理特点，在适应国家健全现代预算制度、事业单位会计改革与发展和顺应气象高质量发展与会计数字化转型要求背景下，以业财融合为抓手，构建集中核算下财务共享模式，实现预算管理全流程，搭建预警监控网，构建资金支付全闭环管理，覆盖全流程业财场景，建设管理会计人才队伍，应用了预算管理、风险管理、财务信息化、财务共享等管理会计工具。

　　该案例对于其他事业单位开展业财融合财务管控工作，具有较好的参考价值，提供了新的思路和方法。

# 践行"双碳"目标，标杆管理
# 助力医院高质量发展

**摘要**

目的：通过标杆管理推进医院绩效管理与成本核算，进一步降低运营成本，助力医院高质量发展。同时，促进医院管理模式的创新与完善，激发员工的积极性和创造力，利于提升医院的整体竞争力。方法：以医院能源管理系统运用为具体案例，以标杆对照为核心手法，深入对其运行数据的剖析与外部标杆对照，主动对标发现自身在能源管理上的差距，促进管理措施的改进和优化；同时通过充分讨论，确立能源管理系统运用管理策略作为内部标杆对照具体案例，推进医院管理的以点带面，深入推进医院其他管理工作决策举措优化，促进医院绩效管理和成本核算的精细化目标的实现。结果：医院能耗实现了更合理的管控，绩效管理水平明显提升，成本核算也变得更加科学和准确；医院各部门、科室可以更加清晰且明确地认识到自身在管理工作方面所具有的优化空间，这为后续改进提供了清晰的方向，将促进医院的服务质量不断提升，患者满意度进一步提高。结论：以标杆管理为手段，经过系列措施的落实，能够有效促进医院的绩效管理和成本核算，且能推动医院在管理水平、服务质量等方面实现高质量发展，为医院的可持续发展提供了有力支持，同时也为其他类似机构提供了有价值的参考和借鉴。

# 一、背 景 描 述

## （一）单位基本情况

成都中医药大学附属医院（四川省中医医院）创建于 1957 年，是新中国最早成立的四所高等中医药院校附属医院之一，国家"双一流"学科建设高校附属医院，国家三级公立医院绩效考核位列全国中医医院第一梯队，国家中医药传承创新中心，国家区域医疗中心输出医院。

医院编制床位 3000 张，现有临床科室 45 个，医技科室 10 个，专科门诊 40 个，专病门诊 64 个。现有在岗职工 2300 余人，拥有国医大师 4 人、全国名中医 4 人。

### （二）管理会计应用基础

医院实行"统一领导、集中管理"的财务管理体制，落实三级公立医院总会计师制度，对医院经济活动进行管理和监督。医院成立预算管理委员会、成本管理委员会和运营管理委员会，负责医院的全面预算管理、成本管理以及运营管理工作，加强管理会计运用。

### （三）选择标杆管理法的主要原因

标杆管理法与企业再造、战略联盟一起并称为 20 世纪 90 年代三大管理方法，由立标、对标、达标、创标四个环节构成，前后衔接，形成持续改进、围绕"创建规则"和"标准本身"的不断超越、螺旋上升的良性循环。在提升医院能源管理水平，践行"双碳"政策方面，标杆管理法相比其他管理会计工具具有数据做支撑、视角更全面、学习中创新以及持续性改进等优势。

---

## 二、总 体 设 计

通过应用标杆管理法模式，进一步促进绩效管理及成本核算精细化。

### （一）标杆管理目标

标杆管理目标分三个阶段，首先全面梳理能源管理系统数据并深入剖析，其次通过对比明确绩效管理与成本核算的优化方向，最后实施改进措施，实现其精细化，促进能源利用更高效，管理和核算更完善。

### （二）总体思路

以践行"双碳"目标为导向，以标杆管理为手段，通过对能源管理系统运行数据的深入分析与运用，对外部标杆进行对照，明确自身的差距与不足，进而持续管理优化；同时，对照选取内部标杆参照，举一反三。过程中，先全面梳理数据并建立基础，再通过对比确定方向，最后实施改进措施并不断完善，从而推动医院管理优化、绩效管理和成本核算等方面协同发展，助力医院高质量发展（见图1）。

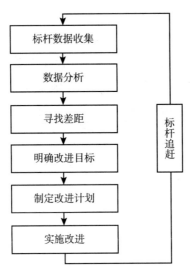

**图1 标杆管理法运用**

### （三）标杆管理内容

**1. 外部标杆管理**

（1）立标：结合国家及省级政策、规范指导，明确其在能源管理系统运行、绩效管理和成本核算方面的先进标准和成功经验。

（2）对标：将自身医院的能源管理系统运用情况及相关数据与外部标杆进行全面深入对比，细致分析在能源利用效率、绩效指标设定与达成情况、成本控制水平等方面的差异。

（3）达标：根据对标结果，制定切实可行的行动计划，逐步向外部标杆看齐，努力实现与外部标杆在能源管理和绩效成本方面的指引目标。

（4）创标：在达标的基础上，结合自身医院特点和优势，探索创新模式和方法，力求在某些方面形成独特的竞争优势，推动医院高质量发展。

**2. 内部标杆管理**

（1）立标：集体决策，选取能够促进医院绩效管理与成本核算的先进案例，汲取其优秀的管理经验，明确其具体标准和做法，作为内部标杆参照。

（2）对标：确立模式运用可行性并作为内部标杆举一反三，找出自身的不足和可提升空间，分析差距产生的原因，优化绩效管理与成本核算流程与方法。

（3）达标：各科室、部门借鉴内部标杆的成功经验，针对性地改进自身工作，努力达到内部标杆设定的标准，通过相互学习和促进，提升整体水平。

（4）创标：鼓励在达标过程中积极创新，不断优化管理方式，创造出更高水平的内部标杆，形成持续进步的良性循环。

通过外部标杆管理开阔视野、借鉴先进，内部标杆管理激发内部活力和竞争，共同助力医院高质量发展。

### （四）管理会计工具方法的创新

（1）动态标杆调整。根据"双碳"目标的阶段性推进和医院自身发展变化，实时更新和调整标杆对象及相关标准，确保标杆始终具有引领性和适应性。

（2）跨专业标杆引入。以能源管理系统运用的有效做法作为内部的标杆，积极与其他部门、科室实际相结合进行融合创新，不断优化绩效管理与成本核算方面的创新做法和先进理念。

# 三、应用过程

在践行"双碳"目标、推动医院高质量发展的征程中，标杆管理法的创新应用具有关键意义。通过动态调整标杆，使管理始终与时俱进；引入跨行业标杆，开阔视野、激发创新。在这一过程中，积极探索与实践，让创新应用成为医院发展的强大助力，激发医院团队内在驱动力量，为患者创造更生态的就医环境。

### （一）参与部门和人员

由医院总会计师牵头，财务部、后勤保障部共同承办，医院其他相关部门及科室共同参与，以能源管理系统作为实例，推动标杆管理法在医院实际场景中的应用，进一步实现资源优化配置，并以点带面，推进医院绩效管理与成本核算的精细化管理进程。

### （二）应用相关管理会计工具方法的资源、环境、信息化条件等部署

（1）在资源方面：调配充足的人力、财力、物力资源，作为确保管理会计工具方法应用基本条件的实践保障。

（2）在环境和信息化条件方面：以国家及省级政策、规范为指引，基于 2021 年我院对医院实际用能现状的深度剖析，并针对剖析出的问题，拿出了利于能源精细化管理与节能降耗的有效举措，充分利用 5G、物联网、大数据分析等信息化技术，建设了符合医院实际的能源管理系统，对用量最大的水、电、气能耗进行高效管控，解决基础运行层、技术运用层及管理决策层在能源监测、数据分析、设备优化、策略制定等方面存在的问题。这为管理会计工具方法的应用提供稳定可靠的信息化支持与数据基础，保障绩效考核和成本核算能顺利实施并发挥最大效用，进而推动医院整体的可持续发展。

### （三）应用模式、流程以及问题解决

**1. 工作部署**

召开内外部标杆管理立标启动会，首先介绍标杆管理法的背景及概念，统一内部思想，明确标杆管理法对医院绩效管理与成本核算的重要意义；确定以医院能源管理系统的运用作为试点，从外部标杆的对照明确目标、寻找差距，并学习借鉴相关成功经验，不断优化和改进，加速自身发展，形成良性循环，推进医院节能减排及效益提升，同时在内部标杆对照上，确定将此案例的先进经验运用到其他项目中去，进一步提升医院整体的绩效管理与成本核算，助力医院高质量发展；由财务部在本次会议的基础上梳理标杆管理的全流程实施计划，输出初版工作计划安排表，由后勤保障部、信息中心等部门配合确立标杆相关事宜。

**2. 内外部标杆管理及应用**

（1）外部标杆机制的推进。

①选立标机制（确定外部标杆）。

通过对标国家级、省级相关政策及规范的指导作为外部标杆，明确其在能源管理系统运行、绩效管理和成本核算方面的先进标准和成功经验。

标杆一：《公共机构能耗定额标准（DB51/T 2762—2021）》

《公共机构能耗定额标准（DB51/T 2762—2021）》规定常规三级甲等医院用能系统单位建筑面积电耗约束值 121kW·h/m$^2$，基准值 90kW·h/m$^2$，引导值 62kW·h/m$^2$；人均综合能耗约束值 432kgce/p，基准值 272kgce/p，引导值 199kgce/p。根据我院实际情况，确立医院单位建筑面积电耗标杆为 90kW·h/m$^2$，人均综合能耗标杆 272kgce/p（见表 1）。

表1 　　　　　　　　　　　　　**DB51/T2762—2021 公共机构能耗定额**

| 公共机构类型 | | | 人均综合能耗（kgce/p） | | | 单位建筑面积能耗（kgce/m²） | | | 常规用能系统单位建筑面积电耗（kW·h/m²） | | |
|---|---|---|---|---|---|---|---|---|---|---|---|
| | | | 约束值 | 基准值 | 引导值 | 约束值 | 基准值 | 引导值 | 约束值 | 基准值 | 引导值 |
| 党政机关 | 省 | | 663 | 373 | 192 | 15 | 8 | 5 | 87 | 47 | 24 |
| | 市 | | 542 | 299 | 156 | 13 | 7 | 4 | 84 | 44 | 25 |
| | 区 | | 352 | 190 | 93 | 12 | 7 | 4 | 73 | 40 | 21 |
| | 一类县 | | 372 | 196 | 97 | 11 | 6 | 3 | 63 | 33 | 17 |
| | 二类县 | | 467 | 231 | 116 | 8 | 4 | 2 | 56 | 24 | 10 |
| 教育类机构 | 高等教育 | 省 | 165 | 108 | 74 | 7 | 5 | 4 | 39 | 29 | 23 |
| | | 市、区、一类县、二类县 | 138 | 81 | 56 | 6 | 4 | 3 | 33 | 23 | 16 |
| | 中等教育 | 市 | 134 | 60 | 32 | 9 | 5 | 3 | 38 | 22 | 15 |
| | | 区 | 73 | 44 | 27 | 6 | 4 | 3 | 21 | 14 | 9 |
| | | 一类县 | 56 | 32 | 19 | 5 | 3 | 2 | 17 | 11 | 7 |
| | | 二类县 | 35 | 21 | 15 | 4 | 3 | 2 | 26 | 15 | 7 |
| | 初等教育 | 市 | 80 | 30 | 18 | 6 | 3 | 2 | 24 | 15 | 9 |
| | | 区 | 40 | 25 | 15 | 5 | 4 | 2 | 18 | 11 | 7 |
| | | 一类县 | 36 | 20 | 11 | 4 | 3 | 2 | 12 | 8 | 5 |
| | | 二类县 | 27 | 14 | 8 | 4 | 2 | 1 | 22 | 13 | 7 |
| | 学前教育 | 省、市、区 | 59 | 38 | 24 | 8 | 5 | 4 | 25 | 17 | 11 |
| | | 一类县、二类县 | 34 | 25 | 14 | 6 | 4 | 3 | 19 | 13 | 7 |
| | 其他教育 | 省、市 | 284 | 91 | 22 | 8 | 4 | 3 | 42 | 24 | 14 |
| | | 区 | 133 | 70 | 19 | 5 | 3 | 2 | 22 | 14 | 9 |
| | | 一类县、二类县 | 135 | 58 | 22 | 4 | 2 | 2 | 18 | 11 | 6 |
| 医疗机构 | 三级医院（甲等） | 省、市、区、一类县、二类县 | 432 | 272 | 199 | 24 | 19 | 15 | 121 | 90 | 62 |
| | 三级医院（乙等及以下） | 省、市、区、一类县、二类县 | 365 | 248 | 161 | 24 | 16 | 11 | 106 | 82 | 61 |
| | 二级医院 | 省、市、区 | 367 | 176 | 96 | 16 | 10 | 7 | 98 | 63 | 42 |
| | | 一类县、二类县 | 443 | 190 | 112 | 16 | 9 | 6 | 92 | 64 | 42 |

标杆二：《公共机构能源资源计量器具配备和管理要求（GB/T29149—2012）》

本标准规定了公共机构能源资源计量的种类和范围、计量器具的配备原则、配备要求和计量管理要求。公共机构能源资源计量器具配备要求作为我院标杆指标，对医院各楼栋的行政区、业务区、后勤服务区、其他区域、主要用能设备加装或更换智能远传电表，实现电能耗的三级计量。

标杆三：《关于加快推进省直部门能耗监管体系建设的通知》（川机管函〔2021〕653 号）

要求省直部门、省属高校、省属医院完成能源资源分区分项计量改造，建成功能全面的能耗监测系统，并接入省公共机构能耗监管平台，构建省公共机构能耗监管体系，全面提升能源资源消费管理信息化水平，全面实施能耗定额管理模式。深入学习《关于加快推进省直部门能耗监管体系建设的通知》，加快建设我院能源监管体系，建设能源管理平台。

标杆四：《关于推动公立医院高质量发展的意见》（国办发〔2021〕18 号）

文件中明确提出要建设智慧医疗、智慧服务、智慧管理"三位一体"的智慧医院，通过探索智慧医院的分级建设，进一步推进医院信息化建设标准化、规范化，落实国家和行业信息化标准。

②对标机制（将自身与外部标杆进行比较和分析）。

医院能源管理系统覆盖了整个院区（除在建的中医药传承创新大楼），包括门诊/第一住院大楼、第二住院大楼、第三住院大楼、第四住院大楼、治未病中心大楼、锅炉房、食堂、药剂楼的水、电、气能源数据计量，收集在该系统运用前的三年能耗数据，对能耗与相应的标杆指标进行对比分析，确认相应改进措施有效。选取能源管理系统作为对标案例有效。

一是在对能耗现状剖析准确、措施有效，例如：

• 在能耗指标对标分析上：以第三住院大楼为例作分析，其建筑面积电耗值从 106.7kW·h/m² 增长至 118.01kW·h/m²，人均综合能耗值从 438.72kgce/p 增长至 454.24kgce/p，能耗指标呈不断上涨趋势，和标杆相比仍有不小差距（《公共机构能耗定额标准（DB51/T 2762—2021）》单位建筑面积电能耗标杆为 90kW·h/m²，人均综合能耗标杆 272kgce/p），对此运用相关先进的技术，促进了管理升级，推动降耗落地（见表2）。

表2　　　　　　　　　　2018～2021 年第三住院大楼历史能耗

| 年份 | 能耗量（kWh） | 能耗量增长率（%） | 用水量（t） | 建筑面积（m²） | 用能人数（p） | 单位建筑面积电能耗（kW·h/m²） | 人均综合能耗（kgce/p） |
|---|---|---|---|---|---|---|---|
| 2018 | 948735 | | 19077 | 8891.23 | 269.5 | 106.7 | 438.72 |

| 年份 | 能耗量（kWh） | 能耗量增长率（%） | 用水量（t） | 建筑面积（m²） | 用能人数（p） | 单位建筑面积电能耗（kW·h/m²） | 人均综合能耗（kgce/p） |
|---|---|---|---|---|---|---|---|
| 2019 | 1006517 | 6.09 | 25810 | 8891.23 | 281.75 | 113.2 | 446.90 |
| 2020 | 952687 | -5.35 | 22163 | 8891.23 | 267.05 | 107.15 | 445.55 |
| 2021 | 1049216 | 10.13 | 1697 | 8891.23 | 284.2 | 118.01 | 454.24 |

● 在能源计量器具配备情况对标分析上：对标《公共机构能源资源计量器具配备和管理要求（GB/T29149—2012）》，原缺乏在线监测、录入工具解决能耗数据质量问题。由于电资源计量表计数量不够、结构不清晰，水资源计量和电资源计量表不具备远程传输功能，导致医院能耗数据统计渠道单一，电能耗数据的收集只能采用最基本的人工抄表和人工录入方式，耗时长且录入错误、抄表错误，归属期不统一等问题造成了管理会计所需数据不准确和不可靠的问题，进而影响决策的科学性和有效性。医院各楼栋计量器具实现了电能耗的三级计量，在行政区、业务区、后勤服务区、主要用能设备等点位加装或更换智能远传电表，并对医院的一级、二级计量水表进行智慧化水表替换。

● 能源管理系统建设情况对标分析：对标《关于加快推进省直部门能耗监管体系建设的通知》，能耗监管以人工运营为主，缺乏信息化管理手段，为解决这些问题实现了能源管理系统的建设与运用，实现医院水、电、气能源实时监测，达到科室能源考核和科室能源成本结算等，有效提升后勤精细化管理水平。

● 管理情况对比分析：缺乏能源管理信息化系统支撑管理会计数据需求、缺乏能源管理分析工具解决能源成本分配问题，通过系统运用后，进行大数据提取与分析，能够及时发现与整改用能浪费现象，达到了节能管理、提升能源效率的目的等，效率增强，为管理决策作支撑。

二是资金投入保障：

2021年，医院累计投入209.19万元资金，建成了符合医院自身发展能源管理系统。

三是夯实基础工作：

● 基础工作准备。

a. 基础数据标准化：对于能源管理而言，数据汇总、数据集中呈现并不是目的，集中的数据如何形成体系，并且进一步产生价值才是运营工作以及节能降耗要关注的重点内容。为了解决医院能源管理系统和管理会计系统数据的非共享、非标准问题，建立数据编码标准，完成数据的统一格式转换（见图2）。

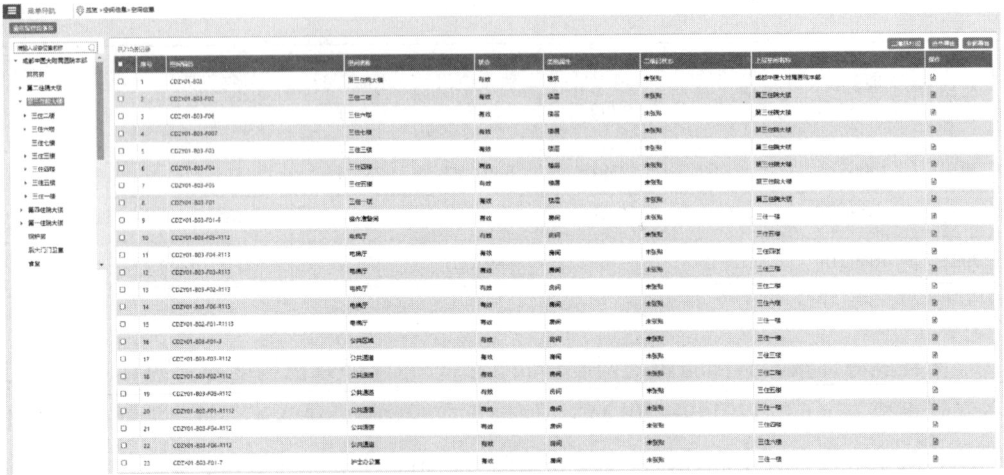

**图 2　空间信息统一编码**

数据中心建设：在基础数据标准化的基础上，建立数据中台和业务中台，实现基础数据的管理并为能源管理、财务管理等不同应用场景数据赋能的目的。数据中台主要负责所有数据的转换、规范化处理、数据验证、数据建模、数据分析以及数据结果的输出。业务中台主要负责对医院后勤管理内容的二次数字流程改造，业务中台包含用户中心、设备中心、空间信息、消息中心等功能。

用户中心：管理和维护医院运营相关的组织结构、人员信息、角色权限等信息。根据业务的类型提供相应的数据，确保对该数据最小化的授权使用，保护医院的隐私信息。

设备中心：管理和维护医院各种设备的基础信息、维修信息、保养信息、折旧信息、报废信息等，为设备的全生命周期管理提供依据。

空间信息：管理和维护医院建筑和空间分配信息，包括空间分布、区域划分等，完成数据对象的定位、统计分析以及和其他子系统的联动。

● 建立标准指标库。

通过对《国家三级公立医院绩效考核操作手册》（国家卫健委，2022）、《医院智慧管理分级评估标准体系》（国家卫健委，2021）和《三级医院评审标准》（国家卫健委，2020）等政策文件的解读，建立以数据中心为数据来源的标准指标库（见图3），针对节能降耗类型做出详细规划，将指标要求分解至后勤各年度、季度、月度计划，通过任务的形式，量化各部门能源指标完成情况，实现能源管理效率提升的有据可依，有章可循（见图3）。

| | 指标ID | 指标名称 | 中间数据 | 所属分类 | 描述 | 操作 |
|---|---|---|---|---|---|---|
| ☐ | 124429445873666 | 本月用电KPI-建筑 | 预测万kWh,目标万kWh,本区域电能... | 数字医院运管指标(预警)/数... | - | 复制 编辑 删除 |
| ☐ | 124430041464834 | 本月用气KPI-全院 | | 数字医院运管指标(预警)/数... | - | 复制 编辑 删除 |
| ☐ | 124566066937058 | 效益分析-电气用能金额 | 万元用气,万元用电,用气总金额,用电... | 数字医院运管指标(预警)/数... | - | 复制 编辑 删除 |
| ☐ | 127018472292354 | 技术节能-年度 | 年度锅炉用气总和,年度空调用电总... | 数字医院运管指标(预警)/数... | - | 复制 编辑 删除 |
| ☐ | 127269748850690 | 效益分析-年度金额 | 年度气节约金额,年度电节约的金额,年... | 数字医院运管指标(预警)/数... | - | 复制 编辑 删除 |
| ☐ | 127273741828098 | 效益分析-年度用碳量 | 总节能减碳量,总实际用碳量,用度实... | 数字医院运管指标(预警)/数... | - | 复制 编辑 删除 |
| ☐ | 127342293532674 | 能耗年度计划-金额 | 年度基准总金额,处理后月度实际... | 数字医院运管指标(预警)/数... | - | 复制 编辑 删除 |
| ☐ | 129215184486402 | 技术节能-当日 | 空气源用电,空调用电,锅炉用气... | 数字医院运管指标(预警)/数... | - | 复制 编辑 删除 |
| ☐ | 129256997502978 | 能耗年度计划-用量 | 医院月度目标总和,医院月度用能总和... | 数字医院运管指标(预警)/数... | - | 复制 编辑 删除 |
| ☐ | 190805144883200 | 管理节能 | | 数字医院运管指标(预警)/数... | - | 复制 编辑 删除 |

**图3 指标库**

根据四川省卫健委《关于推进能耗监管体系建设实施方案》的通知要求,结合医院能源管理现状和实际需求,设计用电监测点位,无盲区地配备了电能耗远程监测点计量器具,实现科室级别的三级计量和主要用能设备计量,同时将楼栋进水计量器具更换为远程传输计量水表,满足了《公共机构能源资源计量器具配备和管理要求(GB/T29149—2012)》的规定,具体功能如下:

管理门户:能耗门户为能源管理系统的首页,页面可组态,提供能源管理相关组件的自由组合,直观地展示医院关注的信息,提醒用户及时处理异常事件,可根据实际需求灵活调整展示内容。组件内容可包括项目介绍、实时能耗趋势、今日告警总量、本月能源占比、能耗排名、能耗KPI、重点区域用能等(见图4)。

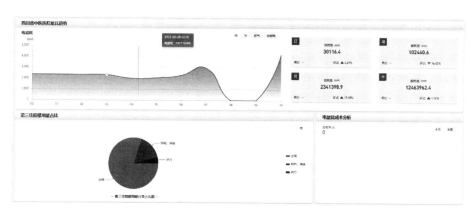

**图4 2023年8月29日管理门户**

能源统数据计及展示:系统支持以分钟/小时/日/周/月/年等时间颗粒度为单位,以院区、楼栋、楼层、科室为空间颗粒度清晰展示医院用电趋势、各类能耗占比、能耗评价、关键KPI概览等能耗指标数据,为医院碳核算提供基础(见图5)。

图 5　能耗分析示例（2023 年 7 月 1 日～2023 年 7 月 31 日）

多样化数据录入：除通过物联网传感器进行数据实时监测采集外，系统保留了人工录入功能，实现多样化数据采集需求，便于运营过程的系统运用。

相较于纯人工录入，物联网传感器采集及上传方式实现了数据的实时监测，降低了人力成本与录入错误率；相较于自动采集上传方式，系统保留人工录入，避免了录入功能故障时数据无法上传，系统功能无法正常使用的问题。

能耗分析功能：从建筑和业态两个角度进行能耗模型分析，支持对多个对象实时查看水、电及总能耗的走向趋势，能耗数据对比。支持分析对象的总能耗值、平均值、最大值、最小值，并可对比多个对象的单位面积能耗、人均能耗以及转化标准煤、碳排放量等指标，以此识别重点用能区域，分析重点设备的能耗水平，论证各用能系统的运行策略合理性，为挖掘节能潜力，调整用能策略，降低碳排放、提高能源管理效率提供数据支撑。

能耗负荷预测功能：系统可根据实时采集的能耗数据，结合历史能源消耗情况对能耗趋势进行预测，后勤管理人员参考能耗预测走向进行节能管理策略调整，确保能耗可控（见图 6）。

图 6　负荷预测值与实际消耗值（2023 年 8 月 1 日～2023 年 9 月 30 日）

能耗峰值分析功能：通过系统可对科室/建筑/用能系统等不同用能单位不同时间段的用能峰值出现情况进行统计和分析，实现对每日功率分布散点图、每日功率分布柱状图、时段峰值统计、峰值相同时间次数排名等信息的统计，为能源精细化管理、能源效率提升提供信息支撑（见图7）。

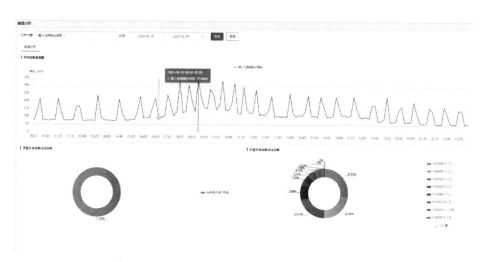

**图7　能耗峰值分析（2023年8月29日）**

能源报告报表功能：系统支持以月度/季度/年度为单位输出全院能源分析报告以及科室能耗分摊报表，为医院能源量化考核提供有力支撑。

KPI管理功能，其中：

能耗KPI：查看相应的"能耗定额、实际能耗、剩余能耗"，随时了解实际产生的能耗值占设定的KPI的数量和比例；

经营性KPI：支持单位床日能耗、单位空调面积能耗、单位建筑面积能耗、万元GDP能耗等经营性能耗KPI指标信息的管理，帮助及时了解医院各分项的能耗使用情况和与预测值的偏差。

③达标机制（依据标杆设定目标并促使自身达到相应标准）。

根据能源管理系统运用情况，以周/月/季度/年为单位输出楼栋在水、电、气方面的用能情况，异常点分析情况，科室分摊用能情况等。后勤保障部与财务部综合能源监测体系输出的分析结果，对能源使用情况进行排查；按照数据分析结果发现用能浪费问题，拿出管理举措落实现场整改有效，如：

一是多联机空调系统用能浪费及管理措施。

发现问题：经能源管理系统分析，2022年3月多联机空调采暖用能高于2021年3月。使用采暖度日数（HDD18）进行验证测算，2022年3月平均温度高于2021年

3月。初步判断 2022 年 3 月多联机空调系统存在用能浪费现象。

解决问题：对距离主机最远的最不利末端（1 楼最左侧房间）进行温度监测，以满足该房间的温湿度舒适度要求为标准，调整多联机空调系统主机负荷，降低单位时间冷媒输出量。最终实现节约用能，同时满足医护患舒适度要求。

二是照明系统日间用能浪费及管理措施。

发现问题：经能源管理系统分析，2022 年 8 月 1 日～8 月 29 日，第三住院大楼照明、插座能源消耗环比增长 15.01%。1 楼针灸诊疗室、6 楼老年病科一病区用能异常增高（见图 8）。

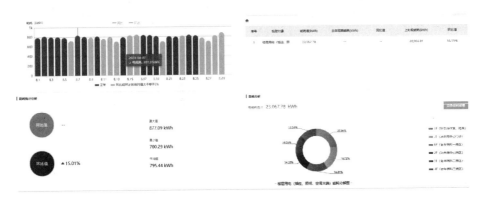

**图 8　2022 年 8 月 1 日～8 月 29 日能耗分析**

解决问题：现场排查发现 1 楼与 6 楼部分病房及过道日间照明常亮、部分病房违规使用电磁炉等电器设备。为避免此类用能浪费事件并预防使用大功率电器的安全隐患，加强后勤管理并做好节能宣传、安全预防宣传并定期巡检。

综上所述，实施能源管理系统的运用，从硬件、软件两个方面双管齐下，强化了后勤节能管理机制建设，能够解决各科室对用能数据进行分析、能耗数据统计后缺少分析工具、无法快速有效形成能耗分析结果、人工分析存在工作量大、分析结果主观性高等问题，为绩效管理高效和成本精准核算奠定了坚实基础。

④创标机制（在达标基础上实现超越和创新以形成新的标杆）。

在实现达标的基础之上，紧密结合医院自身的特质与优势，以现有的能源系统运用实例为基础，积极探寻新的模式与方法，通过深入挖掘医院在能源管理专业技术、服务特色、人才储备等方面的优势进行创新探索，构建更加高效的绩效评估与成本管控体系等，通过创新实践与成果转化，不断提升医院的核心竞争力，助力医院实现高质量发展。在计划实施的持续改进措施方面，如：

一是考察"国家级节约型公共机构示范单位"，树立实体辅助标杆。

由后勤管理部门牵头，考察"国家级节约型公共机构示范单位"，优中择优，在原有四个核心政策标杆的基础上，建立实体辅助标杆。从实践管理的角度，补足外部标杆实践参考性的不足，学习优良的管理节能及技术节能经验，为我院进一步响应"双碳"目标提供新思路。

二是因地制宜、持续改进能源精细化管理业务系统。

总结归纳能源精细化管理系统的实用性和落地效果，持续迭代升级软件功能，实现业务系统的本土化、提高实用效果；对全院能源计量器具安装位置及数量进行查漏补缺，进一步提升能源精细化管理。

（2）内部标杆机制的推进。

①选择机制（确定内部标杆）。

根据外部标杆对照，实践证明能源管理系统上线运用有效促进医院管理措施落地，实现了预期目标。通过团队充分讨论，以此作为管理会计案例进行管理运行模式复制可行，在院内进行举一反三，推行类似的管理方法到其他科室和部门中，不断提升整体的管理效率，推进医院绩效管理与成本核算的精细化管理进程，是医院可持续发展的重要措施。

②对标机制（将自身与外部标杆进行比较和分析）。

实施路径主要为组织医院各部门、科室对医院在能源管理系统运用，以及优化后的相关绩效管理、成本核算等方面的先进做法进行全面对照；将自身在相关领域的国家政策、管理现状与其逐一对比分析，找出差距与不足；过程中，定期召开对标分析会议，邀请相关领域专家参与讨论，共同探讨适合各部门、科室发展的实际改进措施。同时，建立对标数据监测体系，实时跟踪对照标杆的动态变化，以便及时调整对标方向。

③达标机制（依据标杆设定目标并促使自身达到相应标准）。

依据对标分析结果，制定涵盖科室管理优化、绩效管理提升、成本核算精细化等多方面的具体达标目标；针对具体管理，利用信息化等工具，持续优化提升；针对绩效管理，建立科学合理的绩效评估体系，开展绩效提升专项培训；细化成本核算项目，强化成本控制措施。成立达标工作督导组，定期对各科室、部门的达标工作进展进行检查与评估，对未达标的及时提出整改要求并督促落实。同时定期对达标情况进行总结分析，不断调整优化达标策略，逐步实现与标杆看齐并超越的目标。

④创标机制（在达标基础上实现超越和创新以形成新的标杆）。

以当下已付诸实践的能源系统运用当作范例，采用标杆管理这一方式，进一步推动绩效管理和成本核算的精细化，形成良好循环态势。同时通过相应的管理手段，激励医院内部各部门、科室在达标的进程中踊跃进行创新，可以在相关管理工作实践数据的分析基础上，创新绩效评估指标和方法，或通过各部门、科室积极创新和相互学习借鉴，不断提升医院整体管理水平，为医院高质量发展注入新的活力。

# 四、取得成效

以标杆对照为核心，进行内外部标杆管理，通过医院正在运行的能源管理系统作为具体案例，深入分析运行数据作出管理决策落实及举措优化，促进医院绩效管理和成本核算的精细化；同时在内部确立标杆对照，汲取能源管理系统运用的管理思路，进行举一反三，不断优化医院其他管理与运行策略；构建了更加精准的绩效管理体系，实现了对各环节成本的有效核算。通过实施外部和内部标杆管理，医院取得了较好的成效。

## （一）在优化资源配置方面

依据相关政策明确先进标准，使能源管理系统的运行更加高效合理，能源利用效率大幅提升，资源得到更精准的分配。

## （二）在改善内部治理方面

内部标杆的确立促进了各科室、部门间的良性竞争，推动了管理的规范化和精细化，让整个医院的治理结构更加完善。

## （三）强化内控运行方面

通过细致的对标分析，找出了绩效成本方面的漏洞和不足，针对性地进行改进和完善，使内控机制更加严密有效。

## （四）在实现决策支持方面

丰富的数据对比和分析为管理层提供了有力依据，帮助制定出更科学合理的发展策略。

## （五）助推价值创造方面

创新模式和方法的探索，形成了独特的竞争优势，提升了医院的品牌价值和经济效益。

### （六） 在促进可持续发展上

以"双碳"目标为导向，不仅实现了节能减排，还推动了医院在技术创新、人才培养等多方面的可持续进步。例如，通过对标发现能源消耗较高的科室，采取相关节能改造措施，降低了成本；内部标杆的树立让其他科室有了学习的榜样，不断提升绩效水平；创新的管理模式和方法为医院未来发展开辟了新路径，进一步增强了医院的核心竞争力，推进实现了医院高质量、可持续的发展。

实践证明，外部和内部标杆管理的实施为医院带来了全方位的积极影响，让医院在管理和发展上迈上了新的台阶。

## 五、经验总结

### （一） 标杆管理法的基本应用条件

应用标杆管理法需要可靠和准确的数据支持，标杆的选择尤为重要。标杆选取要确保数据可获得性、可比性、普适性，方可实现对标分析，输出量化结果。加强业财融合，在应用标杆管理法时，对于所研究的行业、领域的业务流程和特点应有一定的理解，从业务流程着手，逐步优化。

### （二） 统一思想是应用成功的关键因素

标杆管理法的应用需要医院全体工作人员的支持和参与，这包括医院管理层的支持和承诺，提供必要的资源和投入，以及医护人员的积极参与和配合，以确保数据的准确性和系统的有效运行等。

### （三） 多层次、分阶段设立目标，确保应用效果

多层次设立目标是指在标杆管理法的应用中，对目标进行分层设置，确定整体目标及部门/科室目标，以适应不同层级和部门的需求和特点。目标应当是可量化和可操作的，部门/科室的目标应该与整体目标保持一致，并更好地推动整体目标的实现。

通过设立阶段性目标，将整体目标分解细化，逐步推进，使整个过程更可控、更具可操作性。同时，每个阶段的目标达成，标志着科室或部门在节能减排上取得了具体成果和进展，激发成员的积极性和动力。

### （四） 发展和推广标杆管理法的建议

（1）加强指导和培训。制定相关的指导和培训材料，包括案例研究、操作手册等，提升组织或团队对标杆管理法的理解和应用能力。

（2）结合技术创新。结合技术的创新和应用，利用物联网、大数据分析等技术，实现对能源消耗和排放情况的实时监测和分析。

（3）强化政策支持。鼓励和支持组织或团队采用标杆管理法进行节能减排，包括经济激励、优秀表彰等方面。

（成都中医药大学附属医院（四川省中医医院）：李　芳　何　燕　李　莉）

**案例评语：**

案例聚焦标杆管理工具在医院能源管理系统中的应用和实践，以标杆对照的核心手法，深入医院能源运行数据的剖析与外部标杆对照，主动对标发现自身在能源管理上的差距，促进管理措施的改进和优化；同时通过充分讨论，确立能源管理系统运用管理策略作为内部标杆对照具体案例，深入推进医院其他管理工作决策举措优化，促进医院绩效管理和成本核算的精细化目标的实现。医院能耗实现了更合理的管控，绩效管理水平明显提升，成本核算更加科学和准确；医院各部门、科室更加清晰明确自身在管理工作方面的优化方向和领域。案例单位基于标杆管理助力高质量发展的实践过程、经验总结对其他医疗机构具有较好的实践参考价值。

# DIP 医保支付改革下新建医院精益运营和绩效管理的系统性应用实践与探索

**摘要**

随着医改工作的深化推进与 DIP 医保支付改革的试点落地，医院推动绩效管理改革、提升精益管理水平的重要性进一步显现。

案例单位是省委、省政府根据国家关于区域医疗中心的部署要求，在全省布局建设的省级区域医疗中心之一。第一，案例以 DIP 医保支付改革为背景，就目前单位情况及公立医院运营管理面临的问题，结合新建医院实际选择了相关管理会计工具。第二，立足基本原则，对"战略引领，目标分解""绩效管理和精益运营两大管理体系"及"智慧化信息平台和质量管理循环两个贯穿始终"三个方面所应用的管理会计工具概念进行了逐一阐释，并介绍了应用创新之处。第三，通过战略目标分解，聚焦两个管理体系，重点从落实绩效改革、目标责任书签订、融合 DIP 病种分值、培养精益运营团队、医用耗材二级库管理、零基预算编制、运营分析等方面逐一剖析管理会计工具的实际应用。第四，在系统化组合应用多项管理会计工具的条件下取得了业务快速增长、服务稳步提升、就医体验改善、控费成效显著等良好成效。第五，提炼成功要点，总结出主动顺应改革趋势、系统运用多维工具、贯穿应用信息化建设及质量管理循环实践经验，并从目前存在的不足之处出发作出下一步规划，为其他新建医院系统应用管理会计工具提高精细化管理水平、实现高质量发展提供参考借鉴。

# 一、背 景 描 述

## （一）单位基本情况

医院是省委、省政府在全省布局建设的四大省级区域医疗中心之一，一期以心血管、肿瘤专科为主，已于 2022 年 7 月建成投用，二期以神经、呼吸、创伤专科为主。

### （二） 管理会计应用基础

作为新建运营医院，为提高医疗服务质量，经梳理大多数公立医院运营现状，目前我院运营管理中存在的问题和挑战主要有：

（1）患者次均费用水平较高。近年来医疗控费效果不尽如人意，患者就医次均费用持续增加，仍存在"看病贵"现象。

（2）昭通市 DIP 支付改革带来多重挑战。昭通市作为 DIP 支付方式改革试点城市之一，DIP 付费改革的大背景对医院医疗行为、绩效评价和财务管理等方面都提出了更高的要求。

（3）缺乏清晰的战略规划及目标实现的分解机制。多数公立医院未根据自身实际情况制定适宜整体的发展战略，或制定的发展战略较难落实，医院各项管理措施未切实贴近绩效管理、精益运营管理及全面预算管理等业务流程环节，难以实现高度的"业财融合"。

### （三） 选择相关管理会计工具方法的主要原因

经过以上分析，结合我院实际选用以下管理会计工具：SWOT 分析、工作分解结构、精益管理与全面预算管理的组合应用，平衡计分卡、关键绩效指标和工作量效能积分的组合应用，同时将质量管理循环、智慧化信息建设贯穿各项工作任务。

## 二、总 体 设 计

### （一） 应用目标

旨在成为在医疗、教学、科研和运营管理等方面具有区域影响力和竞争力的医疗机构，配合国家区域医疗中心引领辐射区域医学技术和医院管理发展，带动提升全市医疗机构医疗服务能力和运营管理能力。

### （二） 应用总体思路

以公益性和事业发展战略为导向，以患者和临床为中心，分析形成医院的战略规划，细化分解战略目标，重点聚焦绩效管理和精益运营体系，把质量管理循环和会计信息化建设贯穿管理全过程，将各环节的人、财、物、技通过流程管理有机结合，形成系统的管理体系，实现提质增效和精细化管理。

### （三） 选用管理会计工具的概念阐释

所选用的多项管理会计工具可概括为"战略引领，目标分解""两个管理体系""两个贯穿始终"三个层次，具体如下。

**1. 战略引领，目标分解**

（1） 战略规划——SWOT 分析：基于内外部竞争环境下的态势分析，用系统分析的思想得出具有科学决策性的结论；（2） 目标分解——工作分解结构：把一个项目分解成任务，再细分成工作，最后分配到具体活动中。

**2. 两个管理体系**

（1） 绩效管理体系：①平衡计分卡便于把组织的使命和战略转化为有形的目标和衡量指标，综合评价业绩及战略计划的实施情况；②关键指标法用于考核和管理，是衡量组织战略实施效果的关键工具；③工作量效能积分是指考核指标从定性管理走向定量管理，用积分和经验值进行全方位量化考核。（2） 精益运营体系：①精益管理指通过提高效率和质量，实现组织的持续改进和价值创造；②全面预算管理是将运营目标分解为具体的预算指标，对资源进行分配、考核、控制，以便完成既定的管理目标。

**3. 两个贯穿始终**

（1） 搭建智慧化信息平台：通过建立智慧化信息共享平台，将业务活动与财务管理有机融合，形成多维、标准、统一的大数据辅助决策分析平台，为医院高质量发展战略提供信息保障；（2） 质量管理循环：指确定活动计划（plan）、实施计划中的内容（do），实施的过程中进行检查（check），总结执行计划的结果，对总结检查的结果进行处理（action），成功的经验加以推广，并将其标准化，失败的教训加以总结，未解决的问题放到下一个 PDCA 循环。

### （四） 应用创新

**1. 打造枢纽式精益运营管理团队**

创新性地打造了专兼职相结合、服务于科室和医院的横向枢纽式精益运营管理团队，将精益运营理念融入医、教、研、防等业务活动和质量控制各环节。

**2. 建立适宜 DIP 支付改革的价值绩效体系**

破除传统以收支结余情况为主要考核指标的绩效核算模式，顺应 DIP 支付改革趋势，探索建立以病种工作量积分为导向的精细化绩效管理体系。

# 三、应用过程

## （一）参与部门和人员

组建培养一支经专业化培训、专兼职相结合、服务于医院和科室的横向枢纽式运营管理团队。成立由书记、院长担任主任委员，副院长担任副主任委员，各职能、临床和医技部门负责人为委员的精益运营管理委员会（见图1），统管专职运营管理员及行政、临床、医技科室兼职运营管理员。

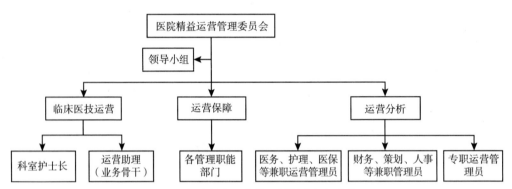

**图1 医院精益运营管理委员会组织结构**

## （二）应用部署要求

### 1. 环境支持方面

管理层对先进管理会计工具促进医院高质量发展的积极作用高度重视，多次组织各部门开展专题研讨，为推动管理会计工具及方法应用于实际业务活动，为医院提供了政策和决策支持。

### 2. 信息系统搭建方面

筹划部署建设智慧化医院体系，打造全院 HRP 系统，实现已上线系统之间的联动对接，为医院提供了信息技术保障。

### 3. 人才体系保障方面

人才队伍学历结构合理，具备科学管理思维、有效沟通能力、综合协调能力及创新意识，为医院提供了人才支撑，筑牢干事创业基石。

### （三） 应用模式和流程

**1. 战略引领，目标分解**

（1） 战略引领。

应用SWOT分析工具剖析我院战略环境（见图2），制定符合医院发展要求、适应环境变化的战略目标：①引入省内外优质医疗资源，聚焦适宜的专科方向及优势病种，引导就医人群回流，立足本市、逐步面向滇东北、辐射川滇黔等周边地区人群；②引导科学合理诊疗，严格管控次均费用，提高优质医疗服务，优化患者就医体验；③建成并带动提升区域医疗、预防和保健服务水平的"医、教、研"一体现代区域医疗中心。

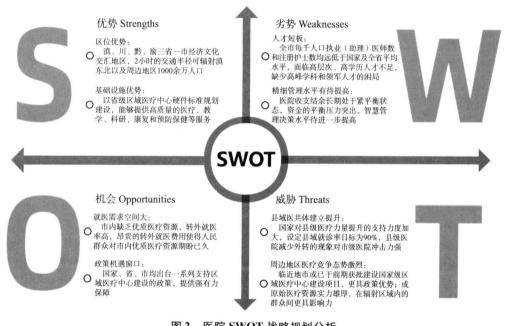

**图2　医院SWOT战略规划分析**

（2） 目标分解。

应用工作分解结构工具按阶段和发展领域分解医院战略规划目标，如下：

运营第一年，初步建立现代医院管理和公立医院运行新机制，实现500张床位饱和运营，年手术量3000例以上、三四级手术占比38%以上、CMI值达1.10以上，患者满意度达到95%以上，患者次均费用水平低于同级同类医疗机构。

运营第三年，探索形成现代医院管理和公立医院运行新机制，年手术量10000例以上、三四级手术占比40%以上、CMI值达1.21以上，患者满意度达到96%以上，患者次均费用水平低于同级同类医疗机构。至少承担1个省部级科研项目，至少有2

个亚专科达到省级临床重点专科评审标准要求，至少有 1 个亚专科达到国家临床重点专科评审标准要求。

运营第五年，形成相对完善的现代医院管理制度和公立医院运行机制，年手术量 20000 例以上、三四级手术占比 60% 以上，CMI 值达 1.40 以上，患者满意度达到 97%，患者次均费用水平低于同级同类医疗机构；诊治的疑难重症数量达到省内领先；至少承担 3 个省部级科研项目，至少有 5 个亚专科达到省级临床重点专科评审标准要求，各中心至少有 1 个亚专科达到国家临床重点专科评审标准要求。

到第五年底为全市培养 1000 名以上专科医疗人才，五大中心帮助指导市内 11 家县级公立医院相关学科建设水平达到国家规范标准要求，分别指导对应科室开展 10 项以上适宜技术或操作。

### 2. DIP 病种价值绩效体系建设

（1）用好绩效考核"指挥棒"，把好精益改革"方向盘"。

①明确医院医、护、技、管分类考核方案：医院前期经过大量的研究、论证、研讨及宣讲后，拟定《医院绩效管理方案》，方案聚焦建立符合区域医疗中心特点的薪酬制度，为区域公立医院薪酬绩效精细化管理建立改革示范点，以绩效考核为管理重要指挥棒，衔接高质量发展引导，向关键和紧缺岗位、高风险和高强度岗位、高层次人才、业务骨干和做出突出成绩的医务人员倾斜，兼顾不同科室之间的平衡，充分体现医、护、技、管等岗位差异；②注重绩效导向，聚焦关键指标：明确医院发展目标，订单化分解、制定我院绩效考核方针（见表 1），每月持续优化考核指标，充分发挥实绩考核"风向标"的作用。

表 1　　　　　　　　　　　医院绩效一次分配核算模式

| 类别 | 核算公式 | 核算指标 | 指标阐释 |
|---|---|---|---|
| 医生 | 总工作量积分 = 基础工作量积分 × 诊疗难度系数 × 风险系数 × 成本控制系数 × 月度综合质量考核评分 ± DIP 综合考评 | 基础工作量积分 = $\sum$（治疗 × 1.4 + 手术 × 1.4 + … − 不可收费耗材） | 对挂号、诊查、手术、治疗等劳务操作分别赋予不同的工作量积分，引导医务人员转变收入结构，基础工作量积分不与药品、耗材、开单检查检验收入挂钩 |
| | | 诊疗难度系数 | 科室 CMI 值目标达成率在全院平均 CMI 值目标达成率的水平 |
| | | 风险系数 | 根据科室岗位性质、专技要求、工作强度、风险指标各占 25% 权重综合评定 |
| | | 成本控制系数 = [（科室收入 − 科室成本）÷ 科室人数] ÷ [（医院临床科室收入 − 医院临床科室成本）÷ 医院临床科室人数] | 医院成本核算下，按照科室既定目标，对医疗服务过程中产生的费用进行计算，将科室人均结余占医院人均结余的水平值控制在核定区间，确定各科室成本控制系数 |

| 类别 | 核算公式 | 核算指标 | 指标阐释 |
|---|---|---|---|
| 医生 | 总工作量积分＝基础工作量积分×诊疗难度系数×风险系数×成本控制系数×月度综合质量考核评分±DIP综合考评 | 月度综合质量考核评分 | 根据医改指标、三级医院评审、三级公立医院绩效考核、大型医院巡查等考核指标，利用平衡计分卡原则，从医疗质量、运营效率、持续发展和满意度评价4个维度，分别对医、技、护、管进行操作评估 |
| | | DIP综合考评 | 根据科室病种入组率、病种分值、医保资金盈亏等因素实施综合考评，同时推行院内"特病单议"申报评议政策，由评议专家组以DIP入组病例总数的一定比例作为各临床科室亏损病例申报可成功评议的亏损病例数，不纳入DIP综合考评指标 |
| 医技 | 总工作量积分＝基础工作量积分×风险系数×成本控制系数×月度综合质量考核评分 | 基础工作量积分 | 对检查项目、服务效率、诊断结果判断、操作难度等要素赋予不同的工作量积分实施换算 |
| | | 风险系数 | 根据科室岗位性质、专技要求、工作强度、风险指标各占25%权重综合评定 |
| | | 成本控制系数＝⌊（科室收入－科室成本）÷科室人数⌋÷⌊（医院医技科室收入－医院医技科室成本）÷医院医技科室人数⌋ | 基于医院成本核算条件下，重点控制试剂、耗材、办公用品等资源消耗成本，优化收入结构 |
| | | 月度综合质量考核评分 | 与医生月度综合质量考核评分模式同理 |
| 护理 | 总工作量积分＝基础工作量积分×护理单元类别系数×成本控制系数×月度综合质量考核评分 | 基础工作量积分＝∑（出入院人次×10＋护理级别×级别对应工分＋…＋手术级别×级别对应工分） | 设置含实际占有床日数、出院人次、护理级别、护理时数、CMI值等护理工作量考核指标，组织护理单元召开专题论证分析会议，对50项护理工作量及工分核定后予以执行 |
| | | 护理单元类别系数 | 参照护理单元工作数量、工作质量、技术风险度和劳动强度等因素进行护理人员多次无记名测评设定 |
| | | 成本控制系数 | 与医生成本核算同理，便于科室、医护之间团结 |
| | | 月度综合质量考核评分 | 与医生、医技月度综合质量考核评分模式同理，兼顾护理质量、服务满意度等考核指标 |
| 行政后勤 | 医院绩效工资总量×行政后勤科室分配系数×科室人数占比×月度综合质量考核评分 | | 根据各部门各岗位专业难度、风险程度、能力要求、工作强度等因素合理评估确定相应的岗位系数，实行岗位系数、岗位评分、内部计件、关键指标管控、科室月度综合质量考核评分相结合的绩效考核方式 |

（2）夯实科室主体责任，定期追踪问效。

①应用工作分解结构工具合理设定明确各临床医技科室关键指标目标值，签订科室年度目标责任书；②依据国考指标逐步完善医院 BI 决策系统，厘清科室权限，明确指标考评规则，每月实时追踪、反馈各科室目标完成情况并定期开展月度综合质量考核评分工作，将评分结果纳入医院绩效考核体系中；③统筹组织对各指标归口职能科室开展关键指标考核及月度综合质量考核评分，同科室绩效考核挂钩。

（3）挖潜提质，深入融合 DIP 病种分值机制。

①实施 DIP 绩效考核制度：制定医院《规范 DIP 支付病种管理的绩效考核工作制度》，以科室月度 DIP 模拟结算总金额的盈余或亏损金额为基础，建立奖惩机制，将其金额转化为工作量积分后纳入绩效考核；②推行院内"特病单议"评议：成立院内 DIP 评议专家组，开展院内 DIP 特病单议申报评议。针对经科室申报后由院内 DIP 专家组评议成功的疑难、急危重症病例或运用新技术新项目等特殊情况而造成费用偏度较大的特殊病例，其亏损金额由医院承担。

（4）复盘绩效改革实际，助力科室优化运营。

深入一线，定期组织召开业务科室绩效面谈会议，同步开展全院绩效问卷调查，所收集到的相关意见及建议经统一汇总定性后，带着问题走访科室，带着合理建议召开绩效专题会议，动态调整绩效政策及工作量单位分值。

**3. 精益运营管理体系建设**

（1）培养精益运营团队，推动业财高度融合。

①选拔人才，初建团队：坚持公平公正、自愿报名原则，选拔出 111 名兼职精益运营管理员，分医、护、技、行四个序列，共 10 个小组开展工作，完善团队体系架构，建立人才档案。②拟定标准，试行考核：经过 4 轮专题讨论，9 次整合修改，建立个人考核积分（见表 2）和考核定级试行标准（见表 3）。③培训提升，提质增效：为打破科室壁垒，提高兼职精益运营管理员知识储备和管理技能，共开展 11 次线上培训、6 次线下培训。培训内容兼顾管理基础知识、运营政策、优秀案例、管理工具与实践案例分析等维度，对综合提高精益运营管理员的素质能力起到了积极作用。④专项考评，优胜劣汰：为落实培训效果，每月定期按医、技、护、行四个序列发布专项任务，并组织各小组对专项任务分别从内容完整度、准确度、分析质量、落实及推广应用价值角度开展匿名交叉民主互评，评选出前三名优秀人员。最终根据互评考核结果，目前共计 28 人晋升为精益运营助理，21 人淘汰，保障了精益运营管理团队人员质量。

**表2** 精益运营管理员个人考核积分评分标准（试行）

| 项目 | 考核指标 | 指标内容 | 考核部门 | 分值 | ××得分 | 备注 |
|---|---|---|---|---|---|---|
| 一、基础分（30分） | 日常工作纪律 | 活动及会议考勤 | 精益运营管理委员会 | 30 | | |
| 二、履职分（70分） | 运营月报完成情况（30分） | 自主在所有运营环节发现问题、分析原因、提出建议、解决问题、推广应用 | 精益运营管理委员会/小组 | 30 | | |
| | 专项运营任务（40分） | 医院整体安排的运营具体事务，如优势病种分析、DIP损益管理、病种成本分析等 | 精益运营管理委员会/小组 | 40 | | |
| 三、个人加分 | 对个人表现优异的精益运营管理员进行适当加分鼓励 | 考核个人周报月报质量、活动积极性、方案转化率、个人进步等 | 精益运营管理委员会 | — | | |
| 四、小组加分 | 小组考勤加分 | 小组所有成员参加医院活动的整体出勤率 | 精益运营管理委员会 | — | | |
| | 小组履职加分 | 对小组运营月报及专项运营任务小组积分累计排名表现突出的小组成员进行加分 | 精益运营管理委员会 | — | | |
| 最终得分 | | | | 100分 | | |

**表3** 精益运营管理员考核定级表（试行）

| 综合考核定级 | 考核维度 | 晋升比例 | 绩效总量占比（%） | 预计人数（以100测算） | 预计人均绩效（%） | 考核退档/淘汰比例（%） |
|---|---|---|---|---|---|---|
| 精益运营助理 | 日常工作纪律；运营月报完成情况；专项运营任务；对个人表现优异加分；小组考勤加分；小组履职加分 | 同级别每6个月考核累计得分前40名（第一期考核周期3个月） | — | — | — | 5（第一期20%） |
| 精益运营考核5级 | | 同级别每6个月考核累计得分前50% | 25 | 40 | 6 | 25 |
| 精益运营考核4级 | | | 25 | 20 | 13 | 25 |
| 精益运营考核3级 | | | 20 | 10 | 20 | 25 |
| 精益运营考核2级 | | | 20 | 5 | 40 | 25 |
| 精益运营考核1级 | | | 10 | 2 | 50 | — |

（2）精细医用耗材管理，助推医院高质量发展。

为改变以往耗材管理"以领代销"的粗放型管理模式，借助信息化管理平台，建立耗材二级库33个，全面实现医院医用耗材管理到科的垂直管理，有效解决材料监管难、人工统计难、费用控制难及内部核算难等问题。主要做法：①健全制度，明确流程：制定耗材管理制度，明确管理要求、人员及流程（见图 3）等内容，提升管理有效性；②共享数据，提高效率：利用 HRP 物流系统医嘱核销功能，自动核销医用耗材库存，减轻记录医用耗材出库工作量；③加强监管，堵塞漏洞：定期和不定期从账实相符程度、台账记录情况及库房管理情况等方面监督库房盘点工作，督促各科室查找溢亏原因，对耗材管理情况进行评价，改进管理方法及流程。

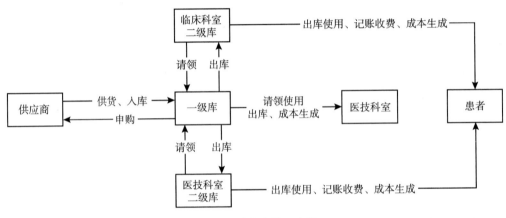

**图 3　医院物资管理流程**

信息化助力下，医院医用耗材二级库管理打通了院内信息孤岛，减少人为因素导致的费用错计、漏计等现象，提高了账实相符率，最大限度上真实准确地反映了各临床科室的计费耗材使用情况，促进了医院耗材标准精细化管理，助力医院成本核算精细化目标的实现。

（3）合力编制零基预算，完善全面预算管理体系。

①统筹多方合力编制零基预算：为做好收支预算管理，缓解新建医院资金平衡压力，根据国家卫生部相关标准、省卫生健康统计分析数据及市同级公立医院运营数据，结合我院实际情况，对医院 2023～2025 年运营收支成本编制了细致化的零基预算。

A. 饱和运营床位测算论证：根据 2022 年每月平均饱和运营床位数总体递增、多学科建设齐头并进、对接优质医疗资源达成合作协议等情况，结合我院每年床位开放计划及饱和目标，测算并论证预算期每年平均饱和运行床位数的实现可行性。

B. 收入测算：将我院论证可行的预算期每年平均饱和运行床位数与市同级公立医院、省公立医院就年均每床位规模对应产出的医疗收入进行对比（见表 4），结合医院实际情况与实行费用控制的总体战略规划，选择参考省公立医院床均医疗收入作为医院 2023～2025 年医疗收入测算依据（见表5）。

每年平均饱和运行床位数 =（年初饱和运行床位数 + 年底计划饱和运行床位数）÷2

每床位规模对应产出的医疗收入 = 全年医疗收入 ÷ 每年平均饱和运行床位数

$$\text{省公立医院每床位规模对应产出的医疗收入} = \text{省公立医院院均医疗收入} \div (\text{省公立医院床位数} \div \text{省公立医院机构数})$$

$$= 19279 \div (175587 \div 449) \approx 49.30 \text{（万元/年)}[①]$$

某年预计医疗收入 = 当年平均饱和运行床位数 × 每床位规模对应产出的医疗收入

表4　　　　　　　　**各类医院每床位规模对应产出的医疗收入对比**

| 医院 | 取数期间 | a. 医疗收入 | b. 床位数（饱和） | c. 每床位规模对应产出的医疗收入（万元/年） |
|---|---|---|---|---|
| 我院 | 2022 年 7 月～2023 年 7 月 | × | × | a/b |
| 市同级 A 医院 | 2022 年 1 月～2022 年 12 月 | × | × | a/b |
| 市同级 B 医院 | 2022 年 1 月～2022 年 12 月 | × | × | a/b |
| 省公立医院 | 2021 年 1 月～2021 年 12 月 | × | × | a/b |

表5　　　　　　　　**医院 2023～2025 年医疗收入测算**

| 年份 | 平均饱和运行床位数 | 每床位规模对应产出医疗收入 | 全年医疗收入测算 |
|---|---|---|---|
| 2023 | × | 49.30 | × |
| 2024 | × | 49.30 | × |
| 2025 | × | 49.30 | × |

C. 运营成本测算：药耗成本方面，以医疗收入测算数据为基础，参考省卫生健康统计分析数据的药占比（25.63%）与医改要求的百元医疗收入（不含药品）所消耗卫生材料小于 20 元标准计算所得的卫生材料占比（14.87%）完成测算。

药占比 = 省公立医院院均药品收入 ÷ 省公立医院院均医疗收入

$$= 4941.3 \div 19279 \approx 25.63\%$$

卫生材料占比 =（1 - 药占比）× 20% =（1 - 25.63%）× 20% ≈ 14.87%

人员经费与培训费用方面，根据医院实有人数、三年招聘及培训计划、工资发放金额等数据测算预算期每年预计产生的相关费用；其他运营成本方面，由归口职能部门根据预计开放床位数、学科发展需求等分别对水电费、科教费、办公费等管理费用

①　资料来源：云南省卫生健康委规划发展与信息化处 云南省健康医疗大数据中心《2021 年云南省卫生健康事业发展统计数据分析手册》。

进行预算，审核后上报至预算管理办公室汇总及把控。

零基预算编制过程中，采取"二上二下"流程，针对办公设备购置等重点费用多次召开预算专题会议进行讨论修订，使预算结果更具指导性与可行性。

②建立健全"编制—执行—考评—监管"的预算管理体系：以《公立医院全面预算管理制度实施办法》（国卫财务发〔2020〕30号）为指导，建立健全严谨有效的院内预算管理体系。全员参与预算编制，强化监督重大资金的支出环节，确保规范透明，减少资金风险。各归口职能部门对预算科室实施动态监控，严格预算调整审批程序，同时定期对当年预算目标进行追踪，收集反馈结果，指导下一年预算编制工作，实现预算全过程的监督与控制。

③搭建智慧化信息互通平台：打通医院系统堵点，促进预算管理工作从手工统计向系统智能控制转变。目前院内全面预算管理系统处于初期搭建阶段，正式上线后可对预算编制、审核、执行、控制、调整、决算、分析、考核全过程实现智能化管理，通过数据接口实现系统数据的互联互通，推进业财融合。

（4）定期开展科室 DIP 盈亏病种及经济运行分析。

①通过开展科室 DIP 盈亏病种分析（见表6），帮助其了解每月 DIP 病例收治数量及模拟预结算盈亏情况，激发科室内部分析动力，优化收治结构，同时引导其对"新增病种"病例数据展开分析，查找病例入组为"新增病种"的原因，规范诊疗行为，促进学科发展；②由科室兼职精益运营管理员作为业财融合桥梁，针对院方对科室开展的经济运行分析，从成本、医疗收入结构占比等方面深入剖析科室运营痼疾，破除制约科室发展的障碍。

表6　　　　　　　　医院某科室 DIP 模拟结算病种盈亏明细简析（节选）

| 病种类型 | 人次 | | | | DIP 盈亏 | | | |
|---|---|---|---|---|---|---|---|---|
| | 2022年 11月 | 2022年 12月 | 2023年 1月 | 2023年 2月 | 2022年 11月 | 2022年 12月 | 2023年 1月 | 2023年 2月 |
| 核心病种 | 22 | 20 | 31 | 34 | 75849.14 | 104237.68 | 83690.29 | 50676.31 |
| 综合病种 | 2 | 2 | — | 3 | 32123.13 | 16551.69 | — | 20700.90 |
| 基层病种 | — | 1 | — | 1 | — | -2066.14 | — | -5197.54 |
| 小计 | 24 | 23 | 31 | 38 | 107972.27 | 118723.23 | 83690.29 | 66179.67 |
| 新增病种 | 12 | 9 | 20 | 26 | -17819.98 | -1189.26 | -41188.62 | -66479.06 |
| 合计 | 36 | 32 | 51 | 64 | 90152.29 | 117533.97 | 42501.67 | -299.39 |

# 四、取 得 成 效

通过上述系列举措及管理工具运用，对 2022 年 8 月至 2023 年 7 月关键指标进行分析，取得如下成效。

## （一）合理诊疗控费，效率提升显著

### 1. 医疗费用控制得当

医院门诊次均费用、住院次均费用及住院次均药费均大幅低于全国和省级三级公立医院水平（见图 4）。

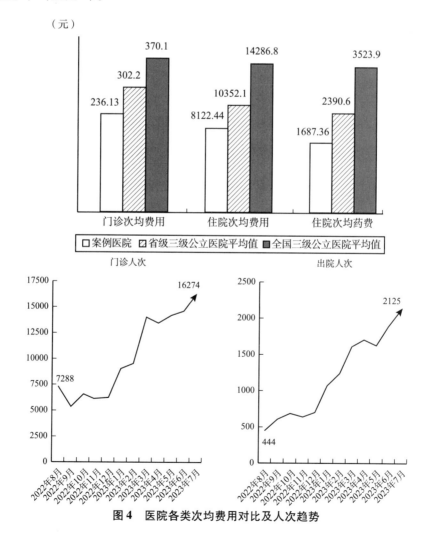

图 4 医院各类次均费用对比及人次趋势

**2. 病床周转效率提升**

出院患者平均住院日为 7.99 天，与全国三级公立医院平均值 8.8 天相比少 0.81 天，与省级三级公立医院平均值 9.0 天相比少 1.01 天。其中，前半年 8.54 天，后半年 7.76 天，相比前半年下降了 0.78 天。

### （二） 医疗业务持续快速增长

已饱和运营床位 526.46 张，医院门诊人次、出院人次分别增长了 119.68% 和 378.60%（见图 4）。

### （三） 医疗服务能力稳步提升

**1. 服务水平方面**

已完成手术 3835 例，其中，前半年 1034 例，后半年 2801 例，相比前半年增长了 170.89%；全年平均三四级手术占比为 46.44%，由初期的 35% 提升至 50.49%；平均 CMI 值为 1.12，由初期的 0.99 提升至 1.12。

**2. 服务质量方面**

I 类切口手术部位感染率为 0.04%（≤国标 1.5%）；抗菌药物使用强度 37.76DDDs（≤国标 40DDDs）；手术患者并发症发生率为 0.00%（≤国标 1.11%）。

### （四） 改善患者就医体验，提升患者满意度

对照运营第一年患者满意度达到 95% 以上的目标，全年院内调研患者平均满意度为 97.84%。

### （五） 适应 DIP 医保支付改革

实施 DIP 支付病种管理绩效考核，引导科室主动参与管理。2022 年我院为市级医疗机构中唯一实现 DIP 支付结余的医疗机构。

---

# 五、经 验 总 结

### （一） 主动顺应改革趋势

我院主动顺应 DIP 支付方式改革趋势，根据改革的目标和原则制定相应的运营策略，优化服务流程，提高医疗质量和安全，减少资源浪费，实现可持续发展。

## （二） 系统运用多维工具

医院利用改革创新势能，催化内生动力，高质量系统运用多维管理会计工具，将管理流程与资源配置优化相结合，推进业财融合，构建精益运营体系。

## （三） 贯穿应用信息化建设及质量管理循环

基于 HRP 信息系统，整合 HIS/LIS/PACS 等信息平台数据，使各部门及时共享业务流、资金流等数据源，提高运营管理的质量和效率；定期总结精益运营团队、二级库建设及绩效管理等方面存在的问题，监督问效，持续改进提升并跟踪评估改进效果，确保措施优化的可持续性。

## （四） 后期计划

为保证改革的有效性和持续性，我院将继续创新并完善绩效改革体系，落实计划，持续优化精益运营体系。

一是逐步过渡至优势病种积分制，引导科室形成自己的核心竞争力；二是完善护理垂直绩效考核，提高其工作积极性，保证护理质量和安全；三是完善精益运营团队培养考核体系；四是建立常态化预算分析监管机制；五是强化成本分析管控；六是分析指标多维化，完善服务质量评价标准；七是整合资源配置，进一步精细化运营管理。

（云南省滇东北区域中心医院：翟思维　贾正迪　王星辰　金国翠　吴东梅）

**案例评语：**

该案例聚焦 DIP 医保支付改革下医院绩效管理和精益运营的管理会计工具应用，立足于医院的战略引领，通过战略目标分解，基于两个管理体系，重点从绩效改革、目标责任书、融合 DIP 病种分值、培养精益运营团队、零基预算编制、医用耗材二级库管理、运营分析等方面较为深入地剖析相关管理会计工具实践。在智慧化信息平台和质量管理的有力保障下，医院服务稳步提升、成本机构持续优化、业务成效显著。案例单位基于精益运营和绩效管理的系统实践过程、经验总结对其他医疗机构具有较好的实践参考价值。

# 运用管理会计工具搭建风控平台
# 提升高校财会监督和治理效能

**摘要**

《会计改革与发展"十四五"规划纲要》的发布凸显了会计数智化的重要性。管理会计属于会计学科的关键分支，应用于会计主体的财务管理工作中，能够在效益分析、风险分析等方面发挥重要作用。本案例根据管理会计基本指引和应用指引，结合北京大学的特点，以"寓管理于服务，数智化转型提升服务体验"为发展目标，高质量运用财务数据，在管理会计中的风险管理领域，改进"财务核算软件＋人工翻阅凭证"的传统稽核模式，通过管理会计信息化建设助力高校财会监督，并提出可推广的普适性建议。

## 一、背 景 描 述

### （一）结合实际情况，贯彻落实政策

随着"信息化""大数据""互联网＋"时代的到来，在高校内部控制建设稳步推进、高校信息化建设日趋完善的背景下，《关于进一步加强财会监督工作的意见》（中办发〔2023〕4号）明确了财会监督内涵、定位、原则、体系，明确了财会监督"纵横贯通"机制。单位内部监督应建立权责清晰、约束有力的内部财会监督机制和内部控制体系，明确内部监督的主体、范围、程序、权责等，落实单位内部财会监督主体责任。北京大学教育事业不断发展，涉及经济往来的业务类型呈现多元化，业务量飞速增长。

《财政部关于全面推进管理会计体系建设的指导意见》顺时应势，提出建设管理会计指引体系，系统梳理管理会计工具方法，并提供相应的案例示范，为管理会计的实务应用提供指导。

## （二）学习指引体系，运用管理会计工具

为了确保高校教育事业活动有序、有效运行，高校权力监督制约机制、廉洁风险防控机制与科研经费监管机制执行到位，加强财会的监督职能与效力，保证财务工作合法合规、顺利开展，完善财务稽核成为高校提高风险防控与治理能力的当务之急。目前，高校的财务稽核通常是对会计日常工作的自纠自查，稽核工作依然采用"财务核算软件＋人工翻阅凭证"的传统模式，稽核内容主要集中于对记账凭证与账务处理的复核检查，而不是从大量财务数据中按图索骥，查找业务风险点。然而，随着国家对高等教育的支持力度增大，高校科研经费体量逐年上涨，财务业务日益多元化，不同类型经费有不同的支出类型规定，手工模式不仅耗费大量人力，而且难免有疏漏，同时无法对违规违纪行为进行实时追踪，使得稽核工作时效性差。

本案例根据《管理会计基本指引》，以理论结合实践，为管理者提供决策支持。风险管理是识别、评估和控制风险的过程。在高校财务管理中，管理会计和风险管理的结合可以帮助高校更好地进行财务决策，提高财务管理效率。北京大学在风险管理过程中，广泛运用了管理会计工具，如成本—效益分析、预算控制、绩效评价等工具，明确内、外部环境信息、风险识别、估计、衡量、分析、应对、监督和检查风险，从而有效提高高校财务控制风险，结合信息化技术，推动高校财务数智化发展。

## （三）打造一体化平台，搭建风控系统

北京大学积极按照《会计改革与发展"十四五"规划纲要》关于深化管理会计应用的要求，主动适应学校各部门单位、师生的需求，运用战略地图、滚动预算管理、作业成本管理、本量利分析等管理会计工具，建立财务信息化平台，打造专业化、标准化、一体化、智能化、安全稳定的财务信息系统和信息共享平台（见图1）。

财务信息平台以会计核算系统为核心，从预算管理、收入管理、费用管理、决策管理、综合管理五个维度进行子系统搭建。财务核算系统通过资金来源、预算模板、项目大类等维度实现对项目经费的全面控制与管理，通过内置引擎，自动实现政府会计制度要求的双分录平行记账，可生成各类智能凭证。预算管理维度运用战略地图、滚动预算、零基预算管理、本量利分析管理会计工具，建设预算系统和项目申报系

**图 1　财务平台建设基本架构**

统，包括收入及支出预算申报、预算批复、预算拨款、项目转拨、预算执行、绩效评价等环节；收入管理维度包括立项系统、学生收费系统、收费平台和票据系统；费用管控维度运用作业成本管理、风险管理等成本管理工具，建设网报系统、智能报销系统、薪酬发放系统、无现金支付系统、预算一体化财政辅助系统和风控系统；决策管理维度运用作业成本管理、本利量分析等管理会计工具，建设经费查询与决策分析系统；综合管理维度包括电子档案系统、财务部内部办公系统、财务部网站主页和微信公众号。

北京大学按照《管理会计基本指引》的要求，积极推进业财融合，通过打通信息流、集成业务流、整合工作流，逐步实现从"多门办理"到"一网通办"，并加强对经济业务、财务管理、会计行为的日常监督，根据国家和学校相关财务规章制度，在简政放权、完善制度和优化服务的基础上，加强风险防控能力，从而确保高校资金使用的安全性，在会计数字化进程上取得进一步高质量发展成果，进一步落实《会计信息化发展规划（2021～2025 年)》各项目标任务。

北京大学运用风险清单工具，建立多维度风控策略模型，自主研发建设财务风控系统，对重点项目、重点人群、重点业务、重点金额等实现事中和事后筛选、报警，解决了传统稽核方式依赖人工、效率较低、难免疏漏等问题，充分提高稽核对财务风险的防控作用，进而推动财务稽核管理相关条例细则的优化完善（见图 2）。

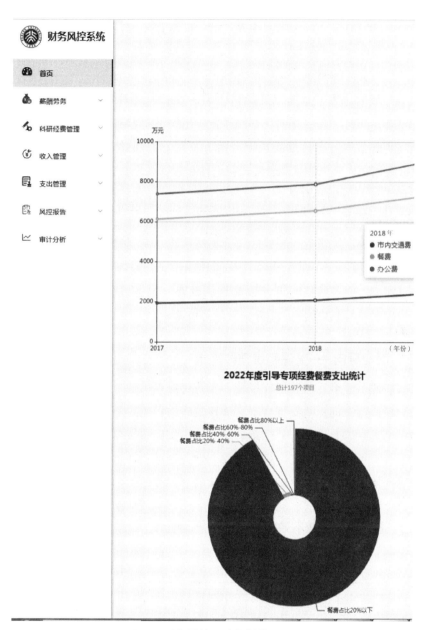

**图2　财务风控系统各板块设置**

# 二、总　体　设　计

根据管理会计中强调内部控制的重要性，帮助学校建立内部控制体系。本案例管理会计应用领域是风险管理，应用目标是改进"财务核算软件＋人工翻阅凭证"的传统稽核模式，解决财务稽核工作人力耗费大、存在疏漏、时效性有待提升的问题，通过识别确定风险清单、划分风险等级，结合信息化建设，提升内部风险管理和财务治理水平，助力高校财会监督。

遵循了管理会计的原则。

（1）战略导向原则，系统以教学科研为主业，遵循教学科研活动特点，根据目前的政策导向，如财政资金使用、科研经费使用等潜在容易出现的风险，提出清单。

（2）适应性原则，在数据获取上，适应不同方式和接口，并与不同职能部门及相关网站进行对接，不断测试调整接口稳定性和数据同步状态，如对接、表格导入等。

（3）成本效益原则，对于严重或频繁的问题，设置固定策略、短信提醒，同时提供个性化稽核模式。

本案例的风控系统坚持问题导向，分类精准建立定制化和自定义策略，通过数据清洗、整合和 AI 算法，一键生成风控数据和报告。同时与审计信息平台对接，分工协作、信息共享。财务数据与审计采集数据融合（财务收付款人信息与审计单位企业信息、黑白名单等），关注关联方交易等经济事项。

### （一）战略导向——关注系统整体需求

系统前期侧重于事后业务稽核报警，支持对重点单位、重点人员、重点事项、重点金额的交易进行查询，并支持自定义稽核策略进行风险筛查，筛查数据及关联数据来源于各个渠道，需要进行有效汇总。同时，根据风险事项和风险等级，采用不同的形式展示报告，进入不同的后续处理流程。结合管理会计工具的融合性原则、全面性原则、重要性原则、平衡性原则，设计整体的需求框架。

### （二）适应原则、成本效益原则——分层设计

如图 3 所示，财务风控系统采用分层设计，其整体架构分为 3 层。

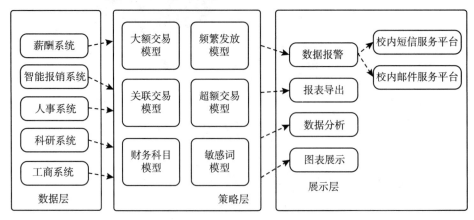

**图 3　系统架构**

数据层与业务系统、财务系统、工商系统通过中间数据库共享数据、数据库访问、接口调用等形式进行数据交互，获取人事、薪酬、工商等数据，经清洗后，统一数据结构，实现数据的高效整合。

策略层依据各类制度和核算要求，建立了基础数据模型，筛查频繁发放劳务、大额发放、超额交易、违规支出、敏感关键词等风险，同时，支持自主设定风控条件，运用大数据分析，帮助用户进一步挖掘风险事项。大额交易模型对项目、项目负责人或相同支付对象等在一定期间内的交易总金额设定阈值，筛查拆分报销等违规报销；频繁发放模型对项目、项目负责人或相同支付对象等在一定期间内的交易次数设定阈值，避免拆分发放等违规操作；关联交易模型通过甄别支付对象、发票单位等与项目负责人及其关系人之间的关系，筛查不合理交易；超额交易模型通过比对系统里设定的报销和发放标准，筛查差旅报销和劳务发放是否存在超标的情况；财务科目模型配置与业务相关的常见财务科目，实现用户对项目或项目负责人进行自定义维度筛查；敏感词模型配置了常见的敏感词，配合财务科目模型一起使用，用以筛查可疑的报销和发放；设立无效票模型，筛查报销中存在的无效发票、红冲票等，避免不合规的报销引发税务问题和财务造假问题；为"三公"经费支出设定阈值，及时排查可疑支出。

数据层和策略层分离设计，有效地剥离了数据和稽核规则的耦合关系。独立的数据层更利于建设多部门、多系统共享的数据中心，策略层的存在则可以方便地从用户层面构造、添加和更新稽核规则，降低系统运行负担，便于与审计等相关系统对接，实现相关部门数据共享与业务联动。展示层采用多种形式，如表格、直方图、分布图、报告等来直观展示风险事项，并提供短信、邮件等可配置的报警形式，定时监测并反馈监测结果，便于业务管理员及时采取干预措施。

### （三）权限及角色设计

财务数据涉及很多敏感信息，需要根据工作岗位严格控制权限。本案例基于角色的访问控制（RBAC）机制，根据系统功能，划分不同的功能权限（策略配置、报告配置、数据查询、报告导出、报警接收、权限分配等），根据操作类型、业务类型划分多个角色（业务经办人、业务管理员、系统管理员），向支出统计、薪酬管理、经费查询这三大功能模块分别授予不同的访问页面、数据资源和操作权限（见图4）。

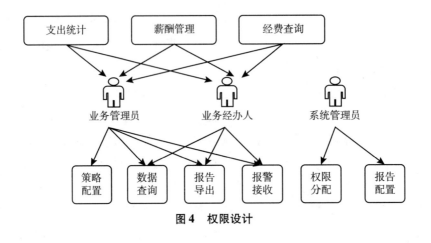

图 4　权限设计

# 三、应 用 过 程

## （一）成立专班，搭建平台

北京大学成立财务数字化专班，配备业务与技术相融合的专业团队，由财务部牵头，与网信办、计算中心、审计室等各部门互联互通，积极对接需求，跟进现有问题，提前风险防控，实现资源整合分配及高效运转。数字化团队建设如图 5 所示。

图 5　数字化团队建设

## （二）风控系统，管理权限

风控系统前端采用 vue 框架，后端采用 python flask，前后端分离的架构模式具有兼容性高、性能好、维护成本低等优点。由于系统用户仅为北京大学财务部及审计室的部分员工，并无外部人员访问，系统 WEB 及数据库服务器均部署于北京大学局域网内，限制外网访问，并在防火墙层面进行了严格的访问控制，只有指定 IP 地址段才可访问。

在权限管理实现的过程中，首先通过北京大学统一认证系统实现用户登录，认证用户的身份；用户成功认证后，依据用户角色呈现所能访问的页面资源和功能选项，并判断用户当前操作与其权限是否匹配，匹配失败则无法进行后续的操作。图 6 给出了系统工作流程，业务管理员配置策略后，可以手工执行策略进行风险筛查，也可以通过定时任务触发检查。根据配置的展示样式（展示列、表格/直方图等）和报警配置（报警接收人、报警提示文字），生成风险筛查报告和相应的报警通知。

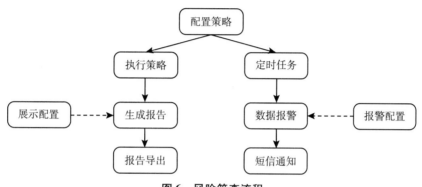

图 6　风险筛查流程

## （三）多维模块，多元筛查

功能模块包括薪酬劳务、支出管理、科研经费、风险报告、审计分析五个模块，支持根据起止日期、科目、项目负责人、支出金额等多个自定义条件进行筛查，同时根据策略层的配置，从交通费、餐费、办公费、劳务费等多个方面进行快捷风险筛查。

### 1. 薪酬劳务板块

定制化查询：对校外人员的累计发放金额、月份及连续发放月份监控；对行政部门人员累计薪酬发放监控。定制化查询页面如图 7 所示。

图 7　定制化查询页面

策略类型：策略名及策略释义。

展示部门：对所有项目进行统计，但仅展示满足统计指标的、属于某管理部门相关的条目。

自定义查询：对各类人员、各类酬金的发放金额及频次进行监控。自定义查询页面如图 8 所示。

图 8　自定义查询页面

项目信息：项目代码（模糊查询）；项目名称（模糊查询）；项目负责人（姓名或工号，精确查询）；项目部门（部门代码，模糊查询）。

转卡信息：姓名、证件号、职工号、金额，精确查询。

薪酬统计：按部门类别、人员类别等，统计薪酬发放趋势、发放区间，以及发放排名等。

奖助统计：按学生类别，统计奖助金发放趋势、发放区间，以及生均奖助学金排名。

**2. 支出管理板块**

定制化查询：对餐费、市内交通费、办公费、公务接待、公务用车等重点支出项进行监控。定制化查询如图 9 所示。

图 9　定制化查询

添加收藏：勾选待生成风控报告的条目，在风控报告模块里可自动汇总各类数据。

自定义查询：对不同项目、不同科目的借方金额、贷方金额、借方余额、凭证数进行监控。

### 3. 科研经费板块

调账查询：不同类型科研项目调账频次监控。科研经费调账查询如图 10 所示。

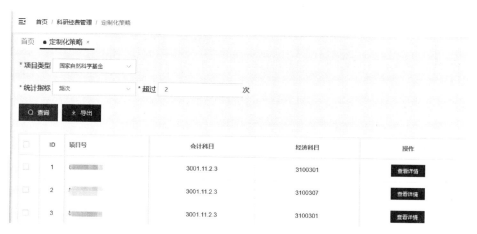

**图 10　科研经费调账查询**

项目代码：精确查询。

### 4. 风险报告板块

草稿编辑：支出管理板块里，添加收藏的条目勾选同一姓名的不同条目，并点击"生成报告草稿"，可汇总生成风控报告。在线编辑后，点击保存，生成 Word 版的风控报告。草稿编辑如图 11 所示。

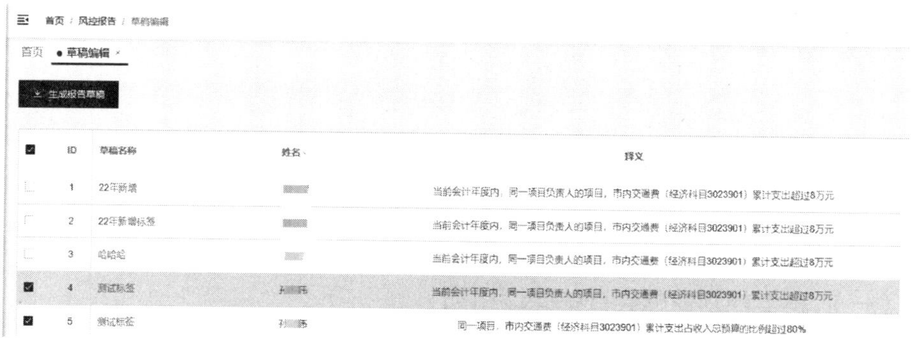

**图 11　草稿编辑**

**5. 审计分析板块**

用于对接审计查询平台，为审计室人员提供部分查询服务，目前仅支持校外人员劳务查询。自定义查询如图 12 所示。

**图 12　自定义查询**

未来，北京大学也将通过数据建设、优化查询、流程模块化、风险挖掘四位一体的风控平台建设利用好数据资源，立足未来，统筹兼顾，高质量实现数字化发展。

# 四、取得成效

2022 年，北京大学财务部完善财务风控系统的薪酬劳务、支出管理、科研经费管理三个板块，共支持 22 条定制化策略和 2 条自定义查询，支持命中数据的汇总、详情查看、格式化导出；对接短信平台，实现短信方式进行预警提醒；支持审计数据平台的接入，以便审计办公室查询相关数据，审计数据平台使用量共计 1317 次。并已经进行了风控系统首页设计、风控报告自动生成等功能的开发工作。

系统上线以来，共积累稽核策略模型 39 个，生成 16 份月度筛查报告，发现风险点 72 个，有效报警 9 次，及时有效地遏制了损失。目前该系统正在进一步实现数据挖掘功能，通过分析财务数据，挖掘潜在财务风险。

# 五、经验总结

## （一）科学规划管理会计的建设布局

要做好信息化建设需求与建设资源的平衡工作，既要围绕高校财务管理的中长期战略目标，与财务管理远期发展目标一致，与信息化发展趋势一致，又要符合当下的管理模式和资源情况。本案例运用风险管理领域应用的管理会计工具方法，包括风险矩阵、风险清单等，结合学校的情况，建立与业务财务相融合的信息系统。

**1. 以需求为出发点**

财务信息化是手段，不是目的，要始终以解决高校教学、科研、管理中的需求为出发点，在管理会计运用中实现财务信息化建设的价值，避免以运用新技术为噱头，把管理会计信息系统建设成"好看不好用"的花架子。

**2. 以中期规划为基础**

1~3 年的中期规划区间内，可以相对准确地预见可供使用的信息化建设资源情况，建设需求与技术水平也较为稳定，可以稳步推进信息化建设。同时中短期内持续获得的信息化建设成果也将对管理会计信息化建设形成正向激励，促进下一阶段信息化任务的推进。

**3. 关注系统可扩展性**

建设中要关注系统功能的可扩展性，一是注重系统间的互联互通，二是为系统功能向前发展留有余地，使短期建设成果能成为长期发展中的环节。

**4. 动态调整资源分配**

随着政策环境、管理重心的改变，某些信息化建设项目的重要和紧急程度会发生变化，要灵活调整资源分配情况。在接受上级部门信息技术新功能试点、面临管理政策重大改变时，将信息化建设资源调整为优先满足此类"重要且紧急"的工作，与此同时，也会定期对信息化建设项目存量进行梳理，视现实情况对资源配置情况进行微调。

**5. 健全专业人才培养体系**

通过专业技术人员参与财务部业务科室轮岗、参加财务业务培训等方式，培养业务与技术兼具的复合型人才。同时，依托学校网信部门、计算中心等加强对专业技术人员的培训工作，委派财务部技术人员前往计算中心开展学习研讨，建立长期学习计划，促进信息化人才专业水平提升。

## （二）筑牢财务网络安全防线

网络安全无小事，财务信息化发展要紧绷"网络安全"这根弦儿，在工作中将顺思路、找对方法、正视问题，通过人防、技防、物防多层次构建财务网络安全防护体系。

**1. 多种手段保证财务网络安全**

一方面，配合学校对网站和信息系统的备案工作，对常态化安全扫描中暴露出的漏洞进行及时整改，落实财务系统信息安全等级保护工作；另一方面，对安全要求较高的财务数据及应用服务，单独部署于专属网段，与校园网段隔离，并通过防火墙安全策略配置、使用堡垒机等手段提升安全系数。日常工作中，要加大对网络安全意识的宣传力度，帮助财务人员保持谨慎，从定期更换强密码、不随意点击可疑文件做起，保证财务数据安全。

**2. 落实信息系统应急管理机制**

为提升财务信息系统应急管理水平，确保财务信息系统安全、平稳运行，财务部门要制定财务信息系统应急管理办法，编制、评估信息系统总体应急预案和各项专项应急预案，定期进行培训和应急演练，并根据演练情况进行总结、改进。应急管理工作要明确岗位责任，细化工作流程，确保突发事件发生时能迅速、准确处置，减小事件影响。

### （三）提升高校财会监督治理效能

**1. 整合业财数据**

高校数据因层级机构不同，会有不同的数据切面，数据类型多、数据量较大、数据较繁杂，需要业务人员将各类切面的数据进行分类，并根据数据特点进行整合，为后续进行财会监督做好数据基础。

**2. 梳理风险清单**

各高校由于不同业务流程可能存在不同的风险点，但整体的稽核风险较为一致，目前财务信息化程度较高，在信息化的过程中可能存在事前、事中、事后的风险预警，高校应着重对于目前已有的财会流程进行梳理，并找出可能的风险点，列出清单，逐个解决可能存在的风险痛点、难点。

**3. 系统建设实现自动化**

由于梳理的风险点可能在流程上有一定的共性与特性，各高校可以结合学校自身特点，对共性进行整合，建立针对高校特点的风控系统，实现风控系统自动化。各高校也可根据相近业务进行业财融合交流，优化系统建设。

**4. 推动建立健全长效机制，形成监督合力**

在《管理会计应用指引第 802 号——管理会计信息模块》中提到，实现管理会计信息化，应遵循数据共享原则，在实施管理会计信息化时，一方面应制定统一的标准和规范，实现数据的集中统一管理；另一方面应借助系统的无缝对接，实现数据的一次采集，全程共享。在建立相关的风控系统和机制的过程中，也应注意系统和实际推动的结合，建立健全长效的机制，在不同部门中形成一定的监督合力。

（北京大学：王秀莉　魏江林　徐　菲　李坤峪　韩蕊妍）

🎓 **案例评语：**

　　该案例聚焦于运用风险清单工具，建立多维度风控策略模型，自主研发建设财务风控系统，对重点项目、重点人群、重点业务、重点金额等实现事中和事后筛选、报警，较为有效地解决了传统稽核方式依赖人工、效率较低、难免疏漏等问题，充分提高稽核对财务风险的防控作用，进而推动财务稽核管理相关条例细则的优化完善。而前期案例单位运用战略地图、滚动预算管理、作业成本管理、本量利分析等管理会计工具，建立财务信息化平台，打造专业化、标准化、一体化、智能化、安全稳定的财务信息系统和信息共享平台是实施的保障。案例单位基于信息化的风险识别与管控平台的实践过程、经验总结对其他高等学校具有较好的实践参考价值。

# 夯实财会监督，支撑管理决策

## ——工业和信息化部财务共享中心建设实践

**摘要**

工业和信息化部财务共享平台是中央和国家机关建设的首个财务共享平台，通过信息化系统建设，实现了部本级和部属31个省份通信管理局财务基础业务的集中处理，统一了财经政策标准、降低了部属单位财务人员行政成本，满足预算管控、事前审批、网上报账、会计核算、电子凭证、决算管理等各项管理功能。通过财务共享平台，系统设置29种标准业务单据类型、规定37种附件清单、内置1900余项开支标准，自动拒绝超标准超范围开支报销；共享平台通过填报信息自动生成双分录会计凭证，确保账务处理满足政府会计改革要求。同时，在信息系统控制基础上，成立部财务共享中心，由部通信清算中心组建审核团队，对管局报销单据进行复审，把握统一财经政策，解决央地政策差异，对存在问题给予指导规范，对廉政风险及时预警。

经过5年多的探索和实践，工业和信息化部财务共享平台在提升部从严治党水平、夯实财务管理基础、强化财会监督工作、确保财政资金安全高效等方面发挥了积极作用。一是解决了部系统财会基础工作面临的困难和主要问题，实现了财务数据集中化处理和存储，为满足部管理层决策需要提供相应的管理会计报告。二是助力行政单位财务管理工作高质量发展。通过财务共享平台审核机制更加精准、有效识别廉政风险，为提升部从严治党水平、确保财政资金安全高效发挥重要作用。

# 一、背景描述

## （一）单位基本情况

工业和信息化部是国务院组成部门。根据第十一届全国人民代表大会第一次会议批准的国务院机构改革方案和《国务院关于机构设置的通知》（国发〔2008〕11号），工业和信息化部的主要职责包括提出新型工业化发展战略和政策，制定并组织实施工业、通信业的行业规划、计划和产业政策，统筹推进国家信息化工作等。工业和信息化部的组织架构主要包括：部本级内设机构23个、各省（自治区、直辖市）通信管理局31个、部属单位37个（其中：高校7所、其他部属单位30个）。

工业和信息化部通信清算中心是经中央编办批准成立的工业和信息化部直属事业单位，是具有工信特色的一流财经服务专业机构，聚焦工业与信息通信行业监管与发展，承担政府财务共享服务、财政资金收支管理与监督评价、行业经济运行分析等财经专业支撑工作，为政府决策和行业发展提供有力支撑。

### （二）管理会计应用基础

在工业和信息化部财务共享平台设立前，部系统会计基础工作及财务管理面临着一些问题和困难。

（1）部系统财务管理信息联动匮乏。各单位会计信息在独立软件中核算，形成会计信息孤岛；数据统计需要层层上报，统计时效和数据准确性难以保证；部财务司作为管理决策层，不能实时获取基层单位财务管理情况，发生问题难以及时发现，往往等到巡视、审计时才暴露问题。

（2）部属通信管理局作为工信部所属行政单位，在2018年国务院机构改革中，支撑保障人员大幅缩减，干部队伍力量明显不足，特别是有经验的财务工作人员流失严重，面临财务人员少、经验缺、基础薄弱的挑战。

（3）部属通信管理局作为中央垂管单位，面临多头监管难以形成合力的局面，通信管理局"头"在中央，"身"在地方，部分标准中央政策不明确，地方政策未覆盖，给基层单位业务工作开展造成困扰。

（4）政府会计制度自2019年1月1日起施行，引入以权责发生制为基础的政府综合财务报告，会计账务模式从单分录向双分录转变，新增政府财务报告等信息报告要求，对部属各单位政策学习和政策落地提出了较高要求。

# 二、总体设计

### （一）财务共享平台建设目标

在对各省（自治区、直辖市）通信管理局实施"报账制"基础上，打造财务共享平台，实行影像上传、在线审核、集中结算、统一核算、电子归档，对财政资金分配使用等权力集中的部门和岗位强化内部控制，形成完整、规范、有效的财务内控管理平台体系，切实提高流程效率，防控廉政风险，确保收支无误。依托部通信清算中心组建约 10 人的服务团队，完善组织机构、制度流程、人员配置、业务范围和运营管理。顺应政府会计改革，服务数据需求，支撑科学决策，完善信息公开，满足巡视审计要求，提升工业和信息化部内控运行和财务治理水平。

### （二）财务共享平台建设总体思路

财务共享平台一期首先实现了对部本级和部属 31 个省份通信管理局财务基础业务进行集中处理，统一了财经政策标准、降低了部属单位财务人员行政成本，满足预算管控、事前审批、网上报账、会计核算、电子凭证、决算管理等各项管理功能。通过信息化软件开发，系统设置 29 种标准业务单据类型、规定 37 种附件清单、内置 1900 余项开支标准，自动拒绝超标准超范围开支报销；系统通过填报信息自动生成双分录会计凭证，确保账务处理满足政府会计改革要求。同时，在信息系统控制基础上，成立部财务共享中心，由部通信清算中心组建审核团队，对管局报销单据进行复审，把握统一财经政策，解决央地政策差异，对存在问题给予指导规范，对廉政风险及时预警。

财务共享平台二期于 2020～2021 年分阶段上线，进一步完善信息系统的内控管理功能，满足基建项目管理、合同管理等核心业务功能，通过互联互通和信息共享提升协同管理能力，深化预算、结算、核算、决算数据链集成、业财融合，理顺各功能模块间关联关系，实现内控管理信息化整体落地。系统总体功能架构如图 1 所示。

### （三）选择应用的管理会计工具理论

组建成立工业和信息化部财务共享中心，为解决部系统会计基础工作及财务管理面临的问题和困难奠定了基础。在财务共享中心运营过程中，主要运用的管理会计工具方法理论包括以下方面。

（1）预算管理——滚动预算方法。按照《管理会计应用指引第 201 号——滚动预算》，财务共享平台各使用单位以战略目标和业务计划为依据，根据上一期预算执行情况和新的预测信息，经综合平衡和结构优化，作为下一期滚动预算的编制基础。遵循重要性原则和成本效益原则，结合业务性质和管理要求，确定滚动预算的编制内容。

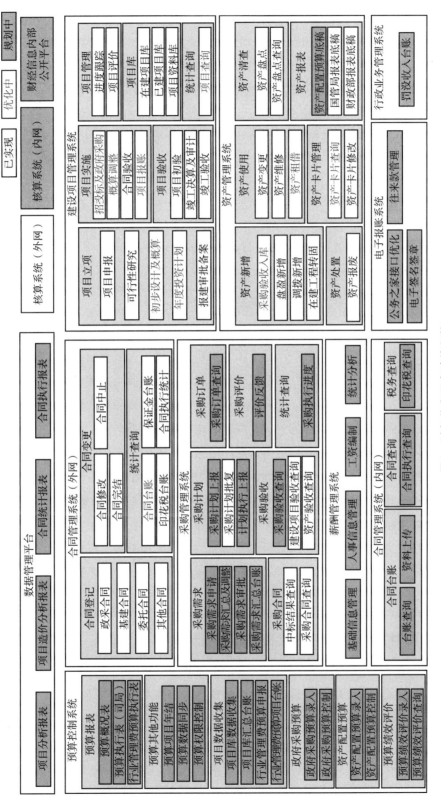

图1 财务共享平台功能架构

（2）支出管理——支出定额管理方法。财务共享平台对差旅住宿费、伙食补助、交通补助等定额支出标准按照财政部《中央和国家机关差旅费管理办法》等要求执行，内嵌在系统中明确预算支出标准，实际报销中如有超标准情况，系统会立即提示、无法提单，实现了支出定额自动控制，提高了预算管理的科学化、精细化水平。

（3）风险管理——风险清单方法。根据《管理会计应用指引第 702 号——风险清单》，财务共享平台在系统建设之初，就对可能发生的超标准支出、不合规报销、不规范做账等风险进行一一识别，制定风险清单及对应风险应对策略，规范风险管理流程，为构建风险预警和风险考评机制奠定基础。

# 三、应用过程

## （一）财务共享平台建设、实施及运营单位

工业和信息化部财务共享平台由工业和信息化部建设，实施机构为工业和信息化部信息中心，负责办理项目各期承建事项，组建工作组，开展项目招标，组织平台顶层方案设计、实施开发、部内外网系统平台集成对接，编制项目建设预算，做好项目管理工作；落实电子政务内网、外网部署情况，确保与地方各单位网络畅通；系统建设按照部信息系统整合共享相关要求开展，防止出现信息孤岛。

财务共享中心的日常运营管理由工业和信息化部通信清算中心组织开展。负责组建培养服务团队，组织日常运行管理，为 31 个地方通信管理局提供独立的财务核算服务，审核处理业务单据、反馈问题意见；提供财务咨询、财政政策指引建议等服务；及时对接巡视、审计、纪检等部门，配合部机关工作，向有关部门提供财务凭证信息查询、报送统计分析数据；开展调查研究，充分发挥财务共享模式优势，开展人员经费缺口、系统功能需求等调研；组织地方通信管理局开展财务共享平台业务培训，提升财务工作质量。

## （二）财务共享平台信息化资源架构设计

财务共享平台采用国产化技术路线，部本级和部属通信管理局数据统一存储和备份，有力维护了平台中财务信息的安全性。在原来的独立核算中，各单位自行采购财务软件核算，软件服务商在运维或服务过程中往往存在数据转移、信息泄露等风险，软件服务商的不同也造成数据难以兼容，财务共享平台通过采用国产自主可信技术、国产终端操作等方式，提高了信息安全防护能力。

财务共享平台部署于电子政务外网云平台之上，在电子政务外网部署了相应的安

全设备和防护措施，确保系统的正常运行和数据安全。利用政务外网云平台虚拟机已有资源，部署业务服务器、数据库服务器、存储设备，由云平台统一资源调度和管理，数据库服务器配置两套，通过双机软件实现备份，保障数据库的可靠性。利用电子政务外网网络实现与部本级、下属单位和其他业务部门的互联互通。对于部分涉密业务，在内网系统建设一套编码规则和编码系统，进行脱密处理后，通过光盘将信息同步到外网财务共享平台系统中进行账务相关处理。信息化资源部署逻辑架构如图 2 所示。

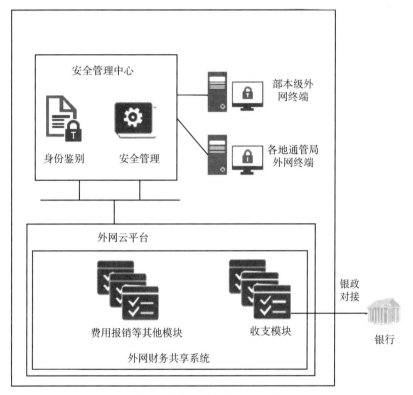

图 2　业务系统部署逻辑架构

## （三）财务共享平台应用模式和应用流程

工业和信息化部财务共享平台采用"平台+业务+数据"三层结构，由内控管理平台串联、控制整体业务流程，由业务管理平台支持各个内部控制流程的落地，同时形成数据，由数据管理系统服务业务的具体执行，同时控制数据。形成"平台控制业务，业务形成数据，数据服务于平台和业务"的相关功能，发挥数据资源池作用，简化优化内控运行体系。总体流程架构如图 3 所示，各部分应用模式及流程介绍如下。

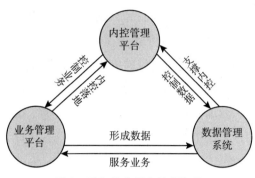

图3　财务共享平台流程架构

**1. 内控管理平台**

财务共享平台将财务内控各项要求融入系统流程设计中，系统内集成设置了29种标准业务单据类型、规定了37种附件清单内容、内置了1900余项财政开支事项标准，在一笔报销单据填报过程中，根据人员级别、地区等信息，自动匹配并校验相应支出标准，从系统控制上杜绝了超标准乘坐交通工具、超标准住宿等违规违纪行为。内控管理平台主要包括以下内容。

（1）分类体系设置。

按照"分事行权、分岗设权、分级授权"要求，规范设置和维护单位属性、收支类别、内控规则、控制方法、管理适用分类、事项分类、岗位分类、级别分类、表单分类以及流程分类等体系，按照不同内控要求建立分类对应关系，如平台设置业务员、审核员、管理员等不同角色，形成不同岗位角色相分离的制约防控机制。

（2）管理环境搭建。

包括单位体系、组织机构、人员及信息、"三员"管理、角色与权限授予、用户密码管理、流程配置与选择、表单设计与打印、电子签名签章等。

（3）内控管理支撑。

满足单位内控管理需求，包括完善监督检查机制，汇总统计相应数据，形成对审计、内控相关工作的数据支持；完善内部制度管理，建设财经纪律及审计案例库，提供公布、解读相关制度及信息交流的功能；完善考核评价机制，对操作合规性、办理质量、流程返工等事项进行记录统计，便于开展分类考核。

（4）基础数据采集。

内控管理平台作为系统发挥控制作用的依据和基础，包含预算、资金及结转额度、资产、项目、计划、定额标准（含实物定额）、开支标准、级别标准、合同信息、会计期初数以及其他各类控制数等。能根据弹性标准或制度变更，随时导入具有"生效失效时间控制功能"的标准或数据。

（5）系统升级优化。

提供便捷、开放的自主开发和升级功能，减少对软件开发商的长期依赖，强化自主维护能力。具备对系统模块和页面内容的增减、合并、拆分、隐藏、暂停等柔性优化功能，提供风格更换、繁简变换、角色转换、场景切换等多种适应性功能，并严格后台维护的管控流程。

**2. 业务管理平台**

按照业务标准化、审批规范化、过程精细化、监控智能化要求，实现各项业务单元关联、资源信息共享、系统内部循环，同时保留外部接口，依需进行业务系统扩充建设。业务管理平台主要分为财务管理系统、业务管理系统和事前审批系统，其中，财务管理系统主要是预算、决算管理以及相关的计缴税、往来款、账户管理等；业务管理系统主要是基建、合同管理等内控业务。收支业务穿插内控活动和风险防控中；业务内部形成内控小循环，业务之间相互关联和制约。

以31个省份通信管理局在财务共享平台开展报销业务为例，其主要流程包括：首先由各单位业务人员发起事前审批，经批准后开展业务工作；业务工作结束发起报销流程时，在财务共享平台线上填报单据，同时将实物发票等影像上传平台；单位领导线上调阅影像对报销事项审批；各管局财务人员对单据进行初审；随后财务共享中心对各管局提交的报销单据进行整体复审，一方面，审核票据影像信息与报销信息的一致性，确保报销标准的合规性；另一方面，对系统生成的会计核算信息进行审核。审核通过的单据形成不可更改的记账凭证，出纳人员即可进行国库集中支付操作；同时，影像系统进行归档匹配、锁定存储。经过财务共享平台业务系统报销，实物传递环节被大大简化。

业务管理平台整体架构如图4所示。

（1）预算管理。

根据《管理会计应用指引第802号——管理会计信息系统》，财务共享平台的预算管理可以实现设置预算参数、控制预算执行、开展预算调整等程序的信息化管理。在预算参数设置方面，财务共享平台与预算管理一体化系统预算控制逻辑保持一致，从支出功能分类、预算项目政府经济分类等维度将预算信息录入系统，作为预算控制的依据。在预算执行控制方面，实现预算信息模块与各业务保障模块数据的及时交换，自动拦截超预算列支情况，能实时反映财务和业务预算执行情况。在预算调整方面，可以根据预算管理一体化系统预算调整调剂、预算追加等情况，在财务共享平台中同步做预算调整，以满足预算执行控制动态更新。此外，财务共享平台以预算为牵引，构建底层数据标准，建立预算会计科目、财务会计科目、辅助核算内容（预算分类、功能分类、经济分类、项目分类、采购分类、资金分类等体系）的数据链，按照自动生成的支付令代码和系统内单据编码等进行解析，实现一体化关联生成各类信息，达到"预算控制结算、结算控制核算、核算控制决算、决算服务预算"的内控效果。预算管理业务同时对接收支、基建、合同等其他业务模块，并实现与财政预算系统的数据级对接。

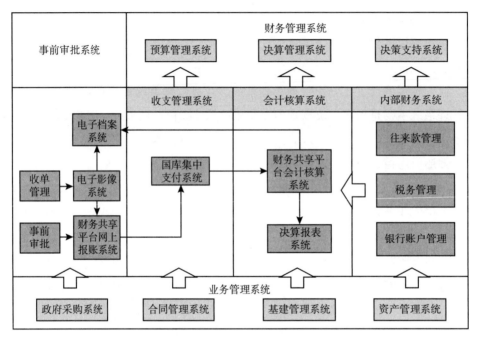

**图4　财务共享平台业务系统模块**

（2）收支管理。

实现"预算指标—事前审批—合同（收入）—往来（债权债务）—票据—报销（含人事工资、计缴税等）—支付—核算—存档"等流程环节。在批复部门预算指标数据导入单位预算信息库基础上，预算执行前需先在财务共享平台进行预算申请，形成事前审批结果，作为报销依据。单位用户按照规定的标准、范围、流程进行报销控制（智能审核、一体核销）、国库集中支付（支付信息自动推送至预算一体化系统并接收支付成功或失败指令）、会计入账（底层规则、自动记账），生成总账、明细账、日记账、辅助账等账表和财务报告，确保符合政府会计改革要求。根据单位内控需求，也可将业务流程和财务报销流程中涉及审批环节的流程合二为一，做到业务财务同步融合。预算审批单据样例、差旅费报销单样例分别如图5和图6所示。

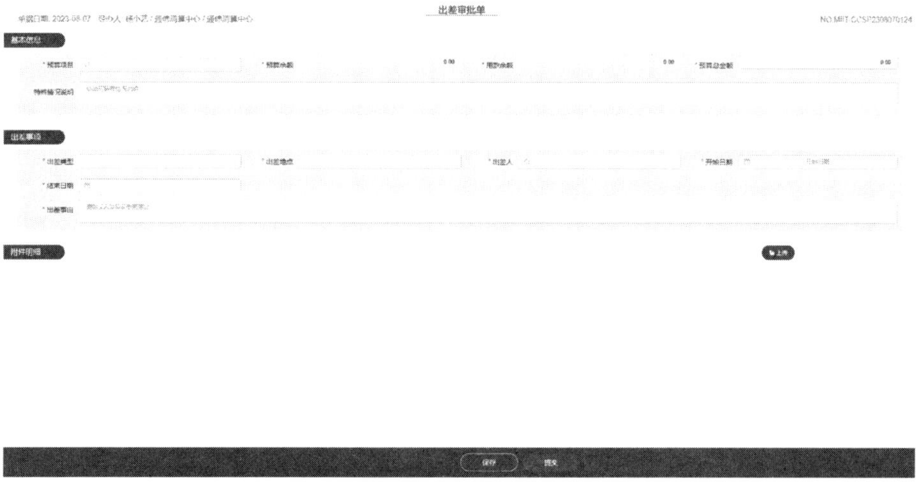

**图5　预算审批单据样例**

**图6　差旅费报销单样例**

（3）基建项目管理。

实现"立项初设录入—投资计划—投资内容控制—概算内容调整—招标及合同—资金支付—项目核算—竣工决算及审计—验收—资产交付入账"的全周期管理。项目初步设计录入时需上传概算明细及设备清单明细，作为基建项目投资支出的控制数据源，当发生基建投资支出时，需要匹配批复概算明细及批复设备清单，经批复的支出内容才能通过系统校验，提交支付信息，实现了系统自动控制概算外建设内容的投资支出，解决了基建财务管理中的重点、难点问题。对于概算外内容确需支出的，需要在系统进行概算调整，形成内控闭环管理。系统具备造价控制及审计、项目台账功能，为竣工决算等提供数据支持。例如，出具调整概算申请表基础数据、决算报表基础数据等。基建项目系统样例如图 7 所示。

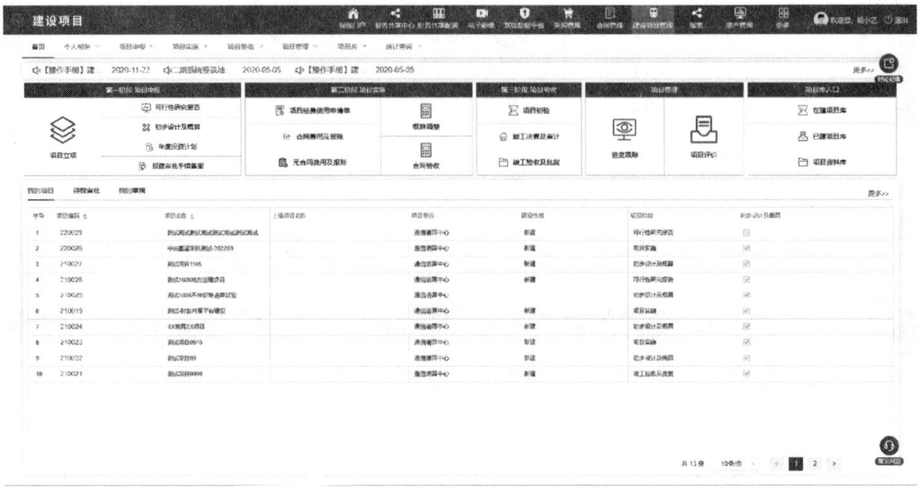

图 7　基建项目系统样例

（4）合同管理。

实现"合同登记—合同审批—合同履行与变更—价款结算—进度跟踪—合同办结—合同归档"的全周期管理。区分委托合同、基建合同、政采合同等相关类别。支持付款计划录入，提前锁定合同计划付款节点，到期自动提醒。同时，实现合同付款计划关联报销单据，经财务共享中心审核后，避免未到合同约定时点提前付款的情况。支持合同、课题、任务等进度分析，加强执行验收、结清、结题等闭环管理。开展合同管理系统综合部署，支持合同文本的上传，遵守合同信息安全保密工作要求，涉密合同进行线下管理。合同系统样例如图 8 所示。

### 3. 数据管理系统

对各类数据进行全过程监控管理，包括系统运行数据、内控痕迹数据、经济活动数据等。搭建涵盖全部业务的综合数据管理中心，实现数据的规范统一、集中存储、实时调用，形成数据池，便于数据挖掘分析。提供与外围系统之间的数据交换标准或规范，实现数据的安全交换与共享。同时，财务共享平台根据《管理会计应用指引第 801 号——企业管理会计报告》，依靠财务和业务的基础信息加工整理，可形成部门管理和决策支持需要的有价值报告。

图 8　合同系统样例

（1）提供外部数据报表。

高效配合外部各类管理和监督检查，满足财政部、国管局、审计署、部党组巡视等数据统计报送需求，可提供包括部门预算、预算执行情况、结余资金、部门决算、固定资产投资决算、住房改革支出决算、国有资产决算、资产统计报告、行政运行成本、"三公经费"、落实中央八项规定精神情况、审计所需会计核算数据、信息公开等基础数据信息，表间勾稽关系实现自动核对，实时可视化程度较高。

（2）满足内部决策需要。

深化管理会计应用，以驾驶舱、仪表盘方式更加直观地提供决策信息，实现各类便捷查询功能，实时生成合并报表。充分展现资金去向和用途，推动业务财务数据综合利用，开展各类检查评价和综合诊断，实现支出的跨周期、跨单位、跨类型剖析。贯彻中央八项规定精神，开展财经纪律风险预警，管控行政运行成本，支撑科学透明的预算保障模式和实施全面绩效管理工作。

（3）实现底层数据库对接和自动对账。

加强与日常业务往来单位底层数据对接，比如国库、银行、服务商等外部单位的支付令、额度到账、转账信息、公务卡消费、差旅等数据，实现底层对接互认、银政企互联、往来数据及账户验证、结算回单确认、自动对账、额度到账通知管理等，打通数据链，提高经办效率。

## （四）财务共享平台制度保障

在管理制度保障方面，财务共享中心根据信息化带来的管理模式和流程变革，制定统一的涵盖内控流程、财务报销、会计核算、平台使用、数据管理、安全保密、运营管理等工作的制度办法。主要包括《工业和信息化部财务共享平台管理办法（试行）》《工业和信息化部财务共享报销管理办法（暂行）》等。

在安全措施保障方面，鉴于部系统单位数量多、分布广，同时考虑与外单位互联互通、银政互联等需要，发挥部电子政务项目开发和资源集成优势，在部内网和电子政务外网综合部署，并通过网闸、刻录光盘等方式进行数据加密交互，确保系统使用便捷、顺畅、安全、保密。将内部非密业务、财务票据审核等部署到部电子政务外网运行，对于涉密数据，在内部网中运行，也可将涉密信息以代码化脱密方式，在电子政务外网运行。

在业务运行保障方面，部财务司牵头拟定发展规划，协调推进系统建设，指导规范业务运行，开展相关调研、设计和培训，协调部内外网络综合部署和办公场地用房，沟通相关业务司局共同开展工作，制定、指导、解释相关财务工作政策等。通信清算中心承担财务共享中心的运营管理，负责组建培养服务团队，组织日常运行管理，为财务司提供财务数据分析与决策支撑，统筹做好开发需求汇总、组织任务确认、协调上线功能核验、反馈使用问题及升级要求等工作。

# 四、取得成效

## （一）解决部系统财会基础工作主要问题

财务共享平台于 2019 年 1 月 1 日正式上线运行，截至 2023 年底，累计用户数量达到 4622 个，累计通过财务共享平台报账单据数量达到 16.13 万件，解决了部系统财会基础工作面临的主要问题和困难：一是实时信息满足决策需要。通过财会信息共享，极大提高了信息获取和加工能力，解决了部系统财务管理信息联动匮乏问题。2022 年底，以财务共享平台数据为基础编制部系统年度财务分析报告，满足部管理层的决策需要；2021～2022 年，财务共享平台为财政部了解通信管理局人员经费缺口的相关数据统计工作提供有力保障。二是会计基础工作得到加强。通过财务共享平台系统自动生成会计账务、财务共享中心进行财务复审，有效解决了各单位财务力量薄弱、政策把握不一致和财务基础水平参差不齐的问题，加强了各项政策标准的执行力度。财务共享模式经过 5 年多的使用磨合和复审把关，报账单据一次复审通过率从 2019 年上线之初的不足 50%，逐步提高至 2023 年的 93.3%。三是协助中央垂管单位更好开展工作。通过信息化和智能化系统，明显减轻驻地方基层单位基础财务工作量，使财务人员有更多精力投入管理工作；通过财务共享中心发挥桥梁纽带作用，财务管理中出现的问题可以更高效地反馈到上级主管部门，上级主管部门也能够更加精准地指导解决基层的财务问题，有效解决了央地政策不一致或标准不明确等问题。

### （二）助力行政单位高质量发展

财务共享模式以财务服务为基础，在解决各单位实际困难的同时夯实财务管理制度、探索模式创新、强化财会监督、提升部从严治党水平、确保财政资金使用安全高效，助力行政单位高质量发展。一是服务各类监督形成合力。推动包括财会监督在内的多项监督有机贯通、相互协调。财务共享模式为审计、巡视监督提供有力支撑，多次为部内常规和专项巡视提供问题线索和突破口，能够初步核实涉及财务方面的信访举报案件，为各级纪律监督节省大量人力物力。二是识别廉政风险更加精准。经过5年多的努力，公务接待清单不完整、超标准差旅费、超范围领取差旅补贴等政策执行问题已从2019年平台上线之初的96件次，下降为2023年的6件次，有力推动中央八项规定精神和各类财经政策制度落实落地，并且逐渐从"治已病"向"防未病"转变，更加精准识别廉政风险。三是支撑财务工作提质增效。在执行监管实务的同时，财务共享中心注重和完善政府财务政策理论，发挥财经智库参谋助手作用，通过财务共享实践中积累得越来越多的案例经验，在财政支出标准、预算绩效管理、政府内控建设等方面不断探索创新，形成了《财务共享平台使用管理办法》《财务共享平台报销管理办法》等制度成果，为中央行政单位应用财务共享模式提升治理能力进行了有益探索。

# 五、经 验 总 结

### （一）加强统一领导，重视顶层设计

经过5年的探索和实践，我们认识到以财务共享平台为代表的业财一体化是一个庞大的系统性工程，涉及面广，持续时间长，如果缺少了统一、坚强、持续的领导，必然会陷入各自为战、虎头蛇尾的单打独斗之中，这也是许多系统建设半途而废、前功尽弃的根本原因。工业和信息化部财务共享平台从立项之始就坚持高起点、高规格、高标准，在部党组的统一指挥下，先后通过工作推进组、工作专班等形式，统筹系统建设和运营工作，仅2023年度，财务共享中心建设工作专班就召开5次会议，专题研究财务共享平台阶段性运行情况及存在的主要问题，形成了财务部门牵头，相关成员单位齐抓共管的大一统格局。

### （二） 加强调查研究，聚焦基层需要

在系统建设过程中，由于处于上级的系统建设部门和处于下级的系统使用单位之间存在信息不对称，很容易出现系统建设内容和使用需求不匹配，最终建成的系统不能满足实际使用需要，甚至还增加了基层工作负担的问题。因此，在系统建设之前，必须下大力气开展调查研究，以"磨刀不误砍柴工"的心态做好前期需求调研论证，财务共享平台自 2018 年启动建设实施以来，每年均组织开展专题调研，就平台功能完善、财务共享服务范围拓展、财务共享中心业务质量提升等问题征求平台使用方意见，坚持以"好钢用在刀刃上"的原则按需开发系统功能，充分考虑与已有信息系统的对接，避免重复开发，坚决防止拍脑袋决策。

### （三） 加强内控建设，推进协同监督

工业和信息化部财务共享平台严格落实政府部门内部控制建设要求，明确对上服务内控管理、对下提升财务工作质量的定位，在系统建设过程中，始终秉持内控理念，推动财会监督从"事后"向"事中"发展，并通过预警机制达到"事前"监督的效果。在此基础上，将财务共享平台内控机制更好服务于多种用途，将财会监督、审计监督、纪律监督、巡视监督等综合运用起来，推进各类监督检查过程同行、信息共享、结果互认，既有利于提高监督检查的工作效率，又有利于切实减轻基层负担。

### （四） 加强技术应用，确保安全底线

随着信息技术的改造和应用，财务共享平台在一定程度上重构了现有业务流程，改变了管理角色定位，升级了财务工作模式，实现了财会监督效率、质量、范围的三重提升。同时，在新形势下，政府部门的信息化系统事关国家安全，工业和信息化部财务共享平台设计之初就提出了统筹安全和发展的红线，采用了国产化的技术路线，克服重重困难，实现了底层系统、数据库平台、操作硬件和网络环境全面采用国产自主可信技术，在保障政府数据信息安全的同时，促进了国产化硬件设备的生产和软件生态的应用。

（工业和信息化部通信清算中心：王慧静　闫　旭　杨小艺）

**案例评语:**

　　该案例主要聚焦于工业和信息化部财务共享平台的建设对财务管理的信息化和规范化的提升作用。该平台自建成以来,通过财务信息共享等方式,极大地提高了信息获取和加工能力,强化了财务管理的内控能力,有效支撑了各类财务监督工作,为政府决策提供了有力支撑。

　　工业和信息化部的财务共享平台建设与应用为同类行业和其他政府部门提供了宝贵的实践经验,有较大的借鉴意义。比如,平台的建立为打破财务信息孤岛、提升财务管理效率、加强内控管理等提供了很好的思路。此外,通过标准化和信息化手段,优化了财务管理流程,促进了廉政风险防控和政策执行的精准度,为其他单位在财务共享模式的应用和内控管理的提升提供了有益的参考。

# 业财融合在大型工程项目中的应用

## 摘要

本案例介绍财务管理融入大型工程项目全过程的应用。案例单位针对过去业财融合不深入、项目成本管理粗放、绩效评价机制作用不明显等问题，采用"项目管理""标准成本法""关键绩效指标与平衡计分卡结合"等管理会计工具，构建"事前评估、事中控制、事后分析"的管理流程，积极融入经营项目，主动服务业务，将项目管理的质量、进度、安全等业务要素与营收、成本、效益等经济要素统一起来，体现财务管理的价值要求。

# 一、背景描述

## （一）单位基本情况

甲单位拥有30多年沉管隧道施工经验，在国内20多个省区市和中国港澳地区承建各类施工工程项目200多个，业务覆盖东南亚、中东等十多个国家，总资产规模超100亿元。

## （二）存在的主要问题

### 1. 项目成本管理粗放

甲单位成本管理侧重于财务部门，对成本的管理通常局限在事后反映、归集，未能嵌入业务各领域、各层次、各环节，实现成本管理责任到人、控制到位。标准成本的确立，以投标报价的数据为依据，未能充分考虑项目资金收支、发票种类、客户资信等各因素，导致标准成本编制不完整。

### 2. 业财融合意识不强

项目管理主要由项目部技术人员实施，财务人员参与度低，各部门习惯站在自身立场考虑问题，协同较少，业财融合意识不强，难以发挥合力。

### 3. 财务人员项目管理经验不足

项目管理中，财务人员对项目流程不熟悉，管理经验欠缺，受传统管理模式影响，未能将财务管理工具有效融入业务活动，财务服务功能未能有效发挥。

**4. 项目事后绩效评价机制作用不明显**

甲单位对项目绩效评价主要基于项目的直接获得利益，即业务量的增长，而对项目过程中成本费用、项目盈利目标及账款及时回笼等问题，未能实现相互制约、促进，对业财融合的推进难以发挥有效的激励作用。

### （三）选取业财融合在大型工程项目中应用的原因

业财融合具有长期性、复杂性、全面性的特点，是不断优化的动态管理过程，在甲单位可持续发展过程中可融合全部资源，朝统一目标集体发力。业财融合的充分运用需要一定的环境条件，甲单位通过时间、空间、流程三个维度，选取在大型项目中进行全面应用，主要考虑：一是施工周期长，前期准备事项多，有利于财务充分参与其中，具备时间维度的应用；二是项目体量大，成本高，涉及目标利润设定、资金、成本和税务等管理环节把控点多，有利于财务管理工具方法的充分运用，具备空间和流程维度的应用。通过三维度的有效结合，推动业务结构升级和协同，实现甲单位价值最大化。

---

# 二、总体设计

## （一）管理目标

在 SO8 项目管理上，甲单位财务重建思维方式，采取"一加强三主动"，即加强沟通、主动加入、主动思考、主动筹划的财务管理模式，以成本管理中标准成本法为核心主线，结合使用预算管理、绩效管理、项目管理等管理会计工具方法参与项目管理全过程，通过制定成本标准、成本比较分析等举措纠正差异、改善成本。化被动为主动，打破专业壁垒，搭建财务服务、支持业务平台，促进甲单位各部门和项目高效协同发展，合力创造经济价值。

## （二）总体思路

以项目管理为核心，基于项目全生命周期的财务活动，财务人员参与项目营运全流程管理。根据甲单位发展战略，重建项目决策组织机构，制定项目财务专属环境，建立科学系统的项目财务流程，构建层级明确、流程清晰的标准化管控体系，结合标准成本法、关键指标法及平衡计分卡的运用，把项目精细化管理理念融入项目"事前—事中—事后"进行全过程介入，通过项目预算管理、过程成本管控、资金管理与项目结算、项目决算和项目绩效评价等工作展开，实现财务与业务充分融入，共同促进，创造项目价值最大化。

---

# 三、应 用 做 法

## （一）事前评估，为科学决策提供支持

在 S08 项目前期，甲单位引入《管理会计应用指引第 302 号——标准成本法》管理工具，为了实现成本精细化管理，围绕项目规范化、标准化要求，结合以往经验数据、行业标杆或实地测算的结果，嵌入项目前期可行性分析论证、合同签订、税务筹划、项目预算等环节，通过强化组织、财务流程重建，科学把握原则，数据采集、分析、论证，形成成本费用、税务、资金及资源等综合预算成本标准。

**1. 主动加入项目管理团队，为沟通协调架桥梁**

应用管理会计工具——项目管理，甲单位组建了跨职能项目团队，财务部门主动加入项目管理团队，主导参与项目可行性财务分析论证、合同审查监督、预算管理、资金安排与支付、税务筹划、预算执行分析与调整、项目决算和结算的效益成果分析、预算与绩效评价等，服务与支持项目决策。

S08 项目跨职能团队架构如图 1 所示。

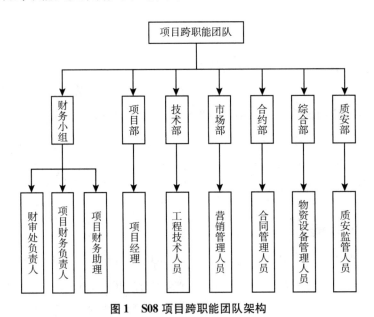

**图 1　S08 项目跨职能团队架构**

**2. 主动参与项目可行性分析论证，优化项目方案**

（1）运用 SWOT 分析为项目计划奠定基础。

甲单位运用项目"SWOT"分析框架，对 S08 项目进行了初步分析和判断，总结出项目的 SWOT 框架内容，如图 2 所示。

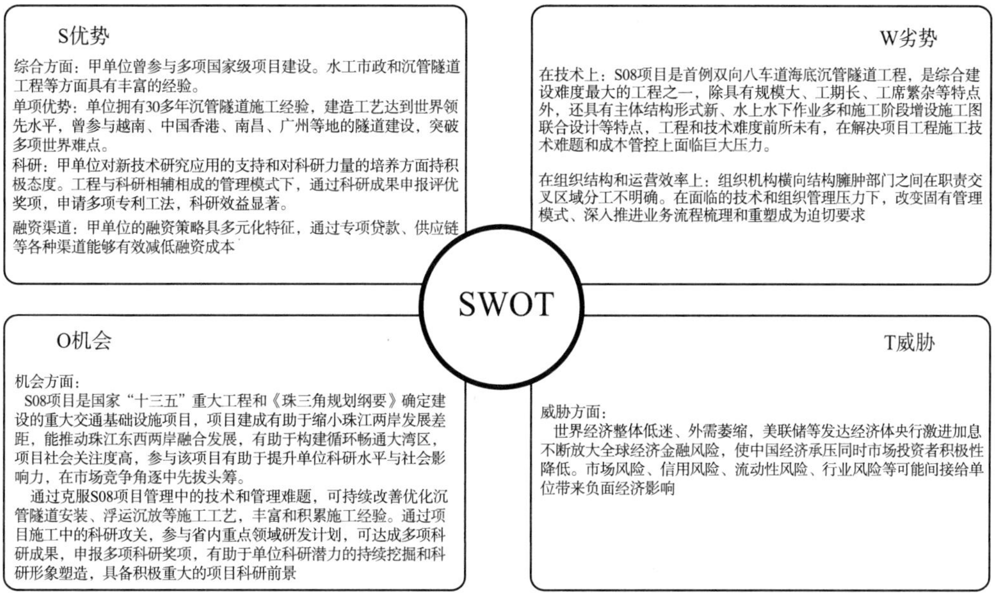

**S优势**

综合方面：甲单位曾参与多项国家级项目建设。水工市政和沉管隧道工程等方面具有丰富的经验。

单项优势：单位拥有30多年沉管隧道施工经验，建造工艺达到世界领先水平，曾参与越南、中国香港、南昌、广州等地的隧道建设，突破多项世界难点。

科研：甲单位对新技术研究应用的支持和对科研力量的培养方面持积极态度。工程与科研相辅相成的管理模式下，通过科研成果申报评优奖项，申请多项专利工法，科研效益显著。

融资渠道：甲单位的融资策略具多元化特征，通过专项贷款、供应链等各种渠道能够有效减低融资成本

**W劣势**

在技术上：S08项目是首例双向八车道海底沉管隧道工程，是综合建设难度最大的工程之一，除具有规模大、工期长、工席繁杂等特点外，还具有主体结构形式新、水上水下作业多和施工阶段增设施工图联合设计等特点，工程和技术难度前所未有，在解决项目工程施工技术难题和成本管控上面临巨大压力。

在组织结构和运营效率上：组织机构横向结构臃肿部门之间在职责交叉区域分工不明确。在面临的技术和组织管理压力下，改变固有管理模式、深入推进业务流程梳理和重塑成为迫切要求

**SWOT**

**O机会**

机会方面：

S08项目是国家"十三五"重大工程和《珠三角规划纲要》确定建设的重大交通基础设施项目，项目建成有助于缩小珠江两岸发展差距，能推动珠江东西两岸融合发展，有助于构建循环畅通大湾区，项目社会关注度高，参与该项目有助于提升单位科研水平与社会影响力，在市场竞争角逐中先拔头筹。

通过克服S08项目管理中的技术和管理难题，可持续改善优化沉管隧道安装、浮运沉放等施工工艺，丰富和积累施工经验。通过项目施工中的科研攻关，参与省内重点领域研发计划，可达成多项科研成果，申报多项科研奖项，有助于单位科研潜力的持续挖掘和科研形象塑造，具备积极重大的项目科研前景

**T威胁**

威胁方面：

世界经济整体低迷、外需萎缩，美联储等发达经济体央行激进加息不断放大全球经济金融风险，使中国经济承压同时市场投资者积极性降低。市场风险、信用风险、流动性风险、行业风险等可能间接给单位带来负面经济影响

**图 2　S08 项目"SWOT"分析框架**

通过项目 SWOT 分析，投资性质上判断 S08 项目具备客观投资前景，该项目具备一定的可行性和必要性。参与 S08 项目可有效发挥自身市场优势和施工工艺与经验优势，有利于提升市场竞争实力，扩大社会影响力，但需设法克服技术和管理难题，并做好防范各项经济风险的工作。

（2）运用项目可行性财务评价对经济效益评估。

根据 S08 项目有较强的正外部性特征属性，甲单位通过项目本身预期带来的经济和社会效益进行评价。

①项目财务评价模型。

在传统的成本—收益分析（CBA）项目经济可行性评价方法上进行改良，纳入正负外部性因素计算项目成本和收益的净现值，从而对项目的经济可行性进行评价。即：项目总收益的估算公式为：总收益净现值＝项目收益净现值＋正外部性的净现值；项目总成本的估算公式为：总成本净现值＝项目成本净现值＋负外部性的净现值。

②项目外部性的估算。

S08 项目采用非市场程序进行科学评估，在定性评价上，主要对项目模式是否物有所值进行初步评价，从科研创新程度的提升角度，预计参与广东省重点领域研发课题、取得工法、QC、BIM 成果和申报科技奖项等科研成果可观。在定量评价上，通过摸查调研结合相似的历史数据、项目成果预期经济影响力等方面预测其价值足够弥补最终测算的项目净现值与甲单位期望的项目净现值之差。

③项目总净现值测算。

通过改良的成本收益财务评价模型进行分析，S08 项目的工期约为 64 个月，总收益净现值约为 6.9 亿元，总成本净现值约为 6.4 亿元，加上项目本身的正外部性因素，考虑项目总净现值 NPV ＞0，制定 S08 项目经济可行性报告，为项目投建启动提供价值参考（见图 3）。

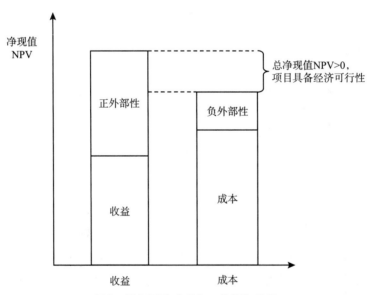

图 3　S08 项目"成本—收益"分析

### 3. 主动参与合同签订前审查监督，保障合同合法有效

在 S08 项目合同签订前，业财团队对该项目的合法性、合规性和可行性进行审查监督。财务人员参与项目合同签订前对合同内容、付款条件、结算方式、客户和供应商的资质、财务状况、信用审查和调研等，重点在以下几点（见图 4）。

通过重点对合同涉及的税收、资金及履约风险等方面的流程介入，对过程了解的内容及发现的问题及时与项目管理团队进行沟通，并提出解决措施。

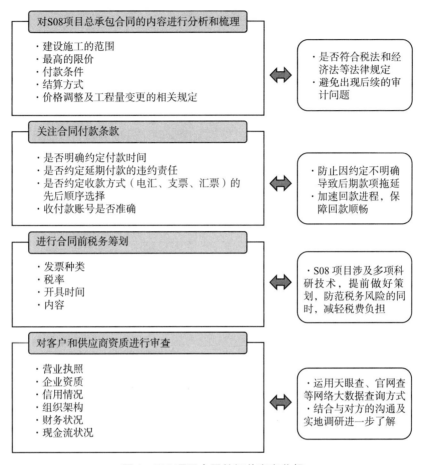

**图4　S08 项目合同签订前审查监督**

### 4. 搭建项目专属财务管理环境，催化项目管理效能

（1）组建 S08 项目财务管理团队，加强业财协作融通。

组建由甲单位本级财务、项目所属单位财务主管及项目财务人员组成的专属团队，搭建各层级沟通渠道及支持服务平台，实现各层级部门联动。

（2）制定项目财务管理方案，规范管理控制风险。

针对项目重点环节，明确资金收付流程及权限、费用报销规定等，通过制度明确化、流程可视化、管控透明化原则制定财务管理方案，规范管理提高效率，降低风险。

（3）搭建财务运作体系，挖掘财务数据价值。

开立工程银行专用账户、独立设置账套、重新设计会计科目、引入"部门＋项目＋人员"辅助核算等搭建财务运作体系，为项目预算分析、业绩评价和责任控制提供基础，跟踪收付款，为项目业绩评价提供依据。

**5. 因地制宜做好税务筹划，实现财务目标**

项目开始时做全盘的总包分包计划和税务筹划表，预计结算价和进销项，测算整体税负，既满足税务关于进销配比的要求，同时又兼顾甲单位实际利益。

**6. 制订项目资金预算，优化资金配置**

项目资金预算包括资金计划预算（见表1）和分包付款联动式预算（见表2），以分包付款占收款比例为基础控制分包付款额度，制定月度分包付款预算。

表1        **S08 项目预算表（一）——资金计划**      单位：万元

| 项目代号及名称 | | 工程量 | 综合单价 | 合同总价款 | 阶段一 | | 阶段二 | | …… |
|---|---|---|---|---|---|---|---|---|---|
| 分项目名称 | 子项目名称 | | | | 业主结算 | 分包结算 | 业主结算 | 分包结算 | |
| …… | | | | | | | | | |
| | | | | | | | | | |

表2        **S08 项目预算表（二）——分包付款预算**      单位：万元

| 主合同编号 | 业主单位 | 合同名称 | 主合同金额① | 分包合同金额② | 分包合同占主合同比例③＝②/① | 月付款预算额度 |
|---|---|---|---|---|---|---|
| | | | | | | |
| | | | | | | |
| | | | | | | |

**7. 制订项目标准成本，为绩效评价提供依据**

应用《管理会计应用指引第302号——标准成本法》，甲单位充分考虑资金收支等条件制订标准成本，作为衡量项目效益的准绳。

S08 项目标准成本制定遵循"两性＋两化"的结构化原则，即"重要性、成本效益性、明细化、标准化"，并将标准进行跨部门分解下达。

根据主体工程施工工程量制定项目工程清单汇总，对各项主体工程成本进行分阶段分项目测算成本费用（见表3、表4）。

表3        **S08 项目工程量清单汇总**      单位：万元

| 序号 | 章（节）次 | 章节名称 | 金额 | | |
|---|---|---|---|---|---|
| | | | 牵头人 | 成员1 | 合计 |
| 1 | 100 章 | 总则 | 11111 | 2222 | 13333 |

| 序号 | 章（节）次 | 章节名称 | 金额 | | |
| --- | --- | --- | --- | --- | --- |
| | | | 牵头人 | 成员1 | 合计 |
| 2 | 200章 | 桥梁、涵洞 | — | — | — |
| | | ...... | | | |

**表4　　　　　　　　S08合同段项目成本预测分项汇总**　　　　　　单位：万元

| 序号 | 分项名称 | 项目名称 | 项目特征 | 单位 | 工程数量 | 金额 | | 成本金额 | | 合价差 |
| --- | --- | --- | --- | --- | --- | --- | --- | --- | --- | --- |
| | | | | | | 综合单价 | 合价 | 综合单价 | 合价 | |
| 1 | | GINA带采购 | 止水带采购及安装 | 米 | 1000 | | | 10000 | 15000000 | 100000 |
| 2 | | ...... | | | | | | | | |
| | | | 利润： | | | | | aaa | | |
| | | | 毛利率： | | | | | xxx% | | |

分项目成本预算依据预算定额和综合预算定额制定，用于确定项目中每一分部分项工程的每一计量单位所消耗的物化劳动数量标准依据（见表5、表6）。

**表5　　　　　　　项目预算表（三）——分项目预算**　　　　　　单位：万元

| 时间 | 人工费 | 设计费 | 工程管理费 | 税金 | 设备租赁费 | 差旅费 | 机械费用 | 材料费 | 其他直接费用 | 测试化验加工费 |
| --- | --- | --- | --- | --- | --- | --- | --- | --- | --- | --- |
| 阶段一 | | | | | | | | | | |
| 阶段一 | | | | | | | | | | |
| 阶段一 | | | | | | | | | | |
| ...... | | | | | | | | | | |

**表6　　　　　　　项目预算表（四）——分项明细预算**　　　　　　单位：万元

| 序号 | 项目类别/科目 | 预算细则 | 计划金额 | 占总经费的比例（%） |
| --- | --- | --- | --- | --- |
| 1 | 设备费 | 外购（用途） | 2.55×2=5.1 | 7.50 |
| 2 | ...... | | | |
| | | | | |

甲单位在编制预算过程中，始终注重与项目各方进行充分沟通和协调，确保预算

计划的准确性和可行性。通过制定"量 + 价"结合的成本标准，为事中控制的成本差异计算和动因分析、事后分析的业绩考核与经营决策提供依据。

### （二） 事中控制，实现财务价值创造

根据前期制定的项目预算标准进行实时的监督和控制，将标准成本和实际成本进行比较，揭示差异并及时修正偏差。在 S08 项目执行过程中，甲单位通过加强项目实施阶段的资金管理、成本管理、核算和分析进行了过程管控，监督合同执行，实行动态监控，有效控制工程变更，控制合同价款的支付，实现项目过程参与。

**1. 流程化资金管控，提高资金使用效率**

甲单位对大型工程项目的资金管理是系统性的，管控和服务并重，将资金管理服务嵌入业务场景，重塑管财边界。事中资金管理的具体流程分为以下 4 个步骤（见图 5）。

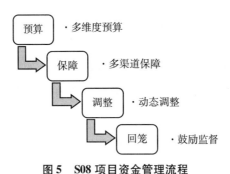

**图 5　S08 项目资金管理流程**

（1）资金预算管理。

应用弹性预算，通过三个维度实施全盘资金预算，一是总分维度，按照全盘控制、分项预算的原则；二是时间维度，按照项目工期区分年度，再细化至季度及月度；三是主次维度，区分重点预算、次重点预算和一般预算。

（2）资金保障管理。

根据项目实施的进度和收付款需求，财务与业务部门时刻保持信息共享，对项目的资金缺口，提前谋划，提出合理的融资策略，确保项目顺利开展。

（3）资金调整管理。

根据月、季工期进度，追踪资金预算与实际执行的差异，查找分析原因，制定对策措施，并适时调整预算，坚持动态编制和定期调整相结合。

（4）资金回笼管理。

S08 项目对应收账款的管理主要体现在三个方面：一是强化内部管理，加快计量

速度和频率；二是提高重视程度，定期召开款项催收会议；三是鼓励监督并重，加入绩效考核指标。

**2. 价值化成本控制，使功能成本结构更合理**

甲单位在应用管理会计项目管理时，更注重实效，围绕项目管理的目标，强调成本效益原则，实现项目管理的价值创造。

（1）方案选择。

价值工程法是《管理会计应用指引第 502 号——项目管理》工具方法之一，甲单位利用价值工程法对 S08 项目的功能运用价值工程进行方案的比选，财务部门参与项目的方案评选工作。

比选工作以 S08 项目"沉管浮运安装作业"作为对象，选择"一节沉管使用 8 艘拖轮"和"一节沉管使用 9 艘拖轮"两个方案，财务部门根据其他沉管隧道项目浮运安装工作环节发生的成本数据，测算两个方案的各细分项成本，再按照各方案成本占总成本数据的比重，计算出成本系数，如表 7 至表 9 所示。

**表 7**             **S08 项目沉管浮运安装作业对比方案——功能评价**

| 功能 | 方案一 | | | 方案二 | | |
|---|---|---|---|---|---|---|
| | 功能重要性系数① | 指标打分② | 方案加权得分③＝①×② | 功能重要性系数① | 指标打分② | 方案加权得分③＝①×② |
| 1. 质量工艺 | 0.200 | 8 | 1.6000 | 0.267 | 9 | 2.4000 |
| 2. 安全可靠 | 0.267 | 8 | 2.1333 | 0.333 | 10 | 3.3333 |
| 3. 工期保障 | 0.133 | 9 | 1.2000 | 0.200 | 8 | 1.6000 |
| 4. 费用控制 | 0.333 | 9 | 3.0000 | 0.133 | 7 | 0.9333 |
| 5. 技术创新 | 0.067 | 7 | 0.4667 | 0.067 | 7 | 0.4667 |
| 加权合计 | | | 8.4000 | | | 8.7333 |
| 方案功能评价系数 | | | 0.4903 | | | 0.5097 |

注：方案功能评价系数＝某方案的加权得分/总的评分，即方案一的方案功能评价系数＝8.4000/（8.4000＋8.7333）≈0.4903。

**表 8**             **S08 项目沉管浮运安装作业对比方案——成本评价系数**

| 分类 | 成本分类 | | | | | 成本合计 | 成本评价系数 |
|---|---|---|---|---|---|---|---|
| | 拖轮费 | 测量费 | 安全评估费 | 护航费 | 船舶摊销费 | | |
| 方案一 | 200.00 | 56.00 | 16.67 | 24.80 | 166.67 | 464.13 | 0.4725 |
| 方案二 | 250.00 | 60.00 | 16.67 | 24.80 | 166.67 | 518.13 | 0.5275 |
| | | | | | | 982.27 | |

注：各方案的成本指数＝该方案的成本或造价/各方案成本或造价。

表9                      S08项目沉管浮运安装作业对比方案——价值系数

| | 方案的价值指数 | | |
| --- | --- | --- | --- |
| 分类 | 功能评价系数① | 成本评价系数② | 价值系数③=①/② |
| 方案一 | 0.4903 | 0.4725 | 1.0376 |
| 方案二 | 0.5097 | 0.5275 | 0.9663 |

注：各方案的价值指数=该方案的功能指数/该方案的成本指数。

通过上述评价，最终选取采用方案一，沉管隧道浮运安装使用8艘拖轮，既满足工程需要，又节省了成本54万元，发挥了业财合力的管理价值。

（2）成本调整。

成本管理是连接财务与业务的有效工具，甲单位在制定标准成本的基础上，将产品成本及其各成本项目的标准用量和标准价格层层分解，落实到项目部及相关责任人，形成成本控制标准。各归口管理部门根据成本控制标准，控制费用开支与资源消耗；财务部门及时跟踪分析偏离标准的差异并分析其成因；召开月度、季度、年度项目成本分析例会，准确、及时地将信息传递到项目各环节，为项目及时进行成本决策提供支撑。

以S08项目GINA止水带采购为例（见表10）。生产部门根据标准用量，结合项目投标预算用量实时跟踪和分析耗用的差异，出现偏差则从操作人员的熟练程度、工艺难易程度、材料质量等方面寻求差异原因，采取应对措施，控制现场成本，并及时反馈给采购、财务等相关部门，共同实施事中控制。采购部门以标准价格作为采购的标杆，出现偏差则对比历史采购数据，确定差异数额，揭示和反馈价格差异形成的原因，控制和降低总采购成本。

表10                      S08项目成本差异分析——因素分析法

| 差异分类 | 标准成本 | | | 实际成本 | | | 差异×100% | | |
| --- | --- | --- | --- | --- | --- | --- | --- | --- | --- |
| 分项名称 | 不含税综合单价 | 数量 | 预算成本 | 不含税综合单价 | 数量 | 实际成本 | 总差异率 | 单价引起的差异率 | 数量引起的差异率 |
| | 1 | 2 | 3=1×2 | 4 | 5 | 6=4×5 | =(6-3)/3 | =(4-1)×2 | =4×(5-2) |
| GINA止水带采购 | 1.6万元/米 | 1153米 | 1844.80 | 1.58万元/米 | 1100米 | 1738 | -5.79% | -23.06 | -83.74 |
| …… | | | | | | | | | |

财务部联合项目部定期将GINA止水带采购的实际成本与标准成本进行比较和分

析,确定差异数额,分析差异形成的动因,落实责任中心,寻求可行的改进途径和措施,并与事后的绩效考核挂钩。通过财务与业务的协作,GINA 止水带采购项目最终实现成本节支率5.79%,体现业财融合的价值。

**3. 清单化税务管理,降本增效降低风险**

甲单位对大型工程项目税务管理的核心是合法合规、风险可控,业财税三者融合,实现从战略到财务、到业务的高效协同,助力甲单位风险与效益齐抓。事中创建了"正面清单"和"负面清单"相结合的税务风险清单识别模式,提升管控力度(见图6)。

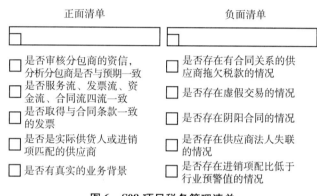

**图6 S08项目税务管理清单**

**4. 引导化研发管理,提升科研竞争力**

S08项目涉及工艺及关键技术研发项目4个课题,甲单位财务部门主动作为,通过加强科研经费顶层设计、组建科研财务团队、制定科研经费管理制度、梳理科研经费流程等管理措施,引导甲单位科研项目管理向科学化、制度化、流程化、标准化模式推进(见表11)。

表11 S08项目科研经费财务管理

| 管理方法 | 具体做法 | 取得效果 |
|---|---|---|
| 1. 完善顶层设计 | 出台一系列的规章制度和专门的实操指引,如《×××科研管理办法》《×××科研经费财务核算管理办法》《×××科研经费会计科目设置办法》《×××研发费用加计扣除操作指引》 | 确定了符合单位科研管理目标的指导原则和实际操作指引,规范立项、核算和科研成果管理,以规章制度形式固化工作流程 |
| 2. 组建财务团队 | (1)建立了一个专门的财务科研团队,覆盖机关财务人员及基层财务人员,主要是会计主管及具备科研管理经验的财务人员,并适时发现和吸纳对此方面有专业见解的人员。<br>(2)定期进行科研经费管理政策学习和培训,提升整体素质 | 以点带面,提升了单位整体科研管理的专业性,为跨部门沟通协调、科研经费的分析、控制等方面提供专业的意见 |

续表

| 管理方法 | 具体做法 | 取得效果 |
|---|---|---|
| 3. 参与项目评估 | 财务人员参与前期项目评估研讨会，对是否立项进行可行性分析、对执行可能出现的风险点提前预警 | 否定不合理的项目，为单位规避科研风险；提出风险点，方便后期跟踪监督 |
| 4. 主导预算管控 | 科研项目组提出初步的项目预算方案，财务科研团队开专题会议研讨，对费用的合理性合规性进行审核，并结合企业所得税加计扣除的范围进行正向评估，形成最终的预算草案 | 经过两年的实践，精细化的预算管控提升了内部运作效率，在预算约束下完成了科研项目的既定任务 |
| 5. 动态成本引导 | 制定合理的成本分摊原则，优化成本归集；从项目开始就加强全生命周期的成本预算和管理，统筹协调项目的申报、实施、验收 | 提高了成本核算的精确度；提高了科研经费的使用效益 |
| 6. 全过程审查 | （1）自我检查。要求科研项目组以单位制定的科研办法为准绳，对各自项目进行自我检查，设定自我检查期限，查缺补漏。<br>（2）交叉检查。财务科研团队从各项目组抽调财务人员，对项目的执行、经费管理等风险点进行交叉检查，发现别人的问题，再推及自身的问题。<br>（3）外部检查。聘请外部事务所专业人员，对项目进行全方位检查，以季度为时期 | 自我检查、交叉检查、外部检查相互促进、相辅相成，从不同的视觉定期检索问题 |
| 7. 归集加计扣除 | 制定完整的加计扣除具体操作指引；按照指引对可加计扣除项进行判别 | 既完成了合同内的工程任务，使得技术得以创新和应用，还有效利用了科研经费加计扣除的税收优惠政策 |

### （三）事后分析，完善业财一体化建设

事后运用绩效管理工具对项目各项财务活动的结果进行分析、评价、考核、奖惩，以进一步完善财务管理控制，充分调动各责任部门的积极性，增强价值创造力，推动项目高效运行。甲单位结合标准成本法，采用关键绩效指标和平衡计分卡结合的绩效评价体系，对项目实施全过程进行复盘，分析项目的绩效和影响，评价项目的目标实现程度，总结项目经验教训。

**1. 项目绩效评价，激发业财融合创造活力**

（1）应用方法。

甲单位财务主导，连同人事、项目管理人员，结合单位发展战略和项目特色，构建了关键绩效指标法（KPI）和平衡计分卡相结合的绩效考核体系。

（2）具体过程。

①项目全生命周期纵向绩效评价。

从财务、客户、内部业务流程、学习与成长四个维度，进行重构项目绩效指标体系、确定关键绩效指标并分配权重、选择计分方法和评价周期、签订绩效责任书等，

由上而下层层分解，将战略操作落实到具体岗位和员工（见图7）。

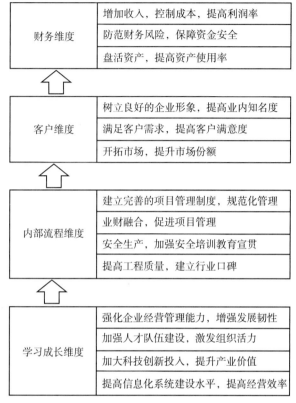

**图 7 甲单位战略**

设立绩效目标，与项目部签订目标责任状，于工程重大节点持续追踪、及时反馈和调整，竣工后进行绩效考核评价。考核中除了听取项目主要人员的汇报，还需有效收集业主意见、监理意见、员工及相关方的信息反馈，使考核尽量做到客观、全面和充分。财务维度作为项目绩效考核重点，财务提供相应的财务指标并参与到考核中，为 S08 项目绩效考核评价提供科学数据和重要判断依据（见表12）。

表 12                                                       S08 项目绩效考核

| 考核角度 | 比重 | 指标 | 评分规则及标准 | 得分 |
|---|---|---|---|---|
| 财务维度 | 50% | 毛利率 | 毛利率＝（营业收入－营业支出）/营业收入×100% | 定量 |
| | | 利润差异率 | 利润差异率＝预算毛利率－实际毛利率 | 定量 |
| | | 成本差异率 | 成本差异率＝（实际成本－预算成本）/预算成本×100% | 定量 |
| | | 成本费用利润率 | 成本费用利润率＝利润总额/成本费用总额×100% | 定量 |

续表

| 考核角度 | 比重 | 指标 | 评分规则及标准 | 得分 |
|---|---|---|---|---|
| 财务维度 | 50% | 应收账款回收率 | 应收账款回收率＝（1－未收回应收账款/应收账款总额）×100% | 定量 |
| | | 存货周转率 | 存货周转率＝营业收入/存货平均余额×100% | 定量 |
| | | 自由现金流 | 自由现金流＝经营活动净现金流－付现资本性支出 | 定量 |
| 客户维度 | 5% | 客户满意度 | 表扬信/感谢信、客户服务满意度调查98分以上加分 | |
| 内部流程维度 | 30% | 管理体系建设 | 包括项目实施策略、规章制度（检查清单；日报、周报、月报；完工确认单；任命书；施工方案审查记录）执行情况及项目文档控制等。完善加分 | |
| | | 施工计划编制 | 未编制施工计划，扣分；计划编制不合理，扣分。与施工计划比较，里程碑达成每＋1%，扣分 | |
| | | 成本计划编制 | 未编制成本计划，扣分；计划编制不合理，扣分。与项目经济指标比较，成本差异每＋1%，扣分 | |
| | | 项目安全目标实现情况、文件完整性 | 是否设定项目安全管理目标；管理目标是否实现。出现死亡事故，该项不得分 | |
| | | 质量目标完成情况 | 是否设定项目质量管理目标，管理目标是否实现。若出现项目质量投诉，扣分。若出现工程重大质量责任事故，该项不得分 | |
| | | 重大技术方案审查 | 重大技术方案审查会全部进行，所有问题跟踪整改完毕，出现一项问题未整改扣分 | |
| 学习成长维度 | 15% | 项目基础资料整理 | 完工资料完整，能以为以后类似项目提供基础数据，加分 | |
| | | 项目组创新能力 | 若被考核项目实现技术创新/管理创新/促进绩效提升的合理化建议，或根据项目撰写科技论文，取得专利，加分 | |
| | | 开展党风廉政建设 | 完成党支部交代的各项任务，积极参加支部活动，加强党风廉政建设，若出现党风廉政事件，该项不得分 | |

②项目岗位横向绩效评价。

绩效评价引入了层级横向标准，重点设置了对商务、业务等责任部门和个人关键岗位的绩效指标（见表13）。

**表 13　　　　　　　　　　　S08 项目岗位绩效指标考核表一**

| 岗位名称 | 岗位价值 | 岗位绩效指标 | 考核周期 |
|---|---|---|---|
| 商务岗 | 是否能发现和占领市场机会 | 合同收入规模、成本差异率、利润差异率、应收账款回收率 | 每年 |

| 岗位名称 | 岗位价值 | 岗位绩效指标 | 考核周期 |
|---|---|---|---|
| 业务岗 | 业务模式是否可复制、盈利，成本是否有效管控 | 成本差异率、利润差异率、现金流、应收账款回收率 | 每年 |
| 财务岗 | 项目现金流是否可持续发展 | 现金流、成本费用利润率 | 每年 |
| 管理岗 | 项目管理是否制度化、规范化 | 内部流程改善及优化 | 每年 |

一是加强对商务投标事后考核，结合投标预估利润与实际利润差异率、应收账款回收率考核发放金额。

二是充分落实项目经理管理责任制，结合应收账款回收率考核发放绩效金额，每年考核一次，考核时间为项目整个建设周期。

三是实行"目标控制、节余奖励、超支受罚"，进一步激发项目生产创造活力，调动员工的积极性，鼓励项目管理人员提高成本管理效率。

除此外，对各岗位人员的工作态度、工作能力、工作业绩、管理能力进行绩效评价（见表14）。从上级、同级、下级多方位进行评价考核，年度考核与项目任期考核相结合，调动各岗位积极性。

**表 14**                                 **S08 项目岗位绩效考核表二**

| 考核维度 | 考核人 | 考核权重（%） |
|---|---|---|
| 工作态度 | 直接上级、同级、下级 | 23 |
| 工作业绩 | 直接上级 | 35 |
| 管理能力 | 直接上级、同级、下级 | 12 |
| 工作能力 | 直接上级 | 30 |

**2. 项目成本分析，为业财融合收集数据**

管理会计事后成本管理阶段，主要是项目后期对成本进行核算、分析和考核。甲单位工程竣工验收后，召开项目成本总结会，财务部门运用标准成本法分析，结合事前制定的成本标准、事中的成本差异分析与纠正，对 S08 项目全生命周期的成本控制进行复盘和总结。主要对比资金预算与实际收支情况、预算标准与实际成本、预算与实际利润，计算预算与实际收款差异率、成本和利润差异率。

**3. 项目综合分析，为业财融合总结经验**

S08 项目建设中后期财务采取的有效成本管控措施：一是通过精简队伍和绩效考核，工艺改进工期缩短，极大减少了人工成本；二是通过统筹资产，实现内部船舶和设备资源共享，减少外部设备租赁费，设计建造整平清淤船，项目船机设备成本显著降低；三是通过与项目相关方、收款方等积极沟通，采取多渠道付款方式支付分包款，节省资金成本。

在大型工程项目中，成本受原材料成本、工程量的变更影响较大，容易形成预算超支。财务对成本进行持续跟踪，配合工程量和工程进度及时做出变更及调整，积极主动协调沟通，盘活甲单位资产，协调各方资源，激发甲单位多元化产业的整体优势。

**4. 完善业财一体化建设，推进业财管理扁平化**

业财融合不仅是数据的融合，更是将财务流程与业务、管理等流程进行有效的相互融合，最终达到共同促进，实现管理目标的效果。甲单位财务部门担负起引领责任，深入了解项目各环节，以项目服务为重点，以项目需求为核心，通过完善业财融合机制、流程再造、过程管理、事后分析全过程渗入项目，使财务流程、数据与业务流程数据有机融合，打通财务、业务和管理数据信息系统，完善标准化建设，达到"四个统一"，即"会计政策统一、会计科目统一、成本标准统一，流程控制统一"的标准化管理，实现了数据口径标准化、统一化，实现项目过程可视化和规范化，将甲单位发展战略规划有效贯彻到项目每个环节，发挥价值引领为项目赋能。财务人员运用管理会计工具从核算到业务前端的转变，通过财务岗位的职能分离、共享，推进了业财管理扁平化，为后续搭建管理会计体系架构提供了参考，奠定了基础。

# 四、取得成效

甲单位首次将业财融合在大型工程项目中进行全面贯穿应用，通过财务管理嵌入项目全过程流程动态跟踪管理，调动整合全部资源，形成合力，为生产运行优化赋能，取得了显著的成效，实现了业务与财务"1＋1＞2"。

## （一）优化了财务管理架构

在实施业财融合过程中，通过搭建项目专属财务管理环境，制定项目专属财务管理方案，优化了财务管理架构。解决了业务与财务沟通渠道指向不明确问题，增强了财务部门的整体效能，夯实了业财融合的根基。

## （二）完善了项目标准化管理体系的建设

在实施业财融合过程中，通过对标准化成本的成功运用及总结，掌握了成功经验和做法，形成了项目实施标准化管理体系，在同类项目范围内共同、重复实施，实现项目管理科学化、流程化、标准化。

### （三） 提升了项目管控能力和防范风险的能力

实施业财融合之后，解决了原来项目因事前财务参与度不够、项目整体预算不严谨、合同签订前风险预警不及时的问题，避免事后的被动局面。解决了原来项目因事中各环节信息反馈不及时，各自运作，成本预测管控不够、主动服务不够等问题，有效规避了成本执行偏差风险；解决了原来项目事后成本总复盘和财务绩效考核评价指标缺失的问题，为提升项目经济效益提供了有效支持，带动了项目整体高质量运作。

### （四） 强化了财务与业务数据信息支撑决策的精准性

实施业财融合之后，将项目各部门间独立的资源、数据及信息进行了有效融合，及时进行传递和反馈，使得管理层能在第一时间得到准确信息，针对管理薄弱环节及时做出改进决策，对项目整体发展趋势作出预测，从而制定出更符合项目实际的规划。

### （五） 提升了项目的整体效益

在实施业财融合过程中，通过对资金、成本、流程全过程进行有效对接和管控，S08 项目所需的 6.37 亿元资金及时足额保障到位。项目成本有效降低 10.65%，应收账款回收率 100%，提升了项目的整体效益。

### （六） 财务人员的业务素养得到了进一步提升

财务人员通过在大型项目事前、事中、事后全过程的深入参与，对工程项目的运作模式、业务流程有了全面的了解，获取了项目关键信息，为后续综合数据分析奠定基础。财务人员的综合素质和管理能力得到进一步提升，实现了以项目培养人才，以人才带动项目的成效。

业财融合在 S08 项目中的成功应用，为甲单位积累了丰富的业务与财务跨部门协作、打破固有专业壁垒，实现团队合力、目标一致、资源共享；实现支撑战略、支持决策、服务业务、创造价值、防控风险的目标，提高甲单位整体的绩效和效益，为今后多元化项目管理奠定了良好的财务管理基础。

（交通运输部广州打捞局：寇万里　谭本军　朱　莉　林媛媛

林慧敏　方晓琪　姚广平）

🎓 **案例评语：**

甲单位以 S08 项目管理为例，探讨了业财融合在大型工程项目中的应用。甲单位在具有 30 多年沉管隧道施工经验的基础上引入关键绩效指标、平衡计分卡、标准成本法等管理会计工具，采取"一加强三主动"策略，重建财务管理模式，建立了以标准成本法为核心的财务管理体系。

甲单位首次在工程项目中应用业财融合，对其他同类单位的工程管理具有一定的借鉴意义。首先，甲单位在项目前期可行性论证部分引入标准成本法，为其他单位的科学决策提供经验；其次，在项目执行过程中运用项目管理方法，为其他单位成本控制提供路径；最后，在项目后期引入关键绩效指标和平衡计分卡等工具，为其他单位进一步推进业财融合提供范例。

# 管理会计工具和方法在研发课题
# 全周期管理中的应用

**摘要**

2016 年，财政部在发布的《会计改革与发展"十三五"规划纲要》里，将"推进管理会计广泛应用"作为"十三五"时期会计改革与发展的主要任务之一，并陆续颁布了《管理会计基本指引》及二十九项具体的《管理会计应用指引》。2021 年11 月出台的《会计改革与发展"十四五"规划纲要》再一次明确了管理会计的重要性。一系列管理会计文件的出台旨在指导企业合理地运用管理会计工具方法，全面开展管理会计活动，推动企业实现战略规划。中国航天科技集团有限公司和航天推进技术研究院也陆续发布了一些管理会计的相关部署。

上海空间推进研究所（以下简称"研究所"或"所"）落实财政部、集团和院的管理会计战略要求，针对研发课题全生命周期的运营特点，将管理会计工具和方法与研发课题制管理模式有机结合，从研发课题论证、课题立项、课题执行到课题验收全周期的每个环节运用相应的管理会计工具方法。

本案例以研发课题为依托，以课题组长负责制管理模式为抓手，在研发课题全周期过程管理中开展管理会计工具和方法的应用，结合研发课题全周期过程管理的需求，选取了战略地图、零基和滚动预算管理法、目标成本法、风险清单管理法、平衡计分卡绩效评价等管理会计工具，通过将管理会计工具创新性的矩阵式组合应用，得到了更为完整的管理图景，提供更科学的建议，完善了研发课题制管理机制和各项业务流程，规范了课题管理、提升了管理水平、提高了管理效率，为单位的健康发展提供有力的支持。

## 一、背 景 描 述

### （一）单位基本情况

上海空间推进研究所隶属于中国航天科技集团有限公司航天推进技术研究院，主要从事液体推进和电推进姿、轨控发动机及其空间推进系统的设计、研发、生产、试验及发射场服务等；现有在职职工 1089 人，其中科技人员 684 人。研究所研制的产品和课题全面涉足卫星、飞船、运载火箭、武器、深空探测五大航天领域，形成了完整的设计、研发、生产、试验及发射场服务体系。

## （二）管理会计应用基础

研发课题是以研究所未来战略发展为目标，针对未来前沿技术进行的课题研究。研发的核心是创新，研发课题的管理模式以激励创新为动力。研究所为调动研发人员的创新热情和积极性，实施课题组长负责制，由课题组长主导课题研究。课题组长是课题目标实现的直接责任人，负责课题技术、经费、进度、成果转化全要素管理及立项、实施、验收、审计全周期过程管理。

课题组长负责制的研发管理模式，大大激发了科研人员技术创新，提高了科研人员争取课题的积极性。但同时，在课题组长制实施的过程中，一些管理问题和不足需要进一步完善。

（1）课题组成员缺乏对课题宏观背景、产业环境、竞争对手、自身特点等战略分析，不能科学有效地指导战略决策。

（2）课题组长因预算、成本的管控经验欠缺，对课题全方位把控不足，难以合理编制课题全周期预算，实现对课题成本的有效监控。

（3）课题风险识别大多集中在技术层面。同时鉴于研发课题的创新性及探索性，随着课题的开展，风险也可能随着课题推进而发生变化，课题组成员不能及时有效地对风险进行识别、预警。

（4）目前的考核激励措施注重对课题计划完成、技术指标突破、成果实现等方面的考核，对课题本身经费预算执行、成本管控效果等的考核偏弱。

## （三）采用管理会计工具方法的主要原因

### 1. 获得竞争优势，提升管理质量的核心需求

通过在研发课题全周期过程中应用管理会计工具方法，来解决现有研发课题制管理中的问题，提升对研发课题的管理质量。将原本的事后归集补救转变成事前策划，更好地控制整个研发课题的研究开发过程，保证研发课题科学高效的开展。

### 2. 理论指导与应用场景的相互匹配

管理会计的特点是筹划未来和控制现在，它以决策会计为主题，以未来的尚未发生的事项为主要对象，帮助各级管理者筹划好未来，为最优化决策提供客观的依据。

研发中心所研发课题正是面向未来开展的创新研发技术课题，这种技术创新场景特别适合管理会计的工具方法应用和发挥。

# 二、总体设计

## （一） 应用管理会计工具方法的目标

应用管理会计工具和方法在整个研发课题推进的主要目标是形成规范标准管理流程，全面提升研发课题制管理水平，提高管理效率，创造管理价值，形成管理会计的企业文化内核。

## （二） 应用管理会计工具方法的总体思路

根据课题论证、课题立项、课题执行、课题验收的全周期四个阶段，结合管理会计领域的应用流程，选取不同管理会计工具和方法进行矩阵式应用，全方位展示研发课题管理的图景，进行研发课题全周期科学有效的管理。表 1 为管理会计在研发课题各阶段中的应用矩阵。

表1　　　　　　　　　　管理会计在研发课题各阶段中的应用矩阵

| 流程 | 课题论证阶段 | 课题立项阶段 | 课题执行阶段 | 课题验收阶段 |
|---|---|---|---|---|
| 战略管理流程 | 战略分析 | 战略决策 | 战略执行 | |
| 预算管理流程 | 预算编制 | 预算指标分解 | 动态调整监控 | 预算考核 |
| 成本管理流程 | | 成本计划 | 成本把控 | 成本考核 |
| 风险管理流程 | 风险识别 | 风险分析 | 监控应对 | |
| 绩效管理流程 | | 指标分解 | 节点考核 | 平衡计分考核 |

## （三） 管理会计工具方法的内容

结合研发课题特点及课题制管理现状，以下选择了本案例主要的几个管理会计工具方法，进行简要介绍。

战略地图，是一种常见的战略管理工具，是指描述财务、价值、成长、内部运营等各个维度战略目标可视化的因果关系图，为研究所战略贯彻执行指明了方向。

零基预算和滚动预算，前者是指编制预算对所有的预算之处均以零点为基础，从实际需要与可能出发，研究分析各项预算费用开始是否必要合理，综合平衡，从而确定预算费用。后者是指随着预算执行的不断延伸，根据上期预算执行情况和新的预测结果，按照既定的预算编制周期和滚动频率，对原有预算方案进行调整和补充，是能够逐期滚动和持续推进的预算编制方法。

目标成本法是一种以市场为导向，对课题进行利润计划和成本管理的方法，与传统成本管理方法不同，它先根据市场和用户的调查数据等综合计算目标价格，扣除目标利润得出目标成本，然后进行研发阶段的限价设计，它是一种全过程、全方位、全人员的成本管理方法，旨在以目标成本为基础，从课题立项开始，通过各部门、各环节的通力合作，共同实现目标成本的管理方法。

风险清单是指以表单的形式进行风险识别、风险分析、风险应对、风险沟通和报告等管理活动的工具方法，用于列举和记录课题实施面临的各类潜在风险。

平衡计分卡是指从财务和非财务各个视角对企业或课题管理活动所取得的成绩进行综合评价的方法。

### （四）应用管理会计工具方法的创新

在研发课题全周期管理中采用的是管理会计工具的矩阵组合应用，是管理会计工具方法的一次应用创新。首先，单一的工具或方法往往难以全面把握研发课题的全貌，而通过创新性的矩阵组合，不同层次的数据得以结合，形成更为完整的信息图景。其次，将管理工具和方法进行创新性的矩阵组合，可以使得决策更加全面、多角度，并能更好地平衡不同目标之间的关系，提供更科学的建议。

---

# 三、应用过程

## （一）人员配备情况

研究所成立了研发课题管理会计工作推进小组，以会计总师为组长，研发中心和财务处相关人员为组员，明确工作策划和具体分工。

所研发课题主要由研发中心牵头统一调度协调，课题组长全面管理负责监督课题计划执行，财务处统筹经费预算及管控经费支出。各课题组长负责在课题组内开展管理会计工具和方法的使用，结合各自课题实施和管理，开展预算管理、风险管理、成本控制、绩效考核等工作，并对实施情况进行总结。

## （二） 相关资源支持

### 1. 制度流程体系部署

研究所修订了研发课题组长制配套相关规章制度，包括《合同管理办法》《科技成果管理办法》《知识产权管理办法》《全面预算管理办法》《预算管理实施细则》《资金支出审批管理办法》《合同管理》等，为研发课题风险管理、预算管理、成本管理、成果评价提供制度保障。

### 2. 指导培训部署

研究所组织课题组长、财务及相关课题组人员，开展管理会计、经营管理、预算管理、知识产权、法人授权等培训。对课题执行过程中涉及的课题管理、经费管理、合同管理等流程进行了详细解读。主要培训内容如表2所示。

表2 主要培训内容

| 序号 | 名称 | 主要内容 |
| --- | --- | --- |
| 1 | 管理会计专题培训 | 管理会计工具方法的介绍以及应用的方法介绍 |
| 2 | 经营管理相关制度宣贯 | 对课题设计生产试验组织管理、合同管理、经费报销、物资管理、安全等规章制度进行宣讲 |
| 3 | 业务流程及奖励办法 | 宣贯《技术研发课题制管理办法》及《技术创新激励管理办法》制度，对课题实施管理业务流程、预算管理流程、创新奖励流程进行了详细解读 |
| 5 | 财经综合平台使用培训 | 对合同管理、网上报销、预算管理信息系统进行培训 |
| 6 | 知识产权讲座 | 知识产权管理体系、知识产权管理与运营战略解读 |
| 7 | 法人授权委托代理人培训 | 对合同订立前、订立阶段及履行阶段的风险防范实务与技巧进行解读 |

### 3. 信息化资源支持

实现研发课题制经费管理流程信息化，将预算管理、合同管理、网上报销、事业部管理、会计核算等各系统进行集成整合。信息化的部署保证了数据的可靠性、及时性和准确性，实现了信息的协同共享，实时反馈，动态协调，为管理会计的成功应用提供了基本必要保障。

## （三） 实际应用模式及应用流程

### 1. 战略管理

一般来说，课题的战略管理包含三个关键要素：战略分析——了解课题所处的环境和相对竞争地位；战略决策——战略评价和选择；战略实施——采取措施使战略发挥作用。

（1）战略分析。

在课题论证和立项阶段，由研发中心组织各部门开展战略分析，配合课题组完成课题申报资料和论证报告的编写。在研发课题战略分析中，SWOT 分析是常用的战略分析工具。

SWOT 分析是一种综合考虑对象内部条件和外部环境的各种因素，进行系统评价，从而选择最佳战略的方法。S 是指对象内部的优势（strengths），W 是指对象内部的劣势（weaknesses），O 是指对象外部环境的机会（opportunities），T 是对象外部环境的威胁（threats）。[①]

以某技术研发课题为例进行 SWOT 分析，如表 3 所示。

表 3　　　　　　　　　SWOT 分析表——以某技术研发课题为例

| | 机会（O）<br>● 航天产业持续增长形成的发展空间；<br>● 良好的外部环境和 ** 政策前景；<br>● 率先行动者的机遇优势；<br>● 航天强国空间 ** 的发展经验；<br>● 常规 *** 竞争力的瓶颈 | 威胁（T）<br>● 竞争对手的竞争优势；<br>● 潜在进入者的进入；<br>● ***** 方案的替代压力 |
| --- | --- | --- |
| 优势（S）<br>● 秉承各甲方客户的良好关系；<br>● 集团公司、院的支持；<br>● 秉承研究所在空间发动机领域熟悉的经验；<br>● 研究所 ** 推进技术的优势；<br>● 研究所在研发管理的整体能力 | SO 战略<br>● 抢占空间 **** 技术资源；<br>● **** 一体化的整体解决方案 | ST 战略<br>● 寻找有经验的合作伙伴；<br>● 研发高性能的 **** 技术路线，形成技术壁垒 |
| 劣势（W）<br>● 空间 ** 开发经验不足 | WO 战略<br>● 寻找有经验的合作伙伴；<br>● 尽早进入竞争对手尚未涉及的 ***** 技术路线 | WT 战略<br>● 聘请有经验的 ** 领域专家；<br>● 尽快培养并吸收 ** 人才；<br>● 选择高效方案，尽快取得研发成果并积累经验 |

（2）战略决策。

战略决策需要以研究所的发展战略为导向，充分分析课题的前瞻性、创新性、可行性。课题立项阶段，根据课题与研究所战略目标的匹配度合理分配各项财务及非财务资源，确立课题研究方向和目标成果并确立课题战略目标完成的责任人。依托所内评审流程体系进行战略决策。表 4 以某技术研发课题为例，从立项阶段四个维度进行

---

[①] 王丹，刘谨，变江. 公司战略与风险管理［M］. 北京：经济科学出版社，2014：52 – 53.

具体分析。

**表4    立项阶段四个维度的具体分析——以某技术研发课题为例**

| 维度 | 分析内容 |
|---|---|
| 市场需求 | 1. 提升我国＊＊＊推进技术水平；<br>2. 提升我国空间进入能力；<br>3. 我国未来＊＊＊任务需求 |
| 成长突破 | 1. 可提升我国＊＊＊设计水平及研制能力；<br>2. 可实现研究所＊＊＊技术能力的跨越 |
| 财务需求 | 1. 资金需求；2. 盈利需求；3. 未来收益需求 |
| 内部运营 | 1. 提升所内研制能力；2. 优化内部资源配置；3. 优化内部流程体系 |

战略地图以图形化的方式展示课题组的战略目标和关键要素，帮助成员理解和规划战略，指导资源分配和决策的制定，通过战略地图可以清晰地定义战略目标并将其转化为具体的行动计划，以提高课题组的整体绩效和竞争力（见图1）。

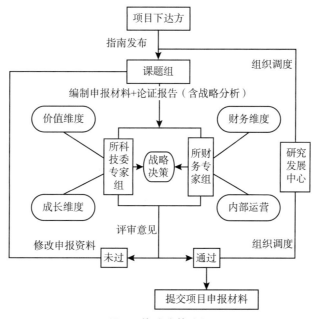

**图1    战略决策流程**

（3）战略实施。

战略实施就是将战略转化成行动，为了将战略付诸实施，需要制定一些关键的决策。战略实施贯穿到课题立项、课题执行和课题验收阶段。战略实施要解决以下几个问题：

①为使战略成功，需要有一个有效的组织管理体系。研究所研发课题由研发中心负责归口管理，负责课题制管理模式建立和运行，会同财务处统筹核定课题经费预算，监督并管控课题经费支出。

②顶层策划及牵引颇为重要。在研发创新方面，研究所领导班子高度重视、系统策划、坚定决心推行管理会计应用。在加大科研自由度、激发科研人员潜力的同时，建立好相应的制度体系，把好"船头"，让研发课题围绕研究所的核心战略开展，当好研究所整体开拓发展的排头兵。

**2. 预算管理**

研究所以零基预算为主配合滚动预算的方法对课题级次的全面预算进行管理，包括课题全周期经费的策划与执行，以及年度的经费管理，包括预算编制、预算执行及预算考核四个部分。

（1）预算的编制。

①课题全周期预算。运用零基预算，做好从四个方面对整个课题过程进行事前的预测和策划：第一，课题周期安排方面，对整个课题全过程进行梳理，安排各个期间的研制任务；第二，课题组织管理方面，人员是课题开展的根本，合理组织安排技术和管理队伍，保障课题在各个阶段的有序开展；第三，工作策划方面，对课题技术可行性进行分析，预测课题开展过程中的技术、进度、经费各方面的风险点，并提出相应的解决办法；第四，经费管理方面，对课题全周期的经费进行科学规划。

②年度预算。以研究所年度"二上二下"的预算编制体系为依托，每年年初、通过财经综合管控平台，各课题组根据课题全周期预算细化年度预算，由研发中心进行汇总平衡课题，对相同领域课题预算进行统筹，避免重复研究，提高资源使用效率。研究所根据所整体的战略目标下达预算控制指标，并下发研发中心及各课题组，各课题组根据预算控制指标细化年度预算方案并经批准后执行。次年根据课题进度和上一年预算执行情况，对次年预算进行动态的调整。

（2）预算的执行。

年度预算的执行在预算批复指标的框架下开展。

①月度预算。研究所每月根据课题进展和经费到位情况，对年度预算进行细化和分解。课题执行阶段，各课题组长每月末上报次月月度资金预算，并可以根据动态需求进行预算调整。

②动态监控。通过研究所财经综合管控平台，对研发课题的预算执行情况进行动态监管，依照课题立项和预算阶段梳理的风险点严格控制风险的发生。

（3）预算执行情况分析。

课题组成员可随时以某个时间节点查看课题执行情况。每月月末课题组成员根据预算执行率，结合课题具体实施情况对执行部分进行差异说明。财务处与研发中心根据预算偏差和进度偏差、对课题执行进行统一调度并协助课题组成员运用滚动预算的管理会计工具方法对课题预算进行调整和补充。

（4）预算的考核。

课题验收阶段，按照预算的执行情况对课题进行梳理，利用平衡计分卡的管理会计工具方法以战略目标为指导，运用预算执行率、预算调整情况等指标，对课题全过程进行总结及评价。

**3. 成本管理**

研究所将成本管理工具方法与研发课题制相结合，融合建立相应的成本管理体系，重点关注对课题有重大影响的成本项。从课题立项阶段的成本计划，到课题执行阶段的成本执行，再到课题验收阶段的成本考核，帮助课题组更好地实现成本管理的目标。

（1）成本计划。

①成本分析。通过目标成本法管理会计工具方法的应用，对研发课题成本目标进行分解，实现研发课题质量与成本的最佳融合。

通过对以往研发课题成本统计分析发现，课题外部协作成本是课题成本的权重最大部分，是研发课题成本控制的关键所在。为提高课题立项阶段预算准确性和合理性，通过利用所外协价格体系、集中采购平台价格体系、研发仿真价格体系等，逐步建立外协外包价格数据库，实现对研发外协合同的内部监督。

②成本细化。在成本计划时，采用目标成本分解方法，围绕课题任务，结合任务来源，逐一细化拆分各项成本，便于课题组成员对课题执行周期进行更好的规划。

以某技术研发课题为例，该课题来源于科工局，课题组长初步细化课题成本，其中外协费200万元，逐项分析外协项目，通过仔细梳理技术，发现某项研制试验流程可以优化，节省试验成本，最终将外协费用降至168万元，最终形成如表5所示的细化表。

表5 某技术研发课题成本细化

| 经费科目 | 金额（万元） | 备注（测算依据、数量、测算单位、方法等） |
| --- | --- | --- |
| 设计费 | 25 | ***等，共25万元 |
| 专用费 | 65 | ***研制50万元；***研制15万元 |

续表

| 经费科目 | 金额（万元） | 备注（测算依据、数量、测算单位、方法等） |
|---|---|---|
| 材料费 | 124 | ＊＊＊材料 10 块×3 万/块＝30 万元；<br>＊＊＊线 60 元/米×4000 米＝24 万元；<br>＊＊＊材料 12 万元；<br>＊＊＊25 千克×2 万元/千克＝50 万元；<br>＊＊＊材料 8 万元 |
| 外协费 | 168 | ＊＊＊研制和试验 70 万元；<br>＊＊＊研制 5 万元；<br>＊＊＊测试 63 万元；<br>＊＊＊费用 30 万元 |
| 固定资产使用费 | 32 | ＊＊＊全年工时比例进行分摊 |
| 工资及劳务费 | 53 | 课题承担单位从课题经费中支付的工资性支出，以及支付给课题参与成员中没有工资性收入的相关人员（如在校研究生）和临时聘用人员等的劳务费用 |
| 差旅费 | 32 | 研究周期中，出差明细、每次几人，按标准每人次约＊＊＊元计，共 32 万元 |
| 会议费 | 4 | 会议名称＊＊＊，共 8 次会议，每次会期＊天、参会＊＊＊人、每人＊＊＊＊元，共 4 万元 |
| 事务费 | 0.5 | ＊＊＊等各类事务费 |
| 专家咨询费 | 4.5 | ＊＊＊费，共＊次，每次＊＊＊人、每人＊＊＊元，共 4.5 万元 |
| 管理费 | 42 | ＊＊＊按照课题所占的全年工时比例进行分摊 |
| 合计 | 550 | |

（2）成本执行。

课题制管理模式赋予了课题组成员更大的灵活性和审批权限。为帮助课题组更好地完成科研任务贯彻成本计划，研究所在不影响其科研自由度的前提下对成本执行进行了两个方面的把控。

①流程梳理。梳理了课题制管理相关的各项业务流程，标准化了课题立项流程、课题里程碑计划考核及计划调整流程、课题预算上报及预算调整流程、合同签订流程、课题考核验收流程、财务报销流程、创新奖励流程等 16 个业务流程，同时，将每一位课题组长纳入相应审批环节，确保课题组长审批权责到位。

②实时监控。研究所财务处负责课题成本的归集，通过财经管控平台以及研发课题月度收支报表两渠道并行，更好地将成本执行情况反馈给课题组长，课题组长在课题执行阶段实时监控成本的执行状况，对与成本计划形成偏差的情况项进行深入分

析，并提出相应的解决办法。

（3）成本考核。

在课题验收阶段，以全面预算为依据，对课题整个发生的成本进行梳理调整。配合使用平衡计分卡的管理会计工具方法以成本执行率为具体成本考核指标、对整个课题成本进行考核总结。

**4. 风险管理**

在课题初期便成立课题风险管理团队，风险管理团队由研发中心课题主管、财务处研发课题主管会计及课题组风险管控人员等组成。风险管理团队使用风险管理领域应用的管理会计工具方法，如风险矩阵、风险清单等对课题风险信息进行收集及识别；通过对识别到的风险进行定性分析并排序；同时为识别出的每个风险分配责任人，由他们负责策划风险应对措施，实施风险监控；最后将风险信息进行整理记录并最终形成课题风险清单。

（1）风险识别。

课题组风险管理团队首先详细审阅课题的现有文件，如课题的合同、经费策划报告、课题进度计划等，对课题的研制内容及要求有一个详细的了解，以识别课题在交付成果技术要求、进度计划、经费等方面的风险。其次，风险管理团队查阅并了解了该领域以往课题的实施、审计及验收情况，进行比对识别风险点。最后，风险管理团队还组织课题组相关人员开展头脑风暴，以集思广益，收集并识别课题风险点。

基于以上工作，以某课题为例，风险管理团队整理出该课题初步的风险点管理清单。该课题的风险识别工作如表 6 所示的风险识别列。

表 6　　　　　　　　　　　　某技术研发课题风险清单

| 风险识别 | | | 风险分析 | | | 规划风险应对 | 风险监控 |
|---|---|---|---|---|---|---|---|
| 类别 | 名称 | 风险描述 | 可能产生的后果 | 发生概率 | 风险责任 | 应对策略/应对措施 | 风险变化 |
| 1 技术风险 | 1.1 技术指标达不到 | 合同对推力器各项指标要求很高，之前做过的推力器从未达到此技术水平 | 课题无法验收 | 可能 | 技术人员 A | 风险减轻，充分调研国内外研究现状，与有研究基础的高校等合作 | 监控中，风险等级无变化 |
| | 1.2 试验用舱条件不满足 | 现有试验舱不能满足本课题推力器的试验要求 | 推力器无法按时开展试验，课题推迟 | 很可能 | 试验人员 B | 风险减轻，积极推动新舱建设工作；T0＋8M 更新：在现有舱的基础上进行改造，以满足试验要求 | 根据目前的舱建设进度，难以与试验进度匹配，风险等级变高 |

续表

| 风险识别 | | | 风险分析 | | | 规划风险应对 | 风险监控 |
|---|---|---|---|---|---|---|---|
| 类别 | 名称 | 风险描述 | 可能产生的后果 | 发生概率 | 风险责任 | 应对策略/应对措施 | 风险变化 |
| 1 技术风险 | 1.3 试验用电源条件不满足 | 现有电源不能满足本课题推力器的试验要求 | 推力器无法按时开展试验，课题推迟 | 可能 | 技术人员 C | 风险转移，调研市面现有电源，看是否有满足技术要求的成熟产品；外包给有实力的厂家新研 | 跟厂家积极沟通中，初步预计可能可以直接采购 |
| | 1.4 配套阴极不能按时完成 | 根据前期课题经验，阴极设计生产周期较长，存在不能按时出产的风险 | 推力器无法按时开展试验，课题推迟 | 可能性较小 | 技术人员 D | 提高该项工作优先级，优先设计、外包、投产；若无赶上试验，则选择借用其他型号产品 | T0＋8M 目前看可以与推力器同步，风险发生概率低 |
| | 1.5 设计试验反复 | 由于技术难度大，推力器的首轮设计及试验可能不满足技术要求，存在多轮反复的可能 | 课题延期 | 很可能 | 技术人员 A | 风险减轻，关键组件提前启动并开展试验，加强仿真等模拟手段指导设计，减少反复 | T0＋3M 新识别 |
| 2 管理风险 | 2.1 课题周期过短，课题无法按时完成 | 课题周期只有一年，对比同类型课题，在此周期内很难完成合同要求的研究内容 | 课题延期 | 很可能 | 管理人员 A | 风险减轻，在课题进度汇报中跟机关沟通此问题，建议延期 | 监控中，风险等级无变化 |
| | 2.2 物资采购周期过长 | 根据课题策划报告，推力器采用了新型材料，材料采购周期可能过长 | 影响推力器的加工进度，从而造成课题延期 | 可能 | 管理人员 A | 风险接受，采购只能在设计完后才能确认并发起采购流程，无法提前启动 | T0＋5M 风险发生，被动接受 |
| | 2.3 设计人员不够 | 课题开展的同时有多个课题同时启动，但团队成员人员有限，执行期间可能会有人员资源冲突或不够用的情况 | 影响课题推动的进度或质量 | 可能 | 管理人员 B | 风险减轻，尽快招聘新员工扩充队伍 | 监控中，风险等级无变化 |
| 3 财务风险 | 3.1 物资价格过高 | 根据课题策划报告，推力器采用了新型材料，材料价格可能比预期要高 | 材料费超支 | 很有可能 | 会计 A | 风险减轻，充分调研采购新型材料的厂家，选择相对价格相对较低的 | T0＋5M 风险发生，采取应对措施有效减轻影响 |
| | 3.2 经费使用不合理 | 由于研发课题的多变性，课题实际支出与预算条目有差异 | 审计不通过 | 可能性较小 | 管理人员 A | 风险减轻，学习前期战支口审结课题经验；规范支出，使之尽量与预算匹配 | 监控中，风险等级无变化 |

| 风险识别 | | | 风险分析 | | | 规划风险应对 | 风险监控 |
|---|---|---|---|---|---|---|---|
| 类别 | 名称 | 风险描述 | 可能产生的后果 | 发生概率 | 风险责任 | 应对策略/应对措施 | 风险变化 |
| 4 其余风险 | 4.1 课题延期 | 由于全球新冠疫情影响，开工延迟，课题工作延误 | 课题延期 | 很有可能 | 管理人员 A | 风险规避，与上级机关积极沟通，获得正式的课题延期批准 | T0＋3M 新识别风险 T0＋8M，已与机关沟通 |

（2）风险分析。

根据整理的风险管理清单，对识别到的风险进行定性及定量分析。评估风险发生的概率、风险发生时对课题目标的影响以及其他因素，来评估风险的优先级。

该课题的风险分析工作如表6所示的风险分析列。

（3）规划风险应对。

在规划风险应对时，一般采用以下几种风险应对策略：一是风险规避，如课题有延期的风险，则与机关积极沟通，获得课题延期批准，以彻底规避课题延期的风险；二是风险转移，如将某些课题工作进行外协外包等；三是风险减轻，如采用简单的流程、进行更多的测试、增加冗余备份等；四是风险接受，如在课题初期预判课题用某材料会涨价，但由于设计尚未开始，材料尺寸未定无法提前启动采购，只能接受该风险。

该课题的规划风险应对工作如表6所示的规划风险应对列。

（4）风险监控。

为了使课题组及时了解当前课题的风险情况，在整个课题执行期间，对课题风险进行持续监督，使课题组能实时了解到课题整体的风险情况及单个风险的当前信息，并根据实时变化的风险调整应对措施，而当风险发生时，马上采取应对措施，将风险造成的不良影响降至最小。同时，课题管理团队还需要实时识别新风险，并将之加入风险清单加以监控。

**5. 绩效评价**

（1）研发课题里程碑节点考核。

研发课题采用里程碑计划考核的形式对课题进行绩效评价。研发课题立项后由课题组长组建课题组，根据课题研究方案和工作计划进行课题任务分解，确定课题组成员的工作分工及工作量等。同时，课题组长按合同或任务书要求编制研究计划，分解成年度及月度工作计划（见表7）。明确课题里程碑计划节点报研发中心审定（见表8），研发中心每年年初发布红头文件予以明确并进行计划考核。

**表 7** 研发课题计划

| 序号 | 计划要求 | | | | 责任人（部门） | 备注 |
| --- | --- | --- | --- | --- | --- | --- |
| | \*\*\*\*年研发课题计划 | | | | | |
| | 数量 | 完成时间 | 完成形式 | 单位 | | |
| 课题名称 | | | | | | |
| 1 | | | | | | |
| 1.1 | 1 | 20\*\*－\*－\* | 报告 | 份 | | |
| 1.2 | 1 | 20\*\*－\*－\* | 试验 | 次 | | 里程碑节点 |
| 2 | | | | | | |
| 2.1 | 1 | 20\*\*－\*－\* | 实物 | 台 | | 里程碑节点 |
| 2.2 | 1 | 20\*\*－\*－\* | 报告 | 份 | | |

**表 8** 研发课题里程碑考核节点

| 序号 | 考核节点内容 | 要求完成时间 | 完成形式 | 备注 |
| --- | --- | --- | --- | --- |
| 1 | | | | 立项奖 |
| 2 | | | | 节点奖（研究周期较长的课题，可设置多个节点。） |
| 3 | | | | 完成奖 |

不影响课题里程碑节点的计划调整，由课题组自行调整。影响课题里程碑节点的计划调整，需填写计划调整申请单，由研发中心审定，报研发主管所领导批准。课题计划执行情况、计划调整情况均与课题考核及奖励挂钩。

（2）研发课题评价与激励。

研发课题创新激励形式采用薪酬激励、荣誉激励、岗位激励、环境激励等多种形式相结合。

设创新课题奖励，将课题分为基础类、前沿类、非基础前沿三类，实行"不同课题类别，以不同奖励比例分区间计提累加"的方式，最高奖励比例为课题总经费的10%。课题奖励覆盖课题研究全周期，即从课题立项到课题验收审计全过程。课题奖励按已核定的奖励额度分三次发放，课题组长根据课题组成员所作的贡献大小及所承担任务的完成情况对课题组成员进行考核和奖金分配（见表9）。

表9                                    **课题奖励发放时机**

| 序号 | 奖励类别 | 奖金比例（%） | 发放时机 |
|---|---|---|---|
| 1 | 争取奖 | 30 | 课题立项后（收到正式立项批复文件或合同） |
| 2 | 节点奖 | 40 | 课题重大里程碑节点完成后（研发中心核查节点完成情况，课题重大里程碑节点延期完成，将视情况扣除10%~50%的节点奖。） |
| 3 | 完成奖 | 30 | 课题技术验收、财务验收（或财务审计）通过，经费全额到位，所有课题资料归档后 |

课题完成所有研究工作后，课题组长完成课题研究总结报告，由研发中心组织所科技委专家进行所级验收评审，评审专家根据课题汇报情况进行现场打分。考核要素包括技术情况、财务情况和取得的成果三个部分，分别占比70%、10%和20%。课题奖励与课题考核结果挂钩，考核"优秀"兑现1.5倍完成奖，考核"良好"兑现全额完成奖，考核"合格"兑现0.5倍完成奖，考核"不合格"不发放完成奖。研发课题考核表如表10、表11所示。考核总分值100分，其中技术部分总分90分，经费部分总分10分。考核90分及以上评为"优秀"；80（含）~90分评为"良好"；70（含）~80分评为"合格"；70分以下评为"不合格"。

表10                               **研发课题考核表（技术部分）**

课题名称：                                     课题组长：

| 考核内容 | 得分 | 备注 |
|---|---|---|
| 1. 技术验收（70分）<br>（1）研究内容完成及关键技术突破情况（30分）<br>（2）技术指标先进性及指标达到情况（30分）<br>（3）研究计划执行及按期验收情况（10分） | | |
| 2. 取得的成绩（20分）<br>（1）发表高水平论文及专利申请情况（5分）<br>（2）技术成熟度提升情况（5分）<br>（3）对所核心专业的牵引带动作用（5分）<br>（4）成果转化应用情况（5分） | | |

| 综合评价 | 总分 | |
|---|---|---|
| | 专家意见与建议 | |
| | 评审专家签名： | |

表 11　　　　　　　　　　　研发课题考核表（经费部分）

课题名称：　　　　　　　　　　　　　　课题组长：

| 考核内容 | 得分 | 备注 |
|---|---|---|
| 财务验收（10 分）<br>（1）经费预算执行情况（5 分）<br>（2）经费使用合理性（当课题有外部审计时，根据审计结果打分）（5 分） | | |

| 综合评价 | 总分 | |
|---|---|---|
| | 专家意见<br>与建议 | 评审专家签名： |

对考核优秀的课题组长，优先获得各级政府人才计划推荐；优先给予技术培训、交流、学位教育等；优先给予岗位激励、薪酬激励、荣誉激励等；按规定享有对课题知识产权和成果转化收益的受益权。

### （四）　应用过程遇到的问题和解决办法

研发课题是综合性强、复杂度高的课题，管理会计作为新型管理方式首次在研发课题中应用，难免也碰到一些问题，管理会计课题小组摸着石头过河，边摸索边前进。

首先遇到的是经验不足的问题。管理会计领导小组采用的办法是小步前进、快速迭代，先小范围实施，当实施有效，就快速进行大规模推广，若实施有问题，就进行快速迭代修正，稳打稳扎、有效推进。

其次，部分课题组长对管理会计的理解较为有限，对管理会计工具方法运用还不熟悉，有待相关知识和经验的积累。

管理会计组采用的办法是定期开展课题组长负责制与管理会计培训，提升课题组长综合管理能力，提升会计人员管理素质，造就一支懂经营、懂技术的复合型团队。

# 四、取得成效

## （一）　企业能力效果

### 1. 战略有纲

战略管理工具在课题制管理中的应用，使课题组成员掌握了专业的战略分析方法，完善科学的战略措施。通过多种战略分析工具和方法的运用和相应战略措施的实践，积累丰富的管理经验。以研究所战略为核心，串联了整个研发课题的全过程，把原先研发课题前后脱节、实际工作与目标脱节的问题彻底扭转，使每个工作环节都为课题的整体目标服务。

**2. 管理有据**

管理会计工具和方法在课题制管理中的应用，使课题组成员掌握了有效管理课题的方法及依据。提升了课题组成员的综合管理能力，改变了以往技术埋头搞技术，财务埋头做账务的情况，进一步推进了业财融合，通过全面预算管理把预算工作渗透到了研发课题的各个环节，推动了整个课题制管理体系的形成。同时，形成了《课题组织实施作业指导书》《课题财务报销作业指导书》《创新奖励作业指导书》等多份指导操作文件，均是经过系统化、标准化和简化后的操作规程，是团队内部实操经验的凝练总结，已经在其他课题组中得到推广应用，清晰的指导文件能够让使用者更快地熟悉管理会计工具方法的应用过程和方法，减少摸索学习的时间，有效提升课题管理效率。

**3. 风险可控**

风险管理工具在研发课题制管理中的应用，使课题的风险可识可控。通过实践，课题组对课题风险的识别、分析及应对有了更深刻的认识，课题组可以更有目的地以可控的方式去应对和监控风险，从而保障课题的顺利推动。

**4. 激励有效**

绩效评价工具在研发课题制管理中的应用，使绩效评价更趋于规范，考核激励有效。管理会计工具在研发课题绩效评价中的有效运用，创新的考核方式让课题组可以有更多的自由度掌控课题，研发人员创新热情高涨，课题实施更加高效。研发创新奖励的有效落实，使得研发参与度提高，课题申报积极性明显提升。有效的激励机制大大提高课题组成员的积极性，团队合作意识增强，课题计划执行率大幅提升。

## （二）资源经济效果

**1. 人才成长见成效**

在研发课题中全面推进管理会计系统之后，研发人员成才成长方面取得了显著成效。自实施以来，入选国家人才 1 人，集团公司创新团队 1 个，集团公司青年拔尖人才 3 人，上海市扬帆计划（人才）2 人，上海市领军人才 1 人。锻炼出一支业财融合，懂管理，懂业务的课题组长队伍，实现了预期的目标。

**2. 研发经费立项稳增长**

管理会计工具和方法在研发课题全周期管理中应用之后，大大提高了研发课题申请中标率，研究所研发经费立项逐年增长。

2020 年研发课题外部研发 55 项，其中，新立项 13 项，全年研发经费到账 4＊＊＊万元；2021 年研发课题外部研发 60 项，新立项 15 项，全年研发经费到账 6＊＊＊万元；2022 年研发课题外部研发 63 项，新立项 25 项，全年研发经费到账 5＊＊＊万元。除 2022 年情况特殊外（该年上海新冠疫情封控两个月，经费增长略有停滞），研发经费和立项数量上均逐年稳步增长[①]。

# 五、经验总结与实践启示

## （一）领导大力支持，是管理会计应用课题成功的保证

研究所主要领导层对管理会计应用研发课题全周期管理高度重视，将其列入"所长关心工程"，对全面开展管理会计推进工作、系统升级优化、实施落实等工作给予了核心支持，确保了各项工作得以顺利开展。此外，在实施过程中，除主要管理层外，各个部门领导也需积极行动并相互协同推进。

在实践应用中，应与领导保持有效沟通，推广进程的透明度，及时定期展示课题成果，有助于建立信息的畅通渠道，获得领导的理解和帮助，以及政策层面的支持。

## （二）信息数字系统平台集成共享，是必要的保障

管理会计工具应用，离不开信息化系统的支持。目前财经综合管控平台以预算管理系统为核心，将预算管理、合同管理、网上报销、事业部管理、会计核算等各系统进行集成整合，使得各项业务流程更加清晰、业务处理更加效率，业务人员与财务人员实现了合同信息、预算信息共享和协同。信息化系统保证了数据的可靠性、及时性和准确性，实现了信息的实时反馈，动态协调。

在管理会计工具应用中，信息化并非"另起炉灶"，而是对跨界系统的整合对接和完善，它是管理会计落地的必要工具，可快速解决数据管理和流程管理的难题。

## （三）迭代闭环，是管理会计应用成功的秘诀

首先，迭代闭环强调的是管理会计应用持续改进和评估。通过不断迭代和改进，可以确保管理会计应用始终保持与目标和需要的一致性。其次，迭代闭环强调的是团队的参与与反馈，团队成员从各自的角度提供宝贵的反馈意见，帮助课题发现问题和

---

① 数据来自案例单位，已做脱敏处理。

改进方向。只有通过迭代闭环的策略，才能不断提升管理会计应用的有效性和适应性，更好提升管理质量。

（上海空间推进研究所：阮海军　游良平　贾晴晴　戴　佳

陈文超　蔡佳庆　刘　格）

### 案例评语：

　　该案例聚焦上海空间推进研究所（以下简称"研究所"）在研发课题管理中对战略地图、目标成本法和风险清单等管理会计工具的应用效果。研究所将多种管理会计工具方法进行了矩阵式组合应用，实现了对研发课题全周期的科学有效管理。通过战略分析、预算编制、成本计划、风险识别等多方面的优化，成功解决了课题组在预算成本管控和风险识别预警等方面存在的问题，实现了研发课题从事后控制转向事前策划和过程控制。

　　案例单位运用管理会计工具方法的探索过程、经验总结对同类行业企业具有较好的实践参考价值。比如，运用管理会计工具对信息化跨界系统进行整合对接和完善能为管理会计数字化转型提供直接经验。此外，管理会计工具的综合应用也为同类单位优化制度流程、合理部署资源提供了可借鉴的模式。